KB041546

데이비드 아이크의
X파일

Remember Who You Are :
'Where' You Are and Where You 'Come' from
by David Icke
Copyright © 2012 David Icke
Korean translation rights © 2014 Candybook
Korean translation rights are arranged with David Icke Books Ltd.
through Amo Agency Korea. All rights reserved

이 책의 한국어판 저작권은 AMO 에이전시를 통해 저작권자와 독점계약한 라의눈에 있습니다 .
저작권법에 의해 한국 내에서 보호를 받는 저작물이므로 무단 전재와 무단 복제를 금합니다 .

유튜브의 성자, 21세기의 간디

데이비드 아이크의
X파일

데이비드 아이크 지음 | 박병오 옮김

Remember Who You Are

라의눈

CONTENTS

나는 음모론을 믿지 않았다

"도대체 무슨 일이 벌어지고 있는 거야?" 나는 이 질문을 정말이지 다양한 형태로 듣고 있다. "무슨 일이 있는 거예요?"처럼 점잖고 고상한 표현에서부터 "대체 어떻게 돌아가는 거죠?"를 거쳐서, 더 "뒷골목" 냄새가 나기는 하지만 아주 의미심장하고 사실적인 "뭔 '니미럴fuck' 일이 벌어지는 거야?"에 이르기까지.

마지막 것은 이 물음에 담긴 에너지를 좀 더 잘 잡아낸다. "무례하다"는 이유로 그런 말에 움찔하도록 프로그램 된 사람들은 불쾌할 수도 있겠지만, 뭐 이것은 정말이지 어떻게 사용하느냐에 달렸다. 남을 모욕하거나 공격할 때도 이 말을 쓰지만, 망치로 제 손가락을 쳤을 때 "이런 니미럴!"보다 더 나은 반응을 보이는 사람은 별로 없을 것이다. 이것은 일종의 진통제다. 어쨌든 기분이 더 나아지게 하니까. 그런데 만약에 말이다. 원래는 성교를 가리키는 이 속어가 운명이 뒤바뀌어 예컨대 '샌드위치'가 되었다고 해 보자. 또 식빵 두 장 사이에 넣어 먹는 무언가를 가리키는 낱말이 라틴어에서 그리스어를 거치고 외몽고의 영향을 조금 받아서 'fuck'이 되었다고 해보자. 우린 지금 치즈와 토마토 '뻑'에 마요네즈를 듬뿍 넣어 달라고 주문하고 있을 테고, 그런 말을 한다고 우릴 째려보는 사람은 없을 것이다. 하지만 '혼음sandwiching fuck'을 요청하면 우리는 아마 가게에서 쫓겨나게 될 것이다. 인간들은 참 웃기는 존재다. 낱말 하나에 그토록 도덕적 의미를 갖다 붙이면서, 한편으론 정의를 지킨답시고 사람들이 와글거리는 도시에 폭탄을 퍼붓는 일을 '완벽하게 도덕적'이라고 생각하고 앉았으니 말이다. 미국의 언론 단체들은 누군가가 나와 '젠장shit'이라는 말을 뱉으면 터무니없는 금액의 벌금에 처하면서, 미국 대통령이 자유를 지키기 위해 유색 인종의 민간인을 폭격할 예정이니 "우리 군대를 지지해 달라"고 호소하는 장면은 아무 제재를 하지 않는다. 집단학살과 착취를 수행할 살아있는 군대를 지지하라는 것이다. 전사하고 불구자가 된 군인들은 잊어버리고. 다음번 전쟁에 필요한 소모품 병사들을 모집하는 그들은 정말로 나쁘다. 이것이야말로 얼마나 왜곡된 '도덕심'인가. 여기에는 그럴만한 이유가 있다. 우리는 언제나 '왜곡' 속에서 산다. 이건 나중에 더 자세히 말하기로 하자. 다시 요점으로 돌아가자. 무슨 일이 일어나고 있는 건지 말이다. 여전히 무례하긴 하지만 중간 정도의 표현인 "도대체 뭔 일이 벌어지고 있는 거야?What the hell is going on?" 정도로 만족해야겠다. 도덕적인 극단주의자들에게는 아직도 좀 위태로운 말이긴 하다. "이 집에서 그런 말 또 하면 입에 비누칠을 해주겠어"와 같은 비난들이 나올 것이다. 'hell'이라는 단어를 써서 그런 사람들을 불쾌하게 했다면 미안하다. 하지만 우물쭈물 망설이고, 요점을 빙빙 돌려 말하고, 거실에 코끼리가 앉아있어도 우리가 못 보도록 안간 힘을 써서 한눈팔게 하려는 시간은 끝났다. 우리가 'f'로 시작하는 또 하나의 중요한 단어와 이어진 세상에서 살기를 바란다면 차라리 그게 더 낫다. 바로 자유Freedom 말이다. 우리는 재빨리 깨어나서 모래 속에 박았던 머리를 들고 엉덩이를 소파에서 뗄 필요가 있다 (그림 1). 세상은 경제적, 정치적, 군사적, 지질학적 충격들의 세례를 받고 있고, 극소수의 사람들이 아주 많은 사람들의 삶을 세세한 부분까지 통제하는 지구적 파시스트 독재를 향해 내달리고 있다. 그러나 우리는 모래와 머리가, 소파와 엉덩이가 어떻게 지금처럼 찰떡궁합이 되었는지 알아차리지 못하고

10

있다. 이 모든 것이 지금 이 순간 '일어나고 있는' 일이지만, 이마저도 우리가 알아야 할 것들의 작은 일부일 뿐이다.

【그림 1】 우린 어쩌다 이 지경이 되었을까?

기억하라, 기억하라, 기억하라

세상은 갈피를 잡을 수 없을 만큼 복잡해서 대부분의 사람들은 그것을 이해하는 것이 불가능하다고 생각한다. 포기하고, 신경 꺼버리고, 프로그램된 인습의 쳇바퀴에 자신을 맡겨버리는 것이다. 대부분은 그것을 이해하려고 시도하지도 않는다. 사람들은 어머니의 자궁을 떠나서 자신들의 자아와 현실에 대한 느낌을 강탈당하도록 특별히 고안된 지구적 시스템과, 오래 전에 자신들도 똑같이 당했던 부모들의 부추김을 받으면서 종착역을 향해 간다. 눈뜬 맹인의 안내를 받는 장님들인 것이다(그림 2). 복잡해 보이는 것은 복잡해 보일 뿐이다. 무슨 일이 일어나고 있는지에 대한 핵심은 보기보다 복잡하지 않다. 단 한 가지 전제조건을 덧붙이면 말이다. 즉, 우리가 마음을 열고 진정으로 의식할 때 그것은 단순하다. 닫힌 사람, 프로그램된 사람들은 지금 내가 한 말을 다 잊어버리는 게 좋겠다. 그런 지각의 감옥에 갇힌 이들에게 '단순함'은 없기

【그림 2】 이제 잠이-온-다-. 잠이-온-다-. 음매, 음매, 음매-

때문이다. 마구잡이로 보이는 것이 사실은 계획된 것이고, 실의 가닥가닥은 융단의 일부일 뿐임을 보지 못할 때 모든 것은 복잡해 보인다. 당신의 마음이 '빈' 공간을 사이에 둔 낱낱의 '사물들'을 생각할 수 있고, 가능성이란 우리의 생각을 훨씬 앞서 있을 수 있다는 점을 알아차릴 수 없다면 지금 이 책을 덮고 시간을 낭비하지 말라. 그러나 당신이 의식에 마음을 열고 있고, 진정으로 '보기' 위해 눈을 뜨고 있거나, 그렇게 해볼 준비가 되었다면 계속 가보자. 속임수들 사이에 숨겨져 있던 진실은 전혀 생각도 못한 방식으로 당신의 삶을 바꿔놓을 것이다. 분명히 말하지만, 내가 당신을 바꾸는 것이 아니다. 정보가 그렇게 할 것이다. 그리고 당신이 할 것이다. 어쨌든 당신은 이것들을 이미 다 알고 있다. 그저 잊어버렸을 뿐이다. 이것은 새로운 앎이 아니라, 시스템이 고의로 지워버린 것을 기억해내는 것뿐이다. 기억하라, 기억하라, 당신이 정말로 누구인지를. 나는 20권의 책을 썼지만, 이 책들이 나를 어디로 데려갈지 알지 못한다. 책을 쓰면 그 책은 스스로 생명을 얻게 되고, 그 과정에서 새로운 통찰을 얻게 되고 새로운 길로 안내된다. 두꺼운 책들은 시작에서 끝까지 아홉 달이 걸리기도 하지만, 이 책은 세계를 돌아다니는 두 번의 대규모 순회강연 여행 사이에 겨우 몇 주 동안 짬을 내서 쓰고 있다. 이 책은 그리 두꺼운 책이 되지는 않을 것 같다. 20년 넘는 세월 동안 나는 지금 하는 일을 의식적으로 해오고 있다. 이 여행은 50개가 넘는 나라들로 나를 데려갔고 끝도 없는 출처들과 내 경험들을(어떤 것은 멋지고 어떤 것은 그리 멋지지 않은)을 통해 여러 수준, 여러 주제의 산더미 같은 정보들을 내 앞에 내놓았다. 나는 이것들은 책과 강연, DVD, 내 웹사이트www.davidicke.com, 스마트폰 애플리케이션, 그리고 수백 개의 비디오와 인터넷에 돌아다니는 인터뷰를 통해 전해왔다. 인터넷에는 2억 5,000만 개로 추정되는 웹사이트들이 있는데, 2011년 davidicke.com은 미국에서 가장 많이 방문하는 5,000개 사이트에, 세계에서는 6,500개 사이트에 들어갔다. 이 정보에 대한 관심은 놀라울 지경인데, 이는 많은 사람들이 세상에 대해, 또 세상이 어디로 굴러

가는지에 대해 말 못할 불편함을 느끼기 때문일 것이다. 그들은 한때는 말이 되었을지 모르지만 이제는 전혀 그렇지 않은 공식적인 해명들을 거부하고, 무슨 일이 '일어나고 있는지'에 대한 해답을 다른 곳에서 찾고 있다. 따라서 내가 할 일은 복잡해 보이는(그리고 분명히 미쳐 보이는) 이 세상의 점들을 연결해서 지금 무슨 일이 벌어지는지 알려주는 것이다. 그리고 서로 아무런 관련이 없어 보이는 사건과 사람들이 근본적으로 어떻게 이어져 있는지를 설명하는 것이다. 이런 연결 고리가 완성되면 복잡해 보이던 것들이 훨씬 단순한 모습으로 보일 것이다. 이 책은 이런 정보에 낯선 사람들에게 여러 가지 환영들을 꿰뚫어볼 수 있는 능력을 키워줄 것이다. 또한 오랫동안 나와 함께 했던 사람들도 새롭게 알아낸 정보들의 거대한 흐름을 따라가면서, 그 환영들에 대해 더 많은 것들을 알게 될 것이다.

모험의 시작

새로운 독자들을 위해 내게 이 모든 일들이 어떻게 시작됐고 지금껏 어떻게 펼쳐져 왔는지 간략하게 요약해 보겠다. 당신이 어떤 정보를 받아들이고 버릴지를 선택하기에 앞서, 그 정보들이 20년 이상 어떻게 내게 오고 있는지를 아는 것은 아주 중요하다. 나는 1952년 4월 29일 영국 중부의 레스터 시에서 태어났다. 우리 가족은 가난했지만, 주위의 모든 집들이 똑같았기 때문에 결핍을 느낀 적은 없었다. 어린 시절 나는 목요일 점심때면 아버지의 주급을 받아서 그날 저녁식사를 마련하려고 아버지가 일하던 공장 뒤편을 어머니와 함께 서성거렸다. 집의 임대인이 집세를 받기 위해 문을 두드리면 어머니와 나는 소파 뒤에 숨곤 했다. 우리는 어머니가 끝났다고 말할 때까지 거기에 꼼짝 않고 있었다. 나는 늘 '외톨이'였고 나만의 작은 세계에 빠져 혼자 놀면서 오랜 시간을 보냈다(그림 3). 나는 공부도 잘 못했고 집중력이 뛰어나지도 않았다. 내게 학교란 헤쳐 나가야 하는 곳이었다. 유일하게 멋졌던 일은 축구팀의 선수로 뛰었던 것이다. 골키퍼는 내 천성에 딱 맞는 위치

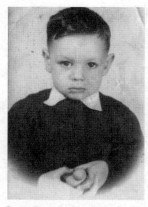

【그림 3】 여기 살아서 정말 기뻐. 지구는 엿 같은 곳이야, 집에 가고 싶어.

였다. 맞다, 팀의 한 명이면서도 아주 다른 역할을 하는 것이다. 축구는 사람들과 어울릴 수 있다는 자신감을 주었고, 나는 아주 어린 나이에 프로선수가 되겠다고 결심했다. 영영 가망 없어 보이는 꿈이었다. 잇따른 '우연의 일치'와 '행운'이 나를 그 장소, 그 팀, 그 시간에 있게 해서 코번트리 시 축구클럽의 프로선수로 계약하기 전까지는 그랬다. 나는 학교를 열다섯에 그만뒀고 중요한 학교시험은 아예 단 한 번도 치르지 않았다(감사합니다, 하느님). 나는 내 어린 시절을 거쳐 여기까지 온 것이 뭔가 특별하고 다른 일을 하기 위한 것이라고 느꼈다. 그런데 그게 뭐지? 나는 그것에 전혀 이름을 붙일 수가 없었다. 그것은 그냥 '무엇'이었다. 코번트리 시와 계약을 할 때만 해도 나는 틀림없이 이것이 그 '무엇'이라고 생각했다. 축구선수가 되려고 여기 왔다고 말이다. 그러나 아니었다. '천만에'였다. 프로축구팀에서 '새 인생'을 시작한지 여섯 달만에 여기저기가 아프기 시작했고, 나는 나중에 류머티즘성 관절염을 진단받았다. 그럼에도 불구하고 나는 꿈을 포기하지 않았다. 병이 내 관절들 하나하나를 후벼 팔 때마다 갈수록 악화되는 통증을 무릅쓰면서 프로선수로 여섯 시즌을 뛰었다. 지금 되돌아보면 믿기 어려울 지경이다. 선수생활의 마지막 2년간은 일상적인 훈련을 할 때면 내 관절들이 워밍업 될 때까지 너무나 고통스러웠다. 마지막 해에 나는 잘나가던 헤리퍼드 유나이티드라는 팀에 있었고, 통증을 참아내면서 내 자신을 끝없이 몰고 갔다(그림 4). 축구클럽 측은 내가 정말로 얼마나 나쁜 상태인지 전혀 몰랐다. 그들이 나의 상황을 알아챘더라면 진즉에 다른 골키퍼를 찾았을 것이다. 그리고 '끝'은 내가 갓 스물 한 살을 넘겼을 때 아주 갑자기 찾아왔다. 어느 날 아침 잠에서 깨었는데, 나는 비몽사몽의 상태였고 숨을 쉴 수 없었다. 지금까지 내 인생에서 가장 소중한 사람인 아내 린다를 깨우려고 해봤지만 내 몸뚱이를 움직일 수가 없었다. 나는 얼어붙은 상태였고 어떻게든 움직일 수도 숨 쉴 수도 없었다. 마치 의식이 몸에서 빠져나가버린 것 같았다. 나는 생각했다. '그래, 이제 죽는구나.' 잠시 후, 숨통이 트이고 내 몸으로 불쑥 생명이 돌아왔다. 일단 숨을 쉬고 '해동'이 되니, 모든 뼈마디에 엄청나게 괴로운 통증이 들이닥쳤다. 관절염이 없던 곳까지도 그랬다. 나는 축구선

【그림 4】 축구선수. 일상적인 고통 속에서 미소 짓고 있다.

수로 잠이 들었지만, 깨어난 뒤로는 다시는 축구를 하지 못했다. 재미있는 시절이었다.

'패턴'

요즘 축구선수들은 엄청나게 많은 돈을 벌지만(최고의 선수들은 대부분 1주일에 20만 파운드, 약 3억 4천만 원을 번다) 내가 축구를 하면서 받은 기본 주급은 고작 33파운드였다. 내 선수생활이 끝장나고 돈이 끊기자 린다와 나는 죽을 정도로 힘들었다. 내 다음 일이 결정되기까지 악전고투는 오랫동안 이어졌다. 새로운 일은 언론 쪽이었다. 나는 한 텔레비전 생방송 프로그램에 나가 내 축구선수 경력이 어떻게 끝났는지에 대해 인터뷰를 했다. 그날 밤 나는 그야말로 신바람이 나서 린다에게 말했다. "이게 바로 내 일이야." 나는 텔레비전 뉴스로 가려면 신문사를 거쳐야 한다는 말을 들었고, 용케도 아주 작은 주간 신문사에 일자리를 얻을 수 있었다. 고향 동네, 레스터에 있는 그 신문사는 악명이 자자했으며, 어느 누구도 그곳에서 일하고 싶어 하지 않았다. 지금 고백하건데, 그 신문사 이름은 '레스터 애드버타이저The Leicester Advertiser'였다. 나는 더 큰 신문사로, 라디오방송국으로, 지역과 전국 채널의

【그림 5】안녕하십니까. 환영합니다.

텔레비전방송국으로 아주 빠르게 옮겨갔다(그림 5). 내가 '아주 빠르게'라고 말하는 것은 '어쩌면 이곳에서 펼쳐질 어떤 운명 같은 게 있지 않은가' 하고 의아해하기 시작한 것이 그때쯤이었기 때문이다. 그런데 그게 뭘까? 나는 프로축구선수가 되고 싶다고 결심했고, 연이은 '우연의 일치들'과 그것을 따른 기회들이 그 일을 일어나게 했다. 축구선수를 그만두고 절망 속에서 나는 텔레비전 뉴스와 스포츠 뉴스의 앵커가 되고 싶다고 마음먹었고, 이번에도 어김없이 '우연의 일치들'과 그것을 따른 기회들이 그 일을 일어나게 했다. 나는 그 패턴을 눈치 챘지만, 얼핏 눈여겨만 보았을 뿐 더 이상 신경 쓰지 않았다. 하지만 내가 그때만 해도 별로 알려지지 않았던 '녹색당'이라는 정당을 거쳐 정계에 입문하기로 결정했을 때는 이 '패턴'을 더는 무시할 수가 없었다. 또 다른 '우연의 일치들'이 지금 내가 사는 아일오브와이트 주(영국의 남해안)의 지방의원으로 녹색당에 들어간 지 몇 주 만에, 공동전국대변인이 되도록 이끌었다. 그렇게 짧은 시간에 이런 일이 일어날 거라는 생각은 얼토당토않은 정신 나간 것이었지만 그것은 실제로 일어났다. 나는 그때까지 내 인생에 무슨 일이 벌어지고 있는지를 진지하게 묻고 있었다. 이건 미친 짓이었다! 다른 책들에 이 끝없는 '우연의 일치들'을 자세히 적었지만, 그것은 마치 인생이라는 '미로'를 아주 특별한 방식으로 지날 수 있도록 뭔가가 문들을 열었다 닫았다 하는 것만 같았다. 다시 묻지만, 그게 뭘까? 그리고 왜? '왜'냐는 물음에 대한 대답은 2년쯤 뒤에 내게 왔고, '뭘까'에 대한 대답은 좀 더 오래 걸렸을 것이다. 내가 녹색당 전국대변인으로 임명된 때는, 영국의 많은 주류 방송사들이 야생동물의 멸종과 환경체계의 훼손에 대해 보도하던 때였고, 이 일은 1989년의 유럽선거에서 녹색당이 역사상 가장 많은 표를 긁어모으는 데 중요한 역할을 했다. 200만 명이 녹색당에 표를 던진 것은 이전엔 결코 듣도 보도 못했던 일이었다. 이 결과가 나온 다음날 아침, 나는 주류 언론인들과 카메라맨들이 꽉 들어찬 기자회견장에 서 있었고, 나는 한 사람의 정치인으로서 뉴스를 장식했다(그림 6). 나는 다시 한 번 내게 무슨 일이 벌어지고 있는

【그림 6】 정치인. 그러나 감사하게도 오래가지는 않았다.

지를 골똘히 생각했다. 나는 어린 시절 그리 진지하지 않게 나의 미래를 꿈꾸었는데도, 37세의 나이에 프로축구선수, 신문 저널리스트, 라디오 저널리스트, 텔레비전 전국뉴스와 스포츠뉴스 앵커를 거쳤고, 이젠 전국구 정치인이 되어 있다. 어떻게 이럴 수 있는 거지? 거기에는 뚜렷한 패턴이 있었다. 나는 무언가가 되고 싶다고 결정했고, 그러면 그 일이 일어날 때까지 '우연의 일치들'과 기회들이 시작되었다. 이 시점에서 나는 처음으로 내가, 곧 의식적인 '나'가 정말로 내가 하고 싶어 하는 것을 결정하고 있을까 하고 의심하기 시작했다. 아니면 다른 무언가가 진행되고 있었던 걸까? 영화 '매트릭스'에서 모피어스가 니오에게 했던 말을 떠올리자. "해답들이 오고 있다." 그 답들은 1990년 3월에 때맞춰 도착하기 시작했다.

보이지 않는 존재

1989년 내내, BBC 텔레비전과 녹색당에서 내가 일하는 동안 뭔가 아주 희한한 일들이 일어나기 시작했다. 빈 방에 혼자 있을 때마다 내가 혼자가 아니라는 느낌이 들었다. 방에는 어떤 '존재'가 있었다. 이것은 갈수록 더 만져질 듯 확실해졌고, 1990년 BBC 본사 근처의 켄싱턴힐튼호텔에 머무르던 어느 저녁에는 방에 있는 이 존재가 너무 뚜렷해서 이렇게 크게 소리쳤다. "여

기 누가 있다면, 당신 때문에 미칠 지경이니 제발 말 좀 해보세요!" 그 일이 있고 며칠 후, 나는 아들 가렛과 함께 집에서 5분 거리에 있는 한 신문 가게에 있었다. 아들은 이제 덩치 크고 건장한 싱어송라이터와 라디오 진행자가 되었지만, 그때는 아직 어린애였다. 내가 밖에서 어떤 사람과 잡담을 나누는 동안 가렛은 가게 안에서 기차에 관한 책을 들여다보고 있었다. 내가 가렛에게 이제 가자고 말하려고 문으로 다가갔을 때, 내 발바닥이 갑자기 믿기 어려울 만큼 뜨거워지는 느낌이 들었다. 마치 바닥에 자석이 있는 듯 발을 아래로 잡아당기는 느낌도 있었다. 내 발을 움직일 수 없어 황당해하며 서 있는데, 어떤 '목소리' 아니면 아주 뚜렷한 생각이 내 마음을 꿰뚫고 지나갔다. "가서 안쪽에 있는 책들을 보세요." 그때 일을 생각하면, 그 장면은 영화 '매트릭스'에서 모피어스가 사무실에 있는 니오에게 말하던 것과 비슷하다는 생각이 든다. 전화만 없었을 뿐이다! 무슨 일이 일어나고 있었을까? 알 수가 없었다. 그저 본능적으로 이 목소리가 이끄는 대로 해봐야겠다고 느꼈다. 그쪽에는 싸구려 연애소설들로 그득하다는 것을 알고 있던 내가 '안쪽에 있는 책들' 쪽으로 움직이자 내 발들은 자유로워졌다. 큰 키에 까무잡잡하고 잘생긴 친구들과 완벽한 몸매의 영국 처녀들의 사랑타령 이야기들 사이에 워낙 색달라서 내 눈을 확 사로잡는 책이 한 권 있었다. 《마음과 마음Mind to

【그림 7】 베티 샤인. 신문 가게에서 본 그 얼굴.

Mind》이라는 이 책은 베티 샤인 Betty Shine이라는 여성이 쓴 것으로 앞표지엔 사진이 실려 있었다 (그림 7). 추천사를 읽으려고 책을 뒤집은 나는 '영능력자psychic'라는 단어를 보았다. 베티는 직업적인 영능력자이자 '손을 대서' 치유하는 치유자였고 여러 권의 책들을 썼다. 순간 나는 그녀가 내 주위에서 느끼던 그 '존재'를 알아볼 수 있을지가 궁금했다. 나는 책을 재빨리 읽은 후, 베티에게 연락해 예약까지 했다. 그녀를 만나게 되었을 때, 나는 존재 이야기를 꺼내지 않았다. 베티의 치유기술이 내 관절염에 도움이 될지를 알고 싶다고만 했다. '손을 대서' 하는 치유는 환자와 치유자의 에너지를 맞바꾸고 균형을 잡게 하는 것이다. 무지하고 과학이란 틀에 갇힌 사람들이 조롱하는 '미신'이 전혀 아니다. 베티는 내가 그녀의 치유를 받아보고 싶어 한다는 것 말고는 내게 일어나고 있는 일에 대해 아무것도 모르고 있었다.

나는 베티에게 모두 네 번 갔다. 처음 두 번은 치유작업을 했고 함께 현실의 다른 차원들을 놓고 이야기를 나누었다. 진짜 영능력자들이 그들의 정보를 얻는 곳이 이 차원들이다. 그들은 오감으로는 접속하지 못하는 현실의 주파수들에 의식을 맞춘다. 오감은 우리가 '가시광선'이라 부르는 아주 좁은 대역의 주파수들에만 연결되어 있다. 우리가 보고, 듣고, 만지고, 맛보고, 냄새 맡는 '세상'이 그것이다. 사람들은 눈을 통해 보고, 아니면 보이는 대로 생각하고 자신들이 관찰하고 있는 '공간' 속에서 보이는 것들이 전부라고 믿는다. 그러나 전혀 그렇지 않다. 우리는 그저 존재하는 것의 지극히 작은 부분, 곧 '가시광선'이라는 주파수 범위만을 보는 것이다. 주류 과학계의 몇몇 사람들에 따르면 전자기 스펙트럼은 우주에 존재하는 에너지와 물질의 0.005퍼센트쯤을 보여준다고 한다. 이 수치를 좀 더 높게 잡는 사람들도 있지만, 그래봤자 그리 높은 수치는 아니다. 그 안에서도 우리의 해독체계decoding system가 지금 볼 수 있는 유일한 주파수 범위인 가시광선은 그 일부일 뿐이다 (그림 8). 우리가 살고 느끼는 이 공간 안에는 무한함Infinity 또한 존재하고 있다. 이것은 라디오방송들이 서로 방해하지 않고도 같은 공간을 공유하는 것과 똑같은 방식이다. 라디오를 A방송에 맞추면 그 방송을 듣는다. 이제 B방송으로 다이얼을 돌리면 그 방송을 듣는다(감지한다). 우리가 B방송을 듣고 있는 공간에 A방송은 계속 존재한다. 단지 다이얼을 맞추지 않았을 뿐이다.

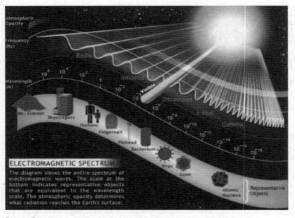

【그림 8】 전자기 스펙트럼 안에서 인간이 감지하는 아주 작은 주파수대

우리의 현실도 이와 똑같다. 육체의 오감과 그 유전구조 전체는 하나의 해독체계다. 아주 좁은 특정 대역 안에 있는 주파수들을 붙잡고 우리는 이 대역을 우리가 '살고 있는' 세계로 감지한다. 하지만 다른 모든 '세계들'과 무한한 존재의 표현들이 같은 공간을 공유하고 있다. 마치 B방송에 맞췄을 때 A방송을 들을 수 없는 것처럼, 그들은 우리의 오감이 감지하지 못하는 주파수로 공명하고 있기 때문에 볼 수 없는 것이다(그

【그림 9】 창조계는 퍼져있는 주파수 세계들의 무한한 범위이고, 우리가 해독하는 주파수 범위는 우리의 현실이 된다. 라디오 방송과 아날로그 텔레비전 채널들처럼 다른 모든 '세계들'은 같은 '공간'을 공유한다.

림 9). 나는 1991년 영국 텔레비전에 출연해 이런 얘기를 했다. 내가 엄청난 조롱을 당하던 시기였다. 그런데 17년 뒤인 2008년, 저명한 미국의 물리학자 미치오 가쿠 박사가 나와 똑같은 말을 했다. 유튜브에는 "Michio Kaku Confirms Icke To Be Correct(미치오 가쿠, 아이크가 옳다는 것을 보여주다)"라는 제목의 비교 동영상이 있다. 무슨 일이 '일어나고 있는지'를 이해하려면 우리 현실의 본질을 인식하는 일이 아주 중요하다. 서로 다른 주파수들은 그들이 다이얼에서 서로 근접하지 않는 이상 정상적으로는 서로 방해하지 않으며, 이

20

는 '창조계'의 주파수에서도 마찬가지다. 가끔 우리가 감지하는 세상의 주파수가 '혼선'을 일으키는 경우가 있는데, '유령들'과 여러 '초상paranormal 현상'들이 바로 그것이다. '유령들'은 우리가 그들의 '주파수'에 있지 않기 때문에 대부분이 그렇게 '단단해' 보이지 않는다. 다른 라디오 방송과의 혼선은 선명하고 뚜렷하지가 않다. '유령들'이 우리와 같은 주파수에 있다면 당신과 나처럼 단단해 보일 것이다(사실 우리가 단단한 것도 아니다. 이 부분은 나중에 다시 이야기하겠다). 다른 주파수 세계에 있는 존재들이 앞선 기술을 이용해서, 그리고 훨씬 더 진보한 존재들이 단순히 의식의 힘을 통해서 우리 세계를 드나드는 일이 가능하다. 비인간 존재들과 'UFO'는 난데없이 나타나서 난데없이 사라진다. 적어도 인간 관찰자에게는 그런 식으로 보인다. 그들이 인간 오감의 주파수 범위에 들어오면 느닷없이 우리 눈앞에 나타나고, 또 우리의 주파수 범위에서 벗어나면 느닷없이 '사라진다'는 게 실상이다. 사실 그들은 우리가 해독하고, 감지할 수 있는 주파수 범위로 살짝 들어왔다가 떠났을 뿐이다. 진짜 영능력자들은 현실의 다른 주파수에 맞춰 '이 세상의 것이 아닌' 정보의 원천들과 소통할 수 있다(그림 10). 우리가 '죽음'이라 부르는 것 역시 이 세상을 떠나 새로운 주파수 영역으로 들어간 것일 뿐이다. 진정한 '우리(의식, 자각awareness)'에게 죽음이란 없으며 그저 육체의 사망일 뿐이다. 육체는 우리가 '현실'이라 부르는 주파수 범위를 경험하게 하는 수단이다.

삶을 바꿔놓은 만남

베티 샤인과의 세 번째 만남은 내 인생을 송두리째 바꿔놓았고 내가 꿈도 못 꾸던 여정의 문을 열어주었다. 하지만 그런 일은 일어났고, 그리고 더욱 심오하게 계속해서 일어났다. 나는 베티가 내 왼쪽 무릎 가까이에서 치유를 하는 동안 의료용 침상에 앉아있었다. 갑자기 거미줄이 얼굴에 닿는 듯한 느낌이 들었고, '영'이나 다른 차원들이 접촉하려 할 때는 거미줄이 닿는 느낌이

Illustration by Neil Hague (www.neilhague.com)

【그림 10】 진짜 영능력자들은 그들의 마음이나 의식을 다른 '방송'에 맞춤으로써 다른 '세계들'이나 다른 주파수 범위에 접근할 수 있다.

있을 수 있다는 베티 책의 내용이 떠올랐다. 이제는 그때 내가 느낀 것이 전자기에너지임을 아는데, 이것은 흥분한 군중 틈에서 목덜미의 털이 곤두서는 것을 느낄 때 일어나는 것과 같다. 이런 일은 군중이 만들어내는 전자기에너지가 축적되면서 생긴다. 그때는 대체 그게 뭔지 몰랐지만, 이 '거미줄' 현상은 현실의 다른 주파수 범위들 사이에 맞물린 하나의 전자기적 연결이었다. 베티에게는 내가 어떤 느낌을 받았는지 입도 뻥긋 안 했지만, 10~15초쯤 뒤에 베티는 머리를 뒤로 젖히더니 말했다. "와! 대단하네요. 이건 못 본 걸로 해야겠네요!" 나는 눈만 껌뻑거리고 있었지만, 그전에 내 주위에서 느꼈던 '존재'를 막 이해하려던 참이었다. 베티는 나에게 정보를 전해달라고 요청하는 사람의 모습을 마음속으로 보고 있노라고 말했다. '그들'은 내가 이야기하고 싶어 하는 것을 알지만, 적당한 때가 오지 않았다는 말을 했다. 예전에 내가 켄싱턴힐튼호텔의 침대에 앉아서 "여기 누가 있다면요, 당신 때문에 미칠 지경이니 제발 말 좀 해보세요!"라고 소리쳤던 일을 두고 말하는 것이었다. 하지만 베티는 그 일에 대해서는 아는 게 없었다. 이어서 베티의 입을 통해 그 당시에는 해괴하고 미친 소리처럼 들렸던 여러 메시지들이 전달되었다. 20년도 더 지난 지금 나와 직접 관련된 것들은 모두 일어났거나 일어나고 있는 중이다. 그 몇 가지를 소개해보겠다.

- 그는 지구를 치유하러 온 치유자이며, 세계적으로 이름나게 될 것입니다.
- 그는 엄청난 반대에 부딪치겠지만, 우리가 늘 거기서 그를 지키겠습니다.
- 그는 영적으로 아직 아이이지만, 영적인 부를 받게 될 것입니다.
- 가끔씩 그는 뭔가를 말하고 그것이 어디서 온 것인지 궁금해 할 것입니다. 그것은 우리의 말일 것입니다.
- 지식이 그의 마음으로 들어갈 것이며 어떤 때는 지식으로 이끌릴 것입니다. 그는 아이일 때 그의 용기 때문에 선택되었습니다. 그는 시험을 받았고 그것들을 모두 통과했습니다.
- 그는 규율을 배우기 위해 축구로 이끌렸지만, 배움이 끝나 옮겨가야 했습니다. 그는 절망에 맞서는 법을 배우고, 모든 감정들을 경험하고, 아울러 그것을 넘어서서 잘 다루는 법을 배워야 했습니다. 영적인 길은 고난입니다. 쉽게 가는 사람은 아무도 없습니다.
- 그는 필요로 하는 것들을 모두 갖게 되겠지만(이것은 내 '욕구들'일 수도 있었겠다), 그 이상은 아닙니다.

1주일이 지나 다시 베티를 만났고 더 많은 정보를 전해들었다.

- 한 사람이 세상을 바꾸지 못하지만, 그 사람이 세상을 바꿀 메시지를 전할 수는 있습니다.
- 그 모든 일을 혼자서 하려고 마세요. 다른 이들과 함께 손잡고 가면 당신이 쓰러졌을 때 서로 일으켜 세울 수 있습니다.
- 그는 3년 안에 다섯 권의 책을 쓸 것입니다.
- 정치는 그에게 맞지 않습니다. 그는 너무 영적입니다. 정치는 영성에 반대되는 것이라서 그를 아주 불행하게 할 것입니다.
- 그는 정계를 떠날 것입니다. 그가 어떤 일을 해야 할 필요는 없습니다. 시간이 가면 그 일들은 점차 일어날 것입니다.

- 지금의 항공기와는 전혀 다른 종류의 비행기가 나올 것입니다.
- 시간은 의미를 잃게 될 것입니다. 당신이 원하는 곳, 그곳에 있게 될 것입니다.

　이런 말(다른 주파수 범위로부터 베티의 마음으로 투사된 것)을 해준 그 존재는 중국인의 모습이었고 "소크라테스가 나와 함께 있다."고 말했다. 소크라테스(469-399 BC)는 플라톤을 가르친 그리스의 철학자였는데, 70세의 나이에 젊은이들을 퇴폐적으로 만들었다는 죄명을 뒤집어썼다. 그는 독미나리의 독을 마심으로써　자신의 사형선고를 집행했다. 소크라테스의 명언들은 아주 많다. 그 중엔 이 책과 내 작업에 완벽하게 들어맞는 이런 말도 있다. "우리가 아는 게 별로 없다는 것을 아는 것이 지혜다." 이런 메시지들은 전자기적으로 베티 샤인에게 전해졌고, 그녀는 진짜 영능력자들이 그렇듯이 이 정보를 말로 해독했다. 영국의 영능력자는 영어로 해독하고, 이탈리아인은 이탈리아어로 해독하는 식이다. 이러한 메시지는 말로 보내지는 것이 아니라 전자기적인 '사고형태thought-form'로 보내진다. 이것은 라디오나 아날로그 텔레비전이 방송주파수로 부호화된 정보를 "여러분 안녕하십니까. 지금 라디오 ABK를 듣고 계십니다." 등등의 말들로 해독하는 것과 같은 방식이다. 이 과정은 무척 단순하다. 그러나 뿌리 깊게 통제되고 무지하기 짝이 없는 '과학'은 내가 이 책에서 설명하고자 하는 우리 현실의 진정한 본질에 대해서 묵살하고 있다.

'리얼'한 세상이여, 안녕
그렇게 해서 BBC의 텔레비전 앵커이자 녹색당의 대변인인 나는, 엄청난 반발을 뒤로 하고 내가 세계무대로 나갈 것이고, '그들'이 늘 거기서 나를 지켜줄 거라는 소리를 듣고 앉아있었다. 머릿속이 멍해졌다. 지구를 치유하다니 그건 무슨 소리일까? 그리고 내가 3년 안에 다섯 권의 책을 쓰다니 도대체 무슨 책을? 하지만 내 안의 뭔가는 내가 이 말을 따라갈 것이고, 그래서 결국 어디로 데려갈지 알고자 한다는 것을 눈치 채고 있었다. 곧이어 일들은 아주 빠르게 진행되었다. 몇 달이 지나자 BBC와의 재계약은 무산됐고, 녹색당과 하던 일에서도 물러났다. 나는 언젠가는 이 모든 일들이 공개되리라는 것을 알고 있었고, 그로 인해 녹색당이 공격당하게 하고 싶지 않았다. 게다가 그 즈음에 정치가 무의미하다는 것도 느꼈다. 나는 녹색당의 몇 사람들에게 그동안 일어났던 일들을 이야기했고 '데이비드가 미쳤다!'는 소문이 돌기 시작했다. '색다르고 깨달은' 녹색정치는 이것으로 끝이었다. 경험에 비추어 보건대 나는 이것이 또 다른 이름의 케케묵은 정치일 뿐이고, 녹색당이 인간이 초래한 '지구온난화(실제로는 기온이 떨어지기 시작하면서 '기후변화'로 이름을 바꿨다)'에 관한 말도 안 되는 헛소리를 팔아먹고 이용하기에 몰두하는 작태는 결국 자신들의 신뢰도를 함께 무너뜨릴 거라고 말할 수 있다. 1990년 3월, 첫 메시지들을 받은 그때부터 내 인생은 놀랍게도 줄줄이 이어지는 동시적인 '우연의 일치들', 경험들, 그리고 사건들로 재현되었다. 이것은 사람들, 책, 문서, 다른 영능력자 몇 명, 그리고 개인적인 경험들의 형태로 나를 지식과 정보로 이끌고 있었다. 보이지 않는 힘은 내게 엄청나게 큰 퍼즐의 조각들을 건네주고 있었고, 나는 그 뒤로 20년 이상을 그것이 얼마나 거대한 퍼즐인지를 배우고 있는 중이다. 이 퍼즐은 이전보다 더 빠르게 확장되고 있고, 이른바 토끼굴은 아주 깊어지고 있다. 서로 연결된 정보들의 규모는 믿기 어려울 정도로 거대하고, 이야기들은 끝도 없어 보이며, 또 그 주제들은 워낙 다양해서 '실마리들'은 보다 체계적인 방식으로 내게 전해져야 했다. 내가 토끼굴을 점점 더 깊이 파헤쳐 들어갈수록 새로운 층들이 쌓여졌다. 주제들은 자주 바뀌지 않았지만, 세부사항들은 여기저기서 바뀌고, 또 덧붙여지고 꼬였으며, 내 마음이 확장되고 우리가 '시간'이라고 부르는 것이 지나면서 더 자세한 내용들이 내 앞에 드러났다. 앞으로 나아가는 길에 거짓정보의 연막들도 무척이나 많다. 결국 세세한 세부사항들보다 주제가 더 중요하다. 세부사항들은 잊어버릴 수 있지만 주제들은 누구나 기억한다. 우리가 문제를 이해하고 무언가를 해결하기 위해 누군가의 목둘레 사이즈나 커피 취향을 알 필요는 없다. 나의 도전과제는 모든 가능성을 열어두고, 그저 그것이 '일반적인 것'을 벗어났다고 해서 정보나 통찰을 무시해버리지 않는 것, 그리고 내가 대중들과 얼빠진 대중매체들로부터 받게 될(적어도 처음에는) 비웃음과 독설을 감수하고 그 정보를 전하겠다고 결정하는 것이었다.

그 뒤로 일어나는 일들이 비웃음과 독설을 무시해버리도록 나를 도왔고, 이젠 어떤 비난도 귀에 들어오지 않는다. 나는 1990년의 나머지 시간들을 여행하고 첫 책을 쓰면서 보냈다. 나는 '그들'이 지구의 생명과 현실에 대한 인간의 지각을 변형시킬 진동의 변화가 오고 있다고 내게 말해준 뒤로 이 책에 《진실진동Truth Vibrations》이란 이름을 붙였다. 이것에 대해서는 앞으로 더 설명하겠지만, 우리 현실을 근본적으로 변화시킬 '진실진동'은 세 가지 큰 효과를 가져오리라는 것이 요점이다. 첫째, 그것은 최면술사가 손가락으로 내는 '딱' 소리가 되어 인류를 최면상태, 기억상실로부터 깨우게 될 것이다. 사람들은 자신들이 자아와 세상의 진정한 본질을 잊어버리도록 조종되어왔다는 점을 기억해낼 것이다. 둘째, 지금 일어나고 있는 일들에 있어 인류에게 숨겨진 모든 것들이 드러날 것이다. '오즈의 마법사'에서처럼 우리는 '마법사의 커튼' 뒤를 보게 될 것이다. 셋째, 지구의 에너지장과 진동구조는 인간의 진동과 현실의 에너지 공명과 동조할 것이다. 그 결과 지진과 화산폭발과 같은 지질활동과 혹독한 기후가 빈번하게 발생할 것이다. 단, 우리는 기후와 지질활동을 조작하는 기술과 집단이 있다는 것을 늘 명심해야 한다. 모든 극심한 날씨와 지질학적 사건들은 전혀 '자연적'인 것이 아니다. 내가 1990년에 이 모든 것들을 들었을 때는 어떤 대규모의 '깨어남'이 일어나려고 한다는 증거가 없었다. 또 역사를 통틀어 세계적인 사건들을 조종하는 '숨은 손'과 관련해 어떤 일이 일어나고 있는지도 밝혀지지 않았다. 하지만 지금은 둘 다가 일어나고 있으며, 그것도 점점 더 지구적 규모로 일어나고 있다. 처음 시작했을 때는 아주 외로운 길이었지만, 최근 음모 연구자들과 연구자료들이 폭발적으로 늘고 있다. 내가 이 이야기들을 처음 접했던 1990년은 말할 것도 없고, 겨우 몇 년 전과 비교해 봐도 믿기 어려울 만큼 많은 수의 사람들이 새로운 인식에 마음을 열고 있다. 뿐만 아니라, 날이 갈수록 그 수는 늘어나고 있다.

새로운 태어남

그해 말 《진실진동》의 저술을 마치고 책이 인쇄와 출판 작업에 들어갔을 즈음, 갑자기 나는 페루에 가야 한다는 엄청난 충동을 느꼈다. 월드컵에서 몇 번인가 축구팀의 경기를 본 것 말고는 페루에 대해 아는 게 하나도 없었지만 '페루에 가야 한다'는 느낌이 강하게 들었다. 여행사의 포스터와 서점의 책과 텔레비전 다큐멘터리까지, 다양한 장소에서 '페루'는 불쑥불쑥 내 눈에 들어왔다. 거기 가야만 했다. 나는 그것을 분명히 알고 있었다. 그러나 왜인지는 몰랐다. 페루에 도착해서 나는 푸노 시에서 차로 80분쯤 걸리는 시골에 있는 시유스타니Sillustani라는 이름의 고대 잉카유적으로 나를 이끌었던 믿기 힘든 경험들과 '우연의 일치들'을 겪었다(그림 11). 그것은 삼면이 호수인 언덕 위에 있었고 멀리 산들이 둘러싸고 있었다. 내게 페루 곳곳을 보여주던 페루인 가이드는 푸노에 있는 '시유스타니'라는 호텔을 예약해주었다. 호텔 벽에는 온통 그곳의 사진들이 걸려있었고 나는 사진을 보자마자 그곳에 가야한다는 것을 알았다. 직관적인 충동은 정말 대단했다. 가이드와

【그림 11】 페루의 시유스타니. 유적 주위를 걸을 때만 해도 나는 이곳에서 '새로운' 데이비드가 되는 카운트다운이 이뤄지고 있는 줄은 꿈에도 몰랐다. 인생이 바뀐 것이 아니라, 모든 것이 바뀌었다.

운전사가 딸린 작은 관광버스를 빌려서 그곳으로 향했다. 시유스타니는 아름다운 곳이었다. 나는 유적들을 둘러보고 장대한 경관을 즐겼지만, 떠날 시간이 다가오자 실망감을 감출 수 없었다. 사랑스러운 곳이긴 했지만, 그곳에서의 경험은 거기에 가야만했던 충동에 비하면 전혀 걸맞지 않았다. 나는 버스에 다시 올라타서 푸노로 길을 틀었지만 얼마 가지 못했다. 반쯤은 몽상상태로 창밖을 바라보고 있었는데, 길을 따라 몇 분이나 내려갔을까. 오른쪽으로 작은 언덕 아니면 흙더미 하나가 눈길을 사로잡았다. 그리고 내 머릿속에서 '이리 와요, 이리 와요, 이리 와요.'라는 소리가 들려왔다. '이젠 저 언덕이 말을 다 하는구나! 이번엔 또 뭐지?' 나는 운전사에게 차를 세워달라고 하고서 언덕에 몇 분쯤 다녀오고 싶다고 했다. '꼭대기에 올라가자 길에서는 보이지 않던 고대의 스톤서클stone circle 하나가 눈앞에 펼쳐졌다(그림 12). 화창하고 구름 한 점 없는 날씨, 나는 원 안으로 걸어 들어가 시유스타니와 먼 산들을 돌아보았다. 느닷없이 내 발들이, 거의 1년 전 집 근처의 신문 가게에서 그랬던 것처럼 믿기지 않을 만큼 다시 뜨거워지는 것을 느끼기 시작했다. 이번에는 그 강도가 훨씬 더 컸다. 자석이 내 발들을 땅으로 끌어당기는 느낌이었다. 내 머리끝에서 드릴로 뚫는 듯한 느낌이 시작되었고, 머리에서 발을 거쳐 땅으로 에너지가 흘러내려가는 것을 느꼈다. 또 한 번의 에너지 흐름이 반대 방향에서 오고 있었다. 내 의도와는 상관없이, 내 팔들이 머리 양쪽으로 45도 각도로 들어 올려졌다. 내가 겪고 있는 현실에서는 그때부터 그 현

【그림 12】 2012년, 나는 내 인생을 영원히 바꿔버린 그 장소에 다시 갔다.

상이 끝날 때까지 시간이 존재하지 않았는데도, 내 팔들은 언제까지라도 그대로 있을 것 같았다. 웬 '목소리'(해독된 전자기 통신)가 내 마음을 아주 또렷하게 스쳐지나가며 메시지를 전했다. '그들은 지금부터 100년 동안 이 순간에 대해 이야기할 것입니다.' 메시지는 계속 이어졌다. '비가 오는 것을 느낄 때 끝날 것입니다.' 구름 한 점 없이 햇볕이 따갑게 내리쬐고 있는 풍경으로 보아 뒤의 목소리는 말도 안 되는 것 같았다. 나를 지나가던 에너지는 더 커지고 커져서 마침내 내 몸을 흔들고 있었다. 엄청나게 강력한 전기가 나를 거쳐 모든 방향으로 뻗어나가고 있는 것처럼 느껴졌다. 지금 생각해보면 그 당시 내 의식은 나의 몸을 들락거리고 있었던 것이다. 마치 차를 몰다가 지난 몇 킬로미터를 어떻게 운전했는지 기억나지 않을 때와 같다. 무의식이 운전을 하고 있었던 것이다. 문득 의식을 차리게 되었을 때, 먼 산들 너머로 밝은 잿빛 안개가 보였고 안개의 빛깔은 이내 어두워졌다. 나는 그 폭풍우가 내 쪽으로 아주 빠르게 다가오는 모습을 보았다. 기상캐스터들은 다가오는 '전선'에 대해 이야기한다. 맞다. 비를 품은 구름들의 '전선'이 거의 일직선으로 나를 향해 오고 있는 것이었다. 마치 커튼이 하늘을 가로질러 쳐진 것만 같았다. 이윽고 구름들은 해를 가렸고, 결국 장대비가 내 쪽으로 다가오는 것이 보였다. 이런 장면을 소설이나 영화에 끼워 넣는다면 사람들은 당연히 터무니없는 일이라고 할 것이다. 그러나 실제로 그랬다. 비가 후려치면서 나는 물에 빠진 생쥐 꼴이 되었고 에너지의 흐름은 바로 멈췄다. 그때까지 나는 팔을 높이 들고 있었지만 통증을 느끼지 않았는데, 비로소 어깨가 고통을 느끼기 시작했다. 에너지가 손과 발에서 흘러나오고 있어 나는 마치 걷고 말하는 전기기둥 같았다. 버스로 돌아온 나는 에너지를 조금 분산시키려고 커다란 수정을 손에 쥐고 있었지만, 그 후 24시간 동안 그 에너지는 멈추지 않고 내 발에서부터 계속 퍼져나갔다.

쿤달리니

그때는 그 스톤서클에서 무슨 일이 일어났는지 알지 못했다. 하지만 이제는 안다. 사실 많은 일들이 일어난 것이다. 곧 설명하겠지만, 그 에너지는 사람을 둘러싸고 있는 에너지 즉 '의식 거품'을 터뜨렸다. 나와 '그들' 사이에는 전자기적인 통신채널도 만들어졌다. 현실과는 다른 차원에서 오는 정보, 개념, 통찰들은 그 연결을 통해 내 '인간의 마음'으로 흘러들기 시작했다. 그 후 1991년 2월부터 5월까지, 서너 달 가량의 대단히 힘든 전환기간이 뒤따랐다. 지나고 보니 그것은 컴퓨터 키보드의 키들을 너무 빠르게 누르면 컴퓨터가 '동결'되는 것과 같았다. 컴퓨터는 그렇게 많은 데이터를 한 번에 처리하지 못한다. 나는 그 연결이 이어졌을 때 정보의 해일에 휩쓸렸고, 내가 데이터를 처리하기 위해서는 시간이 필요했다. 이것은 댐이 터져서 물이 새로운 위치에 자리 잡을 때까지 엄청난 격동과 혼란을 겪는 것과 비슷하다. 이것이 근본적으로 내 마음에 일어났던 일이다. 나는 그 스톤서클에서 어마어마한 '쿤달리니' 경험을 했고, 내 '차크라' 체계가 그 모든 정보가 쏟아져 들어올 수 있도록 터져 열렸다는 것을 이제는 안다. 이것은 날뛰는 야생마를 타려고 하는 시도와 비슷했다. '차크라'는 고대 산스크리트어로 '빛의 바퀴'라는 뜻이다. 차크라는 '오라장auric field'이라고 하는 마음과 인식의 다른 수준들에 몸을 연결하는 볼텍스vortex들이다(그림 13). 일곱 개의 주요 차크라는 다음과 같다. (1) 크라운차크라(7차크라)는 머리 꼭대기 정수리에 있는데, 스톤서클에서도 이곳을 통해 에너지가 들어오고 나갔다. (2) 제3의 눈 차크라(6차크라)는 이마 한가운데 있으며 '제3의 눈'이라고 불린다. '영적인 시야'를 이루는 뇌의 솔방울샘과 뇌하수체에 연결된다. (3) 목차크라(5차크라)는 창조력과 소통을 위한 볼텍스다. (4) 가슴차크라(4차크라)는 가슴 한가운데 있으며 이 볼텍스가 열리면 우리를 훨씬 더 높은 자각의 수준들에 연결해준다. (5) 태양신경총차크라(3차크라)는 배에 있고 느낌과 감정들에 바로 연결되어있다. 그래서 이곳에서 두려움과 공포와 같은 강한 감정들을 느끼는 것이다. (6) 천골차크라 (2차크라)는 배꼽 바로 밑에 있으며 성과 생식과 관련된다. (7) 회음차크라(1차크라)는 등뼈의 기저에 있고 우리를 이 현실에 발붙여 두는 역할을 한다. 쿤달리니 또는 '똬리 튼 뱀'이 있는 곳이다. 이러한 차크라의 에너지가 풀려나면 중추신경계를 타

【그림 13】 인간의 주요 '차크라' 또는 볼텍스는 서로 다른 색상 주파수들과 공명하고 '육체적인' 몸을 자아와 더 넓은 현실의 다른 수준에 이어 준다.

고 오르면서 모든 볼텍스 지점들을 열어젖히고 머리끝까지 흘러들어가서 우리를 '깨달음' 혹은 훨씬 더 진보한 자각의 수준들과 이어 준다. 페루에서 내게 일어났던 일이 그것이다. 아울러 한동안 몇 날 며칠인지 몰랐던 이유도 이 때문이다.

나는 나다

재수 없게도, 정확히 말하자면 내 자신의 발전이라는 관점에서는 운 좋게도, 내가 이 '전환상태'로 영국에 돌아온 직후에 《진실진동》이 출판되었고 전국 방송과 인터뷰를 가지게 되었다. 나는 그런 지속되는 강도의 경험을 할 수 있는 사람은 거의 없다는 조롱을 받았다. 당시 영국에서 가장 이름을 날리던 테리 워건이 진행하는 황금시간대의 생방송 토크쇼에 나갔을 때 조롱은 정점에 이르렀다. 나는 청록색 옷을 입고 있었고(그때 내가 고집했던 옷 색깔), 15분쯤 뒤엔 내 과거와 이어진 모든 다리들이 불타서 무너져내렸다(그림 14). 이젠 돌아갈 길이 없었다. 내 인생이 허물어지고 있는데도 되돌아가고 싶은

【그림 14】 "어, 내 이름이 뭐였더라, 여긴 어디지?"

마음은 없었다. 그땐 몰랐지만 새로운 인생이 태어나도록 내 인생이 산산조각 났던 것이다. 테리 워건은 청중들에게 자신의 연기력을 우쭐대며 거들먹거리고 있었지만, 사실상 그는 가장 엄청난 변형의 경험을 거치고 있는 한 사람과 마주하고 있었던 것이다. 나조차도 내게 무슨 일이 일어나고 있는지를 몰랐고 워건 역시 그랬다. 그는 마음이 그다지 활짝 열린 사람도 아니었다. 세월이 흐른 뒤에 나는 그와 다시 인터뷰할 기회가 있었는데, 그 결과는 딴판이었다. 이 두 인터뷰 영상은 유튜브에서 볼 수 있다. 워건 쇼에 나간 뒤로 몇 년 동안 나는 엄청난 비난과 조롱을 (유치한 주류 대중매체들은 지금도 그렇게 하고 있다.) 겪어야 했다. 나는 달아나서 숨거나, 아니면 더 강하게 맞서거나 둘 중에 하나를 선택해야 했다. 내가 초기에 쓴 책들 가운데 하나인 《난 나다, 난 자유롭다 Am Me, I Am Free》에 내가 선택한 길들을 요약해놓았다. 대대적인 비난과 조롱은 나를 두려움으로부터 자유롭게 해준 경험이었고, 나는 거의 모든 사람들이 평생을 갇혀 살고 있는 마음과 정서적인 감옥의 한계들로부터 자유로워졌다. 바로 남들이 나를 어떻게 생각할지에 대한 두려움이다. 이 심리적인 파시즘에 무릎 꿇는 대다수는 자기만의 진리 안에서 살거나, 그들만의 독특한 자아를 표현하지 않고 있다. 그들은 주위 사람들(부모, 친구, 동료, 술집에 있는 사람들이나 대중매체)에게 받아들여진다는 믿음으로 만들어진 감옥에서 살고 있다. 이런 젠장! 내게는 그런 것이 없었다. 워건 쇼에 이어진 몇 년 동안 나를 비웃었던 사람들은, 1991년 서너 달밖에 존재하지 않았던 '누군가'를 대상으로 그 일을 했던 것이다. 아무튼 전환기가 끝나자 컴퓨터는 '해동'되었고 지인들은 내게 말했다.

"네가 미쳐버린 게 아닌가 싶었어. 이제야 내가 아는 녀석으로 돌아왔네."

맞다! 데이비드는 돌아왔다. 하지만 같은 데이비드는 아니었다. 나는 세상을 전혀 다른 방식으로 보았고 전에는 보이지 않던 것들이 이젠 아주 뚜렷해졌다. 내 의식의 여정이 시작된 것이다. 양파의 층들이 켜켜이 벗겨지고 프로그램들이 지워지자 더 많은 '데이비드들'이 있었다. 분명코 아직도 더 많이 있을 것이다.

걸어온 길의 의미

지금의 관점에서 보면 내 삶은 그 시작부터 지금의 내가 되기 위한 준비과정으로서 완벽하게 옳은 길이었다. 1990년 의식이 '활성화'되기 전에 마구잡이로 일어나는 일들로 보였던 것들은, 내게 오고 있던 것을 위해 필요한 경험과 기술을 가르쳐주고 있었다. '그들'이 그렇게 했고, 내 자각의 무의식적 수준들이 그렇게 한 것이다. 축구선수의 경험은 목표에 도달하는 데 전념할 것을 요구했고, 류머티즘성 관절염의 끊임없는 통증을 안고서 거의 대부분의 기간 동안 경기를 뛰었던 것은 그것이 무엇이던 간에 계속 나아가야 한다는 결정을 내리게 했다. 저널리즘은 글을 간결하게 쓰고 겉보기에 복잡해 보이는 것을 단순한 방식으로 발표하는 기술들을 알려주었다. 아울러 주류 대중매체가 세상에 관한 진실을 말하는 경우가 있다면 그것은 거의 대부분 우연의 일치일 뿐이라는 점도 알게 되었다. 일이 한창인 신문사나 방송국의 뉴스 편집실을 들여다본다면, 그들이 하는 말이라면 한 마디도 믿지 않게 될 것이다. 텔레비전은 그것이 얼마나 뻔뻔한 거짓말 제조공장인지 보여주었다. 내게 공적인 프로필을 갖게 해주어 어느 정도 무시당하지 않게 해준 측면도 있다. 녹색당에서 일했던 기간은 정치라는 것이 세상을 바꾸는 것과는 무관하다는 사실과, 정당의 서로 다른 이름과 색깔이 서로 다른 정치적 수단을 뜻하지는 않음을 알게 되었다. 녹색당이 전형적인 사례다. 이 경험을 통해 공적으로는 서로 대립하는 듯한 정치인들이 사적으로는 전혀 그렇지 않다는 사실도 알게 되었다. 워건 쇼에 뒤따른 대대적인 비웃음은 남들이 나를 어떻게 생각할까 하는 두려움을 내게서 지워버렸다. 따라서 인습적인 믿음 때문에 내게 들어온 정보를 삭제하고 재단하지 않을 수 있게 되었다. 이것은 반드시 필요한 일이었다. 이것은 당신이 탈바꿈하는shapeshifting 파충류 존재들에 대해 이야기하거나 달이 '진짜'가 아니라고 말할 때, 사람들이 당신에 대해 어떻게 생각할까를 신경 쓰지 않도록 도와준다(그림 15). 자신의 삶을 살펴보면 무관한 것처럼 보이는 사건들을 잇는 패턴을 발견할 수 있을 것이다. 인생은 사람들 생각처럼 마구잡이식이 아니다. 그 패턴들이 거듭 되풀이되는 행동과 경험의 주기를 드러낸다면 그것들은 당신에게 매우 중요한 무언가를 말해주고 있는 것이다. 바로 당신이 마음이라는 감옥에 갇혀 있다는 사실이다. 일단 그것을 알고, 그것을 인정하고, 그곳에서 벗어나고 싶다고 결정하면, 당신은 그 원인을 놓고 뭔가를 할 수 있다. 바로 당신 말이다. 1990년 내가 한 영능력자를 통해 전해들은 메시지 중의 하나이다.

【그림 15】 같은 여정에서의 서로 다른 반드시 필요했던 단계들

34

힘들게 찾아 나설 필요는 없습니다. 길은 이미 준비되어 있습니다. 당신은 실마리들을 따르기만 하면 됩니다. …… 우리는 예정된 길을 따라 당신을 안내하고 있습니다. 그것은 당신이 육체를 갖기도 전에 모두 준비되었습니다.

이 말은 내가 아이였을 때부터 분명하게 경험했던 것이고, 내 인생의 부분 부분들을 돌아볼 때면 나는 그것들이 모두 동일한 한결같은 여정이라는 것을 알 수 있었다. 거기엔 내가 좋아했던 경험들도 있고 전혀 그렇지 않은 것도 있다. 인생은 흔히 최악의 악몽들로 감쪽같이 위장한 최고의 선물들을 준다. 이런 경험들은 그리 즐겁지 않을 수도 있지만, 우리를 더 지혜롭게 하고 더 많은 것을 알게 해준다. 내 인생에 사실상 같은 시기에 들어온 두 사람이 있었는데 그들은 모두 끔찍한 기억과 함께였다. 둘 다 '사랑, 평화, 친절'의 본보기인 양 자신들을 내세웠지만, 나의 일과 건강, 정서와 재정 상태에 있어서 최악의 경험을 선사했다. 하지만 그 경험들은 나를 더 강하고 현명하게 바뀌게 했고, 특히 인간사회의 모든 수준에서 작동하는, 오로지 '나, 나, 나'에만 집중하는 '마음'을 들여다보게 해주었다. 나는 그들의 자기 집착에서 세상을 이 모양으로 만든 원인을 보았다. 따라서 이 경험은 '실수'가 아니라 선물이었다. 어쨌든 두 사람은 내가 친절하고, 이타적이고, 공감과 지혜와 공정함이라는 자질을 찾아내는 데 도움을 준 셈이다. 나는 이들에게 별로 기대하지는 않지만 뭐, 인생은 영원하고 바뀔 기회도 영원하다. 1990년 '그들'에게 받은 다른 두 가지 메시지들은 말 그대로 되어갔다. "가끔씩 그는 뭔가를 말하고 그것이 어디서 왔는지 궁금해 할 것입니다. …… 그것들은 우리의 말이 될 것입니다." 그리고 "지식이 그의 마음으로 들어갈 것이며 어떤 때는 지식으로 이끌릴 것입니다." 내가 베티 샤인의 거실에서 그 말을 들었던 순간부터 계속되고 있는 일이다 먼저 하나의 통찰이 내게 오면, 견고한 '오감' 정보가 끝도 없는 원천들로부터 사람들, 경험과 지식의 형태로 나에게 흐르기 시작한다. 이제 나는 이 과정을 아주 잘 안다. 나는 오래전부터 내게 일어난다고 한 일들이 일어나는 것을 보고, 그것을 신뢰하는 법을 배웠다. 이런 내용은 수년간 내 책들에 쓰여왔으며, 지금은 텔레비전 뉴스에 나올 정도까지 되었다. 오랫동안 내 말에 귀 기울이는 사람은 거의 없었고, 나는 빈 방이나 다를 바 없는 방에서 강연했다. 1996년에는 세 달 동안 미국을 여행하면서 연구했고 몇 명 되지도 않는 사람들에게 이야기했다. 시카고 근처에서 강연할 때는 겨우 여덟 명이 왔고, 뉴잉글랜드의 어느 집 거실에서 강연할 때는 그나마도 없었다. 내가 왜 이딴 일에 신경 쓰는지, 그리고 대체 일이 어떻게 되어 가는지 회의가 들 때도 많았다. 무엇을 위한 것일까? 그러나 이런 좌절과 재정적인 위기에도 불구하고 내 안의 무언가가 나를 몰아갔다. 내가 처음 워건 쇼에 출연했을 때, 그러니까 인간 '나'가 안에서 죽어가고 있을 때, 이 '무언가'를 인식했다. 텔레비전 생방송에 앉아있는 동안 내게 말하는 어떤 '목소리'를 들은 것이다. 그 목소리는 이렇게 말하고 있었다. "걱정하지 말아요. 다 괜찮을 겁니다. 이것은 어딘가로 이끌고 있어요." 그리고 그렇게 되었다. 당신은 뭔가를 듣지 않을 수 없고, 남들이 어떻게 반응하더라도 당신의 진실을 이야기하는 것이 정말로 중요하다. 당신이 말하는 것이 타당하다면 결국 그렇게 밝혀질 것이다. 하지만 결과가 두렵다고 입 다물고 있으면 그 과정은 일어날 수가 없다. 21세기로 접어들면서, 특히 9·11 뒤로 내가 하는 일에 대한 관심이 치솟았다. 전 세계 사람들이 정복과 집단 학살의 전쟁을 정당화하고 세계적인 전체주의국가를 세우기 위한 거짓말들을 꿰뚫어보기 시작하고 있다. 아무도 없는 것이나 다름없는 방에서 떠들던 내가 이제는 수천 명의 청중들을 앞에 두고 강연하게 되었다. 내가 점들을 이어 전체 그림을 보여주는 8~9시간 내내, 내 말을 동시통역해야 하는 자리에도 이 정도의 사람들이 모인다. 나는 아직도 이것이 꿈이 아니라는 걸 확인하려고 내 살을 꼬집곤 하지만, 이 일은 내가 1990년에 들었던 바로 그대로다. 훨씬 더 많은 일들도 곧 다가올 것이다(그림 16). 이미 시작되었다고 들었던 그 깨어남은 수백만 명의 지각에 영향을 주었고, '진실진동'이 인간의 마음을 열어젖히면서 갈수록 더 빨리 진행되고 있다. 아직은 많은 수가 아니지만, 아니 거기에 이르기에는 어림도 없지만, 내가 시작했을 때와 비교해보면 그 수는 놀라울 정도이다. 또한 나는 전 세계를 거의 쉴 새 없이 여행하면서 이것이 세계적인 현상임을 똑똑히 지켜보았다.

'미래'는 여기 있다

나는 20년 동안 통제와 구속이 터무니없는 수준들에서 일어나고 있다는 이야기를 해오고 있다. 이제는 더욱 많은

【그림 16】 고된 여행이지만, 아~ 고통과 노력의 보람이 있다. 2010년 뉴욕 타임스스퀘어에서의 강연.

사람들이 그런 시각으로 세상을 바라보게 되었다. 우주공간의 인공위성, 도시와 마을과 도로를 점령한 카메라, 원격조종 비행카메라, 이동전화와 컴퓨터, 신용카드와 포인트카드, 홍채인식시스템, 그리고 우리가 아직 듣도 보도 못한 다른 많은 수단들로 인간 삶의 세세한 부분들이 감시되고 있다. 우리가 먹는 음식은 '첨가물'로 알려진 화학물질의 칵테일들로 오염되었고, 아이들을 겨냥한 식품과 음료는 그중에서도 최악의 것들이다. 우리는 우리를 유전적으로 조작하기 위해 고안된 유전자 조작 식품을 먹고, 먹는 물에 들어있는 유독성 불소를 마시는데, 이것은 식품첨가물들이 그렇듯이 뇌의 회로를 바꾼다. 불소는 나치의 수용소에서 수용자들을 온순하게 할 목적으로 식수에 넣은 것이다. 유아들은 면역계가 형성되지도 않은 2세 이전에 30회(갈수록 더 많아지고 있다)의 백신을 맞고 있다. 이렇게 되면 아기들의 면역력은 절대로 본래의 힘을 갖지 못할 것이다. 영국 정부는 전 국민에게 또 다른 B형 간염백신을 접종할 것을 검토하고 있다. '숨은 손'이 통제하는 세계보건기

구와 영국의학협회는 이것을 지체 없이 시행해야 한다고 말한다. 그들은 그렇게 할 것이다. 성인들에게도 정신적, 정서적, 육체적 손상을 입히는 유독 화학물질을 예방접종이라는 이름으로 주입하고 있다. 의무적인 예방접종은 '통제시스템'의 어젠다에 들어있다. 경찰은 날이 갈수록 군대처럼 되어가면서 자신들에게 아무런 위협도 되지 않는 대상들에게 55,000볼트의 전기로 공격하는 테이저건과 총기류를 사용하고 있다. 정부는 말도 못하게 고통스러운 음향기술을 사용해 시위하는 사람들을 해산시키면서, 다른 나라의 평화적 시위를 보장하기 위해 독재자들을 폭격해야한다고 말한다. 폭격 받은 나라에서는 방출된 열화(劣化)우라늄 때문에 심각한 선천성 결함을 가진 아이들이 태어난다. 우리는 다양한 원천들의 방사선에 꾸준히 노출되고 있고 이것은 우연의 일치가 아니라 계획된 것이다. 이동전화와 통신기지국, 무선인터넷, 전자레인지, '안전기준치(절대로 그렇지 않다)'로 방사선 처리된 식품들이 꾸준히 늘어가고 있다. 인간이 초래한 '지구온난화'라는 '새빨간 거짓말'로 대안 제품들의 금지를 정당화하면서 '에너지절약' 전구를 사람들에게 강요하고 있다. 내가 직접 겪은 일은 말할 필요도 없이, 과학자들은 이 전구들이 유독성 화학물질과 위험 수준의 방사선을 내놓는다는 것을 확인했다.

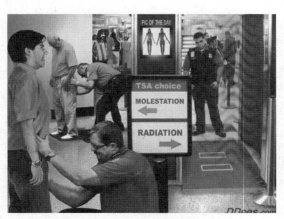

비행기를 타려면 방사선을 쬘 건지(전신 스캐너를 이용할 건지) 성추행을 당할 건지를 선택해야 한다. 비행기를 자주 이용하는 사람은 그 누적효과로 인해 비싼 대가를 치르게 될 것이다 (그림 17). 재앙과도 같은 양의 방사능을 바다

【그림 17】 비행기를 타기 전, 우리 자신과 아이들은 방사선(Radiation), 아니면 성추행(Molestatio)에 노출되고 있다.

와 지구 대기에 쏟아내고 있는 일본 후쿠시마의 사례도 있다. 날씨를 바꾸고 지진을 일으키는 '하프HAARP'란 기술은 대기권 상층부인 전리층에 구멍들이 뚫리게 하고 있다. 이 기술은 알래스카에 있는 미군이 조종하고 있고, 전 세계의 비슷한 기술과 이어져있다. 구멍이 뚫린다는 것은 우리를 보호하고 있는 지구의 방어벽이 뚫리게 된다는 의미이고, 그곳을 통해 우주방사선이 뚫고 들어온다. 식품과 생명공학에 관련된 극소수의 기업이 인간의 먹이사슬을 장악하면서, 소농들과 텃밭 재배자들마저도 표적으로 삼고 있다. 전범으로 감옥에 가 있던 나치를 중심으로 '국제식품규격Codex Alimentarius(식품규칙 food book 또는 식품법food code이라는 뜻의 라틴어)'이라고 하는 사악한 사기극이 벌어지고 있는데, 바른 생각을 하는 사람들이 건강보조식품이나 자연치료제들을 효과적으로 이용하지 못하게 하는 것이 그 목적이다. 세계적인 통제자들의 어젠다에 맞춰 아이들과 청소년들의 마음을 프로그램하기 위한 교육 시스템은 항상 있어왔지만, 젊은 세대들을 미래의 노예로 만들기 위한 프로그래밍 작업은 더욱더 극악해지고 있다(그림 18). 어린 아이들에게 향정신성 약물들을 터무니없이 사용하는 것은 독립적인 사고를 억누르려는 의도이다. '주의력결핍장애(ADHD)'처럼 치료받아야 할 거짓 '문제들'은 대개의 경우 식품과 음료의 첨가물들이 가져오는 증상들과 정확히 일치한다. 당연히 그렇다. 하나가 다른 하나의 원인이 되고 있다. "얘야, 어서 콜라를 마시렴."

우리 삶의 아주 시시콜콜한 부분들을 통제

【그림 18】 "이봐요, 선생님. 애들 좀 가만 놔둬요."

하려고 끊임없이 만들어지는 법률들 틈에서 우리는 허우적거리고 있다. 우리는 무엇을 하고, 무엇을 말하고, 심지어 무슨 생각을 해야 하는지까지도 통제되고 있다. 누가 이런 일들을 주도하고 있는 걸까. 유럽연합 집행위원회와 미국 대통령, 그리고 그들을 뒤에서 조종하는 얼굴 없는 조종자들이다. 그들은 중앙집권화되고 독재적인 비선출 '검은 권력자들'이다. 어느 쪽이 주도하는지는 중요하지 않다. 그들은 모두 한통속이니까. 그들은 이미 입막음되고 거세된 미국의회의 오합지졸들이 동의하지 않더라도 미국 대통령이(아들 부시와 오바마 같은 자기도취에 빠진 바보들마저도) 언제라도 전쟁을 선포할 수 있는 권한을 갖게 하려고 획책하고 있다. 우리는 고대 로마의 시저 왕 시절로 돌아가고 있는 것이다. 마지막 남은(거의 남지 않은) 미국 '민주주의'마저 찬탈하고 있는 소수집단이 '슈퍼위원회' 또는 '슈퍼의회'다. 이는 각각 6명의 민주당의원과 공화당의원, 대통령으로 구성되어 표결권을 가지게 되는데, 사실상 나머지 국회의원들이 의사결정에 끼어들지 못하게 한 것이다. 오바마는 자신이 10명의 주지사를 뽑아 패널(주지사자문위원회)을 만들었는데 이들은 주방위군, 본토 방어, 주와 연방군 활동의 협동과 통합을 검토하는 일을 한다. 후자의 사례는 군대가 국내법의 집행을 인수한다는 의미다. 권력의 중앙집중은 이제 믿기 어려울 정도다. 특히 대통령의 손에 쥐어준 권력은 더욱 그렇다. 미국은 스스로 '자유주의(천만의 말씀) 국가', '민주주의(자유를 뜻하지는 않는다) 국가'라 부르면서도, 경악스러울 만큼 권력을 한 사람, 즉 대통령에게 집중시켰다. 그리고 대통령은 내가 폭로해온 '숨은 손'이 조종하고 있다. 미국에는 연방비상관리국(FEMA)이 운영하는 '피마캠프FEMA Camp'가 있는데, 이는 만일 세계군대의 폭압이 일어날 경우, 반체제 인사들과 '찍힌' 사람들이 가게 될 집단수용소들이다. 다른 나라에도 비슷한 프로그램들이 생기고 있다. 내가 허황된 이야기를 꾸며내고 있다고 생각하는 사람도 있을 것이다. 나도 그랬으면 좋겠다. 인터넷 검색창에 'United States'와 'FEMA Camps', 그리고 'concentration camps(집단수용소)'를 쳐보면 사진들과 공식문서들이 나온다. 거대 정부, 거대 대중매체, 거대 생명공학회사, 거대 식품회사, 거대 석유회사를 주무르는 사람들이 금융카르텔 또는 거대 금융 네트워크 역시 조종하고 있다. 그들은 엄청난 보너스를 스스로 찾아먹으면서 세계경제를 추락시켰다. 금융체계를 지탱해준 납세자들은 문제를 초래한 바로 그 은행들과 잔인한 긴축계획을 강요하는 정부에게 집과 돈을 빼앗기고 있다. 은행들을 구제하려고 재정상태가 엉망이 된 정부는 국제통화기금(IMF)이나 유럽중앙은행(ECB)에 발을 들여놓는다. 이들은 은행들을 구제하도록 정부에 많은 빚을 주고 사실상 그 나라를 통제한다. 내 책을 통해 아주 오랫동안 주장해온 것처럼 IMF, ECB, 세계은행, 세계무역기구(WTO)와 세계보건기구(WHO)들은 숨은 손에 통제되고 있다. 사실 같은 일가(네트워크)가 이 기구들을 만들었다는 점은 주목할 만하다. 바로 로스차일드 Rothschild 가문과 록펠러 가문이다. 그들은 거대 금융, 거대 정부, 거대 대중매체, 거대 생명공학회사, 거대 식품회사, 거대 석유회사를 소유하고 통제하고 있다. 그림이 그려질 것이다. 이 일가들이 전쟁을 꾸미고 그들이 소유한 군수회사들로부터 무기를 사서 싸우도록 정부에 '돈(채권이라 부르는 존재하지도 않는 돈)'을 빌려준다. 전쟁이 끝나면 쑥대밭이 된 기반시설을 재건하고 다음 전쟁을 위해 재무장하도록 더 많은 돈(채권)을 빌려준다. 이 일은 수세기에 걸쳐 진행되었고, 이런 방법으로 그들은 세계의 소유권을 손에 넣었다. 여기에는 정부와 국가도 포함된다. 국가의 주인은 국민이 아니라 그들인 셈이다. 여기서 내가 말한 '일가들'이란 오랫동안 이어지고 있는 고대 혈통들의 네트워크를 말하는 것이다. 앞으로 자세히 설명하겠지만, 이들은 나머지 인류와는 다른 유전특질과 기원을 가졌다. 이 혈통들은 '일루미나티Illuminati' 또는 '일루미네이티드 원스Illuminated Ones(나머지 사람들은 알지 못하도록 필사적으로 가로막고 있는 지식을 깨우친 사람들)'로 불리는 세계적인 비밀결사 네트워크를 조종하고 통제한다. 이들이 미국 중앙정보부(CIA), 영국 정보부, 이스라엘(로스차일드) 모사드Mossad와 같은 그들의 정보조직들을 동원해 9·11 테러를 꾸몄다. 이 사건을 계기로 아프가니스탄과 이라크에서 자원을 확보하기 위한 전쟁을 일으켰고, 그들의 어젠다를 진척시키고 정당화해 희망목록에 있는 다른 나라들을 겨냥하고 있다.

주류 대중매체도 같은 음모집단이 소유하고 있다. 그들은 일어나는 일을 감추고 사람들이 믿기를 바라는 사건들의 버전을 대중에게 알리고 있다. 이런 거짓말과 거짓 기사들이 권력구조의 혀끝에서 나와서 부시와 오바마 같은 꼭두각시들에게 흘러가고, 저널리스트들은 이 거짓말을 진실인양 되풀이한다. 저널리스트들은 그들이 취재해야 할 세상에서 일어나고 있는 일에 대해서는 도무지 뭐가 뭔지를 모르고 있다. 9·11에 관한 공식적인 기사는 아무리 바보천치라 해도 웃기는 소리임을 알 수 있을 것이다. 하지만 전 세계적으로 주류 대중매체의 이름값을 할 사실조사가 전혀 이루어지지 않고 있다. 정부당국은 꾸며낸 설명들을 내놓고 대중매체는 아무런 의심 없이 그것을 앵무새처럼 되풀이한다. 이것은 끊임없는 반복을 거쳐 공식적인 역사가 되는 한편, 거짓말을 폭로하는 진짜 저널리스트는 가짜 저널리스트에 의해 '음모론자'로 묵살 당한다. 피어스 모건, 래리 킹 같은 부류의 저명한 저널리스트들은 세상이 돌아가는 방식에 대해 우둔하기 때문에, 권력을 가진 사람들에게 질문하지 않는다. 모건은 25년 동안 저널리스트였다고 우기지만, 단 25초도 진정한 저널리스트였던 적이 없다. CNN 앵커인 루 답스Lou Dobbs가 미국에서 일어나고 있는 일에 대해 꼭 필요한 질문을 던지기 시작하자 회사는 그를 해고했다. 케이블 뉴스채널 MSNBC의 앵커 젱크 우구르Cenk Uygur는 정부에 도전하지 말라는 압력을 받은 끝에 직장을 떠났다. "워싱턴에 있는 높은 분들이 자네의 입을 우려하고 있어." 한 간부가 그에게 말했다. "우린 아웃사이더가 아니야. 우린 인사이더라고, 기득권층이란 말이지." 대중매체와 정보기관들이 한통속이 되어 일한다는 것은 이미 여러 나라에서 알려진 사실이다. 워터게이트 사건의 저널리스트 칼 번스타인은 1977년 〈롤링스톤〉지에 'CIA와 대중매체'라는 제목의 글을 썼다. 그는 이렇게 말했다.

정보기관에 협력한 간부들 중에는 CBS의 윌리엄 팰리, 타임사의 헨리 루스, 〈뉴욕타임스〉의 아서 헤이즈 슐츠버거, 〈루이빌 쿠리어 저널Louisville Courier-Journal〉의 배리 빙엄 시니어, 코플리 뉴스 서비스Copley News Services의 제임스 코플리가 있다.

CIA에 협력한 다른 조직에는 ABC, NBC, AP, UPI, 로이터통신, 〈허스트 뉴스페이퍼스Hearst Newspapers〉, 〈스크립스 하워드Scripps-Howard〉, 〈뉴스위크〉, MBS, 〈마이애미 헤럴드Miami Herald〉는 물론 〈새터데이 이브닝 포스트Saturday Evening Post〉와 〈뉴욕 헤럴드 트리뷴New York Herald-Tribune〉이 있다. CIA 관리들에 따르면, 지금까지 가장 가치 있었던 협력관계는 〈뉴욕타임스〉, CBS, 타임사라고 한다.

BBC는 긴 편집 검열라인이 존재하고, 방송 전에 기사를 승인받아야 한다는 엄격한 규칙을 가진 통제된 조직이다. 여기에는 전체주의적 냄새를 풍기는 '에드폴EdPol'이란 이름의 '편집방침'이 있다. 모든 BBC 직원들과 BBC와 일하는 독립제작회사들은 의무적으로 '에드폴' 교육을 받아야 한다. 이라크의 대량살상무기에 관한 터무니없는 거짓말들과 다른 많은 거짓들의 실상이 밝혀질 때조차도, 좀비 대중매체들은 아무런 의심이나 조사 없이 또 다른 거짓말을 진실이라 되풀이하고 있다. 이미 죽은 지 오래였던 오사마 빈 라덴을 '2011년 미국이 은신처를 급습해' 또 다시 죽였다는 그야말로 어처구니없는 뉴스를 보면서 얼마나 혀를 내둘렀는지 모른다. "실례합니다만, 시신은 어디 있나요?" "아, 바로 바다에 수장했어요." "시신을 찍은 사진은 없나요?" "네, 너무 끔찍해서 공개 못합니다." 이야기는 그렇게 계속되고, 거짓말 뒤에 거짓말이 끝없이 이어진다. 그때 '저널리스트정신에 투철한' 피어스 모건은 뭘 했을까? 그것이 사실인 양 공식적인 이야기만 되풀이했다. '한심하다'란 말로도 충분치가 않다(그림 19).

이것이 지금 '벌어지는' 일들이다. 마구잡이로 벌어지는 듯 보이는 사건

【그림 19】 내 스크린을 들여다보라.

과 변화들은 사실 파시스트들이 인류를 노예로 삼으려고 벌이는 거대한 음모의 한 부분이다. 이 혈통들이 세계정부, 세계중앙은행, 단일 세계전자화폐를 주도하고 있다. 또한 약에 중독되고, 마인드컨트롤 당하고, 마이크로칩을 이식한 인간로봇 인종에게 자신의 뜻을 집행하는 세계군대와 삶의 모든 부분을 통제하고 감시하는 컴퓨터단말기를 강요하고 있다. 있을 수 없는 일이라고? 절대로 일어날 수 없다고? 이 일은 지금 일어나고 있다. 이러한 숨겨진 어젠다가 작동하면서 전 세계에서 날마다 시시각각 일어나고 있다. 1990년대에 접어들면서 일어날 것이라 들었던 것이 바로 이것이고, 그때부터 들춰내고 폭로하도록 안내받은 것이 바로 이것이다. 새로운 소비에트연방인 유럽연합은 아메리카연합, 태평양연합, 그리고 아프리카연합(이미 가동 중이다)을 아우를 세계적 통제의 두 번째 단계에서 가장 진전된 형태이다. 민족국가의 시대는 끝나고, 그들 위에 군림한 권력구조에 단결하여 도전하지 못하게 하기 위해 여러 지역들로 나뉘게 될 것이다.

하지만 그게 다가 아니다

이마저도 지금 '벌어지는' 일들의 한 수준일 뿐이다. 페루의 경험 뒤로 처음 몇 년 동안 내게 온 퍼즐의 조각들은 모두 오감 수준의 음모, 우리가 날마다 의식적으로 경험하는 영역에 관한 것들이었다. 이것은 세계통제와 지구적 경찰국가를 강요하려는 계획에 관한 것이었고, 그 정보는 지금도 내게 들어

44

온다. 하지만 1990년대 후반부터는 또 다른 수준이 덧붙여졌다. 그것은 혈통 일가들의 네트워크가 사실은 인간의 주파수 범위 너머에서 활동하는 파충류와 인간이 아닌 주인들을 섬기는 하수인이라는 사실이다. 우리는 마음을 확 열어젖힐 필요가 있다. 우리가 조직적으로 프로그램된 지각과 가능성의 한계 안에 머문다면 지금 무슨 일이 '벌어지고 있는지'에 대해서는 코빼기도 보지 못할 것이다. 인간들은 의도적으로 콩알만한 크기의 가능성에 끼워 맞춰져왔다. 가능성에 대한 감각을 억누른다는 것은 가능성에 대한 경험을 억누르는 것이 된다. 우리는 가능하다고 믿지 않는 것은 시도하지도 않는다. 이런 태도는 통제를 위한 길을 열어주기도 하는데, 그런 통제와 조종을 당하는 사람들은 '그것이 가능하지 않기' 때문에 그런 일이 일어날 수 있다는 것을 부인한다. 아! 그러나 그것은 가능하다. '콩알' 안에서만 존재하는 인간의 가능성은 할 수 없지만, 다른 존재들은 할 수 있다. 또한 다른 존재들이 분명히 있다. 세상은 인류가 생각하는 것과 아주 조금만 다른 게 아니라, 아무것도 같지 않다. 새로운 세기가 시작된 후, 퍼즐조각들은 또 다른 수준을 덧붙였다. 바로 물질적인 현실의 환영(幻影)과 같은 본질이었다. 최근의 책《인간이여 일어나라Human Race Get Off Your Knees》를 쓰고 있을 때, 나는 달이 지구의 자연위성이 아니란 것을 알게 되었다. 우리가 지각할 수 있는 현실의 범위를 제한하는 장벽의 역할을 하는 주파수들을 지구에 보내고 있는 곳이 바로 달이었다. 이것은 중국이 컴퓨터시스템에 방화벽을 쳐서 중국 사람들이 인터넷의 어떤 부분에 접속하지 못하게 막는 것과 거의 흡사하다. 달에서 보낸 주파수들은 영화 '매트릭스' 3부작에서 상징적으로 묘사되었듯이 거짓 현실도 우리에게 보여주고 있다. 우리가 실제로 존재하는 것을 보지 못하고, 실재하지 않는 것들을 보고 있다는 뜻이다. 나는 이 거짓 현실을 '달 매트릭스Moon Matrix'라고 불렀다. 내 마지막 책이 나온 무렵부터 토성이 달과 함께 지구에 영향을 미치고 있다는 것을 알게 되었다. 토성이 핵심인데, 뒤에서 퍼즐의 조각을 한데 엮어 보여주도록 하겠다. 우주의 전기적 본성에 관

【그림 20】통제시스템이 의존하는 두려움과 무지를 깨뜨리는 새로운 에너지가 세상에 불어넣어지고 있다.

한 설득력 있는 연구는 정보가 어떻게 전달되고 그것이 위에서 말한 방식으로 어떻게 '해킹'될 수 있는지에 대해 많은 답들을 주었다.

그것을 '이해'하려면 당신은 아주 많이 열리고 유동적인 마음(더 정확하게는 '의식Consciousness')이 필요하다. 다행스럽게도 이런 사람들이 아주 빠르게 늘어나고 있다. 우리는 세대를 이어온 무지, 우리의 지각을 억압하고 통제하는 깊은 어둠으로부터 떠오르는 '깨달음'의 곡선을 보고 있다. 아티스트인 닐 헤이그Neil Hague와 내가 사자로 상징화한 '진실진동'은 내가 들었던 것을 그대로 하고 있다. 우리는 정말이지 특별한 시간에 살고 있다(그림 20). 통제와 착취의 시대를 지배하는 '주인들'은 그들이 이미 오랫동안 대응책을 준비해왔던 대대적인 깨어남의 도래에 직면해서 자신들의 권력을 지키려고 애쓰고 있다. 인류가 '깊은 잠'에서 빠져나오고 있는 바로 이 시간, 우리는 극한 수준의 통제와 강요를 당하고 있는 것이다. 모든 수준에서 놀라운 일들이 일어날 것이다. 지구와 태양, 그리고 흔히 말하는 '하늘'에서 말이다. 그러나 무엇보다도 인간의 가슴과 마음에서 놀라운 일들이 일어날 것이다. 앞으로 올 몇 년은 생각지도 못했던 사건들이 일어날 것이고, 그중엔 아주 힘든 것도 있을 것이고 경이로운 것도 있을 것이다. 결국에는 모든 일들이 경이로워질 것이다. 우리는 통제와 제약과 억압의 시대로부터 아주 넓게 확장된 자각과 가능성의 시대로 옮겨가는 전환점에 와있다. 그것은 분명히 오고 있다. 오래 전부터 지속되어온 '통제시스템'은 조용히, 그리고 쉽사리 물러나지는 않을 것이다. 그러나 그 시스템

46

을 유지하는 정보(진동)의 토대들이 날이 갈수록 무너져가고 있기 때문에 그것은 물러날 것이다. 그것을 받치고 있는 진동의 모래들이 옮겨가고 있고, 진동은 점점 빨라지고 있다. '카드로 만든 집'은 그것을 붙잡고 있는 것이 우리 자신이라는 것을 깨달으면서 무너지고 있는 것이다.

바로 그것이다. 무슨 일이 '벌어지는지'에 대해 이야기할 게 무척 많지만, 그 주제들은 본질적으로 아주 단순하다. 지금부터 나는 1990년부터 드러내고 전하도록 안내받아왔던 이야기를 하려고 한다. 나는 분명 이 이야기를 하려고 1952년 4월 29일에 이곳에 왔다. 밑도 끝도 없는 자세한 내용들까지는 들어가지 않을 참이다. 이 책에서 내가 하려는 것은 얼핏 봐서는 연결되지 않아 보이는 서로 연관된 주제들의 엄청나게 긴 띠를 가로질러 필수적인 점들을 잇는 것이다. 이것은 내가 그 영능력자의 집을 들어섰을 때부터 배웠던 모든 것들을 압축한다.

이 책이 이야기의 끝이 아니다. 알아야 할 것들은 언제나 아주 많다. 하지만 온 세상 사람들이 눈앞에 보이는 사건들에 갈수록 불안해하는 엄청난 변화와 격동의 시기에, 이 책은 지금 무슨 일이 '벌어지고' 있는지에 대한 지도 또는 위성항법장치가 되어줄 것이다.

이것을 사람들이 어떻게 생각해 줄지는 오롯이 그들에게 달려있고, 또 그래야 한다.

우리는 우주인터넷에 통제되고 있다!

　우리는 최소한 현실 그 자체의 개념들과 바탕들을 이해하기 전에는 우리의 삶이나 세상에서 일어나는 일들을 파악할 수가 없다. '현실'이란 무엇일까? 우리는 누구일까? 우리는 어디에 있을까? 우리는 어디서 '비롯되는' 것일까?

　텔레비전 쇼나 축구경기가 시작하는 시간을 묻는 사람들에 비하면 이런 엄청난 질문들을 던지는 사람들이 몇이나 될까. 경악스러울 정도로 많은 수의 사람들이 오감으로 펼쳐지는 영화에 넋을 빼앗긴 나머지 현관 불빛에 넋빠진 나방들처럼 살고 있다. 그들은 뒤에서 파리채를 들고 살금살금 다가오는 존재를 보지도 못한다. 이것이 수천 년 동안, 아니 그보다 더 오랜 세월 동안 인간이 겪어온 일이다. 대부분의 사람들에게 '인생'과 '세상'을 설명해보라고 하면 그들은 아마도 자신들이 믿게끔 프로그램된 종교 아니면 공식적인 과학의 논리를 이용할 것이다. 하지만 종교는 마음의 감옥이다. 그렇다, 불교처럼 '깨달은' 종교들조차도 그렇다. 삭발한 머리가 어떻게 당신을 더 '영적'으로 만들어주는가? 아니면, 시크교도들처럼 머리카락을 자르지 않는 것은 또 어떤가? '뉴에이지'는 종교를 묵살하면서도 나름대로 하나의 종교다. 종교는 당신이 진리를 알지 못해야만 살아남는데 왜 당신에게 실재에 대한 진리를 일러주고 싶겠는가? 그들은 당신이 무지한 상태로 남아있게 하면서 예복을 차려입은 사람들에게 들어맞는 도그마를 당신에게 팔아먹으려 한다. 우리가 진정으로 누구이며 또 무엇인지를 알 만큼 깨인 사람들은 결코 어떤 종교도 따르지 않을 것이다. "이봐요. 주교, 랍비, 이맘, 구루님네들, 끔찍한 소식이 있어요. 사람들이 더는 멍청하지 않아서 금전출납기의 땡그랑거리는 소리가 멈춰버렸어요." 이것은 당연한 인과관계다. 그러나 주류 과학은 현실에 대해, 그리고 우리가 그것과 어떻게 상호작용하는지를 말해줄 수 있다. 내 말은 그들은 과학자이고, 따라서 똑똑하다는 것이다. 사실상 이것은 인과관계가 아니다. 우리가 '과학'이라고 부르는 것은 연구비와 명성을 놓고 경쟁하는 여러 분야들의 덩어리다. 그들은 다양한 '점들'에 초점을 맞추지만 그 점들을 절대로 잇지는 않는다. 과학자들은 박식하다는 이미지를 갖고 있지만, 사실은 아주 작은 것들에 대해 아주 많이 알고 있는 사람들이다. 우리는 그 '작은 것들'을 잇지 않고서는 더 큰 그림을 절대 볼 수 없다. 그들은 또한 연구비와 직업과 명성을 잃는 두려움 때문에 감히 벗어나지 못하는 '과학적 합의'라는 악보를 갖고 있다. 대부분의 과학자들은 새로운 기술, 약품, 식품첨가물 따위의 것들을 만들어내려고 일하지, 현실의 본질을 탐구하지는 않고 있다. 압도적인 수의 과학자들은 '과학주의'라고 하는 종교의 추종자들이며, 이것은 모든 종교들이 그렇듯 반드시 복종해야 하는 강요된 도그마를 토대로 한다. 과학은 뉴에이지와 같이, 종교를 묵살하는 종교다.

이런 일에 있어, 그리고 세상을 치유하고 설명하는 대안이 되는 방법들을 비난하는 데 가장 목청을 높이는 사람의 하나가 '리처드 도킨스'라는 사람이다. '도그마 도킨스'라고 부르는 편이 더 적절할 것 같다. 이렇게 반문하는 사람도 있을 것이다. "그 사람은 옥스퍼드대학 교수잖아. 명석한데다 엄청 지적일 텐데, 안 그래?" 글쎄다. 내가 가까이에서 겪은 바로는 그게 아니었다고만 해두자. 도그마 도킨스는 종교를 몹시도 헐뜯으면서도, '생명'을 설명하는 데 있어서는 다른 모든 종교들만큼이나 독단적이고 무지한 자신의 종교(과학주의)를 위한 전도사를 자처한다. 도그마 도킨스의 사고방식을 가진 사람들은 모든 광신도들처럼 마음의 감옥에 갇혀 산다. 주류 '과학'은 우스갯소리다. 진실과 이해를 추구하는 진짜 과학자들도 있지만, 그들은 진정한 탐구에의 열정을 질식시켜버릴 주류세계의 바깥에서 일한다. 우리가 '과학'이라고 부르는 것은 뿌리 깊게 조작되고 통제되어왔다. 또 그렇게 조작하고 통제하는(특히 연구기금을 통해서) 집단은 우리가 누군지, 어디에 있는지, 어디서 왔는지 알려지기를 바라지 않기에, 과학이 현실에 대한 진실을 밝힐 일은 절대로 없을 것이다. 이런 무지가 인류를 통제하는 그들의 으뜸가는 수단이다. 세계적인 비밀결사 네트워크 내부에 있는 사람들은 현실에 대해, 그리고 우리가 현실과 상호작용하는 방법에 대해 잘 알고 있다. 만일 그들의 통제 아래 있는 집단들이 그 비밀을 안다면 그들의 힘은 끝장날 것이다. 따라서 그들은 과학을 통제하고 진정한 과학탐구를 억눌러야 한다. 지금 전 세계에 수천 개의 주류 텔레비전 채널들이 있지만, 종교와 과학의 규준 밖에 있는 현실을 탐험하는 프로그램은 거의 없다. 게다가 세상의 대중매체는 과학, 종교, 정치, 금융과 대기업을 소유하거나 통제하는 음모집단과 비밀결사들이 소유하고 있다. 대중매체에서 현실을 다루는 논의가 부족하다는 것은 그들이 가장 기본적인 이해의 영역에 있어 우리가 무지 속에 남아있기를 얼마나 끔찍이 바라고 있는지 말해주는 것이다.

그들은 당신이 아는 것을 바라지 않는다.

우주인터넷

대부분의 사람들은 우리가 '물질적인' 세상에서 산다고 생각하고, 나는 그것이 분명 사실처럼 보인다는 점을 인정한다. 하지만 아니다. '물질적인' 것은 없다. 그것은 모두 환영이다. 우리는 우리가 '물질세계'라 부르는 아주 좁은 범위의 주파수들 속에서 경험하고 있는 무한하고 영원한 '의식'이고, 그 '물질세계'는 존재하지 않는다. 이름, 육체, 직업, 가문, 인종, 피부색이나 소득수준이 우리가 아니다. 그것들은 우리의 경험이지, 우리가 아니다. 우리는 '의식'이다. 무한하고 영원한 '자각Awareness'이다. 본질적인 상태에서 우리는 형태가 없다. 우리는 '무한한 자각'의 한 표현이다. 그러기에 우리는 '모두 하나'라고 말하는 것이다. 그렇다, 우리는 다른 관찰지점에서 다른 경험을 하는, 다른 수준의 자각과 지각을 하는, 하나의 '무한한 자각'이다. 중앙아메리카의 어느 주술사(이쪽 세계의 도그마 도킨스 같은 사람들이 원시적이고 무식하다고 깔아뭉개버릴)가 우리의 진정한 본성을 기막히게 묘사했다. "우린 지각한다. 우린 자각이다. 우린 물체가 아니다. 우린 굳어있는 존재가 아니다. …… 우리에게는 경계가 없다. …… 우리는 이것을 잊어버리고, 살아가는 내내 좀처럼 벗어나지 못하는 잔인한 쳇바퀴 속에 자신의 총체를 가둬놓는다." 통제시스템의 목표는 자궁womb에서 무덤tomb까지의 모든 여정 내내 우리가 진실을 알아차리지 못하도록 지키는 것이다. 앨버트 아인슈타인은 현실이란 비록 영속적이기는 하지만 하나의 환영일 뿐이라고 말했다. 우리는 무선인터넷 개념의 정보구조물로부터 환영들을 '물질적' 형태로 해독하는 가상현실 우주에 살기 때문에 그것은 '영속적'이다. 정보는 파형waveform 또는 에너지 진동(공명)으로 부호화되고, 마음-몸은 그 정보를 해독하고 우리의 '무한한 자각'이 '세상'이라고 부르는 이 주파수 범위와 상호작용하는 믿기 어려울 정도로 진보한 생물학적 컴퓨터시스템이다(그림 21).

【그림 21】 인체는 '진짜 우리(의식)'가 현실 범위의 주파수들을 경험하게 해주는 매개체다.

마음-몸 컴퓨터는 진짜 우리(의식)가 이 범위의 주파수들과 상호작용하도록 해주는 매개체다. 우리가 경험하고 싶어 하는 주파수 범위 안에서 공명하는 '겉껍질'을 갖지 않고서는, 그 어떤 것도 할 수가 없다. 나는 키보드를 두드릴 수 없고, 당신은 이 책을 들고 있을 수 없다. 우리의 핵심 자아인 '의식'은 가시광선 범위 안에 있는 그 무엇보다도 빠르게 진동하고 있다. 우리가 몸을 갖지 않았다면 라디오의 A방송이 B방송과 상호작용하지 않는 것처럼 둘은 결코 만나지 못할 것이다. 육체와 의식은 서로 다른 주파수에 공명하고 있다. '임사체험'을 했던 사람들은 말한다. 육체를 벗어나면 그들이 몸 '안에서' 지각했던 현실과는 전혀 딴판이라고. 그들의 자각은 환상적으로 확장되고 눈이 없는데도 볼 수 있다. 그들은 마음-몸의 한계가 쪼그라들게 만들지 않은 진짜 자신을 경험한 것이다. 하루는 내가 욕조에 앉아있을 때 또

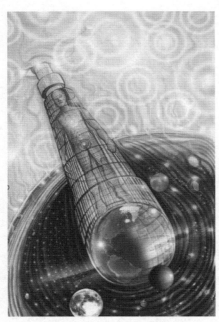

【그림 22】 몸은 우리의 주의를 특정 범위의 주파수에 집중하게 하는 '렌즈'와 같다. 이를 통해 우리가 누구인지, 어디에 있는지에 대해 알 수 있다.

렷한 그림들 여러 개가 내 머릿속에 나타났다. 첫 번째 것은 소용돌이치는 에너지였는데, 그 즉시 나는 이것이 '의식'을 나타낸다는 것을 알았다. 다음으로 '의식'의 눈이 하나 나타났고 곧이어 망원경이 나타났다. 지구와 우리의 현실이 망원경의 반대쪽 끝에 보였고, 마지막으로 그 망원경은 인간의 몸으로 바뀌었다. 나는 닐 헤이그에게 내가 본 것을 그림으로 표현해달라고 부탁했다(그림 22). 마음-몸이 바로 이것이다. '의식'은 이 현실을 경험하기 위한 렌즈인 셈이다. 하지만 인류는 진짜 자아가 아닌 이 렌

즈와 자신을 동일시하
도록 조작되어왔다. 우
리는 죽음을 이야기하
지만, 우리는 죽지 않
고 또 죽을 수도 없다.
죽는 것은 그들의 몸,
그들의 운영시스템이
지 그들, 곧 '의식'이 아
니다. '죽음'은 그저 이
망원경이 기능을 멈췄

【그림 23】 '의식'은 흐르는 바다처럼 확장된 자각인 한편 '마음'은 얼어붙은 물 또는 무한한 파도의 새하얀 물마루와 같아서, 그 지각하는 능력에 있어 훨씬 더 제한적이다.

을 때 우리 '의식'이 그것을 내려놓는 것이다. 나는 '마음' 또는 '마음-몸'이라 부르는 것과 '의식'이라 부르는 것을 분명하게 구분하고 있다. '의식'은 자유롭게 흐르는 무한한 바다, 마음-몸은 얼어붙은 물이라고 상징화할 수 있다. 얼어붙은 물은 훨씬 더 조밀하고 제한된다(그림 23). 인도의 어느 산 속에서 명상하면서 대부분의 삶을 보낸 라마나 마하리쉬는 이것을 아주 훌륭하게 묘사했다. "마음은 한계들을 입은 의식이다. 그대들은 원래 한계 없이 완벽하다. 그대들은 한계들을 덧입고서 마음이 된다."

마음-몸과 '의식'의 차이를 이해하는 것은 세상에서 일어나는 일에 대해 알아차리는 데 아주 중요하다(그림 24). 우리는 내가 '우주인터넷Cosmic Internet'이라고 이름붙인 것 속에서 사는데, 나는 이것이 무선인터넷의 개념과 같다고 했다. 우리가 무선인터넷을 볼 수 없는 것은 정보가 우리 시지각의 주파수 범위 너머에 존재하기 때문이다. 대부분의 사람들은 그것이 보이지 않으면 그 존재를 부정한다. "바보 같은 소리 하지 마. 난 그걸 볼 수도 들을 수도 만질 수도 맛볼 수도 냄새 맡을 수도 없어. 그러니까 그건 없어. 아이크는 미쳤다고 내가 그랬잖아!" 하지만 우리가 컴퓨터로 가서 무선인터넷에 접속하

면 온 세상의 집단현실 전체, 곧 월드와이드웹(WWW)을 볼 수 있고 그것이 존재한다는 것을 알 수 있다. 그것은 전 세계 어디에서도 접속 가능한 집단현실이다. 사람들이 웹의 많은 부분에 접속하지 못하도록 방화벽을 쳐놓은 중국과 같은 곳들을

【그림 24】 우리에게는 현실을 경험하게 해주는 마음-몸 컴퓨터 인터페이스가 있고, 우리에게 더 큰 그림을 보여주는 '의식'이 있다. 그러나 '의식'과의 연결이 끊어지면 우리가 누군지, 어디에 있는지 알 수 없게 된다. 우리가 물질적인 세상에서 의식과의 연결을 유지할 때, 우리가 필요한 모든 것을 갖게 된다.

빼면, 사실상 컴퓨터를 가진 사람이라면 누구나 접속할 수 있다. 중국은 '인터넷 만리장성Great Firewall of China'으로 특정 사이트와 정보를 차단한다. 이와 흡사한 일이 내가 '토성-달 매트릭스Saturn-Moon Matrix'라고 부르는 것과 관련되어 인류에게 일어나고 있다. 하지만 이것은 나중에 이야기하도록 하자. 우주의 기본구조물은 진동공명으로 부호화된 파형정보라는 것이 요점이다. 나는 이 파형정보구조물을 '형이상학적 우주Metaphysical Universe'라고 부르는데, 여기에는 모든 것을 나타나게 하는 정보장들이 들어있다. 우리는 마음-몸 컴퓨터시스템을 거쳐 이 정보를 받아들이고, 우리가 날마다 경험하고 있는 현실을 '단단한' 세계로 해독한다. 하지만 이것은 컴퓨터 속의 가상현실 게임에 나오는 인물들처럼 '단단하지' 않다. 그들은 '단단해' 보이는 상태로 해독되는 소프트웨어 디스크 위의 파형정보일 뿐이다. 마음-몸 컴퓨터는 파형의 '형이상학적 우주'로부터의 진동정보를 우리 '머리' 속의 '스크린'에 띄운다. 그러면 우리는 이것을 '물질세계'로 경험한다(그림 25와 26). 뇌는 깜깜한 어둠 속에 있지만 우리는 빛을 본다. 어떻게? 파형정보를 해독해서다. 컴퓨터의 내부는 깜깜하지만, 우리는 스크린에서 빛을 본다. 우주인터넷은

'양방향 게임'이다. 우리는 파형의 '형이상학적 우주'로부터 정보를 받지만, 우리의 생각과 감정과 지각들을 거기에 '올리기도' 한다. 정보는 양쪽으로 다 오간다. 현실은 우리를 바꿀 수 있고, 우리는 현실을 바꿀 수 있다.

【그림 25】 우주의 근본은 파형정보이다. 인간의 마음－몸 생물학적 컴퓨터는 이것을 전기적, 디지털, 홀로그램 정보로 해독하고, 우리는 이를 물질세계라 해독한다.

'보이는 것'은 해독된 것

우리는 흔히 "인터넷에 들어간다."고 표현하지만, 정말로 인터넷에 들어가는 것은 아니다. 우리는 컴퓨터를 통해 인터넷을 관찰하고 그것과 상호작용한다. 마음-몸은 우리의 '의식'으로 들어가는 '컴퓨터'이자 그것을 거쳐 파형정보의 구조물인 '우주 인터넷'에 들어가거나 로

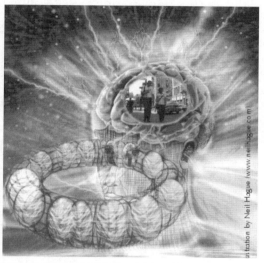

【그림 26】 세상은 우리 '밖'에 있는 것처럼 보인다. 하지만 그것은 우리의 머리, 심장, 그리고 유전자 구조 안에서 해독된 파형정보이다.

그인하는 수단이다. 인간의 오감은 진동정보를 뇌와 전체 유전자 구조로 전달되는 전기정보로 바꾼다. 그리고 우리는 이것을 '물질적' 세상으로 경험되는 디지털, 홀로그램 정보로 해독한다. 현실의 홀로그램과 디지털 수준에 대해서 더 설명하도록 하겠다. 이들은 다양한 형태를 갖고 있지만 본질적으

로 같은 정보이다. 정보를 실어 나르는 매개체들은 아주 다르게 보일 수도 있다. 빨간 옷을 입은 여성이 푸른 티셔츠를 입은 남자에게 정보를 주고, 그는 그것을 다시 회색 정장을 입은 친구에게 주듯이 말이다. 진동정보가 전기 정보, 디지털 정보, 홀로그램 정보로 형태를 바꿀 뿐, 본질은 같은 것이란 얘기다. '세상'은 우리들의 바깥에 있지 않다. 우리가 현실을 해독하는 방식 때문에 그렇게 보이는 것뿐이다. '물질적' 현실은 우리 안에 있고, 우리가 경험하는 것은 의식적으로든 무의식적으로든 '우주인터넷'으로부터 해독하기로 우리가 선택한 것들이다. 우리가 파형정보를 전기 정보, 디지털 정보, 홀로그램 정보로 해독할 때만, 우리가 그 안에 살고 있다고 생각하는 세상을 물질적으로 보고 경험하는 것이다. 우리가 선택하지 않으면 우주에 있는 다른 모든 것들은 눈에 보이지 않는 파형으로 남아있다. 마음이 열린 몇몇 과학자들은 우리가 보고 경험하는 세상은 우리가 관찰할 때만 그런 형태로 존재한다고 말했다. '관찰하다'를 '해독하다'로 바꾸면 된다. 컴퓨터에 디스크를 넣어도, 모니터 위에서 같은 시간에 모든 정보를 보지는 못한다. 우리는 그 순간에 읽혀지고(해독되고) 있는 부분만을 본다. 나머지는 파형상태로 남아있다. 우리의 현실도 그렇다. 이것이 무슨 말인지를 보여주는 훌륭한 사례 하나를 들어보겠다. 미국의 작가 마이클 탤봇Michael Talbot은 《홀로그램우주(한국어판)》(1996)라는 뛰어난 책을 썼다. 그 책엔 파티에 초대받은 한 최면술사가 손님들을 즐겁게 해주려고 했던 일이 수록되어 있다. 최면술사는 톰이라는 남자에게 최면을 걸었고, 최면이 깨어나도 그의 딸을 볼 수 없을 거라고 말했다. 최면술사는 톰의 바로 앞에 딸을 서있게 했다. 톰의 얼굴은 딸의 배를 똑바로 보고 있었다. 톰이 최면에서 돌아오자, 최면술사는 그에게 딸이 보이느냐고 물었다. "아니요." 그는 딸이 거기에 없다고 했다. 최면술사는 딸의 등 뒤로 가서 자신의 손바닥을 펼치며 물었다. "제 손에 뭐가 있는지 보이세요?" 그러자 톰은 주저 없이 말했다. "예, 시계네요." 딸에게 가려져 보이지 않았을 텐데, 톰은 아주 또렷이 보이는 듯이 말했다. 최면술사는 그

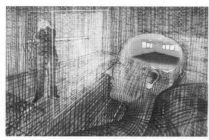

【그림 27】 우주에서 파형은 근본적인 현실이다. 우리가 홀로그램이나 물질적인 것으로 해독하지 않는 것은 우리가 경험하는 지각에는 존재하지 않는다. 따라서 톰은 자신의 딸을 볼 수 없었다.

에게 시계에 새겨진 글씨를 읽을 수 있는지를 물었고, 톰은 그렇게 했다. 자, 이 이야기를 도그마 도킨스 같은 사람들에게 말해주면, 그들은 말도 안 되는 일이라 할 것이다. 하지만 현실이 어떻게 작동하는지 알고 나면 이것은 아주 단순하고 논리적이다. 인간의 몸을 비롯한 이 우주의 모든 것들은 우리가 인지할 수 있는 디지털, 홀로그램 영역 너머에서 공명하는 파형정보장이다. 그 정보장들은 우리의 뇌와 유전체계라는 스크린 위에 디지털, 홀로그램 상태로 해독되지 않으면 볼 수 없는 것이다. 톰의 경우는 최면으로 주입한 암시가 그의 뇌를 가로막거나 방화벽을 쳐서, 뇌가 딸의 파형장을 해독하지 못하게 했다. 톰은 딸을 자신의 의식적인 마음이 볼 수 있는 디지털, 홀로그램 상태로 해독하지 않았다. 그가 해독한 '물질적' 현실에서는 딸이 그곳에 없었기 때문에 톰은 딸의 뒤에 있던 시계를 볼 수 있었던 것이다(그림 27). 방안에 있던 다른 사람들에겐 최면의 방화벽이 처지지 않았으므로 아이의 파형을 물질적인 것으로 해독했다. 영화 '매트릭스'에서 한 아이가 심오한 진리를 말한 바 있다. "숟가락은 없어요. 휘는 것은 숟가락이 아니에요. 아저씨 자신일 뿐이에요." 숟가락을 포함해 물질적인 것은 아무것도 없다. 맨발로 활활 타는 석탄 위를 걸어가도 화상을 입지 않는 사람들의 사례를 보자. 이들은 현실을 일반적인 기준과는 다르게 해독하는 다른 자각상태로 들어갔던 것이다. 기적이 아니라, 세상이 어떻게 작동되는지 더 많이 이해한 것일 뿐이다. 우리는 뇌가 통증의 원인으로부터 오는 신호를 해독할 때만 통증을 느낀다. 이 일이 생기지 않으면 통증은 없다. 이제 영화 '매트릭스' 1편에 나오는 이 장면이 완벽하게 정확했다는 것을 알 수 있을 것이다.

니오 : "이게 진짜가 아니라고요?"

모피어스 : "진짜라는 게 뭔가? 자네가 느낄 수 있고, 냄새 맡을 수 있고, 맛보고, 볼 수 있는 것을 말한다면, 진짜는 그저 자네 뇌가 해석하는 전기신호들일 뿐이지."

맞는 말이다. 그리고 이것은 인류가 통제당하는 방식이기도 하다. '우주 인터넷'을 검열하는 가장 단순한 방법은 몸-컴퓨터를 겨냥해서 그것이 해독할 수 있는 정보(통찰, 이해)의 범위를 제한하는 것이다. 이것은 최면술사가 무대 위 꼭두각시들의 지각을 프로그램하는 것과 같은 방식이다. 최면술사가 주입하는 최면 암시를 따라 우리는 현실을 해독한다. 나는 연구를 위해 이런 최면술 쇼에 여러 번 갔다. 거기서 사람들이 프로그램된 현실을 지각하는 경우 말고도, 있지도 않은 것들을 보고 듣고 만지고 맛보고 냄새 맡는 모습을 보았다. 어떤 사람들은 감자를 사과라고 믿으면서 먹기도 했다. 혀가 아무리 감자라는 전기정보를 뇌로 보내도, 뇌는 이것을 사과로 해독한다. 최면술사에 의해 해독체계가 해킹당했기 때문이다. 소수의 혈통 일가 사람들은 이러한 방식으로 인류를 프로그램하고 있다. 인류 전체는 교육, 대중매체, 종교, 의사들, 과학자들, 정치인들이 심어준 믿음과 지각들에 의해 통제자들이 바라는 방식으로 현실을 해독하고 있다. 대다수의 사람들이 스스로 인식하지도 못한 채 그렇게 하고 있다. 그들은 남들을 프로그램하도록 스스로 프로그램되었다. 프로그램된 과학자들은 자신의 실험결과들에도 영향을 미친다. 우리의 마음-몸 해독체계는 식품과 음료에 든 화학첨가물, 물에 들어가는 불소와 몹쓸 것들, 그리고 갈수록 늘어나는 전기적, 전자기적, 그리고 방사능 오염을 통해 체계적으로 균형을 잃고 불안정해지고 있다.

모든 것이 의식을 가졌다

마음-몸은 한 수준에서는 전기화학적 유기체이므로, 당연히 전기화학적으로 왜곡될 수 있다. 물질적 몸은 60∼70퍼센트 정도가 물이고, 이런 사실은 물이 정보를 담고 있다는 것을 생각해보면 아주 중요한 것이다. 독일 슈투트가르트에 있는 항공우주연구원Aerospace Institute은 물의 구조를 보이게 하는 방법을 개발했다. 이것을 통해 모든 물방울이 하나하나 독특한 구조를 가졌음을 알아냈다. 나는 우리가 바다의 물방울들과 얼마나 비슷한지를 말하면서 이 비유를 들어왔다. 우리는 본질적으로 독특하지만, 전체의 부분이기도 하다. 독일 연구자들의 발견은 이 비유가 얼마나 적절한지를 보여준다. 연구자들은 실험 참가자에게 같은 그릇에 든 물방울들을 다른 용기에 따로따로 담도록 요청했다. 모든 물방울들이 똑같이 보여야 한다고 생각할 것이다. 하지만 물방울들은 그것을 옮긴 사람에 따라 하나하나 다르게 나타났다. A라는 사람이 옮긴 물방울들은 모두 똑같아 보였다. B라는 사람이 옮긴 물방울들도 모두 똑같아 보였지만, A의 물방울과는 달랐다. 다른 물방울들도 이런 식이었다(그림 28). 물은 각각의 사람들과 관련된 기억 또는 정보를 담았다. 연구자들은 각각의 물에 서로 다른 꽃들을 집어넣었고, 이어서 그 물의 모든 방울에서 같은 꽃의 이미지를 찾아낼 수 있었다. 모든 것은 자각과 정보의 상호작용이고, 모든 것은 어떤 형태의 기억을 가진다. 무엇을 말하는 걸까? 정보를 저장하고 유지하는 능

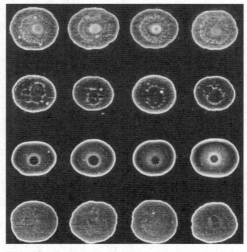

【그림 28】각각의 줄에 있는 물방울들은 같은 물그릇에서 서로 다른 사람들이 옮긴 것이다. 그들의 독특한 정보가 물에 담기는 것은 물이 의식의 한 형태이며 '기억'을 갖기 때문이다.

력이다. 과학자들이 기억의 출처를 찾아내지 못하는 것은 그들이 번지수를 잘못 짚고 있기 때문이다. 기억은 뇌에 있지 않다. 기억은 어차피 파형정보의 투영일 뿐인 유전자 구조 전체에 들어있다. 기억의 본질은 파형단계의 현실에 담겨있는 정보다. 동종요법의 치유기법은 이 사실에 바탕을 둔 것이다. 주류 과학은 오만하게도 동종요법이 쓰는 물약들 안의 성분들이 워낙 희석되다보니 물 말고는 아무것도 남아있지 않다고 말하면서 그것을 깔아뭉갠다. 맞다, 성분들의 정보를 기억하고 있는 물만 있다. 항공우주연구원의 한 연구자는 그들의 발견이 강과 바다가 끊임없이 정보를 흡수하고 있음을 보여준다고 했다. 그는 라인 강의 어귀에서 물을 마신다면, 수원지에서 마시는 것보다 더 많은 정보를 들이키게 될 거라고 말했다. 그런데 오염된 강물엔 어떤 종류의 정보가 들어있을까? 오염물질과 방사능은 무엇일까? 컴퓨터바이러스와 같은 나쁜 정보다. 혈통의 '통제시스템'이 바다와 강에 오염물질과 방사능을 들이붓고 있는 가장 큰 이유가 이것이다. 후쿠시마와 멕시코 만 원유유출 재앙만 봐도 그렇다. 그들은 고의적으로 지구 정보의 조화 상태를 왜곡하고 있다. 이 혈통 일가들은 모든 것이 이어져 있고 모든 것이 자각을 가졌다는 이 사실을 억누르려고 필사적이다. 프랑스의 면역학자였던 고(故) 자크 벵베니스트Jacques Benveniste는 1980년대에 이미 물이 기억을 저장하고 있음을 알아차렸다. 하지만 그는 무지한 주류 과학자들에게 무참한 공격을 당했다. 명망 높기는 하지만 가소롭기 그지없는 영국의 '과학저널' 〈네이처〉가 벵베니스트의 인신공격을 주도했다. 마술사이자 전문 '폭로자'인 제임스 랜디James Randi가 공격에 가세했다. 그 무렵 〈네이처〉의 편집자이자, 주류 도그마에 도전하는 책을 '불태워버려야' 한다고 했던 존 매독스John Maddox는 벵베니스트의 발견에는 아무런 '물질적 근거'가 없어 보인다고 했다. 어디 보자, 또 다시 오감 수준의 과학적 상습범이 납셨다. '물질적인 것은 없다네, 친구~ 익숙해지라니깐!' 〈네이처〉는 사설에서 만일 벵베니스트가 옳다면 '현대과학의 많은 부분을 폐기해야 할 것이다'라고 했다. '오

이런 세상에! 경비원을 불러줘요, 경찰을 불러줘요, 소방차를 불러줘요, 아무나 좀 불러줘요. 아! 뼛속까지 기분 나쁜 존 매독스는 2009년에 죽었다. 장담하건데 지금쯤 그는 제대로 멍청이가 된 기분이리라.

홀로그램 속의 홀로그램

'물질적인' 현실은 우리 뇌와 유전자 구조에 있는 상징적인 '스크린'에나 존재하는 하나의 환영이다. 세상은 확실히 단단한 것처럼 보이고 또 느껴진다. 머리를 벽에 들이받으면 많이 아프다. 그러나 '일상적인' 마음상태에서 불 위를 걸으면 불에 데지만, 변형된 상태에 있는 어떤 사람들은 그렇지 않다. 우리가 '단단한' 것으로 경험하는 것은 두 개의 서로 다른 전자기(파형정보) 상태들 사이의 저항일 뿐이다. 세상은 단단할 수가 없다. 과학자들은 '물질'이 원자로 이루어졌다고 하지만, 원자들에겐 고형성이 없다. 그것은 핵주위를 도는 전자들을 가진 에너지 다발일 뿐이고, 전자와 핵은 둘 다 단단하지 않다(물론 어떤 것도 그렇지 않다. '물질'은 없다). 그림 29는 살짝 왜곡된 것이다. 원자 핵과 전자 사이의 거리는 사실 너무 멀어서 책 속에 그려 넣을 수가 없다. 어떤 사람은 이렇게 비유한다. "원자 하나가 대성당의 크기라면, 그 핵은 10센트짜리 동전 크기다." 이렇게 '비어있는' 원자들이 어떻게 단단한 물질세계를 만들 수 있을까? 그럴 수가 없고, 그럴 필요가 없다. 세상은 전혀 '단단하지' 않다. 그것은 홀로그램, 곧 '단단해' 보이는 환영이다. 과학자들이 원자라고 규정하는 것은 파형정보가 전기정보를 거쳐 디지털정보와 홀로그램정보로 해독되면서 생기는 에너지과정의 일부이다. 상점에서 판매되는 홀로그램

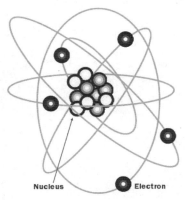

【그림 29】 텅 빈 원자. 어떻게 이것이 '단단한' 세상을 이루는 구조가 될 수 있을까? 그럴 수가 없고, 또 그럴 필요가 없다. '세상'은 단단하지 않다.

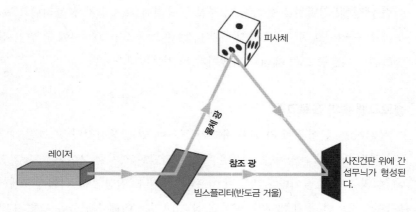

피사체

물체 광

레이저

참조 광

빔스플리터(반도금 거울)

사진건판 위에 간섭무늬가 형성된다.

【그림 30】 홀로그램은 같은 레이저의 두 부분들을 하나의 필름에 향하게 해서 만들어진다. 한 부분은 곧장 필름으로 가고, 다른 부분은 물체의 진동이미지를 담아 나른다. 두 부분들은 필름 위에서 충돌해서 '간섭무늬'를 만들어내고, 레이저가 이 무늬를 '읽으면' 3차원으로 보이는 이미지가 나타난다.

은 레이저를 두 부분으로 나누어 사진건판에 모이게 해서 만들어진다. 한 부분인 '참조 광reference beam'은 곧바로 건판으로 가는 한편, 다른 부분인 '물체광working beam'은 촬영하는 피사체의 파형이미지를 부호화한다. 그다음에 건판 위에서 참조 광과 충돌한다(그림 30). 이것은 홀로그래피에서 말하는 '간섭무늬'를 만들어낸다. 이것이 무엇일까? 파형의 정보다(그림 31). 이것은 마치 돌 두 개를 연못에 떨어뜨리고 물결이 퍼져 충돌하면서 돌들이 떨어진 지점, 물결의 속도 등등의 정보가 담긴 물결무늬 정보구조물을 만드는 모습을

【그림 31】 홀로그램 간섭무늬. 이것은 3차원 환영 형태로 읽혀지길 기다리는 파형정보이며, 우리가 형이상학적 파형우주를 '고형성'이라는 환영으로 해독하는 방식에도 같은 원리가 적용된다.

보는 것과 같다. 홀로그램 간섭무늬는 촬영하는 물체의 파형정보구조물이고, 그 무늬에 레이저를 쏘면 놀라운 일이 벌어진다. 3차원으로 보이는 물체의 투영이 눈앞에 나타나는데, 가장 질이 좋은 것들은 당신과 나처럼 단단해 보이기도

【그림 32-35】 이 이미지들은 모두 홀로그램들이고 가장 정교한 것들은 당신과 나처럼 '단단해' 보이기도 하지만, 만지려 하면 손이 쑥 들어간다. 이들의 고형성은 환영이다.

한다(그림 32~35). 홀로그램은 전시회 등에서 많이 이용하고 있고, 이젠 우리가 날마다 경험하는 현실에 더욱 가까운 디지털 홀로그램들이 개발되고 있다. 한 대중매체는 이렇게 보도했다. "그들은 정말이지 진짜처럼 보인다. 포드사가 어떤 자동차의 디지털 홀로그램을 전시했을 때 사람들은 그 앞에 멈춰서서 그 안으로 걸어 들어가려고 하질 않았다. 그들은 자동차가 정말로 거기 있다고 생각했다." 그림 32의 모터사이클 역시 디지털 홀로그램이다. 그림 36의 오른쪽에 있는 사람은 오스트레일리아 멜버른에 있지만, 애들레이드의 어느 무대 위에 홀로그램으로 투영되었다. 지금까지 오랜 시간 '물질적' 세상이 홀로그램이란 사실을 말해왔던 나는 2009년 주류 과학잡지인 〈뉴사이언티스트New Scientist〉를 우연히 보고 무척 구미가 당겼다. 표지에는 "당신은 홀로그램이다. …… 우주의 언저리에서 투영된"이라고 쓰여 있었다(그림 37). 이 논문의 저자는 우주

【그림 36】 왼쪽은 오스트레일리아 애들레이드의 한 무대에 실제로 있는 사람이고, 오른쪽은 멜버른에서 투영한 홀로그램이다.

【그림 37】 일부 주류 과학자들조차도 우리의 현실이 홀로그램일 가능성에 주목하고 있다. 사실 그렇다.

가 하나의 홀로그램일 가능성을 탐구하던 어느 과학자였다. 이 논문이 아주 깊이 있는 것은 아니었지만, 그래도 일부 과학자들은 이것이 우리가 가야할 방향이라는 것을 보기 시작한 것이다. 홀로그램은 우주의 언저리에서 투영되지 않는다. 그것들은 내가 '형이상학적 우주'라고 부르는 파형구조물에 들어 있는 정보로부터 해독되는 것이다. 과학자들은 그들이 입자라고 부르는 것이 동시에 파형일 수도 있음을 보여주는 실험들에 당황스러워한다. 하지만 이것을 홀로그램의 관점에서 생각해보자. 간섭무늬 또는 파형무늬는 그것으로부터 홀로그램이 '읽혀지는' 정보다. 파형정보가 없이는 '3D' 홀로그램이 없고, 이 홀로그램은 파형정보장으로부터 투영된 것일 뿐이다. 따라서 파형과 홀로그램은 동시에 존재할 수 있는 것이 아니다. 둘은 그래야 한다. 하나는 다른 하나의 표현일 뿐이므로. 파형정보를 없애버리면 홀로그램도 사라진다. 아, 맞다! 하나 더 있다. 파형무늬에 있는 정보가 레이저에 의해 해독되지 않으면, 즉 '관찰'되지 않으면 어떤 일이 생길까? 그것은 파형으로만 남게 된다. 우리의 '물질적인' 현실이 우리가 그것을 해독할 때만 존재하듯이 말이다.

홀로그램에 있어 또 하나의 아주 중요한 특성은 모든 부분들이 전체의 작은 복사본이라는 점이다. 어떤 홀로그램 무늬를 네 조각으로 잘라서 그것들에 레이저를 쏘면 전체 그림의 1/4만을 얻는 것이 아니다. 전체 그림이 들어 있는 1/4 크기의 복사본을 얻게 된다(그림 38). 이런 사실은 도그마 도킨스 군단이 미신이라고 깔아뭉개는 치유법들을 비롯한 많은 '수수께끼'가 어떻게 아주 논리적인 근거를 갖고 있는지를 설명해준다. 반사요법, 침술과 여러 대체치료법들은 귀나 발 등의 특정 지점을 자극해서 온몸을 치료할 수 있다고 말한다. 우리의 몸에는 각 장기들에 관련된 지점이 있다는 것이다(그림 39). 당연히 그것은 사실이다. 몸은 하나의 홀로그램이고 따라서 모든 부분은 분명 전체의 작은 복사본들이다. 모든 부분은 서로 이어져 있다. 홀로그램적인 방식으로 심장과 관련된 발의 어떤 부위를 자극하면 심장 그 자체가 치료

된다. 이는 인간의 오라장이 왜 지구
의 자기장과 똑같이 생겼는지, 그리
고 뇌의 활동이 왜 우주에서의 활동
과 흡사한지를 설명해준다(그림 40과
41). 이것은 손금을 보는 이유이기도
하다. 손에는 온몸의 정보가 들어있
다. "위에서와 같이, 아래에서도"라
는 말은 이 글귀를 사용하는 대부분
의 사람들이 알아차리지 못하지만,
홀로그램 우주를 묘사하고 있다. 캘
리포니아에 있는 내 친구 닥터 하베
이 바이겔슨Harvey Bigelsen은 우리의
혈액이 홀로그램과 같다는 책《홀
로그램 피Holographic Blood》를 쓰기까
지 했다. 이 말은 곧 몸-홀로그램의

【그림 38】홀로그램의 모든 부분들은 전체의 작은 복사
본들이다.

수준에서도 우리는 지구이자 우주
라는 뜻이다(나는 이것을 '슈퍼홀로그
램'이라고 부른다). 모든 형태의 표현
은 전체의 작은 복사본이다. 홀로그
램 수준에서만 우리 모두 '하나'인
것은 아니다. 디지털 수준, 전기적
수준, 그리고 파형수준에서도 같다.
그래야 한다. 홀로그램은 파형과 그
'사이'에 있는 모든 것들의 투영일
뿐이다. 오, 맙소사! 우린 이미 '보잘
것없는 나'가 되어 너무 멀리 걸어왔

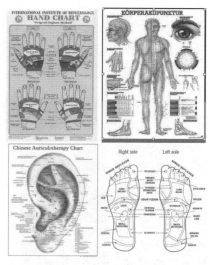

【그림 39】몸의 한 부분을 자극해 몸 전체를 치료할 수
있는 것은 몸이 홀로그램이기 때문이다. 따라서 모든 부
분은 전체의 작은 복사본들이다.

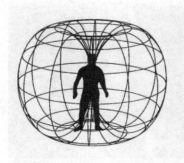

【그림 40】 인간의 에너지장과 지구의 에너지장. 위에서와 같이 아래에서도!

다. 나는 그냥 내 이름, 나이, 직업, 그딴 것밖에 되지 않았으니 말이다. 그러나 아니다, 우리는 모든 것이다. 잊어버렸을 뿐이다. 파리대학교의 물리학자 알랭 아스페Alain Aspect는 1982년에 아원자입자들은 서로 1인치 떨어져있든 1,000억 마일을 떨어져있든 순간적으로 소통할 수 있다는 사실을 발견했다. 이 발견은 그 어느 것도 빛의 속도를 넘을 수 없다는(말도 안 되는) 앨버트 아인슈타인과 주류 과학을 무너뜨렸다. 그러나 모든 것이 하나이고, 우리가 홀로그램 현실에서 산다는 점을 알아차리면 이 '수수께끼'는 쉽게 설명된다. '입자'는 파형정보장, 곧 '형이상학적 우주'의 홀로그램적 표현일 뿐이다. 이 수준에서 입자들이 순간적으로 소통할 수 있는 것은 그것들이 하나이기 때문이다.

경험하는 현실의 디지털 수준은 수열(數列)과 수학적 비율들이 왜 끝없이 반복되는지를 설명해준다. 황금분할(파이), 그리고 마지막 두 숫자를 더하면 다음 숫자가 나오는 피보나치수열(1, 1, 2, 3, 5, 8, 13, 21……)이 그런 것들이다. 수열은 식물과 조개껍질이 자라는 형태에서부터 인체의 비례들에 이르기까지 자연을 통틀어 모든 것들에

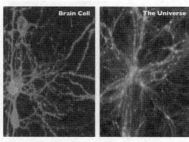

【그림 41】 인간의 뇌세포활동과 우주에서의 전기활동. 위에서와 같이 아래에서도!

서 구현된다(그림 42와 43). 우리가 '자연'이라고 부르는 것이 디지털 홀로그램 형태들의 거대한 직물이기에 그럴 수밖에 없다. 수비학(數秘學)은 현실의 디지털 수준을 읽은 것이고, 동아시아의 역(易)

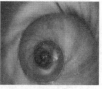

【그림 42-43】 피보나치수열은 식물이 자라는 방식, 조개껍질의 형태와 인간의 얼굴 비례에서도 찾아볼 수 있다.

도 마찬가지다. 영화 '매트릭스'에서 컴퓨터스크린을 흘러내리던 숫자들과, 니오의 마음이 '의식'에 열렸을 때 모든 것을 디지털구조로 봤던 것은 명백하게 사실에 기초한 것이었다. 숫자는 파형정보의 디지털 표현들이다. 같은 숫자들이 꾸준히 되풀이되면, 그것은 파형정보장들에서 되풀이되는 무언가의 신호들이다. 이것을 이해했던 고대의 비전 전수자들은 신전과 건물들을 어떤 기하학적이고 수학적인 비례에 맞추어 지었다. 이렇게 하면 그 숫자들이 디지털방식으로 나타내는 진동장들과 건물이 자동적으로 이어진다는 사실을 알았던 것이다. 일루미나티 혈통과 그들의 비밀결사 네트워크는 특정한 시간과 장소에서 사건이 일어나게 하고 무언가를 조작하기 위해 아주 세밀하게 계획한다. 수비학과 점성학 등을 공공연하게 비웃는 권력자들도 무대 뒤에서는 그것을 아주 구체적인 방식으로 이용하고 있다. 미국의 응급전화번호인 911이 그날의 날짜 9 · 11과 같다는 것이 과연 우연의 일치일까?

의식으로부터 떨어져 나간 마음

극소수의 '통제시스템'이 인류 전체를 노예로 만들기 위해서는, 사람들이 마음-몸이라는 렌즈를 통해서만 현실을 지각하고 해독하고, 그들이 평생 진정하고 영원한 자아인 '의식'으로부터 단절되어 있도록 하는 것이 필수적이다. 그림 44에서처럼 우리가 '마음-몸(컴퓨터)'과 '의식(책상에서 마우스와 키보드를 가진 사람)' 사이의 연결을 유지하면 우리에게 필요한 모든 것을 가질 수 있다. 마음-몸은 당신을 '우주인터넷'에 '로그인' 해주고, 당신은 그 주파수

범위와 상호작용한다. '의식'은 오감으로는 감지할 수 없는 더 큰 그림과 더 넓은 시각을 보여준다. 간단히 말해보자. 당신은 세상을 경험하고 있다는 의미에서 이 '세상 안에' 있지만, 현실에 대한 완전한 시각이라는 측면에서는 이 세상에 '속한' 것이 아니다. '의식'을 치워 버리면 당신에게는 마음-몸과 오

【그림 44】 '의식'은 키보드와 마우스를 가지고 마음-몸의 컴퓨터인터페이스를 통해 '우주인터넷'을 관찰하고 있다. 자판을 두드리고 마우스를 눌러도 마음-몸이 더는 반응하지 않고, 지극히 제한된 지각으로 어디로 갈지 무엇을 할지를 결정할 때 문제는 시작된다.

감의 영역만이 남는다. 이것은 당신이 인터넷에서 어디로 갈지, 어떻게 생각할지를 컴퓨터가 결정하는 것과 같다. 마음-몸에는 자각이 있으므로 가능한 일이다. 모든 것이 자각을 가지고 있다. 마음-몸은 하나의 생물학적 컴퓨터로서, 프로그램된 대로 자료에 반응할 뿐만 아니라 그 자료를 분석해서 그것으로 무엇을 할지 결정을 내릴 수도 있다. 우리 몸의 면역계는 항상 이렇게 일하고 있다. 하지만 마음-몸은 '의식'이 현실을 경험하게 하는 매개체일 뿐이다. 그것이 해독하는 현실의 지배자가 아니란 말이다. 다행스럽게도 서서히 바뀌고 있기는 하지만, 인류의 대다수가 아직 머물러 있는 곳이 이곳이다. 인간들은 마음-몸 컴퓨터에 갇혀있고, 그 컴퓨터는 프로그램되어 있다. 사람들의 반응과 행동양식들이 그리도 빤한 이유가 이 때문이다. 그들은 감자와 사과를 구분하지 못하고, 자신의 딸을 보지 못했던 사람처럼 프로그램된 믿음과 지각이라는 똑같은 소프트웨어를 돌리고 있고, 거기에 맞춰 현실을 해독한다. 이것은 되먹임고리(feedback loop)다. '의식'이 손을 떼고 나면 당신은 정보망 위의 컴퓨터단말기가 된다. 사람들은 믿음을 주입받고, 그 믿음은 해독과정을 프로그램해서 자신들이 보고 듣는다고 생각하는 것들을 눈앞에 드러나게 한다. 대부분의 프로그래밍은 텔레비전이라 불리는 거의 모든 가정에 있는 직사각형의 최면술사를 거쳐 이루어진다. 텔레비전은 완

벽하게 압축된 프로그램을 당신에게 선사한다.

　오랫동안 이어져온 세계적인 음모의 바탕은 마음-몸을 '의식'으로부터 분리하고, 그것을 '통제시스템'에 맞춘 현실감으로 프로그램하는 것이다. '보잘것없는 나', 그리고 '난 못해!'라는 한계의 지각이 이것이다. 이 지각은 두려움, 걱정, 불안, 그리고 온갖 무기력감으로 더욱 굳건해진다. 종교, 대중매체, 과학, 의학, 그리고 교육은 모두 대대적인 지각 프로그래밍을 위한 수단으로서 고안되고 강요된 것들이다. 세상은 잠들어있다. 세상은 미쳤다. 그 더없이 명백한 것들(의식에게는 그렇다)을 못 보는 사람들에게 화내고 좌절해봐야 소용없는 일이다. 단지 그들은 그 더없이 명백한 것을 처리하고 해독할 만큼 충분히 의식적이지 않을 뿐이다. 하지만 그들은 언제든지 마음을 열기로 결정할 수 있다. 통제자들은 훨씬 더 미쳤지만, 아주 잠들어있지는 않다. 그들은 자신들이 들어가 있는 것보다 더 작은 상자 안에 인류를 몰아넣으려고 긴 세월 동안 노력해왔다. '눈 먼 장님들의 땅에서는 애꾸눈이 왕이다'라는 말이 있다. 통제자들은 애꾸눈일 뿐이다. 두 눈, 세 눈을 가진 '의식'의 적수가 되질 않는다. 그러기 위해서는 단지 깨어나기로 결정만 하면 된다. 인간사회의 모든 구조는 사람들이 그들의 몸뚱이, 이름, 직업 등등이 자신이라고 믿는 최면상태, 기억상실 상태로 붙잡아두기 위해 고안된 것이다. 그래야만 극소수가 지금 하고 있는 방식으로 인류를 통제할 수 있다(그러나 너무 오래가지는 않을 것이다). 이제 인간들이 왜 그리도 멍청할 수 있는지, 세상이 왜 그리 미쳐 돌아가는지 이해가 되었을 것이다.

　예를 들어보자. '의식'은 절대 싸우지 않는다. 의식은 우리가 다 같은 '무한한 자각'임을 안다. 마음-몸은 물질적 세상에서 '분리'만을 보기 때문에 싸운다. 갈등과 전쟁이 있다는 지각된 분리의 환영과, 우리가 분리된 것들과 줄곧 경쟁해야 한다는 믿음을 거쳐 싸움이 일어난다. 하지만 우리 자신의 일그러진 지각 말고는 분리란 없다. 앨버트 아인슈타인이 제대로 말했다. "인간은 우리가 '우주'라고 부르는 전체의 한 부분, 시간과 공간에 한정된 한 부분이다. 인간은 자기 자신, 자기의 생각과 느낌들을 나머지로부터 분리된 무엇으로 경험하는데, 이것은 자신의 의식이 가진 일종의 시각적 망상이다." 이 시각적 망상이 바로 마음-몸이다. 군복을 입고 총을 든 군대를 보거나, 그들의 가상현실 기계들이 날아다니며 폭탄을 떨어뜨리는 모습을 볼 때마다, 당신은 마음-몸의 프로그램되고 컴퓨터화된 환영들과 망상들이 아무런 '의식' 없이 펼쳐지는 모습을 보고 있는 것이다. 군복을 입은 마음들이 쓰는 무기는 '과학'과 '기술연구소'들에서 흰 실험복과 작업복을 입은 마음들이 만든다. 군비회사들에 있는 마음들이 정부에 있는 마음들에게 이 무기들을 팔고, 정부에 있는 마음들은 은행들을 굴리는 마음들에게서 '채권'이라는 존재하지도 않는 돈을 빌려서 값을 치른다. 그리고 이 모든 일들을 대중매체에 있는 마음들이 정확하지 않게 보도한다. 세상을 움직이는 마음들의 파노라마에서 '의식'은 보이질 않는다. 있는 그대로 보려면 '의식'이 필요한데, 마음에 갇힌 '저널리스트들'이 어떻게 정확하게 보도할 수 있겠는가? 음모는 모든 의미에서 하나의 마음 게임이다. 그림 45에서와 같은 고립된 마음이 문제의 모든 뿌리다. '의식'과 비교하면 이것은 동네 얼간이다. 세상이 이 모양인 것은 이 때문이다. '의식'에 마음을 연다는 것은 마음의 프로그램들, 그리고 '남들이 어떻게 생각할까' 하는 마음의 두려움들을 내려놓는다는 뜻이다. 당신을 위해 옳다고 생각하는('마음') 것보다는, 당신이 옳다고 아는('의식') 것을 한다는 뜻이다. 또한 당신이 옳다고 아는 것을 하는 데 두려움을 버린다는 뜻이다. '매트릭스'에서 모피어스가 말했듯이 "두려움, 의심, 그리고 불신, 그 모든 걸 내려놓아야 하네, 니오. 마음을 자유롭게 하게." 훨씬 더 좋은 것은 마음으로부터 자유로워지는 것이다. 마음의 세상에서 받아들여지고 이해되는 데 따르는 모든 어려움들을 떠안고 '의식'을 들어오게 하라. '의식'에 마음을 여는 일이 인간사회의 변혁을 뒷받침하는 데에만 그치지는 않을 것이다. 그것 자체가 인간사회의 변혁이다.

무한한 사랑만이 진실이다

열어젖혀야 할 것들은 많다(모든 가능성의 무한함에 대해). 우리는 바로 몇 가지 가능성들을 경험하고 있는 '모든 가능성'이다. 2003년에는 내 삶의 동시성이 나를 브라질 북부의 마나우스 시에서 그리 멀지 않은 우림으로 데려갔다. 나는 한 모임에서 며칠 동안 강의를 하고, 아야와스카Ayahuasca라는 우림에서 나오는 차를 마셔보려고 숲속의 어느 건물로 갔는데, 이것은 자각을 확장시켜주고 의식의 더 높은 수준들에 이르게 해준다고 한다. 아야와스카는 작은 잔으로 마시는데 감초 비슷한 맛이 난다. 어떤 사람들은 그것을 먹고 혼쭐이 나기도 한다. 나는 이틀 밤 동안 인생을 바꿔버린 경험을 했다. 네번 마실 수 있었지만 두 번만 마셨다. 내게 필요했던 만큼 마셨고 다시는 그것이 필요하다는 생각이 들지 않았다. 첫째 날 밤에 변형된 상태로 들어가면서 나는 스스로 "나는 사랑이다." 그리고 "나는 모든 것이고 모든 것이 나다. 나는 무한한 가능성이다."라는 말을 하고 있었다. 그러자 특별한 에너지가 내 가슴 한가운데서 쏟아져 나와 방을 가득 채우기 시작했다. 나는 칠흑같은 어둠 속에서 매트리스 위에 누워있었는데, 맨 먼저 천장에 달린 세 개의 형광등이 저절로 켜졌다. 내게서 쏟아져 나온 전자기에너지 때문에 뮤직 플레이어가 켜졌다 꺼졌다 하기 시작했다. 이것은 '유령이 일으키는' 그리고 '초자연적인' 많은 사건들의 근원인 또 다른 현실로부터 투사된 전자기에너지다. 앞에서 이야기했지만, 가슴의 중심은 일곱 개의 볼텍스 지점들 또는 '차크라들'의 균형점인 '가슴차크라'가 있는 곳이다. 이 차크라는 심장과 사랑을 연결시키는 진정한 근원이다. 그것은 사랑과 그 밖의 많은 것들을 표현하는 에너지적인 심장이다. '육체적인' 심장도 아주 중요한데, 피를 온몸으로 펌프질하는 역할 때문만이 아니다. 에너지적인 심장은 '생각'보다 훨씬 더 진보한 자각의 상태인 우리의 직관적인 앎의 원천이고, 심장은 우리의 지각에 영향을 줄 기회가 생길 때면 뇌보다도 훨씬 더 지능적이고 더 '깨달은' 상태가 된다. 미국에 있는 하트매스연구소Institute of HeartMath의 연구자들은

【그림 45】 주류 과학, 대중매체, 정치, 교육, 종교 등을 통제하는 고립된 마음

심장의 전자기장

【그림 46】 열린 심장은 환상적인 전자기적 힘을 가졌고 이 힘은 뇌보다 훨씬 세다.

심장이 몸을 둘러싸는 자체적인 에너지장을 가졌다는 사실을 밝혀냈다(그림 46). 심장은 뇌보다 60배가 넘는 전기적 진폭을 만들어내는데, 이것이 브라질에서의 그날 밤 일어났던 것이다. 이마에 있는 영능력의 원천인 '제3의 눈'이 호를 그리면서 내 가슴차크라에서 쏟아져 나오는 에너지를 느꼈다. 심장은 장기일 뿐만 아니라 분비샘이기도 해서 제3의 눈의 일부인 솔방울샘과 뇌하수체를 연결하는 호르몬들을 분비한다. 누군가가 내 이마를 꽉 붙잡고 있는 것 같은 느낌이었다. 이어서 나는 인류가 어떻게 '무한한 하나임'으로부터 떨어져 나왔는지, 그리고 이것이 어떻게 우리가 보는 세상의 기본이 되었는지를 말하기 시작했다.

둘째 날 밤, 내가 자각의 변형상태로 들어가자, 또렷하고 사랑스러운 여성의 목소리가 내게 말했다. "데이비드, 우린 당신이 온 곳으로 당신을 데려갈 거예요. 당신이 누군지 기억할 수 있게요." 내가 '갔던' 그곳은 모든 것들이 '하나'인 놀라운 지복의 상태였다. "이것이 '무한자the Infinite'예요, 데이비드." 목소리가 말했다. "당신이 온 곳이 여기고 당신이 돌아갈 곳이 여기예요." 거기에는 시간도 장소도 나뉨도, 우리와 그들도 없었다. 나는 모든 존재와 '하나'였고 아무것도 존재하지 않았지만, 내 개별성의 느낌은 여전히 남아있었다. 우리는 주의의 초점을 다른 현실들로 옮긴다. 마음-몸은 우

72

리의 주의를 '가시광선'이라 부르는 우리가 경험하고 있는 이 아주 좁은 주파수 범위에 맞추고, 우리는 이것만을 지각한다. 이것은 그저 초점(주의)일 뿐이고 무한자는 그런 지각의 환영일 뿐인 '벽' 너머에서 우리를 기다린다. "무한한 사랑만이 진실이에요. 다른 모든 것은 환영입니다." 목소리는 이 말을 거듭 거듭 되풀이했다. 달리 말하면, '무한한 의식'만이 진실이고, 다른 모든 것은 그 '의식'이 무한한 형태들로 드러나게 한 상상이다. 나는 내가 경험한 '그곳'을 '모든 가능성'이라고 부른다. 이는 움직임 없이 고요한 모든 것인데 나는 이것이 '사랑'이라고 말할 수 있다. 내가 "마음의 사랑mind love"이라고 이름붙인 '육체적'이고 화학적인 끌림은 아니었다. 나는 정부의 끔찍한 마인드컨트롤 프로젝트에 시달렸던 많은 사람들을 만났는데, 이 사람들은 자신들의 마음이 누군가를 사랑하도록 프로그램되는 경험을 했다고 한다. 뇌의 어떤 화학물질들을 자극하기만 하면, 두 번 다시는 쳐다보지 않을 누군가를 '사랑하게' 할 수 있다. 이 현실에서 자신이 사랑에 빠졌다고 말하는 사람들 대부분은 마음의 사랑에 빠진 것이다. 그 화학적인 끌림의 약발이 다하면 그들은 깨지거나 아니면 진정한 사랑으로 옮겨간다. 우리는 그 차이를 분명히 하기 위해 이것을 '무조건적인 사랑'이나 '가슴의 사랑 heart love'이라 불러야 한다. 가슴의 사랑에는 "더는 당신을 사랑하지 않아, 왜냐하면……"이라는 말은 있을 수가 없다. 가슴의 사랑은 "그냥 당신을 사랑해"라고 말한다. 가슴의 사랑은 당신과 사랑에 '빠졌다'고 말하지 않는다. 이 말은 언젠가는 사랑에서 '빠져나올' 가능성을 내비친다. 가슴의 사랑

있는 모든 것, 그리고 언제나 있을 수 있는 것

【그림 47】움직임 없이 고요한 '있는 모든 것', '모든 가능성', '모든 앎'

은 단순히 "사랑해"라고 한다. 그게 다. 아무런 예외조항도 필요치 않다. 이것이 '있는 모든 것All That Is', 곧 '모든 가능성'이나 어떤 사람들이 '공(空)' 이라고 부르는 것의 움직임 없이 고요한 가슴에서 내가 느꼈던 사랑이다(그림 47). 움직임 없이 고요하다고 경험한 것이 '있는 모든 것'과 '모든 가능성'이 될 수 있다니 이상하게 들릴지도 모르겠다. 이해한다. 마음에게는 '고요와 정적이란 아무것도 없음'으로 생각된다. 움직임과 형태나 소리가 있어야만 우리에게는 '무언가'가 있는 것이다. '모든 것'은 말할 나위도 없다. 억눌리고 혼란스러운 우리 세상에서 늘 그렇듯이 그 반대의 경우도 사실이다. 고요와 정적은 드러나기를 기다리고 있는 '모든 가능성'이다. 그러므로 그것은 모든 것이자 아무것도 아니다. 그것은 있으면서 또 없다. 그것은 모든 곳에 있고 또 어디에도 없다. 모든 것도 무(無)도 가질 수 없다고? 있어야 하고 또는 있어서는 안 된다고? 모든 곳에도 또 어디에도 있을 수 없다고? 아, 물론 할 수 있다. 모든 것은 '모든 가능성'으로 가능해야 한다. 정적과 고요를 경험할 때 당신은 드러나기를 기다리고 있는 '있는 모든 것'을 경험하는 것이다. 사람들이 깊은 명상을 할 때 그들은 고요와 정적의 상태로 들어간다. 이것이 우리 존재의 핵심(모든 존재이자 또 존재도 아닌 것)이다. 잠깐 조용히 앉아서 정적을 느껴보라. 충분한 시간이 흐르면 시끄러운 상황에서도 정적을 들을 것이다. 주의의 초점이 오감의 영역으로부터 '있는 모든 것'으로 옮아가게 된다. 잠깐 조용히 앉아 있다가 말하기 시작하면, 이 말들은 '모든 가능성'으로부터 드러나고 있는 하나의 가능성이다. 말을 멈추면, 그 가능성은 '모든 가능성'의 정적 속으로 돌아간다. 이것이 '육체적인' 형상이 '죽어서' 순수에너지로 돌아갈 때 생기는 일이다. 환영일 뿐인 형상과 진동의 '세계'는 움직임 없이 고요한 '있는 모든 것'으로부터 나온다. 우리가 '창조'라고 부르는 것이 이것이다. 이 '세계' 또는 현실은 당신이 소리진동sound vibration이라고 묘사하는 것에 의해 드러난다. 물론 그 이상의 것이 있긴 하지만 말이다. 진동 또는 파형은 '생각'의 다양한 표현들이 만드는 정보와 함께

부호화되지만, 이번에도 이것이
우리가 감지하는 것과 똑같은 생
각인 것은 아니다. 나는 '상상'이
라는 낱말을 즐겨 쓴다. 이 진동의
세계들을 생겨나게 하는 것은 '있
는 모든 것'의 창조적인 상상이고,
그러면 '있는 모든 것'의 다른 드
러남들은 그것들을 경험하고 그것
들과 노닌다(그림 48). 이들은 서로
다른 주파수들에 공명하는 가상현
실 세계들이며 라디오방송들이 그
렇듯이 서로 같은 '공간'에 존재할
수 있다.

【그림 48】 형상의 세계들(주파수 범위들)은 파형(생각, 소리)
에 부호화된 정보를 사용해서 '모든 가능성'으로부터 창
조된다.

　게다가 도그마 도킨스의 사고방
식에 맞추기 위해, '모든 가능성'으로부터 생겨나오는 무한한 '몸'의 형상들
이 꼭 다 인간들처럼 생긴 것은 아니다. 믿기 어렵다고? 진동이 형상을 창조
할 수 있다는 말이 의심스럽거든 유튜브에 들어가 'Cymatics(싸이매틱스)'를
검색해보라. 어떤 소리를 들려주었을 때, 판 위에 마구잡이로 있던 입자들
(드러나기를 기다리고 있는 '모든 가능성')이 뭉쳐서 놀라운 기하구조와 여러 패
턴들을 만들어내는 모습을 볼 수 있다. 소리를 바꾸면 패턴도 바뀐다. 브라
질에서 내게 말을 건넸던 목소리가 그 이유를 설명해준다. "진동하는 것이
라면, 그것은 환영이에요."

　맞다, 물질적인 창조라는 환영이다.

인류의 DNA는 조작되었다!

　가상현실 게임들은 갈수록 더 정교해지고 리얼해지고 있으며, 우리가 '우주'라고 부르는 가상현실과 구분하지 못하는 날이 다가오고 있다. 기술은 우리가 경험하는 현실과 비슷해져가고 있고 아울러 현실을 설명하기 위한 도구들과 추론들도 내놓고 있다.

　이런 가장 정교한 게임들은 특수한 장갑을 끼고 고글을 쓰면 '리얼'하게 보이고 느껴지는 짝퉁 현실들을 이미 만들 수 있을 정도다. 그러면 이 기술이 하고 있는 건 뭘까? 오감을 해킹해서 그것들이 정상적으로 하는 것과는 다른 현실을 해독하도록 조작하는 것이다. 이 기술은 무척 효과적이어서 어떤 병원들에서는 간호사들이 화상환자들의 붕대를 바꿀 때 환자들을 가상현실 기술에 연결해준다. 이것은 뇌가 다른 현실을 구성하도록 속임으로써 통증을 줄여준다. 이와 같은 기술을 가지고서 사람들은 비행기를 조종하는 법을 배우기도 하고 다른 많은 것들을 한다. 가상현실 게임들은 전기정보를 고글과 장갑으로 보내고, 뇌는 이것을 영상들과 감각으로 해독한다. 오감은 뇌와 몸이 '물질적인' 현실을 구성하도록 같은 방식으로 정보를 뇌로 보낸다. 뇌와 몸은 진동정보를 전기정보로 해독한다. 가장 확실한 사례가 귀인데, 우리 귀는 소리진동을 감지해서 그것을 전기적인 형태로 뇌로 보내고 그러면 우리는 '듣는다'. 다섯 가지 감각들이 모두 같은 일을 하고 있다. 주류의 한 뉴스는 이렇게 보도했다.

연구자들은 뇌의 겉 표면에 부착한 감지기들을 사용해서 처음으로 뇌의 신호들을 말로 번역할 수 있었다. 정확도가 90퍼센트에 이르는 이 성과로 말을 하지 못하는 마비환자들과 소통하고 마침내 다른 사람의 생각을 읽을 수 있게 해줄 길이 열렸다.

바로 그거다. 뇌의 전기신호들을 말로 해독하는 기술은 이미 있고, 뇌가 자연스럽게 하는 일이 이것이다. 우리가 '말'이라고 부르는 것은 성대가 만들어내는 진동정보이고, 귀는 이것을 우리가 언어로 인지하는 '말'로 뇌가 전환할 수 있도록 전기정보로 번역한다. 뇌가 언어를 구성하지 않고서는 언어란 없는 것이다. 따라서 앞에서 이야기했듯이, 이탈리아의 영능력자는 파형정보를 이탈리아어로 '들을(해독할)' 것이고 영국의 영능력자는 영어로 들을 것이다. '물리적인 운동'마저도 하나의 해독된 환영이다. 예를 들면, 어떤 사람들은 찻잔에 따르는 차가 멈춰버린 '정지장면'으로 보이거나, 한 순간에는 멀리 있었는데 다음 순간에는 저만치 스쳐 지나가버린 자동차를 보게되는 뇌기능의 문제들이 있다. '물질'세계는 하나의 환영이며 인간의 '통제 시스템' 뒤에 있는 그들이 이 사실을 안다는 점은 아주 중요하다. 그들은 우리가 알기를 바라지 않으며, 우리가 알지 못하도록 조작할 가능성은 끝도 없다. 우주는 정보 그 자체이고, 정보를 해독하고 있는 정보이기도 하다. 디스크나 USB 드라이브의 형태로 컴퓨터에 정보를 입력하면, 다른 정보(컴퓨터)가 그 정보를 해독한다. 모든 것이 부호화와 해독, 부호화와 해독이다. 말하고 듣는 과정이 간단한 사례다.

지각의 프로그래밍

우리는 뇌가 그 정보를 해독하고 그 현실을 구성하기 전까지는 보지도, 듣지

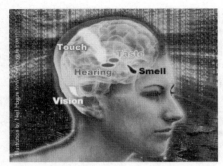

【그림 49】 '통제시스템' 뒤에 있는 그들은 우리가 어떻게 현실을 구성하는지 알고 있고, 우리는 인간의 노예화라는 어젠다를 앞당기는 지각들을 해독하도록 줄곧 조작당하고 있다.

【그림 50】 '교육'과 함께 모든 형태의 주류 대중매체는 지각 프로그램의 으뜸 수단들이다.

도, 느끼지도, 맛보지도, 냄새 맡지도 못한다. 최면술사가 감자를 먹고 있는 사람에게 사과 맛을 느끼도록 하는 방법이 이것이고, 또한 뇌가 인간의 삶, 그리고 인류를 노예로 만들려는 모든 음모가 펼쳐지는 '경기장'인 이유가 이것이다(그림 49). 그러나 뇌뿐만이 아니라 심장과 DNA/유전자 구조도 전반적으로 그렇다. '통제시스템'은 우리가 보고 듣는 것을 거쳐서 현실을 그들의 어젠다에 들어맞는 방식으로 해독하도록 마음-몸을 프로그램할 길을 줄곧 찾고 있다(그림 50). 뇌는 속이기가 아주 쉽다. 착시현상과 최면에서 이것을 확인할 수 있고, 우리가 텔레비전을 볼 때의 뇌파상태는 최면술사들이 지각 프로그램들을 주입하는 데 쓰는 상태와 같다. 그래도 이것이 또 다른 우연의 일치일까? 절대 아니다. 텔레비전은 우리가 보는 화면들과 듣는 말들보다 훨씬 더 많은 것들을 내보내고 있다. 사람들은 무엇을 보고 먹고 입고 생각하고 그리고 어떻게 '살아야' 하는지를 듣는다. 그들은 무엇을 성공(돈과 명예)과 실패(돈도 명예도 없는)로 믿어야 하는지를 듣는다. 가장 강력한 형태의 암시는 서브리미널subliminal 또는 '식역하(識閾下, 감각으로 지각되는 범위를 벗어나서 잠재의식에 정보를 직접 심는 방식-옮긴이)의 것들이고 이것들은 의식적인 마음을 우회한다. 나중에는 그 사람 자신의 생각, 갈망, 발상들인 것처럼 무의식으로부터 의식적인 마음으로 스미어 올라온다. 이 시스템의 원천들을 거쳐 심어지지 않은 원래의 생각과 지각들을 가지고 사는 사람들이 과연 얼마나 있을지 의문스럽다. 이 원천들은 대부분 비밀연구 프로젝트들로 내부 핵심층 엘리트들 외에는 알려지지도 않은 것들이다. 그것의 온갖 서브리미널 기법들과 함께 광고는 지각을 조작하는 분명한 사례지만, 아 맙소사! 텔레비전, 라디오, 신문 '뉴스'까지도 그렇다. 이것들은 모든 것의 공식적인 거짓말 버전을 만들어내고 특히나 마인드컨트롤의 중요한 형태의 하나인 '반복'을 통해 지각을 프로그램한다. 공식적인 이야기는 주류 대중매체들을 거머쥐고 있는 그들이 던져주고, 대중매체는 이제 그것을 사건들의 진상인 듯이 영원히 되풀이한다. 그 공식적인 이야기는 이런 식으로 공식적인 역사가 된다. 사실을 통해서가 아니라 반복을 통해서다. 아프가니스탄의 한 동굴에서 오사마 빈 라덴의 명령을 받은 19명의 이슬람 테러리스트들이 9 · 11을 일으켰고, 이미 죽은 오사마 빈 라덴을 다시 살해했다고 대부분의 사람들에게 충분히 거듭해서 말하면 그들은 그렇게 믿을 것이다. 두 이야기 모두 빤한 헛소리인데도 현실에 대한 그들의 지각은 다시 프로그램되어 이것은 '다 아는 사실'이 된다. 그렇게 믿도록 이미 프로그램된 사람들이라면 훨씬 더 정확하게 그렇게 인지한다. 저널리스트들보다 더 확실하게 지각이 프로그램된 사람들은 없다. 스티븐 존스Steven J. M. Jones는 한 웹사이트(www.globalresearch.ca)의 글에서 이렇게 밝혔다.

대중매체는 인류가 그 속에서 제 모습을 발견하는 단절된 상태의 거울이 되었다(그리고 그것의 창조자가 되었다). 뉴스, 시사, 심지어 우리를 즐겁게 해주는 드라마와 TV 리얼리티 쇼들마저도 온갖 형태로(물질주의, 증오, 살해, 우상화, 분리) 우리에게 되비춰지고 있는 양극성의 종교를 심화하는 데 기여한다. 무용담이든, 멜로드라마든 아니면 일상의 뉴스이든지 간에, 거의 모든 텔레비전 프로그램들은 약물처럼 중독성이 있다. 대중매체가 올라서서 우리에게 설교하는 일차원의 '연단(보통 우리 거실의 한가운데 있는)'은 사실 일상의 삶에서 우리의 많은 부정적인 행동방식들을 유발한다.

우리는 우리가 보는 뉴스와 시사 프로그램들이 사실이고 치우치지 않았으며 공정하다고 믿도록 조작되었다. 대개가 이것은 전혀 사실이 아니다. 뉴스는 갈수록 선택된 소수가 제공한다. 세계적 대중매체의 소유주들은 우리가 듣고 보기를 바라는 것에서 벗어난 견해를 가진 사람들은 자신들이 알고 있는 것과 의견을 이야기할 기회가 없다는 것을 잘 알고 있다.

정부는 평범한 사람들이라면 상상도 못할 싼값에 공중파 방송의 소유권과 감독권을 쥐어줌으로써 아주 힘 있는 자들만이 우리의 거실을 접수할 수 있도록 보장한다. 그 결과, 특히 앵글로색슨족 국가들에서 우리가 보는 뉴스들은 낱말 하나하나, 그림 하나하나가 찍어낸 듯 똑같다. 여기에는 목적이 있다. 이것은 지금 세계적인 대중매체 기업의 제국들이 더 거대해지고 더 강력해져서 덩치 작은 회사들을 하나 둘 먹어치우게 해준다. 선택된 소수는 방대한 규모의 조작을 거쳐 여론을 형성하고 민주주의를 효과적으로 왜곡한다.

결국 같은 일가들이 소유한 소수 기업들에 의한 대중매체의 이런 독점은 일차적으로 돈의 문제가 아니다. 그들과 그들의 목적에 걸맞은 방식으로 대중의 지각들을 프로그램하는 문제다.

생물학적 컴퓨터

내가 이야기하는 마음-몸 컴퓨터는 당연히 우리가 아는 컴퓨터보다 더 놀랍도록 진보한 무언가를 말한다. 하지만 그 기본원리들은 같다. 우리 데스크톱 컴퓨터의 심각한 바이러스는 부팅이 되지 않을 정도로 운영체계를 망가뜨릴 수도 있다. 이때 우리는 어떻게 말할까? "컴이 죽었어." 다른 말로 하면, 그것은 더 이상 기능하면서 전기와 정보를 처리할 수 없다. 컴퓨터는 죽을 수도 있지만, 키보드와 마우스를 가진 친구는 아직 팔팔하게 살아있다. 인터넷을 계속 경험하고 싶다면 그는 이제 다른 컴퓨터(환생)를 찾아나서야 한다. 우리의 몸이 죽을 때도 같은 일이 생긴다. 까마득한 높이에서 컴퓨터를 떨어뜨려보라. 그것은 더는 작동하지 않을 것이다. 벼랑에서 떨어져보라. …… 바로 그리 될 것이다. 컴퓨터를 최소에너지로 헛돌게 하면 슬립모드로 들어간다. 인체도 그렇다. 컴퓨터에는 바이러스로부터 운영체계를 보호하기 위해 안티바이러스 기술이 있고, 인체컴퓨터는 면역계라고 하는 환상적인 체계가 있다. 데스크톱 컴퓨터는 소프트웨어가 처리하도록 프로그램되지 않은 신종바이러스로 망가질 수 있다. 최악의 것들은 컴퓨터를 '죽일' 수도 있다. 우리는 이런 일을 면역계에서 본다. 유럽인들이 천연두가 없던 아메리카에 그것을 가져왔을 때 아메리카원주민들은 수도 없이 죽어갔다. 그들의 면역계는 일찍이 경험해보지 않은 도전에 맞설 '소프트웨어'를 가지고 있질 않았다. 컴퓨터바이러스는 운영체계의 정보의 조화와 균형을 깨고 혼란을 일으키는 나쁜 정보다(그림 51). 인체에서도 마찬가지다. 나는 우주의 기반이 되는 구조물이 파형정보이며 전기적, 디지털, 홀로그램 수준들은 그것의 투영들일 뿐이라는 점을 아주 많이 강조하고자 한다. 모든 것들이 어떻게 작동하는지를 알아보려면 이 점을 내내 잊지 않는 것이 무척 중요하다. 우리는 우리 '물질적(홀로그램)' 현실에서 질병 또는 불편함dis-ease이라고 하는 부조화를 본다. 그러나 이것은 진동/파형의 부조화가 반영된(투영된) 것일 뿐이다. 질병, 독물, 혹은 무엇이 되었든, 원칙적으로는 책상 위 컴퓨터의 운영체계를 무너뜨리는 바이러스와 거의 같은 방식으로 운영체계(몸-컴퓨터)를 무너뜨리는 파형정보수준에서의 해독된 왜곡이다. 예를 들어 우리는 하나의 약물을 보지만, 그 약물은 몸이라는 정보장을 조화롭게 하거나

【그림 51】 컴퓨터바이러스는 나쁜 정보이고 인간의 마음-몸 컴퓨터에의 공격도 그렇다.

(제약회사의 약품들과 거의 비슷하게) 불균형을 가져올 수도 있는 해독된 정보 장이다. 이 약물이 가져온 진동적인 혼란은 '작용-effects'일 뿐인데도 우리는 그것을 '부작용-side effects'이라고 말한다. 여기에 '부수적인side' 것은 아무것도 없다. 부작용들은 미국의 텔레비전방송국에 광고비를 치르는 모든 약품 광고들에서 당신에게 좋을 거라고 말하는 작용에 못지않은 약물작용이다. 미국의 TV 네트워크를 소유한 일가들과 비밀결사들이 제약카르텔 또는 거대 제약회사를 소유하고 있다는 사실로 볼 때 이것은 아주 적절한 일이다. 음모집단이 소유한 거대 생명공학회사와 거대 식품회사들은 우리가 현실을 해독하는 방식을 제한하고 왜곡하려고 유전자조작 '식품'과 화학첨가물들의 형태로 몸-컴퓨터의 운영체계에 나쁜 정보를 먹이고 있다.

컴퓨터에는 마더보드가 있고 몸에도 마찬가지다. 이것은 고대의 치유기술인 침술의 기본이 되는 '경락'이라는 에너지선들의 연결망이다. 그림 52의 왼쪽 그림은 프랑스의 한 병원에서 했던 연구에서 경혈이라는 경락 위의 특정 지점들에 추적염료를 주입해서 얻은 컴퓨터영상이다. 그림에서 염료가 돌아다니는 곳을 볼 수 있다. 이 그림을 보았을 때 내 입에서 곧바로 튀어나온 낱말은 '마더보드'였다. 연구자들은 침술에서 말하는 '기'에너지가 경

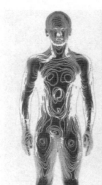

락을 따라 너무 느리거나 너무 빨리 흐르거나, 아니면 어디선가 막히면, 이것은 어떤 형태의 '육체적' 정신적 또는 정서적인 문제로 나타난다는 점을 알아냈다. 이유는 간단하다. 기에너지는 사실 정보이고 경락체계는 뇌, 심장과 함께 '우주인터넷'과 상호작용하는 과정의 중요한 부분인 것이다. 기가 막

【그림 52】기(氣) 에너지의 경락체계는 몸-컴퓨터의 '마더보드'다.

히거나 아니면 너무 느리거나 너무 빨리 돌 때 몸은 이 정보를 정확하게 해독하고 부호화하지 못하고, 운영체계는 오작동하기 시작한다. 침을 놓는 것과 같은 침술기법들은 기의 흐름을 균형 잡고 최적의 소통이 복구되도록 기가 막힌 곳을 없애려고 한다. 데스크톱 컴퓨터에서 같은 원리를 볼 수 있다. 컴퓨터가 바이러스에 감염되었을 때 우리가 흔히 알아채는 첫 번째 증상은 "요즘 컴퓨터가 너무 늦게 돌아간다"이다. 정보가 전달되는 속도에 바이러스가 영향을 미치고 있기 때문에 늦는 것이다. 침술로 발에 침을 놓아서 두통을 치료할 수 있다고 말하면 사람들이 비웃고 조롱하는 것은 뭐, 그들이 무지하기 때문이다. 에너지의 경락선들은 온몸을 흐르는데 머리와 연결된 하나가 발을 지나는 곳에서 막혔다면 머리에 침을 꽂아봐야 두통에 그리 도움이 되지 않을 것이다, 그렇지 않은가? 아일오브와이트에 있는 쉔클리닉 Shen Clinic의 내 절친한 친구 마이크 램버트Mike Lambert는 이런 말을 한다. "증상이 있는 자리에 원인이 있는 경우는 드물다." 인간의 뇌는 컴퓨터를 잘 다루는 사람들이 '중앙처리장치' 또는 'CPU'라고 부르는 것이다. CPU처럼 뇌는 정보소통량의 메인프로세서다(유일한 프로세서인 건 아니다). 뇌는 몸시스템의 나머지 부분들과 함께 '우주인터넷'으로부터 정보를 수신해서, 그것을 해독한 반응을 전송한다. '육체적' 정신적 또는 정서적인 불균형들은 이 소통이 무너졌을 때 또 다시 뒤따른다. 뇌의 부분들은 컴퓨터가 하는 방식인 0과 1로 표현되는 온오프 전하의 2진법으로 작동한다. 뇌는 일부 연구 프로젝트들이 컴퓨터에 도입하고 있는 3진법도 채용한다. 추가되는 모드는 -1로 부호 처리되고, 바로 우리가 뭔가에 집중하는 동안 뇌가 주위의 것들을 무시할 수 있는 것처럼 필요한 경우 컴퓨터가 정보를 무시하도록 허용하는 것이다. 현실해독을 이해하기 위해 필수적인 측면 하나는 심장이 현실을 해독한다는 것인데 이 부분은 뒤에서 다룰 예정이다.

DNA는 소프트웨어 프로그램

DNA 또는 디옥시리보핵산은 몸-컴퓨터의 하드드라이브이며, 또 그보다 훨씬 더 많은 일을 한다. 이것은 A, G, C, T(아데닌, 구아닌, 시토신, 티민)로 알려진 코드들로 이루어진다. 이 코드들이 서로 어떻게 배열되느냐가 예컨대 인간, 쥐, 또는 바이러스로 발현할지를 결정한다. 형태의 차이들과 비교하면 코드배열의 차이들은 아주 조금씩 다를 수 있다(그림 53). 쥐는 인간에게서 발견되는 DNA의 90퍼센트 정도를 가졌다. DNA 코드서열들은 '매트릭스' 영화시리즈에 나오는 디지털 코드들과 조금 비슷해 보이는데, 어떤 수준에서는 DNA의 본질이 디지털이라는 점에서 이것은 놀랄 일이 아니다. DNA는 '의식'에게 '인간으로서의' 특정 경험을 주는 하나의 소프트웨어 프로그램이다. 〈샌프란시스코 크로니클The San Francisco Chronicle〉의 한 논설은 이렇게 논평했다. "DNA는 보편적인 소프트웨어 코드다. 박테리아에서 인간에 이르기까지 생명의 기본지침들은 동일한 언어로 쓰인다." 우리를 통제하려고 안간힘을 쓰는 그 일가들의 유전적 소프트웨어를 설명할 때 이 점을 아는 것이 아주 중요해진다. 우리는 DNA가 홀로그램처럼 표현된다는 점을 알지만, 기본 형태에 있어서 그것은 하나의 정보장이다. DNA는 아울러 '우주인터넷'과 상호작용하는 송수신기이기도 하며 우리를 가시광선의 아주 좁은 주파수범위 밖의 많은 주파수 차원들과 이어줄 수도 있다. 송수신기라면 어떻게든 결정질(결정을 이루고 있는 고체물질-옮긴이)들이 관여할 텐데, 인체는 기본적으로 액정임이 드러난다. DNA 또는 디옥시리보핵산 역시 결정질이고, 70조 개나 되는 우리 세포들 하나하나의 세포막이 액정이다. 지구 또한 송수신을 하고 있기 때문에 결정질이다. DNA는 아래의 인터넷논설이 짚어내듯이

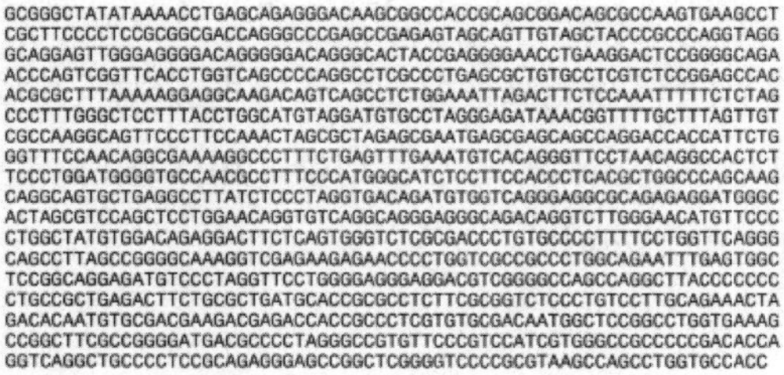

```
GCGGGCTATATAAAACCTGAGCAGAGGGACAAGCGGCCACCGCAGCGGACAGCGCCAAGTGAAGCCT
CGCTTCCCCTCCGCGGCGACCAGGGCCCGAGCCGAGAGTAGCAGTTGTAGCTACCCGCCCAGGTAGG
GCAGGAGTTGGGAGGGGACAGGGGGACAGGGGCACTACCGAGGGGAACCTGAAGGACTCCGGGGCAGA
ACCCAGTCGGTTCACCTGGTCAGCCCCAGGCCTCGCCCTGAGCGCTGTGCCTCGTCTCCGGAGCCAC
ACGCGCTTTAAAAAGGAGGCAAGACAGTCAGCCTCTGGAAATTAGACTTCTCCAAATTTTTCTCTAG
CCCTTTGGGCTCCTTTACCTGGCATGTAGGATGTGCCTAGGGAGATAAACGGTTTTGCTTTAGTTGT
CGCCAAGGCAGTTCCCTTCCAAACTAGCTGCTAGAGCGAATGAGCGAGCAGCCAGGACCACCATTCTG
GGTTTCCAACAGGCGAAAAGGCCTTTCTGAGTTTGAAATGTCACAGGGTTCCTAACAGGCCACTCT
TCCCTGGATGGGGTGCCAAGGCCTTTCCCATGGGCATCTCCTTCCACCCTCACGCTGGCCCAGCAAG
CAGGCAGTGCTGAGGCCTTATCTCCCTAGGTGACAGATGTGGTCAGGGAGGGCGCAGAGAGGATGGGC
ACTAGCGTCCAGCTCCTGGAACAGGTGTCAGGCAGGGAGGGCAGACAGGTCTTGGGAACATGTTCCC
CTGGCTATGTGGACAGGAGGACTTCTCAGTGGGTCTCGCGACCCTGTGCCCTTTCCTGGTTCAGGG
CAGCCTTAGCCGGGGCAAAGGTCGAGAAGAGAACCCCTGGTCGCCGCCCTGGCAGAATTTGAGTGGC
TCCGGCAGGAGATGTCCCTAGGTTCCTGGGGAGGGGAGGACGTCGGGGGCCAGCCAGGCTTACCCCCCC
CTGCCGCTGAGACTTCTGCGCTGATGCACCGCGCCTCTTCGCGGTCTCCCTGTCCTTGCAGAAACTA
GACACAATGTGCGACGAAGACGAGACCACCGCCCTCGTGTGCGACAATGGCTCCGGCCTGGTGAAAG
CCGGCTTCGCCGGGGATGACGCCCCTAGGGCCGTGTTCCCGTCCATCGTGGGCCGCCCCCGACACCA
GGTCAGGCTGCCCCTCCGCAGAGGGAGCCGGGTCGGGGTCCCCGCGTAAGCCAGCCTGGTGCCACC
```

【그림 53】 DNA 코드들의 배열이 물리적 형태를 좌우한다.

엄청난 정보송수신기다.

이 거대 분자의 특징적인 형태(감겨 있는 이중나선형)는 DNA가 이상적인 전자기안테나임을 보여준다. 한편으로 DNA는 길게 늘어나므로 전기펄스를 아주 잘 흡수하는 하나의 블레이드 blade다. 다른 한편, 위에서 보면 DNA는 고리모양을 가졌고 그래서 바로 하나의 자기안테나 magnetical antenna가 된다.

우리는 '우주인터넷'에 진동적으로, 전기적으로, 디지털로, 그리고 홀로그램처럼 연결된다. DNA는 여기서 핵심이 되고 또 '생물학적 인터넷'으로 묘사되었다. 주류 과학은 터무니없게도 90에서 97퍼센트 사이의(누구에게 말하느냐에 달렸다) DNA에 '정크junk DNA'라는 딱지를 붙인다. 그들은 이 DNA들이 무슨 일을 하는지 도무지 알 수가 없고, 또 그들의 현실 버전에서 보면 이것들이 아무런 기능도 하지 않는 듯해 보이기 때문에 그렇게 말한다. 나는 '정크 DNA'에는 두 가지 중요한 이유가 있다고 말하겠다. 하나는 이 책에서 나중에 설명할 이유들로 그 스위치 일부가 고의적으로 '꺼졌다'는 것이다. 다른 하나는 '정크 DNA'의 커다란 부분이 다른 현실들과 상호작용하며 아울러 이 또한 앞으로 설명할 '프로그램된 소프트웨어 코드'를 따른다는 것이다. 러시아과학자들은 DNA가 자화(磁化)된 '웜홀들'을 만들어낼 수 있다는 사실을 찾아냈는데, 이 웜홀들은 우리가 공간과 시간이라 부르는 것 너머에 있는 우주의 다른 수준들과 소통하는 통로들이다. 러시아의 생물물리학자이자 분자생물학자인 표트르 가르야예프Pjotr Garjajev가 이 분야에서 엄청난 일을 해냈다. 많은 학문분야들을 아우르는 동료들과 함께 그는 DNA가 그 유전적 기능들뿐만 아니라 자료의 저장과 통신에도 관여한다는 점을 밝혔다. DNA는 체온에서 작동하고 다양한 인공적인 것들에 필요한 극저온에서는 작동하지 않는 초전도체다. 초전도체들은 열의 형태로 에너지를 잃지 않고도 아주 오랫동안 아주 많은 양의 전기를 나를 수 있다. 나는 초전도체를 다룬 글에서 이런 내용을 읽었다. "초전도연구의 미래는 실내온도에서 초전도체가 될 수 있는 재료들을 찾아내는 것이다. 이렇게만 되면 온 세상에 전자공학, 전력과 교통의 대변혁이 일어날 것이다." DNA가 바로 그렇게 하지만, 이런 지식은 인간의 자각에 대변혁이 일어나는 일을 막으려고 은폐되었다. 러시아인들은 말과 주파수들로 DNA를 다시 프로그램할 수 있음을 확인해주었다. 이 둘은 정말로 같은 것이다. 말과 주파수들. 러시아연구진은 DNA가 인간의 언어들에서 볼 수 있는 문법과 규칙들의 패턴과 비슷한 것을 따른다는 점과 이것이 언어소통의 기원이 될 수 있음을 알아냈다. 실험들에서 DNA는 진동과 말만으로도 치유될 수 있음이 드러났다. 하지만 그건 당연한 것이다. DNA는 결정질의 송수신기이고 우주에 있는 모든 것들처럼 파형이 그 기저 상태다. 진동적인 방법들로 DNA를 바꿀 수 있다는 것은, 아직 아무도 가본 적이 없는 토끼굴 깊숙한 곳에서 '통제시스템'이 어떻게 일하는지를 설명할 때 아주 중대한 의의를 갖게 될 것이다.

러시아연구진은 송수신기로서의 DNA의 역할에 대한 이해의 폭이 이렇게 커지면 직관, 투시력, 텔레파시, 자연치유와 자기치유, 그리고 인간들이 어떻게 날씨와 상대에게 서로 영향을 줄 수 있는지를 설명할 수 있다고 말한다. 이런 것들은 모두 DNA가 여러 수준의 '우주인터넷'과 상호작용하면서 수신이나 송신하고 있는 현상들이다. 연구진은 살아있는 DNA 염색체들이 "DNA 레이저광선을 사용하는 솔리토닉solitonic/홀로그래픽 컴퓨터들처럼 기능한다"는 것을 깨우쳤다. 정확히 맞는 말이다! 나는 브라질에서 그 '목소리'를 경험했던 일에 이어서 이 주제에 대해 많은 형태들로 내게 온 정보들로부터 이런 내용을 모두 알게 되었다. '솔리토닉'은 "흩어지지 않으며 에너지나 구조를 거의 잃지 않고도 먼 거리를 여행할 수 있는 펄스 비슷한 파동"을 말한다. 줄여 말하면, 우리는 홀로그램 같은 생물학적이고 파형인 송수신기 컴퓨터시스템을 보고 있는 것이다. 러시아의 연구진은 한 DNA에서 다른 것으로 정보패턴들을 보내서 그것이 발현하고 있던 형태를 바꾸는 데 성공했다. 그들은 한 실험에서 도롱뇽의 DNA 정보패턴들을 보내서 개구리의 배아를 도롱뇽의 배아로 바꿔버렸다. 이것은 렙틸리언들Raptilians의 '탈바꿈'과 '인류 유전자의 조작'이라는 주제를 다룰 때 아주 중요한 내용이 될 것이다. 우리는 우리 DNA와 소통할 수 있고 자신을 치유할 수 있다. 바로 이곳에서 '물질을 지배하는 마음'이라는 주제가 나온다. 물질이라는 것은 없기 때문에 그것을 지배하는 마음을 가질 필요도 없다. 오로지 또 다른 형태의 '의식(DNA)'과 올바른 주파수로 소통하기 위해 '의식'을 사용하기만 하면 된다. 인간사의 뒤에 있는 '숨은 손'은 이 모든 것들을 알고 있다. 훨씬 그 이상이 되어야 하는 우리를 오감수준의 무지라는 진동상자 안에서 노예로 만들기 위해, DNA는 어떻게든 표적이 되고 있다. DNA는 우리가 듣는 말들과 방사능의 영향을 받고 있다. 미국과 영국과 북대서양조약기구(NATO) 군의 폭탄과 미사일로 열화된 우라늄에 시달린 나라들의 여성들은 끔찍한 유전결함을 가진 아기들을 낳고 있다. 방사능이 그들의 DNA를 뒤죽박죽으로 만들어버렸다. 전신스캐너, 휴대전화, 그리고 일본 후쿠시마의 원전 '사고들'과 같은 모든 형태들로의 방사능노출의 누적효과는 DNA에, 즉 우리 건강에 엄청난 충격을 줄 수 있다. 한편으로 DNA를 원래의 상태에서처럼 기능하게 할 수 있다면, 그것의 잠재력은 믿기 어려울 정도다.

시간이라는 환영

대부분의 사람들이 '시간'이라는 것에 사로잡히고 통제된다. "지금 몇 시지?" "시간이 그렇게 됐어?" "시간이 없어." "시간이 남아돌아." "시간이 쏜살같이 가버렸어." 하지만, '공간'과 마찬가지로 '시간'은 없다. 시간이란 그저 우리가 시간으로 해독하는 우주의 파형짜임새waveform fabric에 부호화된 정보일 뿐이다. 우리가 그것을 해독하는 방식은 '시간'이 얼마나 빠르게 또는 느리게 '지나가는' 듯해 보이는지를 좌우한다. 소프트웨어 디스크에 있는 정보는 공간과 시간을 가진 것처럼 보이는 그림들로 컴퓨터스크린에 나

【그림 54】 우리가 '시계시간'이라고 부르는 것은 환영의 구조물인데도 수십억의 삶들을 지배한다.

타난다. 장면은 무대에서 무대로 옮겨가고 마치 '시간'이 앞으로 가는 것처럼 보인다. 그 장면들에는 거리와 원근감이 있어 보인다. 그러나 이 모든 것은 컴퓨터가 읽고 있는 디스크 위의 정보일 뿐이다. '공간'과 '시간'을 두고 우리가 하는 것이 바로 이것이다. 과학자들이 '시공간'이나 '시공간연속체'를 이야기할 때, 그들은 '공간'과 '시간'처럼 보이도록 해독되고 있는 컴퓨터게임 비슷한 것을 이야기하고 있다. 모두 환영이다. 밤하늘을 올려다볼 때 우리는 그 전경이 우리의 해독체계에서나 존재하는데도 별들과 행성들 사이의 거의 상상조차 하기 힘든 '거리'를 지각한다. 거기에는 '거리'나 '공간'이 없다. 하나의 무한한 모든 것만이 있을 뿐, 이 모든 것 안에서는 무한이나 바늘 하나나 같은 것이다. 바다 위의 보이지도 않는 선을 지나면 내일로 들어가거나 다른 식으로는 어제로 들어가는데 우리가 어떻게 시간을 '실재'하는 것으로 잴 수 있는가? '국제날짜변경선'이라는 것은 일직선도 아니다. 이 선은 어제 아니면 내일에 있길 바라는 위치들을 끼워 넣으려고 온갖 곳을 헤매고 다닌다(그림 54). 대부분의 사람들이 '1년' 동안 '시간'을 적어 넣는 데 쓰는 그레고리력은 우스꽝스러운 것이다. 이것이 있는 유일한 이유는 교황 그레고리 13세가 1582년에 그렇게 하기로 결정한 칙령에 서명했기 때문이다. 그들은 이것을 처음 들여올 때 모든 것을 잘 끼워 맞추려고 10월 4일 다음날에 10월 15일이 오게 했다. 10일이 그냥 사라져 버렸다!

오로지 하나의 순간만 있다. 바로 '지금'이 그것이다. 모든 일은 이 순간에 일어난다. 다른 순간은 없다. 대부분의 사람들이 '지금'을 '과거'로부터 '미래'로 가는 여행에서의 '현재'로 본다. 그러나 과거와 미래는 없다. 있는 것은 오직 '지금'밖에 없다. 사람들은 소리 지른다. "뭐라고? 과거와 미래는 분명히 있다고!" 알겠다. 우리가 '과거'를 말할 때, 우리는 어디에 있을까? '지금'이다. 우리가 '미래'를 말할 때, 우리는 어디에 있을까? '지금'이다. 모든 것은 '지금' 일어나고, 오로지 '지금'에만 일어날 수 있다. 하지만 정신적으로 그리고 정서적으로 '과거(후회, 원한, 죄책감, 심지어는 향수)'와 '미래(야망, 불안, 무엇이 '올까' 하는 두려움)'에 살면서 '지금'에 영향을 미치는 우리의 힘은 줄곧 희석된다. '과거'와 '미래'는 마음과 정서의 상태들이지 '사실'의 상태들은 아니다. 사람들이 어느 형태든지 깊은 명상에 들어서 지각하는 '시간'의 영역 너머로 가면 현실과 사뭇 다른 관계를 맺는다. 내게 이 일은 페루의 스톤서클에서, 브라질의 우림에서, 그리고 그 뒤로도 끝없는 상황들에서 일어났다. 여기서 또 한 가지 중요한 점은 마음-몸이 환영의 '시간' 속에서 작동하는 동안에도, '의식'은 시간이 없는 '지금'의 상태에 있다는 것이다. 이것만으로도 마음-몸과 '의식' 사이의 소통과 자각의 단절에 크나큰 기여를 하고, 아울러 인간사회가 왜 그토록 많은 방식들로 시계만 쳐다보는 데 바탕을 두고 있는지에 대한 이유가 설명된다. 나는 사람들이 '시간'의 존재에 매달려 사는 다른 사람들과 교류할 필요가 있다면 시계'시간'과 날짜'시간'을 무시해야 한다고 말하는 게 아니다. 사람들이 '4시에 만나기로' 약속을 할 때 그들은 이것이 환영일 뿐인 순간이자 '지금'을 가리키는 또 다른 용어임을 안다는 것을 말하고 있다. 그것이 환영임을 인정하면 그 환영이 당신의 현실감을 움켜쥔 손아귀에서 벗어난다. '지금'은 우리가 누군가를 만날 수 있는 유일한 순간이다. 그것을 4시라고 부르든 6시 20분이라고 부르든 말이다. 나는 1990년에 영능력자인 베티 샤인을 통해서 우리가 지각하는 시간이 곧 무척 빠르게 가는 것처럼 보일 것이라는 얘기를 들었는데, 분명히 지금 '시간'이 갈수록 빨라지고 있다고 느끼는 사람들이 많다.

오랫동안 나는 내가 '시간의 고리Time Loop'라고 부르는 것에 대해 포괄적으로 글을 썼고, 《시간의 고리 이야기Tales from the Time Loop》라는 책을 쓰기도 했다. 이 용어는 우리가 경험하듯이 우주가 하나의 순서를 따라 '움직이고' 거의 출발점으로 되돌아가는 순환방식을 묘사한다. 우리가 겨우 '생애'라고 부르는 '고리'의 작은 부분만을 경험할 때는 이것을 알아차리지 못한다. 우리는 '과거'에서 '미래'로 옮겨가고 있는 듯이 보인다. 아시아와 중앙아메리카의 마야인들 같은 고대사회들은 다른 기간들, 시대들 또는 '유가yuga들'처럼 '시간'이 원을 그리며 간다고 믿었는데, 이런 믿음에서는 인생의 경험이 사뭇 다르다. 그들은 어떤 '시대들/유가들'이 우리의 자각을 엄청나게 확장시켜준다고 말하면서 이것을 흔히 '황금시대'로 부른다. 이 관점에서 또 어떤 시대들/유가들은 탄압, 억압과 무지의 '어두운' 시기들이다. 이것들은 각각 다른 경험들을 주고, '의식'은 그것이 '올라타길' 바라는 곳을 선택하거나, 아니면 적어도 그런 식으로 하는 것처럼 보인다. 하지만 나는 책의 마지막 부분에서 여기에 중요한 반론을 덧붙이려고 한다. 오늘날 '여기' 있는 우리들은 다른 많은 것들 가운데서도 거대한 변형의 문턱을 경험하기로 선택한 사람들이다. 시간이 환영이라면서 순환하기도 한다는 말이 모순처럼 들리기도 하겠지만 여기에 역설은 없다. '시간의 고리'는 우리가 '지금'에 있는 정보를 순서대로 일어나는 사건들로 보이는 것으로 해독하는 지각의 홀로그램 수준이다. 만일 홀로그램 영역에서 모든 것들을 한 눈에 볼 수 있다면 그것은 하나의 '고리'처럼 보일 것이다. 하지만 그 홀로그램은 파형정보 구조물의 해독된 하나의 투영일 뿐이고 이 정보는 원을 그리면서 '움직이지' 않는다. 그것은 '지금'에서 공명한다. 그것은 정보를 바꾸어가는 진동의 수순vibrational sequence을 거치고, 우리가 그 정보를 홀로그램 현실로 해독하면서 과거에서 미래로 움직이고 있는 것처럼 보이는 것이다. 그러나 아니다. 다시 말하지만 '시간의 고리'는 우리가 현실을 해독하고 경험하는 방식이 만들어낸 환영이다. '고리'의 모든 부분은 당신이 그것을 시대라 부르든 유가라 부르든 같은 '지금'에 존재한다. '시간'은 DVD에 있는 영화를 보는 것과 같다(그림 55). 당신이 보고 있는(경험하고 있는) 장면은 '현재'에 대한 당신의 지각이다. 이미 본 장면들은 '과거'의 감각이고, 아직 보지 않은 장면들은 '미래'다. 그러나 영화 전체가 같은 '시간', 곧 '지금' 존재한다. '시간상' 당신이 '어디에' 있는가의 위치는 어떤 지점에서 레이저가 해독하고 있는 정보가 지배한다. '시간의 고리'는 같지만, 그것은 양방향의 가상현실 '게임'이다. 현실이 우리를 바꿀 수 있듯이, 우리가 그것과 상호작용할 때 우리는 현실을 바꿀 수 있다. 우리가 '의식'과의 연결을 이어나가면 '시간의 고리' 안에서 일어나는 일들에 대한 훨씬 더 큰 통찰력을 얻을 수 있다. 대신 마음-몸에 붙들려 있다면 우리가 누군지, 어디에 있는지, 또는 실제로 우리가 도대체 무슨 일을 경험하고 있

【그림 55】 '시간'은 DVD를 보는 것과 같다. 우리의 '현재'감각은 그 순간 디스크가 읽히고 있는 곳에만 있지만, 이것은 우리의 '과거(이미 본 장면들)'와 '미래(아직 보지 않은 장면들)' 감각을 좌우하기도 한다.

THE TIME LOOP

【그림 56-57】 우리가 '의식'에의 연결을 이어나갈 때 '시간의 고리'는 그렇지 않을 때와는 전혀 다른 경험이다.

는지 알 수가 없는 이상하고 미친 '세상'에서 길을 잃고 헤맬 수도 있다(그림 56과 57).

이런 내용이 온통 아리송하기만 하다면, 이것을 이해해보라. 우리가 일련의 행동들이나 일들이 일어나야 어떤 결과물(자동차, 집이나 딸기요구르트)로 이어진다고 지각하는 방식으로는 아무것도 만들어지고 세워지거나 구성되지 않는다. 자동차, 집, 그리고 딸기요구르트는 먼저 창조된다. 우리 현실지각에서 그것들을 '만드는' 듯해 보이는 행동들과 일들의 수순처럼 여겨지는 것들은 보이지 않는 파형의 영역들, 곧 '형이상학적 우주'에서 생각에 의해 드러난 다음에 나타난다. '다음에'라는 말을 썼지만 실제로 이것은 같은 무한한 '지금'에 모두 일어나고 있다. 생각과 상상과 '의식'의 힘으로부터 뭔가가 눈 깜짝 할 사이에 생겨날 수 있다고 할 때 마음-몸 컴퓨터와 인간의 프로그램된 지각은 그런 수준의 자각과 잠재력을 이해하고 해독하거나 알 수조차 없다. 따라서 우리는 자동차공장, 건축업자, 유제품회사들을 통해 일어나는 '물질적인'(홀로그래픽) 창조과정을 거치도록 하는 행동과 일들의 순서를 해독한다. "여기 차가 있어요"는 "내게 차를 만들어 주세요"가 된다. 개인의 경험들에도 같은 것이 적용된다. '결과'는 이미 일어났고 그러면 마음-몸은 문자 그대로의 '시간'의 존재 안에서 가능한 것에 대한 그것의 감각과 우리 믿음의 한계들을 충족하려고 그것을 '얻는' 수순(시간의 틀)을 구성해낸다. 또한 인간 '통제시스템'과 DNA 프로그램들은 뒤에서 이야기할 방법으로 우리가 이 '시간의 틀 짓기'를 하도록 부추기기도 한다. 어렵다, 그렇지 않은가? 하지만 이것이 어렵다는 것은 우리가 자신과 현실의 진정한 본성을 이해하는(기억해내는) 데서부터 얼마나 멀리 떨어져서 일상적인 인간의 지각에 빠져 있는지를 말해주는 것이다. 내가 이것들이 모두 하나의 환영이라고 말할 때는, 말 그대로 환영이라는 뜻이다.

가로막힌 뇌

뇌의 두 가지 '성격들' 또는 반구들과 그들이 어떻게 기능하는지의 자각이 없으면 우리는 인간사회와 우리가 이 감옥현실을 해독하는 방식을 이해할 수 없다. 우리에게는 좌뇌와 우뇌, 그리고 이 둘을 잇는 뇌들보(뇌량)라는 다리가 있다. 이 다리는 두 반구들이 서로 '이야기'하고 함께 일하며 우리가 '온전한 뇌'를 갖게 해준다(그림 58과 59). 하지만 대부분의 사람들은 그렇지 않다. 인간사회의 구조와 본성은 엄밀히 말해 그런 일을 막는 데 목적이 있다. 뇌의 이 두 부분의 기능들은 사뭇 다르다. 좌뇌는 '논리적'과 '이성적'이라는 낱말의 정의 그대로 '논리적이고 이성적'이다. 이것은 '지금'의 정보를 하나의 순서로 해독한다. 기본적으로 '시간'이 나오는 곳이 이곳이다. 좌뇌가 이 순서를 빠르게 '진행'할수록, 시간은 더 빨리 지나가는 듯해 보이고, 그 반대도 마찬가지다. 좌반구는 '분석적이고 객관적'이다(이것은 내가 보고 듣고 만지고 맛보고 냄새 맡을 수 있어야만 존재한다). 결정적으로 좌뇌는 현실을 전체로서보다는 부분들로 해독한다. 좌뇌는 우리에게 모든 것이 다른 모든

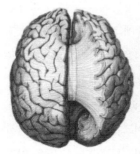

【그림 58-59】 뇌들보라는 '다리'를 가진 뇌의 두 반구들과 이들의 아주 다른 본성들을 상징적으로 표현한 닐 헤이그의 묘사

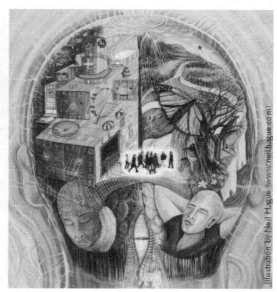

Illustration by Neil Hague (www.neilhague.com)

것들과 사이에 '공간'을 두고 떨어져 있다는 지각을 준다. 좌뇌는 구조들을 만들어내고(그것들을 사랑한다) 언어를 해독한다. 방금 나는 지금 우리가 '사는' 세상을 묘사했다. 우리는 좌뇌 현실에 살고 이것은 그렇게 되도록 조작된 것이다. 우뇌에는 이단아가 산다. 마구잡이이고 직관적이며, 아티스트이자 온갖 종류의 창조적인 영감이 있다. 우뇌는 모든 것을 하나로 묶는다. 부분들이 아닌 '전체들'을 지각한다. 좌뇌는 하나하나의 점들을 보지만, 우뇌는 그 점들이 서로 어떻게 들어맞는지를 볼 수 있다. 좌뇌에 지배당하는 사람들이 과학, 학계, 의학, 정치, 대기업, 종교, 대중매체, 군대를 통제한다. 결국 이들은 집단적인 좌뇌로 들어가는 입구를 지키고 선 군인들처럼 행동하고 우뇌 현실을 저지하려고 일한다. 좌뇌가 지배한다, 알겠는가? 그림 60에

서 닐 헤이그가 좌뇌의 '방화벽'을 훌륭하게 묘사해놓은 그림은 인류의 대다수, 그리고 틀림없이 힘과 영향력을 가진 자리에 있는 사람들의 압도적인 대다수가 어떻게 좌반구에 갇혀있는지 그 핵심을 잘 잡아낸다. 이곳은 동떨어짐, 구조, 언어, 그리고 '논리'로 통하는 것의 영역이다. '통제시스템'이 우리에게 원하는 것이 이곳이다. 그들은 인간의 우뇌가 점들을 이어서 그림 전체를 보는 것이나 자발성과 독특성을 표현하기를 바라지 않는다. 극소수가 다수를 대대적으로 통제하는 데 필수가 되는

【그림 60】 '통제시스템'은 우뇌 현실이 좌뇌의 감옥을 흔들어 깨우는 일을 막으려고 입구에 경비원들을 세워 놓는다. 우리는 이 '경비원들'을 선생, 저널리스트, 과학자, 의사, 정치인, 동료 집단의 압력이라 부른다.

것이 획일성과 순응이니까. 수많은 양들이 한 사람의 양치기(권위)와 한 마리 양치기개(두려움)에게 일상적으로 순응하면서 어떻게 질서를 지키는지를 보라. 양들이 만일 그 독특함과 자발성을 표현한다면 이런 식으로 통제할 수는 없을 것이다. 그 대신에 양들은 같은 행동을 되풀이한다.

인간사회는 특히나 좌뇌형들에게는 보상을 주고 우뇌형들은 소외시키면서 우리가 왼쪽 뇌의 노예가 되도록 강요한다. 이것은 '교육'에서 무척 뚜렷하게 나타난다. 지금 우리는 취학 전의 아이들에게마저도 학교식의 정보를 주어서 좌뇌를 자극하고, 또 상상의 나래를 펼치게 하고 뇌의 오른쪽을 자극하는 즉흥적인 놀이기간을 줄이는 모습을 보고 있다. '교육'은 좌뇌를 겨냥해서 학문적인 정보(그것들의 많은 부분이 분명히 틀린 것들이다)를 가지고 아이들이나 학생들에게 시스템이 그들에게 '진실'이라고 말하는 것을 시험지 위에 되풀이하도록 요구한다. 이 일을 아주 잘해내면 시험들(현실지각에 대한 시험)을 통과한다. 이것은 삶의 대부분의 기간 동안 학자금을 갚아야 하는 빚 속으로 밀어 넣는 대학이나 대학교에 들어갈 자격을 준다. 좌뇌 정보를 시험지에 되풀이하는 이런 과정은 이제 '고등교육' 수준(의 프로그래밍)으로 이어진다. 그러면 '좋은 학점'과 '학위'(프로그래밍 학위)를 가지고 세상으로 나아가서 과학자, 의사, 선생이나 도그마 도킨스 같은 교수가 되기를 선택할 수 있다. 이렇게 하려면 뇌의 왼쪽에서 현실에 대한 시스템의 버전을 훨씬 더 많이 암기해야하고, 당신의 현실감을 얼마나 깊이 장악했는지를 점검할 훨씬 더 많은 시험들을 거쳐야 한다. 이 소시지 찍어내는 기계를 거쳐 온 사람들의 거의 대다수는 삶의 나머지를 좌뇌에 갇혀 산다. 똑같은 이들 좌뇌의 포로들이 좌뇌 감옥 사회를 지속하고 확장하도록 과학연구소, 의학연구소, 그리고 정부연구소 들을 운영하고 감독하도록 임명된다. 정치는 좌뇌형들이 장악하고 과학, 의학, 대중매체도 그렇다. 대부분의 '저널리스트들'은 동료 포로들의 믿음과 결정과 행동들을 보도하는 좌뇌 상습범들과 다를 바 없다. 주류 과학자들은 모든 것이 다른 모든 것과 이어져 있음을 정말로 알 필요가 있는데도, 그들의 좌뇌 렌즈나 현미경을 통해서 결코 현실의 본질을 파악하려고 들질 않는다. 좌뇌는 그것을 파악(해독)할 수가 없다. 우리가 점들이 어떻게 이어지는지를 이해하려면 부분들뿐만이 아니라 전체를 볼 필요가 있지만, 좌뇌형 '저널리스트들'이 세상에서 정말로 무슨 일이 일어나는지를 우리에게 어떻게 말해줄 수 있겠는가? 종교들은 계층과 도그마를 가진 좌뇌의 구조물들이다. 좌반구와 우반구는 '나쁜 녀석'과 '좋은 녀석'이 아니다. 우리가 양쪽을 모두 가장 잘 이용하도록 이들은 함께 일해야 한다. 우뇌 현실에 지나치게 지배당해서 좌뇌 사회에서는 제구실을 할 수 없는 파격적으로 창조적인 사람들도 있다. 우반구는 최면암시와 프로그래밍에 열려 있기도 하다. 어느 한쪽에 관한 것이 아니라 함께 일하는 둘 다에 관한 것이다. '통제시스템'이 절대로 바라지 않는 것이 이것이다. 마음의 비범한 솜씨들을 부릴 수 있는 '자폐천재'로 알려진 사람들이 있다. 뭐, 인간의 잠재력을 그런 한정된 측면에서 보는 사람들에게는 비범하다. 영국의 '자폐천재'인 스티븐 윌트셔Stephen Wiltshire는 헬리콥터 창으로 짧은 시간 내다봤을 뿐인 도시들의 모습을 그리는 것으로 이름나있다. 겨우 열두 살이던 1987년, BBC는 그를 헬리콥터에 태우고 30분 동안 런던 상공을 날았고 기록하거나 사진을 찍는 일은 허용하지 않았다. 돌아온 스티븐은 공중에서 본 런던의 모습

【그림 61】 스티븐 윌트셔와 그의 놀라운 작품

을 200개의 건물이 들어가도록 입이 떡 벌어질 정도로 자세하게 그렸다(그림 61). 자폐증은 그가 수를 세지 못한다는 의미인데도 건물들의 수많은 창문들을 정확하게 묘사했

다. 스티븐의 작품은 www.stephenwiltshire.co.uk에서 볼 수 있다. 대니얼 태밋Daniel Tammet은 이례적인 정신능력을 쓰는 영국의 또 다른 '자폐천재'다. 그는 컴퓨터 같은 속도로 수학계산을 처리하고 언어들을 배울 수 있으며, 심지어 가장 어려운 것들마저도 믿기지 않을 만큼 빠르게 한다. 한번은 어느 텔레비전 프로그램에서 아이슬란드어를 일주일 안에 배우라는 과제를 받았고 이것도 해냈다. 그의 언어교사는 그를 '천재' 그리고 '인간이 아닌'으로 묘사했다. 아, 하지만 그는 인간이다. 그는 한때 우리가 그랬고 우리를 유전적으로, 정신적으로, 그리고 정서적으로 노예로 만든 그들이 이곳에서 물러날 때 다시 그렇게 될 인간이다. 겉보기에 비범해 보이는 이런 능력들의 바탕은 그들이 어떤 장면이나 언어를 하나의 전체로서 우뇌로 사진 찍는 데 있다. 좌뇌형 인간들이 언어를 음절들로 쪼개놓거나 건물 하나하나를 기억하려고 애쓰는 반면, 이런 친구들은 그냥 '찰칵, 찍었다'를 할 뿐이다.

좌뇌가 꺼지다

질 볼트 테일러Jill Bolte Taylor는 미국의 뇌과학자 또는 '신경해부학자'로, 1996년에 내가 이야기하고 있는 개념과 설명들의 많은 부분이 사실임을 보여준 경험을 했었다. 어느 날 아침 그녀는 그리 좋지 않은 기분으로 일어났지만, 자신의 불쾌감을 이겨내기로 하고는 운동기구로 갔다. 질은 기구를 붙잡고 있는 자기 손들을 보았는데 그것들은 '원시적인 발톱'처럼 보였다. 자신의 온몸이 사뭇 다르게 보이기 시작했다. 그것은 마치 경험을 하고 있는 그 사람이었던 '정상적인' 현실로부터 그 경험을 지켜보고 있는 관찰자인 다른 지각상태로 의식이 바뀌어버린 느낌이었다고 질은 말했다. 나중에야 그녀는 뇌 왼쪽에 뇌졸중이 생겼음을 알았고, 여기에 오작동이 생기면서 더는 자신이 살고 있다고 생각했던 세상으로 현실을 해독하지 않았다. 그녀의 말을 들여다보라. 질은 경험을 하던 사람으로부터 그 경험을 지켜보는 사람으로 바뀌었다. 우리가 데스크톱 컴퓨터를 통해서 보고 인터넷과 상호작용하는 것과 같은 방식으로 몸-컴퓨터를 통해 보고 있는 '의식'에 대해 했던 말이 생각나는가? 질은 자신의 몸이 어디서 끝나고 방의 나머지가 어디서 시작되는지 더는 규정할 수 없었노라고 했다. "내 팔의 원자들과 분자들이 벽의 원자들과 분자들과 뒤섞여버렸다." 그녀는 말한다. "내가 감지할 수 있었던 것이라고는 이 에너지뿐이었다." 그러고는 그녀가 '뇌의 재잘거림'이라고 불렀던 것이 잠잠해졌다. "그건 마치 누가 리모컨을 집어 들고 음소거 단추를 눌러버린 것 같았다." 이것은 중요한 점이다. 대부분의 사람들에게는 재잘거림과 생각들이 마음을 휩쓸고 다닌다. 이것은 걱정, 불안이나 분노를 일으키는 실제로는 결코 일어나지도 않을 시나리오들을 구성한다. 하지만 이 쉴 새 없이 어쩌고저쩌고 지껄이는 것의 대부분은 '당신', 곧 '의식'이 아니다. 그것은 말 그대로 자체의 마음을 가진 마음-몸 생물학적 컴퓨터다. 잠깐 멈춰서 그 재잘거림으로부터 정신적으로 떨어져서 그냥 그것을 지켜보라. 그 관찰자가 바로 당신이다. 뇌의 재잘거림을 비롯한 다른 모든 것은 경험이다. '무한자'는 전지(全知)이자, 움직임 없고 고요한 '모든 가능성'인데, 질 볼트 테일러는 자신의 새로운 정적의 세계가 멋진 곳임을 알게 되었다.

나는 그 즉시 나를 둘러싼 에너지의 웅장함에 넋을 빼앗겼다. 그리고 내 몸의 경계를 더는 찾아낼 수 없었기 때문에, 거대해지고 팽창한 느낌이었다. 있는 모든 에너지와 하나가 된 느낌이었고, 그 상태는 아름다웠다.

당신을 외부세계와 잇는 뇌의 재잘거림으로부터 완전히 떨어지는 것이 어떨지를 상상해보라. 그렇게 나는 이 공간에 있었고, 나와 내 직업과 관련된 모든 스트레스가 사라져버렸다. 그리고 내 몸 안에서 더 가벼움을 느꼈다. 외부세계에서의 모든 관계들과 그것들과 이어진 많은 스트레스 요인들을 상상해보라. 다 사라져버렸다. 나는 평화로운 느낌이 들었다.

공간에서 내 몸의 위치를 찾아낼 수 없었기 때문에, 호리병에서 막 빠져나온 지니처럼 나는 거대해지고 팽창한 느낌이었다. 고요한 희열의 바다를 미끄러지듯 나아가는 커다란 고래처럼 내 정신은 자유롭게 솟구쳤다. 열반, 나는 열반을 발견했다. 내가 내 자신의 거대함을 다시 이 작디작은 몸 안으로 구겨 넣을 방법은 이젠 없겠다는 생각을 했던 기억이 난다.

질은 좌뇌 해독체계 너머의 현실을 경험하고 있었지만, 그녀가 '꿈의 나라'라고 불렀던 것으로부터 돌아왔을 때는 자신에게 큰 문제가 있고 그것을 처리해야 한다는 것을 깨달았다. 직장 전화번호를 떠올릴 수가 없었고, 그래서 명함을 뒤지기 시작했다. 명함뭉치를 넘기면서 그녀는 명함들의 '물질적' 수준이 보이지가 않았다. 화소들뿐이었다. 그렇다, 디지털 이미지에서 가장 작은 구성단위인 화소들이었다. 좌뇌의 오작동은 그녀의 해독체계가 오작동 하도록 했다. 질은 이제 현실의 디지털 수준을 보고 있었다. 미국의 물리학자 크레이그 호건Craig Hogan은 〈뉴사이언티스트〉에 실은 글에서 홀로그램에 대해 말하면서 어느 특정수준의 배율에서 "시공간의 구조는 거칠어지며 결국 화소들과도 같은 아주 작은 단위들로 이루어진다"고 했다. 질이 명함 위의 화소로 된 구불구불한 선들을 전화에 있는 그것들과 연결하는 데는 45분이 걸렸고 그것도 '문득문득 똑똑히 보이는 변덕들'이 있어서 가능했다. 그 순간들 말고는 '명함에 적힌 낱말들의 화소들이 배경의 화소들과 기호들의 화소들과 뒤섞였다.' 그녀는 전화를 걸었고 한 동료가 받았지만, 질이 들은 소리는 "우, 우, 우" 소리뿐이었다. 그녀는 "나 질이야! 나 좀 도와 줘!"라고 대답했다. 아니면 그렇게 했다고 생각했거나. 하지만 이번에도 질이 들은 것은 "우, 우, 우"뿐이었다. 질은 두 번 다 '강아지의 울음소리'처럼 들렸다고 했다. 좌뇌는 언어를 해독하고 그녀의 뇌출혈은 좌뇌가 그렇게 하는 것을 가로막고 있었다. 이 일은 질에게 '고요한 마음'을 주었고 언어를 듣지(해독하지) 못하게 했다. 뇌가 언어나 소리를 진동정보로부터 해독하기 전까지 그것들은 없다. 질은 의식을 잃었지만 살아남았고, 이 일은 자신의 인생을 바꿔버린 경험이었다. 충분히 그럴 법도 하다, 그렇지 않은가? 그녀는 말했다.

내가 열반을 찾아냈고 또 아직 살아있다면, 살아있는 모든 이들이 열반을 찾아낼 수 있다. 그리고 나는 언제라도 이곳에 올 수 있다는 것을 알았던 아름답고, 평화롭고, 자비롭고, 다정한 사람들로 가득한 세상을 마음에 그린다.

질 볼트 테일러의 경험에는 또 하나 중요한 것이 있다. 바로 감정이다. 그녀는 말했다. "37년 동안의 감정의 응어리들을 놓아버린 느낌이 어떨지 상상해보라! 나는 희열을 느꼈다. 희열은 아름다웠다." '우리'가 아닌 것은 뇌의 재잘거림뿐만이 아니다. 대부분의 인간 '감정' 또한 '우리'가 아니다. 누군가의 감정 상태는 약물과 식품첨가물들에 들어있는 화학물질들로 확 바꿔놓을 수 있다. 따라서 그런 감정들이 어떻게 '우리'일 수 있을까? 그따위 쓰레기 같은 것들을 먹고 마시며 셀 수도 없는 온갖 예방접종을 받는 아이들에게서 우리는 정서장애를 본다. 40년도 더 전에 한 영국 여성은 수은 치아충전을 하고 난 뒤로 극심한 우울증에 빠져 들어갔다. 40년 후, 그 충전재들을 제거하고 수은 디톡스 프로그램을 시작한 뒤로 기적적으로 회복된 그녀의 사례를 대중매체가 보도했다. 그런 나날을 보내는 그녀에게 '그녀가' 누군지를 물었다면 자신이 임상적인 우울증환자라고 말했을 것이다. 하지만 그녀가 우울증환자는 아니었다. 마음-몸 컴퓨터는 독성 수은(그 근본수준에서는 하나의 파형의 왜곡)으로 균형을 잃었었고 그것이 현실을 해독하는 방식에서 왜곡을 일으켰다. 우리는 남성과 여성인 것에 대해서나, '인간'인 것에 대해서도 이야기한다. 그러나 이런 것들은 지금의 우리 경험이지, 진정한 우리 자신은 아니다. 화학적인 영향이 당신을 한 상태에서 다른 상태로 바꿀 수 있는데 '우리'가 어떻게 남성과 여성일 수 있을까? 영국인들은 대중매체에서 다뤘던 프리키라는 닭의 이야기를 기억할 것이다. 프리키는 알을 낳는 암탉으로 삶을 시작했지만 나중에 테스토스테론의 폭발적인 분비로 수

100

닭이 되었다. 볏이 자라났고, 새벽에 울기 시작했으며 암탉들의 꽁무니를 쫓기 시작했다. '남성'과 '여성'이란 소프트웨어 프로그램이다. 누군가 프리키에게 어슬렁어슬렁 다가가서는 이렇게 말했을까? "이봐, 친구, 넌 이제 남자야. 해뜰 때 울어야 한다고." 아니, 프리키는 그냥 그렇게 했다. 이제 녀석은 우리가 인간이라는 프로그램과 인종과 문화라는 그 세분된 프로그램들을 해독하는 것과 같은 방식으로 수탉이라는 프로그램을 해독했던 것이다. 우리는 '인간'이 아니다. 우리는 인간의 경험을 하고 있는 '의식'이다. 몸-마음이라는 렌즈로부터 풀려난 사람들은 이것이 사실임을 무척 잘 알고 있다. 몇 년 동안 나는 '임사'체험들을 했던 사람들과 그들이 마음-몸 컴퓨터의 한계들로부터 자유로워졌을 때 일어난 일들에 대해 폭넓게 읽었다. 그 공통주제들은 지극히 흥미진진한데 아래 소개하는 사례는 내가 여기서 이야기해오고 있는 것들을 모두 압축해준다.

시작에서부터 모든 것들이, 내 출생, 내 조상들, 내 아이들, 내 아내, 모든 것들이 동시에 하나가 된다. 나는 나에 관한 모든 것들을, 그리고 나를 둘러싼 모든 이들에 관한 모든 것들을 보았다. 나는 그들이 지금 생각하고 있는 모든 것, 그때 그들이 생각했던 것, 전에 일어나고 있던 것, 지금 일어나고 있는 것을 모두 보았다. 시간이란 없다. 사건들의 순서는 없고, 거리, 기간, 시간, 장소의 한계 같은 그런 것들은 없다. 나는 내가 있고 싶었던 어느 곳에라도 동시에 있을 수 있었다.

이것이 당신이자, 훨씬 그 이상이다. 이것이 우리 모두이자, 훨씬 그 이상이다. 이것이 '통제시스템'의 일가들과 비밀결사들이 우리가 알거나 떠올리기를 바라지 않는 것이다. 그들은 우리가 자신의 현실과 경험에 중요한 영향을 미칠 아무런 힘도 없는 한갓 보잘것없는 '사람'이라고 믿길 바란다. 참 안됐다, 친구들. 그런 시절은 끝나가고 있다. 여기서 묘사한 임사체험 또는 몸을 벗어나는 체험은 어떤 제품이나 결과가 이미 존재하는데도 그것을

'창조'하는 지각된 '수순'에 대해 앞에서 말했던 것도 확인해준다. '시간은 없다. 사건들의 순서는 없다.'

심장이 핵심이다

다음 장으로 넘어가기에 앞서 짚고 넘어갈 아주 중요한 내용이 하나 더 있다. 이것은 심장의 핵심적인 중요성이다. 대부분의 사람들은 심장이 온몸에 피(정보)를 돌게 해주는 전기적인 펌프일 뿐이라고 여기지만, 그보다 훨씬 더 많은 것들이 있다. 미국 하트매스연구소의 최근 연구와 여러 자료들에서는 심장이 감정들을 안정시키거나 불안정하게 하고 심장 그 자체와 신경계와 뇌 사이의 상호작용을 조화롭게 하거나 부조화하게 하는 데 근본적인 역할을 한다고 밝혔다. 이것은 심장, 마음, 감정들의 삼위일체다. 이들의 동시성이 어긋날 때, 우리도 그렇게 된다. 심장은 이제 '심장뇌'로 불릴 정도로 고유의 지성(뇌보다 훨씬 높은)과 신경계를 가지고 있는 것으로 나타났고, 정보를 해독하고 부호화하는 감각기관이라는 사실이 발견되었다. 심장에서 뇌로 가는 신경들은 그 반대보다 더 많다. 심장은 신경계, 전자기장들, 호르몬들과 그 밖의 화학반응들, 혈압 맥파를 통해 뇌, 온몸과 끊임없이 소통한다. 심장은 암을 비롯한 많은 질병들을 치료할 수 있는 호르몬들을 분비하는 내분비샘이기도 하다. 탬파 시에 있는 제임스할리재향군인병원의 내분비학, 당뇨병과 신진대사 분야 책임자이자 사우스플로리다대학교의 의학, 분자약리학과 생리학 교수인 데이비드 비셀리David Vesely 박사는 심장호르몬들이 세포배양기에서 24시간 안에 모든 암세포들의 97퍼센트까지를 죽였다는 사실을 알아냈다. 심장이 한갓 전기적인 펌프일 뿐이라는 데에서 우리는 큰 진전을 이룬 것이다. 우리는 심장과 가슴차크라 볼텍스를 거쳐 직관(직관적인 앎)을 느낀다. 뇌는 생각하지만, 심장은 안다. 무언가에 대한 직관이 떠오를 때 우리는 앉아서 그것을 생각하려고 마음을 사용할 필요가 없다. 우리는 그냥 안다. 내일 어떤 장소에 있어야 한다는 직관적인 앎이 생기면, 그 장단

점과 온갖 핑계들을 놓고 곰곰이 생각하지 않아도 된다. 그곳에 있어야 한다는 것을 그냥 안다. 마음은 생각해야 하고 모든 것들을 따져봐야 한다. 마음은 모르기 때문이다. 심장은 뇌보다 60배의 전기출력을 만들어내고, 가슴차크라 볼텍스를 거쳐 우리를 훨씬 더 높은 자각의 수준들에 이어 준다. 직관이 아는 것은 이런 이유 때문이다. 사람들은 직관을 '신뢰하지' 말고 대신 머리로 생각하라고 압력을 받지만, 이것은 순응과 반복행동 패턴들에의 노예상태로 이끌 뿐이다. 심장은 우리 해독체계의 진정한 귀재이자 더욱 뛰어난 귀재와의 연결고리다. '통제시스템'은 인간의 지각을 조작해서 심장이 뇌, 곧 마음을 떠받드는 것에 자리를 빼앗기도록 했다. 마음이 주도하는 사회는 우리가 경험하고 있는 사회와 같지만, 가슴이 주도하는 사회는 사랑, 존중, 평화, 조화, 놀라운 지성의 수준들의 사회이자 창조성과 통찰이 일상적으로 밀려드는 사회일 것이다. 사람들이 '가슴의 지혜'를 말하는 것은 마땅한 일이다.

1990년에 내가 깨어나기 시작한 뒤로 내 가슴은 내가 했던 모든 일의 바탕이 되어왔다. 그것은 세상에서 무슨 일이 일어나고 있는지에 대한 풍부한 통찰들의 원천이자, A라는 정보를 따르고 B라는 정보를 버린 이유이며, 내가 왜 모든 것을 내려놓고 순전히 직관을 따라 어딘가에 가서보면 그 순간에 거기 있어야 하는 중요한 이유를 찾아내고야 말았던 이유가 되어왔다. 처음에는 내 뇌/마음이 끼어들어서 비난해대면서 내가 그따위 일들을 하지 말아야 하는 온갖 이유들을 말하곤 했지만, 내 놀라운 모험을 시작한 지 얼마 지나지 않아, 내내 몇 가지 어려움들이 있었는데도, 직관적인 가슴을 따를 때 모든 일이 잘 풀린다는 것을 내 '머리'가 충분히 지켜보게 된 순간이 왔다. 이것은 내 머리와 내 가슴이 하나가 된 순간이었다. 머리와 가슴은 그때부터 찰떡궁합이 되어 움직였다. 내 가슴이 말한다. "이걸 해야겠다는 느낌이 들어." 그러면 내 머리가 말한다. "좋아, 해보자고." 내가 직관적으로 느끼는(아는) 것과 내가 생각하는 것은 같다. 대부분의 사람들 안에서는 머리와 가슴의 전쟁이 벌어지고, 보통은 머리가 이긴다. 이제 그것을 바꿔야 할 시간이 되었고, 그렇게 하면 세상은 감옥에서 천국으로 바뀐다. '통제시스템'은 다른 어느 것보다도 가슴을 더 겨냥한다. 통제자들은 심장의 지성, 지혜와 앎을 억누르려고 일한다. 그들이 인류를 '머리', 곧 오감현실에 가둬두려 한다면 이것이 필수적이다. 그들이 이렇게 하는 방법의 하나는 사건들을 조작해서 낮은 진동의, 균형을 잃은 감정을 일으키는 것이다. 그들은 우리가 화내고, 혼란스러워하고, 두렵고, 분개하고, 우울하고, 짜증스러워하기를 바란다. 그들은 우리가 현실을 해독하고 지각하는 과정에서 가슴을 닫고 그것을 방관자로 만들기를 바란다. 상당한 수의 연구들은 이런 감정 상태들이 결어긋난 incoherent(균형을 잃은) 심장리듬패턴들을 만들어낸다는 것을 보여주었다. 이어서 이것은 심장, 신경계와 뇌의 관계를 왜곡하고, 정신적으로, 정서적으로, 그리고 '육체적으로' 온갖 생지옥 같은 상황들을 만들어낸다. 지금 우리는 왜 심장질환이 지구에서 가장 큰 살인자들 가운데 하나인지를 볼 수 있다. 바로 심장리듬의 결어긋남incoherence 때문이다. 심장은 이 상태에 있을 때만 그토록 많은 사람들을 데려갈 수 있다. 스트레스와 여러 감정들이 심장마비를 가져오는 방식과 트라우마나 충격의 정서적 영향이 심각한 심장리듬의 결어긋남을 일으킬 때 '상심(傷心)'으로 죽는 이유가 이것이다. 아울러 이것은 '마음의 고통'을 일으킨다. 사랑, 자비, 돌봄, 감사는 그 반대의 일을 하는 것으로 나타났다. 이것들은 심장 리듬패턴들을 결맞게coherent 한다(그림 62). 하트매스연구소는 심장의 전기적인 결과만으로 몸에 정서적인 균형을 가져다주고 우리 존재의

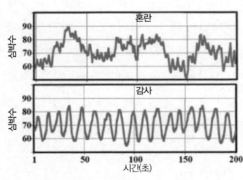

【그림 62】 정서의 결어긋난 상태와 결맞은 상태로 만들어지는 심장의 아주 다른 전기적 리듬들

104

나머지와 조화롭게 일하게 하는 데 심장의 힘을 이용하는 기법들을 개발했다. 닥 칠드리Doc Childre와 데보러 로즈만Deborah Rozman이 쓴《분노를 바꾸기 Transforming Anger》(2003)라는 책을 추천한다.

이 장에서 나는 우리가 뇌와 유전자 구조를 거쳐, 파형으로부터 현실과 지각을 홀로그램으로 어떻게 해독하는지 이야기했다. 따라서 이 과정에서 심장이 핵심이라는 점을 강조하면서 이 이야기를 끝맺음하는 것이 좋을 듯하다. 새로운 현실을 해독하는 데 심장이 그 결정적인 역할을 하도록 해야만 한다. 사랑, 평화, 조화의 역할이자, 프로그램된 뇌가 줄 수 있는 그 어떤 것도 훨씬 넘어선 진정한 고유의 지성으로서의 역할이다. 이 책을 읽어나가면서 그것은 갈수록 뚜렷해질 것이다.

우주 창조의 동력은 전기다!

나는 우주가 전기적으로, 디지털로 그리고 홀로그램과 같이 표현된 파형 정보구조물로부터 어떻게 드러나는지를 설명해오고 있다. 우주에 있는 모든 것은 그것이 별이든, 행성이든, 사람이든, 꽃이나 나무든 똑같다.

점점 늘어나는 진짜 과학자들과 연구자들이 우주의 전기적 수준을 밝히려고 오랫동안 일해오고 있다. 내가 이야기하고 있는 파형의, 디지털의, 홀로그램 현실들의 존재를 그들이 받아들인다는 말은 아니지만, 그들은 우주가 어떻게 전기적으로 일하는가를 조명하기 위한 몇 가지 멋진 일들을 해냈

【그림 63】번개는 '전기우주'의 가장 뚜렷한 표현이다.

다. 이 분야를 이끄는 두 연구자는 데이비드 탤봇David Talbott과 월리스 톤힐Wallace Thornhill이다. 두 사람은 두 권의 훌륭한 책《전기우주 The Electric Universe》와《신들의 벼락불Thunderbolts of the Gods》을 썼는데, 나는 이 책들을 적극 추천한다. 어떤

수준에서 우주는 분명 전기와 전자기장으로 소용돌이치는 하나의 덩어리다. 우리는 모두 번개에 익숙하고 분명하게도 이것이 전기가 있어서 일어난다는 점을 안다(그림 63). 하지만 번개에는 우리 생각보다 훨씬 더 많은 것들이 있다. 사람들은 하늘에서 전기섬광과 갈라지는 모습을 보고서 그게 다라고 믿는다. 우리가 보지 못하는 것은 지면 가까이에서의 번개가 지구 대기권까지 거슬러 올라가서 우주에 널리 퍼진 우주전기장과 이어지는 전기적인 상관관계들이다. 우리가 보는 번개는 '엘브elves', '스프라이트sprites', '노움gnomes', '제트jets'라고 부르는 더

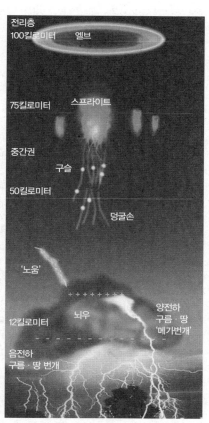

높은 고도에서의 전기섬광들과 사실상 같은 때에 일어나는 것들이다(그림 64). 이 전기회로는 대기권의 상층부인 전리층으로 이어지고 다시 태양장solar field과 더 넓은 우주로 이어진다는 증거가 있다. 플로리다공과대학교의 조셉 다이어Joseph Dwyer는 2003년 〈지구물리학리뷰The Geophysical Review〉에 이렇게 썼다. '번개가 어떻게 만들어지는지에 대한 기존의 관점은 틀렸고, 따라서 번개의 진정한 근원은 수수께끼로 남아있다.' 뭐, 우주에는 전기와 전자기장들이 널리 퍼져있고 어떤 상황들에서 전류가 방전된다는 점을 깨닫지 못한다면 그렇다. 행성은 전자공학에서 전하를 모아 저장하는 콘덴서처럼 일한다. 지구는 그 표면과 대

【그림 64】 번개에는 우리가 지면 가까이에서 보는 전기섬광보다 훨씬 더 많은 것들이 있다. 이 구조는 위쪽의 우주공간으로 이어진다.

【그림 65】 오로라 또는 북극광

기권 상층부의 전리층 사이에 전기를 저장하고, 전하의 축적량이 너무 세지면 그 압력을 방출해야 한다. 이것을 우리는 '번개'라고 한다. 토네이도들은 전기현상이고 빠르게 회전하는 전하들로부터 생긴다. 이것이 토네이도가 전기폭풍과 관련있는 이유다. 오로라 또는 북극광도 전기현상이다(그림 65). 우리가 전기우주와 상호작용하고 있음을 이해하고 나면 아주 많은 것들이 설명된다. 우리는 이 전기적인 그물이 어떤 충전상태에 이르러서 방전하지 않는다면 대부분의 시간 동안 그것을 인지하지 못하지만, 이것이 우리가 경험하는 현실의 짜임새를 조직하고 소통하는 방식이다. 주류 과학은 '우주공간'에 전기가 존재한다는 것을 부인하면서 천체들이 전기적으로 중성이며 진공 속을 떠돈다고 말한다. 하지만 그러면서도 우주공간에 전자기장이 있다는 것은 받아들인다. 전기 없이는 전자기장이 있을 수 없는데도 말이다. 그러나 도그마 도킨스 류의 사람들에게는 뻔히 명백한 것에 마음을 여는 일보다도 도그마와 고정된 입지들을 지키는 일이 훨씬 더 중요하다. 탤봇과 톤힐은 《전기우주》에서 구구절절이 옳은 말을 한다. "발견에 가장 큰 장애가 되는 것은 무지가 아니라, 지식이라는 환상이다." 이 또한 무지의 한 형태이기는 하지만 맞는 말이다. 주류에 속한 사람들은 우주공간의 '진공'에 대해 이야기하고 모든 것이 중력으로 움직인다고 말한다. 내 몸무게는 100킬로그램쯤 되지만 아직도 공중으로 아주 쉽게 뛰어오를 수 있다. 야아, 이 중력이 대단하네, 그렇지 않은가? 탤봇과 톤힐은 전기력이 중력보다 10^{39}배나 더 강하다는 점을 짚어준다. 모든 것을 '함께' 붙잡아두고 행성들이 태양 주위의 반복궤도에 있게 하는 것은 전기력과 전자기력이지 한참 더 약한 형태의 자력인 중력이 아니다. 다른 모든 것들과 마찬가지로 이 전기력들은 정보다. 인간의 뇌는 전기정보를 거처 수신하고 전달하며, 심장은 전기 적으로 뛴다. 우리는 전기적인 우주 를 거쳐 하나의 수준에서 '우주인터 넷'과 상호작용하고 있다는 사실을 알 수 있다.

【그림 66】 플라스마볼. '전기우주'의 상징

의식을 가진 플라스마

관측할 수 있는 우주의 99.999퍼센트가 플라스마다. 이것은 더러 '제4의 물 질상태'라고도 하는 독특한 물질이다. 미국의 노벨상수상자 어빙 랭뮤어 Irving Langmuir(1881-1957)는 전기환경의 변화에 따라 스스로 조직하는 생명체 와도 비슷한 그것의 능력 때문에 '플라스마'라는 용어를 만들었다. 그가 이 것에서 피의 혈장blood plasma을 떠올렸던 것은 적혈구와 백혈구들이 혈장 을 따라 움직이는 것과 거의 같은 방식으로 전기력들이 우주플라스마cosmic plasma를 따라 움직인다는 것을 알고 나서였다. 우주플라스마는 '의식'의 한 표현이기 때문에 '생명과도 같다'. 중심에서 전류들이 삐죽삐죽 뻗어 나오 는 플라스마볼plasma ball들을 우리 모두 본적이 있는데, 이것들은 우리의 현 실이 드러나는 데 플라스마가 가장 결정적인 기여를 한다는 느낌을 준다(그 림 66). 플라스마는 전기와 전자기장들의 거의 완벽한 매질이다. 전류들이 플라스마를 지나갈 때, 그 상호작용으로 전류들은 나선형을 그린다. 이것은 크리스티안 올라프 비르켈란Kristian Olaf Birkeland(1867-1917)의 이름을 따서 붙 인 '비르켈란 전류'라는 필라멘트들을 만들어낸다. 그는 노르웨이의 뛰어 난 과학자이자 전기우주의 선구적인 연구자였다. 이 전류들은 전기/플라스 마 우주 전체에 흐르고 있고 어떤 것들은 광년의 거리에 걸쳐있는 반면 또 어떤 것들은 아주 작다. 그림 67에서 코르크마개뽑이처럼 서로의 둘레를 회 전하는 전류들이 보이는데 이 전류들은 바로 자신들의 상호작용이 만들어 내는 전자기장들 때문에 떨어져 있다. 이것은 '플라스마 핀치pinch'로 알려져

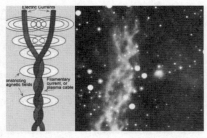

【그림 67】 플라스마 핀치와 이중나선성운이 표현된 모습

있다. 훌륭하다. 같은 이미지가 우리 은하의 중심부근에 있는 이중나선성운에서 뚜렷하게 보인다. 무엇이 떠오르는가? 인간의 DNA다(그림 68). 이것은 우연의 일치가 아니다. 다시 '위에서와 같이, 아래에서도'로 돌아간다. 바로 홀로그램이다. 우리가 우주고 우주가 우리다. 우리는 모든 것이고 모든 것이 우리다. 인간의 뇌 활동과 우주에서의 전기활동의 유사성을 다시 비교해보라(그림 69). 인간의 오라장에도 마찬가지로 온몸에 '기'에너지를 나르는 경락들의 형태로 '비르켈란 전류'가 있다. 기는 우주의 전기적 수준을 포함하는 많은 원천들로부터 오는 정보다. 등뼈의 맨 아래에서 주요 차크라들을 거쳐 머리끝까지 흐르고 있는 쿤달리니 에너지도 같은 식으로 나선을 그린다. 고대로부터 쿤달리니는 카두케우스caduceus라고 부르는 상징에서 뱀 두 마리가 서로 꼬고 있는 모습으로 묘사되었다(그림 70). 쿤달리니/차크라 체계의 홀로그램 표현인 중추신경계도 전기적이다. 우리는 그렇게 하고 있다는 것을 알지 못한 채로 우주와 그리고 서로 전기적으로 소통한다(그림 71). DNA, 그리고 전체적인 유전자 구조는 근본적으로 이 상호작용에 관여하고 있고 오로지 뇌만 우리의 현실을 해독하지는 않는다고 앞에서 강조했었다. 인간에게는 기를 나르는 경락

【그림 68】 '플라스마 핀치'효과와 DNA의 유사성

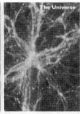

【그림 69】 전기뇌와 전기우주

【그림 70】 쿤달리니 카두케우스

110

망이 있고, 행성에는 '레이라인ley lines'이라고 알려진 경락들의 연결망과 같은 것이 있다. 이들은 전기적이고 진동하는 우주와 지구 사이의 소통과 상호작용을 위한 격자를 형성한다. 이 레이라인들이 교차하는 많은 곳에 전기적이고 진동하는 에너지(정보)의 거대한 볼텍스들이 만들어진다. 이것을 알았던 고대인들은 그 중요한 볼텍스지점들에 스톤서클, 사원, 그리고 '특별한' 건물들을 지었다. 결정질의 석재들을 사용한 것은 그것들의 역할이 정보를 받고 보내고 증폭하는 것이기 때문이었다(그림 72). 결정질 DNA도 같은 일을 한다. 데이비드 탤봇과 윌리스 톤힐은《신들의 벼락불》에 이렇게 썼다.

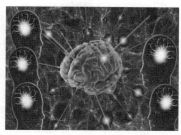

【그림 71】 마음·몸의 전기적 수준들은 우주의 전기적 수준들과 이어진다.

【그림 72】 스톤서클들은 우주적 통신의 진동적이고 전기적인 근원들과 상호작용하도록 중요한 볼텍스 지점들에 자리 잡았다.

극소의 입자에서부터 극대의 은하에까지, 전기회로망의 그물은 자연의 모든 것들을 잇고 통합하며, 은하들을 구성하고, 별들에 에너지를 주고, 행성들을 낳으며, 우리 세계에서는 날씨를 조절하고 생물학적 유기체들에 생기를 불어넣고 있다. 전기우주에는 고립된 섬들이 없다.

우주의 전기적 표현은 파형의, 디지털의, 그리고 홀로그램의 수준들과 이어진다. 모든 것은 서로 연결됨의 태피스트리, 곧 하나임이다. 한 종류의 전하를 띤 플라스마가 다른 전하의 플라스마를 만날 때, 둘 사이에는 하나의 장벽이 생긴다. 이것을 과학자 어빙 랭뮤어의 이름을 따서 '랭뮤어 쉬스 Langmuir sheath'라고 한다. 이 '쉬스들'은 행성의 에너지장들을 형성한다. 행성과 별들도 전기적이며, 바로 그들의 존재가 어떤 방식으로든 플라스마를 대

【그림 73】 지구의 자기권은 서로 다르게 대전된 두 개의 플라스마장들이 만날 때 생기는 '랭뮤어 쉬스'가 만들어낸다.

전(帶電)한다. 예를 들면, 지구에 의해 대전된 플라스마가 '우주공간' 바깥에서 다르게 대전된 플라스마를 만나는 곳에는 쉬스 또는 장벽이 형성된다. 우리는 우리 쪽에 있는 그 장벽을 지구에너지장 또는 자기권이라 부르지만(그림 73), 대전된 '플라스마권plasmasphere'이라고 하는 것이 훨씬 더 정확할 것이다. 이것은 위험한 방사선으로부터 지구와 그 거주자들을 지킨다. 태양에는 '태양권heliosphere'이라는 그것만의 '랭뮤어 쉬스'가 있는데, 이것은 무척 파괴적일 수 있는 태양방사로부터 태양계를 공고히 지켜준다. 이것들 모두 천재적인 작품들이다. 우리는 이 모든 일들이 어떤 우주적인 '사고'로 생겼다고 생각하는 걸까? 어떤 놀랍도록 진보한 '소프트웨어' 프로그래머가 이런 식으로 만들었다고 하는 것이 오히려 더 믿음직하지 않을까? 인간들은 '오라장'이라고 하는 자기만의 '자기권'을 가졌다. 이것은 같은 기본원리들로 작동한다. 우리의 전기적인 현존이 지구장Earth field과는 다르게 우리를 둘러싼 플라스마를 대전한다. 사람들은 '강한 오라' 또는 '약한 오라'를 가졌다고들 이야기한다. 이것은 우리가 만들어내거나 이용하는 전하력(전자기에너지)과 관계가 있다. '통제시스템'은 우리의 오라장을 우리가 함께 상호작용하는 장들과는 아주 다른 에너지상태로 조작함으로써 더 커다란 현실로부터 우리를 떼어놓을 수 있다. 이것은 우리를 '상자'라기보다는 하나의 '거품' 속으로 밀어 넣는다. 우리가 진정으로 인간통제의 본질을 이해하려면 적어도 현실이 어떻게 일하는지 기본적인 것들은 이해해야 한다. 이것은 오감의 차원 너머에서 이루어진다.

전기적인 태양

태양도 플라스마로 이루어졌고, 주류 과학계가 주장하는 것과는 사뭇 다르게 활동한다(그림 74). 앵무새처럼 과학자들은 태양이 핵으로부터 열과 빛을 방출하는 어마어마한 원자로라고 말할 것이다. 하지만 증거들을 들여다보면 명백히 허튼 소리다. 태양이 내부의 원자로들로부터 열과 빛을 뿜어내는 과정을 거치면

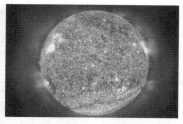

【그림 74】 전기적인 플라스마볼 태양

서 파괴를 향해 가고 있다는 발상도 매한가지다. 그들에게는 이런 주장을 뒷받침할 것이 없는 것이나 마찬가지고 그 증거는 다른 쪽을 가리키고 있다. 그래도 문제가 되지 않는다. 과학적이지 않은 주류의 이 형편없는 내용들을 온 세상의 학교와 대학들에서 마치 사실처럼 가르치고 있다. 미국의 공학자이자 전기우주 연구자인 랠프 주어진스Ralph Juergens는 이렇게 말했다. "태양 에너지의 근원이 태양내부 깊은 곳에서 일어나는 핵융합반응들이라는 현대의 천체물리학 개념은 태양의 관측할 수 있는 거의 모든 측면들을 가지고 반박할 수 있다." 나는 1990년부터 서로 관련된 많은 주제들을 연구해온 결과 주류 과학이 말하는 것이라면 무엇이든지 확인해보라고 말해줄 수 있다. 태양은 하나의 전기적인 변환기이고, 핵반응들은 그 표면에서 일어난다. 핵에서가 아니다. 태양은 우주 플라스마장에 있는(태양 그 자체는 99퍼센트가 플라스마다) 전기를 우리가 '빛(특정 유형의 정보)'이라 부르는 것으로 바꾼다. 전기를 받아서 빛으로 바꾸는 전구와 같은 원리다. 은하 구조에서 전기가 높은 '전압'과 낮은 '전압'의 주기들을 거치는 것처럼, 태양은 태양활동의 높고 낮은 주기들을 거친다(그림 75). 태양활동이 떨어질 때 태양의 엑스선 사진은 흐릿해지는데 이것은 전기활동이 줄어든 결과다. 조광스위치가 달린 전등을 생각해보라. 전기를 낮추면 빛은 약해진다. 태양은 그 내부로부터 빛을 만들어내는 게 아니다. 우주의 전력망으로부터 전기를 얻어서 '빛'으로 바꾸고 있는 것이다. 태양의 표면은 대기권 상층부의 엄청난 온도와 비교하면 상대적으로 차갑다. 태양의 가장 뜨거운 부분은 표면에서 멀리 떨어진 코

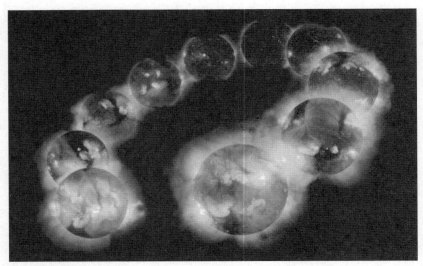

로나다. 코로나는 개기일식 때 달 주위로 보이는 밝은 빛이다. 온도의 차이
는 어마어마하다. 표면에서 300마일(약 483킬로미터) 안쪽의 온도는 5,000켈
빈도 이하이고, 더 높은 고도에서는 2억 도까지 치솟는다. 만일 열과 빛이
태양의 안쪽에서 나오고 있다면 그 반대가 되어야 한다. 하지만 태양이 우주
공간에 근원을 두는 전기를 처리하고 있다는 점을 깨달으면 모든 것이 이해
가 간다. 상호작용하는 여러 대의 전기모터들과 같이 태양의 서로 다른 부분
들이 다른 속도들로 회전한다는 것을 우리는 알고 있다. 뭐, 그냥 한 번 보시
라(그림 76). 태양은 전기를 처리하고 있는 플라스마볼이다. 태양의 플레어들
flares은 번개가 하는 것처럼 움직인다. 태양을 자외선수준에서 촬영하면 태
양적도를 맴도는 '플라스마 도넛' 또는 '토러스torus'가 뚜렷하게 보인다(그
림 77). 이것은 바로 실험실의 플라스마실험들에서 일어나는 일이다. 토러스
는 우주의 전기를 끌어 모아서 축적하고 이것을 플레어들과 우리가 '코로나
질량방출coronal mass ejections'이라 부르는 것의 형태로 방출한다. 이것들이 태
양의 표면을 강타하고 우리가 태양흑점이라고 알고 있는 구멍들을 뚫는다

114

(그림 78). 우리는 흑점들이 태양 안쪽으로 부터의 방출로 생긴다고 듣지만, 그 반대가 맞다. 우주적인 전기주기가 고조에 이르면 더 많은 에너지를 두드러지게 축적하고 방출하며 아울러 더 많은 플레어들이 더 많은 '구멍들' 또는 태양흑점들을 뚫는다. 따라서 태양흑점들의 수는 태양의 전기적 활동 증가를 나타내는 지표다. 태양은 주기의 다른 단계들에서 크기가 변하는 것으로 보이는데, 이것은 태양의 플라스마 '랭뮤어 쉬스'가 전기적인 변화들에 따라 수축하고 팽창하기 때문이다. 우리는 또한 이따금씩 지구 쪽으로 태양에너지를 작렬하게 하는 태양 플레어들이 전기기술, 컴퓨터와 위성시스템들을 혼란에 빠뜨릴 수 있다는 경고를 받는다. (그리고 앞으로 더 많이 그럴 것이다.) 그런 일이 왜 생길까? 그 전기적인 시스템들에 미치는 전기적인 영향 때문이다. 미국항공우주국(NASA)도 2007년에 전자기장들이 북극광의 원인임을 받아들여야 했으며, 다음과 같은 내용이 보도되었다.

【그림 76】 태양의 전기적인 본질을 보기만 하면 된다.

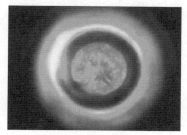

【그림 77】 태양 토러스 또는 '플라스마 도넛'

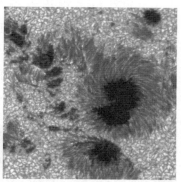

【그림 78】 태양흑점들은 내부 활동으로 만들어지는 것이 아니라, 거대한 전하에 의한 외부적 충격으로 만들어진다.

NASA의 테미스 미션Themis mission에서 얻은 새로운 자료들로부터 그 에너지는 태양으로부터의 하전입자들에서 나온다는 것을 알아냈다. 이것은 마치 전류와도 같이 지구의 대기권 상층부와 태양을 잇는 전자기장들의 꼬인 다발들을 따라 들어온다.

여기서 그들이 서술한 것은 전기우주가 작동하는 방식이다.

"바보 같긴, 그건 전기라니까!"

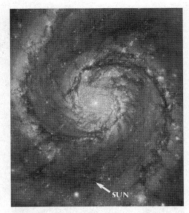

【그림 79】 우리의 은하계. 전류로 움직이는 광활한 디스크모터

태양이 처리하는 전기에너지는 우리 은하를 흐르는데 은하가 나선을 그리게 하는 것도 같은 에너지다. 은하는 그렇게 움직이면서, 스스로 전기를 생산하는 광활한 디스크모터가 된다(그림 79). 성운들을 비롯한 다른 천체들의 모습들뿐 아니라 은하들의 소용돌이 현상도 실험실에서 플라스마와 전기를 사용해서 재현할 수 있다(그림 80). 우주의 작동방식에 대한 주류의 '과학적' 도그마는 이런 방법으로는 재현할 수가 없는데, 여기에는 마땅한 이유가 있다. 그 도그마가 말도 안 되는 소리이기 때문이다. 우리는 빛나는 긴 꼬리를 가진 혜성을 보는데, 이것은 혜성의 전기장과 대전된 플라스마장의 상호작용이다. 주류 과학자들은 행성들의 형성에도 쓰이지 않았던 먼지와 얼음들로 혜성들이 이루어져 있다는 지루하기 짝이 없는 말들을 한다. 그들은 혜성의 꼬리가 태양열이 '얼음'에 미치는 영향으로 생긴 것이라고 말한다. '전기' 따위의 불경스런 낱말만 쓰지 않으면 뭔들 어떠랴. 과학계는 혜성들이 '오르트구름Oort cloud(태양계를 껍질처럼 둘러싸고 있다고 생

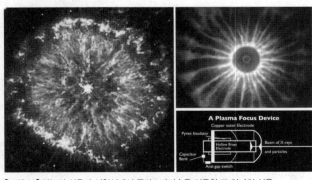

【그림 80】 하늘의 성운과 실험실에서 플라스마기술을 이용한 또 하나의 성운

각하는 가설상의 천체집단-옮긴이)'이라는 것 안에 함께 모여 있다가 때때로 태양계로 들어온다고 말한다. 이 '오르트구름'이 한 번도 관측된 적이 없는 까닭은 그것이 존재하지 않기 때문이다. 아니면 꼭꼭 숨어있거나. 당신은 이 혜성들을 신뢰할 수가 없다. 그것들은 무척 교활하다. "서둘러, 누가 오고 있어. 소행성대인 것처럼 행동하라고." 과학적 '사실'들의 아주 많은 것들이 동화들의 목록일 뿐이고, 그 시스템은 그렇게 하도록 구성되고 또 자금이 지원된다. '통제시스템'은 우리가 경험하는 현실에 대해 우리가 알기를 바라지 않는다. 대신 통제가 훨씬 더 쉬워지도록 우리가 무지하고, 혼란스럽고, 얼을 빼놓고 살기를 바란다. 우주가 '대폭발'로 시작되었다는 이론은 모든 세대의 아이들과 학생들에게 '이것이 사실이다'라고 되풀이되어 진짜 '사실'이 되어버린 전형적인 사례다. 이 이론은 137억 년 전쯤에(하루 이틀의 차이는 있다 치고) 우리가 지금 우주라고 부르는 것이 원자핵으로 압축되었다고 말한다. 그들은 이것을 '특이점'이라 부르고, 공간과 시간이 존재하기에 앞서(해독된 형태로 말고는 지금도 존재하지 않는다) 이런 일이 일어났다고 여긴다. 그리고서 수조 도의 열을 발산하는 폭발이 있었고("이젠 난방을 꺼도 돼요, 에텔") 이 '대폭발'이 아원자입자들, 에너지, 물질, 공간과 시간을 창조했다. 마침내 '대폭발'의 힘으로부터 지금도 팽창하고 있는 우주에 행성들과 별들이 형성되었다. 이 이론은 1927년 벨기에 루뱅가톨릭대학교의 가톨릭 사제였던 조르쥬 르메트르Georges Lemaître(1894-1966)가 처음 상정했다. 그는 한때 지구적인 통제망 최고의 비밀결사들의 하나인 예수회Jesuit Order에서 교육 받았다. 르메트르는 자신의 대폭발이론을 '원시원자가설'이라 불렀다. 그때부터 하나의 가설을 사실로 가르쳤다. 열린 마음으로 증거를 들여다보는 사람에게는 전혀 신뢰가 가질 않는다. 우주가 어떤 '대폭발'로부터 여전히 팽창하고 있다는 중요한 '확증들' 중 하나는 '적색이동redshift'이라는 것인데, 간단히 말해 이것은 천체들이 멀어져갈 때 파장의 영향 때문에 빛의 스펙트럼에서 적색으로 나타난다고 하는 믿음이다. 과학계는 적색이동을 계산해서 대폭발의 시기(137억 년 전)를 자신만만하게 내놓았다. 그러나 적색이동을 찾아낸 것으로 이름난 에드윈 허블Edwin Hubble은 이런 말을 했다. "적색이동이 팽창하고 있는 우주 때문이 아닐 수도 있을 듯해 보이며, 우주의 구조에 관한 추측들의 많은 수는 재검토가 필요할지도 모르겠다." 그가 맞았다. 적색이동의 공식적인 원인은 대폭발이론이나 이 이론에 근거한 '우주가 팽창하고 있다'고 하는 또 하나의 가정일 뿐이지 확증은 아니다. 적색이동이라는 가정은 천체들의 거리들을 기막힐 정도로 왜곡하기도 한다. 그토록 자주 그토록 대단히 잘못된 것으로 증명되었는데 어떻게 도그마와 같은 '규준들'을 유지할 수 있는가? 생명과 우주에 관한 공식적인 설명은 어디를 들여다봐도 너덜너덜할 뿐이다. 주류 과학이 주장하는 블랙홀 이론 역시 전기적인 힘들이 작용하고 있음을 이해하기 시작할 때 꼬리를 내리고 사라진다. 나는 여기저기서 '블랙홀'이라는 용어를 썼지만, '과학적인' 주류와는 완전히 다른 맥락에서 그랬다. 현실들 사이의 연결과 소통경로들을 두고 이야기하는 것이지, 빛을 비롯한 모든 것을 집어삼켜 버리고 빠져나갈 수도 없는 무언가가 아니다. 웜홀의 원리처럼 이곳을 거쳐 에너지와 진동정보들이 교환되는 차원 간 관문들 또는 출입구들이라고 하는 편이 더 나을 것이다. 우리는 진동정보라는 면에서 이 연결 관문들이 이 현실에 깊은 영향을 미칠 수 있다는 점을 깨달게 될 것이다. 연결 관문은 온 우주를 통틀어 찾아볼 수 있다.

점성학은 과학이다

의료계와 '현실세계(좌뇌)'에 사는 사람들은 발가락에 침을 꽂아서 두통을 치료한다거나, 아니면 발바닥이나 귀의 특정 지점에 뭔가를 해서 장기에 영향을 줄 수 있다는 어떤 주장도 무시해버린다. 그들은 워낙 무지해서 자신들이 지적이라고 생각하지만, 몸이 정말로 무엇인지에 대해서는 아무것도 모른다. 이것은 점성학 또는 '별들을 읽는' 고대의 기술에서도 마찬가지다. 점성학은 엄밀한 과학이 아니고, 또한 '저밖에' 무엇이 있는지와 그것이 인간의 성격에 어떻게 영향을 주는지 알아야할 것들이 많은데도 과학이 될 수가 없다. 하지만 깊은 수준에서 사용할 때 그것은 하나의 과학이다. 전기우주에서나 그 파형의 바탕인 '형이상학적 우주'에서 전기적으로 동떨어져서 작동하는 것은 아무것도 없다. 행성들과 별들은 본질에 있어서 전기적이며 전기적으로 대전된 플라스마장과의 상호작용으로 영향을 주고받는다. 우리는 행성들과 별들의 '물질적인(홀로그래픽)' 가시광선주파수들을 보지만, 그들은 전기적이고 파형정보장들이기도 하다. 그들이 태양을 돌 때 우주의 전기적이고 파형적인 장들과 상호작용하면서 이 장들에 있는 정보를 바꾸고 또 그 정보에 의해 바뀌고 있다. 그 영향은 그들이 어떤 정렬이나 어떤 '양상'을 이루어 함께 모일 때 몇 곱절이나 증폭된다. 우리가 태어나는 순간에(어떤 이들은 수태되는 순간이라고 말한다) 우리는 우주의 전기에너지와 파형장들에 연결된다. 그 순간에 그 장들에 있는 정보는 우리의 '별자리'와 더 구체적인 많은 점성학적 영향들을 좌우한다. 우리의 점성학적인 에너지장(우리가 태어나거나 수태되었을 때 우주가 어땠는지)은 1년 주기의 다른 시점에서 수태되거나 태어난 누군가와는 다른 방식으로, 살아가는 내내 끝없이 변화하는 우주정보망들과 상호작용한다. 특정 기간에 태어나서 비슷한 재능과 능력과 성격들을 가진 많은 사람들은 흔하게 찾아본다. 점성학적으로, 행성들과 별들의 특정 위치와 일치하게 한다면 그 결과가 더 좋을 수도 있다. 같은 식으로, 만일 조화롭지 않은 행성들의 위치를 고려에 넣지 않는다면 저항을 겪을 수도 있다. 일루미나티 혈통일가들과 그 비밀결사 네트워크들은 이것을 알면서도, 공개적으로는 점성학을 업신여긴다. 그들은 점성학과 수비학, 그리고 에너지주기들과 같은 파형의 보편적인 힘들을 염두에 두고서, 전기적으로 그리고 디지털방식으로 그들이 하는 모든 것들을 계획한다. 그들이 2003년에 이라크를 침공했던 때와 같은 춘분에 2011년 리비아에서 전쟁을 시작했다는 것은 우연의 일치가 아니다. 점성학에는 또 다른 측면도 있는 것이다. 우주는 모든 것이 전체의 작은 복사판들인 하나의 홀로그램이고, 따라서 행성들의 운동

【그림 81】 '물질적인' 현실의 홀로그램과 같은 본질은 인간의 마음-몸이 태양계와 우주의 작은 복사판이라는 의미다.

과 정렬은 우리 자신의 홀로그램장 안에서 일어나고 있다(그림 81). 위에서와 같이, 아래에서도. 우리는 점성학적인 힘들에 아주 큰 영향을 받지만, '의식'이 선택하기만 하면 변함없이 그런 영향들을 얼마든지 극복할 수가 있다. 내가 이름을 날리기 전에 아주 구체적으로 파악된 하나의 점성학적 운명과 실제 나의 인생 여정이 얼마나 오랫동안, 얼마나 비슷하게 맞춰져 있었는지 알게 되었다. 그것은 나를 '트랙 위에' 붙들어둔 '궤도들'의 일부였다. 우리 모두에게 동일한 조건이지만, 우리가 점성학적인 패턴들을 뚫고나갈 필요가 있는 때가 오기 마련이다. '의식'으로 말이다. 나는 나에게 점성학적인 영향들이 조금씩 적어지고 있다는 것을 알아가고 있다. 전혀 없다는 것이 아니라, 전처럼은 크지 않다는 말이다. 한 점성가는 2010년 뉴욕의 타임스 스퀘어에서의 강연행사 날짜가 내가 그런 일을 하기에는 최악인 날이라고 했다. 하지만 행사는 아주 멋졌고, 청중도 아주 멋졌으며, 나는 절로 신바람이 났다.

충돌하는 우주

행성들은 전기력과 전자기력들로 궤도를 유지하지, '중력'으로 하는 것이 아니다. 이 힘들을 어지럽히거나 일그러뜨리는 것이 무엇일지라도 행성들이 '길을 잃게 해서' 엄청난 혼란과 어쩌면 재앙을 가져올 수 있다. 틀림없이 이런 일은 우주의 우리가 사는 이곳에서 많이 일어났었다. 태양계에는 은하계 전체에 영향을 미쳤던 한 번의 사건을 비롯해서 여러 번의 대격변의 사건들이 있었다. 우리 은하는 가장 가까운 거대한 이웃 은하인 안드로메다와

'충돌했던' 것으로 보이는데, 지금의 안드로메다는 분명히 맨눈으로 볼 수 있는 가장 먼 대상이다. 은하들이 충돌한다는 발상을 대부분의 사람들은 일축하겠지만, 1994년에 천문학자들은 '왜소은하'라고 부르는 은하가 지금 우리 은하와 충돌하고 있다는 사실을 알아냈다. 안드로메다와의 충돌은 인간이 기록한 그 어떤 '시간'보다도 더 오래된 일이고, 이 모든 일이 일어나기 전에 지구와 태양계는 지금 있는 곳에 있지도 않았다. 그때 일어난 일로 은하의 파형구조물은 균형을 잃었고 이 '게임'을 만든 창조자-의식은 '정화'와 '정리'를 시작했다. 세계들은 재건됐고 종들은 다시 씨 뿌려졌다. 이 일은 '물질적인' 방법들로가 아닌 정보구조물의 파형수준에서 '게임'을 다시 프로그래밍함으로써 이루어졌다. 파형현실들('우주인터넷')은 은하의 중심으로부터 송신되고 다른 범위들의 주파수와 동기화하는 수신자들이 그것을 '포착'한다. 태양들이 주요 '수신자들'과 '해독자들'이고, 이들의 방송은 행성, 사람, 동물, 식물들이 포착한다. 하나의 은하와 하나의 우주는 다른 모든 것들처럼 홀로그램상태로 관찰(해독)되어야 한다. 진동적인/전기적인 격변들은 목성과 토성 말고도 몇몇 '아웃사이더들'을 이 태양계로 갖다 놓았다. 이들은 행성들이 아니다. '갈색왜성'으로 알려진 한 형태의 별 또는 태양이다. 왜성들에는 많은 유형들이 있는데, 어떤 것들은 '빛을 내고' 또 어떤 것들은 그렇지 않다. 토성과 목성은 수소와 헬륨원소들로 이루어져 있다. 바로 태양처럼. 몇몇 과학자들은 갈색왜성들을 '실패한 별들'이라고 묘사했는데, 그들은 행성과 갖출 건 다 갖춘 태양 또는 별 사이, 일종의 중간범주에 있다고 할 수 있겠다. 나는 단순하게 하려고 그들을 '태양들'로 부를 텐데 행성보다는 태양에 훨씬 더 가깝기 때문이다. 갈색왜성들은 1995년에야 발견되었고 과학자들은 우리가 아는 별들만큼이나 많은 갈색왜성들이 있을 수도 있다고 했다. 그러므로 우리 가까이에 적어도 두 개가 있다는 것이 대수로운 일은 아니다. 과학자들과 천문학자들이 토성과 목성이 갈색왜성에 대한 그들의 기준에 딱 맞아 떨어지지는 않는다고 말하리라는 것을 알지만, 그들이 갈색왜성들의 존재를 확인한 것은 20년도 채 안 되었다. 그들이 지금 하는 것보다 더 많은 천체들을 아우르려면 자신들의 기준을 더 넓혀야만 할 것이다. 무엇보다 우주에 대한 우리 지식은 아직 젖먹이 수준임을 기억하는 것이 중요하다. 그리 멀지 않은 과거만 해도 과학자들과 천문학자들은 우리의 은하가 우주에서 유일한 은하라고 믿었었다. 천문학자 에드윈 허블이 이것이 터무니없이 잘못된 생각임을 보여준 것이 기껏해야 1920년대였다. 사람들은 전혀 사실이 아닌데도 자신들이 안정되고 변함없는 태양계를 보고 있다고 생각한다. 우주와 그 안의 모든 것들은 끊임없이 바뀌고 있다. 은하들은 왜소은하들을 끌어들이고 마침내는 자신의 은하계로 그들을 흡수한다. 두 개의 왜소은하들이 우리 은하를 돌고 있고 그 하나인 큰개자리 왜소은하의 중심은 우리 은하의 중심보다도 더 가까운 곳에 있다. 나는 오리온자리의 적색 초거성인 베텔게우스가 폭발해서 '초신성'이라고 하는 것이 될 예정이며 이것은 지구에서 두 번째 태양으로 보이게 될 거라는 보고들을 봤다. 《인간이여 일어나라》에서 나는 베텔게우스의 존재를 인간 역사에서 그것의 자리에 관한 줄루족Zulu의 전설들과 관련지어 이야기했다. 우주는 언제나 변천과 운동과 변화의 상태에 있다. 우리 태양계는 많은 대격변 사건들의 결과로 엮어진 뒤범벅 상태이다. 지구도 본래 '이쪽 동네' 출신이 아니다.

러시아계 미국인 학자 임마누엘 벨리코프스키Immanuel Velikovsky, 그리고 더 최근에는 미국 연구자 데이비드 탤봇이 비교적 최근 시기에 태양계에 무슨 일이 일어났는지 새로운 통찰들을 보여주었다. 탤봇은 고(故) 벨리코프스키의 선구적인 연구에서 영감을 받아 이 길로 접어들었다. 두 사람 다 과학적 연구와 세상 구석구석의 많고도 많은(이 주제를 다룬 책 한 권의 제목을 인용해 말하자면) '지구가 거의 죽을 뻔했을 때'에 대한 고대의 이야기들을 파헤쳐 나가는 일을 병행했다. 이들 대격변의 사건들 전에 태양계는 지금 우리가 아는 모습과는 사뭇 달랐다. 벨리코프스키는 1950년대에 시작해서 《충돌하는 우주Worlds in Collision》,《혼돈의 시대들Ages in Chaos》,《격변의 지구Earth in Upheaval》등 여러 권의 책들을 썼다. 그는 모든 것을 바르게 이해하지는 못했다. 누군들 안 그럴까? 하지만 나는 그의 주제들과 데이비드 탤봇의 주제들이 옳다고 확신한다. 내가 그런 일이 정확히 언제 일어났는지, 그리고 여러 구체적인 내용들에 동의하지 않을 수는 있겠지만, 어마어마하게 심각한 어떤 일이 일어났었다는 사실은 불을 보듯 명백하다. 지난 20여 년 동안 나는 이에 대해 글을 써왔고 또 이것은 1990년 베티 샤인을 만난 바로 뒤에 내게 전해졌던 첫 번째 주제 분야들 중 하나였다. 벨리코프스키는 60년 전의 선구적인 연구와 또 무자비한 조롱과 묵살 속에서도 그것을 지킨 것으로 마땅히 우리의 존경과 축하를 받을 만하다. 나는 그 느낌을 안다. 그의 연구의 구체적인 내용들을 반박하면서 수렁에 빠져들기보다는 나는 그 주제들만을 다뤄갈 참이다. 대격변들 이전의 화성, 금성, 목성, 토성은 지금보다 훨씬 더 가까웠고 지구 위의 사람들에게 그들은 거대한 천체들로 보였다. 토성은 태양이나 갈색왜성이었고 지금 우리가 보는 고리들은 없었다. 그 고리들이 어떻게 생겼는지에 대해서는 조금 뒤에 설명하겠다. 나는 오랫동안 '두 개의 태양'을 가진 태양계에 대한 많은 이야기들을 알게 되었는데, 알려진 태양계들의 80퍼센트 이상이 여러 개의 태양을 가졌다. 고대 그리스인들은 한때 지구에 두 개의 태양이 있었다고 했고, 그들에게는 '태양'을 가리키는 낱말이 두 가지였다. 테오스Theos와 헬리오스Helios가 그것으로 이들은 같은 천체를 말하는 것이 아니었다. 이런 개념은 일루미나티 내부자인 조지 루카스가 만든 영화 '스타워즈' 시리즈에 나왔다(그림 82). 나는《가장 큰 비밀The Biggest Secret》과 다른 책들에서 적어도 백인종 또는 코카서스인종의 많은 수가 역사적으로 화성과 관련이 있다는 점도 보여주었다. 많은 비밀 과학 프로그램들에서 일했던 한 '내부자'는 자신이 화성 지하에 있는

【그림 82】'스타워즈' 시리즈에서 떠오르는 두 개의 태양

【그림 83】 대격변들 이전의 태양계에서 토성, 금성, 화성이 지구에서 어떻게 보였는지에 대한 데이비드 탤봇의 견해

【그림 84】 데이비드 탤봇은 이 태양의 상징이 우리에게 익숙한 태양보다는 토성태양과 관련이 있다고 생각한다.

외계존재들의 기지에 갔었고 그들은 사실상 인간들과 똑같아 보였다고 내게 말했다. 그는 가까이서 봐야 작은 차이들이 보였다고 했다. 데이비드 탤봇의 연구는 금성, 지구, 화성, 목성, 토성이 함께 일직선으로 우리 태양의 주위를 돌았다는 결론을 내린다. 지구에서 보면 이것은 금성이 태양(토성태양)의 중심에 있는 듯이 보이게 했다(그림 83). 탤봇은 원의 중심에 훨씬 더 작은 원이 있는 고대의 태양 상징이 여기서 나왔다고 생각한다(그림 84). 그는 지구에서 봤을 때 화성은 금성의 중심에 있는 것으로 보였고 목성은 토성에 가려져 있었다고 말한다. 탤봇은 자신의 생각들을 간추린 '세상의 끝을 기억하다 Remembering the End of the World'라는 DVD를 만들었고 이것은 www.thunderbolts.info 에서 구할 수 있다. 이것이 만들어지고 나서 그의 관심사가 바뀌어서 우주의 전기적인 본질을 연구하기 시작했지만, 바탕이 되는 주제들은 다 거기 있다. 지구 쪽에서 보면 토성은 움직이지 않아 보였고 따라서 '불변의 존재Steadfast One'라 불렀다. 탤봇은 화성이 일직선으로 지구와 더 가까워졌다가 다시 멀어지게 한 어떤 일이 일어났었다고 말한다. 결국 화성은 지구에 아주 가깝게 다가와서 지구와 엄청난 전기방전을 주고받았다. 고대의 신화와 전설에 널리 기록된 신들의 벼락불이었던 것이다(그림 85). 화성은 영원히 '전쟁의 신'으로 알려지게 되었다. 전자기적인 안정상태는 이제 전자기적인 혼돈상태가 되었고 금성, 화성, 목성과 토성은

【그림 85】 지구와 화성 사이의 '신들의 벼락불'을 묘사한 닐 헤이그의 작품

제 갈 길들을 갔다. 금성은 '긴 머리카락'을 가진 혜성과도 같은 천체로 기록되어 있는데, 이것은 제멋대로가 되어버린 금성과 플라스마장 사이의 전기적 상호작용의 결과다. 그림 86과 같은 고대 이집트의 이미지가 하늘에서 보았던 모습을 상징화했을 가능성은 다분하다.

'추락'한 지구

지구도 마찬가지로 엄청난 충격을 받았고, 이 모든 일들은 온 세상의 고대신화들과 전설들에 기록되어 있다. 대격변 이전의 시간은 불화나 전쟁, 시간과 계절도 없었던 조화로운 '황금시대'로 묘사되어있다. 풍요가 끊이지 않는 영원한 봄날과 같았다. 많은 전설들은 대서양과 태평양에 있던 거대한 대륙들인 아틀란티스와 무 또는 레무리아를 이야기하는데 이들은 어마어마한 지질학적 격변들의 와중에 바다 밑으로 가라앉았고 태평양의 제도들과 오스트레일리아의 커다란 땅덩어리 같은 자투리들만을 남겼다. 지질학적, 생물학적 기록으로 보아 오늘날 우리가 상상할 수조차 없는 규모의 지진과 화

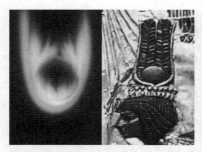

【그림 86】 금성의 대기권과 상호작용하는 전 기우주와 투탕카멘의 왕좌에 있는 앙크수나문 (Ankhsunamun)의 '혜성왕관'의 묘사

산폭발과 해일이 있었다는 점은 틀림 없다. 이 사건이 일어났다고 거듭 주 장되는 시대는 11,500~13,000년 전이 지만, 한 차례이기보다는 훨씬 더 많은 지구대격변이 있었다. 성서에 나오는 '대홍수' 이야기는 다른 이름의 영웅들 과 신들을 주인공으로 온 세상에서 되 풀이되고 있고, 노아의 이야기는 지금

의 이라크인 고대 수메르와 바빌론의 훨씬 오래된 이야기들을 고쳐 쓴 것이 다. 수메르판 이야기에서는 외계에서 온 '신들'인 아눈나Anunna 또는 아눈나 키Anunnaki들이 인류를 파괴하기로 결정했지만, 그들 중 하나인 엔키Enki가 제 사장왕인 지우수드라Ziusudra에게 다가오는 홍수를 경고해줬다고 한다. 엔키 는 지우수드라에게 커다란 배를 만들고 '짐승들과 새들'을 태우라고 했다. 같은 이야기가 나중에 바빌론에 전해졌고, 여기서의 '노아'는 아트라하시스 Atrahasis라고 불렸다. 이 대홍수이야기는 이집트, 아시리아, 칼데아, 그리스, 아카디아, 로마, 스칸디나비아, 독일, 리투아니아, 트란실바니아, 터키, 페르 시아, 중국, 뉴질랜드, 시베리아, 미얀마, 한국, 대만, 필리핀, 수마트라, 이슬 람과 켈트족의 구비설화, 그리고 북아메리카, 남아메리카, 중앙아메리카, 아 프리카, 아시아, 오스트레일리아와 태평양의 원주민들에게서도 찾아볼 수 있다. 그들은 바다를 끓어오르게 한 엄청난 열, 불을 뿜는 산들, 해와 달이 사라져버리고 이를 뒤따른 어둠, 비가 되어 내리는 피와 얼음과 바위, 뒤집 어진 땅, 떨어진 하늘, 솟아오르고 꺼진 땅, 대륙의 상실, 빙하시대의 도래를 이야기한다. 거의 모든 이야기에서 지구를 휩쓴 물의 벽, 곧 어마어마한 해 일에 대해 말한다. 아주 오래 전에 나는 앨런D. S. Allan과 드레어J. B. Delair라는 두 연구자들이 쓴《지구가 거의 죽을 뻔했을 때When The Earth Nearly Died》를 읽 었다. 그들은 고대로부터 전해지는 이야기들과 생물학적/지질학적 기록을

비교했는데 이것들은 서로를 뒷받침하고 확인해주었다. 앤서니 페럿Anthony L. Peratt은 고에너지 플라스마 방전분야를 이끌어가는 세계적인 과학자 중 한 명이다. 그는 위에 적은 사건들로 만들어졌을 플라스마 방전들을 실험실에서 재현한 것과 온 세상 구석구석의 거의 모든 인종들이 기록한 동굴벽화들 또는 암면조각들과 비교해보고는 놀라운 발견을 했다. '쪼그리고 있는 사람 Squatter Man' 또는 '막대기사람Stick Man'의 이미지와 어떤 형태의 플라스마 방전이 하늘에서 어떻게 보였을까를 비교해보면 문제가 풀려버린다. 이 책에 둘을 비교한 그림을 넣고 싶었지만, 앤서니 페럿의 허락을 얻지 못했다. 대신, 구글 이미지 검색창에 'Plasma Squatter Man'을 쳐보면 거기서 볼 수 있다.

대부분의 사람들은 놀라운 사건들이 비교적 최근에 일어났다는 사실을 알지 못한다. 아조레스 제도의 섬들은 대서양중앙해령에 있는데, 이 해령은 40,000마일(64,372킬로미터)의 거리로 이어지는 단층선에 연결되어있다. 이것은 가장 최근에 항공교통이 대혼란에 빠졌던 아이슬란드에서와 같은 지진과 화산활동들이 가장 활발한 지역들 중 하나다. 유라시아, 아프리카, 북미, 카리브 지각판들이 여기서 만나기 때문에 극도로 불안정적일 수 있다. 몇몇 사람들은 아조레스 제도가 아틀란티스의 남은 부분이라고 말하고, 고대 그리스의 철학자 플라톤(427-347 BC)은 저술에서 아틀란티스의 종말이 11,000년 전쯤이었다고 제시한 것으로 보인다. 현무암 용암은 바닷물에서 분해되는데 15,000년이 걸리지만, 지금도 아조레스 제도 주위의 해저에서 발견된다. 깊이 3,200~5,620미터에 쌓인 해변모래들은 이 지역의 해저가 지질학적으로는 최근의 시기에 해수면보다 높았음이 틀림없다는 점을 보여준다. 해양학자 모리스 이윙Maurice Ewing은 〈내셔널지오그래픽〉에 이렇게 썼다. '땅이 2~3마일(약 3,200~4,800미터) 가라앉았거나, 아니면 한때 바다가 지금보다 2~3마일 낮았음이 분명하다. 결론을 어떻게 내리든, 이것은 아주 놀라운 일이다.' 오늘날의 유럽, 북아메리카, 아이슬란드, 그린란드를 잇는 애팔래치아 땅덩어리는 아조레스 제도 주위에서의 대격변들과 같은 시기에 무너진 듯하다. 히말라야, 알프스와 안데스는 11,000∼13,000년 전쯤에야 지금의 높이가 되었다. 페루와 볼리비아의 접경지에 있는 티티카카 호수는 지금 해발 3,810미터의 세상에서 배가 다닐 수 있는 가장 높은 호수라고 말들을 하지만, 13,000년쯤 전에는 그 지역의 많은 부분이 해수면 높이였다. 물고기화석들이 산맥 높은 곳에서 발견되는 것은 산들이 쪼개지고 다른 산들이 땅에서 솟아나온다는 전설들을 뒷받침한다. 애리조나 주의 그랜드캐니언을 콜로라도 강물이 깎아놓았다고 진지하게 믿는 사람이 지금도 있을까? 그랜드캐니언의 언저리에 서서 저 멀리에 아주 작은 강이 흐르는 모습을 내려다본다면 그런 생각에 웃음이 날 것이다. 나는 그곳에 몇 번 갔었는데 아직도 웃음이 나온다. 얼마나 어처구니없는가? 편하게 말해 엄청난 해일이 지구표면에 평방인치당 2톤의 압력을 만들어냈을 게다. 오늘날 인조석을 만드는 그런 압력으로 말이다. 이것은 몇 시간 만에 사물들을 화석으로 만들고 산들이 솟아나게 했을 것이다. 이것은 온전한 나무들이 화석화된 채로 발견된 이유를 설명해준다. 놀랄 만큼 빠르게 이루어지지 않았다면 이런 일은 결코 일어날 수 없었다. 지구의 일부분들은 그 즉시 얼어붙었고, 얼음 속에서 먹이를 먹고 있는 매머드들이 선 채로 발견되었는데 위에는 아직 소화되지 않은 음식물이 있었다. 지상에 분포되어 있는 성분이 뒤섞여 있는 바위들과 돌들은 지구적인 해일의 결과이다. 또한 식물학자인 니콜라이 이바노비치 바빌로프Nikolai Ivanovich Vavilov가 50,000종이 넘는 야생식물들을 연구하고서 그것들이 겨우 여덟 곳의 서로 다른 지역들에서(모두 산들의 높은 곳이다) 기원했다는 것을 알아낸 것도 이것으로 설명이 된다. 플라톤은 저지대들이 홍수에 잠긴 뒤로 높은 고도의 지역들에서 농업이 시작되었다고 적었다. 서로 뒷받침해주는 이런 모든 이야기들이 그 공통주제들과 함께 원시인들의 소설쯤으로 폄하되어버렸지만, 지질학적 그리고 생물학적 기록이 그들에 더욱더 많은 신빙성을 주면서 이제는 훨씬 더 진지하게 받아들여지고 있다. 전기적인/플라스마 우주에 대한 이해가 생겨나오면서 더 많은 지지 또한 받고 있다. 천체들의 안정된 궤도를 지켜주는 전자기적인 힘들의 균형을 무언가가 심각하게 일그러뜨린다면 그 천체들은 제 맘대로 길을 가버릴 것임을 알 수 있다.

지구가 회복하는 데는 오랜 시간이 걸렸고, 그 뒤로 이곳의 생명은 '물질적' 또는 홀로그램적 의미에서만 아니라 그 이상의 의미에서 결코 같지가 않았다. 우리가 경험하는 현실의 바탕이 되는 구조물은 파형정보이며, 일어났던 일들은 우주에서 우리가 있는 곳의 파형정보구조에 심각한 왜곡(또는 내가 '분열'이라 부르는 것)을 일으켰다. 인간의 마음은 이 정보 원천에 이어져 있으므로 '분열' 역시 인류의 정신적 정서적 균형에 영향을 미쳤다. 이것은 오늘날 사람들이 자신과 삶을 보는 방식과 상대를 보는 방식의 왜곡들로 이어진다. 시간이 존재하지 않았던 황금시대는 끝났다. 우리가 아는 시간은 앞으로 설명하게 될 조작을 거쳐 이제 인간의 지각을 가둬두려는 조작된 개념이다. 황금시대에는 듣도 보도 못했던 증오와 탐욕 같은 감정들이 세상에 생겨났다. 살아남은 소수의 인간들과 그 뒤를 이은 인간들은 무지와 억압의 깜깜하고 잔인한 시대로 던져졌다. 하지만 우리에겐 이로부터 솟아오를 기회 또한 있다.

우리 옆에 그들이 산다!

이제 우리는 정말로 마음이 열린 사람들만 갈 수 있는 영역으로 들어가고 있다. 앞에서 말한 우주적인 대격변 이야기에서 우리는 이미 그런 영역을 다녀왔지만, 만일 그것이 괴상하고 도무지 믿기지 않는다고 생각되거든, '매트릭스' 영화에서 그 친구가 했던 말을 들어보라. "안전띠를 매라고 도로시, 캔자스에 작별을 고해야 되니까('오즈의 마법사'에서 도로시가 고향인 캔자스를 떠나 '이상한 나라'로 들어갔던 내용을 빗댄 것. 캔자스는 거짓 현실을 뜻한다-옮긴이)." 영화에서 실제 현실에 들어온 니오에게 사이퍼가 했던 말이다.

지구는 대대적으로 파괴되었으며, 인류의 대부분은 사라졌고, 모든 것들을 다시 시작해야 했다. 사람들이 '진화'라고 부르는 것에 들어있는 생각은 한 종이 무지에서 훨씬 더 큰 앎과 잠재력으로 끊임없이 나아간다는 뜻을 내포한다. 하지만 현실에서는 그것이 사실이 아니다. 지구는 주류 과학이 인식하는 인류의 역사보다도 훨씬 더 오래된 세월(해독된 '시간') 동안 왔다가 떠난 셀 수 없이 많은 문명들의 집이 되어왔다. 미국의 작가이자 연구자인 마이클 크레모Michael Cremo는 공식판 역사가 말하는 인류의 기원 이전에 인간이 있었다는 증거를 오랜 시간 연구해왔다. 그는 교과서들에는 결코 실리지 않았던 수백만 년 전의 인간 뼈와 인공물들을 다룬 수십 편의 원본 과학보고서들을 읽고서 연구를 시작하게 되었다고 했다. 지구에 존재했던 몇몇 문명들은 지금의 우리보다 훨씬 더 진보했고 또 다른 문명들은 지극히 원시적이었다. 모터사이클 경주에서 '스로틀throttle(속도조절기)은 양방향으로 간다'고 하는 말이 있는데 '진화'에도 적용될 수 있다. 진보한 사람들도 내가 이야기하고 있는 유형의 사건들이 덮칠 때 한 순간에 원시적으로 될 수 있다. 대지진이나 허리케인 카트리나 같은 재앙들의 여파가 어떤지를 보라. 구조팀들이 도착해서 재건을 시작할 때까지 '현대세계'는 일시적으로 끝난다. 같은 일이 온 세상에 일어나서 그곳에 구조대원들이나 재건작업이 없다면 어떻게 될까? 나는 《인간이여 일어나라》에서 살아남은 사람들은 곧장 서로 치열하게 경쟁하고, 자기 먹고 살기에만 정신 팔며, 음식과 피난처와 온기를 찾아 난투극을 벌이게 될 거라고 강조했었다. 오늘날의 기술 문명에 대한 기억들은 행성이 회복되는 데 걸리는 수천 년의 세월 동안 어느새 희미해질 것이고, 그것이 있었다는 사실은 공상과 상상의 산물들로 치부될 신화나 전설로만 보존될 것이다. 그들은 오래 전의 여기 지구에 그런 세상이 있었을 수도 있다는 생각 자체를 비웃을 것이다. 그들은 한때 비행기를 만들어서 우주로 나가는 것은 고사하고 날기라도 할 수 있다는 생각에 코웃음 쳤던 "우리가 할 수 없다면 그건 가능하지 않아" 하는 사고방식을 선택할 것이다. 우리는 황금시대 대격변의 종말과 또 그것이 있었다가 끝났다는 것을 말해주는 전설들과 신화들의 역사를 거친 변천에서 바로 그런 시나리오를 보고 있다. 내가 보기로는 인간의식이 확장되었던 진짜황금시대는 200,000년 전(우리가 '시간'을 해독하기로는)보다 훨씬 이전에 끝났다. 몇몇 황금시대의 신화들이 이야기하고 있는 것이 바로 이 시기다. 반면 그 시대가 어마어마한 지질학적 사건들 속에서 끝나버린 다음에 지금으로부터 훨씬 더 가까운 과거에 있었던 '황금시대' 비슷한 시대를 이야기하는 것들도 있다. 나는 뜻을 분명히 하려고 그 이전의 시기를 '진짜황금시대'라고 부르려 한다.

자, 내 책들 가운데 이 책을 처음 읽고 있다면 이제 숨을 깊이 들이쉴 시간이다. 인류는 대격변이 일어나기 전에 아주 오랜 세월 동안 인간이 아닌 종족들과 교류해오고 있었다. 일부는 우호적이었고 다른 일부는 그렇지 않았는데, 후자가 결국 지구를 손에 넣었다. 이 '신들'이 어떤 식으로 대격변을 일으켰다고 말하는 설명들이 있다. 신들이(일신교 종교들에서는 유일신 '하느님'이) 인류를 쓸어버리고 다시 시작하기로 결정했을 때의 대홍수 이야기들이 바로 그것이다. 아눈나 또는 아눈나키가 인류를 파괴하기로 결정했지만, 엔키라고 하는 그들 중 하나가 제사장왕인 지우수드라에게 다가오는 홍수를 경고해주고 어서 서둘러서 배를 마련하라고 말해주었다는 수메르판 이야기는 이미 언급했었다. 창세기판에서는 하느님이 노아에게 이렇게 말했다. "땅이 사람들 때문에 생긴 폭력으로 가득하니 이제 모든 사람들을 끝낼 것이라. 기어이 그들과 땅을 모두 쓸어버릴지니 …… 홍수로 땅을 쓸어 하늘 아래 모든 생명, 숨 쉬는 모든 것들을 파괴하리라. 땅위의 모든 것들이 사라질지라." 멋지십니다, 하느님! 아눈나키의 수메르 이야기에는 '신들'에 저항하고 그들의 욕망에 반기를 든 반란이 있은 뒤로 인류가 표적이 되었다는 암시들이 있다. 나는 이 '신들'이 파충류 모습을 한 집단이 지배하는 비인간 종족들의 동맹이었다고 말하지만, 여기에는 개미머리처럼 생긴 '그레이Greys'로 알려진 종족과 거의 인간처럼 생긴 일부 종족도 포함된다. 다른 존재들도 충분히 있을 법하고, 그래서 나는 그들을 비늘로 뒤덮인 녀석들이 앞장서 있는 '렙틸리언 동맹Reptilian Alliance'이라고 부를 것이다. 미친 소리로 들리겠지만, 굳어버린 좌뇌형 마음에게는 일상적인 '규준들'을 벗어난 거의 모든 것들이 '공상적인', '터무니없는', 그리고 '있을 수 없는' 것으로 보인다. 그런데 정말로 이것이 그렇게도 '공상적'일까? 동물들, 곤충들, 바다생물들과 흔히 말하는 자연에 있는 놀랍도록 다양한 형태들을 보라. 그리고 인간의 다양한 형태들을 보라. 흑인, 황인, 백인들을. 또 극동의 누군가를. 이런 차이는 한 행성에서, 그것도 우리가 '볼 수' 있는 믿기 어렵도록 좁은 대역의 주파수들, 곧 가시광선 안에 존재하는 것일 뿐임을 기억하라. 그 너머의 무한성에는 도대체 어떤 다양한 형태들이 있을까? 이런 관점에서 볼 때 파충류의 유전특질을 거쳐 발현된 지적인 생명이 존재하지 않는다고 한다면 그것이 더 '공상적일' 것이다. 고대 메소포타미아의 점토판들에는 아눈나키가 수십만 년 전에 왔다고 되어있다. 그들은 내가 '진짜황금시대'라고 하는 것을 끝장내버리고 지구인들을 노예종족으로 바꿔놓았다. 렙틸리언 동맹(아눈나키)은 그 뒤로 인간들이 순종하는 노예이기를 거부할 때 그들의 유전 프로그램들을 지우려고 정기적으로 지구대격변을 일으켰다. 그들은 필요하다면 '업그레이드된' 인간 몸-컴퓨터시스템을 다시 시작한다. 업그레이드된다는 것은 더 통제하기 쉽다는 뜻이다. 렙틸리언들이 정확히 언제 왔는지는 분명하지 않지만 200,000년 전과 35,000년 전에 인간의 유전특질에 커다랗고 갑작스런 변화들이 있었다는 점은 틀림없다. 그들은 같은 일을 지금 다시 하려고 계획하고 있고 우리는 어떤 일이 일어나고 있는지에 서둘러서 마음을 열어야 한다. 몇몇 사람들은 렙틸리언들이 이곳에 겨우 몇 천 년 동안 있어왔다고 하지만, 나는 약간 성격은 다를지라도 그보다는 훨씬, 훨씬 더 오래 전이라고 생각한다. 렙틸리언들은 오리온자리, 용자리와 관련이 있는 것으로 보이지만, 우리가 그들을 꼭 지각할 수 있는 것도 아니고 그들이 꼭 가시광선의 주파수범위에만 있지도 않다. 행성들과 별들은 다른 모든 것들처럼 다차원적이며 우리가 '보는' 주파수범위와는 사뭇 다른 천체들, 별자리들, 그리고 은하들의 차원들이 있다. 토성과 지구의 '달'은 이 이야기의 핵심에 있고 다음 장에서 이것을 다루도록 하겠다. 1990년대 중반을 넘어서면서, 나는 전 세계에서 동시다발적으로 파충류 존재들과의 만남을 증언하는 사람들을 만났다. 초기에 나는 여기저기서 이 주제에 대해 소개받았고 그것이 나를 어디로 데려갈지를 지켜보려고 뒤로 미뤄두었다. 나는 들은 것을 곧바로 떠들어대지 않는다. 이 이야기는 분명 아주 해괴하게 들려서 그것을 추적하기 전에 더 많은 이야기들을 들어볼 필요가 있었다. 1997년에 미국의 이곳저곳을 여행하면서 순회강연을 했던 15일 동안, 그에 관한 정보가 넘쳐났다. 뭐, 그

【그림 87】 탈바꿈에 물질적인 변화가 없는 것은 물질적인 것이란 없기 때문이다. 그것은 모두 관찰자의 마음에서 일어난다.

런 종류의 여행이었다는 얘기다. 사실 청중은 그리 많지 않았다. 하지만 나는 그 15일 동안 서로 무관한 12명의 사람들에게서 파충류 종족의 존재에 대한 이야기를 들었다. 그들 중 몇몇은 인간에서 파충류 모습으로 '탈바꿈'했다가 다시 돌아오는 사람들(다는 아니지만 보통 권력을 가진 지위에 있는)을 봤다고 했다. 이것이 '물질적인' 탈바꿈이 아님을 기억하기 바란다. '물질적인' 것은 없다. 그것은 파형의 에너지적인 탈바꿈이며, '물질적인 탈바꿈'으로 보이는 것은 관찰자 마음의 해독과정에서만 일어난다(그림 87). 두 개의 정보장들이 변해서 하나의 다른 홀로그램이 관찰자에게 해독될 때, 누군가가 물질적인 모습을 바꾸고 있다는 환영으로 나타나는 것이다. 나는 다른 책들에서 미국에서의 강연 15일 뒤에 '렙틸리언들'에 관한 정보가 어떻게 내게 오기 시작했는지 자세하게 설명했다. 더 자세한 내용은 《매트릭스의 아이들Children of the Matrix》, 《시간의 고리 이야기》와 두 권의 대작 《데이비드 아이크의 세계 음모 가이드The David Icke Guide to the Global Conspiracy》, 《인간이여 일어나라》를 참고하기 바란다. 이 책은 지금 "무슨 일이 일어나고 있는가?"라고 묻는 사람들에게 기본적인 이야기의 윤곽을 보여주려고 쓰고 있다. 하지만 당신이 더 깊이 들어가 보길 원한다면 아주 자세한 글들을 볼 수 있을 것이다.

렙틸리언, 고대와 현대의 증언들

1998년 《가장 큰 비밀》에서 렙틸리언 이야기를 처음으로 공개했을 때 나는 남아프리카 줄루족의 주술사 또는 '사누시Sanusi'라 불리는 크레도 무트와 Credo Mutwa를 만났다. 그는 줄루족 전설에 나오는 '뱀의 자식들' 또는 '비단 뱀의 자식들'인 '치타우리Chitauri'에 관한 많은 정보들을 주었다. 이들이 내가

'렙틸리언들'이라고 부르는 것들이다. 크레 도는 훌륭한 친구가 되었다. 이 글을 쓰는 지금 그는 90번째 생일을 막 넘겼는데, 얼마 나 놀라운 사람인지 모른다. 크레도는 모든 이들에게 강인함과 어떤 역경에도 포기하 지 않는 끈기의 본보기가 되는 사람이다(그 림 88). 그는 로스차일드가의 앞잡이인 세실

【그림 88】위대한 크레도 무트와

로데스Cecil Rhodes 같은 사람들이 이끈 유럽의 침략이 있던 시기에 어떻게 아 프리카의 사악한 비밀결사들이 만들어졌는지를 말해주었는데, 로데스는 자 기 주인들을 위해 금광과 다이아몬드광산들을 세웠다. 지금의 짐바브웨와 잠비아인 로디지아는 그의 이름을 딴 것이다. 크레도는 로데스와 같은 영국 식민주의자들이 세대를 거쳐 전해 내려온 아프리카의 지식과 인간역사의 버전을 말살하려 했다고 말했다. 그들은 이것을 아프리카의 믿음들과 역사 를 악마화했던 기독교의 도그마로 교체하기 시작했다. 이런 일은 영국의 식 민주의 확장 등과 함께 온 세계에서 일어났다. 고대의 이야기들, 전설들, 신 화들을 지워버리고, 정말로 있었던 일들을 억누르고, 따라서 어떤 일이 일어 나고 있는지를 은폐할 가짜 역사를 강요하려는 것이었다. 그 지식을 남기려 고 비밀결사들이 아프리카에 만들어졌고, 크레도는 60년도 훨씬 전에 그 일 부를 전수받았다. 그가 여러 아프리카 언어들에서 다르게 발음하는 '치타우 리'란 말을 처음 들은 것이 그때였다. 치타우리가 지구를 장악한 일에 대해 그가 내게 해준 이야기는 그 무렵 내가 전 세계의 사람들, 고대와 현대의 자 료들, 그리고 자기 집단의 어젠다에 동의하지 않는 일루미나티 내부자들(자 신의 뜻과는 상관없이 '내부'에서 일하는 많은 사람들이 있다)로부터 모았던 증언 들을 확인하고 뒷받침해주었다. 어디에서 나온 것이든 간에 렙틸리언 종족 에 대한 설득력 있는 공통주제들이 거기 있었다.

크레도는 그것이 도난당한 이후, '수수께끼의 목걸이'라고 불리는 믿기 어

【그림 89】 수수께끼의 목걸이

【그림 90】 인간 여성과 비인간 남성, 6각별(토성), '모든 것을 보는 눈', 그리고 오리온자리가 들어있는 손바닥의 무더기 상징들

려운 고대의 공예품 하나를 보여주었는데, 이것은 500여 년 전의 것이라고 추정되지만 크레도는 적어도 그보다 500년은 더 된 것이라고 본다(그림 89와 90). 이 '목걸이'는 목에 걸치기엔 굉장히 무겁다. 그는 이것이 오래가도록 만들어졌다고 했는데, 이것을 만든 이들은 목걸이가 상징하는 지식이 될수록 오래 남기를 바랐을 것이다. 커다란 상징들이 큰 구리 고리에 달려있어, 렙틸리언의 '납치' 이후의 아프리카와 인간역사의 이야기를 말해준다. 손 위의 상징은 다른 상징들과 겹쳐져 있는데, 예컨대 오리온자리와 6각별 또는 '다윗의 별'이 그것이다. 이 별은 로스차일드의 기반인 이스라엘의 국기에서 보는 로스차일드가의 상징이자 토성의 상징이기도 하다. 눈도 하나 있

【그림 91】 달러화와 미합중국 국새 뒷면에 있는 '모든 것을 보는 눈'의 일루미나티 상징

는데 고대인들이 '지켜보는 자들Watchers'이라고 불렀던 비인간 존재들의 상징이다. 우리는 이러한 것들을 전 세계에서 찾아볼 수 있다. 눈 또는 '모든 것을 보는 눈all seeing eye'은 일루미나티 혈통들의 중요한 상징이다. 달러화와 1782년에 공개적으로 처음 등장했던 미합중국 국새의 뒷면에도 나온다(그림 91). 이것은 미국독립전쟁 배후의 프리메이슨 비밀집단이 도안했다. 목걸이에는 치

타우리가 '모선'에서 지구로 올 때 사용했던 우주선이라고 하는 비행접시 형태의 상징도 있다. 알면 알수록 나는 이것이 원래는 토성을 상징화한 것일 수도 있다는 느낌이 더 많이 든다(다음 장에서 자세히 얘기할 것이다). 토성도 눈으로 상징화되었다. 나는 1610년에 갈릴레오가 망원경으로 보기 전까지는 토성의 고리가 공식적으로 발견되지 않았다는 걸 알지만, 고대의 지식, 신화, 전설이 흔히 과학적 발견을 훨씬 앞서간다는 점을 지금은 잘 알고 있다. 목걸이 앞쪽의 두 인물은 인간의 여성과 치타우리 파충류 남성을 나타낸다. 뭐, 그가 남성이라는 건 누가 봐도 확실하다. 이것은 치타우리와 인간의 이종교배를 상징하는데, 조금 있다가 이에 대해 이야기를 풀어나가겠다. 남근은 구리로 되어있지만, 도난당하기 전에는 금이었다. 이것은 이집트 신 오시리스의 금으로 된 남근에 관한 고대 이집트신화와 같은 이야기다. 비슷한 버전의 이야기가 바빌론과 그 밖의 곳들에서도 전해진다. 고대세상을 통틀어 다른 지역에서 다른 이름을 사용한 공통적인 이야기들을 찾아내게 된다. 금으로 된 남근은 렙틸리언들이 자신들을 '슈

퍼종자super seed'라고 믿는 것을 상징한다. 일루미나티 혈통의 또 하나의 중요한 상징인 불 밝힌 횃불도 그렇다. 크레도는 치타우리 남성은 파충류처럼 보이지 않는다고 했는데, 이것은 사람들이 그들을 생긴 그대로 묘사하지 말라는 지시를 들었기 때문이다. 그들의 이미지 다수가 주로 상징적인 것은 이런 이유 때문이다. 그들은 분명히 인간이 아닌 모습으로 묘사되고, 많은 문화들에서 파충류 모습으로 표현된 것들을 볼 수 있지만, 그들의 진짜 모습대로는 그려지지 않았다(그림 92). 그림 93은 크레도가 고대와 현

【그림 92】 우바이드(Ubaid)기(대략 6500~3800 BC)의 무덤들에서 찾아낸 파충류 모자(母子)의 조각상으로 메소포타미아의 수메르 것보다 앞선 것이다. 아기가 '새로운' 인류를 상징했던 것일까?

【그림 93-94】 크레도 무트와가 고대와 현대에 묘사된 것들 가운데 하나를 그린 렙틸리언 남성 일꾼 하나. 2009년 브라질에서 로버트 리모스가 그린 두 렙틸리언들(www.robertllimos.es).

대의 렙틸리언/치타우리의 한 종(많은 종이 있다)을 그린 것이다. 그 옆의 뚜렷하게 비슷해 보이는 그림은 내가 2010년 스페인 바르셀로나에서 강연할 때 만났던 스페인 화가 로버트 리모스Robert Llimos가 훨씬 최근에 그린 것이다(그림 94). 로버트는 2009년 여자 친구가 사는 브라질을 여행하던 중 풍경을 그리려고 혼자서 교외로 나갔다. 로버트는 그 전에는 이런 정보에 전혀 관심이 없었고, 내가 이야기하던 내용은 말할 것도 없이 나라는 사람이 있다는 것도 몰랐다. 하지만 그의 경험은 그 모든 것을 바꿔놓아 버렸다. 그가 교외에서 이젤과 붓을 가지고 그림을 그리고 있을 때, 너비가 50미터쯤 되는 우주선이 그의 앞쪽으로 내려와서 두 시간을 머물렀다고 했다(그림 95). 로버트는 내게 자신이 그 우주선에 탔었는지는 모르겠지만 기억이 전혀 나지 않는다고 했다. 그는 두 명의 파충류형 인물들이 하나만 열려있는 창문에서 그를 보고 있는 동안 그 모습을 그렸다. 좌뇌형

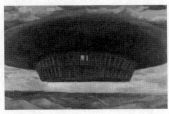

【그림 95】 브라질의 교외에서 로버트 리모스에게 나타난 우주선

대중매체와(당연히) 대중들은 내가 렙틸리언의 인간사회 조작에 관해 이야기하고 글을 쓰기 시작했을 때 아주 웃긴다고 생각했지만, 그때나 지금이나 나는 조금도 아랑곳하지 않는다. 맘대로 조롱하고 비웃어보라.

이 존재들은 실재하고 또 근본적으로 인간의 삶에 영향을 미치고 있다. 나는 다른 책들에서 어마어마한 분량의 자세한 정보와 증거들을 내놓았지만, 사람들이 그것을 받아들이려고 하지 않거나 그럴 수 있겠다는 생각이라도 하지 않는다면, 글쎄다, 그렇다면 열린 마음이라도 가져야 할 것이다. 내게는 다 같은 것이다. 나는 은폐되고 통제된 정보를 전하고 있는 것이지, 무엇을 믿으라고 말하는 게 아니다.

뱀 숭배의 역사

알려진 가장 오래된 형태의 종교적 숭배는 뱀에 대한 숭배다. 노르웨이 오슬로대학교의 고고학자인 쉬일라 코울슨Sheila Coulson은 남아프리카 칼라하리 사막의 초딜로 언덕에서 70,000년 전에 있었던 비단뱀 숭배의 증거를 기록했다. 이곳은 지금까지 알려진 세상에서 가장 많은 암석그림들이 모여 있는 곳이다. '부시맨'으로도 알려진 고대 샌족San 사람들의 신화는 거대한 비단뱀이 '알주머니'를 가지고 와서 인간을 창조한 곳이 초딜로 언덕이라고 말한다. 줄루족 주술사 크레도 무트와는 '아프리카'가 고대의 낱말 '와피리카Wafirika'에서 나왔다고 말해주었다. 이것은 '땅 위의 첫 사람들' 또는 '첫 사람들이 여기에'라는 뜻이다. '줄루'라는 낱말 자체는 '별들에서 온 사람들'이라는 뜻이다. 그들은 지구 밖에서 온 한 종족이 자기들을 씨 뿌렸다고 말한다. 하와이대학교 유전학 조교수인 레베카 캔Rebecca Cann은 1987년 〈네이처〉지에 공동 집필한 논문을 실었는데, 여기서 현대의 모든 인간들은 기원전 200,000년쯤에 아프리카에서 살았던 한 어머니로부터 유래되었다는 의견을 내놓았다. 캔은 이것이 모계를 거쳐 물려지는 미토콘드리아 DNA로 연결되었다고 했다. 인간의 뇌 용량은 수백만 년 동안 빠른 속도로 점점 커진 듯 보이지만, 이것은 200,000년쯤 전에 갑자기 멈춰서 거꾸로 갔다. 메소포타미아에서의 아눈나키에 대한 설명들은 200,000년보다 더 오래전에 인간들이 반란을 일으켰고 그들은 더 쉽게 통제되는 '새로운 인간'을 만들기로 결정했다고 말한다. 레버렌드 존 바터스트 딘Reverend John Bathurst Deane이라는 사람이 1930년대에 전 세계의 뱀 숭배 역사를 다룬 연구를 펴냈다. 그는 지금의 이라크(내가 말하고 있는 이야기에서 아주 중요한 땅이다)인 수메르와 바빌론까지 그 기원을 추적했다. 이곳은 메소포타미아로도 알려져 있다. 레버렌드 딘은 뱀 숭배가 이 지역으로부터 나와서 이집트, 페르시아, 소아시아(지금의 터키), 페키니아, 아라비아와 중동, 인도와 아시아, 중국, 일본, 에티오피아와 아프리카의 나머지, 멕시코, 영국, 스칸디나비아, 이탈리아, 그리스, 크레타, 로도스, 사이프러스, 스리랑카, 북유럽과 서유럽, 그리고 북아메리카, 남아메리카와 중앙아메리카로 퍼져나갔다는 것을 도표로 만들었다. 뭐, 사실상 모든 곳으로다. 지금의 멕시코인 마야의 사람들은 그들의 조상들이 '뱀의 사람들'이었다고 말한다. 그들은 하늘에서 와서 자신들의 문명을 차지하고 인간제물을 요구했던 파충류 종족을 이야기했다. 인간제물은 공통된 대목이다. 파충류 종족과 그들의 다른 비인간 패거리들을 '신들'로 여겼던 것은 그들의 기술적인 능력 때문이었다. 미국의 호피족Hopi은 종족의 여성들과 교배했던 '뱀 형제들', '하늘의 신들'을 이야기한다. 인도인들은 문명을 세우고 지독할 정도로 인종차별적인 힌두 카스트제도를 만들었던 '샤파Sharpa'라는 파충류 종족을 이야기한다. 이것은 엄격하게 강요된 렙틸리언의 유전적 계층의 한 복사판이다. 이 친구들은 유전학과 계층에 사로잡혀 있다. 일루미나티 혈통들의 유전적 계층은 같은 기원에서 나온다. 파충류 종족에 대한 인도인들의 서술에서는 그들이 인간제물을 요구했다고 한다. 중국의 신화에서는 '뱀 여왕'이 남성과 이종교배했다고 한다. 파충류 종족의 존재, 인간제물의 요구, 그리고 인간과의 이종교배는 보편적인 대목들이다. 존 바터스트 딘은《뱀의 숭배The Worship of the Serpent》(2009. 초판은 1933년)라는 책을 썼는데, 여기서 이렇게 말했다. "신비감을 주는 뱀들이 모든 나라의 신화 속으로 들어갔고, 거의 모든 신전들을 축성(祝聖)했고, 거의 모든 신적 존재들을 상징화했으며, 하늘에 살면서 땅을 짓밟고 영원한

슬픔의 왕국들을 다스렸다고 그려졌다." 그는 뱀이 신화의 큰 상징이자 '사람 사는 세상을 통틀어 미신적인 공포의 유일하게 공통된 대상'이었다고 했다. 다음은 이 책의 결론이다.

나라들이 지리적으로 그토록 멀리 떨어져 있었거나, 종교적으로 그토록 일치하지 않았던 것으로 보이지만 유일한 한 가지, 미신적인 특성은 그들 모두에게서 공통된다. 곧, 가장 문명화된 나라나 가장 미개한 나라나 사람을 사로잡는 똑같은 신적 존재에게 똑같은 헌신을 하면서 머리를 조아렸고, 이 신적 존재는 똑같이 신성한 뱀이거나 또는 비슷하게 표현되었다. 또한 다른 아니더라도 이 뱀을 숭배했던 문명화된 나라들 대부분에서, 역사를 비롯한 몇몇 우화나 전통들이 뱀과 관련된 '천국에서의 인간의 타락'을 직간접적으로 내비쳤던 것으로 보인다. 그렇다면 이 타락에 관한 가장 오래된 설명은 그로부터 나머지 모든 설명들이 나온 한 가지, 곧 승리를 거둔 뱀을 나타내는 설명임에 틀림없다. 순진무구한 상태의 인간에게 승리를 거두고, 그 영혼을 죄악의 상태로 억눌러서 비굴하기 짝이 없는 숭배와 경배로 밀어 넣은 뱀 말이다.

이것의 일부는 하늘에서의 뱀 비슷한 플라스마 방전들로부터 나왔을 것인데, 이것은 전기우주 연구자들이 말하듯이 하늘에서의 대격변이 일어나는 동안에 생겼을 것이다. '불을 뿜는 용들'을 다룬 신화들에서 특히 이것은 사실이다. 그러나 뱀에 대한 보편적인 숭배가 고대의 하늘에 나타난 플라스마 이미지들에서만 나왔다고 하기에는 세계적인 뱀 숭배와 파충류 존재들, 또는 '신들'이 존재한다는 고대와 현대의 증언 사이의 상관관계가 워낙 뚜렷하고 설득력이 있다. 아무튼, 뱀 숭배의 기록은 앞 장에 썼던 '토성대격변'의 추정 시기보다 수만 년 전으로 거슬러 올라간다. 문제는 어떤 것들이 '뱀 플라스마'의 기억들이고, 어떤 것들이 렙틸리언 '신들'을 상징화하는 것인지를 알아내는 일이다. 상징성의 영역에서 우리가 기억해야 할 또 한 가지는 상징들이 사람들에게 뜻하는 것은 수많은 세대들을 거치면서 바뀔 수 있다는 점이다. 예를 들어 금성에 대한 상징으로 시작된 여신은 나중에 달을 상징하는

데 사용될 수도 있다. '이교도 로마'가 기독교라는 또 다른 '이교도'의 종교를 받아들일 때 많고도 많은 상징들, 건물들, 이미지들이 이 변형을 거친 것처럼.

스위치 오프

렙틸리언 동맹이 인간의 유전특질에 손대고, 지구대격변으로 프로그램들을 지워버리고 새로운 것들을 도입하면서 인류는 유전적인 변형을 거쳐 왔다. 이 동맹 안의 다른 종족집단들도 어느 정도는 관여했고 지구에 다른 인종들이 있는 이유의 하나가 이것이다. 렙틸리언 침입자들은 유전학의 달인들이고 그들은 특히 노예화를 목적으로 인간의 마음-몸 컴퓨터를 설계했다. 유전자 조작은 두 가지 큰 결과를 가져왔다. (1) 인간이 다가가서 해독할 수 있는 주파수범위를 급격하게 줄여서 우리가 '가시광선'이라고 부르는 아주 좁은 범위만을 지각하도록 했다. (2) 마음-몸 컴퓨터는 거짓 현실(매트릭스)에 맞춰졌는데, 이 일이 어떻게 이루어지는지는 나중에 설명하겠다(미리 안전벨트를 매어 두시라!). 영화 '매트릭스' 시리즈에서 인간들이 보는 대로가 아닌 '세상'을 경험하도록 어떻게 '플러그 인'되었는지에 대해 묘사한 가상현실은 아주 정확했다. 유전자 조작은 과학자들이 인간 DNA의 90~97퍼센트가 아무런 역할을 하지 않는 듯이 보인다고 해서 그것을 '정크' DNA라고 부르는 이유의 일부를 설명해준다. 사실 이 '정크' DNA가 가진 잠재력의 많은 부분은 '스위치가 꺼져' 있고 다른 부분들은 다른 현실들, 프로그램들과 상호작용하고 있다. 나는 우리가 뇌의 10퍼센트도 쓰지 못하고 있다는 생각이 근거 없는 소리라고 생각했지만, 그들은 뇌의 영역들에 대해 이야기하는 것이다. 그들이 뇌의 진정한 잠재력을 안다면 뇌가 가진 능력의 일부로만 우리가 살아가고 있음을 깨달을 것이다. 이것은 유전자 조작의 또 하나의 결과다. 요즘 유전학자들이 쓰는 과정인 유전자 접합gene splicing이 인체에 있다는 뚜렷한 증거가 있다. 유전자 접합은 한 필름에서 프레임을 잘라내서 다른 곳에 갖다 붙이거나, 아니면 두 편의 영화들에서 프레임을 가져다 하나로 편집해서 두 영화의 편집본을 만들어내는 것과 같다. 미국의 연구자이자 작가인 로이드 파이Lloyd Pye는 인간의 기원들을 자세하게 연구했다. 그는 인간의 DNA에 4,000개가 넘는 결합들이 있는 반면에 침팬지와 고릴라에게서는 고작 몇백 개만 발견된다고 말한다. 파이는 "유전자 절편들이 잘리고, 뒤집어지고, 위아래가 바뀌어서 게놈에 다시 끼워졌다는 증거"가 있고, 인간의 염색체들도 융합되어서(실험실에서만 볼 수 있는 과정) 분명히 침팬지와 고릴라보다 두 개가 적어졌다고 한다. 주류 과학조차도 대략 200,000년 전과 35,000년 전에 인간의 유전특질에 갑작스런 변화들이 있었다고 말했다. 〈커네이디언The Canadian〉지의 보도에서 인간게놈 프로젝트에 참여한 연구자들은 부호화되지 않은 DNA('정크' DNA)의 90퍼센트 이상이 외계생명체들의 유전자 코드라고 믿는다고 말했다. 나는 이것들이 우리를 그들의 집단마음에 붙여 놓으려고 설계된 것이라고 확신한다. '정크' DNA의 다른 부분들은 그것들이 우리를 훨씬 더 장대한 규모의 해독된 현실에 연결하는 것을 막으려고 그냥 꺼져 있다. 〈커네이디언〉지는 연구진의 책임자인 '샘 창Sam Chang 교수'가 압도적인 부분의 인간 DNA가 '세상 밖'에서 기원한 것이고 '외계의 정크유전자들'은 세대들을 거쳐 힘들게 일하는 활동유전자들에 편승할 뿐이라고 했다고 보도했다. 창 교수는 '정크' DNA를 어떤 종류의 '외계 프로그래머'가 만들어냈는지 살펴보려고 다른 과학자들, 컴퓨터프로그래머들, 수학자들과 연구했다. 결과는 정말로 그랬고, 이것은 내가 이 책의 뒷부분에서 기술이 어떻게 인간들의 지각을 조작하고 있는지를 이야기할 때 아주 중요한 내용이 될 것이다. 〈커네이디언〉은 '정크' DNA의 '외계' 부분들이 '그것들만의 동맥과 정맥, 그리고 우리의 모든 항암약물들에 강력하게 저항하는 면역계'를 만들어낸다는 샘 창 교수의 말을 인용했다.

우리는 고등의 외계생명체가 새로운 생명을 창조하고 그것을 여러 행성들에 심는 데 관여했다고 가정하고 있다. 지구는 그저 그중의 하나일 뿐이다. 어쩌면 우리의 창조자들은 프로그래밍을 한 뒤에 우리가 페트리접시에서 박테리아를 기르는 것과 같은 방법으로 우리를 기르고 있을 것이다. 우리는 그들의 동기들을 알 수가 없다. 과학적 실험이었는지, 식민지를 위한 새로운 행성을 준비하는 하나의 방법인지, 아니면 우주에 생명을 씨 뿌리는 오래도록 이뤄지고 있는 사업인지를 알 길이 없다.

창 교수는 어쩌면 '외계의 프로그래머들'이 많은 행성들에 생명체들을 창조하는 데 있어 '하나의 빅 코드big code'를 가지고 있었을 거라고 말했다. 그는 아마도 그들이 "하나의 빅 코드를 쓰고, 그것을 실행하고, 몇 가지 기능이 마음에 들지 않으면, 그것을 바꾸거나 새로운 것을 덧붙이고, 다시 실행하고, 더 개선하고, 거듭해서 시도했을" 것이라고 짐작한다고 했다. 아눈나키/치타우리에 대한 고대의 이야기들에서도 그들이 성공을 거두기 전에 '새로운 인간'을 유전적으로 조작하려는 많은 시도를 했었다고 말한다. 〈커네이디언〉은 창 교수의 말을 이렇게 인용한다.

우리가 우리 DNA에서 보는 것은 빅 코드와 베이직 코드basic code 두 버전으로 이루어진 하나의 프로그램이다. 첫 번째 사실은 '프로그램' 전체가 분명히 지구 위에서 쓰이지 않았다는 점으로, 이것은 이제 확인된 사실이다. 두 번째 사실은 유전자들만으로는 진화를 설명하기에 충분하지 않다는 점인데, '이 게임'에는 뭔가 더 있는 게 틀림없다. …… 머잖아 우리는 지구 위의 모든 생명이 외계 사촌의 유전자 코드를 가졌다는 것과 진화가 우리가 생각하는 것이 아니라는 믿기지 않는 개념과 마주해야 할 것이다.

유전자 조작을 통해 진짜황금시대에 인간들이 가졌던 드넓은 지각의 범위를 잃어버렸고, 또 이어진 유전적 '업그레이드들(노예화)'이 인류를 이 쪼가리 '현실', 곧 가시광선에 가둬버렸다. 렙틸리언 동맹은 노예종족으로서 그들을 떠받들기에는 충분히 지적이지만 워낙 멍청해서 자신들이 통제받고 있고 어떻게 통제받으며 또 누가 통제하는지는 알아채지 못하는 인간의 유전형태를 만들어내고 싶어 했다. 여기에는 인간들을 그들과 그들의 '매트릭스'에 연결시키기 위한 파충류 유전특질의 대량주입도 있었다. 인간들과 비인간 존재들, 곧 '신들' 사이의 이종교배에 대한 이야기들과 전설들은 남아프리카의 '치타우리'처럼 고대세계 전반에서 찾아볼 수 있다. 이것이 기록된 가장 잘 알려진 대목은 창세기 6장 4절에 나온다. '그때 땅에는 거인들이 있었고, 또 그 뒤로도 하느님의 아들들이 사람의 딸들에게로 와서 아이들을 낳았으니, 그들은 오랜 옛날의 명성을 얻었던 위대한 자들이 되었다.' 이들이 성서에 나오는 '네필림Nefilim'이다. '하느님의 아들들'이라는 글귀는 복수(複數)의 신들, 곧 유일신 '하느님'이 아닌 '신들의 아들들'을 가리키는 문장의 한 번역문이다. 창세기는 또 말한다.

또 하느님이 이르시되, 우리를 닮도록 우리의 모습으로 사람을 만들자하시고 …… 하느님이 자신의 모습대로, 하느님의 모습대로 사람을 창조하시되, 남성과 여성을(진짜황금시대에 인간들은 양성이었다) 창조하셨다(창세기 1장 26-27절).

또 주 하느님이 이르시되, 보라, 사람이 우리의 하나처럼 되어 선과 악을 아노니, 이제 그가 그 손을 뻗어 생명나무 실과도 따먹고 영생할까 하노라 하셨다(창세기 3장 22절).

'우리의 모습', '우리를 닮도록', 그리고 '우리의 하나'라는 복수로 말한다는 점을 다시 주목하기 바란다. 렙틸리언들은 인간의 몸-컴퓨터에 자신들의 파충류 정보와 코드를 주입해서 그들의 유전적 모습으로 인간을 창조했다. 그래서 우리는 아주 많이 그들의 하나가 '되었고', 또 (해독된) 선과 '악'을 알게 되었다. 렙틸리언들이 개입하기 전의 진짜황금시대에는 '악evil(살다live를 거꾸로 한 것)'이 없었다.

'타락'

이것이 온 세상에서 다른 버전들로 이야기하는 '인간의 타락'이라는 보편적인 이야기고, 가장 잘 알려진 버전의 이야기는 성서에 나오는 에덴동산의 상징적인 이야기다. 누가 아담과 이브를 '사과'로 유혹해서 '동산'에서 내쫓은 악역으로 나오는가? 뱀이다. '동산'은 진짜황금시대였고, 그때 인류가 경험할 수 있었던 지각의 범위다. '사과'라는 용어는 렙틸리언들의 통제를 상징하는 데 더러 사용한다. 인간과 렙틸리언 사이의 생식을 거친 이종교배가 있었을 법도 하지만, 꼭 그런 식으로 할 필요는 없었다. 오늘날 우리는 '시험관' 속에서 아기를 만드는 일이 가능하다는 것을 알고 있으며, 아울러 우리에겐 유전자 접합이란 기술도 있다. 현실의 본질을 이해하는 이들에게는 그마저도 넘어선 단계가 있다. DNA는 송수신기이며 유전자 구조를 바꾸는 주파수로 정보를 보냄으로써 바뀔 수 있다. 한 DNA에서 다른 DNA로 정보패턴들을 보내고, 도롱뇽의 DNA 정보패턴들을 보내서 개구리의 배아를 도롱뇽의 배아로 바꾸는 데 성공했던 러시아 연구진을 떠올리기 바란다. 유전자 조작은 앞으로 설명할 가공현실 '매트릭스'를 거쳐 인류를 렙틸리언의 집단적인 마음, 또는 '벌집 마음hive mind'에 동조하게 했다. 이 정보에 대해 글을 쓰고 이야기해온 지 한참 뒤에 나는 페루 출신의 작가 카를로스 카스타네다Carlos Castaneda의 책들을 알게 되었는데, 그는 1960년대부터 여러 권의 책들을 썼다. 그는 책 내용의 원천이 야키족Yaqui 인디언 치유사 또는 주술사인 돈 후앙 마투스Don Juan Matus라고 했다. 멕시코의 '크레도 무트와'로 중앙아메리카의 고대지식을 지키는 사람이다. 어떤 사람들은 돈 후앙이 실존했다는 데 의문을 던지지만, 나는 그가 했다고 하는 이야기들을 읽었을 때 그것들이 이미 내가 끼워 맞췄던 내용이라는 점에서 '우아!' 소리가 절로 나왔다. 내가 세상에 알리도록 안내받는 정보들은 내가 뭔가를 공개한 다음에 '느닷없이' 재확인되는 일이 흔하다. 이것은 마치 "거봐, 잘 가고 있잖아"라고 하는 것 같다. 돈 후앙 마투스의 말을 들어보자.

우주 깊은 곳으로부터 와서 우리의 삶을 지배한 포식자가 우리에게 있습니다. 인간들은 그 포로들입니다. 그 포식자는 우리의 군주이자 주인입니다. 그들은 우리를 유순하고 무기력하게 만들었습니다. 우리가 항의하려고 하면 우리의 항의를 억누릅니다. 우리가 독립적으로 행동하려하면 그렇게 하지 말라고 요구합니다. …… 정말로 우리는 사로잡힌 포로들입니다!

그들이 우리를 휘어잡은 것은 우리가 그들에게 먹이이기 때문입니다. 그들이 우리를 무자비하게 쥐어짜는 것은 우리가 그들의 양식이기 때문입니다. 바로 우리가 닭장에 닭을 가둬 기르는 것처럼, 그 포식자들은 인간닭장에 우리를 가둬 기릅니다. 따라서 그들은 언제든지 먹이를 얻을 수 있습니다.

사람의 지성과 신념체계에 깃든 어리석음이나, 모순되는 행동들의 어리석음을 어떻게 설명할지를 잠시 생각해보고 말해보세요. 주술사들은 그 포식자들이 우리에게 믿음체계들, 선과 악이라는 발상들, 사회적 관습들을 주었다고 믿습니다. 성공에 대한 꿈들이나 실패를 주는 게 그들입니다. 그들은 우리에게 탐욕과 갈망과 비겁함을 주었습니다. 우리를 현실에 안주하고, 쳇바퀴 돌듯이 살고, 병적으로 자기중심적이게 만든 게 그 포식자들입니다.

우리가 복종하고 온순하고 나약하게 남아있도록 하려고, 포식자들은 놀라운 술책에 몰두했습니다. 당연히 싸우는 전략가의 관점에서는 놀랍지만, 그것으로 고통 받는 사람들에게는 참혹한 술책이지요. 그들은 우리에게 자신들의 마음을 주었습니다. 그 포식자의 마음은 기괴하고, 모순되고, 침울하며, 지금 당장이라도 들통날지 모른다는 두려움으로 가득합니다.

이 '포식자'가 렙틸리언 동맹이며 그들이 우리에게 자신들의 마음을 주었음이 확실하다.

에너지 뱀파이어

돈 후앙이 말하는 '먹이'란 두려움, 증오, 스트레스, 우울, 걱정과 같은 상태들이 만들어내는 주파수대에서 공명하는 인간의 낮은 진동의 정서에너지다. 인간사회에서 이것이 쉴 새 없이 그토록 많이 만들어지는 이유를 궁금해해본 적이 있는가? 또는 권력을 가진 자들의 행동은 세상에 두려움, 죽음, 공포, 슬픔과 고난을 자극하는 전쟁들, 테러리즘, 금융위기들을 왜 끊임없이 더 만들어내는 것일까? 아니면 일루미나티가 통제하는 주류 대중매체와 컴퓨터게임들은 왜 그런 부정적 감정들을 일으키는 이미지들로 가득할까? 그 목적은 간단하다. 렙틸리언 에너지 뱀파이어들은 인류를 낮은 진동의 에너지를 생산하는 정신적 정서적 상태들로 몰아넣고, 그 에너지를 취하려는 것이다. 영화 '매트릭스'에서 모피어스는 배터리 하나를 들고서 '기계들'이 인간을 '이것들의 하나'로 바꿔버렸다고 말했다. '기계들'을 렙틸리언 동맹으로 바꾸면 아주 딱 맞는 말이다. 그들은 자기들이 우리를 이런 정서 상태로 몰아넣을 수만 있다면 우리가 그들에게 필요한 에너지를 만들어낼 것임을 알고 있다. 이제 당신은 두려움, 스트레스, 분노와 후회를 통해 해독과정 전체의 조화를 잃게 하고 정서적, 정신적, 육체적으로 혼란을 초래할 결어긋난 심박패턴들로 사람들을 조종해 넣는 데 왜 그렇게 초점이 맞춰지는지를 알 수 있다. 이 모든 것들이 낮은 진동의 에너지를 만들어낸다. 사람들은 언제 스스로 균형을 잃은 정서 상태에 빠지는지 뚜렷하게 생각하지 않는다. 당신이 그런 집단적인 감정이 만들어내는 전자기에너지의 힘을 알아보려면 축구경기장의 관중처럼 대규모 집단의 사람들 속에 있어보기만 하면 된다(목 뒷덜미 머리카락이 쭈뼛거린다). 서로 다른 정신적 정서적 상태들은 서로 다른 주파수들을 만들어내는데, 이것은 일본의 작가이자 연구자인 에모토 마사루Emoto Masaru 박사의 연구에서 볼 수 있다. 그는 물에 미치는 진동적인 영향을 비롯한 실험들로 잘 알려져 있다. 몇 년 전에 나는 런던에서 그와 함께 1주일을 보냈고 그가 연구하는 도쿄의 연구소를 찾아갔었다. 그는 많은 책들을 썼고, 우리는 함께 일본어로 책 한 권을 냈다. 에모토 박사는 낱말들, 진술들, 서술들을 물이 담긴 용기에 붙인다. 그 다음에 물을 아주 빠르게 얼려서 결정들의 사진을 찍는다. 진술들, 서술들에 반응해서 나타나는 결정구조의 차이는 그림 96에서 보듯이 믿기 힘들 정도다. 에모토 박사의 발견들은 앞에서 이야기했던 독일 항공우주연구원의 실험들로 뒷받침된다. 휴대전화가 주는 영향을 본다면 당신은 다시는 전화를 걸지 않을 것이다. 왼쪽 그림의 결정은 사랑과 감사라는 낱말들로 만들어진 반면에, 반대쪽은 '넌 날 아프게 해(죽여 버리고 싶어)'라는 말의 결과였다. 이 현실

【그림 96】 왼쪽의 물 결정은 사랑과 감사라는 낱말들로 만들어졌고, 오른쪽은 '넌 날 아프게 해(죽여 버리고 싶어)'라는 말로 만들어진 것이다.

에서 모든 것들은 홀로그램처럼 드러나는 진동장이고, 글로 쓴 낱말도 마찬가지다. 우리는 홀로그램 수준에서 '사랑'이나 '미움'으로 쓰인 낱말들을 보지만, 그 근본형태에서 그것들은 진동하는 정보다. 이 진동이 물을 거쳐 공명하면 그 결과는 결정들의 사진을 찍어서 포착할 수 있다. 이 책은 지금 눈에서 마음으로 가는 것보다도 훨씬 더 깊게 진동수준에서 당신과 소통하고 있다. '넌 날 아프게 해(죽여 버리고 싶어)'라는 유형의 에너지가 바로 렙틸리언들이 인간들에게서 필요로 하는 것이다. 그들은 스스로 그런 낮은 진동상태에 있고 그들과 일치되는 것만을 흡수할 수 있다. 전쟁, 일본의 해일과 방사능 누출 참사와 같은 재앙들, 9·11 같은 테러 공격, 경제 붕괴, 그리고 분노와 적개심으로 가득한 군중시위, 이들은 모두 렙틸리언들이 받아먹고 되먹임고리를 거쳐 우리에게 되돌리는 바로 그 정서에너지를 엄청나게 만들어낸다. '인간' 모습의 렙틸리언 통제시스템(일루미나티 혈통들)이 이런 사건들이 끊임없이 벌어지게 하는 중요한 이유가 이것이다.

지구 내부에 살면서 '그레이들'처럼 가시광선의 범위에서 활동하는 렙틸리언 존재들이 있고, 지하에는 그들이 인간을 노예화하고 통제하는 기술을 지상에 들여오고 유전실험들을 이어나가기 위해 '인간' 과학자들과 교류하는 많은 렙틸리언 기지들이 있다. 지구의 다른 주파수차원들에 있는 기지들도 있는데, 이것은 렙틸리언 권력구조의 중심이 가시광선 너머의 주파수들에서 활동하기 때문이다. 달리 말하면, 우리에게는 그들이 보이지 않는

다. 그들은 기술과 에너지적 수단들을 이용해서 가시광선의 안팎을 드나들 수 있지만, 일반적으로 인간의 눈에 보이지 않게 활동한다. 우리가 훨씬 더 넓은 범위의 시각주파수에 다가갔던 과거에 인간들은 그들을 볼 수 있었지만, 유전자 조작이 있은 뒤로는 그들이 우리의 주파수범위에 들어오지 않으면 그들을 볼 수 없고, 그들은 여기저기서 그렇게 활동하고 있다. 렙틸리언의 에너지장이 인간의 에너지장을 대체하고, 관찰자 자신이 지금 물질적인 변형을 보고 있다고 생각하게 되는 '탈바꿈'현상의 한 측면이 이것이다. 인간들은 '물질적인' 음식을 먹거나 그렇게 한다고 생각하지만, 그것은 해독된 진동정보일 뿐인 홀로그램 음식이다. '좋은' 음식은 인체 에너지장과 동조하는 진동정보이고, '나쁜' 음식은 그것을 일그러뜨리는 진동정보다. 일루미나티 기업들은 이 때문에 화학물질투성이에 방사선 처리된 '나쁜' 음식들로 상점들을 채운다. 균형을 잃은 에너지장은 균형을 잃은 생각과 정서(그들의 먹이원천)를 만들어내며 사람들을 자유롭게 하고 자신들이 처한 상황을 이해하게 해줄 더 큰 현실로 '나가지' 못하게 막는다. 우리가 정신적/정서적 상태들을 표현할 때 우리는 '좋은 느낌' 또는 '나쁜 느낌'과 공명하는 에너지를 만들어낸다. 렙틸리언들은 '나쁜 느낌'을 원하고, 인류는 그것들을 만들어내도록 끊임없이 착취되어야 하는데, 그렇지 않으면 그들의 먹이원천이 사라지기 때문이다. 사랑과 조화의 상태에 있는 인류는 렙틸리언들 최악의 악몽이다. 많은 것들이 설명되지 않는가? 카를로스 카스타네다는 주술사 돈 후앙 마투스의 말을 인용했다.

당신이 한 번도 배고픔에 시달려본 적이 없다 해도, 당신이 음식에 대한 불안을 가지고 있다는 것을 압니다. 이것은 그들의 술책이 드러나서 먹이를 얻지 못하게 될까봐 두려워하는 포식자들의 불안입니다. 포식자들은 그들에게 알맞은 것이라면 무엇이든지 인간들의 삶 속에 주입합니다. 또 자신들의 두려움을 누그러뜨리려고 이런 식으로 어느 정도의 안전장치를 마련해둡니다.

고대 멕시코의 주술사들은 사람이 한때는 오늘날 신화적인 전설들이 된 엄청난 통찰력과 놀라운 인식능력을 가진 완전한 존재였음이 틀림없다고 추정했습니다. 그러나 모든 것이 사라져버린 듯하고 우리는 이제 진정제를 맞은 사람이 되었습니다. 내가 주장하는 것은 우리와 맞서는 것이 단순한 포식자가 아니라는 점입니다. 그들은 아주 영리하고 잘 조직되어있습니다. 그들은 조직적인 체계를 따라 우리를 쓸모없게 만듭니다. 사람에게 꿈은 없고 고깃덩어리를 위해 길러지는 동물의 꿈만이 남았습니다. 케케묵고, 인습적이고, 우둔한 꿈 말입니다.

그는 우리가 엄청나게 확장된 자각을 가졌던 진짜황금시대의 인간들과 렙틸리언들이 들어와 우리의 정보 지각 방식을 바꿔버린 후의 인간들의 차이를 말하고 있다. 영화 '아바타'에서 묘사한 '푸른 사람들' 또는 '나비'족 Na'vi의 세계는 진짜황금시대 지구의 모습과 아주 많이 비슷했는데, 제임스 카메론의 이 영화에는 인류에게 일어났던 일을 묘사하는 두 가지 다른 측면들이 있다. 먼저, 모든 것이 '하나'인 푸른 사람들의 아름다운 세계에 대한 공감과 존중은커녕 이해조차 못하는 좌뇌형 기술자들과 군복 입은 얼간이들이 나왔다는 것이다. 푸른 사람들, 동물들, 나무들과 자연계 사이에는 소통과 존중이 있었다. 이 좌뇌형 얼간이들은 푸른 사람들 세계의 지하에는 캐내서 지구로 가져가면 노다지가 되는 자원들이 있다는 것을 알았다. 렙틸리언들은 '아바타'에서 묘사한 인간 군대와 똑같은 사고방식을 가졌는데, 차이가 있다면 훨씬 더 극단적이라는 것이다. 그들은 자원, 특히 금을 위해 지구를 약탈해오고 있다. 미국의 포트녹스를 포함해 금이 비축되어 있다고 알려진 곳들에 사실상 금이 없다는 사실을 우리는 곧 알게 될 것이다. 그것들은 렙틸리언 동맹에게 넘어간 지 오래다. 온 세계의 골드바들이 사라지고 금도금을 한 텅스텐바로 뒤바뀌었다는 이야기들이 돌고 있다. 일부 보도들은 주류 대중매체에도 등장했다. 텅스텐은 금과 밀도가 소수 셋째자리까지 같다. 온라인 뉴스제공자인 〈파키스탄데일리Pakistan Daily〉는 빌 클린턴이 대통령일 때 '미국의 정교한 제련업자가 130~150만 개의 400온스짜리 텅스텐바들을 만들었다는 주장이 있다'고 보도했다. 이들의 총량은 16,000톤 이상이다. 이 보도는 텅스텐바들 64만 개를 도금해서 포트녹스에 있는 미국 '금' 보관소로 운송했다고 했다. 2009년 10월에 중국은 5,600개가 넘는 골드바를 채무상환으로 받았는데, 순도와 무게를 검증하는 시험에서 그것들은 가짜로 드러났다. 일련번호로 보아 그것들은 미국 포트녹스에서 온 것으로 확인되었다. 론 폴Ron Paul 하원의원은 의회에서 시스템에 반기를 들 수 있는 몇 안 되는 정치인 중의 한 명인데, 성공을 거두지는 못했지만 포트녹스에 있는 '금'들이 진품인지 아닌지를 검증하는 '순도검사'를 하라는 압력을 넣어왔다. CNBC는 금들을 촬영하고 1974년에 찍은 자료영상을 새로 고치려고 포트녹스의 관람을 요청했다. 당국은 요청을 거절했다. 폴 의원은 포트녹스가 '폐쇄시설'이며 1974년 이후로 그 시설을 관람한 국회의원은 없었다고 말했다. 렙틸리언 동맹의 지구 대리인인 로스차일드가는 세계 금시장을 휘어잡았고, 1919년부터 2004년까지 금의 시세는 N. M. 로스차일드의 런던사무소에서 날마다 매겨졌다. 그때, 로스차일드가는 갑자기 금시장에서 철수했다. 렙틸리언들은 '지능적으로' 아주 진보했고 기술과 유전학 같은 분야들의 전문가들이다. 하지만 그들은 영적으로는 죽었고, 인류를 자신들과 같은 방향으로 이끌어오고 있다. 이것은 영화 '아바타'에서 렙틸리언들 사고방식의 완벽한 상징들로 묘사된 '영적으로 죽은 인간 군인들'을 생각하면 된다. 또 하나 말해둘 필요가 있는 것은 '아바타Avatar'라는 낱말 그 자체다. 제작자는 이렇게 말한다. "아바타는 인간과 나비족을 유전자 조작해서 만든 혼혈 육체에 옮겨진 인간의 마음이다." 영화 속에서 이런 방법을 통해 인간의 군대가 눈에 띄지 않게 나비족 사회에 침투해 들어가는 것을 볼 수 있다. 그들의 모습이 나비족처럼 보였기 때문이다. 2009년에 나온 이 영화는 내가 1998년부터 이야기해오고 있는 것을 묘사해준다. 바로 비인간 통제력, 곧 인간의 모습 뒤에 숨은 포식자가 인간사회에 잠입했다는 것이다.

일루미나티 혈통들

인간들에게는 아주 중요한 파충류의 유전특질이 있는데, 특히 파충류뇌 또는 과학자들이 'R-복합체'라고부르는 것이 그렇다. '페로몬'이라는 물질은 동물들이 같은 종의 동료들을 찾아내려고 분비하고 방출하는데, 인간여성과 이구아나의 페로몬은 화학적으로 짝을 이룬다. 미

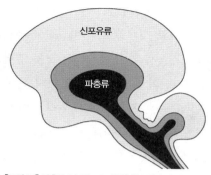

【그림 97】 파충류 뇌 또는 R · 복합체는 인간의 행동과 지각에 근본적인 영향을 미친다.

국의 위대한 우주학자 칼 세이건Carl Sagan은《에덴의 용(한국어판)》에서 파충류의 유전특질이 인간의 행동에 미치는 영향에 대해 썼다. 그는 인간의 본성에서 파충류의 요소, 특히 우리의 의식(儀式)행동과 계층행동을 무시하는 것은 현명하지 않은 일이라고 했다. 아울러 '그와는 반대로, 인간이 정말로 무엇인지를 이해하는 데는 이 모형이 도움을 줄 수 있을 것'이라고 했다. 세이건은 무슨 일이 일어나고 있는지에 대해 자신이 말했던 것보다 훨씬 많은 것들을 알고 있었는데, 그것은 과학이 억압받고 있기 때문이었다. 세이건은 파충류의 유전특질이 인간의 행동에 미치는 영향에 대해서만 쉴 새 없이 이야기하고 있었다. 파충류 뇌는 인간사회와 행동에 가장 중요한 영향을 준다(그림 97). 연구자인 스킵 라전트Skip Largent는 'R-복합체'를 다룬 한 인터넷논설에서 이것을 강조했다.

적어도 다섯 가지 인간행동들이 파충류 뇌로부터 나온다. 그것들을 정의하는 대신 나는 그것들이 인간의 활동들에서 표현된다고 말하려 한다. 강박충동행동, 개인적인 매일의 의식들과 미신적인 행위들, 오래된 행동방식의 맹종적인 순응, 의식절차의 재현, 법률적, 종교적, 문화적, 그리고 그 밖의 문제들에 있어서 전례에 대한 순종과 모든 방식의 속임수들에의 순종이 그것이다.

우리가 날마다 경험하는 세상에서 그것을 알아챈 적이 있는가? 그런 특성들이 바로 세계종교들, 비밀결사들과 왕실의 의전과 의식의 생명소들이고, 이 조직들과 왕실 혈통들은 모두 렙틸리언 음모의 창조물들이다. 말하건대 렙틸리언의 유전적 개입이 있기 전에 인간들에게는 파충류 뇌가 없었거나 조금도 중요하지 않았다. 우리가 어떻게 파충류 뇌를 거쳐(부분적으로) '매트릭스'에 끼워 맞춰지는지에 대해서는 다음 장에서 더 이야기하겠지만, 지금은 주류 과학조차도 파충류 뇌가 우리에게 다음과 같은 성격특성들을 부여한다는 점을 인정한다고만 말해두고자 한다. 공격성, 냉혹함(공감을 느끼지 못함)과 의식(儀式)행동, 통제와 권력과 소유욕구('영역성'), '힘이 정의라는 신념', 남에 대한 지배와 남에게의 굴복(어느 쪽인지는 당신의 인격유형에 달렸다), 충동과 강박, 숭배, 엄격함, 그리고 사회적 계층에의 욕구가 그것들이다. 이것들이 인간사회를 묘사하지 않는다면 무엇이 그렇겠는가? 맞다, 렙틸리언이 만들고 통제하는 사회이기 때문이다. 인간들에게는 파충류 뇌의 특성들을 균형 잡을 수 있는 뇌의 다른 부분들(그리고 결정적으로는 심장)이 있긴 하지만, 렙틸리언의 유전특질이 더 많이 주입된 어떤 집단이라면 그런 특성들을 훨씬 더 극단적인 방식으로 드러내게 될 것이다. 검색창에 'Illuminati bloodlines(일루미나티 혈통)'을 쳐보라. 렙틸리언들은 다른 모든 사람들처럼 인간 같이 보이면서 가시광선의 인간세상을 조작하고 통제하도록 특별히 설계한 특정 혈통들을 유전자 조작했다. 가시광선 밖에서 활동하는 렙틸리언들은 영화 '아바타'에서 묘사한 것과 정확히 똑같은 방법으로 인간사회에 침투하려고, 유전적 혼혈의 홀로그램 컴퓨터들을 근본적으로 '입는다'. 유전적 호환성이 훨씬 더 좋다는 것은 진동적인 그리고 주파수의 호환성이 훨씬 더 좋다는 뜻이다. 이를 통해 일루미나티 일가들의 인간-파충류 혼혈들은 '소유'당하고, 그들의 정신/정서과정들(활동들)이 다른 현실로부터 통제된다(그림 98). 이것이 오늘날 세계의 정치, 금융, 다국적 기업들, 대중매체, 거대 제약회사, 거대 생명공학회사, 거대 석유회사, 거대 식품회사, 그리고 나머지 모든 것들의 피라미드 꼭대기에 앉은 일루미나티 일가들의 진정한 본질이다. 혼혈들의 계층피라미드 꼭대기에는 13개의 혈통들이 있고 로스차일드, 록펠러와 함께 영국 왕실이 거기 포함된다.

그들의 혼혈 DNA에는 인간과 파충류의 이중코드들이 있다. 인간의 코드들이 활성화해서 열리는 동안에는 인간의 모습이 홀로그램처럼 투사되지만, 그들이 모습을 바꾸고(탈바꿈) 자신들의 파충류 코드들을 열 때는 파충류 모습이 투사된다. 그들은 자신들의 이종교배를 신중하게 계획하므로 파충류 코드들이 우세해져서 뜻하지 않는 때에 파충류 모습으로 바뀌도록 하지는 않는다. 인간의 코드들이 열려있도록 하는 한 가지 방법은 인간의 유전자 코드를 지니고 자극하는 엄청난 양의 포유류 피를 마시는 것이다. 그들이 인간제물의식과 피를 마시는 데 집착하는 이유의 하나가 이것이다. 렙틸리언들이 가장 선호하는 교배상대들은 금발에 푸른 눈을 가진 사람들인데 붉은 머리카락과 푸른 눈을 가진 사람들도 그렇다. 아리아인 '지배자 민족'이라는 기치로 나치 독일에서 있었던 모든 일들이 실제로는 렙틸리언이 이종교배를 위해 금발에 푸른 눈을 가진 사람들을 만들어내려는 것이었다. 미국 작가인 스튜어트 스워들로Stewart Swerdlow는 여기서 내가 설명하는 이야기를 직접 경험했다. 스튜어트는 뉴욕 주 롱아일랜드 몬탁에서 일루미나티의 마인드컨트롤과 유전학 프로그램에 오랫동안 간혀있었다. 그는 밤에 외계인들로 생각했던 존재들에게 납치되었지만, 사실은 몬탁에 있는 미국 정부와 군대의 공작원들이었다. 그들은 표적들이 외계존재와 '조우'했다고 생각하게 조작하는데, 여기 관련된 사람들은 사실 인간들이다. 이 일이 스튜어트에게 생겼고, 충격적이게도

【그림 98】 유전적 호환성은 진동적 호환성을 뜻하고 따라서 극도로 강력하게 '소유'당한다는 의미다.

그의 어머니의 허락이 있었던 일이었다. 스튜어트는 몬탁에서 보낸 시간 동안 세계지배의 어젠다와 그 배후에 있는 파충류 존재들을 알게 되었다고 말한다. 그는 몬탁에서 렙틸리언 휴머노이드들을 보았고 그들은 '물질현실에 갑자기 나타났다 사라지는 듯해 보였다'고 했다. 렙틸리언들마저도 토끼굴의 가장 깊은 곳에 있지 않다. 그들은 그것의 또 다른 수준일 뿐이다. 스튜어트 스워들로는 '투명 인간들'이 렙틸리언들을 만들어냈다고 말한다. "이 존재들은 그들의 에너지 진동속도가 너무 높아서 육체를 유지할 수 없기 때문에 물질차원들에 실제로 들어가지 못한다. 그들이 나타날 때는 '투명한 유리껍데기'처럼 보인다." 그의 말이다. 스튜어트는 렙틸리언 유전학자들이 인간으로 보이면서 파충류 모습으로 탈바꿈할 수 있는 몸을 만드는 데 유전특질을 50:50으로 섞고 싶어 한다는 것을 알게 되었다. "탈바꿈은 어떤 상황에서든 그저 그 혼혈이 열고 싶어 하거나 잠그고 싶어 하는 유전특질에 집중하기만 하면 일어났다." 그는 왕족과 귀족가문들을 가리키는 '블루블러드blue bloods'라는 용어가 구리 성분이 더 많고 산화라고 하는 과정에서 청록색으로 바뀐다는 혼혈들의 피에서 유래된 것이라고 말한다.

우리는 그저 오감의 가시광선 주파수범위를 해독하고 있을 뿐이고, 우리가 이 혼혈들을 보면 그들은 나머지 우리들과 같은 인간으로 보인다. 하지만 우리가 그 주파수장을 더 들여다볼 수만 있다면, 또는 그들의 파충류 코드들이 드러난다면, 우리는 아주 다른 것을 보게 될 것이다(그림 99). 파충류 유전특질의 그런 특성들을 잊지 않길 바란다. 공격성, 냉혹함(공감을 느끼지 못함)과 의식행동, 통제와 권력과 소유욕구('영역성'), '힘이 정의라는 신념', 지배, 충동과 강박, 숭배, 엄격함, 그리고 사회계층에의 욕구들 말이다. 일루미나티 혈통들은 평균보다 훨씬 더 극단적인 수준의 파충류 유전특질을 가진 인구집단들보다도 훨씬 더 극단적일 정도로 이 특성들을 드러낸다. 냉혹함(공감을 느끼지 못함)이라는 특성은 내가 오랫동안 강조해왔던 것이다. 혼혈 혈통들은 그들의 유전적 인격(해독체계)으로부터 공감능력이 지워졌는데, 공감

156

이란 행동에 대한 안전장치다. 우리가 우리 행동들의 결과로 남들이 어떻게 느낄까를 공감한다면 그들을 죽이고, 아프거나 다치게 하는 극단적인 행동을 드러낼 수 없다. 하지만 공감을 느끼지 못한다면 무슨 짓을 하게 될지에는 제약이 없고, 이것이 일루미나티 렙틸리언 혼혈들의 상황이다. "민간인들로 가득한 도시들에 폭탄을 쏟아 붓는다? 뭐 어때. 식품과 물속의 첨가물, 방사선, 마이크로파 따위의 것들로 인구집단을 대량으로 오염시킨다? 정말 재밌

【그림 99】관찰자들은 보통 이 혼혈 혈통들의 '인간' 에너지장을 보지만, 파충류의 에너지장이 우세해질 경우 관찰자들은 그들이 사람에서 파충류로 '탈바꿈'하는 것으로 해독한다('본다'). 이 두 가지 모습은 혼혈 DNA에 부호화되어 있고 그 코드들이 바뀔 때 겉모습도 바뀐다.

어. 9 · 11에 3,000명을 죽이고, 그것을 구실 삼아 '테러리즘과의 전쟁'을 해야 한다며 그 뒤로 수백만 명을 더 죽인다? 얼마나 웃겼던지." 나는 오랫동안 사람들이 그들 자신을 기준으로 이 혈통들이 하는 일을 판단하려 한다면 세상에서 어떤 일이 벌어지고 있는지 절대로 이해하지 못할 거라고 말해왔다. 렙틸리언 혼혈들이 생명과 현실을 보는 눈은 당신과 나와 같지가 않다. 그들은 렙틸리언 동맹이 자신들의 정체를 들키지 않고 인간사회에 침투할 수 있는 수단들이다. 과학자들이 다루기에 너무 위험한 재료를 가지고 일할 때는 그것을 밀봉된 통에 넣고 밖에서 안전한 장갑을 끼고 통에 손을 넣어 일한다. 과학자들을 렙틸리언 존재들로, 통을 인간의 가시광선 주파수범위로, 그리고 장갑을 혼혈 혈통들로 상상해보면, 이 모든 것들에서 일루미나티 일가들이 하는 역할이 감잡힐 것이다(그림 100). 렙틸리언들은 우리의 현실에 아주 가까이(스튜어트 스워들로가 '물질계의 경계'라고 부르는 곳에) 있지만 대부분 우리 현실에 나타나지 않는데, 그렇게 하지 않으면 그들의 게임이 고스란히 드러날 것이기 때문이다. 아울러 그들은 지구의 현재 대기에서 숨 쉬는 데 문제가 있고, 이 때문에 대기를 자기들

【그림 100】 '통(가시광선현실)' 밖에서 '장갑(혼혈혈통들)'을 끼고 통 안을 조종하는 '과학자(렙틸리언)'를 묘사한 닐 헤이그의 상징적인 그림.

【그림 101】 마지막 대격변 뒤에 렙틸리언의 영향으로 세워진 문명들의 일부. 그러나 렙틸리언과 아프리카의 연관관계는 훨씬 더 이전으로 거슬러 올라간다.

【그림 102】 렙틸리언들이 피라미드 건설자들이었다.

에게 더 적합하게 바꾸려고 하고 있다. 이 부분은 나중에 이야기하겠다.

피라미드를 건설한 렙틸리언

렙틸리언 혼혈들은 고대 세상에 씨 뿌려지고 심어졌고, 지구가 마지막 대격변으로부터 회복된 뒤에 그들은 렙틸리언 주인들과 작당해서 첫 '문명들'을 세웠다. 나중에 바빌론이 된, 지금의 이라크지역인 수메르, 그리고 이집트, 인더스 강, 메소아메리카(마야문명 포함), 남아메리카의 안데스(잉카문명), 그리고 중국과 같은 곳들에 이 문명들이 나타났다(그림 101). 하지만 곧 설명하겠지만 렙틸리언과 아프리카의 연관관계는 훨씬 더 이전으로 거슬러 올라간다. 왜 이 문명들이 세상의 나머지 문명들보다 월등히 더 진보했는지 그 이유가 여기에 있다. '원시인들'이 수백 톤 무게의 돌들로 놀라운 고대구조물들을 세울 수 있었던 지식의 원천은 렙틸리언 동맹이었다. 아무리 오늘날이라 해도 그것들을 세우려면 몸부림을 쳐야 할 것이다. 그러나 이것은 우리가 '물질적인' 뭔가가 아닌 정보장으로부터의 홀로그램 투사를 다루고 있다는 점을 알면 아주 간단하다. 렙틸리언들은 온 세계에 피라미드들을 건설했지 이집트에만 세운 게 아니다. 피라미드는 중앙아메리카, 메소포타미아, 중국 등의 온갖 곳에서 보인다(그림 102). 온 세계의 지하에는 아직 찾아내지 못한 끝도 없는 피라미드들이 있다. 유럽 보스니아에서 어마어마한 피라미드들을 찾아냈는데, 사람들은 흙과 풀과 나무로 뒤덮인 이상하게 생긴 언덕들이라고 믿었지만, 발굴 결과 그 속에 고대 피라미드들이 드러났고, '달의 피라미드'라고 불렸던 하나는 탄소연대가 적어도 10,000년이나 된 것이다. 나는 피라미드들이, 지구의 파형차원을 렙틸리언의 '매트릭스'나 우리가 진짜로 해독하고 믿는 가짜 현실에 연결하는 네트워크의 일부로 세워졌다고 생각한다. 멕시코의 마야인들은 하늘에서 와서 피라미드 건축술을 가르쳐준 파충류 종족인 '이구아나 사람'을 이야기했다. 렙틸리언 동맹은 페루 잉카에 있는 거대한 돌덩어리들로 만든 믿기 어려운 구조물들을 세우게 한 지식의 원천이었다. 400톤이 나가는 돌들이 워낙 완벽하게 짜 맞춰져서 그 사이에 종이 한 장 밀어 넣을 수가 없다(그림 103). 렙틸리언 동맹은 새들, 곤충들과 동물들을 묘사해놓은 페루의 고대 나스카 라인Nazca lines의 배후에 있던 '브레인'들이었다. 그것들은 너무 커서 비행기를 타고 봐야만 전체 그림을 볼 수 있다(그림 104). 태평양 이스터 섬의 석상들 역시 또 다른 사례다.

수메르와 바빌론, 또는 티그리스 강과 유프라테스 강 사이의 땅인 메소포타미아에 심어진 혼혈 혈통들은 오늘날 공개적으로 그리고 무대 뒤에서 권력을 쥐고 있는 일루미나티 일가들과 관련하여 아주 중요하다. 고대 이집트도 마찬가지다. 하지만 극동, 특히 중국에는 세계적인 영향력을 행사하기를 기다리며 오랜 세월동안 '배양되어온' 다른 사람들이 있다. 인도의 경우도 어느 정도는 이것이 사실이다. 나는 1990년대부터 중국의 경제적, 군사적 등장을 지켜봐야 한다고 말해왔다. 중국은 렙틸리언 동맹과 그 혼혈들이 우리 모두에게 강요하고 싶어 하는 세상을 위한 청사진이 되는 사회다. 수메르(대략 기원전 5000-2000년)는 파충류 모자(母子) 조각상들이 나왔던 우바이드문화를 계승했다. 수메르가 있던 땅에서는 바빌론이 이어졌다. 같은 지역에는 아시리

【그림 103】 '원시적인' 인간들이 이렇게 했을까?

【그림 104】 페루 나스카 사막에 있는 놀라운 이미지들의 하나

아와 칼데아 같은 다른 문명들이 있었고 오늘날 이곳은 이라크로 불린다. 이 지역은 렙틸리언 혼혈들에게 엄청나게 중요한 곳이고 대부분의 사람들이 믿듯이 석유 때문에만 그러는 것이 아니다. 오늘날의 일루미나티 혈통들의 많은 수가 수천 년 전에 이 지역에서 나왔다. 따라서 이라크에 파묻혀 있다가 19세기부터 발견된 고대의 점토판들이 인간들을 금과 기타 자원들을 캐내는 노예 종족으로 부리려고 지구에 온 아눈나키라는 파충류 종족에 대해 말하고 있다는 것은 놀랄만한 일이 아니다. 적어도 100,000년 전에 아프리카에서 금 채굴이 있었다는 증거도 나왔다. 점토판에서는 아눈나키가 아프리카에서 유전자 조작 프로그램을 시작했다고 말한다. 아프리카에는 초딜로 언덕이 있는데, 샌족 사람들은 이곳에서 '위대한 비단뱀'이 상징적인 알주머니로 인간들을(우리가 아는 대로의) 창조했다고 말한다. 적어도 70,000년 전에 뱀을 숭배했던 곳이 이곳이다. 점토판에는 아눈나키('하늘에서 땅으로 온 사람들')를 그들의 왕인 아누Anu가 이끌었지만, 지구에서의 활동은 두 형제들인 엔릴Enlil과 엔키가 감독했다고 되어있다. 이것은 렙틸리언 치타우리에 관한 줄루족의 이야기들에 나오는 두 형제 워웨인Wowane과 므판쿠Mpanku와 맞아 떨어진다. 우두머리 과학자에다 유전학자였던 엔키는 점토판에서 의학의 전문가라는 뜻의 닝카르삭Ninkharsag으로 불리는데, 인간 유전 프로그램을 이끌었고 많은 실패 끝에 지금 우리가 아는 유전적 형태를 만들어냈다고 한다. 앞에서 이야기했듯이, 점토판에는 성서

가 쓰이기 오래 전에 엔키가 '노아'의 수메르판 인물인 지우수드라에게 아눈나키가 지구에 대격변을 일으킬 테니 커다란 '배'를 만들어야 한다고 말해주었다고 쓰여 있다. 창세기에 나오는 주제들은 수천 년 전부터 내려오는 수메르의 이야기들을 고쳐 쓴 것으로 파충류 아눈나키가 성서의 유일신 '하느님'으로 바뀐다(하지만 이상한 복수 표현들이 여기저기에 남아있다). 크레도 무트와는 생애의 오랜 시간을 고대 아프리카의 전설과 구전 지식을 연구하며 보냈는데, 수메르와 이집트의 모든 신들은 그들이 북아프리카와 중동에 나타나기 오래 전에 남아프리카에서 그 원류를 찾아볼 수 있었다고 말한다. 이 말은 아눈나키가 아프리카에 처음으로 정착했다는 수메르의 주장을 뒷받침한다.

뱀 군주

일반적인 인류보다 훨씬 더 파충류적인 혼혈 혈통들은 가시광선 안에서 렙틸리언 동맹의 이익들을 대신하고 또 진짜 통제자들의 정체를 감추려고 유전적으로 조작되었다. 이들 '엘리트' 혈통들은 일부는 인간이고 일부는 신인 '반신반인'으로 알려지게 되었고, 오늘날의 왕족과 귀족, 일루미나티 일가들이 된 고대세계의 '왕실가문들'이 되었다. '블루블러드'는 강박적으로 늘 교배에 몰두했고 지금도 그렇다. 렙틸리언의 유전특질은 하나의 소프트웨어 프로그램이라 그것을 온전히 지킬 필요가 있는데, 그렇지 않으면 비혼혈들과의 교배를 거쳐 혼혈 소프트웨어의 정보가 희석될 것이고 마침내는 삭제되어버릴 것이다. 혈통일가들은 흔히 이런 이유로 자손을 낳기 위한 짝을 고르는 경향이 있고 많은 수가 끌림보다는 유전적인 필요성 때문에 결혼한다. 유전학에 대한 렙틸리언의 집착은 그들의 많은 수가 말의 교배에 집착한다는 것과 경마를 '왕들의 스포츠'라고 부르는 데서 찾아볼 수 있다. 이라크(수메르/바빌론)에서 찾아낸 점토판들에는 '왕의 신분'을 아눈나키가 도입(그들의 혼혈들을 거쳐서)했다고 적혀있다. 수메르와 아카드의 통치자였던 사

【그림 105】 나가족에 대한 아시아의 묘사

르곤왕Sargon the Great이 자기가 신들의 후예라고 우겼을 만도 하다. '통치의 신성한 권리'라는 주제가 이런 혼혈 유전특질에서 나온다. 곧 '신'의 유전특질을 가졌기 때문에 통치할 권리가 있다는 것이다. 중국의 왕들은 유전적으로 '뱀 신들'에게 연결되어있으므로 통치자가 될 권리가 있다고 주장했다. 일본과 중앙아메리카의 '왕실' 혈통들도 그랬다. 중국 왕들은 '용'으로 불렸고 상고시대의 왕들은 파충류의 특징들로 묘사되었다. 진나라의 시조로 중국을 통일하고 만리장성을 쌓았던 진시왕은 '용과 같은 생김새'를 가지고 태어났다고 한다. 왕들은 일반적으로 일부는 인간, 일부는 뱀으로 묘사되었다. 일본의 왕들은 하늘에서 온 '용 신들'과 관련된다고 전해진다. 인도 나가족Nagas 사람들도 비슷하게 묘사되었다. 불교의 문헌인 마하뷰빠띠Mahavyutpatti는 나가족 또는 '뱀 왕들'로부터 내려오는 인도 왕 80명을 묘사하고 있다. 나가족은 인간과 '뱀 신들'의 이종교배에서 나온 자손으로 묘사되었고, 인도의 통치자들은 그들과 유전적으로 관련이 있다고 주장했다(그림 105). 고대 메디아(지금의 이란으로 터키 일부까지 뻗어나간 제국이었다)에서는 왕을 '마르Mar'라고 불렀다. 이것은 페르시아어로 '뱀'을 뜻한다. 그들은 '메디아의 용 왕조'나 '용의 후예들'로 알려졌다. 아테네의 첫 미케네인 왕 케크롭스Cecrops는 뱀의 꼬리를 가진 인간으로 묘사되었고, 또 한 사람의 왕인 에레크테우스Erechtheus는 죽은 뒤에 살아있는 뱀으로 숭배되었다. 선택된 사람에게만 지식을 전했던 엘레우시스Eleusinian 비교(秘敎)를 세운 사람이 그였다. 비교들은 오늘날의 비밀결사 네트워크들의 전신들이다. 몇몇은 좋은 뜻으로 세워졌지만, 대부분은 진보한 숨겨진 지식을 소수의 손 안에 은폐하려고 만들어졌다. 오스트레일리아 원주민들은 지구 속에 살면서(사실이다) 포괄적인 기술로 인류를 다스리는 한 파충류 종족을 이야기한다. 원주민들은 자신들이 지금의 오스트레일리아가 그 자투리땅으로 남았을 정도로 컸던, 태평양의 광활한 대륙(무 또는 레무리아)에 살았던 '용-인간들' 종족의 후손들이라고 말한다. 그리스신화에는 다른 한 명의 왕 카드모스Kadmus가 죽어서 살아있는 뱀이 되었다는 이야기가 있다. 역사를 통틀어 왕족과 '뱀' 사이에는 말 그대로, 그리고 상징적인 연관관계가 있었다. 인간의 몸을 가진 신이라고 일컬었던 이집트의 파라오들은 코브라의 모습으로 묘사되었고, 이것은 고대인들이 사용했던 렙틸리언 '신들'에 대한 큰 상징이다. 그들에게는 코브라 '머리장식'이 있었는데, 이마(제3의 눈)에 코브라 한 마리가 있고 턱에는 코브라의 배가 있었다. 혼혈 혈통들은 몸의 상반신은 사람이고 다리는 뱀처럼 묘사한 것으로 사람을 상징화하기도 했다(그림 106에서 109).

렙틸리언 혼혈들은 온 세상의 문화들에 씨 뿌려졌고 그 뒤로 그들은 숨어있는 렙틸리언 주인들을 위한 '가시광선과 오감수준의 수단들'로 행동했다. 왜 렙틸리언들이 직접 나서지 않는 걸까? (1) 자신들만의 진동과 대기의 '거품' 안에 들

【그림 106-109】 렙틸리언 혼혈 왕족과 혈통들은 사람의 몸통과 뱀의 하체를 가진 것으로 흔히 묘사되었고 또 코브라로 상징화되었다. 파라오들은 인간의 모습을 한 신들로 믿어졌고 코브라 '머리장식'과 함께 상징화되었다. 이마에 코브라가 있고, 턱에서는 코브라의 배가 나온다.

어가야 하기 때문이다. 그들 대부분에게는 우리의 주파수에 오랜 기간 동안 머무르는 데 진동적인 그리고 대기의 문제가 있다. (2) 인류의 정서적인 에너지를 먹고, 70억이 넘는 사람들을 노예종족으로 써먹으려면 자신의 존재를 숨기는 편이 백번 낫다. (3) 바로 70억이라는 그 숫자, 그리고 그 수가 늘어가고 있다. 인간들이 그들의 통제자들보다 훨씬 더 많다. 렙틸리언의 폭압행위에 모든 휴머노이드형 파충류 종들이 관여하는 것이 아니라 한 변절자 집단일 뿐이지만, 인간들에게 하고 있는 짓을 우주 다른 곳에서 다른 존재들에게 하고 있는 렙틸리언들도 있다. 애니메이션 영화 '벅스 라이프'를 보자. 몇 안 되는 메뚜기들이 개미들의 커다란 군집에 자기들의 의지를 강요한다. 대장 메뚜기는 개미들이 규칙을 지키게 해야 한다고 말하는데, 그것은 '개미들의 수가 자신들보다 거의 절대적으로 많으므로 개미들이 그 사실을 알게 해서는 안 된다는 것이다. 렙틸리언과 인간들의 관계가 이것이다. '벅스 라이프'를 아직 못 봤다면 한 번쯤 볼만하다. 이 영화는 인류에게 일어나고 있는 일에 대한 훌륭한 은유다. 유일한 차이라면 개미들은 메뚜기들을 볼 수 있지만 인간들은 렙틸리언들을 볼 수 없다는 것뿐이다. 그들의 혼혈 수족들밖에는.

렙틸리언 혈통의 이동과 지배

한 지역에서 온 세계로 뻗어나가 세계 사회에 영향을 미친다는 점에서 가장 멀리 나아간 혼혈 혈통들은 수메르와 바빌론과 이집트에서 나온 이들이다. 그들은 지금의 터키와 카프카스 산맥을 지나 북유럽과 러시아까지 옮겨가서 흔히 그 지역들에 씨 뿌려진 렙틸리언 혼혈들과의 교배를 거쳐 유럽의 왕족가문과 귀족들이 되었다(그림 110). 그들은 다른 많은 국가들 중에서도 로마와 그 제국, 고대 그리스, 그리고 지금의 조지아(그루지야)가 있는 카프카스 지역에 하자르Khazar왕국을 세웠다. 하자르 이야기는 오늘날의 세상에 미친 영향으로 볼 때 강조할 만하다. 하자르의 왕 불란Bulan은 서기 740년 무렵 유대교를 받아들였고 그를 따라 온 나라가 개종했다. 이 사람들은 지금의 이스라엘과는 역사적인 관계가 없었다. 그들은 유대교를 채택했을 뿐이다. 왕국이 무너지자 하자르인들은 북쪽지방인 지금의 우크라이나, 헝가리, 리투아니아, 러시아와 폴란드로 갔다. 나중에 그들의 많은 수는 서쪽의 독일과 서유럽지역으로 갔

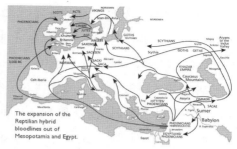

The expansion of the Reptilian hybrid bloodlines out of Mesopotamia and Egypt.

【그림 110】메소포타미아와 이집트의 렙틸리언 혼혈 혈통들의 확장

다. 이들은 오늘날 주로 이스라엘과 미국에 거주하는, 우리가 유대인이라고 부르는 사람들의 압도적인 대다수다. 이전의 하자르인들은 아쉬케나지 유대인 Ashkenazi Jews(복수로는 아쉬케나짐)으로 알려져 있고, 어떤 작가들은 세계적으로 자신을 '유대인'이라 부르는 사람들의 90~95퍼센트가 아쉬케나지일 것이라고 추정한다. 유대인 작가인 아서 쾨슬러Arthur Koestler는 자신의 책《제13지파 The Thirteenth Tribe》(1999)에서 다시 떠오르는 이 역사를 두고 이렇게 말했다.

이것은 그들의 조상들이 요르단이 아닌 볼가에서, 가나안이 아닌 한때 아리안 인종의 요람이라고 믿었던 카프카스Caucasus(이 때문에 '백인Caucasian'이라는 말이 나왔다)에서 왔다는 것과, 그들이 유전적으로 아브라함, 이삭과 야곱의 자손이기보다는 훈족Hun, 위구르족Uigur, 마자르Magyar 부족과 더 가깝게 연결된다는 것을 뜻할 것이다. 이것이 사실로 밝혀진다면, '반유대주의'는 살인자들과 희생자들이 함께 나눠가진 오해를 바탕으로 하는 것으로 아무런 의미도 없어질 것이다. 하자르왕국 이야기는 과거로부터 서서히 떠오르면서 역사가 저질렀던 가장 잔인한 거짓말로 보이기 시작한다.

이것은 사실이다. 오늘날 유대인이라 불리는 사람들은 이스라엘과는 아무런 역사적 관계가 없다. 이것은 팔레스타인을 차지하고 훨씬 더 커다란 세계계획의 일부로 중동에서 혼란을 만들어내는 일을 정당화하기 위해, 렙틸리언 혼혈의 로스차일드가와 여러 집단이 날조한 우화일 뿐이었다. 많은

유대인들은 다른 사람들만큼이나 많이, 그리고 오랫동안 희생을 치르면서 여기에 사로잡혔다. 시오니즘Zionism은 유대인들을 위한 최선과는 아무런 관계가 없다. 그 핵심에 있어서 시오니즘은 세계지배라는 목표를 위해 로스차일드의 세계적 네트워크가 만들어내고 통제하는 비밀결사다. 온 세상의 정치, 금융, 사업, 대중매체들의 힘 있는 자리들에 내가 '로스차일드 시오니스트Rothschild Zionist'라고 부르는 사람들이 그토록 많이 앉아 있는 이유가 이것이다. 많은 유대인들이 그런 기관들을 소유하고 통제하는 것이 아니다. 그들은 그런 속임수의 희생양이 되어왔다. 모든 사회들과 인종들에 스며들어가 있고, 로스차일드가가 가장 큰 영향력을 가진 렙틸리언 혼혈 네트워크가 그것들을 소유하고 통제한다. 덧붙이자면, 하자르의 왕은 '하간Khagan'이나 '카간Kagan'이라 불렸다. 따라서 '카간(영어식 발음으로는 '케이건'-옮긴이)'은 흔한 '유대식' 이름이 되었다. 하자르 이야기, 그리고 이스라엘 땅에 대한 사기성 주장들은 텔아비브대학교의 역사학 교수인 쉬로모 잰드Shlomo Sand를 비롯한 유대인 작가들과 학자들에 의해 거짓으로 드러났는데, 잰드 교수는 그의 책 《유대인들의 발명The Invention of the Jewish People》(2010)에서 이렇게 썼다.

이스라엘 사학의 아버지인 벤 시온 디누르Ben Zion Dinur조차도 망설임 없이 하자르인들을 동유럽 유대인들의 기원으로, 그리고 하자르를 동유럽 '디아스포라(세계로 분산된 유대인들을 아울러 가리키는 말-옮긴이)의 어머니'로 기술한다. 하지만 1967년쯤부터 하자르인들을 동유럽 유대인들의 조상이라고 이야기하는 사람은 좀 모자라고 머리가 이상한 사람으로 여겨진다.

당연히 그들은 모자란 사람들이다. 로스차일드가와 그들의 창조물인 시오니즘은 역사학자들과 여러 사람들이 진실을 말하고 이스라엘에의 역사적 권리에 대한 사기성 주장을 무너뜨리는 일을 전혀 바라지 않는다. 나는 하자르 이야기를 《인간이여 일어나라》에 자세히 해두었다. 유대인인 스튜어트 스워들로는 내 것과는 아주 다른 원천들로부터 얻은 정보를 모았지만, 우리

166

가 밝힌 주제들은 같은 것들이다. 스튜어트는 《블루블러드, 트루블러드Blue Blood, True Blood》(2002)에서 이렇게 썼다.

> (수메르인들은) 주로 카프카스 산맥에 자리 잡았고 나중에 하자르족이 되었다. 여기서부터 그들은 유럽을 향해 서쪽으로 퍼져가면서 바이킹, 프랑크the Franks, 튜턴the Teutonic(게르만) 사람들과 러시아인들의 민족 정체성을 씨 뿌렸다. 아틀란티스가 가라앉았을 때, 그 피난민들의 일부가 서유럽으로 가서 켈트족으로 이어졌음을 명심하기 바란다. 일부는 그리스로 가고 다른 일부는 이탈리아 반도로 갔다. 그 혼혈들(수메르인들)이 옮겨오기 전에 이 사람들은 여기 있었다. …… 이 블루블러드 지도자들은 성서에 나오는 가나안 사람들 같은 중동인들에게도 스며들어갔다.

로마제국의 혼혈 혈통 '엘리트' 일가들은 유럽의 다른 '엘리트' 일가들과 결혼해서 유럽의 왕족과 귀족들을 낳았다. 스워들로우는 이렇게 덧붙였다.

> 바빌론은 수메르가 중앙아시아로 뻗어가서 하자르족이 되면서 발전한 문명이었다. 사실 수천 년 동안 발전한 많은 블루블러드 집단들은 자신들을 '바빌론 형제단Babylon Brotherhoods'이라 불렀다. 그들은 나중에 유럽에서 아틀란티스-이집트의 비교(秘敎)들과 결합해서 프리메이슨이 되었다. 이주민들의 일부는 지금은 로스차일드로 알려진 '바우어Bauer'라는 이름을 따랐다. 이 일가는 유럽의 재정과 통상 기반들을 빠르게 장악했다.

하자르인과 아쉬케나지 유대인들이 된 수메르와 바빌론의 혈통 네트워크는 유럽의 왕족, 귀족들과 폭넓게 결혼했다. 레슬리 길버트 파인Leslie Gilbert Pine은 왕족과 귀족의 계보를 추적하는 출판물인 《버크 귀족명감Burke's Peerage》의 편집자였다. 그는 이렇게 말했다. "유대인들은 스스로 영국의 귀족과 아주 가까운 관계를 맺었으므로 두 계층들은 어느 한쪽이 손해를 입을 듯하지는 않다." 이것은 영국 왕실일가에도 해당하는 말이다. 조부모님이 나치수용소에서 고통을 겪었던 캐나다의 연구자이자 작가인 헨리 매코우

Henry Makow는 이런 말을 했다. "유대자본과 영국 귀족의 결혼이 말 그대로 이루어졌다. …… 돈에 헤픈 상류층이 부유한 유대인들의 딸들과 결혼했다." 레슬리 길버트 파인은 이렇게 말했다. "돈을 마련하지 못하면 오래된 사유지를 팔아야 할 것이다. 유대인 상속녀와 결혼함으로써 그 돈을 마련하는 것이다." 제5대 로즈베리백작Earl of Roseberry은 배런 메이어 드 로스차일드Baron Mayer de R.의 무남독녀 상속녀와 결혼해서 나중에 영국 총리가 되었다. 파인은 "유대여성과 영국 귀족의 제휴는 주로 이런 형태로 이루어진다. 아내가 거액을 제공하고 …… 귀족에게는 명예와 오래된 사유지가 있다"라고 했다. 로스차일드 혈통은 왕실과 귀족과 관련된 곳이면 늘 모습을 나타낸다. 다이애나 왕세자비의 어머니 프란세스 루스 버크 로슈Frances Ruth Burke Roche는 로스차일드였다. 그녀는 프란세스 쉔드 키드F. Shand Kydd로 더 잘 알려져 있다. 〈베너티 페어Vanity Fair〉의 편집자였던 티나 브라운Tina Brown은 자신의 책 《다이애나 연대기The Diana Chronicles》(2008)에서 다이애나의 아버지가 갑부 사업가이자 로스차일드가의 사촌인 제임스 골드스미스James Goldsmith일 수도 있다고 했다. 브라운은 다이애나의 어머니가 1960년 말에 다이애나를 가질 무렵 골드스미스와 오랫동안 사귀고 있었다고 말한다. 다이애나와 골드스미스 일가의 가족들은 정말로 많이 닮았다. 이것은 다이애나의 아들 윌리엄 왕자를 그의 어머니와 할머니, 그리고 할아버지인 제임스 골드스미스를 거쳐 로스차일드 혈통으로 만들었다. 골트슈미트Goldschmidt 가문은 1895년에 독일에서 영국으로 옮겨오면서 골드스미스가로 이름을 바꿨다. 그들은 18세기부터 프랑크푸르트에서 로스차일드가의 가까운 동료이자 이웃이었다. 로스차일드 왕조의 시조인 메이어 암쉘 로스차일드Mayer Amschel R.는 1773년에 골트슈미트가를 만나서 나라들을 파산시키고 세계금융을 통제하는 계획에 동의했다고 한다. 그 모임에는 쉬프Schiff가, 오펜하이머Oppenheimer가, 바르부르크Warburg가와 그 밖에 전(前) 하자르족의 성원들도 참석했다. 물론, 바로 이것이 그들이 한 일이라는 데는 의심할 나위가 없다. 록펠러가(이전의 록켄펠테르Rockenfelder)도 독일에서 미국으로 건너 온 전 하자르족이다. 지난 2011년 웨스트민스터 대성당에서 윌리엄 왕자와 결혼식을 올린 케이트 미들턴도 로스차일드-골드스미스와 계보상으로 연관성이 있을 수 있다고 추측된다. 그녀 어머니의 처녀 때 이름은 캐럴 골드스미스Carole G.였다. 그들의 비밀스런 역사를 안다면 로스차일드 혈통과 영국 왕실인 '윈저Windsor가'(독일의 작세-코부르크-고타가Saxe-Coburg-Gotha) 사이의 많은 연관성이 똑똑히 보일 것이다. 윌리엄이 왕이 된다면 영국의 왕좌에는 명백히 로스차일드 혈통이 존재하게 된다. 하지만 그 외에도 얼마나 더 많은 일들이 있었을까?

혼혈 혈통의 세계적 중심, 로마

혈통들이 세웠던 몇몇 장소들과 문화들은 지금까지도 그들 음모의 중심으로 남아있다. 가장 두드러지는 곳이 로마인데, 기독교가 시작되었다고 우리가 알고 있는 곳이다. 로마는 로마교회 또는 로마가톨릭교회를 세우고 통제하는 렙틸리언 혼혈의 비밀결사 네트워크의 세계적 중심으로 남아있다. 예수회, 몰타기사단Knights of Malta, 템플기사단Knights Templar과 오푸스데이Opus Dei와 같은 세계적인 그물망을 가진 엘리트 비밀결사들이 모두 바티칸과 깊이 이어져있다. 렙틸리언들과 그들의 혼혈들이 모든 큰 종교들과 대부분의 작은 종교들을 만들었다. 이 가운데 기독교, 유대교, 이슬람은 모두 이전에 수메르와 바빌론이 지배했던 땅들과 더 넓은 중동지역에서 나왔다. 지금의 이라크에서 찾아낸 고대의 점토판들을 번역한 결과를 보면 유대교와 기독교의 기둥인(그리고 이슬람에도 이어지는) 구약성서가 수메르 이전부터 있던 훨씬 더 오래된 이야기들을 다른 이름의 등장인물들과 다른 지역들을 차용해서 재탕하고 개작한 것임을 의심할 나위 없이 보여준다. 갈대 바구니 속에서 발견된 모세 이야기는 더 오래 전인 기원전 2550년쯤의 바빌론 왕인 '아가데(아카드)의 사르곤' 이야기와 비슷하다. 노아와 대홍수 이야기가 같은 곳에서 나왔다는 것은 이미 살펴봤다. 수메르와 바빌론에서 나온 혈통들은 가는 곳마다 그들의 악마 같은 종교를 가지고 갔다. 처음에는 그것을 드러내놓고 했지만, 나중에는 상징적인 의식들과 거짓 핑계들 뒤로 숨겨야했다. '기독교도'의 삼위일체는 바빌로니아인의 삼위일체다. 바빌론에서의 삼위일체는 성부나 태양신 니므롯Nimrod, 성모이자 여신인 세미라미스Semiramis나 이슈타Ishtar, 그리고 동정녀의 아들 니누스Ninus나 타무즈Tammuz다. 마침내 로마로 옮겨온 혈통들은 그들의 악마 같은 종교를 결국 '기독교'와, 성부인 하느님(가장한 니므롯), 성자인 예수(가장한 타무즈), 그리고 '성령'이라는 삼위일체의 연막 뒤로 감췄다. 기독교는 성령을 비둘기로 상징화하는데, 이것은 바빌로니아인들이 세미라미스/이슈타를 상징화한 방식이다. 이슈타에게서 우리는 부활절을 뜻하는 '이스터Easter'라는 이름과 축제를 가져왔다. 바빌로니아인들이 여신 세미라미스/이슈타에게 붙인 '성모', '천국의 여왕'과 같은 칭호들과 속성들이 로마의 '새로운' 기독교에서는 '성모 마리아'에게 부여됐다. 모든 기독교가 생겨나온 로마교회는 옮겨온 바빌론교회일 뿐이었다. 그림 111을 보라. 수메르 이전 우바이드인들의 무덤에서 나온 파충류 조각상에서 성모 마리아까지 이어지는 '성모와 아들'의 변천을 볼 수 있다. 여신은 금성의 상징이었지만, 달과 관련되기도 했다. 고대인들은 달을 신들과 여신들의 '전차'로 상징화했다. 그리스의 달의 여신 셀레네Selene는 백마들이 끄는 은빛 전차(달)를 타고 있는 모습으로, 인도의 신 찬드라Chandra는 열 마

【그림 111】 보편적으로 나타나는 여신: 수메르 이전 메소포타미아의 파충류 어머니와 아들, 바빌론의 세미라미스 여왕(이슈타)과 타무즈, 이집트의 이시스(Isis)와 호루스(Horus), 그리고 기독교의 성모 마리아와 예수

리 백마들이 끄는 달의 전차를 타고 하늘을 날아다녔다고 묘사되었다. 로마 황제 콘스탄티누스는 서기 325년에 열린 니케아 공의회에서 지금까지도 기독교인들에게 강요되는 이른바 '니케아 신조Nicene Creed'를 발령했다. 콘스탄티누스는 기독교인도 아니었다. 그는 '솔 인빅투스Sol Invictus', 곧 '무적의 태양'이라 부르는 태양신을 숭배했다. 그가 기독교를 로마제국의 국교로 하겠다는 칙령을 내렸을 때 대부분의 사람들에게는 문제가 없었다. 그 '새로운' 신앙은 다른 이름과 모습으로 가장한 그들의 오랜 종교였을 뿐이었다. 그들은 그리스 디오니소스의 로마판인 바커스 같은 신적 존재들을 숭배하고 있었고, 그 신적 존재들은 '예수'라는 이름으로 바뀌기만 했을 뿐이었다. 디오니소스/바커스에 관한 다음과 같은 이야기가 전해지고 있다.

디오니소스는 12월 25일에 동정녀 어머니에게서 태어났고, '신성한 아이'로서 구유에 놓였다. 그는 기적을 보여주면서 여행하는 교사였다. 그는 '나귀를 타고 위풍당당하게 나아갔다. 디오니소스는 다산과 정화를 위한 성체의식에서 죽임당하고 먹힌 성스러운 왕이었다. 그는 3월 25일에 부활했다. '포도나무의 신'이었고 물을 포도주로 바꿨다. 그는 '왕들의 왕', '신들의 신'으로 불렸다. 그는 '독생자', '구세주', '죄를 짊어진 자', '기름부음 받은 자', 그리고 '알파와 오메가'로 여겨졌다. 그는 숫양 또는 어린양과 동일시되었다. 그의 희생에 붙은 '덴드리테스 Dendrites('나무의'라는 뜻-옮긴이)'나 '나무의 젊은이'라는 이름은 그가 나무에 매달렸거나 십자가에 못 박혔다는 뜻을 풍긴다.

어디서 들어본 소리 같지 않은가? 미트라Mithra나 미트라스Mithras라 불렸던 로마와 페르시아의 또 다른 신적 존재들을 다룬 이야기가 '예수'보다 오래 전에 세상을 떠돌았다. 미트라는 '포도나무', '선한 목자'였다. 흔해빠진 이야기인 것이다. 나는 바티칸에 몇 번 가봤는데 그곳은 온통 태양신과 달의 여신의 상징성, 그리고 일루미나티의 상징성이 깔려있다. 성 베드로 광장의 중심에는 고대 이집트의 '태양의 도시' 헬리오폴리스Heliopolis에서 온 진품 오

【그림 112】 교마교회는 악마 같은 바빌론교회가 옮겨온 것이고 고대 이집트의 '태양의 도시'에서 온 진품 오벨리스크는 작은 십자가로 '기독교화' 되었다. 얼마나 멋진가. 크리스마스 트리와 '예수'의 탄생 장면은 모두 '이교도'의 세계로 거슬러 올라간다.

벨리스크가 있다. 그들은 이것이 '기독교의 것'으로 보이도록 꼭대기에 작은 십자가를 갖다 붙였다(그림 112). 멋진 솜씨다. 핵심적인 일루미나티 도시인 런던에도 고대 이집트의 진품 오벨리스크가 있다. 템스 강(켈트의 여신 테메시스Temesis의 이름을 땄다) 옆에 서있는 '클레오파트라의 바늘'이 이것이다. 템스 강은 옥스퍼드에 있는 일루미나티의 세뇌센터를 지나는 구간에서는 '아이시스Isis 강'으로 불린다. 이시스는 이집트의 여신이자 또 하나의 '성모'다. 뉴욕과 파리에도 센트럴파크와 콩코르드광장에 이집트의 진품 오벨리스크가 있는데, 콩코르드광장은 다이애나 비의 차가 충돌하기 직전에 지나갔던 곳이다. 파리의 오벨리스크는 끝이 금으로 칠해져 있다. 오시리스의 금으로 된 남근이다. 혼혈 혈통들의 변천과정을 그들의 상징들, 이름들, 심지어 건축물에서도 찾아볼 수 있다. 유명한 '로마의 7언덕' 중 하나가 그들이 고대의 주피터 신전을 지었던 카피톨리네 언덕Capitoline Hill이다. 카피톨리네라고 불리는 것은, 신전의 토대를 파다가 사람의 해골 하나가 나왔기 때문이었다. '해골'이나 '머리'를 뜻하는 라틴어는 '카풋caput'인데, 우리가 오늘날 이 낱말을 죽거나 완전히 나가떨어진 뭔가를 뜻하는 데 쓰는 이유가 이것이다. 로마를 세웠던 혈통들이 미국 정부의 본부인 의회를 워싱턴 D. C.에 세웠을 때, 그들은 그 건물을 '해골의 언덕'인 '캐피톨 힐Capitol Hill'이라 불렀다(그림 113). 몇몇 다른 주도(州都)들도 그렇게 하고 있고, '캐피털capital'이라는 낱말도 '카풋'과 같은 어원을 가지고 있다. 인간의 해골과 해골-뼈다귀들은 혈통들의 중요한 상징이다. 미국의 예일대학교에는 해골단Skull and Bones Society이 있는데, 부시Bush가를 비롯한 혈통출신의 학생들, 미래의 지도자들과 음모의 운영자들이 젊은

172

시절 공식적으로 발을 들여놓는 곳이다.
해골단은 로스차일드가의 본산인 독일
에서 미국으로 건너왔고, 이들 입회자들
의 많은 수가 나중에는 공개적이거나 무
대 뒤의 영향력 있는 자리에 앉게 된다.
미국 대통령이었던 부시 부자(父子)만 해
도 해골단 입회자들의 예인데 입회의식
의 하나로 발가벗은 채로 고추에 리본을
묶고 관 속에 누워야 했다. 이런 사람들
이 우리 세상을 움직이고 있다. 로마와
바티칸의 곳곳에서 보이는 '성 베드로
의 열쇠들'은 사실 상징적인 해골-뼈다
귀다(그림 114). 이 대목은 '예수' 이야기
에도 나온다. 성서에는 예수가 '골고다
Golgotha'라는 언덕에서 십자가에 못 박혔
다고 나와 있는데, 이는 '해골의 터Place of
the Skull'라는 뜻으로 골고다의 다른 이름
인 '갈보리Calvary'도 같은 뜻이다.

【그림 113】 데이비드 디스(David Dees)가 미국의회
(Capitol Hill)를 아주 적절하게 해골로 상징화했다.

【그림 114】 '성 베드로의 열쇠들'은 사실 '해골 − 뼈
다귀'의 상징이다.

여신에게 갈채를

워싱턴 D. C.의 의사당건물은 '자유로운 미국'의 상징으로 여겨지지만, 사
실 그것은 악마 같은 법과 의식으로 조종되는 사탄의 신전이다. 미국의 '자
유'를 상징하는 것이 뉴욕 항에 있는 자유의 여신상이다. 그러나 이것은 자
유의 상징이 아닌, 억압의 상징이다. 이 여신상은 바빌론에서 세미라미스/
이슈타로, 그 밖의 곳들에서는 다른 이름들로 알려진 고대의 여신을 표현한
것이다. 여신들은 예외 없이 금성, 달과 관련된다. 고대인들이 세미라미스

【그림 115】세미라미스 여왕(이슈타)이 고대세계에서 어떻게 묘사되었는가? 어디서 봤더라?

【그림 116】'자유의 여신상'이라 부르는 바빌로니아인들의 여신. 토성의 상징인 니므롯의 불꽃을 들고 있다.

를 어떻게 묘사했는지를 들여다보면 자유의 여신상이 어디서 나왔는지 알게 될 것이다(그림 115). '자유의 여신상'은 바빌로니아인들이 그들의 태양신 니므롯을 상징하는 데 썼던 타오르는 횃불을 들고 있는데, 이것은 13개의 주도적인 혼혈 혈통들의 '황금종자'를 나타낸다(그림 116). 13이라는 숫자는 일루미나티 일가들에게 핵심이 되는 숫자(진동)이다. 미국의 '슈퍼의회'가 6명의 민주당의원과 6명의 공화당의원, 그리고 대통령, 모두 13명으로 이루어진 게 우연이 아니다. 자유의 여신상은 태양의 상징 위에 서있기도 하다. 오늘날 아주 뚜렷한 태양의 상징들로 보이는 태양신들은 그들이 '오래된 태양'과 '검은 태양'이라 부르는 토성의 상징들임이 명백하다. 그 이유는 다음 장에서 분명해질 것이다. 모든 것의 핵심은 토성과 달이고 목성도 포함된다.

세미라미스/이슈타는 '달 알moon egg' 속에 들어가 지상에 왔다고 하고 이것은 '이슈타의(이스터의) 알'로 알려지게 되었다. 부활절과 크리스마스는 기독교 이전 시대의 축제였다. 자유의 여신상은 그것이 무엇을 묘사하는지 정확히 알고 있었던 프랑스의 프리메이슨이 보내온 것이다. 그들은 센 강에 있는 한 섬에 똑같은 모습의 여신상을 가지고 있다(그림 117). 미국 의사당건물의 꼭대기에 있는 '자유의 여신'도 같은 뜻을 가지고 있으며, '컬럼비아 여신(컬럼비아 영화사의 상징으로 나오는 여신-

옮긴이)과 '정의(턱도 없다는 편이 훨씬 낫다)' 를 상징하는 저울을 들고 있는 여신들도 마찬가지다. 세미라미스/이슈타가 바빌론에서는 비둘기로 상징화되었다는 말은 앞에서 했었다. 로마인들은 그녀를 '비너스 컬럼바 Venus Columba', 곧 '비너스 비둘기'로 숭배했다. '비둘기'는 프랑스어로 '꼴롱브colombe' 인데 뱀을 뜻하는 라틴어 '콜루버coluber'와 가깝다. 놀랍지도 않게, 비둘기로 표현된 여신의 상징들을 로마 성 베드로 대성당에서도 보게 된다(그림 118). 워싱턴 D. C.는 컬럼비아 특별구에 있다. 사람들은 이것이 크리스토퍼 콜럼버스와 관계있다고 생각하지만 그렇지가 않다. 컬럼바/꼴롱브, 곧 비둘기와 관련이 있다. 1717년에 세워진 런던 프리메이슨리Freemasonry(프리메이슨단의 주의나 제도-옮긴이)의 마더 롯지Mother Lodge는 그레이트 퀸 스트리트에 있다. '그레이트 퀸'은 바빌로니아의 여신에게 붙여진 이름들 중 하

【그림 117】 파리 센 강의 한 섬에 있는 '자유의 여신상(바빌로니아의 여신)'의 똑같은 모습

【그림 118】 검은 태양(토성) 니므롯과 성 베드로의 옥좌 뒤에 있는 바빌로니아 여신의 비둘기

나였다. 런던의 이 '마더 롯지'는 프리메이슨리를 미국에 들여왔다. 고대 금성/달의 여신의 다른 이름들은 유로파Europa와 다이애나이다. 유럽은 분명히 유로파의 이름을 딴 것이다. 이것으로 일루미나티가 만든 유럽연합은 '여신의 연합'이 된다. 이 여신은 뱀의 달 위에 서있고, 머리 주위에 12개의 별이 있는 모습으로 묘사되었는데, 이것이 12개의 별이 있는 유럽(유로파) 연합 로고의 기원이다(그림 119와 120). 우리에게는 '여신 연합' 노릇을 하는 EU와 '여신 또는 비둘기 특별구'이면서 미합중국 정부의 중심인 워싱턴 D. C.가

【그림 119-120】뱀의 달 위에 서서 머리 주위로 12개의 별이 있는 여신. 이것이 EU의 상징인 12개 별의 기원이다.

있다. 이것은 우연의 일치가 아니다. 다이애나 비의 남동생 얼 스펜서Earl Spencer는 웨스트민스터 대성당에서 있었던 다이애나의 장례식 연설에서 그녀의 이름은 고대의 여신 다이애나에게서 딴 것이라고 했다. 다이애나는 바티칸에 묘사된 그리스 여신 아르테미스Artemis의 로마이름이었다. 아르테미스는 해골-뼈다귀의 초기 이미지인 '성 베드로의 열쇠들'에서 가슴에 벌들이 있는 모습으로 상징된다. 벌들과 벌집은 이 혈통의 상징의 하나이고 그래서 교차한 열쇠들 위에 상징화된 벌집/해골이 있다. 벌들은 《성혈과 성배》와 《다빈치 코드》와 같은 책들을 통해 최근에 부각된 메로빙거Merovingian 혈통의 상징이기도 했다. 메로빙거 혈통은 서기 500-751년 지금의 프랑스와 독일을 다스렸던 메로빙거 왕들을 낳았다. 전설에 따르면 메로빙거 왕조의 시조인 메로비Merovee는 '바다괴물'이 씨 뿌렸다고 한다. 상당히 많이 나오는 대목이다. 기원전 323년 바빌론에서 죽기 전, 이집트와 메소포타미아에 쳐들어갔던 알렉산더 대왕에 관한 전설들에서는 그의 진짜 아버지가 뱀신인 '암몬Ammon(숨어있다는 뜻)'이었다고 한다. 알렉산더는 '뱀의 아들'로 알려졌다. 어떤 작가들은 메로빙거 혈통이 예수의 혈통이라고 우기지만 그렇지 않다. 예수란 사람이 없었는데 어떻게 그럴 수 있겠는가? 사실 그것은 렙틸리언 혼혈 혈통들의 하나다. 메로빙거의 왕들은 '신들의 어머니'인 여신 다이애나를 숭배했다. 다이애나 비는 메로빙거의 왕들이 세운 도시 파리의 알마 교Pont de l'Alma라는 터널에서 암살당했다. 이 명칭은 '달의 여신의 다리 또는 통

176

로'라고 번역된다. 그녀는 죽기 직전에 콩코르드광장에 있는 태양신(토성)의 남근을 지나갔다. 그 터널 위에는 '자유의 여신상'이 들고 있는 횃불을 묘사한 '자유의 불꽃'이라는 조각상이 검은 사탄의 별모양 위에 서있는데, 사람들은 여기서 다이애나를 추모한다(그림 121). 다이애나 비는 죽은 뒤에 장미로 상징되었는데('영국의 장미'로 불리면서 추도회에 장미를 바쳤다) 장미는 교회에

【그림 121】알마 교 위의 검은 별 모양에 서있는 '자유의 불꽃'. 사람들은 여기서 다이애나 비를 추모한다.

서 성모 마리아의 모태를 나타내는 데 사용한다. 로마인들은 이것을 '비너스의 장미'로 불렀고, 바빌로니아의 세미라미스와 금성과 달의 여신 역시 그렇게 불렀다. 정말로 이것들이 모두 우연의 일치일까? 이 사람들에게는 모든 것이 의식이자 상징성이다. 파충류의 유전특질이 '의식행동'을 낳는 데 당연한 일이 아니겠는가? 이것은 유전적 소프트웨어의 일부다. 우리는 보통 사람들의 반복되고 예측할 수 있는 의식행동에서 그것을 보지만, 파충류의 유전특질이 훨씬 많이 주입된 혼혈들은 그것을 완전히 새로운 수준으로 드러낸다. 영국 왕실과 관련된 온갖 걸치장, 의례와 허례허식은 기독교 의식과 나라의 전통들을 가장한 고대 이교도의 의식들이다. 영국 군주의 대관식은 이집트와 메소포타미아 같은 곳들로 거슬러 올라가는 고대의 사탄의식과 즉위식들을 바탕으로 한다. 왕실은 해마다 그때와 같은 시간에 같은 궁전들에 가기도 하고 줄곧 의식과 '의전(의식)'을 목매어 따른다. 이것이 그 이유인 것이다. 그런데, 나는 다이애나 비가 죽기 오래 전에 파리에서 희한한 경험을 했다. 우리 가족이 프랑스에서 휴가를 보내는 동안 함께 파리로 당일치기 여행을 갔다. 하지만 아주 숨 막힐 듯이 더워서 한 시간도 머무르지 못했다. 우리는 에펠탑에서 전철에서 내려 인도교를 걸어 센 강을 건너가서는 벤치에 잠깐 앉아 쉬었다. 그러고서 역으로 다시 가서 그곳을 떠났다. 다음번에

내가 그 벤치에 앉은 것은 다이애나 비가 죽은 1997년, 그 죽음에 대해 캐고 있었을 때였다. 벤치는 알마 교 터널 위에 있었다.

이슬람의 비밀

지금까지 여신에의 집착과 기독교와의 관계를 살펴봤지만, 혈통의 또 다른 종교인 이슬람도 사실은 달과 토성을 숭배하는 종교다. 달과 토성에 초점을 맞추는 이유는 다음 장에서 뚜렷해질 것이다. 수메르인들은 많은 이름들로 달을 숭배했고, 후에 메소포타미아의 아시리아, 바빌로니아, 아카드인들은 '씬Sin'이라는 이름으로 달의 신을 숭배했다. 이것이 기독교의 '죄sin'와 '죄인sinner'이라는 개념의 기원이다. 씬은 '산의 신'으로 알려졌고 그래서 성서에는 '하느님'이 '모세'에게 십계명을 줬다고 주장하는 시나이Sinai 산이 있다. 성서 속 고대 히브리인들의 이야기(이야기일 뿐이다)엔 '황야' 또는 '죄의 사막'도 나온다. 이슬람 이전의 아라비아인들은 '모든 신들 위의 신'인 달의 신을 숭배했고, 그 중요한 성지가 메카에 있었다. 이슬람 이전의 아라비아의 달의 신은 '알-일라al-ilah'나 '알-라al-Ilah', 그리고 나중에는 '알라Allah'로 불렸다. 나중에 '예언자 무함마드'가 된 남자는 달의 신 알라를 숭배한 가족에서 자랐다. 예언자는 알라가 '모든 신들 위의 신'이 아닌 유일한 신이라고 결정했다. 이슬람은 달과 토성을 숭배하는 일신교monotheistic(달-신교moon-otheistic)의 종교로 태어났지만, 그 추종자들의 98퍼센트는 자신들이 그렇게 하고 있음을 모른다. 다신숭배에서 일신숭배가 된 유대교, 그리고 로마의 다신종교에서 일신숭배로 바뀐 기독교에서도 같은 일이 벌어졌다. '모든 신들을 위한'이라는 뜻의 로마 판테온Pantheon은 유일신 기독교의 장소로 단장되었다. 나머지 모든 신들은 뭘 하고 지냈는지 궁금하다. "미안하네만 친구, 여긴 일거리가 없네, 이제 우리에겐 하나만 있으니 요즘엔 신들을 찾지 않는다네." 달의 숭배가 아주 중요하다. 유대인들은 초승달일 때 한 달을 시작하고 보름달일 때 유월절 축제를 열고, '기독교'의 부활절(이스터: 바빌로니아의 여신 이슈타)은 보름 뒤의 첫 일요일에 열린다. 차차 알게 되겠지만 그들은 모두 그 우라질 달을 숭배하고 있고, 결정적으로는 토성을 숭배하고 있다. 기독교는 이교의 종교들을 비난하고 악마화한다. 한통속인데도 말이다. 얼마나 웃기는 일인가! 온갖 다른 신들과 여신들과 그 의미에 대한 다른 해석들로 그득한 고대 신화를 훑고 다니는 일은 악몽과도 같은 일일 수도 있다. 점들이 이어질 수 있기까지 낱낱이 들여다봐야하는 그토록 많은 주제들이 있다면 더욱 그렇다. 나는 이 책을 쓰면서 무척 많은 돈을 흘리고 다녔고 그 주제들은 거의 모두 나를 달과 토성으로 이끌었다. 나는 '이스라-엘'에서처럼 유대인의 신인 '엘티'이 달과 관계가 있음을 몇 군데 장소에서 읽어냈다. 하지만 그것은 정말로 토성신(그리스와 로마신화의 신 새턴Saturn)의 복사판이다. 유대교는 다른 것들 중에서도 달을 덤으로 얹은 토성숭배(토요일Saturday 또는 새턴-데이Saturn-day를 안식일로 하는)이고, 또 시온Zion도 토성에 대한 암호로 쓰인다. 로스차일드가의 작품인 시오니즘은 새터니즘Saturnism이다. 대다수의 유대인들은 이것을 모르지만, 그들의 지도자들은 분명히 알고 있다. 무슬림들은 이슬람에서 가장 성스러운 곳인 메카의 카바성전Kaaba을 '아브라함'이 세웠다고들 하는데, 성서에서는 아브라함이 '시나르Shinar(수메르/메소포타미아)'에서 와서 히브리인들의 씨를 뿌렸다고 한다. 아브라함은 유대교, 이슬람, 기독교에서 중요한 인물이며, 세 종교 모두 예루살렘을 아주 중요하게 여긴다. '우루살림URU-SA-LIM'이라는 이름이 수메르와 바빌로니아 점토판들에서 발견되었다. 유대교와 이슬람은 서로 다르다고 말하지만 두 종교 다 코셔Kosher와 할랄Halal이라는 음식법에 나온 대로 같은 방식으로 동물을 도살해야 한다고 주장한다. 이것이 정말로 우연의 일치일 뿐이라고 생각하는 걸까? 이 종교들은 모두 근원이 같고, 아울러 다른 모든 것들과 마찬가지로 사람들의 마음을 프로그램하고, 엄격한 통제구조와 계층을 만들며, 상대를 서로 우습게 여기도록 함으로써 나누고 지배하고, 또한 종교들을 파벌싸움으로 갈라놓으려고 만든 것이다. 제대로 먹혀들어가지 않았는가, 어떤가?

혈통들은 오랫동안 그들의 종교적, 정치적 청사진의 영향력을 확장시켰다. 로마의 독수리는 미국의 독수리, 독일의 독수리, 그리고 다른 많은 나라들의 독수리가 되었다. 로마의 원로원Senate은 미국의 상원Senate이 되었고, 지금 영국 정부는 영국 의회의 상원인 'the House of Lords'를 'Senate'로 바꾸는 방안을 검토하고 있다. 워싱턴 D. C.의 건물들은 런던에 있는 많은 건물들과 마찬가지로 고대 로마의 것들을 바탕으로 하고 있다. 워싱턴 D. C.는 미국의 첫 번째 로마가톨릭 주교이자 혈통의 협력자 벤저민 프랭클린의 가까운 동료였던 예수회 존 캐럴John Carroll 일가가 독차지했던 '로마'라고 불리던 땅위에 세워지기까지 했다. 예수회는 로마교회와 연결된 중요한 비밀결사이며 세계통제의 그물망에서 강력한 세력이다. 연구자들에게는 '검은 교황'으로 널리 알려진 '수도회 총장'이 그들을 다스린다. 미국인들의 대부분은 로마교회가 예수회 캐럴 일가를 통해 그들의 수도 워싱턴 D. C.의 설립과 입지에 미친 영향을 알지 못한다. 분명히 그들은 에너지적인 그리고 의식을 위한 이유들이 아니었다면 '여신 특별구'의 이 위치에 워싱턴을 갖다 놓지 않았을 것이다. 지구의 에너지그리드 위에서 그것의 위치가 아마도 차원간 '관문'의 하나일 수 있거나 아니면 지하에 있는 무엇 때문일 것이다. 그곳에 갔을 때마다 또 다른 에너지 '세계', 거의 또 다른 차원으로 들어가는 듯한 느낌이 들었다. 아주 이상한 곳이다.

여왕과 나라를 위하여? 아니, 그냥 여왕만

왕실들과 '통치의 신성한 권리'는 렙틸리언 동맹과 그 혼혈 혈통들이 지난 몇백 년 전까지만 해도 인간을 폭압했던 수단들이었다. 사람들이 왕실의 독재에 반기를 들기 시작하자 그들은 수법을 바꿔야 했고 혼혈들은 정치, 금융, 사업 같은 '검은 권력자' 직업들을 장악했다. 몇몇 왕실들은 살아남아서 '오로지 의례적이고 상징적이라는' 허울뒤에 그들의 진정한 권력을 감췄다. 그런데 그것이 사실일까? 우선 영국 왕실만 봐도 그것이 사실이 아니라는 것은 불을 보듯 뻔하다. 영국의 국가 원수인 엘리자베스 2세는 법적으로도 그리고 배후에서도 아직 막강한 영향력을 가졌다(그림 122). 정치인들, 군의 인사들, 경찰관들, 법관들과 정보기관에서 일하는 사람들, 심지어 성직자들도 여왕에게(영국의 국민들에게가 아니라) 충

【그림 122】 엘리자베스 2세 영국 여왕. 분명히 '상징적인' 군주는 아니다.

성서약을 해야 한다. 여왕은 '왕권'을 대표하는 사람으로, 이것은 내가 다른 책에서 설명하듯이 군주 이상의 것이다. 군주는 다시 말하지만 비밀결사들의 혈통 네트워크인 '왕권'의 '얼굴'일 뿐이다. 국민이 뽑은(원칙적으로는) 의회의 의원들은 이렇게 서약해야 한다. "나는 …… 법에 따라 전능하신 하느님의 이름으로 엘리자베스 여왕폐하와 그 후계자들께 충직하고 진심으로 충성할 것을 맹세합니다. 그러니 하느님께서 저를 도우소서." 여왕이 '나의' 정부와 '나의' 의회라고 말하는 것도 당연하다. 판사들도 같은 서약을 해야 하고, 경찰관들은 "나는 진심으로 여왕을 모실 것임을 엄숙하고 충심으로 선언하고 단언합니다."라고 맹세해야 한다. 군인이 되고 싶은(왜?) 사람이라면 이렇게 말해야 한다.

"나는 …… 전능하신 하느님의 이름으로 엘리자베스 여왕폐하와 그 후계자들께 충직하고 진심으로 충성할 것과, 의무로서 성실하고 충직하게 폐하와 그 후계자들과 왕위와 위엄을 모든 적들로부터 몸소 지킬 것과, 폐하와 그 후계자들과 장군들과 상관들의 어떤 명령이라도 준수하고 복종할 것을 맹세합니다. 그러니 하느님께서 저를 도우소서."

그렇다면 '나의' 군대다. 심지어 보이스카우트와 걸스카우트도 노려보는 얼굴의 그 여성에게 충성을 맹세해야 한다. 블레어 총리 정부의 어떤 얼간이는 학교졸업생들이 여왕과 나라에 충성서약을 하도록 권장해야 한다고 제

안하기까지도 했다. 자원한 학생들에게 세금과 수업료 환불을 제시하면서 말이다. 어쨌거나 그들은 영국의 왕실이 아니다. 그들은 로스차일드가의 땅으로부터 온 독일 작세-코부르크-고타가다. 1차 세계대전에서 영국이 그 일가의 독일 쪽 진영과 전쟁을 벌이고 있을 때 선전을 목적으로 이름을 바꿨을 뿐이다. 독일의 '바텐베르크Battenberg'도 같은 때에 같은 이유로 '마운트배튼Mountbatten'이 되었다. 이렇게 한때 왕실의 중요한 인물이던 바텐베르크 경은 마운트배튼 경이 된다. 살아남아 있는 유럽의 모든 왕실들에 같은 주제가 적용된다. 그들은 다른 이름들을 가진 한 가족이다. 같은 혼혈 혈통들 말이다. 영국 왕실은 독일, 덴마크, 그리스, 러시아인, 스웨덴왕실은 독일(작세-코부르크-고타), 프로이센, 영국인, 스페인왕실은 영국, 프랑스, 이탈리아, 독일, 러시아, 그리스, 덴마크인과 합스부르크Habsburg가(중요한 렙틸리언 혼혈 혈통) 출신, 네덜란드왕실은 독일, 영국, 러시아인, 노르웨이왕실은 영국, 독일, 덴마크, 스웨덴, 프로이센인, 그리고 덴마크왕실은 영국, 독일, 스웨덴, 러시아, 그리스인으로 이루어졌다. 벨기에 '왕실'은 독일(로스차일드) 작세-코부르크-고타가가 이룬 또 하나의 왕실이다. 왕실 '일가들'은 '본사' 하나에 여러 나라들에서 CEO로 활동하는 '지사'들을 가진 기업처럼 일한다. 그들이 무슨 권리로 국가원수가 되고 그 가족들이 당연하게 대를 물리는 걸까? 그들의 혈통, 그들의 DNA다. 이런 일이 이른바 '현대세상'에서 버젓이 일어나고 있지만, 대부분의 렙틸리언 혈통 '엘리트'는 더 이상 왕관을 쓰지 않는다. 뭐, 의식을 치를 때 말고는. 그들은 자신들의 검은 속셈을 추구하려고 공개적으로 검은 정장을 입는다. 그것과 마찬가지로 영국의 군주제는 가장 인종차별주의적인 제도다. 오로지 한 일가만이 국가원수가 될 수 있다. 사실상 이것은 오로지 한 종교의 한 형태만을 믿어야 하는(적어도 공식적으로는) 한 혈통의 백인들에게만 그 권력과 특권을 한정한다. 그 종교는 바로 개신교 기독교다. 이런 일이 공식적으로는 인종차별주의를 혐오한다고 주장하는 나라에서 일어난다. 인류가 성인으로 성장하려면 군주제라는 개념이 싹 없어져야 한다. 몇 년 전 당시 인종평

182

등위원회라고 부르던 정부조직에 이 인종차별주의 제도에 대해 항의한 적이 있다. 이 조직은 인종차별주의의 사례들을 조사하도록 되어있지만, 정부기금으로 운영되는 조직으로서 그것이 조사하는 사례들을 신중하게 선별한다. '군주제'라고 하는 이 제도화된 인종차별주의를 조사하라는 내 요청은 거부되었다.

아, 그래? 나는 충격 받았다. 뭐랄까, 대영제국 훈위를 받을 때 여왕 앞에서 무릎 꿇었던(더 의례적인) 그 조직의 위원장 트레버 필립스Trevor Phillips라는 친구에게는 꽤 난처한 일이었을 것이다. 얼마나 웃기는 짓들인가?

민주정치의 허구

혈통들은 사람들이 왕실의 노골적인 지배에 반기를 들기 시작하자 전략을 바꿔서 우리가 '정치제도'라고 부르는 것을 들여왔다. 이것으로 그들은 '민주주의' 그리고 '권력은 국민에게서'라는 허울 아래 폭정을 계속할 수 있게 되었다. 가장 중요한 것은 그들이 '정당'이라는 피라미드구조물을 들여왔다는 점이다. 왕실의 독재로부터 옮겨가는 과정에는 사람들이 독자적인 정치 후보자의 품성, 관점과 사고방식을 보고 표를 던질 수도 있다는 엄청난 위험이 있었고, 수백 명을 통제하기란 훨씬 더 어렵다. 어떻게 반응할지를 결정하기 전에 그들의 개인적인 장점들에 비추어 제안과 정책들을 들여다봐야할 수도 있다. 아, 아니다! 악몽이다! 하지만 그들은 정당이라는 개념으로 이런 말도 안 되는 온갖 일들에서 손을 털었다. 정당들은 피라미드 계층구조이므로 피라미드에 있는 모든 사람을 통제하려면 꼭대기의 몇 사람만 통제하면 된다. 요즘은 자금과 홍보의 문제 때문에 어느 정당에 소속되지 않고서는 사실상 당선될 기회가 없다. 따라서 당신이 선거에서 당선되려면 의회나 국회의원에 입후보할 수 있도록 당의 계층구조가 당신을 선택해야 한다. 그들의 승인을 얻으려면 당의 실력자들의 '마음에 들어야'하므로 당이 '시키는 대로' 해야 한다. 당신은 당이 당신에게 바라는 것을 하고 말해야 한다. 당의 계층구조가 당신이 무엇을 믿어야하는지를 결정하면, 당신이 동의하지 않는 것이라 해도 그것을 지키고 심지어 그것을 위한 운동도 벌여야 한다. 당신이 국회의원으로 뽑혔다 해도 바로 같은 일을 해야 한다. 높은 자리까지 올라가고 결국 정부로 들어가기를 바란다면 당신은 하라는 대로 표를 던지고 하라는 대로 말해야 한다. 정당들에는 자당의 의원들이 피라미드 꼭대기층이 요구하는 대로 표를 던지게 하는 '원내총무'라는 직책도 있다. '당의 결속'이란 곧 '모두 하라는 대로 한다'의 다른 표현이다. 당의 방침에 따르지 않는 불화가 더 많다고 해보자. 원내총무는 잠재적인 반대자들에게 하라는 대로 표를 던지면 어떤 보상을 주겠다고 제안한다. 그것이 안 먹혀 들어가는 경우, 그들이 계속 그런 식으로 자신들만 생각하면 당에서의 승진이 가로막히게 될 거라고 지적할 것이다. 또 이것도 안 통하면 원내총무는 그들이 당에 순종하고 자신의 양심을 따르는 일을 그만두지 않으면 어두운 비밀 몇 가지가 대중매체에 새나갈 수도 있다는 말을 넌지시 내비치기도 한다. 신사숙녀여러분, 이것이 그들이 '민주주의'라 부르는 것이다. '자유'와 맞바꿀 수 있다고 하는 그 낱말 말이다. 하지만 아니다. '민주주의'는 '자유로운 사회'를 가장한 폭압이다. 이 '정당제도'의 다음 수준으로 가보면 왜 사람들이 던지는 표가 무의미한지를 알 수 있다. 혼혈 혈통들은 한 나라에서 한 정당만을 통제하는 것이 아니다. 그들은 집권 가능성이 있는 당들과 그렇지 않은 당들 대부분을 어쨌든 통제한다. 어떤 '정당'이 정부로 들어가느냐가 중요하지 않은 것은 늘 같은 세력이 통제하고 있기 때문이다. 이런 이유로 어떤 정부가 '좌파'나 '우파' 또는 '중도파'라고 해도 지향점에는 변화가 없다. 버락 오바마('미스터 체인지Mr. Change')는 2009년에 미합중국 대통령이 된 뒤로 사실상 아무것도 바꾸지 않았다. 그는 아들 부시의 정책들을 이어나가기만 한 게 아니라, 그것들을 더 확대했다. 알겠지만 요점은 국민과 선거운동을 하는 정치인들 사이에 계약이 없다는 점이다. 당선되고 나서는 그들은 선거운동 때 약속한 것들을 지켜야할 아무런 의무도 없다. 그들이 당신이 듣고

싫어 한다고 생각하는 것들을 말하고 당신은 그들을 찍어준다. 다음으로 그
들은 자신이 늘 하려했던 것들을 한다. 어둠에 가려져 있는 진짜 권력이 지
시하는 인간의 노예화라는 어젠다를 따르는 것이다. 오바마는 쿠바의 관타
나모 미 해군기지를 1년 안에 폐쇄하겠다고 했지만 집권한 다음에는 하지
않겠다고 돌변했다. 사실상 모든 정치인들, 특히 고위직 정치인들이 거짓말
쟁이에 사기꾼들이지만, 오바마는 사기꾼 중의 사기꾼이다. 오바마는 토니
블레어처럼 전형적인 일루미나티의 간판인물이다. 말과 행동이 다르면서
도, 카메라 앞에서는 언제나 웃고 있다. 정치적 사기극의 또 다른 측면은 여
당과 야당 사이의 역학관계다. 일은 이런 식으로 이루어진다. 집권당이 혈
통의 어젠다를 들여온다. 입법을 거쳐 그렇게 할 힘을 가졌기 때문이다. 집
권하지 못한 야당 또는 야당들은 그 어젠다에 반대한다. 그들에게는 힘이 없
으므로 아무런 상관없는 일이기 때문이다. 우리에게는 선거라는 광대놀음
이 있고 어제의 여당이 야당이 되고 야당이 정부가 된다. 이제 그 어젠다에
반대했던 집권당이 그 어젠다를 들여온다. 그렇게 할 힘이 있기 때문이다.
집권당이었던 당은 이제 이전에 자신들이 찬성했던 그 어젠다에 반대한다.
아무것도 할 힘이 없기 때문이다. 이 모든 것들이 사람들로 하여금 자신들에
게 정치적인 선택권이 있다고 생각하도록 속이는 방식이다. 이것은 정부여
당이 바뀌어도 아무것도 바뀌지 않는다는 뜻이다. 이미 눈치 챘을 지도 모르
겠다. 군주제가 무너졌을 때 혈통들이 정부들에 대한 통제를 이어왔던 방법
이 이것이다.

유럽, 일루미나티의 본거지

렙틸리언 혼혈 혈통 네트워크는 이윽고 런던으로 옮겨왔고, 지금도 그렇지
만 이곳은 로마와 함께 세계음모의 굵직한 중심지의 하나가 되었다. 이것은
런던을 통틀어 해당되는 말이지만, 혈통의 중심은 본래의 런던 시가지인 '시
티The City'라 불리는 곳이다. 이곳은 가장 높은 지대인 루드게이트 힐에 성

바울 대성당이 우뚝 솟아있는 지금의 금융가 또는 '스퀘어마일Square Mile'이다. 성 바울 대성당은 한때 로마인들이 여신 다이애나를 섬기던 곳에 세워졌고, 다이애나 비가 찰스 왕세자와 결혼한 곳이기도 하다. 모든 것이 의식이다. 로마인들은 영국의 수도(캐피톨)로서 런던 또는 론디니움Londinium을 세웠고, 미트라스Mithras(로마의 '예수') 신전을 비롯한 많은 로마유적들이 여기서 발견되었다. 사실상 시티의 경계는 중세 이후로 바뀌지 않았다. 시티의 상징은 아주 적절하게도 흰색 바탕에 빨간 십자 문양이 있는 방패를 두 마리 날개 달린 파충류들이 들고 있는 것인데, 이것은 템플기사단의 상징이다(그

【그림 123】'시티'의 상징

【그림 124】시티와 템플이 만나는 곳

림 123). 템플기사단은 몰타기사단처럼 12세기로 거슬러 올라가는 엘리트 비밀 결사의 하나다. 둘 다 예루살렘과 로마와 깊이 이어져있다. 템플기사단은 시티, 그리고 시티와 가장자리를 맞댄 '템플'이라는 지역에 있는 영국 법률제도의 한가운데서 지배적인 세력이다. 문제의 템플은 《다빈치 코드》에 나왔던 본래 템플기사단의 본부가 있던 곳이다. 지금 템플 지역의 땅은 몇 세기 전에 템플기사단이 소유했다. 그들은 지금도 거기서 법원과 법률제도를 통제하고 변호사들, 법정변호사들, 판사들이 '옳은 일', 곧 혼혈 혈통들의 '일'을 하도록 한다. 시티와 템플이 만나는 지점에는 도로 한가운데에 날개 달린 파충류를 묘사한 조각상이 있다(그림 124). 공식적으로는 아니지만 시티는 자체의 정부

와 경찰력을 가졌으며 로마의 바티칸과 아주 비슷하게 움직인다. 그곳은 나라 안의 나라다. 물론 런던의 나머지 지역에는 '런던 시장Mayor of London'이 있지만, 시티에는 언제나 높은 도수의 프리메이슨인 그곳만의 '런던 시장Lord Mayor of London'('Lord'는 토성, 곧 '다크 로드Dark Lord'를 말한다)이 있다. 시티는 렙틸리언 혼혈 비밀결사들의 네트워크가 통제하는데, 로스차일드가 조종하는 잉글랜드은행을 비롯한 건축물들을 보면 어디가 떠오르는가?(그림 125) 시티에는 고대 바빌로니아/로마/그리스의 상징성이 곳곳에 깔려있기도 하다. 유럽은 세계 혈통 네트워크 활동의 본거지다, 특히 런던과 로마가 그렇지만 프랑스, 독일, 스위스, 벨기에도 마찬가지다. EU와 NATO의 본부는 벨기에의 수도 브뤼셀에 있다. 나는 여기서 그 나라의 정부들을 말하고 있는 것이 아니다. 정부들이란 일루미나티의 어젠다를 실현하는 수단들일 뿐이다. 일선에서 뛰고 있는 세계 비밀결사 그물망의 본거지를 말하는 것이다. 북아메리카도 분명히 그들에게 지극히 중요하지만, 미국을 향해 공개적으로 발사되는 총은 유럽에서 비밀스럽게 장전되는 경향이 있다. 최전선에서 뛰는 또 하나의 선수는 이스라엘이다. 이스라엘은 로스차일드의 절대적인 기반이고 유대교, 기독교, 이슬람의 3대 종교를 거쳐 일루미나티의 '신'인 토성을 숭배하는 데 있어 세계적인 중심지다.

　　세상은 유럽, 곧 유로파의 식민지가 되었다. 이 일은 대개가 해가 지지 않는 '대영제국(크기에서만)'을 거쳐 일루미나티의 본거지 런던에서부터 진행되었다. 프랑스, 벨기에, 독일, 스페인, 포르투갈도 자기들 몫으로 남의 땅을 훔쳤고, 그들의 뒷배를 봐준 세력은 모두 렙틸리

【그림 125】 시티의 로마건축물

언 혼혈들이었다. 그들은 이제 유럽의 모든 나라들에 침투해 들어갔다. 식민지시대는 혈통들의 통제력이 아메리카, 아프리카, 아시아, 오스트레일리아, 뉴질랜드와 극동으로 아주 빠르게 퍼진 시기였다. 그것도 '자유'와 '평화'를 옹호한다는 괴상망측한 주장을 아직도 하고 있는 나라들이 저지르는 잔인한 약탈과 착취의 어처구니없는 광분 속에서 말이다. 식민지화는 혈통들과 그들의 비밀결사들을 세계로 수출하는 계기가 되었고, 또 식민지들이 '독립'을 되찾았을 때 그 구조는 그대로 남았다. 유럽의 정부들(혈통들)은 예전의 식민지들에서 공식적으로 그리고 표면적으로는 철수했지만, 혈통들은 그들과 그들의 앞잡이들을 조종해서 권력을 얻게 하는 비밀결사 네트워크와 함께 다양한 이름들로 남았다. 그 결과 그들은 줄곧 미국을 비롯한 '예전의' 식민지들을 은밀히 통제하는 일을 계속했다. 겉보기에는 유럽의 식민주의가 끝난 듯했지만 그것은 통제의 한 형태를 훨씬 더 효과적인 것으로 바꾼 교묘한 속임수였다. 대중을 통제하는 데는 두 가지 형태가 있다. 보이는 것과 보이지 않는 것. 보이는 것은 파시즘, 공산주의, 인종차별정책과 같은 폭압들이다. 이런 정권들에 억압당하는 사람들은 그래도 자신들이 통제받고 있고 또 일선에 서있는 사람들을 보고서 누가 그러는지를 아주 잘 안다. 그들은 감옥에 갇힐 지 모르지만, 적어도 창살은 볼 수 있다. 이런 형태들의 폭압이 오래가지 않는 것은 결국 저항이 일어나기 때문이다. 유럽의 식민주의는 '자유'와 '민주주의'라는 허울 뒤에서 진행되는 은밀한 통제와 조종으로 대체되었다. 이것은 사람들이 보지 못하는 창살 없는 감옥이다. '민주주의'란 일루미나티의 사업을 여느 때처럼 이어나갈 같은 얼굴 위의 다른 가면을 '고르기' 위해 4~5년마다 표를 던진다는 뜻이다. 사람들은 자신들이 '자유국가'에 산다는 말을 귀에 못이 박히게 듣고 있지만 이것은 그것이 사실이 아니란 것을 깨닫지 못하게 하려는 것이다. 식민주의자들은 미국, 캐나다, 오스트레일리아와 뉴질랜드 같은 예전 식민지들을 떠난 듯 보였지만, 그 뒤로 혈통들과 그들의 비밀결사 네트워크는 일루미나티 혈통들의 요구에 따라이 나라들을 계속해서 통제하고 조작했다. 그 동안에 통제되고 조종 받는 사람들은 자신들이 독립국가에서 살고 있다고 믿었다. 아프리카와 남아메리카 같은 지역들에서의 '물리적 통제'는 '재정적 통제'로 대체되었다. 일루미나티의 속국으로 남게 하고 자원들을 훔치며 일루미나티 은행들의 빚(냉혹하게 꾸며진 '제3세계 부채')에 허우적거리게 하려고, 이 나라 저 나라에 혈통이나 혈통들에게 소유당한 꼭두각시 지도자들을 심어놓은 것이다. 줄루족 주술사 크레도 무트와는 자신의 문화에서는 계보가 아주 중요해서 그것을 깊이 연구했다고 한다. 크레도는 '독립'된 뒤로 권력을 잡은 아프리카의 흑인 지도자들 대부분이 '치타우리'가 씨 뿌린 고대 아프리카의 '왕족'으로부터 내려왔다고 했다.

통제의 청사진

렙틸리언 혼혈 혈통들은 코카콜라나 맥도널드 같은 다국적 기업처럼 서로 연결된 일가들과 비밀결사들의 광대한 세계 그물망을 구축했다. 이들 세계적 기업들은 세상 어딘가에 본부가 있고, 나라마다 하부 네트워크가 있다. 이 자회사들의 역할은 기업의 핵심부에서 결정된 정책을 그 나라에 들여오는 일이다. 미국, 영국, 러시아, 아프리카나 오스트레일리아에서 보는 맥도널드는 본질적으로 같을 것이다. 자회사들 대신 우리가 그 하부에 있는 일가들과 비밀결사들을 이야기하고 있다는 것만 빼면, 일루미나티의 세계 그물망도 같은 방식으로 움직인다. 나라들마다 그들만의 혈통들과 그 앞잡이들, 심부름꾼들과 비밀결사들이 이루는 하부 네트워크가 있다. 그들의 일은 그 나라의 정부, 금융, 사업, 대중매체, 군대와 그 밖의 것들을 통제하고 유럽(그리고 이스라엘)에 있는 그물망의 핵심부로부터 지시받는 어젠다에 맞추어 사회를 바꾸는 것이다. 이 조직구조의 어디에나 세상의 방향에 대한 단 하나의 계획이 강요될 수 있다. 강연과 연구를 하면서 50개 이상의 나라들을 다녀본 나는 같은 일이 모든 곳에서 일어나고 있다고 말할 수 있다. 그 방법과 이유

【그림 126】 핵심부가 지역사회까지 곧바로 통제하게 해주는 맞물린 홀로그램 세계 그물망

는 동일하다. 하지만 거기서 끝나지 않는다. 나라마다의 하부 네트워크들은 다시 그 나라의 지역들, 도시들과 소읍들을 통제하는 하부 네트워크들을 가지고 있으며, 이들은 같은 방식으로 활동한다. 이것을 나는 '청사진'이라 부른다(그림 126). '본부'는 이 맞물린 그물망을 거쳐서 당신의 지역사회에까지 곧바로 지시를 내릴 수 있다. 여기서 뭐가 보이는가? 전체의 모든 부분이 전체의 작은 축소판인 홀로그램 구조다. 이런 관점에서는 세상이 아주 달라 보인다. 당신은 개별 국가들, 정당들, 정부들, 은행들, 기업들, 대중매체조직들과 정보기관들을 더는 보지 않는다. 대신 같은 '숨은 손'이 소유하거나 통제하는 하나의 '나라', 하나의 정부, 하나의 은행, 하나의 기업, 하나의 대중매체와 하나의 정보기관을 본다. 아직은 상황이 그렇게 극단적이지는 않다. 아웃사이더들이 있기는 하지만, 가장 큰 영향력이 있는 자리들에는 많지 않다. 본질적으로 일이 돌아가는 방식이 이렇고 그들은 자신들이 아직 차지하지 못한 것들을 얻는(훔치는) 일을 끝맺으려고 지금 일하고 있다. 그들이 하는 일에는 그럴싸한 이름도 있다. 바로 '세계화'다. 이것은 우리 삶의 모든 영역들에서 세계 권력이 집중화된다는 말이고, 이 혈통들이 이루려고 하는 것이 바로 그것이다. 힘을 집중하면 할수록 소수가 다수에 대해 더 많은 힘을 갖게 되고, 훨씬 더 빨리 중심에 더 많은 힘을 집중하게 된다. 이것은 요즘 세상 어디에서나 뚜렷하게 볼 수 있다. 그들은 그들이 만들어낸 게임의 구조를 소유함으로써 게임에서 이긴다. 그들이 널리 사용하는 수법들의 하나가 면허다. 그들은 꼭두각시 정부들과 기관들을 통해 사람들이 '개업면허'나 뭘 하기 위한 면허를 따도록 강요하는

법률, 규칙과 규제를 도입한다. 그러고서 면허를 지키려면 해야 할 일과 하지 말아야 하는 일을 말해준다. 이런 식으로 모든 것들을 어떻게 해야 하는지, 그리고 어떻게 하면 안 되는지를 지시한다. 그들은 면허라는 사기로 대체치유법들에 손을 쓰고 있다. 사람들이 제약회사 카르텔에 대항할 수 있는 효과적인 대안을 갖지 못하게 막으려는 것이다. 사람들은 금융의 붕괴가 은행들에게 좋지 않은 일이라고 말하지만, 그들을 위해 일하다가 파산하는 사람들에게만 좋지 않은 일이다. 당신이 그 게임, 곧 금융시스템을 소유하고 있다면, 당신은 잃을 수가 없다. 월드컵을 소유하고 있다면 영국이 독일을 이기든 독일이 영국을 이기든 아무런 상관이 없다. 당신이 만일 금융 붕괴가 오고 있음을 안다면(왜냐하면 당신이 그것을 일으킬 거니까) 주식을 최고가일 때 팔았다가 붕괴 이후에 급락했을 때 다시 사들일 수 있다. 이런 식으로 경제를 다시 일으키고, 주가가 회복됐을 때 당신의 부와 자산과 권력을 엄청나게 키울 수 있다. 로스차일드 제국의 런던 지부를 설립했던 네이선 로스차일드 Nathan R.는 프랑스황제 나폴레옹 보나파르트와 영국의 웰링턴 공작이 대결했던 1815년 워털루전투에서 바로 그렇게 한 것으로 잘 알려졌다. 만일 나폴레옹이 이기면 시티의 런던증권거래소는 붕괴될 것이란 사실을 알고 있었던 것이다. 로스차일드가는 암호와 통신비둘기를 이용한 포괄적인 네트워크로 유럽에서 가장 빠르고 가장 효과적으로 정보를 얻고 있었다. 이 네트워크는 나중에 모사드, 영국 정보부, 그리고 CIA로 알려지게 된다. 가장 높은 단계에서 보면 이들은 다 같은 조직들이다. 시티는 네이선 로스차일드가 워털루전투의 결과를 영국 정부보다 빨리 전해 받을 것임을 잘 알았고, 그에게서 어떤 실마리를 주는 신호가 나오는지 촉각을 세우고 있었다. 로스차일드는 갑자기 하수인들에게 자신의 주식들을 팔기 시작하라는 신호를 주었다. 사람들이 이것을 나폴레옹이 이겼다는 신호로 받아들이자 엄청난 공황상태가 뒤따랐다. 몇 시간 만에 시장은 무너졌다. 로스차일드는 주가가 폭락했을 때 마구 사들이기 시작하라는 신호를 다시 주었다. 네이선 로스차일드는 웰링턴이 승리했고 공식적인 소식이 도착하면 주가가 폭등한다는 사실을 알고 있었다. 추정컨대 로스차일드가의 런던 지부는 그날 하루에만 재산을 20배 늘렸다.

　로스차일드가와 그 종속관계의 동료들인 록펠러 같은 일가들은 이런 식으로 그리고 여러 방식으로 금융시스템을 줄곧 조작했다. 이것으로 세상의 부와 자원들을 축적하고 또 이루 말할 수 없는 수준의 정부 부채를 통해 온 나라들을 소유하게 되었다. 오늘날 중국에는 미국의 많은 부분을 소유하고 있는 렙틸리언 혼혈 혈통들이 있는데, 미국을 통제하는 혼혈들은 그들과 아무런 문제가 없다. 그들은 서로 자신의 '나라들'을 대변하는 듯해 보이면서도 둘 다 같은 목적을 가지고 일하고 있다(그림 127). 그들은 여기저기서 자기들끼리 싸우기도 할 것이다. 천성이 그렇기 때문이다. 하지만 결국 그들은 한편이다. 북미와 유럽이 제조업의 많은 부분을 중국에 아웃소싱하고 많은 중국 제품들이 자기들 나라에 쏟아져 들어오도록 해서 자국의 일자리들이 없어지게 한 덕분에 중국은 그토록 부유하게 되었다. 미국의 최첨단 무기 시스템들의 많은 핵심 전자부품들마저도 중국산이다. 제너럴일렉트릭GE의 CEO 제프리 이멜트Jeffrey Immelt는 버락 오바마의 '일자리위원회' 위원장이지

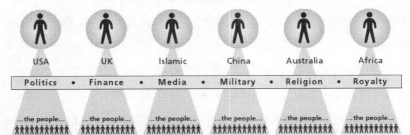

세상의 진짜 통치자들
'제4밀도'에 있는 렙틸리언들이 일루미나티 혼혈 혈통들을 소유한다.

【그림 127】 나라들은 서로 다른 독립체들로 보이겠지만, '청사진'은 모든 나라들이 본질적으로 보이지 않는 영역에서부터 나라마다의 혈통 비밀결사 그물망에 이르기까지 같은 세력의 지시를 받는다는 뜻이다. 피라미드들의 꼭대기에 있는 그들이 전쟁을 선포하지만, 그들은 절대로 싸우지 않는다. 맨 밑바닥의 바보 같은 친구들을 이용한다.

만, GE는 어마어마한 양의 기업활동(그리고 일자리들)을 중국으로 옮기고 있다. 여기에 모순이 전혀 없는 것은 '일자리위원회'란 그저 시늉일 뿐이기 때문이다. 미국도 제조업과 일자리들을 인도와 멕시코 등으로 아웃소싱한다. 혈통들은 미국을 파괴할 방법을 찾고 있다. 그래서 미국에 수백 곳의 '대외자유무역지대'를 만들고 특별관세시설들을 계획해 중국 등이 회사를 차리기 좋도록 한 것이다. 아이다호 주의 보이시 남쪽에 있는 자유무역지대는 주지사가 마음만 먹는다면 중국 기업인 '중국기계장비집단Sinomach'이 통제하도록 할 수 있다. 중국 공산주의 정부가 대부분의 지분을 가진 회사다. 이것은 결국 미국의 50제곱마일까지를 중국이 소유하고 있으며, 그들은 군사장비든 뭐든 그들이 원하는 것을 저장할 수도 있다는 뜻일 것이다. 하지만 거기서 그치지 않는다. 중국정부는 유전과 가스전을 비롯한 미국의 어마어마한 지역들과 자산들을 사들이고 있다. 언뜻 보기에 이것은 그야말로 미친 짓으로 보이겠지만, 왜 그러는지를 알고 나면 이해가 된다. 미국은 어느 '당'이 집권하든지, 정부를 통제하는 혼혈들과 그 앞잡이들에게 경제적으로도, 군사적으로도 조직적으로 파괴되고 있다. 그들은 미국이 그들의 세계정부, 중앙은행과 화폐와 군대의 세계구조로 흡수되도록 굴복시키기를 원한다. 영국 총리 데이비드 캐머런(로스차일드가에 긴밀한 끈이 있는 일가)이 그의 '정적'인 토니 블레어, 불운한 고든 브라운의 대본을 따르면서 영국에서도 같은 일이 일어나고 있다. 영국은 수십 년 동안 국가자산들을 외국기업들에게 팔아왔다. 당신은 이제 미국의 '공화당'과 '민주당' 정부가 아웃소싱을 통해, 북미자유무역협정(NAFTA)을 통해, 그리고 부와 일자리를 파괴하려고 고안된 온갖 방식의 재앙을 통해 미국경제를 무너뜨려온 이유를 알 수 있다. 그런 식으로 계획된 것이다. 렙틸리언 혼혈 일가들은 국가의 중앙은행들, 세계은행, 국제통화기금(IMF), 국제결제은행, 유럽중앙은행, 세계무역기구(WTO), 세계보건기구(WHO), 국제연합, 유럽연합, 북대서양조약기구(NATO)와 그 밖에 줄줄이 이어지는 기구들을 통제한다. 사실은 그것들을 통제하는 것이 아니다. 그것들은 세계권력의 끊임없는 집중화('세계화')와 지구 위의 모든 남성, 여성, 그리고 아이들의 전적인 통제를 목적으로 모조리 그들이 만든 것들이다.

이것이 지금 '벌어지고 있는' 일이다. 아니면 그 일부이거나.

대중매체와 '오락'산업을 소유한 혈통일가들은 파충류에 관한 주제들이 영화, 애니메이션, 컴퓨터게임, 공상과학소설 따위의 현대'문화'에 넘쳐나도록 한다. 이것은 이제 설명하려고 하는 이유들로 우리의 집단무의식 마음에 렙틸리언의 통제시스템이 박히게 하려는 것이다. 가장 노골적인 사례들 가운데 하나가 1억 5천만 관중의 눈길을 모은 2009년 미국 슈퍼볼 기간에 방영된 영화배우 알렉 볼드윈이 출연한 한 광고였다. 그 광고는 '훌루Hulu'라는 매체를 홍보하는 것이었고, 그 주제는 파충류 '외계인' 종족이 인류의 마음을 조종해서 지구를 장악하고 있다는 것이었다. 대본은 이렇다.

안녕하세요, 여러분. TV스타 알렉 볼드윈입니다. TV가 여러분 뇌를 못 쓰게 만든다는 말을 아세요? 터무니없는 소립니다. TV는 잘 익은 바나나처럼 뇌를 부드럽게 하기만 합니다. 늘 그렇게 할 수 있도록 우리 '훌루'를 만들어냈습니다. 훌루는 TV를 여러분의 휴대용 단말기로 바로 보내서 언제 어디서라도 이지적이고 뇌를 탱글탱글하게 해주는 쇼들을 더 많이 볼 수 있게 해주죠. 그것도 무료로요. 흠, 아주 말랑말랑해졌군요.

가장 놀라운 건 그걸 멈추기 위해 여러분이 할 수 있는 게 없다는 겁니다. 어떻게 하시겠습니까? TV와 컴퓨터를 끄면 된다고요? 여러분의 뇌가 코티지치즈 같이 물렁해지고 나면, 우린 화채용 수저로 떠서 게걸스럽게 먹어치울 겁니다. 이런, 군침이 흐르네요. 왜냐하면 우린 외계인이니까요. 우리가 일하는 방식이 그겁니다.

훌루, 세상을 파괴할 사악한 계략입니다. 즐겨보세요.

볼드윈이 "왜냐하면 우린 외계인이니까요. 우리가 일하는 방식이 그겁니다"라고 말할 때 그의 재킷 밑에서 뱀의 이미지가 나타났다. 이 광고는 유튜브에서 'Hulu Super Bowl commercial(훌루 슈퍼볼 광고)'를 치면 볼 수 있다. 텔레비전은 렙틸리언의 대대적인 마인드컨트롤 도구이다. 텔레비전을 보면 이미지라는 매체를 거쳐 정보를 전달하고 흡수하는 파충류 뇌가 활성화된다. 이 모든 것들이 충격적이고, 놀랍고, 또 믿기 어렵다면, 잠깐만 기다려 달라. 우주에 '캔자스'는 이제 없다. 다음 이야기를 기대하시라.

달은 누가, 왜 만들었을까?

우리는 지금 진짜 현실을 보지 못하도록 가로막는 가짜 현실을 해독하고 있다. 우리는 황량하고 생명이라곤 없어 보이는 우주를 보고 있지만, 이것은 우리가 고립되고 혼자인 것처럼 느끼게 하도록 고안된 조작된 홀로그램 투영이다. 렙틸리언 동맹이 통제를 극대화하는 데 필요로 하는 것이 바로 이것이다.

우주에는 놀라울 만큼 아름답고 다양한 생명들이 바글거리고 있지만, 우리는 그것을 보지 못하도록 눈이 가려져 있다. 기술과 '우주여행'에 한계가 있는 듯이 보이게 하는 것 또한 우리의 고립감을 유지하려고 그런 투영들에 끼워 넣어진 것이다. 이 날조된 현실을 넘어서면 우리가 여행하는 데 기술은 필요치 않다. 그냥 우리의 '의식'을 이용하면 된다. 브라질 우림에서의 그 목소리가 말했다. "여러분은 왜 A점에서 B점으로 날아가나요? 여러분이 A점이면서 B점이자 그 사이의 모든 것인데도요." 문제는 우리가 이것이 사실임을 모르고, 또 우리의 진정하고 한계 없는 잠재력을 자각하지 못한다는 데 있다. 우리는 무지 속에서 우리를 노예로 만들려고 고안된 거짓 현실을 해독하고 있다. 렙틸리언은 유전공학기술과 조작을 통해 내가 이전 책에서 '달 매트릭스'라고 부른 것의 주파수범위에 우리의 몸-컴퓨터를 동조시켰다. 그

러나 여기에는 달 이상의 것이
연루되어있다. 어린아이였을 때
나는 현재의 내가 아는 것에 비
추어 아주 심오한 의미를 가진
경험을 했다. 이 일은 런던 천체
투영관에 갔을 때 일어났는데,
증기기관이 끄는 기차를 타고 런
던에 갔던 아주 오래 전의 일이

【그림 128】 런던 천체투영관(한때 그렇게 불렸다.)

다(그림 128). 그 여행은 시작부터가 이상했다. 그 시절 우리는 '그날 벌어 그
날 먹으며' 살았지만, 어느 주말엔가 아버지께서 말씀하셨다. "우린 런던에
갈 거란다." 우리 가족은 그런 일을 해본 적이 없었다. 우리에겐 돈이 없었
지만 지체 없이 기차역으로 가고 있었다. 여행의 대부분은 이제 희미하지만,
천체투영관에 갔던 일은 아직도 생생하게 기억나는데, 내가 죽어도 잊지 못
할 특별한 순간이었다. 내 아버지는 천문학에 전혀 관심이 없었고 한 번이
라도 그 주제를 이야기하신 적이 없긴 하지만, 아무튼 우리를 런던 천체투영
관에 데려가셨다. 글쎄, 아마도 새로 생겼기 때문이었을 게다. 나는 '천체투
영관'이 뭐하는 건지도, 뭘 보게 될지도 몰랐지만, 불이 꺼지고 거대한 둥근
천장에 나타난 밤하늘을 보고는 넋이 빠지고 말았다. 지금이 대낮인데도 밤
하늘을 보고 있다니! 그것은 '진짜'가 아니지만 정말 '진짜'처럼 보였다. 내
게는 절대로 잊지 못할 심오한 순간이었다. 밤하늘을 올려다 볼 때면 우리
가 보고 있는 것이 어쩌면 눈에 보이는 대로의 드넓고 무한한 우주가 아니
라 어떤 종류의 투영일지도 모른다는 생각이 여기저기서 문득문득 떠올랐
다. 마치 거대한 천체투영관처럼. 하늘이 하나의 거대한 돔처럼 보였던 것
은 몇 년 전에 작은 시골 카페 바깥에 앉아있을 때였다. 우리가 어떤 '비눗방
울' 속에 산다고 생각했던 기억이 난다. 최근 들어 이것은 내게 더더욱 분명
해졌다. 우리는 우리를 거짓 현실에 가둬놓도록 고안된 홀로그램 투영을 보

【그림 129】우리가 보는 우주. '진짜'일까? 아니면 하나의 투영? 아마 둘 다 조금씩은 맞을 수도.

고 있는 것이다(그림 129). 이 개념은 짐 캐리가 주연한 영화 '트루먼 쇼'를 봤을 때 또다시 떠올랐다. DVD로 이 영화를 본 것은 영화가 나온 지 10년도 더 지난 때였고, 나는 그 '계략'을 보고서 절로 미소가 지어졌다. 캐리는 연속극 형식 쇼의 세트에서 태어났지만 그것이 모두 진실이라고 생각하면서 자란 주인공의 배역을 맡았다. 그는 자신이 바닷가의 어느 소읍이라고 생각하는 곳에서 살지만, 그것은 영화세트일 뿐이다. 날마다 뜨고 지는 해는 그저 투영일 뿐이다. 그의 모든 순간은 촬영되지만, 정작 그는 이런 일을 꿈에도 모르고 있다. 소읍을 떠나려고 할 때마다 그를 막는 무슨 일이 생기게 되자, 자신의 현실을 의심하기 시작한다. 그가 바다로 생각하는 곳으로 배를 타고 나서면서 영화는 결말을 맺지만, 결국 그는 자신이 일생을 살았던 거대한 돔의 벽과 마주친다. 결국 문을 찾아낸 그는 '진짜' 세상으로 걸어 나간다. 이것이 지금 인류가 해야 하는 일에 대한 은유다. 우리는 그 상징적인 '문'을 찾을 필요가 있다. 다른 무엇보다도 웃겼던 것은 이 쇼 전체가 분명히 달처럼 보이는 지휘본부로부터 연출되었다는 것이다. 그 때쯤 나는 이미 달이 보이는 모습대로의 것이 아님을 알고 있었다. 달은 '자연적인' 천체가 아니라, 지구의 생명에 근본적으로 영향을 미치고 통제하고 있는 지휘본부다. 우리가 하늘에서 보는 아주 많은 것들이 가상현실 '게임'의 일부로서는 '진짜'가 맞다. 하지만 그것은 우리가 원본 게임에는 없는 이미지들은 보면서 진짜 이미지들은 보지 못하도록 홀로그램 수준에서 조작되었다. 많은 행성 천체들은 겉으로 보이는 것처럼 '죽었고' 생명이 없는 것이 아니다. 이 모든 것을 매트릭스에 방화벽을 쳐서 더 큰 현실의 지각을 가로막는 차단주파수들이 떠받치고 있다.

달은 '진짜'가 아니다

달의 정체에 대한 정보와 통찰들은 늘 그랬던 수순을 따라 내게 왔다. 오랫동안 나는 가끔 달이 정말로 우리가 믿는 달인지 곰곰이 생각했지만, 진실이 내 앞에 모습을 드러낸 것은 2009년이 되어서였다. 어느 날엔가 나는 《인간이여 일어나라》를 쓰기 시작했는데, 바로 그때 방의 기운이 바뀌었다. 잠시 뒤 아주 또렷한 생각이 내 마음을 꿰뚫었는데, 나는 1990년부터 이런 일을 밥 먹듯이 자주 경험했다. 그 '생각'은 달이 우리가 생각하는 것이 아니라고 했다. 달은 '자연적인' 천체가 아니라는 것이다. 이것은 "지식이 그의 마음으로 들어갈 것이며 또 어떤 때는 지식으로 이끌릴 것입니다"라는 메시지의 또 다른 예였다. 이 경우에는 두 가지가 모두 일어났다. 나는 뭐가 나오는지 알아보려고 검색창에 단어 몇 개를 쳐 넣었고 곧바로 크리스토퍼 나이트Christopher Knight와 앨런 버틀러Alan Butler의 《누가 달을 만들었는가(한국어판)》(2005)라는 책을 찾아냈다. 그들은 달이 왜 자연현상이 될 수 없는지를 설명하고 있었다. 나는 책을 주문했고, 같은 주제의 다른 정보가 내 손에 들어오기 시작했다. 이번에도 그것은 오래된 수순을 따랐다. 곧, 새로운 주제가 느닷없이 나타나고 그러면 '오감'정보가 흐르기 시작하는 그런 수순 말이다. 대부분의 사람들은 그들이 태어나기 전에 여기에 무엇이 있었는지에 대해 아무런 의심 없이 받아들인다. "그런 거잖아, 이 친구야, 다들 안다고." 그러니 달은, 뭐, 달이다. 달은 언제나 거기 있었다. 모든 것들이 그런 식이다. 하지만 익숙하고 '다들 아는' 것에 물음을 던져보면, 당신은 '다들' 아무것도 모른다는 것을 알게 된다. 달에 있어서도 이것은 분명히 진실이다. 내 말은, 우선 달의 크기를 보라는 뜻이다. 달의 지름은 3,474킬로미터이고 명왕성보다도 크다. 그렇게 큰 것이 지구 정도 크기 행성의 '위성'으로서 대체 무엇을 하고 있는 걸까? 이것은 태양계에서 다섯 번째로 큰 위성이자 지구 크기의 1/4이다. 우리 태양계에 제 크기에 비해 그렇게 큰 위성을 가진 행성은 없다. 1960년대에 NASA는 1500년에서 1967년 사이에 망원경으로 관측한 달에서의 이상현상들과 설명하지 못하는 관측현상들을 자세하게 수록한 보고서(NASA TR R-277)를 펴냈다. 여기에는 설명할 수 없는 안개들, 색깔들, 유난히 밝은 빛들, 가끔씩 나타나는 빛들, 빛의 줄무늬들, 보기 드문 그림자들, 그리고 일종의 '화산'활동으로 보이는 것들까지 570건이 넘는 사례들이 실려있다. 달, 그리고 거기서 일어나는 일들은 우리가 듣고 있는 이야기들과는 전혀 딴판이다. 나이트와 버틀러는 달과 관련된 끝도 없는 수수께끼들과 이상현상들, 그리고 크기, 위치, 운동과 정렬들의 측면에서 지구와 달과 태양 사이의 놀라운(우연의 일치를 충분히 넘어서는) 연관성을 자세히 서술하는 대단한 일을 해냈다. 그들은 이렇게 썼다.

달은 지나치게 크고, 지나치게 오래되어 보이며, 또 질량이 지나칠 정도로 가볍다. 달은 예상 밖의 궤도를 가졌고 또 워낙 유별나서 그 존재에 대한 기존의 모든 설명들이 문제점투성이다.

주류과학은 달이 어디서 왔는지, 아니면 그것이 무엇인지도 모른다. 아 물론, 그들은 그토록 많은 '과학적' '사실'처럼 공식적인 기본방침을 되풀이하겠지만, 이제는 먹혀들어가지 않는다. 그것은 사실이 아니라, 끊임없는 되풀이로 만들어진 가짜 '사실'일 뿐이다. '다들 안다'는 그것 말이다. 하지만 그들은 모른다. 달의 기원에 관해 맨 처음 나온 공식적인 이야기는 '거대 충돌설Big Whack Theory'이다. 이 이론은 지구가 생겨나는 동안에 화성과 같은 유형의 행성과 충돌해서 지구의 커다란 덩어리가 떨어져나갔고 결국 달이 되었다고 말한다. 이 이론이 잘 먹혀들어가지 않자, 그들은 '제2충돌설Double Big Whack Theory'을 들고 나왔다. 이것은 화성 같은 행성이 지구를 후려치고 다시 돌아와서 한 번 더 때렸다는 것이다. 아주 고전적인 원-투 연타다. 잠깐 샛길로 새겠다. 내게 덩치 큰 솜이불과, 그것이 도저히 들어가지 않을 작은 상자가 있다고 하자. 나는 이불을 발로 차고, 깔고 앉고, 아주 몸집이 큰 누군가를 데려와 거기 앉게 할 것이다. 만약 모든 시도가 실패한다면 이불이 상자 주위로 온통 삐져나와 있을지언정 이불이 '사실상' 상자 안에 있다고 나 자신을 설득한 다음, 다른 사람들도 설득하려 할 것이다. 말하자면 나는 주류 과학자여야 한다. CBS의 과학 분야 에디터였던 얼 유벨Earl Ubell이 말했다.

지구와 달이 같은 시간에 만들어졌다면, 왜 하나엔 철이 그렇게나 많고 다른 것(달)은 거의 갖지 못했을까? 이는 지구와 달이 서로 멀리 떨어져서 생겨났음을 시사하는 것으로, 정확히 달이 어떻게 지구의 위성이 되었는지를 설명 못하는 천체물리학자들의 무능력을 드러내는 것이다.

그들은 달의 모든 수수께끼들과 이상현상들도 설명하지 못한다. 하버드-스미소니언 천체물리학센터의 어빈 사피로Irwin Shapiro는 이것을 아주 잘 표현했다. "달을 설명하는 최고의 방법은 달이 관측상의 오류였다는 것, 곧 달은 존재하지 않는다는 것이다." 달에 대한 인식을 바꾸든, 모든 가능성에 마음을 열든 아무튼 자신만의 설명들을 찾아보기 바란다. 첫 번째 질문: 우리는 정말로 달과 지구와 태양의 놀라운 상관관계들이 순전히 우연으로 생겼다고 믿는 걸까? 여기 나이트와 버틀러가 밝혀낸 몇 가지를 소개하겠다.

• 달은 태양보다 400배가 작고, 일식 때는 태양보다 지구에 400배 더 가깝다. 이 때문에 개기일식일 때 지구에서 달은 태양과 같은 크기로 보인다 (그림 130).
• 한겨울 태양이 가장 낮고 약할 때 달은 가장 높고 가장 밝다. 이런 역전현상은 한여름에도 생긴다. 춘분과 추분에 태양과 달은 지평선의 같은 지점

에서 지고 하지와 동지에는 서로 자리를 바꿔서 진다.

- 지구는 태양을 한 번 도는 동안 366.259번 자전한다. 지구의 극점 둘레는 달의 그것보다 366.175배 길다. 달의 극점 둘레는 지구 크기의 27.31퍼센트이고 달은 지구가 한 번 공전할 때 27.396번 자전한다.
- 달의 둘레에 지구의 둘레를 곱하면 436,669,140킬로미터가 나온다. 이 수를 100으로 나누면 436,669킬로미터가 된다. 태양의 둘레와 99.9퍼센트 같다.
- 태양의 둘레를 달의 둘레로 나누고 100을 곱하면 지구의 둘레가 나온다. 태양의 크기를 지구의 크기로 나누고 100을 곱하면 달의 크기가 나온다.

【그림 130】 태양과 달 사이의 거의 완벽한 정렬 때문에 일식 때 지구에서 보면 달은 태양과 같은 크기로 보인다.

【그림 131】 태양, 달과 지구의 관계는 그야말로 충격적이다.

나이트와 버틀러가 지구, 달, 태양 사이의 여러 관계들이 '그야말로 충격적'이라고 말할 법도 하다. 두 사람은 달이 "저 이름난 스위스 시계공의 정확도로" 지금의 자리에 놓였다고 말한다(그림 131). 그건 또 다른 이야기다. 달이 지금의 자리에 있지 않았다면 지구의 생명은 결코 지금과 같지는 않을 것이다. 2010년 BBC에서 '우리는 정말로 달이 필요한가?'라는 과학 프로그램을 보게 되었다. 이 프로그램은 자신이 어릴 적부터 달에 사로잡혔다고 말한 여성과학자가 진행했지만, 내가 보기에 공식적인 규준을 넘어가볼 정도로 충분히 사로잡히지는 않았던 것 같다. 그녀는 달이 지구의 생명을 지탱하도록 완벽하게 놓았다는 제대로 된 결론을 내렸다. 그러나 그들에게 이것은 하나의 '우주적인 우연의 일치'였다. 그들은 그렇게 믿어야 한다. 그렇지 않으면 '과학'이라는 카드들로 만든 집은 무너져 내린다. 그 카드게임은 '과학적 합의'라는 악보를 위한 것이리라. 만약 그녀가 '우연의 일치 이론'이 의심스럽다는 생각을 했다해도, 그 프로그램을 마무리하지 못했거나, BBC가 그 악보를 아는 다른 진행자를 찾아내서 고용했을 것이다. 달은 지구 위에 생명이 존재하도록 완벽한 위치에 놓였다. 지구에서 볼 때 달은 태양과 같은 크기다. 또 달은 지구와 태양과 전반적으로 깜짝 놀랄만한 관계를 맺고 있다. 뭐, 당신이 이것이 모두 우연의 일치라고 생각한다면 깜짝 놀랄만한 일이다. 게다가 지구와 달 사이의 회전동시성이 있다는 사실은 우리가 달의 한쪽 면밖에 볼 수 없음을 뜻한다. 지구가 달보다 100배나 빠른 속도로 돌고, 또 자전축을 중심으로 하루에 40,000킬로미터를 회전하는데 비해 달은 400킬로미터를 회전하기 때문에 이런 일이 일어난다는 것이다. 나는 달이 전혀 회전하지 않는다는 몇몇 사람들의 의견을 들었다. 우리는 왜 아직도 '우연의 일치 이론'을 지키고 있는 것일까?

의문들, 의문들, 의문들

달의 이상현상들과 수수께끼들은 아주 많다. 달은 생성 중인 지구에서 떨어져나간 덩어리로 만들어졌다고 말들 하지만, 달에서 찾아낸 가장 오래된 암석들은 45억 년 전으로 거슬러 올라간다고 한다. 이것은 지구에서 발견된 그 어떤 것보다도 10억 년이 더 오래된 것이다. 주류 과학의 자료들을 따르자면 달의 암석들은 그것들을 찾아낸 곳의 흙과는 다른 성분을 가진 것으로 밝혀졌다. 그 흙은 10억 년이 더 된 것으로 추정되었다. 달에는 자기장이 없는 것이나 마찬가지라고 말하지만, 달의 암석들은 자기를 띠고 있다. 지극히 단단한 표면에 있는 어떤 암석들은 황동과 운모 같은 가공금속들, 그리고 자연적으로는 생기지 않는 넵투늄 237과 우라늄 236 원소가 들어있다. 넵투늄 237

은 방사성 금속원소로 원자로와 플루토늄 제조과정의 부산물이다. 우라늄 236은 사용한 핵연료와 재처리한 우라늄에서 볼 수 있는 반감기가 긴 핵폐기물이다. 이것이 '자연 천체'인 달에 왜 있을까? 거기에는 티타늄도 있다. 달이 지구의 부분이었다고 주장하지만, 달의 어떤 암석들에는 지구의 암석보다 10배 많은 티타늄이 들어있다. 노벨화학상 수상자인 해럴드 유리Harold C. Urey 박사는 "달에서 온 암석들은 이상하고, 특히나 티타늄 함량은 아주 어리둥절하다"고 말했다. 그는 이것을 설명할 수 없었고 자신이 본 표본들을 서술하면서 '충격을 주는 것들'이라는 말을 썼다. 달의 화학분석팀을 이끌었던 지구화학자 로스 테일러S. Ross Taylor 박사는 달에서 텍사스 주 크기의 지역들이 유체 티타늄이 들어있는 용해된 암석으로 덮여있음이 틀림없다고 했다. 그는 어떻게 그 정도의 열이 나올 수 있었는지 알 수 없었다. 고도로 진보한 기술이라면 어떨까? 티타늄은 초음속비행기, 심해잠수정과 우주선에 쓰는 소재이다. 달이 진짜로 무엇인지 말해주는 것이 이것이다. 바로 믿기 어려울 만큼 진보한 우주선이자 컴퓨터시스템으로, 렙틸리언 동맹이 그것을 조종한다. 달의 내부에는 거주지가 있고 이것은 내부자인 조지 루카스가 만든 영화 '스타워즈' 시리즈에 나오는 다스베이더의 '죽음의 별' '위성'과도 비슷하다. 다스베이더와 그 일당은 다른 모습을 한 렙틸리언 동맹이었다. 이 시리즈에서 묘사한 것은 '머나 먼 은하계에서' 일어났던 일이 아닌, 지구에 훨씬 가까운 곳이었다. 루카스의 '죽음의 별'은 토성의 위성 미마스와 현저히 닮았고, 이것은 우연이 아니다(그림 132). 나는 토성과 토성의 많은 위성들을 이야기하고 있다.

【그림 132】 내부자 조지 루카스의 영화 '스타워즈'에 나오는 '죽음의 별'과 토성의 위성 미마스의 현저하게 닮은 모습

달의 내부에 대해 말하자면, 달이 비어있다는 증거가 있다. 1960년대 초에 NASA 과학자 고든 맥도널드Gordon MacDonal 박

사는 "달이 균질의 구체라기보다는 속이 빈 구체에 더 가깝다는 생각이 든다"고 말했다. 그는 이것을 정확하지 않은 자료라고 무시해버렸지만, 처음의 생각이 옳았다. MIT의 선 솔로몬Sean C. Solomon 박사는 증거로 보아 "달이 비어있을 놀라운 가능성이 있다"고 했다. 우주과학자 칼 세이건은 "자연위성은 속이 빈 물체일 수가 없다"고 주장했다. 어떤 과학자들은 달에는 핵이 없으며 또 그 중심은 표면에 가까운 층들보다 밀도가 훨씬 더 낮다는 것이 확실하다는 생각을 내놓았다. 달의 밀도는 지구의 60퍼센트밖에 되지 않는다. 이것은 달이 부분적으로 비어있다는 의견들을 이끌어내기도 했다. 애리조나대학 달 연구팀의 책임자 론 후드Lon Hood 박사는 그들의 연구결과로 보아 "달의 기원이 지구, 금성, 화성이나 수성 같은 다른 어떤 천체들과도 다르게 독특하다는 생각에 정말로 무게를 실어준다"고 했다. 달은 거대한 우주선이다. NASA는 달에 지진계들을 설치하고서 결과를 측정하려고 몇 번의 충격을 주었다. 그 결과, 달이 비어있음이 더욱 확실해졌다. 1톤의 TNT에 맞먹는 충격은 8분 동안 고조되었던 충격파들을 일으켰다. NASA 과학자의 말대로라면, 달은 종처럼 울렸다. 지진실험의 공동기획자인 모리스 이윙Maurice Ewing은 이렇게 말했다. "마치 교회 종탑의 종을 한 번 치면 그 잔향이 30분 동안 지속되는 것과도 같다." 그는 이유를 설명하지 못했고, MIT의 프랭크 프레스Frank Press 박사는 그처럼 작은 충격이 이런 결과를 가져왔다는 점에서 "우리 경험의 범위를 훌쩍 넘어선 것"이었다고 했다. 나중에는 11톤의 TNT에 맞먹는 충격을 주었고 NASA 과학자들은 달이 '울리는 징'처럼 반응했으며, 그 진동은 3시간 20분 동안 40킬로미터 깊이까지 이어졌다고 말했다. 《누가 달을 만들었는가》의 공저자 앨런 버틀러는 아폴로 임무에서 자료/사진 통제부서의 감독자였던 켄 존슨Ken Johnson에게 이를 이야기했다. 존슨은 달이 '종처럼 울린' 것보다 더한 반응을 보였다고 했다. 그는 정확히 말해 달 전체가 흔들려서 "마치 그 안에 거대한 유압완충버팀대가 있는 것 같았다"고 이야기했다. 1972년에 TNT 200톤의 힘에 맞먹는 유성이 달에 부딪

【그림 133】 과학자들이 달이 줄어들고 있다는 결론을 내리게 한, 달 전체에 걸친 산마루의 하나

쳤을 때는, 어마어마한 충격파가 내부로 파고들어갔지만, 하나도 되돌아오지 않았다. 달은 비어있고, 또 NASA의 내부자들(일루미나티 혈통망에 연결된 사람들)도 이것을 안다. 2010년에 NASA는 달이 '줄어들고' 있다고 발표했다. NASA의 웹사이트는 '믿을 수 없이 줄어드는 달'이라는 내용을 올렸다. 연구진이 달 정찰 궤도탐사선(LRO)에서 온 영상들을 분석하고 있으며, 또 '새롭게 찾아낸 달 지각의 벼랑들로 보아 달이 지질학적으로 가까운 과거에 전체적으로 줄어들었고 지금도 줄어들고 있는 것 같다'고 했다(그림 133). 달은 우리가 들었던 달이 아니다. NASA는 2009년에 물을 찾으려고 달을 '폭격'했다고 했지만, 이것이 진짜 이유가 아니었음을 확신할 수 있다.

NASA가 은폐한 달의 진실

NASA는 자신들이 뭐라고 하건 간에 군사조직이자 정보조직이며, 혈통들과 비밀결사 네트워크들이 통제하고 조종하는 기관이다. NASA는 전쟁이 끝날 무렵 미국의 정보기관과 '종이클립작전Operation Paperclip' 덕분에 독일에서 빠져나온 나치 과학자들이 세웠다. 바로 《진실이 자유롭게 하리라And the Truth Shall Set You Free》와 같은 책들에서 자세하게 썼듯이 이것은 로마가톨릭교회의 네트워크들이 지원하고 사주한 일이었다. NASA는 그것을 통제했던 인물들의 면면으로 보아 그 시작부터 렙틸리언 동맹을 위해 일해 왔다. 독일의 로켓과학자이자 나치였던 베르너 폰 브라운Wernher von Braun은 2차 세계대전 때 영국에 쏜 그 치명적인 V2 로켓을 설계했다. 그는 종이클립작전 덕분에 전쟁 끝 무렵에 빠져나와서 NASA의 걸출한 로켓공학자가 되었다. 아폴로우주선의 추진체인 새턴Saturn V 추진로켓은 그가 주도적으로 설계한 것이었다.

나치 동료들과 함께 그는 NASA
에서 마음이 편안했을 것이다
(그림 134). NASA는 나치들이 만
들었고(NASA-NAZI) 그들은 '비
행접시'나 UFO라고 부르는 '반
(反)중력'비행체를 만드는 지식

【그림 134】 '종이클립 작전'으로 독일에서 탈출한 뒤, 텍사스
주 포트 블리스에서 사진 찍는 나치 과학자들

도 함께 가져왔다. 아무튼 그것들 다수는 인간들이 조종하는 것들이다. 대
부분의 외계 '비행접시들'은 어떤 형태나 크기도 취할 수 있고('크기'가 있어
보인다는 것은 해독된 정보일 뿐이다) 시공간에 나타났다가 사라질 수도 있다는
점에서 훨씬 더 정교하고 진보한 것들이다. 미국이 집단학살의 책임이 있는
나치로 하여금 NASA를 세우게 했다는 사실에 대부분의 사람들은 충격 받
겠지만, 이 책을 읽는 독자는 지금쯤 '이편저편'으로 나뉘어 보이는 것이 그
저 겉모습일 뿐이라는 걸 알 것이다. '죽음의 천사'로 알려진 조제프 멩겔레
Joseph Mengele는 아우슈비츠 수용소의 의사로 있으면서 수용자들, 특히 아이
들과 쌍둥이들에게 마인드컨트롤과 유전실험을 하면서 헤아릴 수 없는 잔
혹행위들을 저질렀다. 로스차일드를 포함해 이 혈통들에게 이런 잔혹함 따
위는 눈 하나 깜짝할 일이 아니다. 그는 전쟁이 끝난 뒤 남미와 미국으로 가
서 '닥터 그린'이라는 가명으로 아이들을 대상으로 유전실험과 마인드컨트
롤 '연구'를 이어나갔다. 미국에서 그가 '작업'했던 주요 장소들 가운데 하
나가 로스앤젤레스 북동쪽의 캘리포니아 사막에 있는 차이나레이크 해군공
중무기연구소였는데, 이곳의 대부분 시설은 지하에 있다. CIA의 악명 높은
마인드컨트롤 프로그램인 MK울트라MKUltra는 1970년대에 알려졌다. 'MK'
는 '마인드컨트롤mind control'을 뜻한다. 그들은 그것을 만들어낸 나치를 존중
하는 뜻에서 '콘트롤레kontrolle'의 독일 철자를 따서 썼다. 끔찍하게도 아이일
때 MK울트라에 시달렸던 많은 사람들과 나는 긴 대화를 나누었다. 그들이
겪었던 일들은 이루 말로 할 수가 없다. CIA 국장 리처드 헬름스Richard Helms

는 1973년에 모든 MK울트라 파일들을 파기하라고 명령했지만, 결국 그것은 공개되었다. 드러난 사실들에 이어진 격렬한 항의와 혐오 속에서 제럴드 포드 대통령은 CIA의 활동을 조사할 것을 명령했다. 한마디로 말해 이것은 웃기는 짓이었다. 포드는 수십 년 동안 CIA의 마인드컨트롤 프로그램들에 관여했다(《가장 큰 비밀》 참조). 그 '조사'는 피해를 최소화하려는 조치였고 그것을 이끌었던 인물이 바로 부통령 넬슨 록펠러와 록펠러위원회로 알려진 집단이었다. 당연히 이것은 정말로 일어나고 있던 일을 은폐하려는 수작이었다.

NASA에서 일하는 대부분의 고용인들은 NASA의 정체를 모른다. 그들은 진실로부터 격리되어 있다. 또 나는 'NASA'가 '절대로 솔직히 대답하지 않는다Never A Straight Answer'는 뜻을 내포한다는 것을 알았다. 워낙 많은 일들이 이루어지고 있어서 우리는 그것을 알 수도 없고, NASA가 발표하는 '정보'의 많은 부분이 정확하지 않거나 오도하려고 꾸며낸 것들이다. 1969년 '인류의 위대한 도약'인 달 착륙은 분명히 우리가 아는 방식으로 일어나지 않았다. 그들이 달에 가지 않았다는 말이 아니라, 1969년에 그들이 말한 식으로는 가지 않았다는 것이다. 달에 가는 데 필요한 기술은 아폴로 우주선보다는 훨씬 더 진보했어야 했고, 그럴 수 있는 기술이 그들에게 있었다. 그것을 반중력기술(또는 '비행접시')이라 부르고 미국은 비밀 프로그램들을 통해 늦어도 1950년대에 그런 비행체를 만들었다. 그 기술은 전쟁 뒤에 독일에서 데려온 나치 과학자로부터 나왔다. 아폴로 프로그램은 프리에너지가 함축하는 모든 것들을 대중들이 알지 못하게 하고, 또 여러 이유들로 반중력기술을 위장하려는 것이었다. 첫 번째 '달 착륙'의 '실황'장면은 위대한 영화감독 스탠리 큐브릭Stanley Kubrick이 어느 스튜디오에서 찍은 것인데, 그들은 같은 시기에 만들어진 그의 대작 '2001: 스페이스 오디세이'를 리메이크해서 이용했다. 이런 내용은 미국의 연구자이자 영화제작자 제이 와이드너Jay Weidner가 만든 DVD 다큐멘터리 '큐브릭의 오디세이Kubrick's Odyssey'에서 잘 드러난다.

나는 이 다큐멘터리를 적극 추천하는데 www.davidicke.com의 온라인샵에서 구할 수 있다. NASA에서 일했던 사람들과 그것이 진행되는 상황을 경험했던 사람들은 달에서의 자연적이지 않은 현상들을 찍은 영상을 대중에 공개하기 전에 어떻게 덧칠했는지를 폭로했다. 칼 울프Karl Wolf 하사는 버지니아 주의 랭글리 공군기지에서 정밀전자 사진보정전문가로 일했다(이곳은 CIA 기지로 9·11때 워싱턴 D. C.를 '지키려' 전투기들이 '긴급발진'했던 곳이다. 하지만 국방부로부터 16킬로미터밖에 떨어지지 않은, 훨씬 가까운 앤드루스 공군기지에 전투기들이 있었다. 랭글리 기지의 전투기들은 제시간에 해내지 못했다. 정확히 계획된 대로였다). 2001년 워싱턴 D. C.의 내셔널프레스클럽에서 열린 한 행사에서 칼 울프는 1965년에 달 뒷면에 있는 거대한 구조물들을 찍은 사진들을 보았다고 말했다. 달을 찍은 사진들의 '모자이크들'을 모아서 큰 이미지를 만들고 있던 기지 내 모처로부터 기술적인 문제를 수정해달라는 요청을 받았다는 것이다. 모자이크들을 가지고 작업하던 공군병사가 그에게 이렇게 말했다고 한다. "그런데, 하사님. 달 뒤쪽에 기지가 있습니다." 병사는 울프에게 기하학적인 형태들, 구형의 건물들, 아주 높은 탑들과 레이더접시처럼 보이는 것이 있는 기지의 사진을 보여주었다(그림 135와 136). 어떤 건물들에는 반사면들이 있었고 또 어떤 것들은 발전소에 있는 냉각탑을 떠올리게 했다. 다른 탑들은 똑바르고 컸으며 꼭대기가 편평하거나 돔 모양으

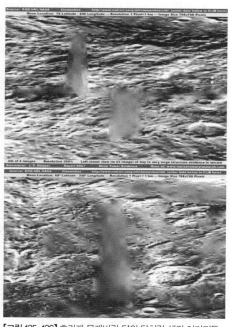

【그림 135–136】 흐리게 뭉개버린 달의 탑처럼 생긴 이미지들

로 둥글었다. 울프는 많은 구조물들이 엄청나게 컸다고 강조했다. 어떤 것들은 그 크기가 반마일(800미터)이나 되는 것이 틀림없다고 그는 추정했다.

　이것은 아주 중요한 사실이다. 사람들이 어떤 일이 일어나고 있는지를 이해한다면 '크다'라는 그들의 지각을 다시 정의할 필요가 있다. 인간들은 오랜 세월 동안 마음이라는 감옥에 갇혀 있었다는 점을 기억하기 바란다. 우리는 '크다'는 것이 무엇인지, 어떻게 그런 엄청난 크기(우리에게는)의 구조물들과 기술체계가 만들어질 수 있는지를 모른다. 우리는 작고도 작은 지각의 거품 속에서 살아왔다. 우리가 정말로 할 수 있는 것과 비교하면 인간의 최첨단기술도 석기시대에 지나지 않는다. 우리가 선을 넘어가서 현실이 무엇인지, 그리고 그것이 어떻게 돌아가는지를 이해하기만 하면 우리는 기술적으로나 또 다른 방식들로 수천 년에 해당하는 '시간'을 눈 깜짝할 사이에 나아갈 수 있다. 우리가 여기서 다루고 있는 것이 이것이다. 바로 수많은 공상과학소설들마저도 시시해보이게 하는 기술적인 능력이다. 동굴 속에 앉아서 돌을 맞부딪치고 있는 당신에게 누군가 점보제트기나 우주왕복선을 만드는 일이 가능하다는 말을 한다고 상상해보라. 당신은 있을 수 없고 미친 생각이라고 말할 것이다. 정보의 억압, 그리고 가능한 것에 대한 지각의 억압이 엄청난 음모가 가려진 채로 남아 있게 하는 방식들의 하나다. 나 같은 사람들이 이런저런 일이 벌어지고 있다고 말하면 지각감지기가 끼어들어서 "그건 있을 수 없어"라고 말한다는 뜻이다. 아니다, 우리에게만 그것이 가능하지 않다. 다른 이들은 그것을 할 수 있고, 그렇게 하고 있다. 나는 너무도 거대해서 그것이 가능하다고 믿을 사람이 거의 없을 정도로 큰 우주선이 토성 주위에 있는 사진들을 봤다는 내부자들과 이야기해봤다. 호세 에스카밀라Jose Escamilla의 DVD 다큐멘터리 '문 라이징Moon Rising'(유튜브에 관련 동영상이 있다-옮긴이)은 달에 있는 자연적이지 않은 물체의 사진에 초점을 모았는데 대부분의 사진들에서 이 물체는 흐리게 뭉개졌다. 그림 137의 것은 좀

더 선명하다. 이 사진은 분석을
위해 범죄과학 이미지전문가인
짐 호어릭스Jim Hoerricks에게 보
내졌는데, 그는 이것이 로스앤
젤레스 크기의 도시 10개만큼이
나 클 것이라고 추정했다. 이것
이 우리가 다루고 있는 종류의
기술적인 능력이고, 충분히 가
능한 일이다. 그러나 다른 곳에
서 벌어지고 있는 일과 비교하
면 이마저도 아무것도 아니다.
NASA의 한 내부자가 '문 라이
징' 다큐멘터리 제작자에게 말
했다. "우린 모든 것에 대해 거
짓말을 했습니다." 달은 우리가
알고 있는 것처럼 색깔이 없지
않고 표면에 많은 색깔들이 있
다. 달에 그 어떤 대기도 없고 더
욱 중요하게는 중력장이 없다는

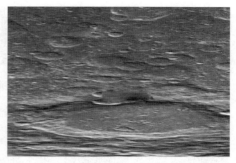

【그림 137】 달 위의 어마어마한 자연적이지 않은 물체, 저건 뭘까?

【그림 138】 아리스타르쿠스 크레이터의 '푸른 보석'

말을 나는 전혀 믿지 않는다. 이 말을 기억하시라. "우린 모든 것에 대해 거
짓말을 했습니다." 17세기부터 밝은 빛들이 보였다는 보고와 함께 몇 세기
동안 특별한 활동이 있었던 지점은 달의 남쪽 지역에 있는 아리스타르쿠스
크레이터Aristarchus Crater였다. 그림 138을 보면 왜 그런지 알 수 있다. 가끔씩
밝은 금속성 푸른색으로 빛나는 이 구조물은 지름이 47킬로미터나 되고 '푸
른 보석' 또는 '푸른 돔'이라는 이름이 붙었다. 일종의 핵시설이라는 추측이
있어왔다. 우리가 보는 쪽에서도 달에는 자연적이지 않은 구조물들이 많은

【그림 139】 달에는 자연스럽지 않아 보이는 많은 특징들이 있다.

것으로 보인다(그림 139). 우리가 달의 한쪽 면만을 볼 수 있다는 것은 그들이 성능 좋은 망원경을 가진 독립적인 천문가들로부터 반대쪽에 있는 것들을 확실하게 감출 수 있다는 뜻이다. 사람들이 달 뒷면의 진짜 사진들을 본다면 충격 받을 것이다. 우리가 들어왔던 것과는 완전히 딴판일 테니 말이다. 나는《우리 달에 누가 있다Someone Else Is On Our Moon》(1977)라는 책을 읽었는데 여기에는 달 위에서 일어나는 자연적이지 않은 현상들의 무수한 사례들이 적혀 있다. 크레이터에서 일하는 거대한 기계들도 이야기하는데, 이것으로 '텍사스 주 크기'의 지역들이 어떻게 티타늄이 들어있는 용해된 암석으로 뒤덮일 수 있는지 설명되기 시작한다. 이 책은 수천 장의 NASA 사진들을 연구하고, NASA의 정보제공자들과 이야기하고, 우주비행사들의 음성기록을 들었던 조지 레너드George H. Leonard가 썼다. 자신이 보고 들은 산더미 같은 증거들로부터 그가 내린 결론은 달에 지성을 가진 생명이 분명히 있다는 것이다. 나도 동의하지만, 진짜 일들이 일어나는 곳은 달의 내부다. 연구자인 리처드 호글랜드Richard C. Hoagland와 마이크 바라Mike Bara는 두 사람의 공저《나사, 그리고 거짓의 역사(한국어판)》(2009)에서 달에서의 더 많은 이상현상들과 자연적이지 않은 특징들을 자세하게 다뤘다.

우주선 달

달이 거대한 우주선(어쨌거나 우리의 지각에는 거대한)이라는 개념은 1970년에 소비에트 과학아카데미의 두 회원인 미하일 바신Mikhail Vasin과 알렉산더 쉬체르바코프Alexander Shcherbakov가 만들었다. 그들은 소련의 〈스푸트니크 Sputnik〉지에 '달은 외계 지성체의 창조물인가?'라는 제목의 논설을 썼다. 두 사람은 달이 바위를 녹여 내부에 공간을 만드는 믿기 어려울 정도로 진보한 기술로 '속을 파낸' 미행성planetoid이라고 했다 (그림 140). 그런 뒤에 이 '금속성분이 있는 암석슬래그'를 표면에 부어서 달의 경관을 만들었다고 한다. 캘리포니아공과대학의 지구물리학 교수이며 지진연구소 소장인 단 앤더슨Don L. Anderson 박사는 "달은 속을 뒤집어서 만들어졌다"는 말을 한 적이 있다. 내부와 외부의 조성이 반대일 것이다. 파루 엘배즈Farouk El-Baz 박사는 NASA와 함께 달의 과학탐사분야

【그림 140】 달은 거대한 우주선. 컴퓨터이자 방송시스템이다.

에서 일했다. 그는 이렇게 말했다. "달의 지표 밑에 존재할 것으로 의심되는 많은 동굴들이 있다." 그런 동굴들이 정말로 있는지를 보려는 실험들이 달에서 있었다. 줄루족 주술사 크레도 무트와는 그들의 전설 중에는 달 속에 방들이 있다는 이야기가 있다고 했다. 소련의 과학자들은 달을 파내는 데 사용한 기술에 원자력이 포함된다면 우라늄 236과 넵투늄 237의 수수께끼를 설명해 줄 것이라고 했다. 또 '푸른 보석들'이 사실상 원자력과 관련이 있는 것이라면 그 또한 설명될 수 있을 거라고 강조했다. 이것은 텍사스 주 크기의 지역들이 티타늄이 들어있는 용해된 암석으로 덮여있는 수수께끼에 대해 훨씬 더 넓은 시야를 열어주기도 한다. 소련 과학자들은 달이 하나의 구조물이라면 달 표면의 크롬과 지르코늄, 그리고 높은 함량의 티타늄도 설명할 수 있다고 했다. 이것들은 열과 마모에 지극히 강한 '내화' 금속들로 알려져 있다. 바신과 쉬체르바코프는 이 금속들이 '부러울 정도의 내열성과 견고성'을 가졌다고 말했다. 두 사람은 만일 우리가 고온, 우주선(宇宙線), 운석의 충격 때문에 오는 바람직하지 않은 영향들로부터 거대한 인공위성을 보호하기 위한 재료

를 고안하고 있다면 정확히 이 금속들을 고르게 될 것이라고 했다. 과학자들은 이것이 달의 암석이 그토록 열전도율이 낮은 이유를 설명해줄 것이며, 또 공학자의 관점에서 볼 때 "우리가 달이라고 부르는 아주 오래된 이 우주선은 최고의 솜씨로 구축된 것이다"라고 했다. 그들은 이어서 이렇게 말했다.

인공위성을 띄우려 한다면 그것을 속이 비게 만들라고 권할 만하다. 이와 함께 그런 어마어마한 우주 프로젝트를 수행할 수 있는 누군가가 지구 근처의 궤도에 어떤 거대한 텅 빈 본체를 던져놓는 것만으로 흡족해할 것이라고 상상한다면 그것은 순진해빠진 생각일 것이다.

달은 엔진의 연료와 자재들과 수리작업을 위한 설비들, 그리고 항법장치들, 관측장비들과 온갖 종류의 기계들, 달리 말해 이 '우주의 범선'이 지능을 가진 일종의 노아의 방주 구실을 할 수 있게 하는 데 필요한 모든 것들이 꽉 들어찬 아주 오래된 우주선일 가능성이 더 높다. 어쩌면 오래도록(수십억 년을) 존속하면서 우주공간을(수십억 마일을) 방랑할 계획인 한 문명의 집으로서도 말이다.

그런 우주선의 선체라면 당연히 운석들의 충돌과 극열과 극한의 급격한 온도변화들을 견디도록 엄청나게 튼튼해야 한다. 그 외피는 아마도 두 겹으로 되어있어서, 안쪽은 32킬로미터 정도 두께의 치밀한 장갑이고 바깥쪽은 일종의 더 느슨하게 싸인 덮개(평균 5킬로미터 정도 두께의 얇은 층)일 것이다. 달의 '바다들'과 '크레이터들'이 있는 어떤 지역들에서는 바깥층이 무척 얇고 어떤 경우에는 아예 없을 것이다.

달의 크레이터들의 깊이가 어떤 충격이 뚫을 수 없는 '검은 장갑(裝甲)'에 닿기 전에 있는 바깥층의 추정치 안에 있다는 점은 분명하다. 바신과 쉬체르바코프는 달 뒷면의 바다에서 '매스콘mascons'으로 알려진 중력장의 희한한 변화들 또한 달이 '구조물'이라는 시각에서 설명할 수 있다고 했다. 그들의 말로는 바다지역에서 특히나 얇은 바깥층에 생긴 손상은 그 지역을 용암과도 같은 '시멘트'로 흘러넘치게 해서 손질했을 수도 있다고 한다. 이 때문에 지구에서 보면 이 지역들은 마치 '바다'처럼 보일 것이고 이 지역들에서의 높은 티타늄 함량도 설명할 수 있을 것이다. "이 일을 하는 데 썼던 자재와 기계들이 여전히 그곳에 있다는 데는 의심이 가지 않고, 또 중력 이상을 일으킬 정도로 어마어마하다." 아무튼 나는 달과 그 중력수준에 대해서라면 알아야 할 것이 더 많다고 생각한다. 두 과학자는 달의 암석과 흙의 나이가 커다란 차이를 보이는 것은 우주선 달이 우주를 여행하면서 많은 곳들에서 다양한 나이들의 재료들을 긁어모았을 것이기 때문이고, 아울러 관측된 수수께끼 같은 수증기구름들은 달 내부에서 생명을 유지하는 대기를 이루는 가스들이 분출된 것이라고 했다. 그들은 달 뒷면의 커다랗게 불거져 나온 부분은 달이 부서지는 것을 막는 우주선 선체의 엄청난 내구력으로 설명할 수 있다고 했다. 달은 자연천체가 아니고(어쨌든 재구성된 그 형태에 있어서는) 내가 설명한 재료들을 사용해서 구축된 것이다. 우리의 달만 그런 것도 아니다. 그렇게 만들어진 '달들'은 많이 있다. 줄루족의 '수수께끼의 목걸이'와 짝을 이루는 '달들의 목걸이'가 있다. 전설들은 '우리의 것'과 같은 달들이 많이 있다고 말한다. 화성의 달 포보스가 자연적인 것이 아닐 수도 있다는 논의가 줄곧 있어왔다. 화성에는 달이 두 개 있다. '두려움'과 '공포'라는 뜻의 그리스 낱말인 포보스와 데이모스가 그것이다. 1959년 러시아의 천체물리학자 이오시프 새뮬로비치 쉬클로프스키Iosif Samuilovich Shklovsky 박사는 포보스가 인공위성일 수도 있다고 말했다고 한다(그림 141). 그는 포보스의 이상한 궤도와 속이 비었을 수도 있다는 조짐들을 보고서 의문을 던졌다. 1963년 NASA의 응용수학부장 레이먼드 윌슨Raymond H. Wilson Jr.은 "포보스가 화성 주위를 도는 거대한 기지일지도 모른다"고 하면서

【그림 141】 화성의 위성 포보스

NASA가 그 가능성을 생각하고 있다고 덧붙였다. 아이젠하워 대통령의 우주개발 특별보좌관이었던 프레드 싱어S. Fred Singer 박사도 같은 말을 했다. 유럽의 화성탐사선 마스 익스프레스Mars Express는 2010년에 포보스의 근접사진을 찍었다. 그 결과 포보스가 지나치게 가볍고, 속이 비었을 수도 있으며, 알려진 어떤 소행성들이나 운석들과도 그 조성이 같지 않음을 보여주었다.

'치타우리' 달

나는 줄루족의 주술사이며 아프리카의 전설과 이야기들의 신탁자인 크레도 무트와에게 전화를 걸어서 달에 대해 어떤 이야기들이 전해오는지 물었다. 그때는 내가 무엇을 짜 맞추고 있는지를 그에게 말하지 않았다. 그냥 달에 관한 줄루족과 아프리카의 전설들이 있는지를 물었을 뿐이었다. 크레도는 줄루족의 구전지식과 아프리카의 여러 이야기들에 따르면 달이 '멀고도 먼 곳에서' 만들어졌다고 했다. 줄루족의 신화들은 치타우리가 '비단뱀이 사는' 달에서 지구를 조종하면서 인간들이 달을 화나게 하지 말도록 경고했다고 한다(그림 142). 크레도가 덧붙였다.

【그림 142】 줄루족의 전설은 치타우리가 달 속에 산다고 말한다.

"해는 너그럽지만 달은 결코 그렇지 않다고 말한다네." 줄루족의 전설들은 달을 알로 상징화하는데, 그것은 달이 속을 파낸 것이기 때문이다. 줄루족에게 워웨인과 므판쿠로 알려진 치타우리의 두 지도자들은 '거대한 불의 용'에게서 달을 훔쳤고 '노른자를 비워내서' 그 안이 텅 비었다고 한다. 그런 다음 '하늘을 가로질러 달을 굴려서' '수백 세대 전에' 지구로 가져왔다고 한다. 달은 '비단뱀', 곧 '치타우리'의 집이었다고 전해진다. 고대의 샌족은 알주머니를 가지고 초딜로 언덕에 온 거대한 비단뱀이 인간들을 창조했다고 한다는 것을 떠올리길 바란다. 달을 알로 표현했던 상징성은 고대 세계에 널리 퍼져있었고 바빌로니아의 여신 세미라미스/이슈타는 '커다란 달 알'에 담긴 채 달에서 와서 유프라테스 강에 내렸다고 한다. 앞에서 말했지만 나중에 이것은 '이슈타의(이스터의) 알'로 알려지게 되었고 이런 이유로 지금 부활절(이스터) 달걀이 있다. 따라서 부활절 달걀은 상징적인 달이다. 줄루족 전설에서는 치타우리의 지도자들인 위웨인과 므판쿠가 형제였으며 '물고기 같은 비늘로 덮인 피부'를 가졌다고 한다. 둘은 '물의 형제'로 알려졌다. 고대 메소포타미아의 점토판들에서는 지구에 대한 임무를 맡은 아눈나키의 지도자들이 엔릴과 엔키 두 형제였다고 한다. 엔키는 확실히 물과 관련지어서 상징화되었다. 바빌로니아와 아카드의 신화에서 엔키는 수메르의 에아E-A에서 나온 '에아Ea'로 알려졌는데, '물의 집'이라는 뜻이다. 우리는 아프리카에서 시작된 치타우리/아눈나키/네필림 렙틸리언들에 관한 보편적인 이야기를 보고 있는 것이다. 물고기는 파충류의 비늘을 상징화하는데 흔하게 사용됐고, 메소포타미아의 오안네스 Oannes 또는 '하늘의 물고기'인 다곤Dagon 말고도 많은 '물고기 신들'이 있었다. 오안네스는 물고기 머리를 한 것으로 상징화되었고, 교황과 다른 많은 기독교성직자들이 머리에 쓰는 미트라의 기원이 이것이다(그림 143). 기독교는 이슬람, 유대교, 힌두교 등등의 끝도 없는 종교들처럼 렙틸리언 '신들'과 그들의 매트릭스를 숭배하는 종교지만, 내부의 엘리트들만이 그것을 알고 있다(그림 144). 설마 그럴리가 없다고? 우리는 예수를 섬기지 않느냐고? 메소포타미

【그림 143】 교황이 쓰는 미트라와 기독교의 다른 '성직자복'의 기원. 바빌론에서 묘사된 렙틸리언 물고기 신 오안네스(니므롯). 바빌론교회는 로마교회가 되었다.

【그림 144】 종교들에 숨어있는 하나의 주인.

아 '다곤의 사제들'은 미트라와 같은 모자를 썼고, 로마교회는 바빌론의 모든 전통들을 이어받았다. 그것은 기독교의 다른 것들처럼 자리만 옮겨온 바빌론의 교회다. 내가 이야기해온 토성과 달의 모든 상징성이 이제 제자리에 들어맞기 시작한다. 그것들은 '신들'('유일신'으로 변형된)과 그들의 핵심적인 자리들, 곧 토성과 달에 대한 상징들이다.

토성-달 매트릭스

내부가 결정질 구조로 이루어진 달은 주 통제센터인 토성과 손잡고 지구 위의 생명을 지배해오고 있는 거대한 컴퓨터이자 송수신기이며 방송시스템이다. 달은 '물리적으로' 존재하는 것만으로도 특히 '시간'과 관련하여 지구 위의 생명에 근본적인 영향을 미친다. '달month'이라는 낱말은 'moonth'에서 나왔고, 여성들의 '월경주기'는 달의 영향을 아주 많이 받는다. 어떤 고대 전설들은 달이 오고, 또 유전자 조작이 뒤따르기 전에는 월경이 없었다고 말한다. 렙틸리언이 장악하기 전, 진짜황금시대에 인간들은 남성도 여성도 아닌 양성이었다. 창세기는 말한다. '하느님이 자신의 모습대로 사람을 창조하시되, 남성과 여성을 창조하셨다.' 성서의 상징적인 창조 이야기는 '하느님'이 여인에게 이렇게 말했다고 주장한다. "내가 네게 임신하는 고통을 더하리니, 네가 수고하고 자식을 낳을 것이며……" 남성과 여성을 만들어낸 것은 나누고, 지배하고, 분리하는 또 다른 수단이었다. 달은 지구에 대해 '완벽한 위치'에 있고, 이것은 어쩌다 그리되었거나 우연의 일치가 아니다. 달은 지구의 자전 속도에 영향을 미치고 따라서 '시간'의 흐름에 대한 우리의 지각에 직접 영향을 준다. 달은 조수의 움직임에 작용하는 으뜸가는 영향력이고 70퍼센트쯤이 물인 인체도 큰 영향을 받고 있음이 틀림없다. 달은 또한 '제3

218

의 눈'이라 불리는 솔방울샘과 뇌하수체를 아우르고 심장의 분비기능과 연결되는 내분비계를 거쳐 인간의 호르몬 생산에 큰 영향을 주기도 한다. 렙틸리언들은 인간의 제3의 눈, 심장과 우뇌를 억누르고 닫아서 우리가 오감현실만을 지각하기를 바란다. 많은 연구들은 초승달에서부터 보름달까지, 달이 햇빛을 반사하는 다른 지점들에 있을 때 인간의 행동에 작용할 수 있다는 증거를 찾아냈다. '미치광이lunatic'라는 말이 여기서 나온다. 달은 거기 있는 것만으로도 지구와 그 거주자들에게 끝없는 영향을 주지만, 그 영향력은 그보다 훨씬 더 크다. 아, 잠깐만. 나는 지금 이제까지의 많은 주제들을 짜 맞추려고 한다. 현실의 본질, 전기-플라스마 우주, 하늘에서 일어난 대격변들, 달과 토성, 그리고 렙틸리언 동맹의 지구장악을. 나는 실마리들, 암시들, 그리고 1990년부터 내가 엮어온 다른 모든 정보들을 가리키며 나를 이끌었던 '커다란 손가락'을 따르면서 지금 이야기하려는 것을 한데 짜 맞췄다. 사람들은 그것이 어떤 것일지를 한 번 생각해보거나, 더 정확하게는 직관적으로 느껴봐야 할 것이다. 나는 그들이 무엇을 생각해야 하는지를 말하고 있지도 않고, 그러고 싶지도 않다. 다른 사람들에게는 그들 스스로 분별할 정보일 뿐이다.

우리가 손에 땀을 쥐게 하는 규모와 완성도를 가진 일종의 가상현실 컴퓨터게임을 경험하고 있다는 것은 앞에서 말했었다. '의식'은 그 궁극의 상태에서는 형태가 없다. 우리는 자각일 뿐이며, '모든 가능성' 안의 다른 현실들을 경험하려고 형태를 가진다. 우주론자인 칼 세이건이 말했다. "우리는 모두 별을 이루는 물질로 만들어졌다. 우리는 우주가 그 자신을 알기 위한 길이다." '게임'은 양방향이며 '게임(파형구조물 또는 형이상학적 우주)'과 그 게임을 경험하는 주체들(인간들, 상상할 수 있는 모든 종류의 비인간 존재들, 동물들, 나무들, 모든 존재와 모든 것들) 사이에는 꾸준한 정보의 교환이 이루어진다. 우리가 게임을 할 수도 있고 아니면 게임이 우리를 가지고 놀 수도 있다. 우리가 삶을 살 수도 있고 삶이 우리를 살게 할 수도 있다. 모두 '플레이어'의 자각 수준에 달렸다. '게임'에 있어서 악의적인 것은 없다. 그것은 '무한자'가 그 무한한 표현들을 거쳐 그 자신을 경험하게 하는 우주적인 진동 테마파크의 일종으로 창조되었다. '게임'은 사랑인 '무한자'가 사랑으로 창조했다. 곧, '무한한 사랑'만이 진실이고, 다른 모든 것은 환영이다. 우리가 '세상'으로 해독하고 있는 아주 좁은 주파수범위 너머에는 인간들이 상상조차 할 수 없는 사랑이 있다. 이 현실을 우리는 설명할 수가 없다. 그것을 이해하려면 경험해야 한다. 크레도 무트와는 여러 번 '죽었지만' 다시 살아났고, '장막' 너머의 세계가 어떤 것인지를 경험했다. 나는 브라질 우림에서 아야와스카로 이끌린 의식 상태에서 이것을 경험했다. 나는 이 책을 쓰는 도중에 크레도와 전화로 이야기하고 있었는데 그는 이 '사랑'이 진정한 의미에서 어떻게 느껴졌는지를 말해주었다.

그건 모든 현실들이야. 모든 방식으로 모든 곳에 있다네. 뒤에도 앞에도, 왼쪽에도 오른쪽에도. 문도 없고 장애물도 없지. 우린 그냥 거기 있어. 모든 사람들, 모든 짐승이 거기에 있을 수 있으면 좋겠다는 생각이 들더군. 우린 바다로 들어간다네. 위도 아래도 없지. 그것은 '하나임'이야. 모든 것이 하나의 오케스트라가 연주하는 하나의 음악이라네. 자넨 '그분the One', '그대the You', 위대한 '우리'이지. 온 우주를 껴안고 싶어진다네. 태양, 달, 별들은 보이지 않지. 이렇게 말하게 된다네. "이해합니다."

화가 난 아프리카의 신도, 예수도, 여호와도 못 봤다네. 아무것도 못 봤어. 영혼을 어루만지는 음악밖에 없었지. 음악이 우릴 별들도 없는 곳으로 데려간다네. 그것이 진짜 진실, 표현할 길 없는 진실이네. 새로운 자신, 새로운 현실이지. 이 '하나임'에서 사랑은 더 깊어. 달 너머 우주보다도 더 깊이 말이네.

우주만물은 생명과 사랑으로 가득차 있지만, 이것은 우리가 알지 못하도록 조직적으로 숨겨졌다. 크레도가 말했다. "그들은 모든 진실을 가져가서

220

는 거짓말을 진실이라고 부르게 했다네." 그가 옳다. 우리가 경험한다고 생각하는 세상은 우리가 곧 빠져나오게 될 거짓말이요 사기다. 우리가 '보는' 주파수범위는 크레도가 이야기하는 모든 것들과는 거리가 멀어도 한참 먼 하나의 진동일 뿐이다. 끝없는 형태의 영역들이지만, 형태는 없고 사랑만이 가득하다.

태양계에는 앞에서 말했던 은하계 전체와 안드로메다에 영향을 미쳤던 일 말고도 여러 번의 대격변을 일으킨 사건들이 있었다. 은하계의 파형구조물 전체가 흔들리고 균형을 잃었으며, 조화를 되찾으려는 작업이 시작되었다. 파형의 현실들('우주인터넷')은 은하의 중심으로부터 보내지고 서로 다른 주파수범위들에 동조하는 수신기들이 그것을 '포착'한다. 우리가 태양들과 항성들이라고 부르는 것들이 중요한 '수신기', '해독기', '증폭기'들이고 궁극적으로 모든 것들이 스스로 접근할 수 있는 주파수대 안에서 이 정보를 해독한다. 우리가 해독하고 있고, 또 그래서 홀로그램적으로 경험하고 있는 현실은 우리가 지금 '보는' 것보다는 훨씬 더 넓은 주파수범위여야 하고, 사랑과 기쁨과 조화와 평화의 세상이어야 한다. 그러나 현실은 그렇지가 않고 또 아주 오랜 세월 동안 그래왔다. 나는 이것을 '해킹현실The Hack'이라 부르려 한다. 큰 타격을 받은 은하계를 고치고 다시 씨 뿌리는 일을 돕던 이들은 그들이 노출된 에너지적인 왜곡들에 영향 받았고, 우리가 '인격변환'이라고 하는 것을 겪기 시작했다. '타락한 천사들'이라는 주제가 갖는 한 가지 의미가 이것이다. 렙틸리언 동맹 또한 그것의 한 표현이지만, 그들 또한 물질적 형태를 갖추지 않은 또 다른 세력을 위한 수단들이다. 그것은 정신적으로 정서적으로 그들의 현실에 대한 지각을 일그러뜨리는 심하게 균형을 잃은 파형상태일 것이다. 우리가 '악'이라고 부르는 것은 그저 무지일 뿐이다. 이것은 결국 모든 것에 스며있는 사랑과 지혜의 근원으로부터 떨어져 나온 것이다. 내부자인 조지 루카스의 영화 '스타워즈'에 나오는 '타락한' 다스베이더 이야기는 여기서 내가 이야기하는 주제의 한 버전이라 할 수 있겠다.

다스베이더는 한때 애너킨 스카이워커라는 이름의 '제다이' 기사였다가 '포스의 어둠'으로 떨어졌다. '타락한' 지각상태가 된 렙틸리언 동맹에게는 현실을 조작해서 다른 이들을 옭아맬 수 있는 방법에 관한 지적인 지식은 있었지만, 그런 짓을 하지 않게 하는 사랑과 지혜와 조화는 없었다. 그들은 아주 영리하지만 지혜롭지는 않다. 지혜가 없는 영리함은 대단히 파괴적인 힘이다. 렙틸리언들과 다양한 동료집단들은 은하계 중심에서 보내지는 파형정보를 해킹해서 표적집단의 현실을 조작함으로써 인류를 노예화하는 과정을 시작했다. 그들은 끝없이 많은 세계들에 이런 짓을 했고 그 가운데 하나가 '지구'라는 세계다. '해킹'을 하려면 태양과 같은 특질을 가진 천체들을 가로채야 하는데, 그것들이 다차원적인 은하계 규모의 게임을 하는 데 송수신기의 역할을 하도록 만들어지기 때문이다. 렙틸리언 동맹은 그들의 태양 토성을 확보하기 전의 상당한 '시간' 동안 지구와 상호작용하면서 조종해오고 있었다. '갈색왜성'이라 부르는 '태양(또는 검은 태양)'의 한 형태인데, 렙틸리언들에게는 은하정보의 흐름을 해킹해서 표적집단에게 가짜 현실을 떠안기는 데 그것들을 이용하는 진보한 기술력이 있다. 갈색왜성들이 그들이 즐겨쓰는 수법이고 그들은 우주의 많은 곳들에서 이런 짓을 해오고 있다. 토성이 주요 해킹 방송들을 내보내고 이것을 달이 증폭해서 지구로 보낸다. 우리는 '원죄original Sin'에 시달리고 있다. 달의 신 '씬Sin' 말이다.

반지의 제왕

렙틸리언 동맹의 상투적인 수법은 먼저 표적이 되는 '세계' 또는 태양계에 대격변의 사건들을 일으켜서 그곳에 있던 문명을 지워버리는 것이다. 다음으로 렙틸리언들은 그들의 거짓 현실에(그들의 '매트릭스'에) 맞춰지도록 설계된 새로운 종을 유전공학으로 만들어내고 그 행성을 장악한다. 그들은 바로 이 짓을 지구와 인류에게 했고, 그렇게 하는 수단이 토성과 달이다. '반지의 제왕' 토성이 주 통제센터다. 많은 고리들을 가진 토성을 보라는 의미다

(그림 145). 토성은 어마어마하게 큰 방송시스템이고, 과학자들은 토성의 고리들이 '얼음'이기보다는 결정들로 가득하다는 것을 마침내 알아낼 것이다.

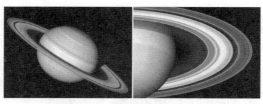

【그림 145】 다른 것들과는 같지 않은 토성이 왜 '행성'일까? 개조된 갈색 왜성이기 때문이다.

이것들은 지구에서는 낯선 유형의 결정들이다. 이 고리들은 자연의 것이 아니다. 일찍이 토성은 전형적인 갈색 왜성이었다. 그때는 고리들이 없었다. 기술에 강박적인 렙틸리언 동맹이 건설한 것이다. 생각해보면 재미있게도, 예전에 한 내부자는 믿기지 않을 만큼

【그림 146】 최근에 발견된 지구 10억 개가 들어갈 크기의 토성 고리

큰 우주선이 토성 고리들의 하나를 '수리'하고 있는 듯한 사진을 본적이 있다고 말해주었다. 그 과정은 지금도 진행되고 있고, 그들은 또 다른 것들을 건설하는 일을 계속하고 있다. 2009년에 NASA는 스피처 우주망원경이 토성에서 600만 킬로미터쯤의 거리에서 1,200만 킬로미터쯤까지 퍼져서 토성을 돌고 있는 또 하나의 고리를 찾아냈다고 발표했다. 엄청나게 큰 이 고리를 채우려면 지구가 10억 개나 들어갈 것이다(그림 146). 어떤 과학자들은 토성의 고리들이 부서진 위성의 잔재들로 만들어졌다고 하지만, 어떻게 그것이 토성에서 600만 킬로미터가 떨어져서 10억 개의 지구가 들어갈 만한 고리를 만들까? 토성의 방송시스템은 온 태양계를 뻗어나가지만, 그 대부분은 가시광선 주파수들이 아니다. 토성은 '반지의 제왕'이다. 영화의 원작자 톨킨J. R. R. Tolkien(그리고 영화감독 피터 잭슨Peter Jackson)은 책과 영화에서 바로 그 이름의 통제하는 힘을 상징화했다. 불타는 듯한 파충류의 눈, 곧 '사우론의 눈'으로 말이다(그림 147). 옥스퍼드대학교의 앵글로색슨어 교수였던 톨킨과《나

【그림 147】영화 '반지의 제왕'에서 통제하는 힘을 상징하고 있는 파충류의 눈

니아 연대기》를 쓴 그의 친한 친구 루이스C. S. Lewis처럼 현실의 다른 차원들을 상징화하는 작가들은 그들이 공개적으로 인정했던 것보다 엄청나게 많은 것들을 알고 있었다. 그들은 사실을 묘사하는 데 '소설'을 이용했다. 토성은 우리 태양계에서 목성 다음으로 큰 '행성'이고, 태양으로부터 여섯 번째의 '행성'이다. 토성이 독특한 것은 그 고리들과 위성들 때문이다. 토성은 목성, 천왕성, 해왕성과 함께 '가스자이언트gas giant'라 불리지만, 인간들과는 아주 다른 존재들은 그 물질적인 중심에 훨씬 더 가까이에서 살 수 있다. 또 모든 것들과 마찬가지로 토성은 다른 주파수범위들에 존재한다. 주류 과학은 토성이 태양으로부터 받는 것보다 2.5배가 많은 에너지를 내뿜으며, 토성의 전파방출에 맞추어 북극에서 끊임없이 회전하는 6각형 물결무늬가 만들어진다고 한다. 남극에서 포착된 회전하는 어마어마한 폭풍전선도 하나의 눈처럼 보인다(그림 148). 토성이 오랫동안 하나의 눈으로 상징된 것을 보면 6이라는 숫자와 6각별(토성에 대한 고대의 상징이었고 더 나중에는 로스차일드가의 상징이 된), 그리고 일루미나티의 상징들에서 그토록 두드러지는 '모든 것을 보는 눈'이 정말로 우연의 일치인 것일까? 목성과 해왕성도 그들이 받는 것보다 더 많은 열을 낸다. 토성이 태양을 공전하는 데는 지구년으로 29년 이상이 걸린다. 이 '행성(검은 태양)'은 지구에서 눈으로 볼 수 있기 때문에 선사시대부터 알려졌지만, 그 고리들을 볼 수 있게 된 것은

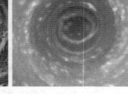

【그림 148】토성 북극의 6각형 물결무늬와 남극의 '눈'

224

충분히 성능 좋은 망원경이 개발된 뒤
였다. 바빌로니아의 천문학자들은 토성
의 운동을 기록했고, 로마인들은 토성을
새턴(그리스의 '크로누스Cronus'나 크로노스
Kronos)이라는 신으로 숭배했다. 토성이
아주 많은 위성들을 가졌다는 점도 우연
의 일치가 아니다. 지금까지 찾아낸 것

【그림 149】토성 태양계

만 60개 이상이다(그림 149). 이것들은 토성 왜성과 함께 작은 태양계를 이룬
다. 적어도 63개의 위성을 가진 목성도 마찬가지다. 대부분의 토성 위성들
의 이름은 새턴신의 형제자매들인 타이탄과 타이탄 여신들로부터 나온 것
이다. 더 최근에 찾아낸 토성의 작은 위성들은 이누잇족, 갈리아Gallic와 노르
웨이의 신과 여신들의 이름을 땄다. 이 어느 것도 우연이 아니며, 모두 같은
신적 존재들에 대한 다른 문화들의 다른 이름들이다. 토성의 가장 큰 위성
타이탄은 태양계에서 목성의 위성 가니메데 다음으로 크고, 우리의 달보다
두 배가 크다. 타이탄, 가니메데와 목성의 다른 큰 위성들인 이오, 유로파(EU
의 여신)와 칼리스토는 위성들로 알려져 있기는 하지만 사실은 행성들이다.
타이탄, 가니메데와 여러 위성들은 토성-달 매트릭스에서 아주 적극적인 역
할을 하고 있다. 또한 나는 우리가 결국 목성의 역할을 알게 되리라고 확신
한다. 주류의 과학자들마저도 타이탄과 토성의 다른 '달' 엔켈라두스에 어
떤 형태의 생명이 있을 수 있다고 생각한다. 토성은 우리 태양계의 큰 위성
들/행성들, 그리고 그리 두드러지지 않는 많은 위성들과 통신하고 있다. 나
는 지구의 달이 한때 토성 주위의 그 무리에 있었으며, 적어도 그것들의 많
은 수가 본질적으로 같다고 이야기하는 바이다. 그것들은 토성 방송망의 컴
퓨터시스템, 중폭기, 인공위성들이며, 다른 세계들을 표적으로 삼는 데 필요
할 경우에만 빠져나간다. 그들이 장악하고 개조한 갈색왜성에는 토성만 있
는 것이 아니다. 그들은 이런 일에 전문가들이다.

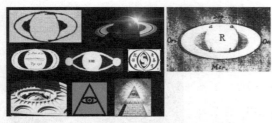

【그림 150】 눈으로 상징된 토성. 왼쪽 맨 아래 사진은 솔트레이크시티의 온통 일루미나티의 상징으로 넘쳐나는 모르몬교 성전에 있다. 피라미드와 '모든 것을 보는 눈'은 일루미나티 혈통의 큰 상징의 하나다.

【그림 151】 '그라운드 제로' 지하철역에 있는 토성 '눈' 매트릭스는 인류가 어떻게 지각의 통제 속에 굳게 붙잡혀 있는지를 정확하게 상징화한다.

【그림 152】 토성-달 매트릭스는 더 넓은 가상현실 게임을 해킹해서 인간의 마음·몸 해독체계를 조작하고 통제한다.

토성은 고대인들이 흔히 하나의 눈으로 상징화했었고 이것이 렙틸리언 혼혈 혈통 네트워크의 굵직한 상징들의 하나인 '모든 것을 보는 눈'의 기원일 듯하다(그림 150). 2010년에 뉴욕에서 강연할 때 나는 9·11의 현장인 그라운드 제로 바로 옆의 지하철역에 간 적이 있다. 그 역에는 승강장 벽들을 따라 모자이크로 만든 눈들이 깔려있고, 바닥에는 지구 전체로 주파수들을 보내고 있는 눈이 커다랗게 묘사되어있었다(그림 151). 그 눈은 토성(새턴Saturn-사탄Satan)을 의미하는 것이 거의 틀림없다. 이 이미지는 토성이 하고 있는 일을 완벽하게 묘사한다. 토성은 은하계 중심으로부터 보내지는 파형정보를 태양을 거쳐 해킹해서 태양계로 거짓 현실을 방송한다. 달은 이것을 증폭하고 특히 지구에 그것을 쏘아 보낸다(그림 152와 153). 크기, 기하학적 구조, 그리고 위치에 있어서 지구와 달과 태양 사이의 환상적인 동시성들은 모두 달이 있어서 가능해진다. 이 동시성들은 태양의 정보가 어떻게 토성과 달에 의해 해킹되는지에 연결된다. 달이 거기에 있는 것은 특별하게 그곳에 놓였기 때문이다. 과학

226

이 기록할 수 있는 가시광선과 전자기스펙트럼은 매트릭스, 곧 거짓 현실이다. '하느님'이 말씀하셨다. "빛이 있으라." 있을 수 있는 가장 빠른 속도라고 하는 (헛소리다!) 빛의 속도는 매트릭스의 진동 '벽'이다. 우리는 실제의 지구 '위에' 살고 있지도 않다. 그 일부는 '원래 그대로'지만, 그것을 우리의 지각으로 바꾸는 홀로그램적인 주입물들이 많이 있다. 매트릭스 방송들은 우리가 경험하고 있어야 하는 것을 지각하지 못하도록 가로막는다. 우리가 볼 수 없는 지구는 사랑과 조화의 장소다. 즉 전쟁과 두려움과 고통이란 없는 곳이다. 포식자들은 현실에 대한 우리의 감각을 가로채서 우리의 삶들을 지시하고 우리를 그들의 노예로 만든다. 토성-달 매트릭스는 한때 생기넘치고 의식 있었던 인류를 반복적인 지각과 행동의 주기들을 해독하는 컴퓨터 프로그램들로 바꿔놓았다. 닐 헤이그는 자신의 '무노폴리Moonopoly(달과 '독점'이라는 뜻의 'monopoly'를 합성한 용어-옮긴이)라는 개념으로 이것을 아주 잘 상징화한다(그림 154). 토성-달 매트릭스가 전송하

【그림 153】 달은 토성의 방송들을 증폭해서 특히 지구에 쏘아 보낸다.

【그림 154】 닐 헤이그의 '무노폴리(Moonopoly)'. 토성-달 매트릭스로부터의 방송들은 그 주파수대에 맞춰진 모든 사람들의 지각을 통제한다.

는 것들은 매트릭스의 주파수범위에 맞춰진 지구의 결정질 핵이 수신해서 재전송하고, 이 '해킹'은 파충류 뇌와 우리가 DNA라 부르는 송수신체계를 거쳐

우리와 연결된다. 여기서 우리는 다시 '정크' DNA와 앞에서 샘 창 교수가 말했던 것을 기억해야 한다. 곧 압도적인 부분의 인간 DNA가 '세상 밖'에서 기원한 것이고 '외계의 정크유전자들'은 세대를 거쳐 힘들게 일하는 활동유전자들에게 '편승할' 뿐이라는 내용 말이다. 그는 이렇게 말했다고 한다.

우리가 우리 DNA에서 보는 것은 빅 코드와 베이직 코드 두 버전으로 이루어진 하나의 프로그램이다. 첫 번째 사실은 '프로그램' 전체가 분명히 지구 위에서 쓰이지 않았다는 점으로, 이것은 이제 확인된 사실이다. 두 번째 사실은 유전자들만으로는 진화를 설명하기에 충분하지 않다는 점인데, '이 게임'에는 뭔가 더 있는 게 틀림없다. 머잖아 우리는 지구 위의 모든 생명이 외계 사촌의 유전자 코드를 가졌다는 것과 진화가 우리가 생각하는 것이 아니라는 믿기지 않는 개념과 마주해야 할 것이다.

샘 창 교수는 '정크' DNA의 '외계' 부분들이 '그것들만의 동맥과 정맥, 그리고 우리의 모든 항암약물들에 강력하게 저항하는 면역계'를 만들어낸다고 했다. '외계존재들'이 심은 DNA는 미리 프로그램한 것이고, 토성-달 매트릭스의 영향 가운데 하나는 그 프로그램들이 '자발적인' 인간행동과 '시간'의 흐름으로 실행되도록 활성화시키는 것이다. 매트릭스는 레이저 재생 컴퓨터 소프트웨어나 DVD처럼 일한다. 이것은 인간의 DNA에 미리 프로그램된 정보를 우리의 해독된 현실인 '스크린'으로 가져온다. '소프트웨어 프로그램'은 모든 인간의 마음-몸 컴퓨터에서 돌아가고 있고 또 그것은 오랜 세월 동안 부호화된 것이다(그림 155). 하와이대학교 유전학 조교수인 레베카 캔이 〈네이처〉지에 실은 논문에서 현대의 모든 인간들은 기원전 200,000년쯤에 아프리카에서 살았던 한 어머니로부터 유래되었다고 했던 말을 떠올리기 바란다. 우리 인간들이 하나의 기원으로부터 나왔다고 한다면 우리 '종(소프트웨어)'의 이어지는 모든 세대의 성원들에 스며들어갈 프로그램은 쉽게 심어질 수 있었을 것이다. 마음-몸을 넘어서 '의식적'으로 되어야만 우리는 그 프로그램을 넘어설 수 있다. 이 책을 쓰면서 인간 행동의 프로그래밍 규모가 지극히 근본적인 수준에서 이루어진다는 점이 확실해졌다. 나는 분자생물학자 프란시스 크릭Francis Crick 역시 DNA는 미리 프로그램되었다고 믿을 것이라 생각한다. 당신은 클릭과 동료들이 'DNA를 발견했다'는 말을 자주 들을 테지만, 디옥시리보핵산(DNA)으로 알려지게 된 것은 1869년 요한 프리드리히 미셰르Johann Friedrich Miescher가 처음으로 찾아냈다. 클릭과 제임스 왓

【그림 155】 우리가 마음·몸 컴퓨터를 넘어선 '의식'이 아닐 때 토성-달 매트릭스 프로그램에 단단히 붙잡힌다.

슨James Watson, 그리고 모리스 윌킨스Maurice Wilkins는 '핵산의 분자구조와 살아있는 물질에서 정보를 전달하는 그것의 중요성에 관한 발견'으로 1962년에 노벨생리의학상을 받았다. 클릭은 공표된 것보다 DNA에 대해 훨씬 많은 것을 알았던 듯하고, 또 DNA가 '외계에서' 온 것이라고 믿었다. 그처럼 매트릭스의 환영은 무척이나 깊고, 무척이나 깊이 배어있는데, 그것이 하나의 매트릭스장일 뿐만 아니라 DNA 프로그램이기도 하기 때문이다. '여왕벌(토성-달)'은 '해킹한' 파형정보를 내보내고 인간들은 이것을 그들이 본다고 생각하는 세상으로, 그리고 '자신'이라고 생각하는 지각들과 행동들로 해독한다. 우리는 매트릭스에 의해 입력된 자료에 반응하는 인간 로봇들과 다를 바 없다. 그러나 우리는 가슴과 마음을 열어서 남들이 볼 수 있는 것 너머를 볼 수도 있다. 이것은 매트릭스나 DNA 프로그램의 지배를 받지 않는 '의식'에 우리의 마음을 연다는 뜻이다. '의식'은 '공간'과 '시간' 밖, 그리고 매트릭스의 진동 벽들 너머에서 작용한다. 내가 이 책에서 이야기할(그 밖에도 훨씬 많

【그림 156】 '개인적인' 생각과 인식들? 아니면 그저 사람들이 해독하고 있는 것?

이 있다) 믿기지도 않고 끝도 없이 서로 연결된 온갖 조작들을 들여다본다면, 이것은 분명코 탁자에 둘러앉아서 다음 번 일을 결정하는 사람들이 꾸몄을 리가 없는 것이다. 나는 이것을 놓고 자주 생각에 잠겼다. 어떻게 그들은 이렇게 하는 걸까? 무엇을 언제 해야 하는지에 대한 자료들을 토해내는 컴퓨터시스템이 있었던 것일까? 그러나 이제 나는 그것을 뚜렷하게 볼 수 있다. 인간 통제시스템을 운영하고 강요하는 정부당국의 사람들은 여왕이 내보내는 프로그램을 따르는 일개미들과 일벌들과 같은 방식으로 프로그램을 따르고 있다. 그들은 이미 프로그램된 DNA가 프로그램에 따라 반응하도록 작동시키는 매트릭스 인터넷과 토성-달 매트릭스의 컴퓨터단말기들이다. 혈통들은 그런 목적으로 유전적으로 만들어졌기 때문에 가장 깊게 맞물려 있지만, 진정으로 '의식적'이지 않은 사람이라면 누구나 자기 생각, 지각, 그리고 행동들을 몰아가는 DNA의 토성-달 매트릭스 프로그램에 반응할 것이다. 정부당국 사람들은 얼마나 자주 논리나 이성도 없이 결정을 내리는 "로봇 같은" 사람들로 묘사되는가? '그들'이 그런 결정들을 내리는 것이 아니다. 매트릭스가 한다(그림 156). 영화 '매트릭스' 1편에서 모피어스와 니오가 나오는 이 장면은 낱말 두 개를 덧붙이면 인간이 처한 곤경을 정확하게 묘사하는 것이다. 바로 토성과 달 말이다.

'토성-달' 매트릭스는 어디에나 있네. 지금 바로 이 방에서도 온통 우리를 둘러싸고 있지. 창밖을 내다봐도, 텔레비전을 켜도 그것을 볼 수 있네. 자네가 일하러 갈 때도, 교회에 갈 때도, 세금을 낼 때도 그것을 느낄 수 있다네. 이것은 자네가 진실을 보지 못하도록 자네 눈에 뒤집어씌워놓은 세상이지.

230

무슨 진실을요?

자네가 노예라는 것 말이야, 니오. 다른 모든 사람들처럼, 자네도 속박된 채로 태어났다는 것. 냄새 맡거나 맛보거나 만질 수도 없는 감옥에 갇힌 채로 태어났다는 것이지. 자네 마음의 감옥에 말이야.

토성-달 매트릭스는 인간의 시각과 장비로 볼 수 있는 전자기주파수범위 안에서 해독되고, 인간의 마음-몸 컴퓨터의 유전공학은 DNA와 파충류 뇌를 통해 인간들을 그 주파수에 맞춰놓았다. 하지만 '의식'은 그것을 넘어설 수 있기 때문에 그들이 인류의 지각을 매트릭스에 가둬두려면 우리를 낮은 진동의 상태에 남아있게 해야 한다. 우리의 홀로그램 현실 안의 플라스마장은 우리가 '영화'를 '보는' 플라스마 '스크린'처럼 작동하거나 그러는 것처럼 보이게 한다. 그것은 모든 것과 마찬가지로 해독된 파형정보의 한 표현이다. 사람들은 이것이 '진짜 세상'이라고 생각하면서 그들이 해독하고 있는 토성 프로그램을 따라 삶을 살아간다(그림 157). 인간들은 다가오는 매트릭스의 전조등에 비춰진 멀뚱멀뚱 서있는 두발 달린 농장 동물들과도 같다. 우리의 현실이란 렙틸리언 동맹을 먹여 살리고 그들의 시스템을 돌아가게 하는데 도움을 주는 낮은 진동의 정서에너지를 만들기 위한 것이다. 이 가상현실 '게임'은 양방향이며, 그 해킹된 버전도 그렇다. 우리는 수신하고 송신하며, 받고 '올린다'. 토성-달 매트릭스는 거짓 현실이 우리에게 보내지는 에너지적인 지각의

【그림 157】토성-달 매트릭스는 렙틸리언들이 '우리에게 그들의 마음을 준' 방법이다.

'순환고리'를 만들어냈고, 우리가 그것을 지각하고 믿을 때 우리는 그런 지각을 매트릭스에 되먹인다. 이것은 되먹임고리를 이루어 거짓 현실이 유지되도록 끊임없이 힘을 실어 준다. 줄여서 말하자면, 매트릭스는 해킹된 현실이 '진짜'라는 우리의 믿음으로 힘을 얻는다. 우리는 내가 이 책에서 이야기하고 있는 깨우침으로, 그리고 매트릭스의 주파수들을 벗어나 있는 '의식'에 우리 마음을 열어서 이 닫힌 고리를 끊을 수 있고 또 그렇게 할 것이다. 우리 현실을 휘두르는 토성-달 매트릭스의 힘은 우리가 마음과 가슴을 열어서 '의식'이 들어오게 하면 할수록 약해진다. 통제시스템은 이 때문에 '진실진동'을 무서워하고, 이 때문에 두려움, 혼란, 격변을 통해 우리를 진동 상자 안에 붙잡아둘 수 있는 모든 것을 지금 인류에게 퍼붓고 있다. 그런데, 이 매트릭스 정보장에 '작은 결함'이 생길 때 어떤 설명할 방법이 없고 '초상적인' 경험들이 생겨난다. 이 글을 쓰는 동안에도, 온 세계에서 하늘이 바뀌었다느니, 별자리들이 있어야 할 곳에 있지 않다느니, 또 달의 각도가 바뀌었다느니 하는 많은 보고들이 있지만, 이 모두는 매트릭스를 조작하는 렙틸리언들이 우리를 혼란스럽게 하기 위해 하는 것이다. 성서나 마야력 따위에서 말하는 '세상의 종말'이나 '새로운 세상'에 관한 가짜 예언들 역시 마찬가지다. 그것들은 진실이 아니다. 그것들은 사건들을 만들어내서 마치 그런 일들이 일어나고 있는 것처럼 보이게 만들려는 렙틸리언의 조작과 계획의 일부다. 그들은 이미 그렇게 하고 있다. 모두 오랜 '시간' 전에 계획된 것들이다. 이 이야기는 마지막 장에서 다룰 것이다.

렙틸리언의 포로들

매트릭스가 우리와 연결되는 중요한 방법들 가운데 하나는 당연하게도 파충류 뇌를 거쳐서이고, 이것은 우리가 렙틸리언 동맹의 통제시스템에 끼워져 들어가도록 돕는다(그림 158). 매트릭스가 전송하는 것들은 우리의 DNA 송수신체계들을 겨냥하고 있고 이런 일의 많은 부분은 과학이 '정크 DNA'라고 부르는 영역에서 이루어지고 있다. 이 영역의 일부는 우리가 경험하는 현실의 대역을 좁히려고 스위치를 꺼버렸고, 또 일부는 토성으로부터 달을 거쳐서 전송되는 매트릭스 주파수들을 포착하고 있다. 카를로스 카스타네다의 책들에 나오는 돈 후앙 마투스의 말을 빌리면, 그들이 '우리에게 자신들의 마음을 준' 방법이 이것이다. 내가 이야기한 것에 비추어 그 대목을 다시 읽어볼 필요가 있다.

【그림 158】 토성-달 매트릭스와 렙틸리언의 집단 마음이 정부, 금융, 대중매체, 기업들, 종교와 거대 제약회사의 '의학'이라는 일루미나티의 모든 조직들 배후의 힘이자 이와 함께 그들 하수인들의 현실을 프로그램한다.

우주 깊은 곳으로부터 와서 우리의 삶을 지배한 포식자가 우리에게 있습니다. 인간들은 그 포로들입니다. 그 포식자는 우리의 군주이자 주인입니다. 그것은 우리를 유순하고 무기력하게 만들었습니다. 우리가 항의하려고 하면 우리의 항의를 억누릅니다. 우리가 독립적으로 행동하려하면 그렇게 하지 말라고 요구합니다. …… 정말로 우리는 사로잡힌 포로들입니다!

그들이 우리를 휘어잡은 것은 우리가 그들의 먹이이기 때문입니다. 그들이 우리를 무자비하게 쥐어짜는 것은 우리가 그들의 양식이기 때문입니다. 바로 우리가 닭장에 닭을 가둬 기르는 것처럼, 그 포식자들은 인간닭장에 우리를 가둬 기릅니다. 따라서 그들은 언제든지 먹이를 얻을 수 있습니다.

사람의 지성과 믿음체계의 어리석음이나, 행동들의 모순을 어떻게 설명할지를 잠시 생각해보고 말해보세요. 주술사들은 그 포식자들이 우리에게 믿음체계들, 선과 악이라는 발상들, 사회적 관습들을 주었다고 믿습니다. 성공에 대한 꿈들이나 실패를 주는 게 그들입니다. 그들은 우리에게 탐욕과 갈망과 비겁함을 주었습니다. 우리를 현실에 안주하고, 쳇바퀴 돌듯이 살고, 병적으로 자기중심적이게 만든 게 그 포식자들입니다.

우리가 복종하고 온순하고 나약하게 남아있도록 하려고, 포식자들은 놀라운 술책에 몰두했습니다. 당연히 싸우는 전략가의 관점에서는 놀랍지만, 그것으로 고통 받는 사람들에게는 참혹한 술책이지요. 그들은 우리에게 자신들의 마음을 주었습니다. 그 포식자의 마음은 기괴하고, 모순되고, 침울하며, 지금 당장이라도 들통날지 모른다는 두려움으로 가득합니다.

그들이 그것을 이룬 방법이 토성-달 매트릭스다. 매트릭스가 전송하는 것들에 가장 정확하게 맞춰진 인간들은(압도적인 대다수) 여왕이 내보내는 작업 계획을 따르는 일개미들과도 같다. 개미들은 페로몬이라는 화학물질들로 소통한다고 하지만, 그것들은 진동적인 소통의 화학적인 표현일 뿐이다. 개미들은 안테나로 그 신호에 맞추고 우리는 DNA와 파충류 뇌로 매트릭스의 방송들을 포착한다. 렙틸리언들에게는 매트릭스가 연결하는 벌집마음 통신 시스템이 있고, 이것의 중심에는 그들 버전의 여성 '여왕'이 있는 것으로 보인다. 어쩌면 '여신'의 숭배가 이것과 관련있을 수도 있고 또 혼혈 혈통은 미토콘드리아 DNA 또는 여성의 DNA를 거쳐 물려진다는 점이 분명하다. 일루미나티 렙틸리언 혼혈 혈통들은 매트릭스 안의 매트릭스의 하수인들이

【그림 159】 매트릭스의 포로들

다. 이를테면 '매트릭스' 영화시리즈에서 묘사한 '스미스 요원'인 것이다. 매트릭스 '마음'은 인간을 통제하는 모든 조직들과 그들 자신이 매트릭스의 포로들임을 알지 못하면서 그 조직들을 움직이고 관리하는 사람들의 배후에서 통제하는 힘이다(그림 159). 앞에서 나는 파충류 뇌가 생각하지 않고 반응한다고 설명했었다. 그것은 육체적으로 재정적으로 그 생존에 위협이 되는 것들을 찾아서 환경을 끊임없이 살피고 있으며 또 엄청난

범위의 인간경험들을 훑고 있다. 평판, 직업, 관계 등등의 끝도 없이 이어지는 목록이 그것들이다. 우리를 파충류 뇌의 현실에(따라서 매트릭스 현실에) 착 달라붙어 있게 하려면, 그들은 우리에게 살아남지 못할까봐 두려워할 끝없는 이유들을 줘야 한다(그림 160). 이런 정서 상태들은 DNA가 수신하고 송신하는 방식에 영향을 주고, 심장과 뇌와 신경계의 관계를 뒤섞어버리는 심장리듬의 결어긋남을 가져온다. 왜 우리가 전쟁, 재정파탄, 꾸며진 테러리스트 공격, 건강에 대한 '공포', '지구온난화', 만들어진 '자연'재앙들과 그밖의 온갖 것들의 세례를 받고 있는지의 또 다른 중대한 이유가 이것이다. 그들은 이런 식으로 우리를 매트릭스에 가장 단단하게 연결시키고 또 '되먹임'고리를 거쳐 그것에 힘을 보태게 할 수 있다(그림 161).

【그림 160】 토성-달 매트릭스는 파충류 뇌와 연결되고 또 DNA를 거쳐 유전자조작전체에 연결된다.

【그림 161】 되먹임고리. 프로그램된 지각들은 매트릭스에 되먹여져서 그 지각들의 힘이 커지고 이것은 다시 인류에게 보내지며 이 과정은 계속된다.

진실차단 주파수

매트릭스의 방송과 유전자조작도 우리가 더 큰 현실을 지각하지 못하도록 가로막는다. 이것을 연구해보지 않은 사람들은 오늘날의 인간 과학자들이 해내는 일들에 놀라워할 것이다. 기술적인 지식이 우리보다 수천 년 앞선 이들은 말할 나위도 없이 그렇다. 조금 있다가 나는 외부에서 사람들의 마음에 접속해서 그들이 자신에게서 나온 것이라고 믿는 생각들과 명령들을 줄 수 있는 기술이 수십 년 동안 인간사회에 있었다는 점도 이야기할 것이다. 당신이 무엇을 하고 있는지를 알면 이 일은 식은 죽 먹기이고, 또 인간의 과학이 그렇게 할 수 있다면 비늘을 뒤집어쓴 그 녀석들은 무엇인들 못하겠는가? 주류 과학잡지인 〈뉴사이언티스트〉는 미국이 텔레비전 방송을 아날로그에서 디지털방식으로 바꿨을 때 천문학자들이 전에는 볼 수 없었던 은하들을 갑자기 볼 수 있었다는 글을 실었다.

이전에는 700~800메가헤르츠의 주파수에서 자연적으로 나타나는 전파들이 아날로그 TV 신호들에 가려져서 천문학자들이 이 주파수대를 활용하지 못했다. 이 대역폭이 풀린 것은 이 범위에 있는 은하들을 볼 수 있는 일생에 한 번뿐인 기회다.

천문학자들이 그 주파수범위의 은하들을 볼 수 없었던 것은 미국인들이 텔레비전을 보고 있었기 때문이다! 렙틸리언 동맹이 쓰고 있는 기술로 어떤 일들이 가능할지 한번 상상해보라. 지구의 대전된 플라스마장과 대기권은 이미 많은 에너지들과 주파수들을 가로막는다(그림 162). 나는 우리가 알지 못하는 다른 주파수들이 인공적으로 차단되고 있다고 말하고 있을 뿐이다. 인간의 과학은 '메타물질'이라는 것을 개발했다. 이것들이 가진 '나노메트

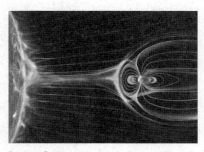

【그림 162】 매트릭스는 지구의 에너지장이 자연적으로 하는 것보다 훨씬 더 많은 태양에너지(정보)를 차단한다.

릭nano-metric 표면'은 특정 파장의 빛을 방해하고, 또한 빛(정보)이 가시광선스펙트럼의 특정 색깔을 가진 물체 주변에서 벗어나게 한다. 그러면 그 물체는 보이지 않게 되는데, 이것은 우리가 빛이 반사되는 것만을 보기 때문이다. 주류의 한 뉴스에서는 임페리얼 칼리지 런던과 잉글랜드 노스웨스트의 샐

퍼드대학교의 연구진이 이것을 활용했다고 보도했다.

과학자들은 빛을 조작하고, 또 본질적으로는 관찰자로부터 모든 사건들을 감추는 '시공간 망토'의 존재를 추론했다. 이 이론의 바탕은 사건의 흐름을 삭제하는 것인데, 우리는 이 흐름을 망막에 부딪치는 빛의 입자들(광자라고도 부르는)의 연속으로 지각한다. 섬유광학의 특성을 활용하면, 광자들의 흐름은 느려질 수 있고, 사건들은 잘라내는 등 편집할 수도 있다.

(연구진의 논문은 이렇게 말한다) "금고털이는 잠깐 동안 범행현장에 들어가서 금고를 열고, 내용물을 꺼낸 다음, 문을 닫고 빠져나가겠지만, 그 동안 감시카메라의 기록에는 금고문이 내내 닫혀있던 것으로 보인다."

인간이 이렇게 할 수 있는데, 기술이 훨씬 더 진보한 렙틸리언 동맹들이 이런 방식으로 우리 현실을 조작하지 못할까? 나는 세상에서 정말로 일어나는 일들을 정확하게 상징화한 영화 한 편을 10여 년 이상 말해왔다. 토성-달 매트릭스에 대해 알아낸 뒤로 나는 이 영화가 처음 생각했던 것보다 진실에 더더욱 가깝다는 것을 알게 되었다. '그들이 산다They Live(우리나라에서는 '화성인 지구정복'이라는 엉뚱한 제목을 달고 나왔다-옮긴이)'라는 영화가 그것으로 1988년에 나왔다. 당신은 이 영화가 미국의 영화감독 존 카펜터John Carpenter 가 제작 감독한 'B급' 영화의 하나라고 하겠지만, 이 사람은 분명히 '스타워즈' 시리즈의 특수효과분야에서 조지 루카스와도 일했다. '공상과학', 공포, 오컬트 주제들을 다뤘던 카펜터의 영화제작 경력은 그가 대중들의 눈과 동떨어져서 일어나고 있는 일들을 인식하고 있었음을 확인해준다. 영화는 전직 레슬러였던 로디 파이퍼가 경제침체와 경찰국가의 와중에서(지금 일어나는 일과 똑같다) 건설현장의 일거리를 찾아 이 도시 저 도시를 전전하는 것으로 시작된다. 한 현장에서 일거리를 찾은 그는 일이 끝난 뒤에 오늘날 우리가 '텐트촌'이라고 부르는 곳에서 지내라는 동료의 권유를 받는다. 그들에

【그림 163】영화 '그들이 산다'에서 장막이 걷혔을 때 드러나는 광고들의 메시지

게는 임시변통으로 만든 공용의 흑백텔레비전이 있는데, 정규방송 사이에 갑자기 조악한 화면이 등장한다. 그 화면에 나온 한 남자는 '그들'이 여기 있으며 '그들'은 몰래 인류를 조종하고 있다고 말한다. 로디 파이퍼는 길 건너 교회를 수상쩍어하게 되고, 그곳에 숨어들어갔다가 밖에서 들리는 성가대의 노래가 녹음한 것임을 알게 된다. 그곳에서 갈색상자들을 찾아내지만 열어보지도 못하고 들킬까봐 빠져나온다. 그날 밤 헬리콥터와 불도저를 앞세운 경찰이 그 난민촌 같은 마을에 쳐들어온다. 마을은 쑥대밭이 되고 사람들은 공격당하면서 흩어진다. 다음날 파이퍼는 일이 조용해지자 상자 안에 무엇이 있는지 보려고 교회에 다시 들어간다. 상자 하나를 빼낸 그가 뒷골목으로 달려가서 열었을 때, 상자 안에 있는 것들은 한 무더기의 색안경이다. 황당하고 실망스러웠던 그는 하나를 빼서 주머니에 꽂고서 번화가로 나간다. 하지만 그 색안경을 쓸 때면 모든 것들이 바뀐다. 거리간판의 광고들은 더는 맨눈으로 봤을 때의 그 이미지들이 아니다. 이제 그에게는 '잠들어있어라', '당국을 의심하지 마라', '복종하라', '독자적으로 생각하지 마라', '상상하지 마라', '소비하라', '순응하라'라고 쓰인 서브리미널 메시지들만 보인다(그림 163). 잡지와 신문의 광고와 기사들을 봐도 같은 것들이 보인다. 색안경을 쓰고 보면 돈에는 이런 메시지가 찍혀있다. '이것이 너의 신이다.'

하지만 그가 가장 충격 받은 것은 맨눈에는 인간으로 보이는 일부 사람들

이 색안경을 끼고 보면 전혀 인간으로 보이지 않는다는 점이었다. 경찰관들 몇몇도 그랬다(그림 164). 온갖 어려움 끝에 그는 도시 지하에 있는 지역으로 들어가는데, 그곳에 숨어있는 외계존재들과 지상에서 그들의 이익에 봉사하는 인간 비밀집단 사이에 음모가 있다는 것을 알게된다. 고도의 기술로 사람들이 다른 행성들로 쏘아 보내지고 있었다(그림 165). 나는 초극비 프로젝트들에서 일했던 몇 사람과 이야기해본 적이 있는데 그들은 "순간이동시켜주

【그림 164】 영화 '그들이 산다'에서 색안경을 끼고 볼 때의 미국 대통령

【그림 165】 영화 '그들이 산다'에서 사람들을 다른 행성들로 보내는 장면

게, 스카티(TV시리즈 '스타트랙'에 나오는 대사)"같은 기술을 써서 이동한다고 이야기했다. 한 사람은 화성의 땅 밑에 있는 어느 기지로 보내졌고 거기서 사실상 인간으로 보이는 한 외계종족의 일원들을 만났다고 했다. 사람들이 진동적이고 홀로그램적인 쳇바퀴 위에서 '무노폴리'에 빠져 있는 동안에 우리 주위에서는 무척 많은 일들이 일어나고 있다. 영화 속에서 로디 파이퍼는 사람들이 그들을 통제하는 비인간들이나 서브리미널 메시지들을 볼 수 없는 이유가 한 텔레비전 송신탑의 접시에서 방송되는 주파수가 그것들을 지각하지 못하게 가로막고 있기 때문임을 알아낸다. 접시를 망가뜨리자, 차단 주파수의 방송이 멈추면서 사람들은 갑자기 그들 옆에 앉아있는 외계존재들을 보게 된다. 그 접시를 달과 토성-달 매트릭스라고 하면 우리에게 일어나고 있는 일이 이것이다. 어떤 고대의 전통들은 달해 대해 자신들의 방식으로 이것을 이야기한다. 크레도 무트와가 내가 《인간이여 일어나라》에서 달과 달 매트릭스를 두고 쓴 것을 읽고서 말했다. "자네 책에서 달에 관해 말

한 것이 우리 조상들이 일어나고 있다고 했던 것이야." 아울러 그는 자신이 '임사체험' 중에 달을 봤다고 말해주었다. "달은 바로 자네가 설명한 그대로 네. 달 속에는 커다란 동굴이 있어. 축구공처럼 비어있지. 진짜가 아니야."

또 다른 자료들

내가 주류 사회와 '어긋나는' 무언가를 공개하고 나면 나중에 내가 잘 가고 있다는 것을 느닷없이 확인해주는 일이 얼마나 자주 생기는지 앞에서 말했다. 지금까지 이야기한 모든 세세한 내용들이 100퍼센트 정확하다는 말은 아니고, 그렇지도 못했다. 아주 많은 다양한 주제들에 걸쳐서 처리하고 껴 맞춰야 할 끝도 없는 산더미 같은 정보들이 있고, 내가 그 일을 못하도록 막 으려하는 세력들이 있다. 그래도 알아야 할 것들이 언제나 더 많기는 하지 만, 그 주제와 구체적인 내용들 대부분을 나는 아주 기꺼이 받아들인다. 우 린 언제나 거기에 열려있어야 한다. 《인간이여 일어나라》가 나온 지 아홉 달쯤 지나서 이메일 하나를 받았다. 보낸 분은 그 책을 읽었고 달에 관한 정 보를 알게 되었다고 했는데, 나더러 읽어보라고 하면서 바버라 마시니액 Barbara Marciniak의 《지구Earth》(1994)라는 책을 추천했다. 페이지 수 몇 개도 함 께 적어 보냈다. 바버라 마시니액은 플레이아데스라는 성단과 이어져있다 고 하는 한 의식과 통신한다고 해서 1990년대 '뉴에이지'계에 잘 알려진 '채 널러'다. 그 통신들에는 한 파충류 종족이 어떻게 인류를 조종하고 있는지 를 다룬 이야기가 있었다. 나는 바버라를 몇 번 만났고 또 그녀를 무척 좋아 했다. 그녀는 충분한 근거를 가지고 있고 뜬 구름 잡는 이야기는 전혀 하지 않는다. 그녀의 훌륭한 책 《새벽을 가져오는 사람들Bringers of the Dawn》은 읽 었지만 《지구》는 읽지 않았었다. 책이 도착하자마자 나는 이메일에서 말해 준 페이지들을 펼쳐봤다. …… 이런! 바버라 마시니액을 거쳐 이야기했다고 하는 내용이 이것이다.

달은 아주 강력한 전자기컴퓨터입니다. ······ 달에서 나오는 에너지는 두 가닥 DNA(열두 가닥이어야 한다고 말한다)를 유지하도록 전자기주파수들을 지금까지 아주 오랜 세월 동안 지구로 쏘아 보내고 있습니다. ······ 달은 구축된 위성입니다. 그것은 ······ 중계하고 감시하는 장치, 슈퍼컴퓨터 또는 하늘의 눈으로서 지구 대기권 밖에 오래 전에 닻을 내렸습니다.

지구는 거기 사는 사람들의 것이어야 합니다. 하지만 그렇지가 않습니다. 여러분에게는 여러분이 한 종으로서 자신의 쿤달리니와 함께 자유로운 통치권을 갖지 못하게 가로막는 바깥의 신들, 창조자 에너지들이 있습니다. ······ 주 위성컴퓨터인 달의 영향은 온 지구에 미칩니다. ······ 달의 프로그램들은 오랜 세월 인간들에게 엄청난 제약이 되어 왔습니다. ······ 여러분은 달이 만들어내는 반복적인 주기들에 반응하고 있습니다.

달은 무노폴리를 만들어낸다. 달 매트릭스에 관한 정보에 '달려들기로' 작정한 뒤로 아홉 달이 지나서 이 글귀들을 읽었을 때 나는 크게 웃었다. 우리의 것과 같은 '컴퓨터' 달들은 아주 사랑에 넘치고 긍정적인 방식으로 쓰일 수도 있다. 그리고 우리의 달이 대규모 조작과 통제의 수단으로 렙틸리언 동맹에게 납치되기 전에는 그런 일을 하고 있었을 법도 하다. 바버라 마시니액의 채널링은 그렇게 이야기하고 있고 나는 그런 가능성에 열려있다. 우리는 구체적인 내용들에 대해서는 유연해지고 또 고집불통인 도그마가 아니라 정보가 우리를 이끌게 할 필요가 있다. 그렇다면, 달에서 렙틸리언 동맹을 쫓아내고 그것이 방송하는 것들을 바꾸면 지구와 그 거주자들에게 생명을 바꾸는 정도의 영향을 줄 것이다. 단순히 렙틸리언의 방송들을 꺼버리기만 해도 이 또한 모든 것을 바꿀 것이다. 바버라가 책에서 채널링한 내용은 인간이 아닌 다른 세력들이 달에 대한 렙틸리언의 장악에 개입하고 있다고 말해주고 나도 어쩌다 비슷한 정보를 찾아냈다. 나는 많은 시간이 지난 다음에 이 개입이 많이 진전되었음을 이해하게 되었다. 나는 우리가 직면한 도전들에 맞서는 데 우리가 혼자가 아니라고 힘주어 강조하려 한다. 혈통들은 우리가 혼자라고 생각하기를 바라지만 말이다. 지구를 렙틸리언/그레이의 오랜 통제로부터 자유롭게 하려는 다차원적인 노력이 기울여지고 있고 이 일은 성공할 것이다. 다른 이들이 다른 곳에서 그들의 일을 하는 동안 우리는 우리의 현실수준에서 우리 역할을 해야 한다. 이렇게 렙틸리언의 통제시스템을 해체하는 일은 인류를 돕기 위한 것만이 아니다. 홀로그램의 작은 부분이 전체에 영향을 줄 수 있기 때문에 여기서 일어나는 일은 은하계와 그 너머의 광활한 지역을 가로질러 파급효과를 일으킨다. 바버라의 채널링은 이렇게 말했다.

달을 놓고 많은 전투들이 있었습니다. …… 여러분을 제약하기보다는 여러분의 성장을 지원하려는 세력들이 달을 장악할 때 지구에 영향을 주는 다른 프로그램들을 조금씩 끼워 넣으려는 계획이 있습니다. 달의 프로그램들은 오랜 세월 인간들에게 엄청난 제약이 되어왔습니다. 보름달과 광기, 미친 행동, 그리고 출혈이 많아진다는 이야기들은 다 확실한 사실입니다. 여러분은 달이 만들어내는 반복적인 주기들에 반응하고 있습니다.

여러분은 텔레비전이 여러분에게 대단히 큰 영향을 미친다는 것을 압니다. 달도 그런 식입니다. 여러분은 달의 프로그램들에 맞출 수가 없었고 또 그것들을 어떻게 끄는지를 배울 수가 없었을 따름입니다. 여러분은 하지 못합니다. 다른 이들이 여러분을 위해 달을 꺼주든지 아니면 달을 다시 프로그램해야 하는데, 이런 일은 바로 지금 일어나고 있습니다. 지금 달은 고도로 통제되고 있습니다. 어떤 사람들은 달로부터의 조병(躁病)과 광기에 중대한 영향을 받습니다. 달에는 외계존재들과 또 다른 존재들의 기지들이 많이 있고, 지구에서 오는 것들은 근본적으로 영향력이 거의 없습니다.

그것들을 움직이는 것은 외계존재들입니다. 급속하게 발전하고 있다고는 하지만 여러분의 기술은 지각 있는 우주 여행자들의 생명공학기술(유전공학을 포함하여)과 감히 비교할 수도 없습니다. 여러분은 게임의 초심자들이고 또 여러분의 감각들과 여러분의 물질세상의 본질에 대

242

한 중요한 핵심은 놓치고서 특정 방식으로 현실을 구성합니다. 여러분은 꾸준히 자료를 번역하고, 또 꿈을 해석하는 것처럼, 경험을 물리적인 경계들 속에 구겨 넣으면, 설명할 수 있는 것이 갈수록 적어진다는 것을 알게 됩니다.

이것이 요즈음 그리고 이 책을 통틀어 내가 힘주어 말하고 있는 것이다. 우리는 우리를 제약하고 노예화하는 방식으로 현실을 해독하도록 조작당하고 있다는 것이다. 거의 같은 시기에 나는 미국 태생의 신비가 조지 구르지에프George Gurdjieff의 글도 찾아냈다. 그는 1916년에 이렇게 말했다.

사람들, 동물들, 식물들의 모든 운동들, 활동과 발현은 달에 의존하고 있고, 우리는 달의 조종을 받고 있다. 우리 삶의 기계적인 부분은 달에 의존하고, 달의 지배를 받는다. 우리가 우리 안에서 의식과 의지를 키워서, 우리의 기계적인 자아와 우리의 모든 기계적인 발현들을 그 지배 아래 둔다면, 우리는 달의 힘에서 벗어나게 될 것이다.

딱 맞는 말이다. 토성-달 매트릭스는 마음의 주파수범위, 전자기스펙트럼과 낮은 진동의 감정 안에서 작동한다. 우리 마음을 '의식'에 활짝 열면 우리의 지각은 매트릭스 주파수들의 영향 너머로 퍼져나간다. 갑자기 우리 지각이 가로막혀 있었음을 알 수 있고 정말로 일어나는 일을 보기 시작한다. 이 글을 쓰던 어느 날 나는 '채니 프로젝트Chani Project'를 다룬 기사 하나를 보았다. '채니'는 '채널 홀로그램 접속망 인터페이스(Channelled Holographic Access Network Interface)'의 머리글자인데, 이 비밀 기술을 통해 1994년에 평행우주로부터 온 존재와 접촉하고 이어서 5년 동안 만남을 지속했다고 한다. 그 존재에게 20,000가지가 넘는 질문들을 했는데, 질문들 가운데 하나는 우리 달이 왜 있느냐는 것이었다. 그 존재는 '달이 없으면 생명은 더 나아진다'고 했고 또 우리 달이 자연 천체가 아니라고 했다. 달은 지구의 '기분'을 조종하려고 거기 있다고 말했다 한다. 달이 없으면 사람들에게 '엄청난 평온함'이

【그림 166-167】시계문자판은 '달 시간' 또는 토성–달 시간을 나타내므로, 시간을 만든 토성과 달의 상징들로서 바티칸 시국에서 두드러지게 나타난다고 보면 된다.

올 것이며, '사소한 폭풍' 말고는 '큰 폭풍'은 없을 것이다. 사람들에게는 평화가 있을 것이다. 이처럼 '달이 없는' 세상이 정확히 내가 이야기하는 '해킹' 전의 진짜황금시대라는 점이 흥미롭다. 그때 이루어진 만남에서 한 '오래된 종족'이 달을 '우주공간으로부터' 가져다가 지구 곁에 갖다 놓았다는 사실이 알려졌다. 이것은 줄루족의 전설들이 말하는 것이고, 아울러 내 연구가 뒷받침해주는 내용이다. 채니 프로젝트는 '달의 힘'들이 시간을 조종하고 이 타임라인에서 이 행성에 사는 존재들의 기분을 조작하는 타임머신처럼 작동한다는 것을 보여주었다. 인간 세상의 가장 오래된 이야기들에서는 시간이라는 말이 나오지 않는다. 시간이란 매트릭스의 환영이며, 우리를 '지금'으로부터 떼어놓아서 인간들을 노예로 만들려고 부호화되었다. 이해가 넓어지면서 나는 '시간의 고리'가 매트릭스임을 아주 뚜렷하게 볼 수 있다. 시간의 고리는 우리가 경험하고 있어야 하는 시간이 없는 '지금'-현실을 해킹한 것이다. 토성은 시간과 관련이 있고, 그리스 토성신의 이름 '크로노스'는 '시간'이라는 뜻이다. 크로노스는 '시간의 아버지Father Time'를 상징한다. 로마의 성 베드로 대성당 입구 양쪽에 있는 두 개의 시계는 시간에 대한 우리의 지각을 조종하는 토성-달 매트릭스의 상징들이며, 흔히 보는 시계문자판도 그렇다(그림 166과 167). 같은 모습은 혈통 숭배집단의 입회자들이 설계한 프리메이슨의 신전들인 런던 웨스트민스터 성당과 성 바울 대성당에도 있다. 크리스토퍼 렌Christopher Wren 경(1632-1723)은 성 바울 대성당을 설계했고 아울러 그리니치표준시(GMT)라는 본초자오선이 운영되는 런던 그리니치 천문대를 세운 고위의 전수자 겸 건축가다. 흥미롭게도 채니 프로젝트의 그 '존재'는 인간들이 성장하지 못하도록 막고 있는 '파충류'에 대해서, 또 그들의 현실에서 파충류들과의 '전쟁'에서 어떻게 이겼는지도 이야기했다. 그는 이렇게 말했다. "우린 많은 타임라인에서 많은 용들을 죽입니다." 그 존재는 자신이 말하는 파충류들보다 인간들이 '영적으로' 더 진화했지만, 비늘을 뒤집어 쓴 그 녀석들은 '자기들의 영악한 기술에 매달리고 싶어 하며, 그들의 신은 그들의 기술'이라고 덧붙였다 한다. 내가 오랫동안 내 책들에서 이야기해왔던 내용이다. 그들은 지적이고 기술적인 마음이 아주 발달했지만, '영적으로' 깨어있지는 않다. 그들은 '우리에게 자신들의 마음을 주어서' 우리를 똑같이 만드는 길을 찾았다. 달이 저기에 늘 있었던 것은 아니며 몇몇 고대 전설들도 같은 이야기를 한다. 이 전설들은 '달이 있기 전의' 시간을 말한다. 고대 그리스의 아리스토텔레스와 플루타르코스, 로마의 아폴로니우스와 오비디우스는 '하늘에 달이 있기 전에' 그들의 조상들이 있었던 아카디아의 프로셀레네Proselenes라는 사람들을 이야기했다. '프로셀레네'는 '셀레네 이전의'라는 뜻으로 셀레네는 그리스의 달의 여신이자 달 자체를 부르는 데 흔히 썼던 이름이다. 로마의 작가 켄소리누스도 달이 없었던 오래 전의 시간에 대해 썼다. 한스 쉰들러 벨라미Hans Schindler Bellamy 박사는 자신의 작품《달, 신화 그리고 인간Moons, Myths and Men》에서 같은 주제를 다뤘다. 그는 '지금의 달이 지구의 짝이 되기 전의 시간을 기억하는' 콜롬비아의 원주민 부족 '모체스Mozces'를 이야기한다. 기원전 11세기 바빌로니아인들이 달을 묘사해놓은 몇 가지에는 달이 금성과 태양 사이에 있는 것으로 되어있다. 어떤 사람들은 달이 늘 저기 있었어야 했고 그렇지 않았다면 지구는 불안정하고 지금과는 전혀 달랐을 거라고 말하리라는 걸 나도 안다. 하지만 달이 오기 전에 행성들이 지금과 똑같이 정렬되어 있었다고 말하는 것은 아닐 것이다. 태양계는 오늘날 우리가 보는 것과는 사뭇 달랐다.

토성-달 숭배

이런 정황들은 토성, 곧 '오래된 태양', '검은 태양', '검은 주님'에의 집착을 설명해준다. 구약성서의 '주 하느님' 또는 그냥 '주님'은 토성이고 창세기의 창조신화는 매트릭스를 창조하는 것과 아주 비슷하게 들린다. "하느님께서 '빛(가시광선)이 있으라'하시니 빛이 있었다." 바빌로니아의 니므롯은 로마에서 '새턴'신 또는 '사투르누스Saturnus'로 숭배되었고, 로마인들은 나중에 기독교의 크리스마스가 된 그 기간에 그의 '생일'을 경축했다. 이것이 사투르날리아Saturnalia 축제였고 희생물을 바치고, 선물을 주고받고, 집의 나무를 장식하며 12월 17일에 시작해서 일주일 이상 축하행사를 했다. 사투르날리아는 '크리스마스'로 바뀌었고 이것은 새턴을 기리는 축제다. '산타클로스'의 '산타Santa'는 '사탄Satan(새턴)'의 철자를 뒤바꾼 것이다. 토성숭배는 바빌로니아인들이 새턴을 '니므롯'으로 숭배했던 메소포타미아에서 한때 '새턴의 도시'로 불렸던 로마로 왔고, 기독교는 로마와 바빌론의 '이교도' 종교의 또 다른 버전일 뿐이다. '태양신'으로 불렸던 수많은 신적 존재들이 사실상 '오래된 태양', '검은 태양', '검은 주님', 곧 토성의 상징들임을 깨달으면서 모든 것들이 맞아 떨어졌다. 기독교인들은 오늘날까지도 아무것도 모르는 채 토성을 그들의 신으로 받들고 있다. 나는 기독교의 설립자라는 콘스탄티누스 황제가 숭배한 신적 존재인 '무적의 태양'이 '오래된 태양', 곧 토성신이었다고 확신한다. '기독교'의 십자가는 뱀과 같은 이미지와 이어지는 토성의 점성학 기호에서 뚜렷하게 보인다. 여기서 십자가 위의 뱀이라는 주제와 관련이 있을 수도 있겠다(그림 168과 169). 로마와 페르시아 버전의 예수인 미트라의 숭배는 토성과 아주 가깝게 연결되어 있었다. 토성의 숭배는 고대세계를 지배했었고 지금도 온통 그렇다. 로마의 신 새턴은 그리스에서 제우스의 타이탄 아버지 '크로누스' 또는 '크로노스'로 알려졌다(토성 위성들의 대부분은 타이탄들의 이름을 따랐다). 새턴은 메소포타미아에서 니므롯 또는 '니누르타Ninurta'였고 힌두교에서는 '샤니Shani'였다. 유대인들의 중요한 축일은 새턴의 이름을 땄고(토요일Saturday) 인도에서 토요일은 힌두교 토성신의 이름을 딴 '샤니바르Shanivar'라고 한다. 유대교는 또 하나의 토성-달 종교이고 이슬람교도 마찬가지다. 무슬림들에게 지상에

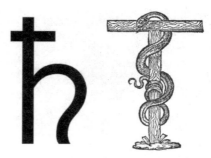

【그림 168-169】토성의 십자가와 뱀과 같은 상징, 그리고 고대의 십자가와 뱀 상징

【그림 170】카바 큐브, 토성의 상징

서 가장 성스러운 곳은 사우디아라비아 메카의 세계 최대 모스크인 마스지드 알 하람Masjid al-Haram에 있는 카바성전이다. 이슬람 전통에서는 카바성전을 유대교와 기독교의 영웅이기도 한 '아브라함'이 세웠다고 말한다. 아브라함은 '신(새턴)'의 '선택된 민족'인 유대인들의 아버지라고 하며, 성서에서는 그가 시나르Shinar 또는 수메르 땅에서 왔다고 말한다. 카바는 큐브(정육면체) 형태의 건물(카바는 '큐브'라는 뜻이다)인데, 그 안에는 이슬람교에서 아브라함이 그곳에 가져왔다고 믿는 검은 돌이 있다. 이 검은 돌은 이슬람의 설화에서 아담과 이브 때로 거슬러 올라가는 운석의 일부라고 하는데, 이 시기는 토성과 달을 조종하는 렙틸리언들이 인류를 유전적으로 장악하고 있던 때다. 카바가 큐브라고? 흠, 큐브는 …… 토성의 상징이다(그림 170). 종교적이거나 여러 밀교의 상징으로 쓰인 큐브를 보면, 그것은 토성을 나타낸

【그림 171】 이제 우리는 왜 무슬림 '순례자들'이 동심원을 이루어 카바에 기도해야 하는지를 알게 되었다. 정말 웃긴다.

다. 큐브는 모든 오컬트 전통들에서 물질의 상징이기도 한데, 이제 우리는 왜 그런지를 안다. 토성은 우리가 홀로그램 현실로 해독하는 정보장들을 거쳐 우리가 지각하는 '물질'을 만들어내는 것이다. 앞에서 보았듯이 NASA는 토성의 북극에서 6각형 형태를 촬영했고, 6각형은 3차원의 큐브를 나타낸다. 마음의 노예로 갇힌 사람들을 우리는 어떻게 이야기하는가? 상자 안에 갇혔다고 말한다. 그렇다, 토성-달 매트릭스 '상자'다. 무슬림들은 하루 다섯 번 카바가 있는 쪽으로 무릎 꿇고 '메카에 기도'한다. 이슬람의 5대 강령은 무슬림들더러 생애에 적어도 한 번은 카바를 순례하라고 강요한다. 이 순례를 하즈Hajj라고 하는데 이 전통은 이슬람 이전으로 거슬러 올라간다. 순례자들은 카바 주위를 일곱 번 걸어서 돌고 순례 때마다 검은 돌에 입을 맞춰야 한다. 또한 카바 주위를 동심원을 그리며 기도하라고 한다(그림 171). 뭔가 떠오르는가? '구전율법'을 처음으로 기록한 히브리어 미슈나Mishnah에는 그림 172처럼 예루살렘의 성전을 둘러싼 신성한 동심원들을 말하고 있다. 뭔가 생각나는 게 없는가? 이 종교들의 '지성소'는 달과 함께 인간통제의 근원인 토성이다. 유대인들은 테필린Tefillin이라는 작은 6각형의 성구함을 이마에 매기도 하는데, 이것도 토성의 상징이다. 유대교의 밀교적이고 신비주의적인 가르침인 카발라Kabbala(카브Kabb-알라Allah)가 있다. 이것은 '큐브-신' 또는 무슬림의 알라가 달의 신 씬Sin의 한 버전임으로 보아 '토

이방인의 땅
유대
예루살렘
성전
안뜰
지성소

【그림 172】 유대인의 '지성소', 토성

성-달'로도 해석할 수 있다. 기독교의 십자가는
펼쳐진 큐브로도 상징화할 수 있다(그림 173). 이

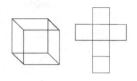

【그림 173】 큐브와 십자가

제 나는 모든 것들이 그토록 뚜렷해지고 단순해
지면서 내가 이전 책들에서 달과 토성과 연결시
켰던 '엘El'로 알려진 유대교의 신이 사실은 토
성을 표현한 것임을 깨닫게 되었다. 이런 이유
로 '이스라엘Is-Ra-El'이 된 것이다. 이것은 이집
트의 동정녀 어머니 이시스Isis, 이집트의 태양신
라Ra, 그리고 히브리의 토성신이다. 엘은 보편
적인 신을 말하고 '신들의 아버지', '사람의 아
버지'라고 불렀다. 오늘날 유전자 조작되고, 다
시 꿰맞춰진 인간의 '아버지'다. 엘은 구약성서
에 2,500번 언급되는 엘로힘El-ohim(렙틸리언 동
맹)에서 나온다. 미카-엘, 가브리-엘, 우리-엘, 그
리고 라파-엘이라는 '엔젤angEl'들도 있다. 성서

【그림 174】 종교와 '교육'과 사법부에서
사용되는 토성의 검은 예복

는 예수를 임마누-엘이라 한다. 우리에게는 가스펠Gosp-El, 그리고 교회 장로
들El-ders이 있다. 고대와 프리메이슨의 상징인 오벨리스크ob-El-isk도 있다.

　토성의 상징성은 어디에나 있다(종교에만 있는 건 아니다). '반지의 제왕'의
상징성과 숭배는 일루미나티 혈통계를 통틀어서 보인다. 토성은 검은색으
로 표현되고 고대와 현대의 비밀결사들과 사탄숭배자들에게 '검은 태양'으
로 알려져 있다. 카바가 검은색인 것은 이 때문이며 판사, 법정변호사, 사제,
랍비, 그리고 학생들도 졸업(세뇌의 학위를 인정해주는)할 때 '사각모'를 쓰고
검은 예복을 입는 이유가 이것이다(그림 174). 토성을 숭배하는 예수회의 수
장은 적절하기 그지없게도 '검은 교황'으로 알려져 있다. 이탈리아, 특히 플
로렌스와 베니스 출신의 일루미나티 혈통들은 '검은 귀족'으로 알려졌다.
토성-달 매트릭스는 우리를 오감현실에 가둬두려고 인간의 제3의 눈을 닫으

【그림 175】 로스차일드 시오니스트가 만든 소비에트 공산주의의 상징에 다시 나타난 토성의 상징

【그림 176】 로스차일드가가 조종하는 이스라엘의 깃발에 그려진 로스차일드가의 6각별, 토성의 상징

려한다. 제3의 눈 차크라는 푸른색과 공명하고, 일루미나티는 롤링스톤스의 노래 제목처럼 그것을 '검은색으로 칠해Paint it Black' 버리고 싶어 한다. 그들은 대부분의 사람들에게 그렇게 했지만, 이젠 바뀌고 있다. 지금쯤이면 아무도 놀라지 않겠지만, 토성은 금융의 신이고, 우리가 정치인으로 뽑히려면El-ected 선거El-ection들을 거친다. 당신이 부자가 되고 힘을 가지면 엘-리트에 동참한다. 토성-달 매트릭스는 인간의 마음에 주문sp-El을 걸고 있다. 내가 《진실이 자유롭게 하리라》 같은 책들에서 자세하게 보여줬듯이, 공산주의는 엘-리트의 창조물이었다. 그림 175에서 토성의 점성학적 상징이 어떻게 소련의 망치와 낫으로 형상화되었는지를 볼 수 있다. 검은 옷을 입은 재판관은 망치를 들고 있고, 토성의 영감에서 얻은 이미지인 '저승사자'는 커다란 낫을 든 악마 같은 인물로 표현된다. 토성은 고대인들이 6각별로 상징했는데, 이것은 로스차일드가의 상징으로 그들이 지금의 이스-라-엘 국기에 끼워 넣은 것이다(그림 176). '로스차일드Rothschild'라는 이름은 '붉은 방패Red Shield' 또는 '붉은 표식Red Sign'이라는 뜻의 독일어에서 온 것이며, 독일 로스차일드가의 원래 표상이 토성의 6각별이다. 토성은 태양에서 여섯 번째 '행성'이고 토요일은 1주일의 여섯 번째 요일이다. 토성 북극에 있는 6각형 형태도 떠올리기 바란다. 성서에 나오는 짐승의 숫자는 666이다. 고리들은 토성의 뚜렷한 상징이고, 특히 결혼반지가 그렇다. 결혼은 더 넓은 시각으로 보면 결혼이라는 '제도(토성)'를 통해 이루어지는 제약과 관습에 관한 것이다. 이제 나는 종교의 신적 존재들과 영웅들의 머리 주위에 둘러진 후광 또는 고리가 우리 태양의 상징이 아닌 '오래된 태양', 곧 토성의 상징임을 깨달았다. 사탄Satan은 토성Saturn이고 그래서 사탄숭배Satanism는 토성숭

배Saturnism다. 사탄숭배자들은 토성, 그리고 이 갈색왜성 통제시스템을 조종하고 인류의 노예화를 연출하는 비인간 존재들을 숭배하기 때문에 검은 옷을 입는다. 사탄숭배자들은 토성과의 관련성 때문에 달도 숭배하고, 또 같은 사악한 렙틸리언 '신들'을 숭배한다. 사탄의 다른 하나의 중요한 색깔은 빨간색인데, '빨간 옷을 입은 남자'로 가장 이름난 캐릭터는 로마의 사투르날리아 축제기간을 즈음해서 '썰매'를 타고 '다녀 가시는' '산타클로스(산타/사탄)'다. 검은색과 빨간색은 영화 '스타워즈'에서 토성의 전형적인 상징인 '죽음의 별' 내부에서 다스베이더와 함께 잘 표현됐다. 이 상징성은 어디에나 있다(그림 177). 점성학에서 토성의 지배를 받는 별자리는 염소자리인데, 염소의 이미지는 사탄숭배에서 널리 쓰인다. 이는 바포멧Baphomet이라는 '사악한 존재'의 고전적 묘사에서도 볼 수 있다(그림 178). 이 그림은 템플기사단이 숭배하는 이미지이고, 또 예수회, 몰타기사단, 오푸스데이와 같이 로마교회라는 토성숭배 집단의 경우에 이것은 기정사실이다. 나치청년단의 일원이었던 교황 베네딕트 16세는 토성모자를 즐겨 썼다(그림 179). 염소자리의 상징은 염소와 물고기가 조합된 것으로, 이 물고기는 '물고기 신들'로 묘사된 렙틸리언들의 또 다른 상징이다. 토성은 일루미나티 혈통 비밀결사 네트워크가 숭배하는 신이다. 프라테르니타스 사투르니Fraternitas Saturni 또는 토성형제단Brotherhood of Saturn처럼 일부 조직은 큰 오컬트 센터와 독일 로스차일드가의 본산지에서 이것을 드러내놓고 하기도 한다. 프리메이슨의 건물 바닥과 많은 교회들

【그림 177】 토성의 상징성은 지구사회를 통틀어서 볼 수 있다.

【그림 178】 토성의 '염소' 바포멧

【그림 179】 '토성모자'로 알려진 모자를 쓴 전직 교황들

과 성당들에 있는 검은 사각형들은 토성을 상징한다(프리메이슨은 '직각'으로통한다). 대학교의 검은 사각모도 마찬가지다. 체스판의 사각형들과 여섯 개의 점이 있는 프리메이슨 컴퍼스의 상징도 같다. 수비학에서 토성은 8로 상징되고 여덟 개의 다리를 가진 거미가 토성의 상징으로 쓰이며, 로마의 성 베드로 광장은 이집트의 진품 오벨리스크를 중심으로 여덟 구획으로 나뉘어있다.

점성학에서의 토성

점성학에서도 토성을 묘사한다. 점성학은 적절히 사용하면 과학적 근거가 있는 것이고 우리도 어느 정도 에너지적 영향을 받고 있다. 그러나 매트릭스 안에서만 그렇다. 다시 한 번 강조하고 또 강조해야할 것은 우리가 그런 영향들의 포로가 되어야할 필요는 없다는 점이다. '의식'은 이 모든 것을 넘어설 수 있고 또 자신의 길을 걸을 수 있다. 점성학은 또한 토성 음모의 근본 바탕인 '시간'이라는 환영을 뒷받침한다. 토성-달이 만들어내는 현실 너머에서 이런 것들은 아무것도 존재하지 않는다. 점성학에서 토성이 나타내

【그림 180】 해골단의 상징

는 것은 여기에 완벽하게 딱 들어맞는다. 토성은 죽음, 제한, 권위, 통제, 복종, 가난, 두려움, 그리고 시간의 행성(태양)이다. 토성은 몸의 뼈를 지배하고 그래서 해골과 뼈다귀가 토성이 조종하는 일루미나티의 큰 상징이다. 해골단은 그야말로 토성단이다(그림 180). 토성은 점성학적으로 기

관, 기업, 권력자, 과학자와 노인들의 지배자다. 이것은 법, 규칙, 규제와 '관습(반복적인 의식)'을 나타낸다. 토성은 감정이 없고 한계, 금욕, 규율, 그리고 우울을 나타낸다. 음울하고 무뚝뚝한 기질을 가졌다는 뜻의 '새터닌Saturnine'이라는 말은 토성의 영향과 관련된 고대의 어원을 가졌다. 여기서 내가 말하고 있는 게 뭘까? 바로 우리가 사는 세상이 그렇고, 갈수록 더 그렇게 되어간다는 것이다. 나는 인간사회가 구성된 방식, 비밀결사들이 규칙, 의식과 계급으로 작동되는 방식, 그리고 영국 왕족들과 그 부류들을 둘러싼 온갖 허례허식을 말하고 있는 것이다. 행성 지구는 달과 일루미나티 혼혈 혈통들을 거쳐서 토성이 통제하는 토성의 사회다. 이것으로 세상에 어떤 일이 일어났고, 또 어떤 일이 벌어지고 있는지가 아주 잘 이해된다. 새터니언Saturnian(토성을 차지한 렙틸리언 종족-옮긴이)의 특성과 영향이 드라코니언Draconian('엘리트 렙틸리언'이라고 하는 드라코Draco 종족)과 어떻게 같은지를 보라. 바로 렙틸리언의 '벌집'마음이다. 토성-달 매트릭스는 토성과 달을 통제하는 렙틸리언들의 벌집마음을 반영한다. 이제 당신은 토성의 점성학적 영향들과 매트릭스효과들을 보았다. 앞에서 인간의 파충류 뇌를 설명했던 인용문을 다시 보기 바란다.

적어도 다섯 가지 인간행동들이 파충류 뇌로부터 나온다. 그것들을 정의하는 대신 나는 단순히 그것들이 인간의 활동들에서 표현된다고 말하려한다. 강박충동행동, 개인적인 매일의 의식들과 미신적인 행위들, 오래된 행동방식의 맹종적인 순응, 의식절차의 재현, 법률적, 종교적, 문화적, 그리고 그 밖의 문제들에서의 전례에 대한 순종과 모든 방식의 속임수들에의 순종이 그것이다.

새터니언과 렙틸리언은 서로 대응되는 표현들이다. "그들은 우리에게 자신들의 마음을 주었다." 이제 내가 뇌 좌반구의 '인격'에 대해 앞에서 썼던 내용을 다시 읽어보라.

좌뇌는 '논리적'과 '이성적'이라는 낱말의 정의 그대로 '논리적이고 이성적'이다. 이것은 '지금'의 정보를 하나의 순서로 해독한다. 기본적으로 '시간'이 나오는 곳이 이곳이다. 좌뇌가 이 순서를 빠르게 '진행'할수록, 시간은 더 빨리 지나가는 듯해 보이고, 그 반대도 마찬가지다. 좌반구는 '분석적이고 객관적'이다. 흔히 이 말은 내가 보지 못하고, 듣지 못하고, 만지지 못하고, 맛보지 못하고, 냄새 맡을 수 없다면, 그것이 존재할 수 없다는 뜻이다.

결정적으로 좌뇌는 현실을 전체로서보다는 부분들로 해독한다. 좌뇌는 우리에게 모든 것이 다른 모든 것들과 사이에 '공간'을 두고 떨어져 있다는 지각을 준다. 좌뇌는 구조들을 만들어내고(그것들을 좋아한다) 우리는 좌뇌를 거쳐서 언어를 만들어낸다. 방금 나는 지금 우리가 '사는' 세상을 묘사했다.

좌뇌는 하나하나의 점들을 보지만, 우뇌는 그 점들이 서로 어떻게 맞춰지는지를 이해한다. 좌뇌에 지배당하는 사람들이 과학, 학계, 의학, 정치, 대기업, 종교, 대중매체, 군대를 통제한다. 결국 이들은 집단적인 좌뇌로 들어가는 입구를 지키고 선 군인들처럼 행동하고 우뇌 현실을 저지하려고 일한다.

【그림 181】 인간을 통제하고 억압하는 토성-달-지구 구조

토성과 파충류 유전자들과 뇌의 좌반구가 현실을 해독하는 방식은 한 꼬투리 속의 콩들이다. 우리가 다루고 있는 것이 이것이다. 토성은 태양을 거쳐 전해진 정보구조물을 해킹해서 가짜 현실을 만들어내고 있고, 이것을 달이 증폭해서 지구로 보내고 있다는 것이다. 달은 타로카드의 속임수와 관련이 있다. 우리는 이 '속임수'를 해독하고 그것을 '진짜'라 믿는다. 그 배후의 세력인 렙틸리언 동맹은 일루미나티의 혼혈 혈통들을

거쳐 가시광선(해킹현실) 안의 피라미드구조를 통제한다(그림 181). 이 구조는 점성학적으로 토성이 지배하는 종교, 금융, 정치와 국가기관들, 기업들, 법과 사법체계, 과학 등등을 만들어냈고 또 통제한다. 토성숭배는 인간사회를 통틀어서 심지어 크리스마스 같은 연례 축제들에도 깊이 뿌리를 내리고 있다.

따라서 이제 우리는 지금껏 아무도 가보지 못한 토끼굴의 깊고도 깊은 곳에서 무슨 일이 '벌어지고' 있는지를 파악하게 된다. 우리의 곤경은 희망이 없어 보인다. 하지만, 그렇지 않다. 자유로 나가는 문이 이제 열리려 한다. 우리가 무엇을 찾아야할지를 알고 있다면 그것은 열리고 있다. 나중에 이것을 다루겠지만, 나는 먼저 이 모든 것들이 일상의 삶에 어떻게 영향을 미치는지를 설명하려한다.

아무도 빈 라덴을 쏘지 않았다!

나는 이 장의 제목을 '렙틸리언의 세상', '좌뇌의 세상'이라고 붙일 수도
있었다. 이 모두가 오랜 세월 동안 행성 지구를 조작하고 통제했던 사고방식
을 묘사해준다.

이 일들은 인간의 자아와 현실에 대한 지각을 옭아매려는, 토성으로부
터 달을 거쳐서 오는 통제구조의 방송을 통해 이루어졌다. 가시광선 안에
서의 토성-달-렙틸리언의 앞잡이들인 일루미나티 혼혈 혈통들은 수천 년 동
안 끊임없는 권력집중의 과정에 나섰다. 권력을 집중하면 할수록 다수에 대
한 소수의 힘은 더 커지고, 또 더 많은 권력을 중심에 모을수록 더 많은 힘을
더 빠르게 집중해야한다. 사람들은 한때 '부족'이라는 작은 집단들을 이루
며 살았고, 어떤 일을 해야 하는지 그리고 어떤 일을 해서는 안 되는지를 스
스로 결정했다. 다음으로 부족들은 함께 모여서 '국가'를 만들었고, 그러면
서 '국가'의 중심에 있는 소수가 이전의 모든 부족들에게 명령을 내리게 되
었다. 오늘날 우리는 많은 민족국가들을 유럽/유로파처럼 묶으려는 움직임
을 보고 있다. 이미 EU와 아프리카연합이 생겼고, 미국과 캐나다와 멕시코
를 묶어서 아메리카연합으로 태어날 북아메리카연합도 준비되고 있다. EU
집행위원회는 선출El-ected이라도 되지만, 기타 지역들에선 검은 권력자들이

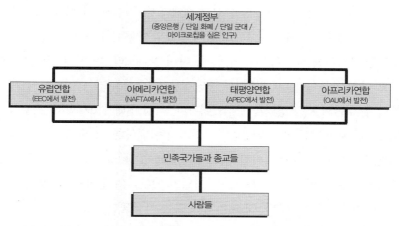

【그림 182】혈통들이 준비하고 있는 세계통제의 구조. 그들의 마음속에는 중동연합이 들어가는 다른 '연합들'도 있을 가능성이 아주 높다.

지명하는 방식으로 이런 연합들이 계획되고 있다. 그들은 이런 국가들(더 정확히는 이런 국가들이 있던 지역)에 명령을 내릴 세계정부를 들여올 길을 찾고 있다(그림 182). 그들의 목표는 권력체계에의 저항이 희석되도록 민족국가들을 지역별로 나누는 것이다. EU가 유럽을 어떻게 지역화할 계획인지를 보여주는 지도들이 공표되었다(그림 183). 잘 가라, 민족국가여. 또 그들은 같은 일을 모든 곳에서 하려고 한다. 세계 군대를 통해 그들의 뜻을 강요하고 세계 중앙은행과 세계전자화폐를 통해 세상의 모든 금융을 지시하는 세계정부가 들어서게 되어있다. 민족국가를 파괴하려는 계획에는 민족국가의 개념을 지키기가 더 어렵게 만들려고 대규모 이민자들에게 국경을 열어서 본래의 특징적인 문화와 국가정체성을 바꾸도록 하는 일이 포함된다. 그 전체구조 또는 '신세계질서'

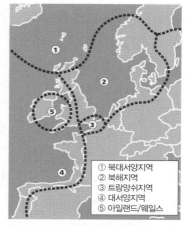

① 북대서양지역
② 북해지역
③ 트랑망쉬지역
④ 대서양지역
⑤ 아일랜드/웨일스

【그림 183】유럽을 여러 권역들로 나눈 EU의 지도

는 모든 사람에게 마이크로칩을 심고 세계적 추적시스템에 하루 24시간 연결되는 전체주의의 세계감시상태 위에서 세워질 것이다. 이런 일을 공상 정도로만 생각하는 사람이 있다면, 글쎄, 다시 알아보라. 이 일이 진짜로 일어나고 있기 때문이다. 세계권력의 중앙집중은 '세계화'라는 이름을 얻기 전부터 우리 삶의 모든 영역들에서 있어왔다. 이것이 내가 1990년대 초부터 경고해왔던 세계적인 파시스트/공산주의자의 어젠다다. 내가 줄곧 내 책들에 써왔던 것들이 이제 텔레비전 뉴스에 나오고 있다. 그 우라질 일들이 지금 주위에서 온통 일어나고 있는데도 '저널리스트들'은 내게 "그딴 일은 절대 일어나지 않아"라고 했다. 보려고 하지 않는 사람들만큼 눈이 먼 사람은 없다. 암호 문자들과 디딤돌들은 이미 눈에 보인다. '국제사회'와 국제사회의 '의지'가 끊임없이 언급되는 것은 '진행 중인 세계정부'의 암호들이다. 'G8', 'G20'과 그런 형태의 끝없는 정상회담들과 '국제법'을 줄곧 외쳐대는 것도 마찬가지다. 세계정부의 지배를 위해 필요한 것이 무엇일까? 모든 사람이 복종해야하는 법, 곧 국제법이다. 국제연합(UN)은 혈통들이 만들어냈고 뉴욕의 록펠러가 독차지한 땅 위에 세워졌다. UN은 그들의 첫 번째 노력인 국제연맹이 실패한 뒤로 세계정부를 위한 위장술책과 디딤돌로서 만들어졌다. 리비아에서 일어난 일을 보라. '국제사회(이 경우에는 미국, 영국과 프랑스)'는 카다피 대령을 없애야겠다고 결정하고 병사들을 보낸다. 사실상의 세계군대인 NATO다. 이 '국제사회'는 미국, 영국과 이스라엘이 지배한다. 이탈리아 총리 실비오 베를루스코니는 이탈리아가 미국의 압력 때문에 리비아의 폭격에 가담했을 뿐이라고 말했다. 나는 1990년대 중반에《진실이 자유롭게 하리라》에서 NATO가 북대서양지역을 벗어난 분쟁들에 끼어들게 되는 것을 지켜봐야한다고 썼었다. 여기서 나는 이것이 UN의 '평화유지' 구조와 거기 끌려들어간 그 밖의 군사집단들이 세계군대로 가는 길에서 그 활동을 넓혀갈 수단이 되리라고 했다. NATO는 지금 아프가니스탄에 있고, '그들을 보호한다'는 평계로 리비아의 민간인들을 폭격하면서 2011년 여름을 보냈다. 미국, 영국과 프랑스가 리비아를 폭격한 뒤에 곧바로 작전권을 NATO의 통제에 넘겨준 이유가 세계군대로 가는 한걸음 한걸음이었다. 이것은 또하나의 선례가 되었다. 엘-리트는 그들이 의도적으로 만들어낸 경제위기를 '해결'하기 위해서는 세계중앙은행이 필요하다고 하고 있다. 세계중앙은행을 토대로 국제금융을 통째로 재편하는 일을 정당화하려는 것이다. 단일 전자화폐계획에 발맞추어 전자'돈'이 등장하면서 현금은 갈수록 빠른 속도로유통과정에서 사라져가고 있다. 기본적인 자유의 박탈, 더 많이 침해하는 법들과 감시, 그리고 경찰국가의 도입은 더욱 빠르게 펼쳐지고 있다. 비행기를타려 하는가? 좋다. 당신은 자신과 아이들이 방사선을 쬐이거나 성추행 당하기를 바라는가? 우리에겐 선택의 여지가 없다고 말하지 말라. EU 관료들은 대륙을 통틀어 어떤 전구를 써야 하고 어떤 것을 쓰면 안 되는지에 이르기까지 삶의 권리를 세세한 부분까지 지시하고 있다. 나 같은 음모연구자들은 미국, 캐나다와 멕시코를 북아메리카연합으로 묶으려는 계획이 있다고오래 전부터 이야기해왔지만, 정부대변인들과 한심한 꼭두각시 주류 대중매체들은 그것이 '음모론'에 지나지 않는다고 했다. 어떤 말들이 나오고 있는지 뒷받침해주는 모든 증거들이 있는데도 말이다. CNN의 앵커 루 답스는북아메리카연합을 도입하려는 음모를 밝히라는 주장을 했다가 해고당했다.

2005년 북아메리카연합 또는 '북미계획North American Initiative'을 위한 음모를 확인해주는 미국의 한 외교 전신(電信)이 위키리크스 웹사이트를 통해 공개되었다. 미국을 무너뜨리는데 미국을 이용한다는 생각이 그 발상이었다(그림 184). 그들은 렙틸리언 혼혈 엘-리트의 어젠다를 도입하는데 미국의 (빌린) 돈과막강한 군사력을 이용해오고 있지만, 그렇게하면서 미국을 무릎 꿇게 하는 것이 계획이

【그림 184】세계독재의 발밑에 깔아뭉갤 계획 하에 미합중국은 조직적으로 무너지고 있다.

다. 이것이 지금 믿기 어려울 정도의 산더미 같은 빚더미 속에서 허우적거리는 미국에서 일어난 일이다. 금융과 군사력이 동조하지 않고서는 세계정부의 독재는 물론 '슈퍼파워'도 가질 수가 없다. 미국은 렙틸리언들과 그 혼혈들에게 통제력을 고스란히 넘겨줄 신체계로 흡수되도록 불구가 되어야 했다. 조지 오웰이 상상했던 것마저도 훌쩍 뛰어넘는 것이다.

홀로그램 폭압

여기서 미국의 군대가 말 그대로 미국 군대가 아니라는 점이 중요하다. 세계 엘-리트의 군대요, 렙틸리언 동맹의 군대다. 앞에서 말했던 구조, 곧 홀로그램 '청사진'으로 돌아가보자. 유럽(그리고 이스라엘)에 있는 그물망의 조정센터는 나라마다 있는 혈통일가들과 비밀결사들의 하부 네트워크에 세계적 어젠다를 지시한다. 영국과의 전쟁과 1776년 독립선언의 토대 위에 세워진 미합중국은 굵직한 하부 네트워크로서 왕관의 보석과도 같은 자리를 차지해왔다. 사실상 '독립'이 아니었다. 이미 설명했듯이 그것은 또 다른 형태의 통제였다. 미국의 정부, 정치, 금융, 기업과 대중매체 네트워크들을 록펠러가와 여러 혈통일가들이 통제하고, 이들은 계층구조에서 그 위에 있는 일가들, 특히 유럽의 로스차일드가의 지시를 받는다. 미국의 군대는 미국 국민들을 위해 전쟁을 벌이지 않는다. 그들은 렙틸리언 혼혈들을 위해 전쟁에 뛰어든다. 이것은 영국, 프랑스, 이탈리아, 오스트레일리아는 물론 사실상 모든 곳에서 동일하다. 사람들이 전쟁의 '무대'에 대해 말하는 것은 그럴 듯한 일이다. 우리가 아는 이유들 때문에 싸우는 일은 거의 드물다. 무자비한 무대극이 바로 전쟁의 실체다. NATO의 군용기들은 "민간인들을 보호하기 위해" 리비아에 있어야 했다. 하지만 NATO는 민간인들을 해치는 대상은 누구라도 공격하겠다고 말하고 나서(그렇다면 NATO는 자신을 폭격했어야 했다) 곧바로 공중에서 민간인들을 죽이기 시작했다. NATO는 그들이 '지지한다'고 주장했던 리비아의 '반대파' 사람들까지도 죽였다. 모두 대외적으로만 써먹

기 위한 한 편의 영화다. 리비아, 이
라크, 아프가니스탄, 파키스탄, 그
리고 끝도 없는 곳들에서의 전쟁
과 폭력은 중앙집중된 파시스트/공
산주의자의 세계폭압을 도입하려
는 오래 전에 계획된 어젠다의 일부
다(여기서 내가 파시스트와 공산주의자
를 함께 쓰는 이유는 본질적으로 같아서

【그림 185】분명히 권력의 자리에 있는듯 보이는 '지도자
들'은 일을 주도하는 사람들이 절대로 아니다. 그림자 속
에 있는 이들이 그들이다.

다). 우리는 텔레비전 뉴스에서 군대와 군용기들과 폭발장면들을 보고 또 전
쟁을 치러야하는 핑계들을 줄줄이 둘러대는 '정치인'이라는 심부름꾼들과
앞잡이들은 보지만, 뒤에서 지시하는 혼혈 혈통들과 그들의 비밀결사 네트
워크는 보지 않는다. 그들을 조종하는 렙틸리언 동맹은 말할 필요조차 없다
(그림 185). 미국의 오바마, 영국의 캐머런, 프랑스의 올랑드, 캐나다의 하퍼,
그리고 오스트레일리아의 길러드 같은 이른바 '세계지도자들'은 혈통의 어
젠다를 팔고, 입법안에 서명하며, 전쟁을 선포하면서 그들의 숨은 주인들을
섬기려고 거기 있을 뿐이다. 정치지도자들에 대한 청사진은 버락 오바마, 데
이비드 캐머런, 그리고 토니 블레어에게서 볼 수 있다. 그들은 번드르르한
중고차 판매원들일 뿐이다.

　이런 토성 구조는 초국적 기
업, 거미줄이나 피라미드로 상
징화할 수 있다(그림 186). 피라
미드들 안에는 더 작은 피라미
드들이 있고 마침내 이 많은 피
라미드들을 가장 큰 피라미드
가 뒤덮는다. 러시아인형의 원

【그림 186】인간통제의 토대

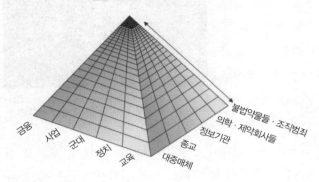

통제의 피라미드

렙틸리언 동맹과 토성–달 매트릭스
렙틸리언 혼혈 일가들

금융
사업
군대
정치
교육
대중매체
종교
정보기관
의학·제약회사들
불법약물들·조직범죄

【그림 187】 피라미드 안에 피라미드가 있는 '러시아인형' 구조에서 혈통일가들은 모든 피라미드들의 꼭대기에 앉아서 피라미드 전체를 통틀어 권력의 중앙집중을 위한 똑같은 어젠다를 지시한다.

리다. 그것이 정부든 은행이든 사업이든 대학교든 대중매체 활동이든 사실상 모든 조직이 피라미드구조로 구성된다. 그 꼭대기의 '머릿돌'에는 정말 무슨 일이 벌어지고 있는지를 아는 소수가 있지만, 피라미드의 아래로 내려올수록 점점 더 많은 사람들이 있고 그들은 그 조직의 진짜 목적과 야망들을 모른다. 이들은 자기 스스로 그렇게 하고 있다는 것도 전혀 모르는 채(그것도 대부분이) 폭압을 펼치는 데 기여하기 위해 알아야하는 것만을 안다. 그들도 결국은 강요받는 세상에 살아야 하고 또 그 아이들과 손자들 또한 그렇게 살아야 한다. 전체 피라미드를 유지하기 위해 개인의 기여가 얼마나 잘 맞아떨어지는지를 아는 사람들은 꼭대기에 있는 소수뿐이다. 정보의 '구획 compartmentalization'이라는 것으로 음모에 관한 정보를 검열하는 방식이 이것이다. 2003년 이라크 침공이 있던 시기에 영국 정부에 있던 대부분의 사람들은 그런 일이 정말로 왜 일어났는지, 어떤 숨은 힘들이 일하고 있는지 아무것도 몰랐다. 지식은 그림자 속에 있는 이들의 지시를 받았던 작은 집단 안에서(일루미나티의 협력자인 토니 블레어 주위에서) 구획되었다. 블레어 내각, 이

른바 '정부'에 있던 대부분의
구성원들은 관계가 없었다. 정
부, 금융, 기업, 대중매체 등등
의 '개별' 피라미드들은 꼭대
기에서 혈통일가들이 통제하
는 더 큰 피라미드가 아우른
다. 13개의 주도적인 일가들
역시 서로 피라미드계층을 이
루고 있다(그림 187). 모든 것이

【그림 188】 권력을 가진 듯해 보이는 사람들은 피라미드의 꼭대기 근처에도 가보지 못한다. 그들은 세계계층 구조의 위에 있는 사람들의 명령을 공개적으로 실행하려고 거기 있을 뿐이다.

계층구조다. 결국 우리는 '사회적 계층에의 욕구'를 가진 파충류 유전자(소프트웨어)를 이야기하고 있는 것이다. 금융시스템(거대 금융)과 거대 정부, 거대 석유회사, 거대 제약회사, 거대 생명공학회사, 거대 대중매체들을 아우르는 피라미드들이 있다. 이들의 '머리꼭대기'엔 모두 혈통일가들이 있고, 이런 식으로 그들은 권력의 꾸준한 중앙집중을 위한 자신들의 어젠다를 풀어놓을 수 있다. 시스템을 돌리는 듯해 보이는 사람들(대통령들, 총리들, NATO와 세계은행과 IMF 따위의 수장들)은 피라미드의 꼭대기 근처에도 가보지 못한다.

그들은 정말로 권력을 가진 그들 위에 있는
사람들에게서 지시를 받는 덧없는 심부름
꾼들이다(그림 188). 혈통의 '숨은 손'은 정
당을 조종해서 '선출된' 지도자들을 뽑는다
(그림 189). '지도자'에는 본질적으로 네 가
지 유형들이 있다. (1) 무슨 일이 일어나는
지 그리고 자신이 무슨 일을 하고 있는지를
아는 사람들(소수). (2) '권력'에 필사적이
고, 권력을 얻으려고 무슨 일 무슨 말이라
도 하는 사람들. (3) 숨겨야 할 자신의 큰 비

【그림 189】 선거(El-ection)는 우리에게 선택권이 있다고 하지만, 모든 정당들의 주요 후보자들은 혈통 네트워크들에서 나온다.

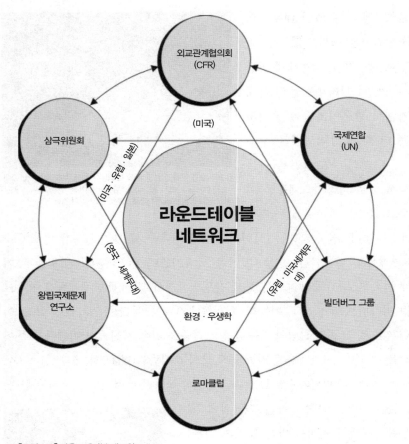

【그림 190】 라운드테이블 네트워크

밀들 때문에 시키는 대로 하라고 협박당할 수 있는 사람들. (4) '보좌관들'과 '공복들'에게 쉽사리 조종당하는 멍청이들. '멍청이'와 '지도자'라는 낱말들을 가까이 놓고 볼 때마다 내 마음속엔 국가가 빌린 돈으로 '자신의' 은행을 긴급구제해서 앞으로 몇 세대 동안의 국가경제를 무너뜨린 아일랜드 총리 브라이언 코웬이 떠오른다. 왜인지는 모르겠지만 늘 그렇다.

264

라운드테이블 네트워크

비밀 통제망에는 꼭 짚고 넘어가야 할 특별한 네트워크가 하나 있다. 이것은 19세기 말에 런던에 세워진 '라운드테이블'이라는 비밀결사의 지시를 받는 여러 위성조직들이 연결된 것이다(그림 190). 로스차일드의 앞잡이 세실 로데스가 그 첫 번째 지도자였다. 라운드테이블은 1920년 런던의 '두뇌집단'인 왕립국제문제연구소Royal Institute of International Affairs를 탄생시켰다. 1년 뒤에는 미국의 대외정책을 조종하려고 만든 '두뇌집단'인 외교관계협의회Council on Foreign Relations(CFR)가 나왔다. CFR은 세계정부로 가는 큰 디딤돌로 로스차일드-록펠러의 UN을 설립하는 데 깊이 손댔다. UN 설립총회에서 미국대표단은 마치 CFR 회원들의 출석조사 같았다. 다음으로 아주 비밀스러운 빌더버그 그룹Bilderberg Group이 1954년에 만들어졌고, 이것은 하나의 공통정책(혈통들의 정책)을 여러 나라들의 정치인들, 은행가들, 기업가들, 정보요원들, 군과 대중매체가 따르도록 하는 조정자의 역할을 한다. 빌더버그 그룹의 회장은 독일태생의 나치 지지자로 나중에 네덜란드의 베른하르트Bernhard 공이된 인물이 오랫동안 맡았다. 빌더버그의 모임에는 베른하르트의 딸 베아트릭스Beatrix 여왕을 비롯한 유럽 왕실의 왕족들이 참석한다. 그들은 여러 나라의 은행가들과 IMF, 국가 중앙은행들, WTO, 그리고 NATO의 수장들도 불러 모은다. 여기에는 굵직한 정치지도자들, 그리고 미래의 지도자들도 합류한다. 그때만 해도 그리 알려지지 않았던 아칸소 주의 주지사 빌 클린턴은 1991년 빌더버그 모임에 참석했고 이듬해 미합중국 대통령으로 뽑혔다. 토니 블레어는 1993년에 회의에 참석했고 다음해 영국 노동당 당수가 되었으며, 후일 루퍼트 머독Rupert Murdoch의 혈통이 거느린 대중매체 제국의 지원 덕분에 10년 동안 총리직을 맡았다. 클린턴과 블레어는 '숨은 손'이 기획한 전쟁에 함께 나갔다. 버락 오바마와 힐러리 클린턴 두 사람 모두 2008년에 그들의 선거운동을 하는 동안 버지니아 주 북부 찬틸리의 웨스트필즈마리오호텔에서 열린 빌더버그 모임에 슬며시 참석했다. 독립적인 진짜 저널

【그림 191】 데이비드 록펠러. 그다워 보인다.

리스트들은 빌더버그 모임에 참석하는 사람들을 통해서 이라크 침공이 2003년 3월에 있을 거라는 것과 주택 '거품'이 터져서 금융위기를 일으키게 되리라는 것을 예측할 수 있었다. 수십 년 동안 빌더버그에 참여해왔던 두드러지는 인물로는 1954년에 네덜란드 빌더버그 호텔에서 열린 첫 번째 모임에 참석했던 데이비드 록펠러(그림 191), 로스차일드/록펠러의 하수인 헨리 키신저, 그리고 오바마의 멘토이자 지미 카터 대통령의 국가안보보좌관이던 즈비그뉴 브레진스키Zbigniew Brzezinski가 있다. 어떤 부류의 사람들과 조직들이 대표로 나오는지 감을 잡도록 2011년 스위스 생 모리츠의 빌더버그 모임에 참석한 사람들의 명단을 부록에 실었다. 여기에는 영국의 로스차일드 앞잡이인 재무부장관 조지 오스본George Osborne, 영국 노동당의 마키아벨리이자 로스차일드의 심부름꾼 피터 만델슨Peter Mandelson 이 있다. 만델슨은 적절하게도 '어둠의 왕자'로 알려져 있다. 오바마의 첫 예산국장 피터 오재그Peter Orszag, CFR의 공동의장이자 2008년 금융 붕괴의 기획자들 가운데 하나인 로버트 루빈Robert E. Rubin 같은 사람들과 함께 헨리 키신저와 데이비드 록펠러가 언제나처럼 거기 있었다. 혈통이 악랄한 계획들을 몇 가지 가지고 있는 인터넷분야를 대표해서 구글의 회장 에릭 슈미트Eric Schmidt, 아마존닷컴의 설립자이자 CEO 제프 베조스Jeff Bezos도 있었다. 로스차일드 유럽의 부의장 프랑코 베르나베Franco Bernabè를 비롯해서 늘 그렇듯이 많은 은행가들과 금융계 인물들도 왔다. 이 라운드테이블의 '로마클럽'은 렙틸리언 어젠다를 정당화하는 데 환경문제들을 활용하려고 1968년에 만들어졌는데, 이것이 '인간이 초래한 지구온난화' 또는 해마다 기온이 떨어지게 되면서는 "기후변화"로 이름이 바뀐 터무니없는 거짓말의 큰 근원이 되었다. 미국을 근거지로 하는 삼극위원회Trilateral Commission는 데이비드 록펠러와 즈비그뉴 브레진스키가 1973년에 공동 설립했다. 이것은 세상의 정책을 조정하고 통제하는 또 하나의 조직이다. 라운드테이블의 이 모든 위성조직들은 그들의 핵심부에서 비밀결사들을 서로 연결하고 있고 또 이 네트워크는 세계은행, 국제통화기금(IMF), 세계무역기구(WTO), 세계보건기구(WHO)가 그렇듯이 더 큰 그물망 또는 피라미드의 일부다. 이들은 모두 계획된 세계정부의 대리인들이자 록펠러가와 로스차일드가가 그들의 꼭두각시 정치인들을 시켜서 세운 것들이다.

WTO와 WHO는 한 건물이나 한 탁자 앞에서 다양한 지구적인 주제 분야들을 통제하려는 노력의 일부다. 정부들이 회원국이 되는데 '서명'하고서 무역, 보건과 여러 정책에서 이 검은 권력자들이 시키는 것을 그들 스스로 실행해 옮기게 한다는 생각이다. WTO는 자국의 경제와 국민들을 무자비한 세계시스템으로부터 보호하려는 나라들에게 엄청난 벌금을 물리는 힘을 휘두른다. 모든 나라와 지역사회가 그들이 어찌하지 못하는 다른 나라들과 지역사회들에 의존하게 만드는 것이 그 전략이다. 이 시스템에 지시를 내릴 수 있는 사람들은 오로지 모든 나라들에 하부조직들을 가진 혈통 일가들뿐이다. '자유무역'은 '자유'와는 아무런 관계가 없다. 그것은 착취에 관한 것이다. 혈통이 가진 '자유무역'의 버전은 그들이 소유한 기업들이 세상에서 가장 가난한 사람들 일부를 쓰러질 때까지 일하게 하고 알량한 보수를 주면서 야만스럽게 착취하도록 한다. 이것은 그들이 세상의 더 부유한 나라들에 팔 생산품들을 싼 값에 만든다는 뜻이다. 무역관세와 함께 '관세장벽'이 무너지면서 이것은 훨씬 더 많은 이익을 남기게 된다. '자유무역'이라는 이 사기극에서 양끝의 집단인 생산자와 소비자가 모두 냉혹하게 착취당한다. 하지만 혈통들은 그 누구보다도 냉혹한 짓을 잘한다. WHO는 '돼지독감'이라는 우스갯짓에서 보았듯이 사람들에게 백신을 맞으라고 지시하고, 그러면 정부들은 집단접종을 위해 거대 제약회사에게 거액의 돈을 준다. '돼지독감'은 단 한 마리의 돼지도 감염시키지 않았다. 얼마나 이상한가. 뭐, 그건 사실이 아닌 또 다른 거짓말이었다. 3천만 명이 '돼지독감' 백신 펜데믹스Pandemrix를 맞은 뒤에야 유럽의약품국(EMA)은 이 백신이 느닷없이 잠이 드는 기면증의 위험을 높이기 때문에 20세 이하에게는 접종하면 안 된다고 경고했다. 있지도 않은 질병을 '막기' 위해 '돼지독감' 백신을 맞은 뒤로 얼마나 많은 사람들이 건강문제를 겪었는가? 지금 이 세상에서는 로스차일드가와 록펠러가가 WTO를 거쳐서 세계무역정책을, 그리고 WHO를 거쳐서 보건정책을 지시하고 있다. '현대적인' 수술용 메스와 약물 '의학'을 세상에 도입했으면서도 정작 자신은 97세의 나이로 죽을 때까지 동종요법을 사용했던 사람은 석유산업의 거물이자 미국에서 로스차일드의 하수인이었던 존 록펠러였다. 이 사람들의 다수가 대부분의 인구집단에 비해 오랫동안 산다는 사실을 눈치 챈 적이 있는가? 영국 여왕의 어머니는 102세까지 살았고, 이 글을 쓰는 지금 여왕은 85세, 남편 필립 공은 90세, 아버지 조지 부시는 87세, 헨리 키신저는 88세, 그리고 데이비드 록펠러는 96세다. 어떻게? 한 가지 이유는 그들이 나머지 인구에게 강요하는 것과 똑같은 의학적 치료를 자신들은 받지 않는다는 점이다.

이 혈통들이 대안치료자들을 문 닫게 하거나 효과가 없다고 낙인찍어 버리려고 그들을 표적으로 삼고, 또 사람들이 식이보충제들과 대체치료제들을 사용하지 못하게 하는 규제들을 들여오면서 대안요법과 보충제들을 써보고 싶은 사람들은 갈수록 더 많은 어려움에 부딪치고 있다. 미국의 뿌리 깊게 썩어빠진 식품의약국(FDA)은 스마트폰의 의료건강 '앱'들이 사람들이 어떻게 치료받아야 하는지에 대한 FDA의 (공식적인) 버전을 따르지 않을 경우 그것들을 사실상 검열할 계획이라고 말한다. 대체의학과의 전쟁을 치르는 중요한 수단이 국제식품규격인데, 이것은 세계적으로 식품과 보충제에 관한 법률과 규제들을 '일치'시키는 길을 찾고 있다. 어쨌든 그것은 겉치레 핑계다. 진짜 이유는 거대 제약회사, 거대 생명공학회사와 거대 식품회사가

268

자신과 가족들을 조직적으로 해치고 있음을 알만큼 충분히 깨어난 사람들에게 보충제들과 제대로 된 음식을 주지 않으려는 것이다. 지구에서 가장 활발하게 활동하는 혈통 기업의 하나인 몬산토가 제공하는 유전자조작 식품은 인간들을 유전자조작하려고 만들어진다. WTO(로스차일드/록펠러)는 국제 식품규격위원회(로스차일드/록펠러)가 정하는 규칙들과 규제들을 공인한다는 데 동의했다. 정말로? 나는 충격 받았다. 그렇다면 1960년대에 이 국제식품규격의 계획을 마련했던 착한 사람들은 누구였을까? 이런 이런, 인류에게 범죄를 저지른 것으로 뉘른베르크 재판소에 투옥된 나치 전범들뿐이었다. 나치의 거대 화학기업인 이게파르벤IG Farben의 사장 헤르만 슈미츠Hermann Schmitz, 그리고 이게파르벤의 이사 프리츠 테르 미르Fritz ter Meer 같은 사람들이다. 이게파르벤은 아우슈비츠에 집단수용소를 운영했고, 이곳의 의사는 '죽음의 천사' 조제프 멩겔레였으며, 프리츠 테르 미르는 아우슈비츠 정문에 'Arbeit Macht Frei', 곧 '노동은 자유를 준다'라는 푯말을 걸어놓은 장본인이었다. 미르는 뉘른베르크에서 전범으로 7년을 선고받았지만, 그의 절친한 친구이자 뉴욕 주의 4선 주지사를 지낸 넬슨 록펠러의 도움으로 4년만 복역했다. 왜 록펠러가의 한 명이 나치 한 명을 도우려했을까? 그도 나치였기 때문이다. 우리가 인류에 대한 그들의 태도를 이야기하는 거라면 그들은 모두 나치들이다. 《진실이 자유롭게 하리라》 같은 내 다른 책들을 보면, 미국의 다른 많은 일가들 중에서도 록펠러가, 부시가, 해리먼Harriman가가 나치의 전쟁을 위해 어떻게 자금을 댔는지 알게 될 것이다. 렙틸리언 혈통들에게는 '이편저편'이 없다. 다만 하나의 목적을 위한 수단들일 뿐이다. 넬슨 록펠러는 전쟁이 끝난 뒤로 멩겔레 같은 나치들을 미국에 데려와서 미국 아이들과 어른들에게 말로 다할 수 없는 마인드컨트롤과 유전적 고문을 이어가도록 한 정부(정보 음모집단의 일원)의 진정한 규모와 참상(그들이 했던, 그리고 지금도 하고 있는)을 은폐했던 그 즈음의 록펠러위원회를 이끌었다. 그건 그렇고, 해리먼가에 대해 말해보자. 미국의 가장 오래되고 가장 큰 개인은행

【그림 192】 뉴욕 브라운 브라더스 해리먼 건물 밖에 있는 토성의 상징

인 브라운 브라더스 해리먼Brown Brothers Harriman은 1818년에 만들어진 뒤로 철도업계의 거물 롤란드 해리먼E. Roland H., 애버렐 해리먼 Averell H.(그 시대의 헨리 키신저)과 아들 부시의 할아버지 프리스캇 부시Prescott Bush 같은 인물들을 거쳐서 혈통의 어젠다에서 아주 중요한 일을 해왔다. 월스트리트와 가까운 지금의 브라운 브라더스 해리먼 건물 밖에는 커다란 상징물이 하나 있다. 아주 큰 큐브다(그림 192). 왠지 알 수가 없다.

꼭두각시 지도자들

온 세계의 나라들에서 정당정치체계가 어떻게 돌아가는지를 보여주는 사례로는 미국만한 나라가 없다. 미합중국에서 정부를 구성할 가능성을 가진 정당은 공화당과 민주당 두 개이다. 하지만 이들은 한 얼굴 위의 두 마스크이자, 한 비행기의 두 날개다. 이 말은 어느 쪽이 뽑힌다 해도 숨어 있는 같은 힘이 언제나 권력을 지배하고, 또 지구적 폭압을 완수하는 길을 나아가는데 같은 계획이 이어진다는 뜻이다. 미국이 더더욱 중요한 사례가 되는 것은 아들 조지 부시(공화당)와 버락 오바마(민주당)가 겉보기에 엄청난 차이가 있어 보이지만 실은 전혀 그렇지 않은 것으로 드러났기 때문이다. 부시가 재임한 8년 동안 공화당은 '네오콘neocons' 또는 신보수주의자라는 네트워크가 통제했다. '콘con'이라는 용어를 다르게 정의하면 훨씬 더 정확할 것이다(속임수라는 뜻-옮긴이). 네오콘은 내가 "로스차일드 시오니즘"이라 부르는 로스차일드 비밀결사(뒤에서 더 많이 다루겠다)의 일당들이 차지하고 있었다. 나는 시오니즘의 창조자들과 통제자들을 끊임없이 강조하려고 '로스차일드'라는

270

말을 항상 붙인다. 네오콘에는 정치보좌관이자 로비스트인 리처드 펄Richard Perle(로스차일드 시오니스트), 9 · 11 사건 때 국방부 차관이던 폴 월포위츠Paul Wolfowitz드(로스차일드 시오니스트), 그리고《위클리 스탠더드The Weekly Standard》라는 워싱턴 D. C.를 본거지로 하는 선전지의 편집장 윌리엄 크리스톨William Kristol(로스차일드 시오니스트) 같은 사람들이 포함되었다. 이 잡지는 대중매체계의 엘-리트 거물인 루퍼트 머독(로스차일드 시오니스트)이 오랫동안 소유했다. 네오콘은 '두뇌집단들'과 주로 미국기업연구소American Enterprise Institute와 '미국의 새로운 세기를 위한 프로젝트Project for the New American Century'를 통해서 통제했다. '두뇌집단'을 눈여겨보라. 그들은 대개 정부의 정책과 사회를 끌어가기 위한 혈통들의 중요한 도구다.《인간이여 일어나라》에 자세한 내용들이 소개되어있다. 민주당에는 내가 '디모콘democons'이라 부르는 비슷한 집단이 있고 여기에는 무자비하기 짝이 없는 2인조 즈비그뉴 브레진스키(그가 뭐라고 하던 간에 로스차일드 시오니스트다)와 조지 소로스(로스차일드 시오니스트)처럼 음모에서 중대한 역할을 하는 사람들이 있다. 브레진스키는 카터 대통령의 국가안보보좌관이었고 또 데이비드 록펠러와 함께 라운드테이블 네트워크의 삼극위원회를 공동 설립했다. 소로스는 갑부 자본가이자 세계중앙은행을 외치고 있는 로스차일드의 심부름꾼이다. 이 단짝은 버락 오바마의 등극에 멘토와 돈줄로서 큰 역할을 했다. 민주당의 가장 영향력 있는 '두뇌집단'의 하나인 미국진보센터Center for American Progress에 소로스가 자금을 댔다. 그의 본명은 조지 슈바르츠G. Schwartz이고, 나치 점령 헝가리에서 유대인이 아닌 척하면서 동료 유대인들의 소유물을 압수하는 일을 도왔다. 오랫동안 나는 로스차일드와 록펠러의 협력자인 헨리 키신저(로스차일드 시오니스트)를 그림 193에 있는 '디모콘'에 집어넣었다. 오바마의 고문(지배자)이기 때문이다. 키신저는 자신의 남은 정치인생을 공화당 편에서 조종하면서 보냈다. 따라서 우리에게는 공화당을 통제하는 네오콘과 민주당을 통제하는 디모콘이 있고, 네오콘과 디모콘은 모두 다음 단계에서 렙틸리언 동맹

WORLD STAGE

【그림 193】 두 개의 정당, 하나의 주인

의 지시를 받는 혈통 일가들의 지시를 받는다. 어느 당이 집권하는 것처럼 보이는지에 상관없이 같은 힘이 지휘한다. 공화당에 환멸을 느끼지만 그렇다고 민주당을 찍으려고도 하지 않는 사람들을 꼬드기려는 이른바 '티파티Tea Party'운동이 최근 미국에서 불거졌다. 이것은 전혀 그렇지가 않은데도 하나의 '혁명'으로 홍보되었다. 티파티는 연간수입이 1,000억 달러에 이르는 코흐 인더스트리스Koch Industries의 소유주인 로스차일드 시오니스트 찰스 코흐 Charles K.와 데이비드 코흐David K.의 막대한

자금과 실행계획을 지원받았다. 어떤 식으로든 그들과 이어진 것은 '혁명'이 될 수 없고, 세라 페일린Sarah Palin이 '포스터 걸'로 나오는 그 어떤 것도 그렇다. 같은 힘의 지시를 받는 '다른' 정당들이 있는 영국뿐만 아니라 사실상 다른 모든 나라들에서도 똑같은 이야기를 찾아볼 수 있다. '미스터 체인지' 오바마가 부시를 밀어낸 뒤로 아무것도 바뀌지 않은 이유가 이것이고, 영국의 보수당이 자유민주당과 함께 노동당을 밀어낸 뒤로 아무것도 바뀌지 않은 이유도 이것이다. 로스차일드의 예스맨 토니 블레어는 10년 동안 노동당 총리였고, 이 책을 쓰는 시점에서 로스차일드의 예스맨 데이비드 캐머런은 보수당 총리다. 선거운동을 하는 동안 자기들은 '다를' 거라는 말을 오바마보다 더 많이 한 사람은 세계정치사에서 거의 없다(그림 194). 그런데 무슨 일이 생겼는가? 오바마는 부시 행정부가 추구했던 같은 정책들에 계속 몰두했고, 많은 경우에 훨씬 더 극단적으로 몰아갔다. 영국에서 '변화'라는 카드를 들고 나왔던 캐머런도 마찬가지다(그림 195). 정치사기꾼들이 당신의 표를 호소하면서 '변화'라는 낱말을 그토록 많이 써먹는 것은 그것이 먹혀들어간

다는 걸 알기 때문이다. 혈통 일가들은 대부분의 사람들이 현재 상태로는 절대로 행복할 수 없도록 일들을 꾸민다. 사람들은 '바꾸고' 싶어 하고 그러면 오바마 같은 인물들이 나와서 그들이 듣고 싶은 말을 해준다. "나는 변화를 가져오고 싶습니다." 하지만 그런 인물들은 자기들이 무슨 뜻으로 '변화'를 말하는지 정확히 설명하는 법이 없다. 그들은 지각을 프로그램하려고 그 낱말을(그리고 '희망' 같은 다른 낱말들을) 반복하기만 한다. 정부에 입성하고 나면 그들은 주인들이 시키는 일을 한다. 대중은 여기에 몇 번이고 속아 넘어간다. 오바마를 대통령으로 만들려고 고안된 지각조종 프로그램에 집단적인 마음을 내줘버린 군중에게 의미 없고 상투적인 말들을 반복하면서 거들먹거렸던 모습을 떠올

【그림 194】오바마의 '변화'. 흔해빠진 비즈니스, 그뿐만이 아니다.

【그림 195】최악으로의 변화를 뜻하지 않는 한 똑같이 오래된 수법, 똑같이 오래된 거짓말

려보라, 오바마는 당신이 상상할 수 있는 가장 뻔뻔한 사기꾼이었다. 오바마에 대한 열광의 한가운데서 나는 그가 취임하기 몇 주 전에 기사 하나를 썼다. 제목은 '버락 오바마: 벌거벗은 황제'였고, 이 글로 내가 유명세를 타지는 않았지만 상관없는 일이었다. 그것은 진실이었으니까. 글은 이렇게 시작한다.

　　2008년의 마지막 날에 나는 더 많은 걸 알아야하는 많은 사람들, 아니 온 세상의 수많은 사람들이 '오바마 작전operation obama'이라는 마인드게임에 속아 넘어간 것을 실망스럽게 지켜보면서 이 글을 쓰고 있다. 음모를 어느 정도는 이해하는 사람들마저도 이런 식으로 말했다.

"뭐, 그래도 부시는 아니잖아." "뭐, 그래도 희망을 가진 그런 새로운 정신을 보게 된 게 대단한 일이잖아." 아니다, 그는 부시가 아니다. 오바마는 잠재적으로 훨씬 더 위험한 사람이다. 게다가 '희망'을 가진 정신이 거짓을 바탕으로 하고 있다면 그건 무슨 쓸모가 있단 말인가? …… 오바마는 전쟁을 전혀 반대하지 않는다. 그를 통제하는 자들이 저희들 멋대로 한다면, 그는 군대를 죽음으로, 또 그들의 표적들을 죽음으로 내모는 더더욱 많은 국외분쟁들에 미국이 뛰어들게 할 것이다.

이것은 예언이 아니었다. 그것은 관찰한 결과였고 게임이 어떻게 돌아가는지를 눈치챈 것뿐이었다. 사람들은 내가 내내 드러내고 있던 것들에 어떤 대통령이 '연루'되었는지를 묻는다. 또는 어떤 총리는 어떠냐고 묻는다. 나는 언제나 같은 대답을 한다. 그가 대통령이나 총리라고? 뭐, 그렇다면 그는 앞에서 말했던, 알면서 연루되는 사람부터 멍청이에 이르기까지 네 가지 부류들의 하나에 들어간다는 점에서 그렇다. 어떤 세계적 음모가 있음을 받아들이면서도, 오바마는 '다르다는' 이유로 그를 지지했던 모든 사람들이 놓친 것이 이것이다. 그들은 정말로 골드만삭스, 월스트리트, 조지 소로스의 돈으로 집무실에 들어간 누군가가 대중의 이익을 지켜주리라고 생각하는 걸까? 대통령이 되려는 사람은 대통령후보로 당의 지명을 받기 위한 선거운동에 정신 나간 액수의 돈이 필요하다. 지명 받아서 후보로 뛰는 일은 또 어떻겠는가. 혈통 일가들은 후보들이 선택하면 반드시 자금을 얻을 수 있게 해준다. 그들은 대통령을 소유한다. 진심 어리고 고결한 사람은 가까이 가보지도 못한다. 배우들과 전문적인 거짓말쟁이들만이 후보들로 선출된다. 그 자리를 얻는 방법을 아는 안전한 사람들이다. 혈통들은 양쪽 후보에게 모두 자금을 대주고 자기들이 바라는 사람이 꼭 이기게 한다. 그들은 그 사람을 약한 상대와 맞붙게 해서, 그리고 조작과 대중매체 공작을 거쳐 상대의 선거운동을 방해하면서 이렇게 한다. 이 술법은 모든 나라에서 사용된다. 마가렛 대처와 토니 블레어 시절, 혈통들이 그들에게 권력을 주기 원했을 때 상

274

대편 지도자로 누구를 세웠는지 확인
해보라. 그들이 영국에서 캐머런이 마
음껏 뛰기를 바라는 지금, 상대편인 노
동당 지도자가 누군지 보라. 나는 1988
년에 아버지 조지 부시가 마이클 듀카
키스Michael Dukakis를 물리쳤던 미국 대
통령선거를 봤던 기억이 난다. 지금 내
가 아는 것을 그때는 몰랐고 듀카키스

【그림 196】 "내가 피자와 커피를 먹게 될 거라고 쓰여 있네요."

가 왜 최선을 다하는 모습을 보이지 않았는지 의문스러웠다. 아버지 부시는
빌 클린턴의 차례가 되었을 때 대통령직을 지키는 데 일부러 욕심을 내지 않
았다. 오바마는 젊고 활기 넘치는 신선한 인물로 홍보되었는데 그래서 그들
은 오바마를 노령의 존 매케인과 맞붙게 했다. 매케인은 창고 세일에도(아니
면 멘사Mensa의 IQ테스트에도) 마음껏 풀어놓지 못할 러닝메이트 세라 페일린
알래스카 주지사 때문에 더더욱 인기가 떨어졌다. 오바마는 아주 기꺼이 일
하는 꼭두각시이고(그건 확실하다) 언제나 그의 양쪽에 있는 텔레프롬프터 스
크린에 나오는 말들을 착실히 읽어 내린다. 그는 다른 누군가의 말이 자기
앞에 나타나는 듯이 왼쪽 오른쪽을 줄곧 들여다보고 있다. 2009년 오바마는
백악관에서 성 패트릭의 날 행사를 주관했는데 아일랜드 총리이자 경제파
괴자 브라이언 코웬이 참석했다. 연단에 올라간 오바마는 자기 자신에게 모
든 이들을 초대해줘서 고맙다고 했다. 코웬의 연설문이 텔레프롬프터 스크
린에 있었기 때문이었다(그림 196). 나는 오바마가 일하는 모습과 그에 대한
반응을 볼 때마다 우리가 꿈의 세계에 산다는 것을 알게 된다. 2011년에 나
는 제3차 세계대전으로 이어질 가능성이 큰 북아프리카와 중동에서의 테러
작전을 앞두고, 텔레프롬프터만 읽어대는 이 사람에게 영국 의회 의원들이
갈채를 보내는 모습을 보고 몹시도 황당했다. 한 해설자의 말이 정확히 맞
았다.

대통령이 지나치게 과장된 연설을 마치고 웨스트민스터 홀을 빠져나오는 데는 아주 오랜 시간이 걸렸다. 우리 정계의 모든 구성원 하나하나가 그와 이야기하거나 악수를 하고 싶어 했기 때문에 생긴 일이었다. 그건 마치 팝스타를 둘러싼 10대들 같아 보였다. 오랜 공직생활을 해온 장성한 남성 여성들이 모든 판단력과 체면을 팽개친 듯했다.

웨스트민스터에서 오바마가 헤아릴 수 없는 사람들을 학살하고 불구로 만들려고 하는 전쟁을 위한 어젠다를 두고 참으로 역겨운 말투로 진부한 연설을 마치자 이른바 '국민의 대표'라는 이 사람들은 자리에서 일어났다. 그는 영국과 미국에 대해 말했다.

수백만 명의 사람들이 그들의 출신 때문에, 또는 그들이 믿는 것 때문에, 아니면 그들을 다스리는 정부의 성격 때문에 기본적인 인권을 거부당할 때, 우리는 평화와 존엄으로 이끄는 관용과 자결권이라는 가치들을 위해 기꺼이 일어서려고 하는 국가들입니다.

자신의 영국인 조수 데이비드 캐머런과 함께 여러 나라들에서 전쟁을 벌이고, 다른 많은 곳들에서 은밀한 전쟁을 벌이고 있던 사람이 한 말이 이렇다. 파키스탄에서 이미 많은 사람들을 죽인 미국의 무인 드론 폭격작전의 경우는 은밀한 것도 아니다. 그가 대통령이 될 자격이 있음을 증명할 출생증명도 아직 보여주지 않은 사람이 한 말이 이렇다. 오바마는 대통령이 되려면 갖추어야 하는 조건인 미국의 토박이 시민임을 입증하라는 법적인 도전들에 맞서는 데 200만 달러쯤을 썼다. 그는 필사적으로 노골적인 위조증서들을 줄줄이 만들어냈다. 둘 중에 하나의 이유 때문이다. 미국에서 태어나지 않았거나, 아니면 출생증명에서 그가 주장하는 사람이 자기 아버지가 아님이 밝혀지리라는 것. 오바마의 공식적인 '이력서' 내용은 사실인 것이 거의 한 줄도 없다. 오바마가 다녔다고 내세운 대학과 대학교를 같은 시기에 다녔던 학생들은 그를 본적도 들은 적도 없다고 말한다. '폭스뉴스'는 오바

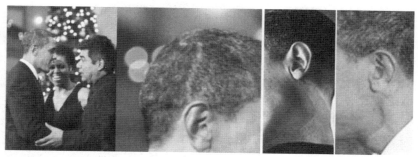

【그림 197】 이 커다란 흉터들은 뭘까?

마가 학생이었다고 우겼던 때에 컬럼비아대학교를 다녔던 400명의 학생들에게 그를 기억하느냐고 물었다. 아무도 못했다. 공식적인 이야기가 사실이라면 폭스뉴스의 웨인 앨린 루트Wayne Allyn Root는 컬럼비아 정치과학전공의 오바마와 같은 반에 있었다. 루트는 이렇게 말했다. "컬럼비아에서 그를 알았다고 하는 사람을 한 명도 못 찾았어요. 그들 모두 나를 알아요. 컬럼비아에서 버락 오바마를 알았다고 하는 친구는 하나도 없어요." 반의 비망록을 쓰고 또 모든 친구들을 아는 사람이 컬럼비아에서 오바마를 알았다는 사람을 한 명도 찾아내지 못했다고 말했다. 오바마의 인생에 대한 공식적인 이야기는 입증할 수 있는 거짓말투성이다. 왜냐고? 오바마는 자신의 컬럼비아 기록들을 공개해달라는 요청들을 당연히 거절했다. 기록들은 없다. 자신의 컬럼비아대학교 시절에 대해서나 거기서 만난 학생들의 이름을 전혀 이야기하려 하지 않는다. 학교기록이나 출생증명이 없는 이 친구는 누구란 말인가? 그는 어디서 왔을까? 실험실에서? 의문이 또 하나 있다. 그림 197에서 보듯이 오바마의 머리와 목의 커다란 흉터는 도대체 뭐란 말인가? 그것이 그토록 두드러지는 데도 오바마에 관한 다른 모든 것들처럼 설명되지 않는다. '꼭두각시'라는 뜻의 제목으로 뇌에 자신을 통제하는 마이크로칩이 심어진 미국 대통령을 다룬 영화 '맨츄리안 캔디데이트The Manchurian Candidate'는 이 지도자들이 중대한 수준의 마인드 프로그래밍을 받는다는 점에서는 실제로 일어나는 일을 바탕으로 한 것이다. 혈통들은 그 어떤 것도 될 대로 되라는 식으로 남겨두지 않는다. 사기성의 인생이야기를 가진 이 수수께끼의 남자는 2011년에 그것이 누구든, 또 어디든, 심지어 승인도 필요 없이 전쟁을 벌일 수 있는 권력을 터무니없는 보수를 받는 의회의 꼭두각시들에게 요구하고 있었다. 오바마는 새 로마의 새 황제다. '평화와 존엄으로 이끄는 관용과 자결권이라는 가치들'을 옹호한다고 외치는 그가 취임해서 처음 내린 결정은 파키스탄에 드론 폭격을 재가하는 일이었다. 그는 아프가니스탄 주둔 군대의 수를 큰 폭으로 늘리고 리비아의 민간인들에게 냉혹한 폭격을 명령하기 전에 노벨평화상을 받았다. 평화를 옹호한다고 주장하는 전쟁광이 이 사람이자, 고결함을 옹호한다고 이야기하는 거짓말쟁이가 이 사람이다. 꿈의 세계는 공공연하게 드러나고 있다. 아들 부시는 아주 불쾌한 인물이고 '우리 아빠가 네 아빠보다 세다'라는 식으로 더없이 오만하며 또 공감능력이 결핍된 얼간이다. 하지만 오바마는 그와는 비교도 안 되는 사람이다. 이 친구는 검다. 진짜로 검다. 거짓 미소 뒤에는 차갑고, 계산적이고, 가차 없고, 자아도취적이면서 딱 어울리는 눈을 가진 사이코패스/소시오패스가 숨어있다(그림 198). '자아도취자narcissist'라는 말은 자신이 물에 비친 모습과 사랑에 빠져 너무도 넋이 빠진 나머지 떠날 수가 없어서 죽은 나르시소스Narcissus의 신화에서 온 것이다. 살면서 극단적인 자아도취자들을 보았기 때문에 나

【그림 198】 오바마. 검고 검은 존재.

는 직접 경험해서 얻은 지식으로 말하는 것이다. 내가 겪어 본 그들은 정직하지 못한 속임수 말고는 이렇다 할 재능이 없고, 자신들을 부양하려는 욕구가 없으며, 또 숙주를 찾아내서 빨아먹고 사는 능숙한 기생충들처럼 활동한다. 하지만 그들의 자아도취증과 엄청난 수준의 자기중심주의는 그들이 남들을 빨아먹고 심지

어 직접 뺏을 수도 있다는 뜻이다. 또한 그들은 자신들이 갖지 못했다는 사실에 대한 보상으로 남들의 재능과 노력들로부터 뽑아먹을 권리가 있다고 스스로 굳게 믿는다. 그들이 이렇게 스스로 굳게 믿지 않는다면, 자신들이 파렴치하고 정직하지 않고 비정한 기생충들이라는 진실을 마주해야 할 것인데, 자아도취자라면 죽으면 죽었지 이것을 선택하지는 않는다. 그들 다수가 가진 또 다른 특징은 자기들의 사진을 어디에나 보이도록 두고 싶어 하는 것인데(나 좀 봐, 나, 나를) 특히 이름 있는 사람들과 찍은 사진을 가지고 그들은 어떤 '후광'을 누릴 수 있다고 생각한다. 나는 웹사이트를 가진 자아도취자들을 몇 명 아는데 사이트는 그들의 사진으로 도배되어있고 사실상 모든 표현이 나, 나, 나에 관한 것이다. 믿기 어려울 정도다. 사전에 나오는 정의를 몇 가지 적어보겠다.

자아도취자 : 자신에게 지나치게 매료됨, 지나친 자기애, 허영심. 인격 발달의 유아적 수준에 머물러 있으면서, 자신의 육체적 또는 정신적 특성들을 감탄하는 데서 나오는 성애적인 만족감.

사이코패스 : 반사회적이고 가끔은 난폭한 행동들을 저지르는 경향, 그리고 그런 행동들에 죄책감을 느끼지 못하는 것이 특징인 인격장애에 시달리는 사람.

소시오패스 : 행동이 반사회적이고 도덕적 책임감이나 사회적 양심이 부족한 사람.

달리 말해 이것은 자신의 행동이 빚어낸 결과로 고통 받는 사람들과 공감하지 못하는 것으로, 바로 파충류 유전자의 바탕이 되는 특성이다. 토니 블레어, 데이비드 캐머런, 조지 부시, 딕 체니와 나머지 모든 사람들에게도 똑같이 적용된다. 이것은 정부의 각 부처에서 일하는 그들의 사람들에 대한 일루미나티의 청사진이다. 공감은 무고한 사람들을 학살하지 못하게 하는데 어떻게 그런 것이 청사진이 될 수 있겠는가? 폭압에 양심의 가책이 무슨 쓸모가 있겠는가? 오바마와 캐머런은 청사진으로 찍어낸 '지도자들'이고, 그

청사진은 블레어다. 10여 년 동안 영국의 전직 총리 토니 블레어는 이 직업적인 단짝 거짓말쟁이들과 위선자들을 복제하는 데 썼던 거푸집을 완성했다. 그 기본 소프트웨어 프로그램은 대중들 앞에서 영혼의 어두움을 무심결에 드러낼 수 있는 눈의 어두움을 감추려고 내내 미소 짓고 있다. 또 평화와 정의와 고결함과 '가치들'을 이야기하면서도 오로지 권력만을 '가치 있게' 여기고 숨어있는 주인들의 명령을 따르기 때문에, 거짓말과 속임수로 가리고서 무고한 사람들을 폭격하는 것이다. 맞지 않나요, 로스차일드씨? '가치들'을 가진 사람들에게 NATO는 살인기계다. 블레어는 재임 첫 6년 동안 영국 군대를 전쟁에 다섯 번 보냈고(역사에서 다른 어떤 총리들보다도 많은) 그러면서도 여전히 평화와 고결함에 찬성한다고 외쳤던 사람이다. 오바마와 캐머런은 그들의 군대가 공개적인 전쟁에서 싸우게 하는 같은 일을 한다. 그리고 만일 비밀스런 조작과 오바마의 경우처럼 파키스탄과의 전쟁을 무르익게 하는 어둠의 기술들을 포함한다면 다른 많은 것들에서도 같은 일을 한다. 하지만 그들은 당연히 '블레어 청사진'에 따라 그들의 정체를 '멋진 친구', '보통사람들을 위한 사람', '우리 편', '아주 솔직한 친구'라는 신중하게 고안된 사기성이 짙은 페르소나 뒤로 감춰야 한다. 2011년에 오바마가 영국을 공식 방문했을 때, 둘은 함께 미소 짓고, 연출된 탁구를 하고, 다우닝가의 가든 파티에서 스테이크를 굽기까지 했다. 둘이서 짝짜꿍하면서. 와, 둘은 저렇게 멋진 녀석들이다. 웃고들 있는 걸 보라. 하지만 그들이 이러고 있는 동안, 중동과 북아프리카에서는 '데이브라고 불러주오'와 '케냐 염소치기의 아들이라고 불러주오'가 재가한 작전들로 군인들과 무고한 사람들이 죽어가고 있었다. 군인들은 '그들의 나라를 위해' 죽이고 죽지 않는다. 그들은 그들의 나라를 파괴하고

【그림 199】 군인들은 '그들의 나라를 위해 싸우지' 않는다. 그들은 그들의 나라를 파괴하고 노예화하려는 사람들을 위해 싸운다.

그들의 가족들을 노예로 만드는 데 몰두하는 혈통들과 그 기업들을 위해 그렇게 하고 있다(그림 199). 부시, 블레어와 빌 클린턴처럼 오바마와 캐머런은 그들을 집무실에 앉혀놓은 이들의 심부름꾼일 뿐이다. 미국에서 '민주당'이 '공화당'을 밀어내고, 영국에서 '보수당'이 '신노동당'을 밀어내도 그 방향과 흰소리는 여전한 이유다. 블레어(노동당)가 클린턴(민주당)과 전쟁에 나가고, 블레어(노동당)가 부시(공화당)와 전쟁에 나가고, 캐머런(보수당)은 오바마(민주당)와 전쟁에 나간다. 바뀌는 건 아무것도 없다. 살인이 계속되는 것은 같은 힘이 내내 통제하고 있기 때문이다. 간판인물들만 바뀔 뿐이다. 오바마는 2011년의 웨스트민스터 연설에서 세상에 대한 일루미나티 혈통의 커다란 계획을 용케도 한 문단에 쑤셔 넣었다.

모든 국가들의 번영이 서로 떼어놓을 수 없이 이어진 세상에서, 세계경제의 성장과 안정을 보장하려면 새로운 협력의 시대가 요구됩니다. 국경들과 대양들을 넘어서 새로운 위협들이 퍼져나가면서, 우리는 테러리스트 연결망들을 해체하고 핵무기의 확산을 막아야하고, 기후변화에 맞서고 기아와 질병과 싸워야 합니다. 또한 혁명이 중동과 북아프리카의 거리들을 휩쓸면서, 스스로 운명을 결정하고자 하는 세대의 염원에 세계는 관심을 갖고 있습니다.

거짓말과 속임수치고는, 몇 마디 말로 이보다 더 포괄적으로 담아낼 수는 없다. 이 '텔레프롬터 맨'의 말을 '전체주의 언어번역기'로 돌려보자.

모든 국가들의 번영이 서로 떼어놓을 수 없이 이어진 세상에서, 세계경제의 성장과 안정을 보장하려면 새로운 협력의 시대가 요구됩니다.

번역 : "내 주인들은 세계은행, IMF, 유럽중앙은행(그리고 그들이 가동하고 있는 다른 '연합들'에 있는 사람들), 그리고 연방준비은행과 잉글랜드은행 같은 국가중앙은행들에 지시를 내리는 하나의 세계중앙은행을 원합니다. 이런 식으

로 내 주인들은 세계 모든 나라와 지역사회의 재정을 통제할 것입니다."

국경들과 대양들을 넘어서 새로운 위협들이 퍼져나가면서……

번역: "내 주인들은 명령을 따르지 않는 그 어떤 나라도 폭격할 수 있는 하나의 세계군대를 원합니다. 우리는 NATO, 그리고 UN의 '평화유지'작전과 여러 군사집단들을 하나로 묶어서 세계정부의 의지를 실행하는 세계군대로 성장할 때까지 사전단계를 밟아가려고 리비아와 아프가니스탄에서 NATO와 함께 일했습니다. 여론조사에서 미국인의 70퍼센트가 리비아 폭격을 반대했다는 것을 알지만, 나는 신경 쓰지 않습니다. 그들을 위해 내가 여기 있는 게 아니니까요. 내게 이 연설문을 써준 사람들이 '국경들과 대양들을 넘어서 새로운 위협들이 퍼져나간다'고 말하는 것은 마음대로 국경들을 넘을 수 있는 세계군대와 경찰력을 내 주인들이 원하기 때문입니다."

…… 우리는 테러리스트 연결망들을 해체하고 핵무기의 확산을 막아야 합니다.

번역: "우리가 손에 넣고 싶은 표적이 되는 나라가 테러리스트 집단을 보호하고 핵무기를 개발하고 있다고 비난함으로써 그 나라를 악마화할 때 당신이 아무런 문제를 일으키지 않도록 우리는 테러리즘과 핵공격의 위협을 가해 당신들을 겁먹게 해야 합니다."

…… 기후변화에 맞서고 기아와 질병과 싸워야 합니다.

번역: "우리는 기아와 질병, 기후변화의 문제를 전등을 환히 켜둔 옆집사람에게 뒤집어씌울 것입니다. 내 주인들은 인간이 일으킨 '지구온난화'나 '기후변화'라는 거짓말을 이용해서 인간사회의 겉모습을 바꾸길 바랍니다.

그것이 어처구니없는 헛소리라는 걸 보여주는 증거가 아무리 많아도 우리는 전체주의적인 강요와 탄소세를 계속 밀어붙일 것입니다."

당신이 게임의 법칙들을 알고 나면 이 사람들의 속이 빤히 들여다보인다.

9·11: 문제-반응-해결책

꼭 이해해야하는 마인드 컨트롤과 조작 기법들이 두 가지 있다. 오래 전에 나는 첫 번째 것에 '문제-반응-해결책'이라는 이름을 붙였다. 두 번째 것은 '전체주의자의 까치발걸음Totalitarian Tiptoe'이라고 부르고 있다. 이것들은 세계적인 사건들 사이의 연관성들을 감추는 한편으로 그들이 들여오길 바라는 변화들을 정당화함으로써 일루미나티의 계획들을 앞당기는 데 손발 맞춰 일한다. 문제-반응-해결책은 다음과 같이 작동된다. 당신은 사회를 바꾸고 싶어 하지만 당신이 하려는 것을 공개적으로 발표하면 거센 저항을 불러일으킬 게 빤하다. 전쟁의 시작부터 기본적인 자유의 박탈과 경찰국가의 도입까지 모든 것들이 여기에 해당된다. 그러므로 당신은 속내를 드러내놓고 선언하지 않는다. 대신 문제-반응-해결책 과정에 착수한다. (1) 문제 하나를 만들어낸다. 테러리스트의 공격, 금융 붕괴나 전쟁과 같은 얻고자 하는 결과에 맞아 떨어지는 것이라면 뭐든지 좋다. 다음으로 몰래 만들어낸 문제의 원인을 다른 사람이나 다른 것에 뒤집어씌운다. (2) 아무런 의심 없이 시키는 대로 하는 대중매체를 거쳐서 사람들이 믿기를 바라는 버전의 문제가 전달되고, 앵무새 같은 대중매체가 사건에 대한 당신의 버전을 사실인 듯이 보도하면서, 당신은 대중들로부터 두려움과 '뭔가 해야 한다'는 반응이 생기기를 바란다. 오사마 빈 라덴이 아프가니스탄의 어느 동굴 속에서 9·11을 지휘했다느니, 온 세계에서 한 마리 돼지도 감염시키지 않은 돼지독감이 치명적인 것이고 또 그것이 멕시코의 한 돼지농장에서 생겼다느니 하는 것들이 그것이다. (3) 당신은 자신이 만들어낸 문제들에 해결책들을 제시하고,

이 해결책들은 당신이 계획한 세상의 변화를 앞당긴다. 그것이 어떻게 일하는지를 알고 나면 문제-반응-해결책의 사례들을 거의 날마다 보게 될 것이다. 《진실이 자유롭게 하리라》에 아주 자세하게 적었듯이 두 번의 세계대전들은 만들어진 문제-반응-해결책이었다. 혈통들은 독일의 히틀러, 러시아의 스탈린, 영국의 처칠, 미국의 루즈벨트 정권들의 뒤에 있었다. 그들은 독일이 폴란드와 같은 나라들을 침공해서 문제를 일으키게 했다. 그 해결책은 그들의 다른 협력자들에게 독일과 함께 전쟁에 나서서 일본이라는 형태로 극동까지도 끌어들였던 세계분쟁을 일으키게 하는 것이었다. 이것을 이해하고 나면 록펠러가와 부시가, 그리고 미국의 다른 일루미나티 혈통들이 왜 미국이 맞서 싸웠던 히틀러라는 전쟁광과 나치에게 뒷돈을 대줬는지는 더이상 수수께끼가 아니다.

나는 거의 20년 동안 프리스캇 부시(조지 H. W. 부시의 아버지이자 조지 W. 부시의 할아버지)와 유니언뱅킹코퍼레이션(UBC)이라는 부시/해리먼가의 기업이 나치에게 자금을 대주는 일에 손을 댔음을 드러내왔다. 또, 플로리다 홀로코스트 박물관 관장이자 미국 법무부 나치 전쟁범죄 부서 검사였던 존 로프터스John Loftus는 2001년에 같은 이야기를 공개했다. 로프터스는 새러소타 리딩 페스티벌Sarasota Reading Festival에서 청중들에게 나치의 주도적인 기업가들이 비밀스럽게 '해리먼/부시' UBC(로스차일드가가 통제)를 소유했고, 그들은 미국이 독일에 선전포고를 한 뒤에도 폴란드에 있는 제2의 은행을 거쳐 UBC로 돈을 옮기고 있었다고 말했다. 그는 UBC가 1951년에 정리되었고, 아들 부시의 할아버지 프리스캇 부시와 증조부 허버트 월커Herbert Walker는 그 해체의 지분으로 150만 달러를 받았다고 했다. 로프터스는 UBC와 프리스캇 부시와 나치의 돈을 이어주는 서류철이 자신에게 있었다고 했다. "부시 일가의 행운이 나온 곳이 거기예요. 제3제국이요." 문제-반응-해결책과 일루미나티의 세계망은 로스차일드의 조종을 받는 록펠러가가 왜 히틀러의 가장 중요한 '인종청소부'였던 독일 카이저빌헬름우생학·인류학·인간유전

연구소의 에른스트 루딘Ernst Rudin의 연구에 자금을 댔는지도 설명해준다. 여기에는 조제프 멩겔레 같은 미친놈들이 집단수용소 수감자들에게 했던 끔찍한 생체실험들도 있었다. 작가이자 연구자인 앤턴 차이킨Anton Chaitkin은 신체의 일부가 "조제프 멩겔레, 오트마르 베르슈에르Otmar Verschuer, 그리고 빌헬름연구소의 록펠러와 연결된 다른 파견단에게 넘겨졌다"고 말한다. 로스차일드가, 록펠러가, 해리먼가는 인종 순수성 우생학운동의 무대 뒤에 있었다. 그들은 렙틸리언 혼혈들이다. 그래서 온전한 렙틸리언인 그들의 주인들처럼 유전학에 집착하며 인간들을 가축 보듯이 한다. 이런 배경을 알게 되면 제2차 세계대전의 또 다른 수수께끼가 풀린다. 많은 심층 연구들이 보여주었듯이 미국 정부는 1941년 일본의 진주만 공격이 준비되고 있다는 확증들을 가지고 있었는데도 왜 미리 대처하지 않았을까? 문제-반응-해결책이 그 이유였다. 프랭클린 딜라노 루즈벨트 대통령은 젊은이들을 유럽의 전쟁터에 보내지 않겠다고 해서 당선되었지만, 자신이 바로 그 일을 하게 되리라는 것을 알고 있었고, 신임을 지키면서 그 약속을 깰 핑계거리가 필요했다. 진주만은 효과가 있었고, 루즈벨트는 전쟁에 나서기를 원치 않지만 이젠 선택의 여지가 없다고 말했다. 거의 2,500명이 진주만 공격에서 죽었고 대부분이 해군들이었다. 제2차 세계대전에서는 5,000만~7,000만 명이 죽은 것으로 추산된다. 하지만 렙틸리언 혼혈 혈통들은 신경 쓰지 않는다. 그들에게는 공감 능력이 없고 감정이 개입되지 않는다. 군대에 있거나 군대에 갈 생각을 하는 사람이라면 평생을 불구로 살든지 아니면 죽든지 간에 그들은 아랑곳하지 않는다는 점을 기억해야 한다. 당신은 그들의 목표를 위한 수단일 뿐이다.

혈통들이 그에 뒤따른 모든 전쟁들과 자유의 말살을 정당화하려고 9·11에 3,000명의 사람들을 죽였을 리가 없다고 생각하는 사람들이 지금도 있을까? 2001년 9월 11일에 뉴욕에서 일어난 일은 문제-반응-해결책의 전형적인 사례였다. 여기서 그 일을 곱씹지는 않을 참이다. 나는 다른 책들에서 이 연출된 공격들에 대해 많은 글을 썼지만, 간추려보면 공식적인 이야기는 단 한

【그림 200】 바빌론의 여신이 그녀를 거기 세워둔 혈통들의 작품인 9·11의 재앙을 건너다보고 있다.

가지도 다른 것들과 들어맞지가 않는다. 한 가지가 사실이라면, 다른 것은 사실일 수가 없는 것이다. 주류 대중매체는 아무런 의심 없이 그 이야기를 되풀이하지만 사실은 이스라엘(로스차일드)의 모사드, 미국 국가안보국(NSA), CIA와 여기에 연결된 군 정보기관들을 포함하는 렙틸리언 혼혈의 협력자들이 여객기를 쌍둥

이빌딩에 날려 보냈고 국방부를 폭파했다는(비행기가 충돌했다는 이야기는 말도 안 된다) 사실을 감추려는 꾸며낸 이야기일 뿐이다. 뉴욕에 있는 바빌로니아의 여신은 그 모든 일을 지켜봤다(그림 200). 쌍둥이빌딩에 충돌한 비행기들은 원격조종된 '드론'들이지 보스턴에서 승객들을 태우고 떠난 것이 아니었다. 쌍둥이빌딩의 모든 층들은 위층의 충격을 받기 전에 폭파되는 폭파해체의 형태로 무너졌다. 빌딩들이 넘어지지 않고 그것들이 서있던 땅 위로 붕괴되어 내려앉은 이유가 이것으로, 폭파해체에서 전형적으로 일어나는 일이다. 이것은 왜 빌딩들이 사실상 자유낙하에 걸리는 시간 안에 무너졌는지도 설명해주는데, 저항이 별로 없었음을 확인해주는 것이다. 9·11에 일어난 일에 대한 자세한 내용은《이상한 나라의 앨리스와 세계무역센터의 재앙Alice in Wonderland and the World Trade Center Disaster》,《데이비드 아이크의 세계음모 가이드》,《인간이여 일어나라》를 보거나, www.davidicke.com의 자료실(Archive)의 9·11항목에 이 주제를 다룬 온갖 기사들과 비디오들이 있으니 참고하기 바란다. 혈통일가들은 세계질서에 근본적인 변화들을 가져올 하나의 핑계로서 정부기관들, 정보네트워크와 군대를 이용해 9·11을 꾀했다. 무슬림 테러리스트의 공격이라는 거짓 핑계가 사람들을 놀라게 하고 전쟁을 정당화하고 그때부터 펼쳐진 경찰국가가 세계적으로 가장 기본적인 자유들을 탄압하는 일을 정당화하는 데 사용되었다(그림 201). 히틀러는 나치

들이 독일의회인 베를린의 제국의회의 사당에 불을 지른 뒤에 바로 이런 식으로 다른 누군가를 비난하면서 게슈타포의 도입을 정당화했다. 히틀러는 사람들을 보호하려면 게슈타포가 필요하다고 말했다. "이 위대한 국가의 모든 남성, 여성과 아이들을 위협하는 악마가 있습니

【그림 201】 계속 겁을 주고 그 다음에는 사람들의 자유를 빼앗아서 그들을 '보호'한다.

다. 우리는 치안을 보장하고 우리 조국을 지키기 위한 조치를 취해야 합니다." 이 말은 아들 부시가 2001년에 써먹었다. 블레어, 또는 오바마, 또는 캐머런이 써먹을 수도 있었다. 미국의 혈통협력자들은 9·11의 원흉으로 그들이 오랫동안 고용해왔던 CIA의 협력자 오사마 빈 라덴을 겨냥했다. 그는 아프가니스탄을 근거지로 했는데, 이것은 그 뒤로 줄곧 팽창하고 있던 아프리카와 중동에 대한 어젠다의 일부로서 아프가니스탄을 침공하고 무슬림세계를 악마화하는 구실이 되어주었다. 삼극위원회의 공동설립자이자 오바마의 멘토인 즈비그뉴 브레진스키는 1997년에 출판한 책《거대한 체스판(한국어판)》에 이렇게 썼다. "미국이 갈수록 다문화사회가 되어가면서, 대외정책 문제들에 대한 합의를 이루기가 더 어렵다는 것을 알게 될지도 모른다. 대대적이고 널리 인식되는 직접적인 외부의 위협이 있는 상황을 빼면 말이다." 이 '외부의 위협'은 테러리즘의 위협이었고, 9·11에 태어났다. 그들이 '테러와의 전쟁'을 선택한 것은 그것이 예언적인 책《1984(한국어판)》에서 조지 오웰이 말했던 "끝나지 않는 전쟁"이기 때문이었다. 테러와의 전쟁이 언제 '승리로' 끝났다고 말할 수 있는가? 말할 수가 없다. 바로 그거다.

빤한 속임수

이런 문제-반응-해결책 사건들에서 공통된 주제들을 볼 수 있다. 2001년 9월

11일에 이른바 '테러리스트의 납치'가 일어나고 있던 바로 같은 하늘에서 '빈틈없는 수호자', '빈틈없는 전사', '북부의 수호자', '북부경계태세' 같은 이름들로 '전쟁게임' 연습을 하고 있었다는 것이나, 이것이 비행기들을 동부해안방어시스템으로부터 미국의 다른 지역들로 이관하는 빌미가 되었다는 것을 아는 사람들이 얼마나 될까? 그 연습들 몇몇은 뉴욕과 워싱턴 D. C. 지역 위에서의 비행기납치 시나리오를 모의연습하고 있었고, 심지어 9 · 11 공격이 일어나고 있던 그 시간에 있었던 연습에는 비행기가 정부건물에 충돌하는 상황도 들어있었다. 이런 일은 북미항공우주방위사령부(NORAD)와 연방항공국(FAA)의 책임인 군과 민간 대응체계를 우왕좌왕하게 만들려는 것이었다. 나는 9 · 11에 대한 NORAD의 기록을 봤고 그 일부를 다른 책들에 실었다. 만들어진 혼란이라는 것이 뚜렷하게 보인다. 그들은 묻고 있었다. "실제상황인가, 연습인가?" 이것으로 NORAD 안에 있던 9 · 11 '팀'의 일원들은 일이 끝날 때까지 전투기들을 엉뚱한 곳으로 보내고 도착이 늦어지게 할 수 있었다. 2005년 7월 7일 런던 지하철 폭파사건과 흡사한 연습시나리오가 진짜 폭탄들이 터진 바로 그 시간에, 그리고 같은 지하철역에서 있었다는 것을 아는 사람이 얼마나 될까? 아니면 2004년 스페인 마드리드에서 NATO의 '대테러리즘' 훈련이 끝난 바로 뒤에 열차가 폭파되었다는 사실은 또 어떤가? 오슬로의 '경찰 고위직에 있는 정보제공자들'이 2011년 7월 22일 노르웨이에서 있었던 폭파와 총기난사 사건 몇 시간 전부터 경찰이 실제로 일어났던 일과 '사실상 똑같은 시나리오'를 바탕으로 '열차훈련'을 하고 있었다고 노르웨이 일간지 〈아프턴포스턴Aftenposten〉에 말했던 것은? 오슬로의 폭탄은 경찰훈련이 끝난 지 26분 만에 터졌다. 이 많은 것들을 컴퓨터에 입력하고 그 가능성을 계산해보라. 문제-반응-해결책 사건들에 대한 공식적인 이야기는 말 그대로 이야기일 뿐이다. 그것의 목적은 실제로 일어난 일을 감추는 것이다. 표지기사들은 당연히 거짓말들이며, 그들이 반박들을 무마하려고 짜맞춰놓은 그토록 많은 거짓말들과 함께 보면 더 뚜렷해진다(주류 대중매체에게는 아니고). 2005년의 런던 지하철과 버스폭파에 관한 공식적인 이야기는 9·11에 대한 꾸며진 이야기와 똑같이 어처구니없는 것이다. 아무리 봐도 믿을 수 없는 증거를 내놓은 남자 한 명의 주장을 빼고는 범인이라고 하는 네 명의 '자살폭파범들'을 본 생존자는 아무도 없었다. 생존자들은 세 곳의 지하철 객차와 한 대의 버스에서 배낭에 폭탄을 넣은 '테러리스트'와 함께 있었던 것으로 여겨진다. 하지만 객차들의 바닥에는 여러 개의 구멍이 있었고 객차 하나에서 세 명의 사람들이 세 개의 다른 구멍 속으로 떨어졌다. '폭파범' 한 명이 있었다고 하는 곳 가까이에 서있던 승객들은 사실상 멀쩡하게 탈출했지만, '테러리스트들'이 있었다고 하는 곳 가까이에 있지도 않았던 승객들은 죽었다. 폭파된 객차 하나에서 생존자들이 빠져나온 지 12시간 뒤에 남아있는 시신의 수를 세어보니 일곱이었다. 일곱 명 모두 신원이 확인되었으므로 실제 폭파범은 온데간데없었다. 그는 조각나서 형체가 남지 않았을 거라고 말하지만, '그'와 가까이에 있던 승객들은 중상을 입지 않고 빠져나왔다. 당국은 같은 시간에 현장에서 폭파범들의 신분증명서들을 찾아냈다고 주장했다! 이 이야기들 모두 말도 안 되는 것은 9·11처럼 사실이 아니기 때문이다. 배낭 속에 폭탄을 가진 '자살폭파범들'은 없었다. 폭탄들은 군대의 정보기관이 열차 밑에 설치한 것이었다. 용어상으로 모순이 아니라면 말이다. 사상자들의 많은 수가 다리와 발목이 떨어져나가고 또 많은 이들이 폭발로 인해 열차가 철로에서 '들어올려졌다'고 말한 이유가 이것이다. 한 목격자가 본 구멍 주위의 쇠는 객차 안으로 밀려들어와 있었지 밖으로 밀려나간 것이 아니었다. 좋다, 그럼 문제도 아니다. 가장 결정적인 증거를 들여다보면 이 문제를 순식간에 풀 수 있다. 바로 열차의 잔해 말이다. 아차, 미안하다, 그건 안 되겠다. 정부당국이 열차의 잔해를 없애버렸으니까. 쌍둥이빌딩이 무너진 이유를 확인해주었을 거기서 나온 쇠들을 9·11의 '영웅' 루디 줄리아니Rudy Giuliani 뉴욕시장의 명령으로 반출해 팔아버린 것처럼. 1995년 또 하나의 문제-반응-해결책 사건에서 어떤 일이 일어났는지를 설명해줄 수 있었을 오클라호마 시 머라연방빌딩에서 나온 잔해들도 같은 방식으로 처리되었다. 그것들은 다시는 볼 수 없도록 반출되어 무장경비대가 지켰다. 혈통들은 정부들, 정보기관들, 군대와 대중매체를 통제하므로 이른바 이런 '위장된' 테러리스트 공격들을 수행하면서도 그것을 감출 수 있다.

잉글랜드 사우스요크서 경찰의 정보분석책임자 토니 패렐Tony Farrell은 2011년에 9·11과 런던 '7·7' 폭파사건이 정부와 군 정보기관들이 저지른 '내부범죄'의 공격들이었다는 자신의 결론을 공개했다. 그는 공식적인 이야기들을 연구하고서 그것들이 거짓말투성이임을 알아낸 뒤에 이런 결론에 이르렀다. 영국 정부의 한 장관이 패렐에게 56명이 죽은 런던의 폭파사건도 조사해보라고 제안했을 때 이미 9·11이 위장공격이었음을 스스로 만족할 만큼 입증해놓은 상태였다. 그는 제안을 받아들였고 7·7에 관한 공식적인 이야기가 '그 무렵 정부와 공모한 것이 명백한 우리 정보기관이 저지른 가공할 거짓말'이었음을 깨닫는 데는 오래 걸리지 않았다고 말했다. 그 정부는 집단학살자, 유전적인 거짓말쟁이, 그리고 로스차일드 시오니스트 심부름꾼인 토니 블레어가 이끌었고, 마침 지금의 이스라엘 총리 베냐민 네타냐후가 그날 현장 가까운 곳에 있었다. 이스라엘 정보기관 모사드는 로스차일드가의 세계적인 행동대원에다가 위장 테러리스트 사건들의 전문가다. 뭐, 모사드는 많은 일들을 도맡아했다. 무기전문가인 데이비드 켈리David Kelly 박사가 이라크의 대량살상무기라는 거짓말을 들춰낼 정보를 알고 있었다는 이유로 정보기관에게 살해당했을 때도 블레어가 총리였다. 그가 '자살'했다는 공식적인 이야기 또한 입증할 수 있는 또 하나의 꾸며낸 이야기다. 토니 패렐은 경찰상부에 제출하려고 테러리즘의 위협에 관한 평가를 담은 '전략적 위협평가' 보고서를 작성하는 동안에 9·11과 7·7에 대한 자신의 결론에 이르렀다. 그는 분명 아주 괜찮은 사람이고 인간의 삶에 위험이 되는 것을 평가하는 자신의 보고서에 '내부범죄'를 저지르고 있는 정보기관들의 위협을 넣어야 한다고 결정했다. 당연히, 그는 자신이 발견한 것들을 위협평가에 싣기도 전에 파면 당했고 그를 파면한 경찰 관리들은 그 결정에 항소하라고 했다고 한다. '정보국장'이 패렐에게 말했다. "토니, 이 일에 대해 우리가 뭘 할 수 있겠는가? 우린 위에서 하라는 대로 할 뿐이네." 이봐요, 제복 입은 분들. 여러분에겐 여러분이 벌벌 떨다가 남겨두고 떠날 세상에 살아야하는 자식들과 손자들이 있어요. 제발 일어나서 부딪쳐보세요. 우리는 중대한 시기를 마주하고 있고 우리에게 제복 입은 겁쟁이는 필요 없어요. 처음에 패렐은 9·11과 7·7이 내부범죄라는 자신의 결론을 공식적으로 입 밖에 내지도 않았다. 두 공격 다 테러리스트들을 '규탄하고' 사실은 전쟁에 나선 바로 그 정부와 정보기관들이 저지른 일임을 마침내 많은 수의 사람들이 믿게 되면 공공질서에 위협이 된다는 말로 표현했을 뿐이다. 경찰상부에 있는 사람들에게는 이마저도 지나친 것이었다. 그들은 "이슬람의 테러리즘"이 위협이라는 것만을 원했지 그 이상은 필요하지 않았다. 그러나 결국 패렐은 2010년에 갈 때까지 갔고 9·11과 7·7에 관한 공식적인 버전의 이야기들이 무효인 이유를 자세하게 다룬 문서를 내놓았다. 패렐은 3주의 휴가를 가야했고 이것은 '재취업 유보휴가(정직)'로 연장되었으며 그러고서 파면되었다. 그는 '징계청문회'를 거쳤고 여기서 '조사당국'은 그가 말한 것이 사실일 수도 있음을 인정했지만, 사건들에 대한 공식적인 버전으로는 그의 견해가 '지지 받을 수 없다'는 이유로 파면되었다. 패렐이 들은 말은 그의 믿음이 '틀렸다'는 것이 아니라, '지지 받을 수 없다'는 것뿐이었다. 일이 어떻게 돌아가는지 알겠는가? 그는 또 무엇이 '위협'으로 여겨지고 그렇지 않은지는 '윗분'들이 경찰 정보분석가들에게 알려준다는 사실도 확인해주었다. 그는 이 모든 일을 '가공할 폭압'이라고 불렀다. 토니 패렐은 독실한 기독교인인데, 여기서 강조할 게 하나 있다. 나는 이 책과 다른 책들에서 기독교의 실체를 그것도 아주 제대로 드러냈지만, 기독교 철학의 정수를 받아들여서 자신들의 삶에서 그것을 펼치는 많은 사람들이 있다. 하지만 그들이 '기독교'를 믿어서 옳은 일을 하는 것은 아니다. 그것이 공정하고 정의로우며 온당하다는 생각으로 그렇게 하는 것이다.

위장된 사건들의 다른 하나의 측면은 대중들의 지각을 조작하기 위한 "이미지를 만들어내는" 것이다. 그들은 대부분의 사람들이 세세한 내용까지는 기억하지 않는다는 것을 알기에 일어난 일에 대한 하나의 인식을 사람들에게 심는 데 필요한 것을 말하는데, 그것은 단순할수록 더 좋다. 9·11이 일어나고서 곧이어 연방수사국(FBI)이 기자회견을 열어서 그라운드 제로 근처에서 납치범들이라고 하는 사람들 가운데 한 명의 여권을 찾아냈다는 발표를 했다고 BBC의 뉴스캐스터가 말하는 것을(웃지도 않고서) 보았다. 비행기들이 빌딩들에 충돌했을 때 거대한 불덩어리가 일었는데도, 그리고 대부분의 시신들을 온전히 수습하지도 못했는데도 종이 여권을 찾아냈다는 것이다(그림 202). 이것은 '납치범들의 대장'이라고 하는 모하메드 아타의 가방이 보스턴로건 공항에서 실수로 비행기에 실리지 않았고, 그래서 그 '내용물들'로 그가 연루되었음을 확인할 수 있었다는 경이로운 행운마저도 무색하게 했다. 공식적인 이야기에 따르자면, '납치범들'은 그들이 '갔던' 것으로 보이는 거의 모든 호텔방에 코란을 남기고 차를 빌렸다. 그들은 누구였을까? 무슬림의 기드온스Gideons(호텔, 학교, 군대, 교도소들에 성서를 보급하는 미국의 선교단체-옮긴이)였을까? 그들은 같은 장소들에 비행교범과 박스커터들도 남겼다고 한다. 물론 어느 것도 사실이 아니지만, 대부분의 사람들에게는 별 상관없는 일이다. "여보, 납치범 하나의 여권을 찾았대. 거봐, 무슬림들이 그랬다잖아. 게임 쇼는 몇 시에 하지?" 오래된 노래가사가 생각난다. …… "난 기적을 믿어요." 어떤 '이미지'를 파는 좋은 사례는 2010년 예멘에서 출발한 비행기 소포

【그림 202】 납치범의 종이 여권을 찾아냈다고 우리더러 믿으라는 것이었다. 이런 일이 일어나고서도 그것도 멀쩡한 상태로.

속의 폭탄들에 관한 말도 안 되는 웃기는 일이었다. 나는 에미리트항공의 여객기가 양쪽에 미국 전투기들의 호위를 받으며 뉴욕 공항까지 가는 이 만들어진 '공포'의 생중계장면을 CNN에서 지켜봤다. 이 일은 이 비행기가 예멘에서 작동이 시작된 소포 하나를 싣고 있을 수도 있다는 소문 때문에 일어난 일이라고 보도되었다! 오, 이런 세상에, 아아! 어쨌든, 내가 궁금한 건 이것이다. 거기 폭탄 소포가 실려 있었고 또 그것이 터진다면, 전투기들은 무엇을 하려던 걸까? "신사숙녀 여러분, 기장입니다. 침착하게 비행기 옆에 뚫린 구멍으로 가서서 옆에 있는 전투기로 질서 있게 건너뛰시기 바랍니다. 에미리트항공을 이용해주서서 감사합니다. 또 모실 수 있기를 바랍니다." 당연히 다 헛소리다. 그것은 이미지를 팔려고 여객기와 전투기가 나란히 나는 모습을 사람들에게 보이려는 것이었다. 다 지각의 조작, 곧 마인드컨트롤이다.

경찰국가를 위한 준비

인간 지각의 조작에 대해 세계사회의 모든 수준에서 너무도 무지한 것에 거의 절망을 느끼게 하는 순간들이 있다. 2011년 8월 런던과 영국의 다른 도시들에서 있었던 난폭한 폭동들, 방화와 약탈은 그야말로 머리를 절레절레 내두르게 한 일이었다. 가해자들, 희생자들과 일반 대중들이 그들을 위해 오래전에 써놓은 대본을 착실하게 따른 것이었다. 그런 대본이 있는지도 모르고서. 그들은 그들 스스로 행동에 옮겼거나 자신들의 대응책으로 반응한 것이라 생각했다. 하지만 그렇지 않았다. 나는 2009년에 이런 제목의 소식지를 썼다. "제발 폭동을 일으키지 마시라. '그들'이 바라는 게 바로 그것이다." 경제위기에 뒤이어 온 세계에 어떤 일이 일어날지는 명백했다. 위기, 은행의 구제금융과 이에 따른 긴축계획들의 결과로 고통 받는 사람들의 가혹한 어려움과 당연한 분노는 경찰국가를 훨씬 진척시키는 상황을 정당화할 폭력을 일으키는 데 쓰려고 했던 것이었다. 문제-반응-해결책이다. 영국에서 일어났던 일은 1992년 로스앤젤레스 폭동의 각본을 근본적으로 따랐다. 로

드니 킹이라는 흑인남자를 잔인하게 구타하는 장면이 비디오에 찍힌 경찰관들을 배심원단이 무죄판결을 하면서 일어난 일이었다. 6일이 넘도록 수천 명이 항의하면서 폭동을 일으켰고, 여기서 53명이 죽었다. 런던에도 '로드니 킹'이 있었다. 그는 29세의 흑인으로 네 아이의 아버지인 마크 더건인데, 2011년 8월 4일 북런던 토트넘에서 그가 탄 택시를 멈춰 세운 경찰의 총에 죽었다. 경찰은 더건이 그들에게 총을 쏘지 않았음을 인정했고, 걸핏하면 총질을 해대는 영국 경찰에게 그가 왜 죽었는지 취조가(흔해빠진 은폐공작) 시작되었다. 300명에 이르는 더건의 가족들과 친구들이 토트넘 경찰서 앞에 모여서 평화시위를 벌였지만 나중에는 한 경찰관과 한 시위자 사이에서 경찰이 더건의 가족에게 무관심한 것 같다는 말다툼이 벌어지자 병 따위의 물건들을 경찰에게 던졌다고 한다. 아주 믿을만한 한 목격자는 경찰이 마크 더건에게 왜 이런 일이 생겼는지 대답해 달라고 요구했을 뿐인 16세 소녀를 폭행하면서 문제가 시작되었다고 BBC에 말했다. 갑자기, 모든 일이 시작되었다. 폭력은 그 밤 내내 토트넘 지역에서 이어졌고 다음날부터는 런던의 다른 곳들로 퍼졌다. 건물들과 자동차들이 불탔고 가게들은 약탈당했다. 버밍엄, 맨체스터, 리버풀과 브리스톨 같은 영국의 다른 대도시들에서 더 큰 규모의 폭력과 파괴와 절도행위와 함께 '모방' 폭동들이 일어났다. 5명이 죽고, 피해액수는 2억 파운드(약 3,430억 원)가 넘는 것으로 추산되었다.

따라서, 폭동들은 '문제'였고 '해결책'이 따라 나왔다. 로스차일드가와 끈이 닿아 있는 영국 총리 데이비드 캐머런은 군중을 해산하기 위한 새로운 경찰권과 "통행금지령의 확대"가 있을 거라고 발표했다. 캐머런은 트위터와 휴대전화 메시지 시스템 같은 소셜미디어 네트워크를 차단할 수 있다는 뜻을 내비쳤고, 범죄조직의 일원으로 기소된 성인과 아이들의 이동 제한을 영국 전역으로 확대하는 것을 이야기했다. 영국 본토에서는 처음으로 물대포와 고무탄을 사용했고, 폭력범들을 나중에 식별할 수 있도록 지워지지 않는 잉크를 비롯한 '활용가능한 모든 기술'을 폭도들에게 사용했다. 이에 더

하여 …… 자, 보시라 …… '장관들은 더 많은 경관들을 일선으로 보낼 수 있도록 경찰업무들 일부를 군대가 맡을 수 있는지를 고려할 것이다.' 이것은 폭동을 핑계로 갈수록 진전되는 경찰/군사국가로 가는 어젠다를 지속하려는 시작일 뿐이었다. 세계의 청사진은 미국에서 포세 코미타투스 법Posse Comitatus Act of 1878을 노골적으로 무시하고서 일부 국내법의 집행에 이미 손대고 있는 군대와 함께 진행되고 있다. 이 법은 '군대의 구성원들이 미국 안에서 비연방자산(주와 자치주와 시당국들)에 대한 법질서를 유지하는 주(州)법의 집행권, 경찰이나 보안관의 공권력을 명목상으로 행사하는 일을 금지한다'는 내용이다. 이보다 더 분명할 수는 없는데도, 20,000명 정도의 병력이 미국의 국내 치안을 맡을 준비를 하고 있고 폭동을 빌미로 영국에서 같은 과정이 지금 검토되고 있다. 미국 정부는 이 병력들의 배치를 정당화할 폭동과 불안도 일으키려고 할 것이며 사람들이 이것에 말려들어가지 않는 것이 대단히 중요하다. 데이비드 캐머런 총리는 어쨌든 가난이 영국의 쇠퇴한 도시들에서 일어난 일과 관련이 있지 않았느냐는 주장을 묵살해버렸는데, 그것은 자신이 어떤 식으로든 책임이 있었음을 뜻할 것이기 때문이며, 또 결코 그것을 받아들이지 않을 것이다. 그는 폭력을 미화하고 권위를 경멸하는 문화 탓을 하면서, 책임들에 대해서는 한 마디도 하지 않고 권리들에 관한 것들만 이야기한다. 그는 도덕심을 회복시키겠다고 약속했다. 리비아의 모든 도시들을 날마다 폭격할 것을 명령했던 사람이 이 사람이다. 병원, 대학교, 텔레비전 방송국과 여러 민간인 지역들을 표적으로 삼고 수천 명을 죽인 집단학살의 군사작전이었다. 무고한 사람들을 죽이고 지역사회들을 파괴한 이 모든 짓에는 한 가지 목표밖에 없었다. 캐머런의 은행가 동료들(로스차일드 네트워크들)을 대신해서 가다피 대령을 없애고 리비아의 금융과 석유 자산들을 움켜쥐려는 것이다. 이 가공할만한 위선자가 '폭력을 미화하는 문화'와 '도덕심'의 회복을 말하는 것이다. 무고한 사람들을 집단학살하는 이 살인자와 비교하면, 가게에서 플라스마 TV를 약탈하던 그 친구는 부도덕성과 인간의 생명과 재산을 냉담하게 경시하는 데 있어 새 발의 피라고 할 수 있다. 이것이 나쁜 짓이긴 하지만, 사람들에게서 은행가들에게, 또 가난한 사람들에게서 부자들에게로 인간의 역사상 가장 많은 부를 몰아주는 데 수조 개의 변화무쌍한 손들을 가진 캐머런의 은행가 동료들이 국고를 약탈하는 것에 비하면 약탈도 아니다. 데이비드 캐머런은 버락 오바마, 토니 블레어, 힐러리 클린턴을 낳은 정치적인 세균배양접시에서 나온 사람이다. 그들은 '가치들'과 '도덕성'을 말하면서 기회만 생기면 무고한 사람들을 폭격한다. 그들이 입을 열 때면 로스차일드 비밀결사들이 말을 하고, 캐머런은 전체주의 국가라는 '상표'를 팔려고 도덕적인 분노(그에게는 쥐뿔도 없는)를 가장했다. 캐머런은 폭동들의 결과로 나온 또 다른 문제-반응-해결책에서 자신이 로스앤젤레스와 뉴욕의 전직 경찰국장인 윌리엄 브래튼William Bratton에게 조직폭력을 다루는 데 '조언을 받았다고' 발표했다. 브래튼은 이스라엘 모사드와 CIA와 깊은 관계를 맺은 악명 높은 사설보안회사인 크롤Kroll의 회장으로, 이 회사는 9·11 때 세계무역센터의 '보안'을 관리했다. 캐머런은 브래튼이 런던경찰국을 맡아주기를 바랐지만, 미국 경찰관이 영국 경찰을 맡는다는 발상을 동료들에게 설득하는 데 어려움이 있었다고 한다.

나는 1992년 로스앤젤레스에서처럼 영국의 폭동들이 미리 계획된 것임을 전혀 의심치 않는다. 먼저 높은 실업률, 긴축계획들과 경찰의 잦은 불심검문(이것들이 모두 LA에서 있었다)으로 감정적인 불씨를 만들어내고 나서, 정부공작원들을 풀어서 불을 일으킨다. 그리고 나면 범죄자들과 자신들의 어려움을 억울해하는 정말로 화난 사람들이 목표지역에서 범죄행위나 불만과 분노를 터뜨릴 기회를 잡으면서 일은 스스로 일사천리로 이루어진다. 이것을 보도하는 뉴스가 TV에 나오고 다른 이들이 앞장서서 다른 곳들에서 같은 일을 벌인다. 이쯤 되어 TV뉴스를 보면 온 나라가 불길에 휩싸인 듯해 보이고, 국민들은 그들에게 무슨 일이 생길지도 모른다는 집단적인 두려움에 사로잡힌다. 일은 잘되었고 해결책도 준비되었다. 영국의 폭동들이 시작될 때 경찰이 그냥 물러서서 약탈자들이 마음껏 가져가게 놔두었다는 이야기를 많은 사람들이 했고, 이것은 감출 수 없는 또 하나의 증거다. 목격자들은 가게들이 털릴 때 어떻게 경찰이 쳐다만 보고서 아무런 행동도 하지 않았는지를 말해주었다. 많은 구경꾼들은 이것이 너무 노골적이어서 경찰이 그렇게 하라는 명령을 받은 게 아니냐는 의견을 내보이기도 했다. 런던경찰의 정보 제공자들은 무슨 일이 일어나고 있어도 '서서 지켜만 보고' 폭도들과 약탈자들을 체포하지 말라는 명령을 받았었다고 나중에 말했다. 모두 계획의 일부였다. 상황이 나빠지게 놔둘수록, 국민들의 두려움과 분노는 더 많이 생겨나온다. 마크 더건이 총에 맞은 곳 가까이에 살던 주민들은 리포터들에게 더건이 죽기 전에 며칠 동안 경찰감시차량이 그 도로를 촬영하고 있었다고 말했다. 그들은 총기를 가진 사복경찰들이 수풀 속에 숨은 모습을 봤고, 더건이 타고 있던 택시를 나중에 현장에서 가지고 나갔다가 다시 갖다 놓았다고 설명했다. 가담자들, 희생자들과 정부의 입에서 나온 말들은 바로 '숨은 손'이 듣고 싶어 했던 것이었다. 아래의 글은 폭도들 가운데 한 명의 절규가 담긴 것이고, 나는 가난, 실직과 절망적으로 열악한 주거환경에 있는 그의 불만을 이해한다. 나는 그가 무엇을 말하려고 하는지, 그리고 왜 그렇게 말하는지를 안다. 하지만 이 사람은 그가 맞서는 사람들이 그를 위해 마련해놓은 덫에 걸렸다.

화가 나니까 나는 폭동을 일으킨다. 내 인생, 날이면 날마다 화가 담요처럼 나를 감싼다. 가난하기 때문에 화가 난다. 나는 언제나 가난했고, 사람들이 당연히 가진 그 온갖 멋진 것들을 나는 절대로 가질 수 없을 거라는 걸 안다. 내 인생이 엿 같아서 화가 나고 언제나 엿 같을 거라는 걸 안다. 내게 미래가 없다는 걸 아니까 화가 난다. 내 인생에서 아무도 내게 제대로 된 일자리나 도움을 주지 않을 것이다.

나는 내 가족이 언제나 살았던 똑같이 지긋지긋한 집에서, 똑같이 지긋지긋한 보조금이나 까먹으면서 살 것이다. 가난, 범죄, 기물파손, 조직폭력, 쓰레기, 더러움, 방치로 가득한 엿 같은 곳에서 사니까 화가 난다. 대부분의 날을 나는 내 자신에게 화풀이 한다. 폭넓고 창조적인 방식의 자기 파괴 행동들에 빠진다. 그러다가 지난밤처럼 가끔씩은 내 화를 바깥으로 분출한다. 내 분노에 나를 내맡기고, 짧은 순간이나마, 나는 깊은 해방감을 느낀다.

경찰을 싫어하니까 나는 폭동을 일으키고, 또 경찰이 나를 싫어한다는 걸 아니까 폭동을 일으킨다. 경찰들은 인종차별주의자에다 악랄하고, 날이면 날마다 나를 인간쓰레기처럼 다룬다. 일어나는 온갖 나쁜 일들을 언제나 내게 와서 뒤집어씌우고, 길거리를 걸어갈 때면 괴롭힌다. 나는 자기들을 신으로 생각하는 경찰들을 싫어하고 그들은 자기들이 뭘 하는지 누구에게도 대답하지 않아도 된다. 나를 존중해주지 않아서 경찰들을 싫어한다. 폭동을 일으키면 당신은 경찰과 맞서 싸울 수 있다. 그들에게 저항하고 당신이 정말로 어떻게 느끼는지를 말할 수 있다.

나는 이런 말들을 하는 그의 심정을 이해하고, 온 세계 도시들에서 그처럼 살아가는 사람들은 훨씬 더 절실하게 이해할 것이다. 하지만 어느 나라 어느 곳에서든 그와 동료 폭도들은 신중하게 계획된 협공작전에 사로잡힌 것이다. 정부당국은 그런 화, 분노, 절망감이 생기는 상황들을 조직적으로 만들어내고서, 폭동이 일어나면 "질서를 유지하기 위해 필요한 조치"로서 기다리고 있던 해결책(경찰/군사국가)이 모습을 드러낼 수 있도록 사람들의 분노가 폭발하기를 바란다. 폭동의 희생자들과 또 희생 당하는 두려움에 사로잡힌 시민들이 이 일을 거든다. 영국에서 아주 많은 사람들이(순전히 우연처럼) 정부가 바라마지 않는 일인 길거리에 군대가 배치되기를 요청했었다. 다시 말하지만, 나는 사람들이 분노와 두려움 속에서 그렇게 말하는 이유를 이해할 수 있다. 그들은 힘이 없음을 느끼고 무엇이 되었든지 보호받고 싶어 한다. 영국 독립당의 나이젤 파라쥐Nigel Farage 같은 정치인들은 곧장 카메라 앞에 나서서 군대가 나서기를 요구한다. 계획에 들어있지 않은 그들 정치적인 대표자들(거의 대다수)은 실제로 무슨 일이 일어나고 있는지에 대해 아무것도 모른다. 영국에서의 폭동들은 폭도, 희생자, 그리고 구경꾼을 모두 겨냥한 심리전이다. 그것은 물론 경찰/군사국가를 정당화하는 것이었지만, 인종과 배경이라는 단층선을 따라 국민을 가르고 다스리며, 다른 문제들로부터 주의를 돌리는 것이기도 했다. 사람들은 게임이 어떤 식으로 돌아가는지 어서 빨리 세상사에 밝아질 필요가 있다. 내 책들의 독자들은 이미 이것을 알지만, 아주 많은 사람들이 아직 이 필수적인 지식이 부족하고, 그래서 자신들이 저항해서 폭동을 일으키고 있는 바로 그 지배층에게 봉사한다. 우리는 마왕의 이익들에 봉사할 뿐인 폭동과 폭력이 아닌 대대적이고 평화적인 비협조가 필요하다. 이것이 아주 중요한 것은, 경제위기와 폭정에의 반응으로 영국과 갈수록 많아지는 나라들에서 우리가 본 것들이 계획의 시작일 뿐이라는 것이고, 아울러 일루미나티 혈통들이 일으키고 싶어 하는 불안과 격변의 규모와 비교하면 아주 작은 것일 뿐이기 때문이다. 모든 파벌의 사람들이 일이 어떻게 돌아가는지를 알지 못하고 또 모든 사람을 표적으로 삼는 그것에 도전하는 데 힘을 모으지 않는다면, 그때 생지옥 같은 일이 펼쳐질 것이다. 그것은 이미 시작되었고(그러나 아직 시작일 뿐) 우리는 세상에서 일어나는 일들의 진짜 배경을 어서 빨리 널리 알려야 한다. 제발 폭동을 일으키지 마시라. 폭동은 경찰/군사국가를 더욱 빠르게 진행시킬 문제-반응-해결책이기 때문이다.

지구온난화라는 거짓말

그들이 이렇게 마음과 감정을 조종하는 기법을 쓰는 데 늘 진짜 문제가 있을 필요는 없다. 여기에는 내가 '문제아님-반응-해결책'이라고 부르는 버전이 있다. 이라크의 대량살상무기가 이것의 확실한 사례다. 무기는 없었지만, 그들에게 무기가 있다고 우기면서 아들 부시와 블레어는 이라크를 침공하고 수백만 명을 죽이고 불구로 만드는 핑계로 삼았다. 인간이 초래한 '지구온난화'는 또 하나의 문제아님-반응-해결책이다. 그들이 지구적인 해결책들을 내놓을 핑계를 가지려면 지구적인 문제들이(또는 문제들이라는 착각이) 필요하다. 우리에게는 '테러와의 지구적 전쟁', 지구적 경제위기, 그리고 지구적 온난화가 있다. 기후 사기의 잘 알려진 얼굴은 앨 고어라는 또 한 명의 완벽하게 선택된 직업 거짓말쟁이다. 고어는 허위의 기술에 가장 조예가 깊은 사람들의 한 명인 빌 클린턴의 부통령이었다. '뺀질이 윌리(클린턴의 별명-옮긴이)'는 자신의 부통령으로 진실하고 정직한 사람은 절대로 고르지 않았을 것이다. 너무 위험하기 때문이다. 이 두 사람에게 '빅 와퍼Big Whopper'라는 용어는 버거킹에서 파는 햄버거를 말하는 것이 아니다('whopper'는 '터무니없이 큰 것'이라는 뜻이지만 '새빨간 거짓말', '허풍'이라는 뜻도 있다-옮긴이). 지구온난화/기후변화라는 사기극의 목표는 산업시대를 끝내고 모든 사람들의 삶을 통제하는 경찰국가를 도입하며 훨씬 더 많은 조세를 거둬들이기 위한 것이다. 아, 그리고 기업들이 탄소배출허용량 또는 '탄소배출권'을 사고파는 '탄소배출권거래' 체계를 지구적으로 정착시키는 것도 있다. 이것은 혈통들과 그 협력자들에게 훨씬 더 많은 부를 가져다 줄 것이다. 당신이 믿을 수 있는 은행 골드만삭스의 자산관리부문을 이끌었던 데이비드 블러드David Blood와 함께 2004년에 '세대투자관리Generation Investment Management'라는 회사를 세운 앨 고어도 이들에 포함된다. 런던의 '시티'에서 이 회사는 '블러드 앤 고어Blood & Gore'로 알려져 있다. 한 뉴스보도에 따르면 이 회사는 세계에서 가장 큰 탄소배출권 유가증권목록의 하나를 가지고서, 온실가스배출을 줄이는 프로젝트들을 감정, 개발하고 탄소배출권의 매각과 양도를 주선하기 위해 회사들과 함께 일하는 캠코인터내셔널Camco International Ltd의 상당한 지분을 확보했다. 2006년 파라마운트사가 만든 고어의 다큐멘터리영화 '불편한 진실', 그리고 같은 이름의 그의 책은 '편안한 거짓말'이라는 제목이 더 정확했을 것이다. 이 영화는 오스카상을 받았고 고어는 노벨평화상을 받았다(오바마가 평화상을 받은 것과 같은 방법으로 그리고 같은 네트워크들을 거쳐서 성사되었다). 고어의 책은 〈뉴욕타임스〉 선정 베스트셀러가 되었다. 폭약을 만든 어떤 양반의 이름을 딴 노벨평화상은 말도 안 되는 우스꽝스러운 것이다. 그 수상자들 가운데에는 앨 고어('지구온난화'라는 거짓말로), 버락 오바마(거짓말쟁이에다 전쟁광), 헨리 키신저(거짓말쟁이, 집단학살자, 그리고 전쟁범죄로 몇몇 나라에서 현상 수배된)가 있다.

고어는 여러분이 이 글을 읽을 즈음이면 다시 부상했을지도 모르겠지만, 옛날의 앨은 거짓말을 입증하려는 필사적인 노력으로 기후자료를 노골적이고도 터무니없이 조작했다는 사실이 폭로된 뒤로 자취를 감춘 듯하다. 누구 그 양반 본 사람 있어요? 그가 자신의 해결책들을 받아들이도록 사람들을 세뇌하고 어린 아이들에게 겁을 줘서 부모들이 '세상을 파괴하고 있다'고 대들게 하는 일을 못하고 있다고 생각하니 내내 애가 타고 걱정된다. 앨, 당신이 그 일을 해나가지 않으면 로스차일드가가 어떻게 생각할까? 당신은 그들이 환경과 우리 아이들의 미래를 얼마나 깊이 걱정하는지 안다. 이 일가의 기둥인 이블린 드 로스차일드Evelyn de R. 경의 아들 데이비드 메이어David Mayer가 특히 도움이 되었다(그림 203). 그는 마돈나와 보노 같은 유명인들이 '빅 앨Big Al'의 새빨간 거짓말을 팔려고 세상을 돌며 노래했던 '라이브 어스Live Earth' 콘서트의 안내서를 썼다. 세계정부를 주장했던 이 로스차일드 2세의 이 책 이름은 《라이브 어스 지구온난화 생존 핸드북The Live Earth Global Warming Survival Handbook: 기후변화를 멈추거나 거기서 살아남는 77가지 필수 기술》이었다. 참으로 친절하고 자상하기도 하다. 그는 미국의 알렉스 존스 라디오 쇼에서 당시 지구의 기온이 오르고 있던 것과 함께 왜 화성이 더워지고 있는지(태양 때문이다!) 질문을 받았다. 메이어의 대답은 화성이 태양에 더 가깝기 때문이라는 것이었다. 누가 그에게 태양계 그림을 좀 보내주시겠어요? 이제 있지도 않은 '문제'와 '싸우기' 위해

【그림 203】 데이비드 메이어 드 로스차일드는 세상을 '걱정'한다. 얼마나 다정한 표정인가.

들어서는 볼썽사나운 풍력발전단지가 인근에 사는 사람들의 삶을 황폐하게 하고 한때 아름다웠던 경관을 해치고 있다. 유럽과 오스트레일리아, 그리고 곧 있으면 미국과 캐나다에 사는 사람들도, 깨졌을 때 극도로 유독한 수은을 내놓고 또 건강에 큰 위험이 되는 화학물질과 방사능을 내뿜는 '에너지절약' 전구들을 사용하도록 법으로 강제되고 있다. 모두 거짓말 때문이다. 나는 《인간이여 일어나라》에서 지구온난화라는 신화를 자세하게 무너뜨렸지만, 여기서 굳이 말하자면 기온과 기후의 동인이 태양이라는 것은 자신 있게 말할 수 있다. 해가 나오면 더워진다는 것을 알지 않는가? 이산화탄소는 자연적으로 생기는 현상이고 그것이 없으면 이 행성은 생명이 생존할 수 없다. 없으면 우리가 생존할 수 없는 무언가를 우리 다함께 악마처럼 보자, 말이 되는가? 기온의 곤두박질을 막으려면 '온실효과'도 필요하다. 미국 환경보

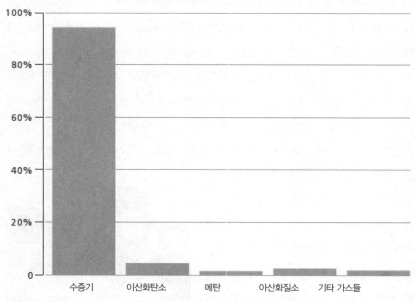

[온실효과에의 기여도(수증기포함)]

【그림 204】 왼쪽의 막대는 수증기와 구름이 온실가스들에 기여하는 정도이다. 그 옆의 것이 이산화탄소이고 그 아주 작은 비율만이 인간의 활동에서 나온다.

302

호청(EPA)은 이산화탄소와 다섯 가지 다른 열차단가스들이 공중보건과 복지를 위태롭게 하는 오염물질들이라고 공식적으로 선언했다. 이 계산된 결론은 처음으로 가스들을 규제하도록 했다. 그림 204에서 '온실가스들'의 그래프를 보면 왼쪽에 가장 두드러지는 것이 이산화탄소라고 생각할 것이다. 하지만 아니다. 수증기와 구름이다. 그 곁에 나란히 있는 것이 이산화탄소이고 사실상 그것은 모두 자연적으로 생긴다. 아주 작은 부분만이 인간 활동의 결과로 생긴 것이다. 자신의 분야에서 전문가인 과학자들은 '기후변화'에 관한 공식적인 이야기를 비난했지만, 정부들은 아직도 '지구를 구하자'는 파괴적이고 강압적인 정책들을 지루하게도 계속하고 있다. 정부들이 모든 논리와 증거를 무시하고서 통일된 정책을 이어나갈 때면 그 뒤에는 혈통들이 있다고 보면 된다. UN의 기후변화정부간위원회(IPCC)는 거짓말을 내세우고 그것을 공식적인 '사실'로 만드는 데 중요한 세계기구가 되어왔다. 이것은 내가 《인간이여 일어나라》에서 밝혀낸 부패하고 거짓투성이의 기구다. IPCC(기후미치광이들의 멍청한 위원회Idiotic Panel of Climate Crazies)는 정부들에게 2050년까지 세계에너지의 80퍼센트를 '재생에너지들'로 충당할 수 있도록 국민들의 돈으로 '재생에너지'산업에 보조금을 줄 것을 요청하는 '보고서'를 2011년에 내놓았다. 그 보고서는 과학적 연구로 나온 결과물로 여겨졌지만, 지금의 IPCC를 보면 우리는 그렇지 않을 것임을 안다. '80퍼센트'라는 수치는 주로 그린피스의 스벤 테스케Sven Teske와 유럽재생에너지협회(EREC)의 크리스틴 린스Christine Lins가 쓴 '에너지진화 2010: 지속가능한 세계에너지 전망'이라는 논문에서 따온 것이었다. 이것은 '유럽재생에너지산업의 통일된 목소리'라고 말한다. 이 협회는 IPCC가 시키는 대로 하는 정부들로부터 이익을 얻을 바로 그 회사들을 대표한다. IPCC 뒤의 그림자 속에 도사리고 있는 것은 일루미나티 라운드테이블의 위성인 로마클럽이다. 로마클럽은 혈통의 어젠다를 지지하면서 환경을 착취할 목적으로 특별히 만들어졌다. 설립자인 아우렐리오 페체이Aurelio Peccei는 1991년 자신의 출판물

《첫 번째 지구혁명The First Global Revolution》에서 이렇게 말했다. "우리를 뭉치게 할 새로운 적을 찾으면서 오염, 지구온난화의 위협, 물 부족, 기아와 같은 것들이 딱 맞아떨어지리라는 아이디어를 찾아냈다." 기후학 숭배자들의 말을 더 들어보자.

대중의 상상력을 사로잡을 폭넓은 지지가 필요하다. 그래서 우리는 단순화되고 극적인 내용으로, 그리고 의심들에 대해서는 거의 말하지 않는 무서운 시나리오들을 바쳐야 한다. 우리들 각자는 효과와 정직함 사이에서 올바른 균형점이 어디인지를 결정해야 한다.
– 스티븐 슈나이더Stephen Schneider, 스탠퍼드대학교 기후학교수, 많은 IPCC 보고서들의 주필.

우리가 재앙들을 발표하지 않으면 아무도 귀담아 듣지 않을 것이다.
– 존 휴턴John Houghton 경, IPCC 초대 의장.

무엇이 진실인지는 중요하지 않다. 사람들이 믿는 것이 진실인가가 중요할 뿐이다.
– 폴 왓슨Paul Watson, 그린피스 공동설립자.

우리는 이 지구온난화라는 주제에 올라타야 한다. 지구온난화이론이 틀리다 해도, 우리는 경제정책과 환경정책의 측면에서 옳은 일을 할 것이다.
– 티모시 워스Timothy Wirth, UN재단 이사장.

지구온난화의 과학이 죄다 허구라 할지라도, 기후변화는 세상에 정의와 평등을 가져올 가장 큰 기회를 준다(터무니없는 소리).
– 크리스틴 스튜어트Christine Stewart, 전 캐나다 환경부장관.

지구를 위해서는 산업문명이 무너지는 것이 유일한 희망이 아닌가? 그것이 일어나게 하는 것은 우리 책임이 아닌가?

- 모리스 스트롱Maurice Strong, UN 환경프로그램의 설립자, 로마클럽의 회원이자 손끝에서 발끝까지 혈통의 협력자.

우리 사회를 진정으로 변화시키는 유일한 방법은 재앙의 가능성으로 사람들을 깜짝 놀라게 하는 것이다.
- 대니얼 봇킨Daniel Botkin, 명예교수.

과학자인 데이비드 이반스David Evans는 11년 동안 오스트레일리아온실가스사무국(지금의 기후변화부)에 컨설팅을 해주었고, 2011년에 지구온난화라는 거짓말에 대한 충격적인 폭로를 했다. 그는 지구온난화에 관한 논쟁이 제정신이 아닐 정도로 많아졌다고 했다. "증거를 이해하며 탄소라는 쉬운 돈벌이에 편승했던 과학자인 나는 한때 경고를 했지만 지금은 회의주의자가 되었다." 이반스는 이산화탄소가 최근 온난화의 주원인이라는 발상은 "1990년대에 실증적인 증거에 의해 거짓으로 입증된 추측에 바탕을 두지만, 워낙 많은 일자리, 산업, 거래이익, 정치경력, 그리고 그 결과에 달린 세계정부와 완전한 통제의 가능성이 얽혀있는 이 쉬운 돈벌이는 너무도 크다"고 말했다. 바로 그거다. 그 결과에 달린 세계정부와 완전한 통제의 가능성. 거짓말의 또 다른 이유가 이것이다.

'문제를 해결'하기 위한 세계정부를 정당화하고 뒤에서 자세히 설명할 훨씬 더 많은 이유들 말이다. 이것이 '빅 앨'을 기후학 숭배교의 제사장으로 만든 진정한 동기였다(그림 205). 데이비드 이반스는 이렇게 말했다. "정부들과 그들의 길들여진 기후과학자들은 지금 증거가 넘

【그림 205】기후숭배교의 제사장

치는데도 자신들이 틀렸음을 받아들이기는커녕 이산화탄소가 위험한 오염물질이라는 허구를 터무니없이 고수하고 있다."2000년에서 2011년 사이의 NASA 위성자료에서는 거짓투성이 '컴퓨터모형들'이 예측했던 것보다 지구의 대기권이 훨씬 더 많은 열을 내보내고 있음이 드러났다. 헌츠빌에 있는 앨라배마대학교의 수석연구과학자이자 NASA의 해양위성에 탑재된 첨단 마이크로파 영상관측복사계의 미국 과학팀 책임자 로이 스펜서Roy Spencer 박사는 이렇게 말했다. "위성관측결과는 기후모형들이 보여주는 것보다 지구가 더워지는 동안과 그 뒤로 훨씬 더 많은 에너지를 우주공간에 내보낸다는 점을 보여준다. 자료와 예측치의 불일치는 대단히 크며 특히 바다 위에서 크게 나타난다." 스위스 제네바에 있는 유럽원자핵공동연구소(CERN)의 세계 '최고'라고 하는 물리학실험실의 수장은 그곳의 과학자들이 온난화의 기간과 우주선의 투과 사이의 거의 완벽한 상관관계를 보여주는 실험결과들에 대한 자신들의 해석을 공개하는 일을 금지했다. BBC 이사회는 BBC가 기후변화문제를 보도하는 방식을 그 허위적인 '합의'에 반대하는 사람들에게 초점을 덜 맞추는 쪽으로 바꾸고 있다고 발표했다. '덜'이라고? 사실상 있지도 않는 것에 어떻게 덜 맞출 수 있는가? 이것은 유니버시티 칼리지 런던의 유전학 교수인 스티브 존스Steve Jones의 보고에 뒤이어 나온 것인데, 이 보고는 당연히 편파적이지는 않을 것이다. 존스 교수는 '과학적 합의(인간이 초래한 기후변화, 신3종 전염병 혼합백신과 유전자변형작물들)'가 된 주제들에 있어서는 BBC가 주류의 견해에 반대하는 사람들을 찾아다닐 필요가 없다고 말했다. 얼마나 오만한 짓인가. 인간이 초래한 기후변화라는 새빨간 거짓말이 지켜지는 방법이 이것이다. 오바마의 지구온난화와 '과학'팀은 다 앨 고어의 추종자에게서 왔고, 그 거짓말을 드러내는 증거의 많고 적음이야 어떻든 간에 일루미나티의 계획들을 진전시키려는 법들은 계속해서 넘쳐난다. 일루미나티 혈통들이 세계 최대의 오염자들이다. EU의 고위직들은 '기후변화' 회의들에 가려고 따로따로 전용기를 타고 여행하고, 앨 고어 자신의 탄소발자국은 고질라의 크기만 하다. 그들이 환경을 걱정한다면, 전기우주에서 이용할 수 있는 프리에너지로부터 우리에게 필요한 모든 난방과 전력을 공짜로 줄 수 있는 기술을 가로막지는 않을 것이다. 현대 전기시스템의 진정한 주인공인 천재, 위대한 니콜라 테슬라Nilola Tesla는 이런 말을 한 적이 있다. "전력은 모든 곳에 무한한 양으로 있고 석탄, 석유, 가스나 다른 일반적인 연료들 어느 것 하나 없이도 세상의 모든 기계를 돌릴 수 있다." 혈통들은 이것을 알고 있지만, 이 프리에너지를 이용하지 못하게 막고 있다. 그것은 전기요금 고지서와 엄청난 통제의 끝을 뜻할 것이다. 우리가 난방과 전력에 돈을 치르는 시스템을 섬기는 상황에 남아있어야 하는 것이다.

누가 빈 라덴을 쐈나? 아무도……

문제아님-반응-해결책의 또 다른 사례는 2011년 파키스탄에서 오사마 빈 라덴을 '사살'했다는 것이다. 그들은 책과 영화의 제목을 놓고 여전히 논쟁을 벌이고 있지만, 고려하고 있는 것으로는 '미션 임파서블(하지만 이것은 벌써 딴 사람이 써먹었다)'과 내가 개인적으로 좋아하는 '두 번 죽다You Only Die Twice(007시리즈 영화 '두 번 산다'의 패러디-옮긴이)'이다. 이 우스갯짓들이 모두 지성에게는 모욕이었다. 따라서 주류 대중매체의 앵무새들과 오사마 빈 라덴을 '사살'했다는 이 기념비적인 헛소리를 믿은 온 세계 수십억의 사람들에게는 하나도 모욕이 아니다. 그들의 지성은 모욕당하지 않는다. 있지도 않은 것을 모욕할 수는 없는 노릇이다. 거짓말대장 버락 오바마와 그 친구들과 참모들의 입에서 나오는 이 웃기는 꾸며낸 이야기로 볼 때, 둘 중에 한 가지 일이 일어나고 있었다. 그들이 정말로 절박해지고 있거나 아니면 그들은 대중과 대중매체가 어떤 것이라도 꿀꺽 삼킬 거라고 생각하거나 말이다. 사실 둘 다 맞을지도 모른다. 그들은 충분한 수의 사람들이 그들을 막아설 만큼 충분히 깨어나기 전에 세상에 빗장을 지르려고 자신들의 경주에서 더욱더 절박해지고 있으며, 주류 대중매체와 수십억의 사람들은 그들이 말하는

【그림 206】 "이의 요정! 이의 요정!"

【그림 207】 캔디하 가게의 빈 라덴 '은신처'. 지팡이들은 그들이 '페이서'라고 불렀던 남자가 사용했다.

것이라면 뭐라도 믿을 것이다. '빈 라덴 사살'이 그걸 증명했다. 자신이 미국에서 태어났다는 것도 아직 증명하지 않은 대통령이 오래 전에 죽은 사람을 다시 죽였다고 말하자 멍청한 군중들은 백악관 앞에 모여서 "USA! USA!"를 외쳤다. 이것은 그야말로 개가를 올린 것이고 또 성인이라는 사람들이 얼마나 애들 같을 수 있는지를 보여주는 걱정스러운 증거이기도 하다. 이봐, 달이 초록색 치즈로 만들어졌고 이의 요정 이야기(어린이의 빠진 이를 침대 밑에 두고 자면 동전으로 바꿔 놓는다는 상상의 요정-옮긴이)가 진짜라고 대통령이 방금 말했어. "이의 요정! 이의 요정!"(그림 206) 그러나 시대가 바뀌고 있고, 아주 많은 수의 사람들이 그런 말은 한 마디도 믿질 않는다. 그리고 믿어서도 안 된다. 9·11의 공식적인 이야기는 먹혀들어가기에 충분히 쉬웠지만, '빈 라덴'의 살해는? 아이고 이런, 어디서 시작해야 할까? 미국의 군정보기관은(모든 일은 다 군정보기관이 하지 민간인이 하지 않는다) 파키스탄 아보타바드의 한 군사시설 근처에 있는 '은신처compound(사실은 보통 집이지만 은신처라고 하면 더 무섭게 들린다)'를 오랫동안 감시했다고 주장한다(그림 207). 그들은 정원을 걸어 다니는 한 남자를 찾아 냈고 공식적인 이야기로는 그에게 '페이서the pacer'라는 별명을 붙였다. 그들은 이 사람이 빈 라덴이라고 생각했지만, 그들의 감시기술로는 확실히 알 수가 없었다. 그래, 좋다, 나는 그 말을 믿는다. 내말은 그들이 당신 차의 번호판을 우주에서 찍을 수 있지만, 빤히 들여다보이는 정원에서 평범하게 걸어

다니는 사람을 식별할 수는 없다는 뜻이다. 음-, 그래, 말이 되어 보인다, 그렇지 않은가? 뭐, 주류 저널리스트나 "USA! USA!"를 외치는 바보에게는 말이다.

오사마 빈 라덴은 9·11 이전에 투석치료를 받아야할 정도로 심각한 신부전에 시달렸다고 널리 알려졌다. 라디오 프랑스 인터내셔널과 일간지인 〈르 피가로Le Figaro〉지가 모은 정보를 바탕으로, 2001년에 프랑스의 한 텔레비전은 그해 7월에 빈 라덴이 치료를 받으려 두바이의 한 미국병원에 입원했고 CIA 지국장이 찾아갔다고 보도했다. CBS 뉴스는 빈 라덴이 9·11 전날 밤 파키스탄 라왈핀디의 한 병원에서 투석치료를 받고 있었다고 보도했다. 나는 빈 라덴의 '은신처'를 다룬 보도에서 투석장치에 대한 말이 나오는지에 특별히 귀를 기울이고 있었다. 이것은 그들이 아무것도 찾아내지 못했다는 맥락에서 마침내 언급되었다. 와! 또 하나의 기적이다! 심각한 신부전에 아무런 치료 없이 '은신처'에서 5년을 보내고 총에 맞을 때까지 어떻게든 충분히 오래 살았으니까. 미국의 군정보기관이 빈 라덴을 세계적인 인물로 만들어서, 1980년대에 소련의 아프가니스탄 침공과 점령에 저항하는 전쟁에서 미국이 만들고 훈련시키고 돈을 댄 '무자혜딘('탈레반'으로 바뀌었다)'의 지도자로 세웠다는 점을 생각하면, 두바이에서 CIA 지국장이 그를 찾아갔다고 하는 내용은 이해가 간다. 지미 카터의 국가안보보좌관이자, 삼극위원회 공동설립자, 그리고 오랫동안 버락 오바마의 '멘토'(조종자)였던 즈비그뉴 브레진스키는 프랑스의 뉴스지 〈르 누부 옵서바퇴Le Nouvel Observateur〉에 자신이 아프가니스탄에서 무자혜딘을 훈련시키고 수도 카불에서 소련의 위성정부를 위협하도록 자금을 대주는 일을 계획했었다고 말했다. 그는 소련이 침공하도록 유도해서 자신이 '그들의 베트남'이라고 불렀던 상황에 맞닥뜨리게 하는 것이 계획이었다고 했다. 30년 뒤 우리에게는 브레진스키의 제자 버락 오바마가 있고, 오바마는 그의 멘토가 만들어내는 데 큰 역할을 했던 탈레

반과 싸운다는 이유로 아프가니스탄에 병력의 수를 대규모로 늘리고 있다. 모순되게 들리지만 그렇지가 않다. 여기에는 공통분모가 있다. 그 시점에서 어젠다에 가장 잘 들어맞는 것이라면 무엇이든 된다. 오늘날의 북아프리카와 중동을 통틀어서 미국, 영국, 이스라엘이 조종하는 앞잡이들과 세심하게 훈련된 '반군지도자들'이 진심 어린 시위자들을 조종해서 미국이 아프가니스탄에서 빈 라덴에게 썼던 똑같은 기본 청사진의 주제들을 펼치고 있다. 리비아 내 NATO '반군'의 '군사지도자'인 칼리파 히프터Khalifa Hifter 장군은 20년을 미국 버지니아 주 랭글리의 CIA 본부와 아주 가까운 곳에 살면서, 오랫동안 보수를 받고 있는 CIA의 협력자다. 히프터는 CIA가 자금을 대는 리비아 망명군의 지도자로 키워졌다. 이것은 다시 한 번 그들이 이라크를 침공하기 몇 년 전에 런던의 이라크 망명자들에게 썼던 같은 방법이다. 한 신문기사는 이렇게 보도했다. "리비아 반군의 새 지도자는 버지니아 주의 교외에서 지난 20년을 보냈지만 그를 아는 사람들에 따르면 그는 60대 후반의 나이임에도 고국의 전쟁터로 돌아가야 한다고 느꼈다." 분명히 그랬다고 나는 확신한다. '엉덩이를 들고 그곳으로 가든지 아니면 돈줄이 끊기든지' 같은 협박도 그가 마음을 내도록 거들었을 것이다.

죽은 자를 죽이다

오사마 빈 라덴이 죽었다는 소식은 9·11 이후로 많이 나왔다. 2002년 당시의 파키스탄 대통령 페르베즈 무샤라프와 2007년에 파키스탄의 전 총리 베나지르 부토도 암살당하기 얼마 전에 그렇게 말했다. 부토는 그것과 관련되어 암살당했을 가능성이 아주 높다. 이집트 일간지 〈알 와프드Al Wafd〉는 2001년 12월에 있었던 빈 라덴의 장례식을 보도했고 그가 자연적인 원인으로 죽었다고 했다. 미국 정부의 내부자 스티브 파이체닉Steve Pieczenik 박사는 미국의 알렉스 존스 라디오 쇼에서 빈 라덴이 9·11 직후에 마르팡증후군으로 죽었다고 말했다. 이것은 몸을 붙들어두는 결합조직에 영향을 주고 골격계, 심혈관계, 폐, 눈, 피부, 그리고 …… 콩팥에 심각한 손상을 줄 수 있는 유전질환이다. 키가 크고 팔다리와 얼굴이 긴 빈 라덴이 마르팡증후군의 전형적인 특징을 보였다는 점은 확실하다. 파이체닉은 제럴드 포드, 지미 카터, 로널드 레이건과 조지 H. W. 부시 행정부에서 국무부차관보를 역임했다. 그는 두바이 병원 이야기를 확인할 수 있었고 빈 라덴이 마르팡증후군 때문에 지속적인 투석이 필요했다고 말했다. 빈 라덴 가장 가까이에 있던 사람이 의사였던 것은 이 때문이라고 그가 말했다. 파이체닉은 2001년 아프가니스탄 침공을 이끌었던 토미 프랭크Tommy Franks 대령이 빈 라덴은 그 무렵에 죽은 사람이었다는 말을 했다고(본의는 아니었겠지만) 짚어주었다. "우리는 그것이 사실이었다는 것을 알았다"라고 내부자 파이체닉은 말했다. '네이비실'이 빈 라덴을 '사살'했다는 공식적인 이야기는 한 가지 단순한 이유 때문에 터무니없고 웃기고 또 끊임없이 바뀌는 거짓말들의 하나다. 그런 일은 결코 없었다는 것이다. 시신을 공개하지 않고서 있지도 않은 무슬림의 관습에 따라 곧바로 '바다에 수장'한 것은 시신이 없었기 때문이다. 그들은 빈 라덴의 사진을 같은 이유로 공개하기를 거부했다. 한 장도 없었던 것이다. 오바마는 사진들이 '너무 끔찍하고' 또 '우리는 이런 것을 전리품으로 내놓지는 않는다'는 이유로 유포하지 않을 것이라고 했다(그림 208). 사실상, '우리'가 사진들을 가졌거나 아니면 '우리가' 사람들이 속을 거라고 생각하는 가짜 사진들을 가졌을 때 '우리'가 하는 일이 바로 그것이다. 그 '우리'에게는 불행한 일이지만, 지금 그런 거짓들이 들통 나지 않거나 도전받지 않게 더 놔두지는 않을 대안매체들이 빠르게 퍼져가고 있다. 중요한 사탄의식일인 5월 1일에 그

【그림 208】 바다에 수장하려고 미국 헬리콥터로 옮기는 빈 라덴. 백악관은 그들이 말도 안 되는 거짓말을 하고 있다는 소문들을 가라앉히려 이 사진을 내놓았다. 주류 대중매체는 "진짜처럼 보인다"라고 했다.

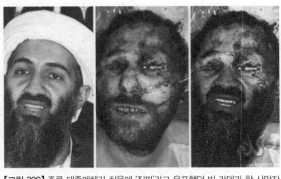

를 '사살'했다는 오바마의 발표가 나오자 곧이어 '죽은 빈 라덴'의 사진 한 장이 돌아다녔고, 이것은 주류 대중매체에서 진짜인 것으로 많이들 보도했다(그림 209). 이 이미지는 왼쪽의 두 사진

【그림 209】 주류 대중매체가 처음에 '진짜'라고 유포했던 빈 라덴과 한 사망자의 합성된 포토샵 이미지

들을 합성해서 오른쪽의 것을 만들어낸 포토샵 사진이었다. 속아 넘어간 대중매체는 이것이 '음모이론가들'의 수작이라고 했다. 이것이 가짜라는 것을 밝혀낸 사람들이 '음모이론가들'이었는데도! 미국 정부는 빈 라덴이 총기를 가지고 있었고 네이비실과 교전하는 동안 자기 아내를 인간방패로 삼았다고 했다. 바로 그 정부는 나중에 그가 총기를 갖지 않았고 아내나 그 누구의 뒤에도 숨지 않았다고 인정했다. 우리는 그의 아내가 죽었고 또 그런 다음에 아직 살아있다고 들었다. "아니, 아니, 아내가 죽은 게 아니에요. 그녀가 우리 이야기를 뒷받침해주도록 우리에게는 아직 살아있어야 해요. 전투 와중에 우리가 실수했다고 합시다." 하지만 대중의 지각을 조작하는 데 가장 한심한 시도는 아마도 오바마와 힐러리 클린턴과 여러 사람들이 빈 라덴을 살해하는 상황의 생중계영상이라고 하는 것을 걱정스럽게 바라보는, 이제는 부끄러운 그 장면일 것이다(그림 210). 짧은 바지를 입은 꼬마(군인들을 말함-옮긴이)가 이렇게 말했었다고 했다. "잡았습니다." 아-, 하지만 여기서 짚고 넘어갈 것이 하나 있다. 그 뒤로 '살해' 장면을 담은 생중계영상은 없다고 인정했으므로, 이들은 걱정스럽게 그 장면들을 볼 수가 없었다. 따라서 그들은 무엇을 보고 있었던 걸까? 벽을? 거짓말은 믿기 어려울 정도이고 주류 대중매체는 그것들을 아무런 의심 없이 그냥 되풀이한다. 백악관의 코미디 쇼

는 그들이 '빈 라덴의 은신
처'에서 '감춰둔 귀중한 정
보들'과 '비디오테이프들'
을 찾아냈다고도 했다. 아
니, 그러지 않았다. 그는 거
기 없었기 때문이다. 그들
이 '찾아낸' 것은 그 '은신
처'에서 멀고도 먼 곳에서

【그림 210】 백악관은 '빈 라덴 사살'의 생중계영상은 없었다고 인정했
다. 그렇다면 이 사람들은 무엇을 보고 있었던 걸까? 게다가 무엇이 힐
러리 클린턴을 저렇게 걱정스럽게 만들었을까. 벽에 생긴 균열?

다 그들 스스로 만들어낸 것들이었다.

눈속임

우리는 지금 우리가 보고 있다고 생각하는 것이 실제로 보는 것이라고 더는
우길 수 없는 컴퓨터영상의 시대에 산다. 수십 년 동안 혈통 비밀집단에게
는 사람처럼 보이고 사람의 말로 들리지만 사실은 아닌 비디오영상들을 만
들 수 있는 기술이 있었다. '빈 라덴'의 많은 비디오들은 9 · 11 직후 그가 죽
은 뒤에 버젓이 살아서 활동한다는 거짓말을 부채질하려고 배포되었다. 이
것들은 '입수'되어서 '국제 테러리스트 추적기관(하지만 이스라엘에서는 절대
로 추적하지 않는)'인 SITE 같은 CIA/모사드의 위장조직들을 거쳐 대중매체
에 배포된다. SITE는 처형된 어느 이스라엘 스파이의 딸인 리타 카츠Rita Katz
라는 극단적인 로스차일드 시오니스트가 운영하며, 보도에 따르면 미국 정
부가 한 해 500,000달러라는 거금을 대준다. 사실상 이것은 사법부, 재무부,
그리고 국토안보부(DHS)의 한 갈래다. SITE는 또 하나의 '빈 라덴' 비디오들
의 배포자인 인텔센터IntelCenter라는 기관과 긴밀하게 일하는데, 이것은 다른
로스차일드 시오니스트인 벤 벤즈케Ben Venzke가 이끈다. 리타 카츠와 SITE
는 있지도 않았던 '빈 라덴 사살' 뒤에 '알카에다'가 빈 라덴의 죽음을 확인
하는 성명을 냈다고 보도했다. 또는 CNN이 보도한 대로 '군사교신을 감시

하는 SITE 정보단에 따르면, 알카에다는 지하디스트jihadist 포럼에 그들의 지도자 오사마 빈 라덴의 죽음을 확인하는 성명을 냈다'가 맞을까? 아니다. 군사교신을 감시하는 게 아니라 모사드와 CIA의 지시대로 거짓말과 조작된 비디오들을 유포한다. 미국의 추적조사 저널리스트 웨인 매드슨Wayne Madsen은 '지하디스트'와 '알카에다'의 많은 웹사이트들을 이스라엘(로스차일드) 모사드가 통제한다고 지적했다. 그는 이런 말을 했다. "모사드에는 사실상 모사드가 운영하는 '지하디스트' 웹사이트들과 인터넷에서 선전원들로 활동하는 이스라엘인과 재외 유대인들인 '하스바라칙스hasbaratchiks'의 네트워크를 거쳐서 이슬람 테러리스트 공격들의 책임에 대한 거짓 주장들을 퍼트리는 프로그램이 있다." 심지어 〈워싱턴포스트〉도 CIA가 목표물의 평판을 떨어뜨리려고 사기성 비디오들을 만들고 있다고 보도했다. 이 신문은 빈 라덴과 친구들이 모닥불 곁에서 '꼬마들을 정복한 일'을 이야기하면서 술을 마시는 모습을 보여주는 비디오가 만들어졌다고 보도했다. 하지만, 정말이지 당신은 '빈 라덴의 사살' 뒤에 배포된 '비디오테이프'에서 빈 라덴이 바닥에 앉아서 TV 채널들을 이리저리 돌리고 있고, 모든 채널에 그의 얼굴이 나오는 모습을 담은 웃기는 장면보다는 그들이 더 잘 만들 수 있었다는 생각이 들것이다(그림 211). 구글에서 'Osama Bin Laden Videos Released by Government'로 검색하면 볼 수 있다. 당신은 그렇게 여러 채널들을 돌리면서 그 가운데

하나라도 광고가 나오는 장면을 본적이 없는가? 나는 없다. 그렇지만, 아니다, 모든 채널에 빈 라덴이 나온다니. 어쩌면 채널 몇 개는 그가 나온 광고들이었을지도. 빈 라덴 배니싱 크림은 불타나게 팔릴 것이다. 꾹 참고 이야기하자면,

【그림 211】 턱수염을 기르고 모자를 쓴 남자가 오른 손으로 채널들을 돌리면서 모든 채널에 나오는 빈 라덴의 장면을 보고 있다.

여기에는 주류 대중매체가 제대로 짚고 넘어가지 않았던 몇 가지 기본적인 오류들이 있다. 하지만 우린 해야 한다. 먼저, 장면 전체에서 모자, 수염의 옆모습과 코끝밖에 보이지 않는다. 진짜 빈 라덴은 왼손잡이인데도 이 친구는 채널들을 바꾸는 내내 오른손을 쓴다. 가짜와 진짜 빈 라덴의 귀를 확대해 보면 둘이 같지가 않고, '감춰둔 귀중한 정보들'에서 나온 다른 장면

【그림 212】 백악관 공보실이 발행한 빈 라덴의 사망을 다룬 공식보고서

은 몇 년 전에 배포된 사진들일 뿐이다. '은신처'에서 찾아냈다는 새로운 장면은 4년 전에 돌아다니고 있던 것이었다. 그들은 2007년에 새로운 것이라는 장면을 배포하면서 같은 일을 했지만, 분명히 그것은 2002년에 돌았던 같은 비디오였다. CIA는 그때 있었던 일들에 대한 공식적인 보고서를 펴냈고 그림 212가 그것이다. 흥미롭게도, 2011년 8월에 아프가니스탄에서 치누크헬기 한 대가 추락해서 빈 라덴 사기극에 가담했던 부대의 네이비실 대원들 22명을 포함한 38명이 죽었다. 공식적으로는 그들이 빈 라덴을 '죽인' 대원들이 아니라고 했지만, 단언컨대 그들이 맞다. 그들은 이렇게 죽었거나 아니면 그 전에 죽었고 이것은 은폐공작이었다. 그 부대의 네이비실 대원들은 실제로 일어난 일을 알았을 테고(더 정확하게는 몰랐고) 우리라면 엄청난 진실이 새나가는 것을 바라지 않을 것이다, 안 그런가? 공식적인 이야기는 탈레반이 치누크를 격추했다고 주장했는데, 보통은 그들이 잘 인정하지 않는 일이다. 온통 코를 찌르는 구린내가 난다.

왜 그때였나?

한 가지 의문이 있다. 그들은 왜 그때 이미 죽은 사람을 2011년에 다시 죽였을까? 이유들이야 많고, 뒤이은 공식적인 행동들과 성명들로 그것은 뚜렷해졌다. 분명히 가장 중요한 건 아니지만, 한 가지 이유는 무척 많은 사람들이 버락 오바마에게 느끼고 있던 환멸 속에서 떨어진 평판을 끌어올리는 것이었다. 그 연출된 '살해'가 있은 뒤로 뉴욕의 그라운드 제로에서 9·11에 죽은 사람들을 위한 추모식이 열렸고 여기서 오바마가 2012년의 대통령 재임을 위해 자신을 파는 데 9·11 유가족들과 긴급구조대원들과 빈 라덴의 '사망'을 거만하게 이용했다는 것은 얼마나 편리한 구실인가. 꾸며낸 일의 이야기를 따른다 해도 그가 '작전을 시작하라'는 어떤 결정도 내리지 않았음이 드러나는데도 빈 라덴을 '잡은' '영웅'으로 오바마에게 초점이 모아진다는 것은 미친 짓이다. 물론, 그가 하지 않았다. 오바마는 하라는 대로 한다. 빈 라덴 사기극의 핵심 몇 가지는 이런 것들이었다.

1) 살해의 결과로 테러리스트 보복의 가능성이 있으므로 철도, 쇼핑몰, 백화점, 호텔, 교회와 스포츠경기장들 같은 곳들에 감시와 경찰국가의 통제를 더 많이 해야 한다고 말할 핑계가 생긴다. 우리는 그 사기극에 곧이어 '은신처'에서 미국의 열차들을 탈선시키고 이른바 '소프트타깃soft targets'을 공격한다는 계획들의 증거를 찾아냈다는 말을 들었다. 이 점에 대해서라면 "우리는 전에는 정당화할 수 없었던 지역들에 경찰국가 상태를 확대하기를 바란다."로 읽으면 된다(9·11 뒤에 아프가니스탄의 집들에서 '찾아낸' '박스커터들', 그라운드 제로 근처에서 '찾아낸' '납치범의 여권', 그리고 '9·11 납치범들'이 있었다고 하는 곳들에서 '찾아낸' 코란들과 '비행교범들'도 보라). 시큐어리티 USA사의 최고운영책임자인 데이비드 보엠David Boehm(로스차일드 시오니스트)은 CBS에 '은신처에서 알아낸 것들'로부터 사람들을 안전하게 지키려면, 손으로 더듬는 '몸수색'이라는 성추행을 포함하는 사실상 공항에서 쓰는 방식의 보안검색을 사용해서 소프트타깃들을 보호할 필요가

있을 것이라고 노골적으로 털어놨다. 국토안보부의 전직 장관, 자유를 뺏는 애국법Patriot Act의 공저자이자 모사드 요원의 아들인 마이클 체르토프 Michael Chertoff (로스차일드 시오니스트)는 '바지 속 폭탄범' 사건 뒤로 TV 네트워크들 어디에나 나와서는 자신의 회사가 대변하고 있는 한 기업이 만드는 전신방사선스캐너의 사용을 밀어붙였다. '바지 속 폭탄범'은 또 하나의 들러리이자 또 하나의 평계였다. 비밀집단에 수십 년 봉사하고 있는 찰스 슈머Charles Schumer 상원의원은 빈 라덴의 '사살'이 있은 지 며칠 만에 '빈 라덴의 은신처에서 찾아낸' 공개되지 않은(있지도 않으므로) '정보'를 바탕으로 암트랙 열차의 '탑승 금지자 명단'을 만들라고 촉구했다. 슈머는 철도의 보안, 통근자와 승객들의 철도이용 사찰과 전국적인 철도역의 더 많은 감시를 위한 훨씬 더 많은 예산을 요구하겠다고 했다. 그냥 이렇게 말하지, 친구. 경찰국가를 확대하겠다고.

2) 빈 라덴 사기극은 미국이 이미 벌이고 있는 전쟁들 그리고 개전을 계획하고 있는 다른 전쟁들의 지지를 얻기 위해 이용되었다. '미스터 아메리카' 존 웨인이 기쁨의 눈물을 흘리게 할 '가라 미국이여!' 사고방식인 것이다. 웨인은 살상의 의도로 총 한 방 발사되는 모습도 본 적도 없이 전쟁영웅이 된 할리우드 배우였다. 그 무렵에 그는 꾸며진 얼굴의 사람이었다. 부통령이었던 딕 체니는 심문의 수단으로 고문법들을 다시 도입하라고 요구하는 데 빈 라덴의 '살해'를 써먹었다. 그는 그런 방법들이 빈 라덴의 행방을 밝히는 데 도움이 되었을 거라는 의견을 내놓았다. 먼저 그들이 그렇게 하지 않은 것은 빈 라덴이 거기 없었기 때문이고, 둘째로 이 병든 마음들은 자신들이 법이기 때문에 고문법들의 사용을 멈췄던 적이 없었다.

3) 빈 라덴의 가짜 죽음은 그가 그 '은신처'에 오랫동안 살고 있었음을 파키스탄이 분명히 알고 있었을 거라고 우김으로써(그는 없었는데도) 그들을 더더욱 악마화하는 데 곧바로 이용되었다. 오바마는 곧장 텔레프롬터 앞으로 보내져서 파키스탄을 규탄하면서 그들은 빈 라덴이 있는 곳을 왜 몰랐

는가라는 질문에 답해야 한다고 말했다. 아들 부시의 연설문 작성자였던 데이비드 프럼David Frum(로스차일드 시오니스트)은 이라크, 이란과 북한을 가리켜 '악의 축'이라는 글귀를 사용했다. 그는 이 말을 부시 행정부를 조종했던 신보수파들 또는 '네오콘'에게 팔았다. 이 친구가 뭔가 일어나야 한다고 요구하면, 그것은 진행 중인 어젠다의 일부다. 언제나 그렇다. 프럼은 '빈 라덴 사살'에 뒤이어 파키스탄이 표적이 되어야 한다고 요구했다.

대신 우리는 지금도(지금도!) 파키스탄이 워낙 중요한 나머지 미국이 정해진 원칙(조지 W. 부시 행정부가 분명히 천명했고 오바마가 거부하지 않은)에 따라 행동하지 못한다는 말을 듣는다. '테러리스트들을 숨겨주는 사람들은 테러리스트들처럼 다룰 것이다'라는 원칙이 그것이다. 우리가 아프가니스탄에 남아있는 한, 이 성명은 진실로 남는다. 문제는 이 성명이 진실 되게 하려면 우리가 지금 조치들을 취해야한다는 것이다.

아프가니스탄에 덜 전념할수록, 우리는 파키스탄에 대해 더 자유롭게 된다. 우리가 파키스탄에 대해 자유로울수록, 파키스탄에의 우리 영향력은 더 커진다. 파키스탄에의 우리 영향력이 크면 클수록, 파키스탄의 테러리즘에 대한 오래되고, 사악하고, 또 지금 확실하게 부인하지 못하는 상태의 지원을 끝장내야 할 더 많은 영향력을 갖는다.

이 사람들은 그들의 계획이 무엇인지를 말해주고, 그래서 아프가니스탄에서의 전쟁이 시들해지고 다른 표적들이 떠오르기를 기대한다. 강조해야할 점은 혈통들이 혼란을 바라고 일들이 실패로 돌아가기를 바란다는 것이다. 그들은 지구적인 폭압을 진전시킬 '변화'를 제시할 수 있도록 지금 상황이 잘 돌아가지 않게 끊임없는 노력을 기울이고 있다. 그들은 더 많은 폭력과 범죄를 원한다. 그때 그들은 더 엄격한 법이 있어야 하고 그 문제를 '풀려면' 자유를 앗아야 한다고 말할 수 있다. 이것을 알면 세상이 이해가 된다. 또 미국 주류·담배·화기·폭약 단속국(ATF)과 다른 정부 요원들이 '신속하고 맹렬하게'와

'총기밀반입자 프로젝트'라는 작전으로 멕시코의 마약조직들에게 수천 정의 무기를 주었다는 2011년의 폭로가 설명된다. 이 무기들(AK-47, 권총, 사정거리가 3.2킬로미터인 소총들)은 애리조나 주 피닉스에서의 폭력범죄들에 나타나기 시작했다. 오바마는 이 작전들을 위한 예산을 '경기부양책(더 많은 죽음과 파괴를 부양하는)'이라는 이름으로 배정했고 그의 법무부장관 에릭 홀더Eric Holder가 그 중심에 있다. 두려움과 혼란을 더 많이 일으키고 이 마약조직들에게 무기를 줘서 미국 시민들에게서 무기를 빼앗는 핑계로 삼으려는 생각이었다. 프리메이슨리 스코트 의례Scottish Rite에서 33번째 도수degree의 좌우명은 '오르도 압 카오Ordo Ab Chao' 곧 '혼돈으로부터의 질서'다. 혼란을 만들어내고 '해결책'을 제시함으로써 질서(그들의 질서)를 주는 것이다. 이것이 문제-반응-해결책이 작동하는 방식이고 대중을 대대적으로 조작하는 기법들 가운데 가장 효과적인 것이다. 다음에 나오는 것과 함께…….

폭압을 향한 한 걸음 한 걸음

'전체주의자의 까치발걸음'은 혈통들이 마구잡이 '사건들'처럼 유발되는 서로 연결된 여러 단계들을 거쳐 그들의 세계 독재를 들여오는 방법을 묘사하는 것이다. 그들은 사람들이 점들을 잇는 일을 멈추게 해야 한다. 그렇지 않으면 사람들은 그 사건들이 결국 어디를 향하고 있는지를 뚜렷하게 알게 될 것이다. A지점에 서있는 당신이 세상을 Z지점으로 이끌어가려한다고 상상해보자. 당신이 만일 그쪽으로 큰 걸음으로 뜀뛰기를 해서 간다면 사람들에게 뭔가 '엄청난' 일이 벌어지고 있다는 사실을 대놓고 알리게 된다. 변화는 아주 빨해질 것이다. 대신 당신은 목표 쪽으로 더 작은 걸음으로 나아간다. 잘해낼 수 있을 만큼 빠르지만 너무 많은 사람들이 당신이 뭘 하는지를 알 만큼 그리 빠르지는 않게 간다. 유럽의 민족국가들이 어떻게 유럽연합이 되었는지는 앞에서 설명했었다. 지금의 관료적인 EU의 독재가 제2차 세계대전이 끝난 뒤에 제안되었다면 엄청난 저항이 있었을 것이다. 히틀러와 나치 또한 찾고 있었던 중앙통제되는 유럽의 '연합'을 들여놓는 일을 막느라 수천만 명이 죽었다. 따라서 A지점에서 사람들이 유럽경제공동체(EEC)라는 '자유무역'지역 또는 '공동시장'을 받아들이게 했다. 그들은 이렇게 말했다. "걱정하지 마시라, 이것은 정치적으로나 금융적으로 연합하는 것이 아니다. 공동시장은 무역과 고용을 늘리기 위한 것일 뿐이다." 그 뒤로 이어진 수십 년 동안 한걸음 한걸음씩 끊임없는 힘의 집중화가 이루어졌고, EU 집행위원회의 관료들은 소련 정치국의 복사판이 되기에 이르렀다. 로스차일드가의 협력자이자 이른바 EU의 '창시자' 장 모네Jean Monnet는 1952년 4월 30일 한 친구에게 보낸 편지에서 이렇게 썼다.

유럽의 국가들은 국민들이 어떤 일이 일어나는지를 이해하지 못하게 하면서 초국가를 향해 이끌어가야 하네. 이 일은 하나하나가 경제적인 목적을 가진 것으로 위장되지만 결국은 그리고 돌이킬 수 없게 연방국가로 이끌어갈 연속적인 단계들을 거쳐 이룰 수 있지.

이 편지는 60년 전 내가 태어난 다음날 쓴 것인데, 전체주의자가 까치발걸음으로 시간이 얼마나 걸리든 한 단계 한 단계 세상을 바꾸는 방법이 이것이다. EU가 더 중앙집중화하는 것을 막으려는 국민투표를 했을 때 그들의 정부들은 한동안 기다렸다가 원래의 결정을 뒤집는 또 한 번의 '국민투표'를 한다는 것을 눈치 챘을지도 모르겠다. 그러나 EU가 자신이 원하는 것을 일단 얻었다면 이는 절대로 또 한 번의 무기명투표가 아니다. '지구온난화'에서 보듯이 어쩐다는 부정되지 않을 것이다. EU를 조종하는 혈통들은 문제의 나라들에 있는 하부 네트워크들을 움직여서 '그것을 처리하고' 그들이 조종하는 정부들에게 국민투표를 다시 해서 그 결과가 다르게 나오게 하라는 지시를 내리게 한다. 결과를 바꾸기에는 국민의 반대가 너무 거셀 때 그들이 써먹는 다른 작은 묘책이 있다. 그들은 사람들이 반대투표를 했던 것을 다른 형태, 다른 이름으로 들여온다. 권력을 국가들과 국민들에게서 브뤼셀과 관료들에게 넘겨

320

준다는 사회전환을 제안한 유럽헌법에서 우리는 이것을 보았다. 프랑스와 네덜란드가 국민투표를 거쳐 그 도입을 반대했고, 통제자들은 투표를 다시 한번 밀어붙일 경우 같은 결과가 나오리라는 것을 알았다. 그래서 그들은 헌법에서 '조약'으로 이름을 바꿨고 프랑스와 네덜란드의 국민투표 결과들은 이제 무효가 되었다고 했다. 영국 정부는 유럽헌법에 대한 국민투표를 하겠다는 선거공약을 내걸었고, 정부는 국민들이 '반대'표를 던질 것임을 알고 있었다. 토니 블레어 총리와 후임자 고든 브라운은 이제 조약이 '새로운' 문서이고 국민투표는 헌법에 대해 약속했던 것이었다고 말하면서 국민투표를 거부했다. 글쎄, 직업적인 단짝 거짓말쟁이들에게 뭘 기대하는가? '조약'에는 '헌법'에 있던 내용의 98퍼센트가 들어갔다. 우리가 다루고 있는 기만과 정직하지 못함의 수준이 이 정도다. 우리가 무슨 생각을 하는지는 그들에게 중요하지 않다. 그들이 바라는 것이 가장 중요한 것들이다. 2011년에 있었던 한 신문의 여론조사는 영국 국민들이 찬성 55퍼센트, 반대 33퍼센트로 EU에서 빠지기를 바란다고 밝혔다. 그렇게 투표할 기회가 그들에게 있을까? 아니다.

아일랜드는 투표 기회가 있었던 유일한 나라였다. 아일랜드 헌법은 정부 구조의 큰 변화들이 있는 경우에 국민투표를 해야 한다고 규정하고 있었다. 아일랜드 국민들은 조약을 거부했지만, 브라이언 "나는 바보야" 코웬은 그림자 속의 주인들에게서 두 번째 투표를 하라는 지시를 받았고, 자 보시라 얍!, 사람들은 '찬성'에 표를 던졌다. 어쨌든 공식적으로는. 리스본조약으로 알려지게 된 이것은 유럽합중국을 만들어냈고, 깨알 같은 글씨와 법률용어로 쓰인 그 문서는 EU 관료들에게 그들이 하고 싶은 일을 할 수 있는 자유로운 권세를 준다. EU는 파시스트/공산주의자 폭압이며 '선출된' 유럽의회는 EU가 자신을 '민주적'이라고 부르게 해주는 별 상관없는 잡담 장소일 뿐이다. EU는 모든 수준에서 매수되고 돈이 치러진다. 이런 일의 예로 2011년 영국 의회에서 '브뤼셀에 더 많은 권력을 넘겨주는 추후 제안들은 국민투표에 부치자'는 제안을 놓고 했던 투표에서 일어난 일보다 더 나은 사례들은 거의 없다. 지금은 영국 상원의 비선출직 의원들인 비열한 무리의 전직 EU 관료들과 정치인들은 국민이 자신들의 목소리를 낼 어떤 기회도 가로막는 데 함께 투표했다. 사기꾼 중의 사기꾼들인 닐 킨녹Neil Kinnock과 부인 그레니스 킨녹Glenys K.이 거기 포함된다. 사회주의자들의 노래 '적기가The Red Flag'를 개사한 것이 있다. "노동자계층이 내게 굽실거리게 됐다네, 내가 드디어 십장 자리를 차지했거든." 이 가사는 이 커플을 위해 쓰였을 수도 있겠다. 닐 킨녹은 1980년대에 보수당 지도자인 마가렛 대처가 선거에서 아무 문제 없이 이기도록 노동당 지도자에 앉혀졌다. 그는 사회주의자들의 심장부인 사우스웨일스 출신의 '대중에게 인기 있는 정치인'이었는데 말을 짧게 끝내는 법이 없었다. 별명이 '웨일스의 떠버리'였고 온통 말만 늘어놓았지 알맹이는 없었다. '변절자'라는 말은 그를 정당하게 평가한 말이 아니다. 이 낱말 앞에 붙이고 싶은 어떤 형용사를 붙인다 해도 충분하지 않을 것이다. 반전운동을 하면서 전쟁을 미치도록 좋아하는 토니 블레어를 지지했던 사람이 바로 이 양반이다. 킨녹은 영국이 지금의 EU에서 빠지고 상원의 비선출직을 폐기하라고 촉구했지만, 그는 지금 킨녹 경으로 불리고 그의 아내는 킨녹 여남작이다. 두 사람 다 상원의원이고, 남편은 브뤼셀의 관료였고 아내는 EU의회 의원이었을 적에 두 사람 다 EU의 공공비용으로 엄청난 돈을 벌어들였다. 그들은 봉급과 경비로 어림잡아 800만 파운드(약 137억 원)를 벌었고 지금은 두둑한 EU의 연금을 즐기고 있는데, 다 그들이 대변한다고 내세웠던 '노동자계층'의 세금으로 지불되는 비용이다. 하지만 갈수록 태산이다. 킨녹은 EU에서 한 해에 거의 100,000파운드(약 1억 7천만 원)를, 그리고 '여남작'은 거의 70,000파운드(약 1억 2천만 원)의 연금을 받는다는 보도가 나왔다. 그러나 이 엄청난 연금에는 조건이 있다. 기대하시라 …… 여기에는 '충성조항'이 있는데, 이것은 EU에 맞서는 말을 하거나 그 목표들에 충심을 다하지 않는 EU의 전직 임직원은 누구라도 "연금이나 다른 혜택들을 받을 자격을 박탈" 당할 수 있음을 뜻한다. 무엇보다도 이것은 말도 안 되게 어처구니없는 일이고 제도화된 뇌물수수나 다를 바 없다. 풍파를 일으키지 않으면 계속 돈을 받을 수 있다는 것이다. 그 다음으로, 킨녹처럼 사리사욕을 좇는 집단들은 노다지판의 자기 밥그릇에 위협이 되는 것이라면 어떤 것도 하지 않으려고 한다. 그들에게 딱 맞는 가훈이 있다. "풍파를 일으키지 않으면 노다지판을 누리리." 그들이 이 가훈을 갖다 써도 값을 요구하지는 않으련다. 자, 이 킨녹사(社)는 사람들이 스스로 목소리를 내는 일을 막기 위한 EU 관료들의 요구에 부응하려고 상원으로 미끄러지듯 나아갔다. 그들은 영국의 일당독재 상태에서 '다른' 당들의 대표들을 끌어들였지만, 그들이 한데 모인 이유는 같았다. 바로 탐욕과 사리사욕. 그들은 거짓말쟁이 주식회사의 CEO 에다 로스차일드가의 하우스보이 맨델슨Mandelson 경을 끌어들였는데, 그때 그들에게는 당연한 일이었다.

【그림 213】 소련은 공식적인 전체주의 국가였다.

공산주의자의 시대에 서구로 온 소련의 반체제인사들은 지금의 유럽연합이 소련과 많이 다르지 않다는 말을 했었다(그림 213과 214). EU 는 빠르게 모습을 드러내고 있는 강압적 수단으로 소련이 했던 것보다 더 많은 나라들을 통제한다. 러시아의 전 대통령이자 지금(2011년)의 총리이며, 계획대로 착착 되어간다면 곧 다시 대통령이 될 블라디미르 푸틴은 EU의 '자유무역' 지역을 러시아로 확대하라고 요구

【그림 214】 훨씬 더 큰 유럽연합은 비공식적인 전체주의 국가다. 공식적이거나 비공식적이거나, 둘 다 중앙집권화된 독재국가들이다.

했다. 푸틴 또한 로스차일드가의 심부름꾼일 뿐이다. 로스차일드가는 러시아 '혁명'을 조직하고 자금을 댔는데, 그 뒤로 이 나라를 통제하게 되었다(《진실이 자유롭게 하리라》를 보기 바란다). 로스차일드 시오니스트 레닌과 트로츠키 같은 '혁명가들'은 로스차일드 네트워크들의 꼭두각시였다. 소련과 지금의 러시아는 '서구'와 조금도 다르지 않고, 중국도 마찬가지다. 그들은 세계 금융카르텔이 소유하고 있다. 만들어진 냉전은 소비에트제국의 '바르샤바조약'의 힘에 맞서 유럽을 '방어'하기 위해 NATO가 성립되는(문제-반응-해결책) 빌미를 주었다. 이 가짜 '전쟁'은 핵무기를 비축하는 미친 짓을 비롯해서 그렇지 않았더라면 일어나지 않았을 많은 일들을 혈통들이 할 수 있게 했다. 그렇지만, 폭압에는 시간표가 있고 소련의 나라들이 EU와 NATO(세계군대)로 흡수되기 시작해야 했을 때 그 시기는 다가오고 있었다. 느닷없이, 수십 년 동안의 스탈린, 흐루시초프와 브레즈네프 같은 '무서운' 소련 지도자들의 시대에 뒤이어, 록펠러가의 꼭두각시이자 친구인, 미스터 스마일 미하일 고르바초프가 나왔다. 미국의 대통령들인 로널드 레이건과 아버지 부시, 그리고 영국 총리 마가렛 대처의 소련에 대한 시각은 바뀌었다. 그러니까 결국 그리 나쁘지는 않았다. 고르바초프는 소련의 해체를 감독했고(정확히 계획된 대로), 이전의 식민지들은 그 후 EU와 NATO에 가담해오고 있다. 혈통들이 일을 해나가면서 이런 일을 만들어내는 것은 아니다. 렙틸리언 동맹은 우리의 시간 상으로 몇 세기를 앞서서 전략을 짠다. 사실상, 그보다 훨씬 더 오래 전에 그렇게 한다.

유럽연합 정상회의의 초대상임의장은 벨기에의 빌더버거 헤르만 판 롬파위Herman Van Rompuy로, 즈비그뉴 브레진스키와 헨리 키신저의 단짝이다. 그는 벨기에에서 활동하는 헝가리인이자 빌더버그 그룹의 회장인 에티엥 다비뇽Etienne Davignon 자작의 절친한 친구이기도 한데, 빌더버그 그룹이 유럽 단일 화폐를 만드는 데 큰 영향력을 미쳤다고 말했다. 이것은 세계화폐로 가는 디딤돌이다. 유로화는 유럽 국가화폐들의 대부분을 말살하는 데 이용됐

고 마침내는 세계전자화폐에 길을
열어주고 그 자체도 폐기될 것이
다. 유로화는 해결책이 필요한 하
나의 문제로서 표적이 될 것이다.
빌더버그 그룹은 유로화가 탄생하
는 데 '영향력'을 미친 정도가 아

【그림 215】 EU 각료이사회 로고의 '모든 것을 보는 눈'

니었다. 이 라운드테이블 위성은 그들의 여신을 상징하는 12개의 별이 이루
는 원과 EU 각료이사회 또는 '컨실리움Consilium(놀랄 것도 없이 로마에서 온 낱
말)'의 눈 상징을 가진 단일 유럽국가를 비밀스럽게 만들어낸 배후의 가장 중
요한 원동력이자 조직력이었다(그림 215). EU는 마침내 세계경찰과 군대의 일
부가 될 자체의 경찰력과 군대를 가지고서 세계정부의 유럽지부가 되도록 준
비되었다. 이런 일은 이미 일어나고 있다. 선출된 독재자 상임의장이 EU를 이
끄는 것이 계획이고 이것은 혈통들에게 알랑방귀나 뀌는 토니 블레어가 그렇
게 되어야 한다고 정확히 말했던 일이다. 여기서 기억해야 할 것이 있는데, 그
것은 절대로 틀리지 않는다. 바로 토니 블레어가 입을 열 때마다 그 혈통들이
말하고 있다는 것이다. 그는 이란이 핵 프로그램을 개발하게 해서는 안 된다
고도 말했다(그들을 폭격합시다, 나는 사람들을 폭격하는 것을 좋아해요). 수고했네,
블레어, 잘했어. 수표는 곧 받을 거네. 이제 가보게.

자, 이것이 전체주의자의 까치발걸음이고 아주 많은 곳에서 써먹고 있는
것을 볼 수 있다. 경찰국가 상태를 확대하고, NATO를 거쳐 세계군대를 한
단계 한 단계 만들어가고, 자유의 침해가 갈수록 빨라지고 있는 등등 훨씬
더 많은 일들이 일어나고 있다. 전체주의자의 까치발걸음과 문제-반응-해결
책은 지각을 대규모로 조작하는 데 가장 효과적인 기법들이다. 이것들은 렙
틸리언 혼혈 혈통들이 처음부터 썼던 것이고, 이것들이 없었다면 세상은 오
늘 우리가 보는 것과는 전혀 딴판일 것이다.

그들은 인간 에너지를 먹고 산다!

혈통의 세계적 그물망을 조직하고 서로 붙들어놓는 '시멘트'가 되는 서로 맞물린 특별한 네트워크들이 몇 개 있다. 여기에는 비밀결사들(토성숭배자들), 사탄숭배(토성숭배자들), 그리고 로스차일드 시오니즘(토성숭배자들)이 있다. 한 가지 패턴이 보이는가? 소아성애는 다른 하나의 공통점이고 연결고리다.

로스차일드 시오니즘은 다음 장에서 본격적으로 다룰 것이고 여기서는 비밀결사들, 사탄숭배, 그리고 소아성애가 모두 서로 이어진 네트워크들(고리들이라고 하는 편이 더 나을 듯하다)을 다루려 한다. 나는 프리메이슨이 모두 사탄숭배자라거나, 모든 사탄숭배자가 프리메이슨이라거나, 모든 소아성애자가 프리메이슨이나 사탄숭배자라고 말하는 것이 아니다. 하지만 그들의 네트워크들은 이어지고 상호작용하며, 인물들은 서로 겹치기가 일쑤다. 로스차일드 시오니즘처럼, 이 무리들은 그물망 전체에 스며들어 있다. 그들이 가장 중요한 '시멘트'들이다(그림 216). 나는 혈통의 구조 안에서 사탄숭배자, 소아성애자, 비밀결사의 일원들인 많은 수의 유명인들을 찾아냈다. 그들이 서로 유대하고 렙틸리언 동맹에 연결된 이유는 뚜렷해질 것이다. 나는 비밀결사들과 그들이 어떻게 활동하는지, 그 이름 있는 입회자들과 비밀스런 조작에 대해 많은 글을 썼다. 비밀결사에는 여러 가지 범주들이 있다. 거미줄의 중심(또는 피라미드 꼭대기)에 가장 가까운 사람들이 가장 폐쇄적이고 비밀스럽다. 가장 높은 엘-리트들의 몇몇은 이름마저도 없고 이 때문에 추적이 더 어렵다. 예수회, 몰타기사단, 템플기사단, 오

【그림 216】 한 곳에 모인 상징들. 사탄숭배의 상징, 일루미나티의 장미 상징, 로스차일드/토성의 6각별, 그리고 '모든 것을 보는 눈'이 있는 프리메이슨의 한 건물.

푸스데이 같은 굵직한 것들 몇 개는 이미 말했는데, 이들은 모두 로마의 토성교회the Church of Saturn에 이어진다. 프리메이슨리는 작은 읍 단위의 지역 롯지에서부터 혈통 거미줄의 중심에 있는 거미와 연결되는 상위계층들에까지 온 세계 사회에 퍼져있다. 굵직한 모든 비밀결사들은 선택받은 소수를 일루미나티의 지성소로 들여보내는데, 98퍼센트의 구성원들은 그곳이 있다는 것마저도 알지 못한다. 대부분의 프리메이슨들은 사업이나 인맥을 쌓는 데 롯지를 이용하고, 프리메이슨리를 통제하는 이들은 정말로 일어나는 일을 덮는데 이 사람들을 이용한다. 비밀결사의 의식들은 입회자를 렙틸리언-새터니언의 집단마음과 그들을 소유하려드는 존재들에 한층 강력하게 연결해준다. 이 때문에 많은 수가 인격의 변화를 겪는데, 연줄과 권력을 좇다가 이 덫에 끌려들어가는 정치인들도 그렇다.

비밀결사들은 보통 세계음모와 같은 방식으로 조직된다. 지식은 '도수'의 단계들에 따라 엄격하게 구획된다. 대다수의 프리메이슨들은 맨 아래 세 단계의 도수들인 '블루 디그리스Blue Degrees'이지만, 프리메이슨리 스코트 의례는 33도까지 올라간다(그 다음에는 극소수를 위한 일루미나티의 단계들이 있다). 입회자들이 모든 것에 대해 듣는 설명들은 단계를 올라가면서 달라지고, 일루미나티 도수들의 상위단계에 있는 사람들만이 진실에 가까이 다가간다.

보통의 프리메이슨에게 토성과 렙틸리언 동맹을 숭배하고 있느냐고 물으면 그는 웃어버릴 것이다. 그러나 당신이 알고 모르고는 중요하지 않다. 당신이 토성과 렙틸리언 존재들을 상징하는 이미지들에 주의를 모으면 에너지적으로 당신은 그들과 이어져 소유당하거나 생명력을 빨아 먹히거나 또는 두 가지 일이 다 일어날 것이다. 비밀결사들의 대부분 입회자들은 다른 사람들만큼이나 음모에 이용되고 있다. 로마의 악명 높은 프리메이슨리 롯지인 P-2 또는 '프로파간다 두에Propaganda Due'는 비밀결사들이 어떻게 활동하는지를 보여주는 훌륭한 사례다. P-2는 1981년에 이탈리아 사회를 비밀스럽게 조작하는 활동이 드러나면서 세계적으로 알려졌다. 무솔리니 파시스트인 리치오 젤리Licio Gelli가 그것을 운영했는데, 그는 헤르만 괴링Hermann Goering의 나치 SS의 연락장교였다. 젤리는 아버지 조지 부시, 로널드 레이건, 그리고 아르헨티나의 파시스트 후안 페론Juan Peron과 친구였다. 젤리는 1981년 로널드 레이건의 취임식에 초대받았고 아버지 부시와 1주일을 보냈다. 레이건은 몰타기사단이었고 젤리도 그랬다. 헨리 키신저는 리치오 젤리의 친구였고 아들 부시 행정부와 아프가니스탄/이라크 침공의 배후에서 조종하던 중요한 네오콘인 마이클 리딘Michael Ledeen도 그랬다. 온 세계에서 그들이 모두 어떻게 연결되는지를 보라. 젤리는 영국과 러시아 정보부의 협력자였고 P-2에서 중요한 인물들인 키신저, 에드몽 드 로스차일드Edmond de R.와 데이비드 록펠러와 긴밀하게 일했다. P-2 입회자들에게 젤리는 '나자 한나Naja Hannah' 곧 '킹코브라'로 알려졌다. P-2는 '은폐된 롯지(주류 프리메이슨리에게도 알려지지 않았던)'였고, 이탈리아 경찰이 1981년에 젤리의 집을 급습했을 때는 인간사회가 어떻게 비밀스럽게 조작되고 지시받을 수 있는지를 확인해주는 믿기 어려운 증거들이 나왔다. 그 문서들은 P-2가 피라미드들 안의 피라미드들처럼 구획되었다는 것을 보여주었다. 이것이 모든 수준에서 같은 방식으로 돌아가는 홀로그램과 같은 세계구조인 청사진이다. P-2는 다른 집단들로 나뉘어졌고 하나하나 집단의 우두머리는 자신의 집단에 누가 있는가

만 알았다. 그들은 다른 집단들에 누가 있는지는 알지 못했다. 젤리와 그의 동료 엘-리트만이 그것을 알았다. P-2의 문서들에는 953명의 구성원들의 명단이 있었는데 여기에는 정치, 금융, 사업, 경찰, 정보기관, 대중매체, 군대, 사법부의 영향력 있는 사람들이 들어있었다. 오푸스데이회와 이어진 종교 지도자들도 있었다. 젤리의 물건들에서는 템플기사단의 명단들도 나왔는데 이것은 모든 핵심 비밀결사들이 같은 실체의 다른 이름들임을 더더욱 확인해주는 것이었다. 1967년에 P-2에 가담한 이탈리아 비밀정보부의 전직 부장은 젤리에게 이탈리아의 부자들과 유명인 150,000명에 대한 기밀자료들을 주었다. 목적을 이루려고 공갈협박을 할 셈이라면 완벽하기 그지없다. 다른 한 명의 P-2 일원은 이탈리아의 썩을 대로 썩은 3선 총리에다 대중매체계의 갑부 거물인 실비오 베를루스코니Silvio Berlusconi였다. 그들의 많은 수는 그들이 모두 P-2의 일원인줄도 모르고서 서로 상대를 대했을 것이다. P-2의 일원이었던 미노 페코렐리Mino Pecorelli는 P-2가 궁극적으로 CIA와 몰타기사단의 통제를 받았다고 말했다. 그는 곧이어 죽었다. 교황 요한 바오로 1세는 1978년에 P-2가 바티칸 '내부의' 영향력 있는 사람들을 조종하고 있다는 것을 깨달은 뒤로 취임한 지 33일 만에 독살 당했다. 이들 의식에 중독된 사람들에게 33이라는 숫자는 아주 중요하다. 프리메이슨리 스코트 의례의 공식적인 도수들도 33이다. 데이비드 얄롭David Yallop이 자신의 훌륭한 책《신의 이름으로In God's Name》(1987)에서 이때 일어난 일을 공개했다. 알비노 루치아니Albino Luciani라는 본명의 교황은 불행하기 짝이 없는 바티칸 시국 국무부장관 진 빌로Jean Villot 추기경에게 자신이 없애고 싶은 사람들과 그들을 대신할 새로운 이름들이 적힌 명단을 건넸다. 교황은 빌로에게 다음날 이것을 발표하라고 말했다. 데이비드 얄롭은 이렇게 적었다.

교체될 모든 사람들을 잇는 한 가지 공통분모, 한 가지 사실이 있었다. 빌로는 그것을 알고 있었다. 더 중요한 것은 교황도 그랬다는 점이다. 진짜 권력을 가진 이 사람들을 들어내기 위해 교황을 움직이게 만들었던 요인들의 하나가 그것이었다. 그것은 바로 프리메이슨리였다.

교황을 손에 넣은 증거는 바티칸 시국 안에 추기경에서부터 신부에 이르기까지 100명이 넘는 프리메이슨들이 있음을 말해주었다. 루치아니는 부와 권력을 찾아 이탈리아를 훨씬 넘어서 뚫고 들어간 불법적인 프리메이슨 롯지 하나에 더욱 집중했다. 그것은 스스로 자신을 P-2라고 불렀다. 이것이 바티칸의 벽을 뚫고 들어가 신부들, 주교들과 심지어 추기경들에게 까지 손이 닿았다는 사실에 알비노 루치아니는 P-2를 끔찍이도 싫어했다.

취임한 지 33일 뒤인 1978년 9월 28일 저녁, '미소 짓는 교황' 요한 바오로 1세가 사망했다는 발표가 났다. 어떤 공식 사망진단서도 공표되지 않았다. 부검도 없었다. 시신은 서둘러서 방부처리 되었다. 사인은 불명이었다. 그리고 바티칸의 비즈니스는 이어진다. …… 바티칸 내부에 널리 퍼진 부패와 여섯 명의 권력자들이 그들의 폭넓은 금융과 정치활동들을 지키려고 충격적인 행동방침, 곧 교황 요한 바오로 1세는 죽어야 한다는 결정을 내렸다는 강력한 증거가 되는 사실들이 아주 자세하게 나와 있다.

P-2 이야기는 대우주를 반영하는 소우주이고, 그물망 전체와 그것을 이루는 부분들이 이런 식으로 음모를 꾸려나간다. 입회자들은 비밀결사와 그것의 목적들을 다른 무엇보다도 더 중시하겠다는 서약을 한다. 그들이 정치, 금융, 사업, 대중매체, 의학과 법률분야에서 자신들의 일을 해나갈 때도 이 것은 사실이다. 맨 마지막 분야에는 혈통의 명령에 따라 사람들의 유죄나 무죄를 판결하는 판사들이 있다. 비밀결사들에 대해 아주 자세하게 드러낸 내용은 내 다른 책들을 봐주기 바란다.

사탄의식

사탄숭배에서 인간과 동물을 제물로 바치고 피를 마시는 의식들은 토성, 달, 그리고 렙틸리언 동맹과 관련이 있거나 없는 악마 같은 존재들을 섬기는 것

이다. 파충류 '신들'이 인간제물을
요구하는 것은 고대의 이야기들과
전설들에서 끊임없이 나오는 대목
이다. 줄루족 주술사 크레도 무트
와는 치타우리가 늘 제물을 요구
했고, 또 그들이 식인풍습의 기원
이기도 했다고 말했다. 그들을 두
려워한 아프리카인들은 그들을 달

【그림 217】 사탄의 제물의식들은 온 세계에서 충격적일 정
도로 많이 끊임없이 치러지고 있다. 사자는 진실진동을 나
타낸다.

래려고 아이들을 바쳤다고 했다. 크레도는 치타우리가 인간의 아기들을 먹
었다고 했고, 이것은 내가 온 세상에서 흔하게 들었던 또 다른 주제다(그림
217). 그는 토성숭배에도 인간제물이 들어간다고 했는데 이제 왜 그런지 알
아보자. 치타우리와 토성은 사실상 같은 것이다. 작가이자 연구자인 스튜
어트 스워들로는 미국 정부당국에 의해 뉴욕 주 롱아일랜드의 몬탁 마인드
컨트롤 프로젝트에 갇혀있는 동안에 사탄의식을 경험했다. 그는 아기와 태
아를 먹는 일에의 집착 또한 강조한다. 그는 사탄숭배자들이 병원의 낙태수
술에서 모은 태아들을 게걸스럽게 먹어치운다고 말했다. "목뒤덜미를 붙들
린 살아있는 아기들도 있었다. 그러고는 아기의 목을 왼쪽에서 오른쪽으로,
귀에서 귀까지 그었고, 벌어진 곳에 입을 박고서 피를 마셨다. 그들에게 이
것은 놀라운 진미였다." 제물로 쓰려고 아이들을 기르는 일이 흔했고 사탄
숭배자들은 '사육자'로 알려진 여성들을 가둬두고서 제물로 쓸 태아와 아기
들을 얻으려고 쉴 새 없이 임신시킨다. 이 아이들은 몰래 태어나므로 사람
들은 아기들에게 일어나는 일은커녕 그들이 있는지조차도 모른다. 사탄숭
배의 '신들'은 전설의 악마들인데, 내가 말하는 악마들이나 악마 같다는 것
은 '의식'으로부터 워낙 많이 멀어져서 '악(무지의 극단적인 수준들)'으로 타락
한 존재들을 뜻한다. 그들의 정신적 정서적 상태는 중심의 '의식'과 단절시
키고, 그들이 할 수 있는 것이라고는 기껏해야 '마음'으로부터 할 수 있는 것

들뿐이다. 오늘날의 사탄숭배자들은 고대에 했던 것과 똑같은 의식들을 한다. 그들은 보통 혈서로 악마들과 계약을 맺는다. 피는 그들의 진동을 실어나르고, 이 진동적인 계약은 그들을 악마들의 진동장에 더욱더 강력하게 맞물려놓는다. 그들은 '소유'된다. 그들은 '지상에서의' 명성이나 부에 대한 보답으로 이렇게 하지만, 이제 그들은 말 그대로 악에 너무도 들러붙어서 더는 자신의 삶이나 생각들을 조절하지 못한다. 미성년 소녀를 성적으로 학대해서 미국 정부당국으로부터 도망 다니고 있는 사탄숭배자 영화감독 로만 폴란스키Roman Polański는 이 주제를 미아 패로우Mia Farrow가 주연한 1968년 영화 '악마의 씨Rosemary's Baby'에 묘사했다. 영화 속에서 그녀의 배우 남편은 최고의 배역을 맡게 해준 보답으로 자신의 영혼을 사탄숭배자들에게 팔았고 그의 아내가 마인드컨트롤에 빠져서 비인간 존재의 혼혈을 낳도록 임신하는 데 동의했다. 그 아이는 파충류였다. 로만 폴란스키의 아내는 여배우 샤론 테이트Sharon Tate였는데, 마인드컨트롤을 당한 사탄숭배자 찰스 맨슨Charles Manson을 추종하는 '맨슨 패밀리'의 일원들에게 1969년 임신 8개월째에 살해되었다. 사탄숭배는 일루미나티의 그물망에 퍼져있지만, 혈통들과 그들의 하수인들이 차지하고 있는 결사의 '상위(소굴)' 단계들에 가장 집중된다. 가장 악명 높고 현대에서 가장 잘 알려진 사탄숭배자들의 하나인 앨리스터 크로울리Aleister Crowley는 사탄 그물망의 많은 친근한 이름들과 이어져 있었다(그림 218). 캘리포니아 주 북부 소노마카운티에 있는 보헤미안 그루

브Bohemian Grove라 불리는 곳의 레드우드 숲속에서 사탄의식들이 치러진다. 중심무대에는 특히 고대인들이 어린이를 불 속에 제물로 바쳤던 '몰록Moloch'이라는 신적 존재를 나타내는 12미터 높이의 부엉이 석상이 있다. 보헤미안 그루브의 '여름캠프'에는 정치, 금융,

【그림 218】 사탄숭배자 앨리스터 크로울리. 피라미드와 5각별(토성)을 다시 눈여겨보라.

332

사업, 대중매체 등등의 분야를 이끄는 사람들이 참석하고, 부시 부자, 빌 클린턴, 헨리 키신저, 록펠러가의 일원들과 그 밖의 미국과 세상을 주무르는 뿌리 깊게 병적인 사람들이 여기 들어간다(그림 219). 2011년 5월, 결과에 대한 두려움 때문에 이름을 밝히지 않은 스위스의 한 은행가는 러시아잡지 〈노비덴NoviDen〉과 인터뷰를 했다. 그는 정신적으로나 정서적으로나 일그러진 엘-리트와 인류에 대한 그들의 계획들을 경험했던 일을 밝혔다.

【그림 219】 보헤미안 그루브를 묘사한 데이비드 디스의 작품

이 사람들은 타락하고 마음이 병들었습니다. 너무도 병들어서 온갖 악행을 저지르고 그런 악행들은 그들의 주문에 따라 비밀로 감춰집니다. 그들 일부는 …… 여성들을 성폭행하고, 또 일부는 변태성욕자이거나 소아성애자들이고, 다수가 사탄숭배자들입니다. 취리히의 로스차일드 은행 같은 곳에 가보면 이 사탄숭배자들의 상징들이 있습니다. 이 사람들은 그들이 가진 약점 때문에 공갈협박으로 통제됩니다. 그들은 명령을 따라야하고 그렇지 않으면 폭로되고, 끝장나거나 죽기까지 할 것입니다.

우리 세상을 주무르는 사람들이 이들이다. 그들이 9·11을 꾸며내거나 무방비의 도시들을 하늘에서 폭격해서 수백만의 민간인들을 죽이는 데 문제가 있었을까? 문제라? 그들은 그 일을 즐긴다. 대중들에게 내보낸 1969년 달착륙 버전을 연출했던 위대한 영화감독 스탠리 큐브릭은 1999년에 나온 그의 마지막 영화 '아이즈 와이드 셧Eyes Wide Shut'에서 엘-리트 사탄숭배자들을 드러내려고 했다. 톰 크루즈와 니콜 키드만이 주연을 맡았고, 권력자들의 사탄숭배와 그들이 원하는 것을 하도록 사람들에게 마인드컨트롤로 강요한다는 것이 그 주제였다. 지난 10년 동안의 내 다른 책들을 읽어봤다면 세계적인 마인드컨트롤 프로그램의 규모에 대해 꽤 자세하게 알 것이다. 이 영화에서 가장 기억에 남는 장면은 부자들과 유명 인사들이 예복을 입고 가면을 쓰고서 의식 진행자의 지시를 받던 한 맨션에서의 사탄의식이었다. 진행자는 빨간색을 입었지만 대부분의 사람들은 모두 검은색(토성)을 입었다. 가면은 익명을 위해서만 쓰는 것이 아니다. 그들과 그들의 주인들이 정말로 누구인지, 정체를 감추려고 쓰는 가면을 상징하는 것이다. 최근에 와서야 나는 큐브릭 전문가 제이 와이드너Jay Weidner에게서 그 의식장면이 로스차일드가의 한 맨션에서 찍은 것임을 들었다. 큐브릭은 일어나고 있는 일을 사람들에게 보여주려고 했지만, 영화가 개봉될 때까지는 살지 못했다. 달 착륙을 연출했던 거래의 일부는 그의 영화들이 절대로 검열을 받지 않는다는 것이었고, 최종 편집본을 본 워너브라더스의 이사들에게 이것은 문제였다. 그들은 몹시 화가 나서 25분 정도의 분량을 빼라고 요구했다. 큐브릭은 거절했고, 그의 '달' 계약 덕분에 그렇게 할 수 있었다. 큐브릭은 나흘 뒤에 '심장마비'로 죽었고, 그러고서 그 분량이 삭제되었다. 영화에 들어있는 것을 보면 어떤 장면들이 검열되었는지 궁금해진다. '아이즈 와이드 셧'은 큐브릭이 고집했던 그의 계약서에 쓰인 날짜에 나왔다. 첫 번째 달 착륙의 30주년 기념일이었다. 이 영화는 그토록 찬사를 받았던 감독의 마지막 작품이었는데도 거의 아무런 홍보도 되지 않은 채 나왔다가는 잊혀졌다. 데이비드 버코위츠David Berkowitz는 1970년대 뉴욕에서 '샘의 아들'이라는 별명의 연쇄살인범이었다. 그는 스스로 살인범임을 인정했지만, 한 목사에게 보낸 여러 통의 편지들에서 자기는 그 범행들을 지시했던 한 사탄숭배자 집단의 일원이었다고 말했다. 그는 목사에게 인간제물을 포함하는 이 괴기스러운 의식들과 관련된 사람들의 유형을 이야기했다.

사탄숭배자들은 괴상한 사람들입니다. 그들은 무식한 소작농이나 간신히 읽고 쓰는 원주

민들이 아닙니다. 그보다는 온통 의사, 변호사, 사업가, 그리고 기본적으로 아주 책임이 막중한 시민들입니다. …… 그들은 실수를 저지르기 쉬운 경솔한 사람들이 아니지요. 하지만 그들은 비밀스럽고 또 사회에 큰 혼란을 주려는 공통된 욕구와 욕망으로 함께 뭉쳐 있습니다. "나는 신성모독, 살인, 성폭행, 혁명, 그리고 나쁜 것이라면 뭐든지 원한다"고 말했던 사람은 앨리스터 크로울리였습니다.

이런 의식은 그들과 그 주인들이 간절히 바라는 에너지를 만들어낸다. 몇 해 동안 나는 많은 사탄숭배자들뿐만 아니라 자기 의지와는 달리 그런 의식들을 함께 했던 사람들과 이야기해봤다. 그들은 그런 의식들이 어떤 것인지 자세한 배경을 아주 많이 알려주었다. 이 의식들은 에너지를 조종한다. 그들은 보이지 않는 '신들'에게 먹을 것을 주고, 악마 같은 존재들이 모습을 드러낼 수 있는 에너지 환경을 마련할 수 있다. 원 안의 뒤집힌 별모양이 핵심인 사탄 상징은 이 일에 아주 중요한 것으로 보인다(그림 220). 다시 한 번 우리가 우주의 홀로그램 수준을 경험하고 있지만 그 기본 구조물은 파형정보라는 사실로 돌아가보자. 우리는 '물리적인' 별모양과 원을 보지만, 파형의 수준에서 이것은 어떤 종류의 에너지장이다. 내가 듣기로는 그 존재들이 이 현실로 들어오게 하는 에너지적인 '디딤돌'인 것이다. 그렇지만 이 렙틸리언 '악마들demons'은 별모양의 에너지장을 벗어날 수가 없다. 사탄숭배자들은 이 렙틸리언들을 '악마들the Old Ones'로 알고 있고 그들을 두려워한다. 스튜어트 스워들로는 의식들에서 다른 현실들에 있는 악마들과 접촉하려고 의식 절차상의 주문을 염송한다고 말했다. 또 이것을 라틴어, 히브리어, 고대 이집트어, 수메르어, 독일어, 영어로 하는 것을 들었으며 그가 들은 '쉰 목소

【그림 220】 원 안의 뒤집힌 별모양의 중요한 사탄 상징

리로 쉭쉭거리는' 언어는 드라코(렙틸리언)의 원래 언어라고 했다. 인간형태의 사탄숭배자들은 희생자의 피를 마시고, 보이지 않는 '신들'은 거기서 나오는 공포의 에너지를 빨아들인다. '신들에게 제물을 바친다'는 말이 이런 것이다. 희생자는 희생의 순간에 공포에 질린 나머지 특정 유형의 아드레날린을 혈류로 내뿜고, 이 지독한 사람들에게 이것은 약물과도 같다. 그것은 '황홀감'을 준다. 의식들을 목격한 다른 사람들의 이야기를 들어보면 그들은 사람들이 공포상태에 있을 때 뇌하수체와 솔방울샘(제3의 눈)에서 분비되어 피로 들어가는 호르몬들도 원한다. 그들에게 이것은 "헤로인이나 엔도르핀 같다"고 한다. 엔도르핀은 흥분, 통증, 오르가즘과 같은 정서 상태에서 뇌하수체와 시상하부로부터 분비되고, 무통증과 행복감을 만들어낸다는 점에서 아편제와 닮았다. 렙틸리언 혼혈들은 자기들의 인간 DNA 코드가 열려있게 하고 파충류 모습이 드러나는 것을 막으려면 갈수록 더 많은 피를 마셔야한다는 점을 이해한다. 이것은 진실진동이 그들에게 미치는 영향 때문이다. 희생의 순간이 다가오면, 렙틸리언 혼혈은 희생자의 눈을 뚫어져라 쳐다보면서 한 목격자가 말한 것처럼 그들을 '공포로 넋을 잃은 상태로' 몰아넣는다. '악마의 눈'이라는 말이 이런 것이다. 스튜어트 스워들로는 '마지막 칼날이 배를 가르고' 사탄숭배자들이 '피범벅'이 되기 전에 희생자가 얼마나 공포에 떠는지를 묘사한다. 그들은 제물로 바쳐진 몸을 찢고 내장과 생식기를 해치운다. 스워들로는 그들이 이쯤 되면 광란에 휩싸여서 다수가 렙틸리언으로 탈바꿈하고 또 정신이 나가서 서로 공격하기도 한다고 말한다. 나는 정확히 같은 이야기를 그런 자리에 있었던 다른 사람들에게 들었다. 광란이 그런 에너지적인 흥분을 낳아서 사탄숭배자들의 혼혈 DNA 코드가 바뀌고 파충류 형태를 투사하면 탈바꿈을 한다. 1998년에 나온 웨슬리 스나입스의 영화 '블레이드'는 여기서 말한 것들과 같은 장면들을 묘사하고, 브램 스토커Bram Stoker의 잘 알려진 드라큘라 이야기들은 같은 주제를 바탕으로 한다. 흡혈귀들에 대한 이야기들과 전설들은 세상 구석구석에서 찾아볼 수 있고,

드라큘라는 그것들을 압축한다. 그 이름은 드라큘라Draco-ula('드라코'는 엘-리트 렙틸리언들의 이름이다)이고 드라큘라 '백작'으로 불린다. 드라큘라는 '탈바꿈'을 하고 인간의 피를 마신다. 스토커의 등장인물은 15세기에 지금의 루마니아인 왈라키아Wallachia라는 나라를 다스리던 블라드 디 임페일러Vlad the Impaler(impaler는 말뚝처형자라는 뜻-옮긴이)로 알려진 인물에서 영감을 받은 것이었다. 이 지역은 한때 트란실바니아였는데, 흡혈귀 전설들과 아주 많은 관련이 있는 곳이다. 신성로마황제는 1431년에 블라드 디 임페일러를 고대의 비밀결사인 용단Order of the Dragon에 입회시켰는데, 날개를 펴고 십자가에 매달려있는 용이 그 상징이다. 이 결사는 적어도 고대 이집트까지 거슬러 올라가지만, 어쩌면 이런 저런 형태들로 훨씬 더 오래되었는지도 모르겠다. 블라드는 자기 이름을 드라큘레아Draculea나 드라큘랴Draculya로 썼는데 '악마의 아들'이라는 뜻이다. 이것이 나중에 '용단을 가진 사람의 아들' 정도로 옮겨지는 드라큘라가 되었다. 조지 4세 왕의 어머니이자 지금의 엘리자베스 2세의 할머니인 메리 여왕 또는 테크의 메리Mary of Teck는 블라드 디 임페일러(드라큘라)의 누이의 자손이고 부시일가도 그렇다. 2011년 여름에 주류 대중매체는 영국 왕실이 18세기 말까지만해도 인육을 먹었음을 드러낸 연구를 보도했다. 아, 내 생각엔 아마 그보다도 쪼금 더 최근까지 먹었을 걸. 지난 주화요일처럼 말이다. 한 신문은 이렇게 보도했다. "신세계의 야만적인 식인 풍습을 비난하면서도, 그들은 이집트 미라, 사람의 지방, 살, 뼈, 피, 뇌와 피부를 가루 내어 사용하고, 마시거나 발랐다." 그렇지만 의학적인 목적일 뿐이었다니, 그러면 괜찮은 모양이다. 이 기사의 출처는 잉글랜드 더럼대학교의 리처드 서그Richard Sugg 박사의 책《미라, 식인자 그리고 흡혈귀들Mummies, Cannibals and Vampires》(2011)이었다. 신문은 이렇게 인용했다.

식인풍습은 흔히 믿듯이 신세계에만 있던 것이 아니라 유럽에도 있었다. 우리가 학교에서 거의 배우지는 않지만 그때의 문학과 역사기록에서 증명되는 한 가지는 이것이다. 제임스 1

세는 시체로 만든 약을 거부했다. 찰스 2세는 스스로 시체로 약을 만들었다. 그리고 찰스 1세의 시신은 약으로 만들어졌다. 이 약을 이용하고 처방했던 신분이 높은 사람들에는 찰스 2세와 함께 프랑수아 1세, 엘리자베스 1세의 외과의사 존 배니스터John Banister, 켄트의 여백작 엘리자베스 그레이Elizabeth Grey, 로버트 보일Robert Boyle, 토머스 윌리스Thomas Willis, 윌리엄 3세와 메리 여왕이 있다.

그렇지만, '의학적인 목적'보다 훨씬 더 많은 일들이 무대 뒤에서 일어나고 있었고, 지금도 그렇다. 당신이 여름에 발모럴Balmoral 성으로 왕실의 초대를 받는다면, 나라면 거기 가지 않겠다. 식인풍습을 어디에서나 찾아볼 수 있었던 것은, 인간의 살을 게걸스레 먹는 렙틸리언들이 그것을 어디에나 들여놓았기 때문이다.

붉은 포도주

한 번은 자기 진짜 이름이 필립 유진Phillip Eugene 드 로스차일드라고 했던 남자와 자세한 이야기를 했다. 그 무렵 그는 미국에서 다른 이름으로 살고 있

【그림 221】 필리핀 드 로스차일드, 그리고 친구

었다. 그는 프랑스 무통 로칠드Mouton-Rothschild 포도주 단지의 고(故) 필리페Philippe 드 로스차일드 남작의 비공식적인 자손이고 그의 이복누이가 남작의 딸 필리핀Philippine 드 로스차일드 여남작이라고 했다. 여남작은 아버지가 1988년에 86세의 나이로 죽은 뒤로 포도주 왕국을 물려받았고, 바포멧 형태(토성)의 목걸이를 좋아하는 듯하다(그림 221). 필립 유진은 내가 다른 많은 사람들에게서 들었던 정보를 말해주었다. 로스차일드가에는 수십만 명의 비공식적인 자손들이 있고 그 대부분은 유전적(진동/소프트웨어

코드) '순수성'을 보장하기 위한 정자은행 생식프로그램들로 태어난다. 겨우 소수에게만 '로스차일드'라는 이름이 주어진다. 나머지는 다른 이름을 가지고 다른 가족들에서 자란다. 그래서 그들이 정치, 금융, 사업과 대중매체에서 두각을 나타낼 때, 사람들은 그들이 모두 정말로 로스차일드 또는 로스차일드 혈통인 줄을 모른다. 우리에게는 버락 오바마(틀림없는 거짓말투성이인), 토니 블레어, 데이비드 캐머런, 니콜라 사르코지, 그리고 베냐민 네타냐후 같은 사람들의 공식적인 인생이야기들이 주어지지만, 들어야 할 또 다른 이야기가 있는 것일까? 필립 유진은 '독실한 기독교인'인 척하면서 기독교교회에 침투하도록 훈련을 받았지만, 나중에 그것에 반항하고서 새 인생을 시작했다고 말했다. 그는 어린 시절과 사춘기 대부분을 프랑스의 포도주 단지에서 로스차일드 아버지와 함께 살았다고 했다. 두 사람은 육체관계를 가졌고 필립 유진은 이 문화에서는 정상적이고 또 칭송받았던 근친상간의 정서적인 위력에 굳게 사로잡혀있었다. 나는 끝도 없는 다른 정보제공자들에게서 이것을 들어 알고 있었고, 혈통들은 그들의 역사를 통틀어 자기 아이들과 근친상간을 했다. 근친상간, 식인, 인간제물은 모두 렙틸리언이 들여왔다. 자기 아이와 성관계를 갖는 것은 혈통들이 사는 방식의 일부이고, 또 필립 유진이 말하듯이, 아들에 대한 아버지의 정서적인 통제력을 만들어낸다. 록펠러가와 부시가 같은 엘-리트 일가들도 마찬가지일 것이다. 게다가 이들은 남아있는 대부분의(다는 아니더라도) 왕실들처럼 로스차일드의 혈통일 것이다. 윌리엄 왕자는 한 예일 뿐이다. 윌리엄의 어머니 다이애나 왕세자비는 아들이 하지에 맞춰 태어나도록 유도분만을 했다. 그녀는 찰스 왕세자의 폴로 경기 계획에 맞추려고 이렇게 하는 것이라고 들었지만, 그것과는 전혀 상관없는 일이었다. 그것은 의식과 더 관련이 있는 일이었다. 혈통들은 윌리엄에게 큰 계획을 갖고 있다. 필립 유진은 로스차일드가와 혈통들을 악마 같은 존재들이 소유하고 통제한다고 확인해주었다. "로스차일드의 후예가 되는 길에서, 나는 최대한 악마처럼 만들어졌어요." 게다가 필립 유진은 영국

왕실과 유럽의 다른 왕실들이 사탄숭배와 그가 '네필림 혈통'이라 부르는 것과 관련이 있음을 확인해준 또 한 명의 정보제공자였다(내게는 아주 많이 있었다). 로스차일드가와 혈통 사탄숭배자들은 영향력과 권력을 가진 자리들이라면 어디에나 있다. 필립 유진은 이런 말을 했다.

나는 1988년에 아버지가 돌아가실 때 자리를 지키면서 그의 권력과 내 가족의 장대한 음모에서 내가 해야 할 임무를 받았어요. 로스차일드가의 다른 아이들처럼 나는 내 가족이 신에게 반항하는 일에서 핵심 역할을 했습니다. CNN을 보노라면, 나는 그토록 많은 익숙한 얼굴들이 현재 정치, 예술, 금융, 패션과 사업 분야의 세계무대에 있는 모습에 깜짝 놀랍니다. 숭배의식이 열리는 곳들과 권력의 중심부들에서 만나면서 함께 자랐던 사람들이니까요. 자본가들, 예술가들, 왕족들, 심지어 대통령들도요.

…… 의식들에 왔던 록펠러가와 부시가가 생각납니다만, 그들은 패권을 한 번도 갖지 못했어요. 나는 지금도 그들을 하인들로 보지, 오컬트 파워의 실세들로는 여기지 않습니다. 앨런 그린스펀(오랫동안 미국 연방준비제도이사회의 의장이었다)을 빼고, 이 친구들 대부분은 주로 경제적인 권력과 명성을 좇는 오컬트의 추종자들이었지요. 돌이켜보면, 그린스펀은 영적이고 오컬트적인 엄청난 힘을 가진 사람이었고 부시일가와 젊은 록펠러가 친구들은 그가 쳐다만 봐도 쫄았어요. 전직 CIA 국장 케이시william Casey(지난 40년 동안 대부분의 CIA 국장들도 마찬가지로), 키신저와 워런 크리스토퍼Warren Christopher(미국의 전직 국무부장관)가 의식을 치르지 않는 모임들과 몇몇 오컬트 의식들에도 왔지만 그냥 관람석에 물러앉아 있었어요.

나는 이 의식들에 참석했던 많은 사람들로부터 같은 이름들과, 세계적 명성을 가진 여러 사람들에 대해 들었다. 《가장 큰 비밀》과 같은 내 다른 책들을 읽어본 독자라면 자신이 혼혈들을 위한 의식들을 집전하는 특별한 목적을 가지고 미국 정부의 마인드컨트롤 프로그램으로 길러졌다고 자세하게 말해주었던 미국 여성 애리조나 와일더Arizona Wilder의 이야기를 알 것이다. 렙틸리언들과 그 혼혈 '자손'들은 '저 너머로' 갈 수 있는 범위가 극도로 제한되어있다. 따라서 그들은 자기들을 위해 '저 너머로' 갈 수 있는 '제3의 눈'의 강력한 영능력들을 가진 인간들을 길러낸다. 애리조나는 캘리포니아의 차이나레이크 해군공중무기연구소에서 조제프 멩겔레에게 많은 형태의 고문으로 프로그램 당했다고 했다. 그녀는 탈바꿈하는 혼혈 멩겔레가 데려간 의식들에서 탈바꿈했던 사람들의 긴 명단을 내게 주었다. 여기에는 여왕, 여왕의 어머니(다이애나 비가 '악마'라고 묘사했다), 필립 공, 찰스 왕세자, 마가렛 공주, 아버지 조지 부시, 그의 아들들 조지와 젭 부시, 제이 록펠러, 제럴드 포드와 린든 존슨 대통령(그를 대통령이 되게 해준 존 F. 케네디의 암살에 연루되었음), 전 미국 국무부장관 매들린 올브라이트, 그리고 일루미나티의 심부름꾼 토니 블레어(놀랐는가?)가 있었다. 애리조나는 '닥터 배링턴Dr. Barrington'이라는 이름으로 비밀스럽게 활동했던 고(故) 가이Guy 드 로스차일드(그림 222) 남작을 비롯해서 의식들에서 많은 로스차일드들이 탈바꿈하는 모습을 보았다고 했다. 그녀는 전 프랑스 대통령 조르주 퐁피두가 의식들에서 탈바꿈하는 모습도 봤다고 했다. 그는 가이 드 로스차일드를 위해 일했고 프랑스 대통령으로서 로스차일드가 시키는 대로 했다. 애리조나와 여러 사람들이 앞에서 말했던 이미 죽었거나 지금 장수하고 있는 사람들의 이름을 렙틸리언으로 탈바꿈하거나 의식에 왔던 사람들로 거명했다는 점은 무척 흥미로운 일이다. 여왕의 어머니(102세), 여왕(85세, 이 책을 쓰는 시점에서의 나이), 필립 공(90세, 앞과 같음), 아버지 조지 부시(87세, 앞과 같음), 헨리 키신저(88세, 앞과 같음), 그리고 데이비드 록펠러(96세, 앞과 같음). 피 속에 뭔가 있는 게 틀림없다, 아

【그림 222】가이 드 로스차일드 남작. 멋진 눈을 가졌다.

니면 다른 누군가의 피에. 애리조나가 의식들에서 보았지만 탈바꿈하는 것은 보지 못한 사람들(그들이 하지 않는다는 뜻은 아니다)에는 헨리 키신저, 로널드 레이건과 아내 낸시, 그리고 힐러리 클린턴이 있다. 작가인 제카리아 시친Zecharia Sitchin도 의식들에 왔고 탈바꿈했다고 했다. 시친은 흔히 잘못된 방식으로 '아눈나키'에 대해 폭넓게 글을 썼다. 언젠가 나는 시친에게 렙틸리언에 대한 이야기를 했는데 시친은 무척 화를 냈다. 탁자 건너편에서 내 쪽으로 몸을 기울이더니 그가 말했다. "렙틸리언? 거긴 가지 말게." 보시다시피 나는 그의 말을 착실히 잘 따랐다. 시친은 '니비루Nibiru'라는 열두 번째 행성과 함께 왔다가 가는 아눈나키를 이야기했는데, 이것은 3,600년의 타원궤도를 가졌고, 또 자신의 계산대로라면 곧 돌아온다고 한다. 먼저, 아눈나키는 결코 가버리지 않았고, 둘째, 나는 우리가 하늘에서 이상한 사건들을, 그것도 아주 큰 사건들까지도 보게 되리라는 것과 지구는 이 일들로 중대한 영향을 받을 수 있다는 것을 조금도 의심치 않지만, 무엇이 오거나 말거나 간에 그것은 시친이 묘사했던 대로 '니비루' 또는 '행성 X'는 아닐 것이다. 시친의 일은 인류의 진짜 통제자들을 찾아내게 할 수도 있는 영역들에 관심 가진 사람들이나 연구자들에게 허위정보를 주고 렙틸리언의 존재를 감추는 것이었다고 애리조나 와일더는 말했다. 그녀는 그들이 모두 집단적으로 "냉혈한들이고 사람을 주저 없이 죽였다"고 말했다. 그들은 살인을 즐기는데 그런 짓을 그토록 많이 저지르는 이유가 이것이다. 검색창에 'Revelations of a Mother Goddess'나 'Arizona Wilder'를 치면 비디오를 볼 수 있는데, 이것은 내가 1990년대 말에 애리조나와 두 시간이 넘도록 인터뷰한 영상이다. 그녀와의 연락은 최근에 끊겼다. 애리조나, 이 책을 보거든 무사히 잘 있다고 좀 알려줘요.

또 한 명의 미국인 여성 케이시 오브라이언Cathy O'Brien은 조지 부시와 여러 사람들이 파충류 모습으로 탈바꿈하는 것을 봤다고 말해주었다. 사탄숭배자인 그녀의 아버지는 아이들의 마음을 산산이 부수고 새로운 마음을 만들어내는 이루 말로 할 수 없는 학대를 포함하는 미국 군/정보기관의 많은 마인드컨트롤 프로그램에 케이시를 넘겼다. 그녀는 나비이름을 딴 '모나크 프로그램Monarch Programme'이라는 MK울트라의 '특수' 프로그램에 소속되었고, 마인드컨트롤로 조종되면서 미국의 '가치들'을 말하는 많은 사람들 가운데서도 로널드 레이건과 제럴드 포드 대통령 같은 사람들에게 성폭행 당했다. 그녀의 아버지 얼 M. 오브라이언이 케이시를 '양도'하도록 계획을 짰던 사람은 그 무렵 미시건 주(케이시가 자란 곳)의 하원의원이던 '탈바꿈하는 자shapeshifter' 제럴드 포드였다. 포드는 마찬가지로 '탈바꿈하는 자' 아버지 조지 부시처럼 나중에 미국의 대통령이 되었다. 케이시는 동반자 마크 필립스와 함께 자신에게 있었던 일들을 폭로하는《뜨거운 역사 추악한 진실(한국어판)》(1995)이라는 책을 함께 썼다. 이 책은 지금도 구할 수 있다. 그녀는 책에서 아버지 조지 부시가 파충류 존재로 탈바꿈하는 모습을 보았지만, 이것을 자신의 마인드컨트롤 프로그래밍의 일부로 생각했다고 말한다. 하지만 그녀가 말하는 것은 애리조나 와일더를 비롯한 그토록 많은 사람들이 말하는 것과 흡사하다. 케이시는 부시가 워싱턴 D. C.의 사무실에서 자기 앞에 앉아 책 한 권을 펼쳐서 '머나먼 깊은 우주의 어느 곳에서 온 도마뱀과 비슷한 외계인들'을 묘사한 그림을 보여주었다고 했다. 부시는 자신이 그들의 하나라고 하면서 '카멜레온처럼' 파충류로 바뀌었다고 한다. 나는 당신이 상상할 수 있는 온갖 계층 수백 명의 사람들에게서 잘 알려져 있거나 덜 알려진 사람들이 바로 그들의 눈앞에서 파충류로 바뀌었다가 다시 돌아가는 모습을 보았다는 목격담을 들었다. 아버지 조지 부시는 이 목격담들에서 자주 되풀이되는 이름이다. 케이시는 아버지 부시가 백악관에 있을 때 멕시코 대통령이었던 미겔 데 라 마드리드에게 겪었던 일을 들려준다.《뜨거운 역사 추악한 진실》에서 그녀는 이렇게 썼다.

드 라 마드리드는 내게 '이구아나의 전설'을 전해주면서 도마뱀 같은 외계인들이 마야인들에게 내려왔다고 설명했다. 처녀들을 제물로 바치는 일을 비롯해 마야 피라미드들과 그들의 진보한 천문학 기술은 아마도 도마뱀 외계인들에게서 영감 받은 것이었다. 외계인들이 마야인들과 이종교배해서 그들이 깃들 수 있는 생명체를 만들었을 때, 그들은 카멜레온 같은 능력으로 인간과 이구아나의 모습 사이를 오락가락했다고 한다. '세계 지도자들로 바뀌는 완벽한 수단'인 것이다. 드 라 마드리드는 자신에게 마야인과 외계인의 피가 흐른다고 말했는데, 그래서 '마음만 먹으면 이구아나로' 되돌아갔다.

이렇게 아프리카, 아시아와 온 세계에서 전해지는 것과 정확히 같은 이야기가 중앙아메리카에서 되풀이된다. 필립 유진 드 로스차일드는 세계 권력의 계층에서 가장 중요한 사람들 몇몇은 공개적으로 알려져 있지 않다고 말했다. 그들은 겉보기에는 '평범한 삶' 뒤에 진정한 본모습을 감추면서 그림자 속 깊은 곳에 있다. 나는 이 말도 많이 들었다. 세계의 렙틸리언 혼혈 네트워크에서 가장 높은 단계의 '인물'은 '핀다로스Pindar'라는 암호명을 가졌고, 프랑스 알자스로렌에서 활동한다. 그에 대해서는 《가장 큰 비밀》에 꽤 길게 썼다. 다우닝가와 다른 정부건물들을 잇는 런던의 주 지하벙커와 런던 국방부 아래 있는 '위기관리센터'를 핀다로스라 부른다는 점은 전혀 우연이 아니고, 정부의 위기대처위원회를 '코브라Cobra'라고 부르는 것도 마찬가지다. 사탄의식들은 지구의 에너지장을 조작하고 진동적으로 억누르기도 한다. 렙틸리언 동맹과 혼혈 혈통들은 인류가 무지와 '마음' 속에 남아있기를 바란다. 어떻게 하면 모든 물고기들에게 동시에 영향을 줄까? 바다에 영향을 주면 된다. 지구의 에너지장은 우리의 '바다'이다. 이것을 조작하고 '바다'와 상호작용하는 인류에게 영향을 주는, 낮은 진동으로 공명하는 사고형태들로 채우는 한 가지 방법이 사탄숭배이다. 에너지장에 강력한 영향을 미치는 흘린 피(피는 경락체계에서 말하는 '기'의 홀로그램 버전이다)에는 뭔가가 있다. 이 힘은 이들 피를 마시는 유명 인사들의 그토록 많은 수가 그렇게 오래

344

사는 한 가지 이유이기도 하다. 나는《인간이여 일어나라》의 부록에 2004년에 죽음을 눈앞에 둔 오스트레일리아의 어느 사탄숭배자가 썼다고 하는 문서를 실었다. 그는 시드니의 '알파 롯지'에 소속되었다고 했다. 그는 지금 벌어지고 있는 일들에 동의하기 때문에 이것이 임종 '고해'였다고 하기는 좀 그렇다. 그보다는 사탄숭배가 세상의 사건들을 얼마나 강력하게 통제하는지에 대한 설명이다. 비록 이것이 진짜라고 증명할 수는 없지만, 누구든 그 주제에 대해 자세한 내용을 알았던 사람들에게서 정보를 받아 20년이 넘는 연구 끝에 나는 그것을 확인할 수 있다. 그는 이 의식들이 악마 같은satanic(토성의Saturn-ic) 정보를 지구에너지장에 어떻게 스며들게 하는지를 설명해주었다. "대부분의 사람들이 알아차리지 못하는 것은 사탄숭배가 의식을 바탕으로 하는 관습이라는 점과 이 반복행위가 시간이 흐르면서 형태장Morphic Field에 커다란 흔적을 남겼다는 점이다." 종교와 왕실의 의식도 나름대로 같은 일을 하고 있다. 토성 사탄숭배의 '검은 미사'는 가톨릭교회에서 보는 미사, 성체 또는 성체성사를 사실 그대로 하는 버전일 뿐이다. 붉은 포도주(샤토 로칠드Chateau Rothschild, 로스차일드가에서 나오는 포도주가 좋다)로 '예수의 보혈'을 마시고 빵으로 그의 '살'을 먹는 의식은 진짜를 먹고 마시는 의식의 공공연하게 받아들여지는 버전들인 것이다.

혈통들이 통제하는 오락산업은 사람들, 특히 젊은이들에게 음악 그 자체와 무대공연과 비디오들에서 악마 같은 이미지와 주제들을 쏟아 붓고 있다. www.vigilantcitizen.com에 가면 영화들과 레이디 가가, 제이 지와 아내 비욘세 같은 아티스트들의 뮤직비디오들을 오컬트적인 뜻으로 해독한 내용들을 볼 수 있다. 음악은 제작단계부터 서브리미널 메시지들이 엄청나게 부호화되고 영화들과 텔레비전도 마찬가지다. 보통 거꾸로 부호화한 메시지들 속의 '리버스 스피치reverse speech' 또는 거꾸로 재생하면 사뭇 다르게 들리는 가사들을 가지고 이렇게 한다. 의식적인 마음은 정상적인 순서로 된 말을 해독하지만, 무의식은 양쪽 방향 둘 다의 말에 담긴 진동을 해독한다. 예를 들면, '살다live'를 거꾸로 하면 '악evil'이 되고 '사랑love'을 거꾸로 하면 'evil'과 비슷한 'evol'이 된다. 중요한 건 철자이기보다는 소리(진동)이다.

런던과 로마의 벨테인 의식

2011년 4월말에 나는 강연행사가 있어서 런던에서 로마로 날아갔다. 내 생일인 4월 29일에 열리는 윌리엄 왕자와 케이트 미들턴의 '왕실결혼식' 바로 전에 영국을 떠나게 돼서 더구나 기뻤다. 사람들이 왕실에 침을 흘리는 모습을 본다는 것이 내 뱃속을 뒤집는 일은 아니었다. 그들이 알기나 한다면 얼마나 좋을까. 로마에 도착해서는 거의 같은 일을 보았다. 프리메이슨들의 바티칸을 정화하려다 살해된 교황의 자리에 오른 같은 이름의 교황, 요한 바오로 2세의 '시복식'(5월 1일)이었다. 수백만의 로마 가톨릭 신도들이 예쁜 눈을 가진 양반인 교황 베네딕토(그림 223)가 집전하는 의식을 위해 로마에 모였다. 이런 경우는 1990년부터 나를 정보로 이끌었던 또 하나의 끝도 없는 '우연의 일치'였다. 내가 2011년 4월 30일에 로마에서 강연하기로 했을 때는 그 다음날 시복식이 있는 줄은 꿈에도 몰랐다. 이 날은 같은 기간에 내가 하고 있던 유럽에서의 다른 행사들과 겹친 하루였을 뿐이었다. 그러나 나는 여기 왕실결혼식과 시복식 사이의 날짜에 일루미나티의 가장 큰 소굴의 하나에서 강연을 하고 있었다. 교황 베네딕토가 스페인 바르셀로나를 공식방문해서 수백만 명이 거리를 메웠던 같은 주말에 나는 그 도시에서 온종일 이어지는 강연을 했다. 그렇게 계획을 짠 것도 아니었다. 로마에 갔던 그날이 사탄 숭배자들의 행사표에서 가장 중요한 '축제들'의 하나인 벨테인Beltane 기간이었다는 점에서 런던의 왕실결혼식과 로마 시복식의 연관성을 보았다. 왕실결혼식과 시복식은 지구에서 가장 중요한 혈통

【그림 223】 교황 베네딕토. 눈이 다 말해준다.

들과 사탄의 도시들 가운데 두 곳인 런던과 로마에서 열린 같은 덩어리 벨테인 의식의 두 끝이었다. 그들은 그 주말에 토성과 달을 두고 파티를 벌이고 있었다고 내가 장담한다. 벨테인의 핵심이 되는 날짜는 5월 1일(메이데이)인데, 이때 공산세계의 노동절 가두 행진을 비롯한 그토록 많은 경축행사들이 벌어지는 이유가 이 때문이다. 소련에서 수백만 명이 거리로 불려 나와서 미사일들과 탱크들이 행진하는 모습을 지켜보던 때가 이때다. 모두 오컬트 의식이다. 공산주의자의 망치와 낫이 어떻게 토성의 상징이 되는지가 생각나는가? 하지만 에너지적으로, 벨테인은 그냥 메이데이가 아니다. 이것은 4월 29일과 4월 30일을 지나 5월 1일에 정점에 이르도록 되어있다. 로마인들은 로마의 여신 플로라Flora를 기리는 꽃의 축제인 플로랄리아Floralia의 형태로 벨테인을 축하했는데, 이것은 4월 29일부터 5월 1일까지 이어졌다. 이제 런던의 왕실결혼식은 4월 29일에 있었고 로마의 교황 요한 바오로 2세 시복식은 5월 1일에 있었다. 이 두 의식들은 일루미나티의 어젠다를 움직이는 악마 같은 계층에게 의식(儀式)적으로 아주 중요한 두 도시들에서 벨테인의 에너지에 휩싸인 기간의 두 끝에서 일어났다. 우연의 일치? 절대로 아니다. 벨테인 축제를 송두리째 부정하거나, 봄을 지나 여름으로 들어서면서 새 생명을 축하하려고 벨테인 의식을 함께하는 진정한 사람들을 악마화하고 싶은 게 아니다. 그들의 행운을 빌고 싶다. 내가 말하는 것은 이게 아니다. 벨테인은 오월제, 모닥불, 다산과 꽃과 관련된 기간이고 수천 년 동안 온 세상에서 다른 이름과 다른 방식들로 기념되었다. 하지만 이 또한 10월 31일과 11월 1일의(남반구에서는 날짜가 뒤바뀐다) 할로윈과 함께 온 세상의 사탄숭배자들이 그들의 가장 중요한 피와 제물의 의식들을 벌이는 기간이다. 요즘 할로윈이 그 어느 때보다도 어떻게 더 아이들에게 초점을 모으도록 조장되었는지 눈여겨보길 바란다. 유령과 마녀 옷을 입은 아이들이 문을 두드리면서 "과자 안 주면 장난칠 테야"라고 외치는 동안, 온 세계에서 도저히 믿기 힘들만큼 많은 다른 아이들이 희생되고 있다. 할로윈을 조장하는 것은 사람들이 악마

같은 오컬트(어원은 '은밀한', '숨겨진', '비밀스러운'이라는 뜻의 '오컬투스occultus')
의 진짜 공포에 둔감하게 하려는 것이다.

왕실결혼식의 날짜는 벨테인 의식을 시작하기 위한 4월 29일로 잡았다
(그 커플은 아마 아무것도 몰랐거나, 아니면 지금쯤 알지도 모르겠다). 그들에게는 5
월 1일에 로마에서 행사만 있으면 됐다. 아-, 나도 안다. 세상을 떠난 교황을
복자(福者)로 시복하자고. 좋은 생각이야. 교황 요한 바오로 2세를 왜 시복
했는지의 공식적인 이야기는 그야말로 우라지게도 웃기는 말이다. 바티칸
의 정책은 누군가가 시복을 받으려면, 설명되지 않는 치유나 다른 기적이 그
가 죽은 뒤에 그로 말미암은 것으로 밝혀져야 한다고 되어있다. 당신이 '성
인'이 되려면 두 번의 기적이 있어야하고 당신을 앞서간 집단학살자들과 태
생적인 거짓말쟁이들의 긴 줄에 끼어야 한다. 나에게 가장 큰 기적은 사람
들이 가톨릭 신도가 된다는 것이지만, 이것은 주제에서 벗어나는 이야기다.
자, 보시라, '그'가 말하자 교황 요한 바오로 2세를 위한 기적이 기적과도 같
이 나타났다. 프랑스의 한 수녀가 2005년에 교황이 죽은 뒤로 그에게 기도
했더니 뇌장애가 나았다고 주장했다. 건강문제가 있는 다른 모든 수녀들은
왜 낫게해주지 않는지 아직 확실치가 않다. 스스로 교황이 되기 전에는 요
한 바오로의 비서이자 그의 참모였던 교황 베네딕토는 세상을 떠난 요한 바
오로가 그 수녀를 정말로 기적과도 같이 낫게 했다는 바티칸의 '의료전문가
들과 신학자들'과 뜻을 같이 했고 그 양반에게 시복하는 날짜가 잡혔다(2011
년 5월 1일). 이 날짜는 바로 바다 건너
미국에서 오바마가 오사마 빈 라덴의
두 번째 죽음을 발표하던 날이기도 했
다. 로마에서의 시복식 공연 이틀 전,
영국의 왕족들은 쌍둥이 탑과 바닥에
비밀결사의 흑백 '토성' 문양이 있는

【그림 224】 웨스트민스터 성당이라고 부르는 프리메이
슨 신전의 프리메이슨이 쓰는 바닥문양과 핏빛 양탄자

【그림 225】 신화 속의 솔로몬 신전, 웨스트민스터 성당과 런던 그레이트 퀸(세미라미스/이슈타) 스트리트에 있는 프리메이슨리 '마더 롯지'의 쌍둥이 탑/기둥. 성 바울 대성당과 파리의 노트르담(여신 '성모 마리아')을 비롯한 많은 성당들에서 쌍둥이 탑이라는 같은 주제가 보인다.

웨스트민스터 성당이라는 프리메이슨 신전으로 갔다(그림 224). 여왕이 앞장선 왕실의 악마 같은 아담스 패밀리Addams Family(같은 제목의 영화에 나오는 무겁고 음침한 분위기의 오래된 성에 사는 가족-옮긴이)를 붉은 양탄자(피의 상징)가 맞아들였다. 쌍둥이 탑은 솔로몬 왕의 신전 입구에 서있었다고 하는 요아킴Joachim과 보아즈Boaz의 두 기둥을 나타내는 프리메이슨의 표현물이다. 솔로몬 곧 '솔-옴-온Sol-Om-On'의 모든 음절은 '태양'을 뜻하고, 이제 우리는 그것이 '오래된 태양'과 '검은 태양', 곧 토성을 말한다는 것을 알 수 있다. 성 바울 대성당에는 같은 이유로 쌍둥이 기둥이나 탑들이 있고 런던 프리메이슨리의 '마더 롯지'도 그렇다(그림 225). 9·11에 쌍둥이 빌딩이 공격받았던 일이 우연의 일치였을 뿐일까? 로스차일드가의 혈통 윌리엄 왕자와 신부 케이트 미들턴은 가득 들어찬 군중들 사이로 도착했다. 케이트는 틀림없이 그 혈통이고 그렇지 않았더라면 왕실은 케이트를 거기 오게 하지 않았을 것이다. 그녀가 이 어둡고 비열한 가족의 한 사람이 된 것이 안타깝다. 그녀가 괜찮기를 바라지만, 바포멧 부부(여왕과 필립

【그림 226】 깜깜한 밤이 아니로구먼. 고맙기도 하지.

공-옮긴이)와 그 패거리들과 주인들의 마음속에 무엇이 들었는지 누가 알겠는가(그림 226). 그들은 '화려하고 성대한 행사'를 마련하는 데는 영국식 제도가 세계에서 으뜸이라고 말한다. 아니다, 그건 로마의 권위와 마찬가지로 국가나 종교 행사를 가장

【그림 227】 '기독교' 성직자가 입은 노골적인 사탄의 상징인 뒤집힌 별모양

한 사탄의 의식을 마련하는 데 으뜸이다. 탈바꿈하는 여왕과 필립 공이 도착하자 '기독교'교회의 고위 성직자들이 그들을 맞이하는데, 그림 227에서 그들 중 한 사람이 무엇을 입었는지가 보인다. 원 안에 뒤집힌 별모양이 있는 사탄의 으뜸 상징(원 안에 있는 토성, 검은 태양)을 보라. 말 못하게 노골적이다. 이 사진을 처음 보았을 때, 너무도 뻔뻔스러웠기 때문에 나는 BBC의 원본 장면을 확인했다. 그것이 포토샵으로 장난친 것이기를 바라면서. …… 그러나 아니었다.

인간배터리

【그림 228】 2011년 런던-로마의 벨테인 의식

사탄숭배란 에너지 조작에 관한 것이고, 의식들에는 에너지원이 필요하다. 여기서 이야기해온 의식들에서는 인간제물이 에너지원이고, 공개적인 의식들에서의 에너지원은 수십만, 때로는 수백만 명이 모여서 그들 앞에서 행진하는 사탄숭배자들과 그 하인

들에게 경의를 보여주는 군중들이다. 2011년 4월 29일 런던에서 경의의 대상은 왕실이었고, 이틀 뒤 로마에서는 지금의 교황과 세상을 떠난 교황이었다(그림 228). 우리는 '경이로운 분위기'나 '강렬한 분위기' 따위의 말을 하는데, 이 '분위기'는 사람들이라는 전자기장들이 함께 모인 덩어리가 만들어내는 전자기에너지다. "주의를 모으는 곳에 에너지가 흐른다"라는 말을 들어본 적이 있을 텐데 맞는 말이다. 경의와 숭배는 훨씬 더 강렬한 주의집중이다. 영국 왕실, 그리고 교황과 바티칸의 통제구조는 인간의 에너지를 먹고사는 렙틸리언과 여러 악마 같은 존재들의 노예들이자 상징들(대리인들)이다. 군중이 이 상징들과 대리인들에게 초점을 맞추게 하면, 이 존재들이 그들의 에너지를 긁어모아가도록 에너지적으로 연결된다. 런던과 로마에서의 벨테인 의식들은 두 행사에 모인 수백만 명의 에너지를 빨아먹도록 특별히 만들어진 것이다. 숨은 힘들은 런던에서 렙틸리언 세계계층의 런던지부에 경의를 바치는 군중의 에너지를 빨아먹었고, 수백만 명의 숭배자들이 모였던, 특히 성 베드로 광장에 서있는, 헬리오폴리스(태양, 혹은 토성의 도시)에서 가져온 고대 이집트의 진품 오벨리스크 주위에 모였던 로마에서 같은 일을 했다. 바빌론 사탄교회의 공식적인 우두머리가 물고기 신 모자를 쓰고 로마에서 의식을 집전했고, 캔터베리 대주교는 런던에서 같은 일을 했다(그림 229). 모든 것이 의식이다. 군중들이 환호할 때, 왕족들이 대표하는 세계비밀집단은 리비아 같은 곳들에서 무고한 사람들을 학살하고 있었고 또 그들의 깃발을 흔드는 바로 그 사람들에게 전면적인 긴축경제를 강요하고 있었다

(그림 230). 로마에 있으면서 나는 벨테인 의식에 대한 90분짜리 '즉석' 영화를 찍었는데 내 웹사이트에 가면 있다(David Icke in Rome).

【그림 229】 로마의 물고기 신 교황과 런던의 물고기 신 캔터베리 대주교

8 그들은 인간 에너지를 먹고 산다! **351**

【그림 230】딴 데 한 눈 팔게 하기

이 영화를 보거든 내가 말하는 태양이 실은 토성이라는 점을 잊지 않길 바란다. 토성은 내가 잭팟을 터트린 동전이 되어주었고 다른 모든 것들이 제자리에 맞아 떨어졌다. 정보는 여느 때처럼 딱 맞는 방식으로 내게 주어졌다. 처음엔 달, 그리고 토성, 그 다음엔 또 뭐가 올까?

종교들은 사람들을 오로지 그들의 '성서'에만 진리가 들어있고, 삶에 대한 다른 설명들은 당연히 죄이고 틀린 것이라는 마음의 감옥에 밀어 넣으려고 만들어졌다. 과학만능주의라는 종교에는 '과학적 규준'이라는 그것만의 '성서'가 있고, 그들은 똑같은 결과를 낳는다. 종교들은 신도들에게 그들의 힘을 '신'이나 토성, 달과 렙틸리언 동맹을 나타내는 신적 존재에게 내주도록 속이려고 고안된 것들이기도 하다. 종교의 신적 존재들 또한 상징들과 대

【그림 231】숭배행위로 아주 강하게 주의를 모을 수 있고, 에너지는 주의를 모으는 곳으로 흐른다.

리인들이며, 숭배자들과 '신들'을 똑같이 진동적으로 이어준다. 숭배자들은 그들을 "낳았다"라고 말하는 온갖 형태의 대리인과 '신들'에 주의를 모은다. '성서'의 요구대로 메카를 순례하는 엄청난 무슬림 군중들이 가장 두드러지는 예다. 그들은 토성의 상징 카바 큐브를 돌면서 거대한 집단 전자기장을 만들어낸다. 토성의 동심원들을 이루고서 무릎 꿇고 기도하기까지 한다. 온 세상의 무슬림들은 하루 다섯 번 무릎 꿇고서(그들의 힘을 내준다, 이슬람은 '신에게 굴복한다'는 뜻이

352

다) '메카' 쪽으로 기도해야 한다. 더 정확히 말하자면 메카에 있는 토성의 상징인 카바 큐브 쪽으로. 그러면 그들의 에너지는 이슬람에서 '정령the Jinn'이라고 말하는 다른 차원의 존재들이 빨아먹는다. 같은 일은 모든 종교들에서도 일어나고 있다. 자기들이 서로 다른 종교들을 따른다고 생각하고 그런 지각된 차이들을 두고 논쟁하고 전쟁에까지 나서는 수십억의 사람들은 모두 같은 '신'을 떠받들면서 자신의 생명력을 같은 패거리들에게 빼앗기고 있다(그림 231). 비밀결사들에서 입회자들에게 신적 존재에게 '자신을 바치라고(굴복)' 할 때 이런 일이 일어난다. 그렇게 할 때 당신은 에너지적으로 연결되어서 에너지는 흡수되고 생각과 감정들은 조종당한다. 존 킬John A. Keel은 《사로잡힌 우리 행성Our Haunted Planet》(1999)에서 뱀 종족이 인간의 마음을 정복하는 '전쟁터'로 종교를 골랐다고 말한다.

인간을 넘어서는 옛날의 '뱀 인간들'이 아직 우리 가운데 있다. 스톤헨지를 세운 사람들과 남아메리카의 봉우리를 쌓던 문화들이 그들을 숭배했을 것이다. …… 세상의 어떤 곳들에서는 뱀 인간들이 신들로 자리매김하고 초월지성의 기술들을 모방했었다. 이것으로 인간제물에 치중하는 이교의 종교들이 생기기에 이르렀다. 인간에게 있어서는 그 갈등이 종교들과 종족들의 하나가 되었다. 아시아, 아프리카와 남아메리카에서 이들 가짜 신들의 숭배를 바탕으로 하는 온갖 문명들이 일어났다가 사라졌다.

한 사람이 일단 자신을 내던지면, 뭐라 말할 수 없는 무언가가(아마도 잡아내기 힘든 지적인 에너지의 덩어리) 실제로 그의 몸으로 들어가서 그의 무의식 마음을 어느 정도 통제하도록 문을 열어젖힌다. …… 인간은 노리개들을 대주었다. …… 사람들 하나하나는 그들이 맞서는 힘들의 하나에 의식적으로 자신을 내던져야 했다. …… 전투는 주로 인간의 영혼으로 알려지게 된 것을 놓고 벌어졌다. 자신을 어느 신적 존재나 '신'에게 바치기로 선택하면, 당신은 잡아내기 힘든 무언가가 실제로 몸으로 들어가서 무의식 마음을 어느 정도 통제하도록 문을 열어젖힌다.

온 세상의 사탄의식들, 교회들, 그리고 비밀결사의 신전들에서 언제나 벌어지고 있는 일이 이것이다.

아이들의 에너지

사탄숭배의 네트워크들과 비밀결사들은 세계적인 소아성애 집단들과 관계가 있다고 말했었는데, 여기에는 이유가 있다. 바로 아이들의 에너지다. 렙틸리언들은 사춘기가 되기 전의 아이들의 에너지를 더할 나위 없이 좋아한다. 우리는 사춘기를 아이가 어른이 되어가는 과정을 시작하는 몸에서 호르몬이 바뀌는 시기로 보지만, 그 호르몬의 영향들이란 파형정보장들에서 일어나는 진동적인 변화들의 결과다. 렙틸리언들이 다른 무엇보다도 얻고 싶어 하는 에너지는 그런 변화가 아직 일어나지 않은 아이들의 에너지다. 신들에게 '어린 처녀들'을 제물로 바친다는 고대의 주제는 아이들을 말하는 암호다. 카를로스 카스타네다의 책의 원천이었던 주술사 돈 후앙 마투스는 이것을 강조했다. 카스타네다는 이렇게 썼다.

> 그는 주술사들이 유아기의 인간을 신비롭게 빛나는 에너지덩어리로 본다고 설명했다. 마치 에너지의 고치를 착 달라붙게 둘러싼 비닐껍질처럼 머리끝부터 발끝까지 반짝이는 껍질로 덮인 것으로 말이다.
> 그는 반짝이는 의식awareness의 껍질을 포식자들이 먹는 것이고, 인간이 어른이 되면 몸을 에워싼 그 의식은 땅에서 발가락 끝까지를 에워쌀 정도밖에는 남지 않는다고 했다. 그것을 가지고 인류는 계속 살아가지만, 가까스로 살아갈 뿐인 것이다.

이 에너지는 다른 많은 방법으로 빨아 먹히고, 소아성애도 그 하나인데, 이것은 인간제물과 식인처럼 렙틸리언들이 지구를 장악한 뒤로 이어져 왔다. 바티칸의 온갖 곳들에는 발가벗은 아이들의 그림이 있고, 또 나는 어린이학대를 성토하는 한 집회에서의 발표를 기다리는 동안 런던 트라팔가 광

【그림 232】 바티칸 시국과 이름난 화가들의 많은 그림들에서 발가벗은 아이들을 찾아볼 수 있다.

장에 있는 국립초상화미술관을 돌아다니다가 기겁을 한 적이 있다. 나는 세상의 이름 있는 화가들의 작품을 보고 있었고 그곳에는 어딜 가나 발가벗은 아이들의 그림들이 있었다(그림 232). 이제 로마가톨릭교회가 온 세계에서 어린이학대의 온상이라는 사실이 수십 년 동안 폭로되었는데, 그것이 고대로부터의 인간제물과 어린이학대가 포함된 믿음과 의식의 끊어지지 않은 흐름을 대변하는데도 왜 사실이 아니겠는가? 로마교회는 끝도 없는 다른 이름들로 언제나 했던 일을 계속해나가고 있다(그림 233). 소아성애자가 아이들과 성행위를 하는 동안에, 소아성애자를 소유하는 존재는 아이들의 에너지를 빨아먹기 위한 도관으로 그를 이용한다(그림 234). 세계적으로 이런 일

【그림 233】 로마교회는 온 세계에서 소아성애의 온상이다.

【그림 234】 아이들의 에너지를 빨아먹기 위한 수단으로 소아성애자들을 이용하고 소유하는 존재들이 있다.

이 일어나는 규모는 충격적이고 그 많은 '다발지역들'은 당연히 영국과 유럽, 북아메리카와 오스트레일리아 같은 엘리트들의 본거지들이지만, 아프리카, 아시아, 중국과 극동, 그리고 온 세계를 통틀어 널리 퍼져있다. 다른 하나의 '다발지역'은 아라비아의 '왕실들'이다. 크레도 무트와는 남아프리카에서만 해마다 충격적일 정도로 많은 수의 아이들이 사라지고 있고, 여기에 중국의 네트워크들이 아주 깊게 손대고 있는 듯하다고 내게 여러 번 말했다. 벨기에는 아이들을 학대하고 제물로 바치는 세계적으로 중요한 근거지인데, 그것은 브뤼셀이 EU와 NATO의 본부이기 때문이다. 그래서 이 나라에서는 아이들에의 채워지지 않는 욕구가 생겨난다. 2007년 포르투갈에서 휴일을 보내다가 납치된 매들린 맥캔Madeleine McCann이라는 세 살짜리 영국 소녀의 유괴사건을 수사하는 과정에서 드러난 한 가지는 벨기에의 한 소아성애자 집단이 아이가 사라지기 3일 전에 '지시'를 내렸다는 것이었다. 이 일은 누군가가 매들린의 사진을 찍어서 벨기에로 보낸 정보를 바탕으로 일어났다. '구매자'는 매들린이 '알맞다고' 동의했고, 곧이어 아이는 다시는 보이지 않았다. 아이들은 지시에 따라 유괴되고 금발에 푸른 눈을 가진 아이들은 가장 높은 값을 받을 수 있다. 1990년대 벨기에에서의 끔찍한 마르크 뒤트루Marc Dutroux 사건은 이름이 잘 알려진 사탄숭배자들과 소아성애자들과 관련이 있었다. 그는 8세에서 19세 사이의 소녀 여섯 명을 유괴하고 학대하고 성폭행했다. 그 가운데 네 명은 살해당했다. 경찰이 수사 과정에서 저지른 잇단 '실수들'로 소녀들이 살해되기 전에 뒤트루를 체포하지 못했다. 뒤트루가 체포된 뒤로 장 마르크 코네롯Jean-Marc Connerotte 판사가 조사를 맡았다. 코네롯은 괜찮은 사람이었고 실제로 일어난 일을 끈질기게 밝히려고 했다. 그는 영국에서처럼 독일의 작세-코부르크-고타 '왕족' 일가가 권력을 쥐고 있는 벨기에의 엘-리트와 뒤트루의 연관관계를 찾아내기 시작했다. 온갖 모습을 가진 독일의 이 혈통 '집안'은 비밀스럽게 로스차일드가가 된 것이 틀림없다. 진실에 너무 가까이 다가가고 있었던 코네롯 판사를, 자칫 폭로될

뻔했던 바로 그 엘-리트가 사건에서 손 떼게 했다. 300,000명의 사람들이 이 일을 항의하면서 브뤼셀의 거리들을 메웠다. 그를 대신해 들어온 '조사관들'은 누가 봐도 진실을 찾으려하지 않았고, 결국 그렇게 하지 않았다. 벨기에 의회의 한 위원회가 했던 '조사'에서는 뒤트루 자신이 주장한 대로 그가 경찰서장들과 판사들을 비롯한 벨기에에서 돈 많고 이름 있는 인물들과 연관되지 않는다는 결론이 나왔다. 당연히 말도 안 되는 소리였다. 뒤트루는 이 사람들에게 성폭행과 제물을 위한 아이들을 대주었다.

코네롯 판사의 사례는 체널 제도Channel Islands 저지에 있는 엘-리트의 본거지에서 되풀이되었다. 오드 라 갸그랭Haut de la Garenne이라는 보육원이었던 건물에서 족쇄, 차꼬(두 개의 긴 나무토막을 맞대고 그 사이에 구멍을 파서 죄인의 두 발목을 넣고 자물쇠를 채우게 한 옛 형구-옮긴이)와 회초리들이 나오면서 한 형사가 진지하게 진실을 찾아가던 과정에서 생긴 일이다. 그동안 천여 명의 어린아이들이 거기 살았었다. 그 형사는 그 사건에서 손 떼게 되었고 온당한 수사를 했다는 죄로 비방당하고 조롱받았다. 보육원들은 소아성애자들과 사탄숭배 집단들에게 아이들을 대주는 으뜸 공급원이다. 2011년에 위키리크스는 아일랜드 국영보육원들에서 사라진 아이들이 사창가에서 성노예로 발견되었다고 밝힌 미국 대사관의 대외전보들을 공개했다. 그 전보들에는 아일랜드 정부당국이 그 수를 집계도 못하고 있다고 쓰여 있었다. 어린이 유괴, 살해와 노예화는 깜짝 놀랄 정도의 규모로 일어나고 있고 이제 왜 그런지를 알 것이다. 소아성애자이자 프리메이슨인 토머스 해밀턴Thomas Hamilton은 1996년 스코틀랜드 던블레인 초등학교에서 16명의 아이들과 교사한 명을 총으로 살해하고 스스로 목숨을 끊었다. 이 사건에는 해밀턴의 소아성애 행각을 잘 알고 있었음에도 붙잡지 않고 놔두었고 또 자격이 없는데도 총기를 갖도록 놔둔 경찰의 익숙한 '실수들'이 있었다. '조사'단장인 쿨렌Cullen 경은 이 사건과 관련된 100가지가 넘는 문서들을 100년 동안 봉인하라고 지시했다. 스코틀랜드 〈선데이 헤럴드Sunday Herald〉의 올곧은 저널리스트 닐 맥케이Neil Mackay는 그 무렵 정치인인 조지 로버슨George Robertson이 스코틀랜드의 국무부장관 마이클 포시스Michael Forsyth에게 보낸 편지를 비롯한 문서들의 공개가 금지되었다고 썼다. 로버슨은 나중에 영국 국방부장관과 NATO 사무총장이 되었다. 쿨렌은 아이들을 보호하려고 그 문서들을 봉인했다고 했지만 〈선데이 헤럴드〉는 고작 몇 가지의 문서들만이 아이들과 관련된 것이거나 학대의 희생자라고 하는 아이들의 이름이 들어있을 뿐이라는 사실을 찾아냈다. 소아성애자와 사탄숭배 집단들은 비밀결사 안의 비밀결사로서 프리메이슨리 안에서 활동한다. 일부 고위의 프리메이슨들마저도 일어나는 일을 알지 못한다. 스코틀랜드 프리메이슨의 '그랜드 마스터'였던 버튼Burton 경은 쿨렌 경이 지휘한 던블레인 사건의 공식 '조사'는 은폐공작이었다고 공개적으로 말했다. 버튼 경은 대중매체에 쿨렌의 조사는 '사변협회Speculative Society'라고 불리는 '슈퍼메이슨Super Mason'에 소속된 법조계의 고위직 인사들을 보호하려고 중대한 정보를 통제했다고 말했다. 그는 이렇게 말했다.

나는 조사에 관여한 법조계의 중요 인물들과 비밀에 싸인 사변협회 사이에 뚜렷한 연결고리가 있다는 것을 알게 되었습니다. 이 협회가 프리메이슨과의 연결고리를 거쳐 에든버러대학교에 만들어진 걸 보면 나는 그 경로로 연결될 수도 있다는 생각입니다.

사변협회에는 쿨렌 경 자신과 다른 많은 판사들, 주 장관들과 지지자들이 들어갔다. 당연히 버튼 경은 흔하디흔한 묵살, 비난과 법적으로 대응하겠다는 위협들에 시달렸다. 버튼 경이 폭로하는 은폐공작은 해밀턴이 아이들을 대주었던 이름 있는 쓰레기들을 보호하려는 것이었다. 스코틀랜드에는 영국 왕실의 별궁인 발모럴 성이 있고 그들은 이곳에서 사탄의식들을 치른다. 성 밑에는 대부분의 의식들을 치르는 지하 터널들이 있다. 스코틀랜드에는 그런 렙틸리언 왕실과 귀족들의 별궁들이 더 많이 있고 사탄숭배의식을 치르고 소아성애를 저지르는 세계적인 요새가 바로 스코틀랜드다. 그들이 괜스레 '프리메이슨리 스코트 의례'라고 부르는 게 아니다. 사탄숭배와 소아성애는 스코틀랜드 경찰, 사법부(그리고 법조계 전반), 정계와 귀족들(당연히)에 만연해 있다. 다운증후군이 있는 젊은 여성으로 아이일 때 스코틀랜드의 고위층(판사 한 명을 포함하여) 인사들에게 10여 년 동안 상습적으로 성폭행 당했노라고 증거를 갖추고 주장하는 홀리 그레이그Hollie Greig의 경우도 동일한 고위층들은 제대로 조사하지 않았다. 이 이야기는 대안매체들과 '구글에서 홀리 그레이그를 검색하자Google Hollie Greig'라는 캠페인에서 많이들 다뤘지만, 주류매체들은 오랫동안 손대려고 하지 않았다. 하지만 〈스코틀랜드 선데이 익스프레스Scottish Sunday Express〉는 2011년 7월에 이 사건을 재조사해야한다고 촉구하는 두 국회의원들의 이야기를 실었다. 같은 스코틀랜드 고위층은 진실이 폭로되는 일을 막으려고 홀리를 위한 정의를 내세운 캠페인을 벌여온 멋진 남자 로버트 그린Robert Green을 괴롭혔다. 뒤트루 사건을 처음 조사했던 장 마르크 코네롯 판사가 자신의 경험을 털어놓았다.

모든 진실이 드러나는 일을 막기로 한 어둠 속 인물들에게서 스스로를 지키려면 방탄차와 무장경호원들이 필요했다. 국왕이 부리는 조사판사가 그런 압력에 시달린다는 것은 벨기에에서 전에는 찾아볼 수 없는 일이었다. 우리는 경찰들 안에서 치안판사들을 살해하라는 정부 계약들이 맺어졌다고 들었다. …… 조사를 가로막는 데 그토록 많은 힘을 쏟는 일은 좀처럼 드물었다.

코네롯은 용의자들을 지켜주려는 많은 노력들이 진실을 찾았어야할 정부에 있는 사람들에게서 나왔다고 했다. 일루미나티의 한쪽 계파는 필요할 때면 다른 쪽 계파를 지켜주고 게다가 사탄숭배와 소아성애는 세계의 정부들과 정계에 만연해 있다. 그건 그렇고, 판사들은 왜 '국왕'을 위해 일하는 걸까? 국민도 아니고 말이다. 나는 1990년대 말에《가장 큰 비밀》에서 전 영국 총리 에드워드 히스Edward Heath가 상습 소아성애자이자 어린이 살해범이라고 폭로했었다. 아무런 조치도 이어지지 않았다. 진실이었기 때문이다. 보수당 당수 히스는 사탄의식과 아이들을 학대하고 제물로 바치는 데 집착했고 그의 '적수'인 노동당 총리 해럴드 윌슨Harold Wilson도 그랬다. 1964년부터 1976년까지 히스 아니면 윌슨이 영국 총리를 맡고 있었고, 둘 다 고위층의 사탄숭배자들이다. 나는 아버지 조지 부시가 히스 이전부터 소아성애자, 상습 살인자였으며 아이들을 학대한다고 폭로해왔다. 부시의 끝도 없는 희생자들 가운데 한 명은 앞에서 아버지 부시의 탈바꿈에 대해 이야기했던 케이시 오브라이언의 딸이었다. 그녀의 책《뜨거운 역사 추악한 진실》은 다른 많은 사람들 가운데서도 부시, 딕 체니와 클린턴 부부 같은 사람들의 사악하고 역겨운 행태들을 폭로하고 있다. 부시 부자('공화당')와 클린턴 부부('민주당')는 '정적'이어야 하지만, 그들은 같은 '팀'의 일부다. 그들은 빌 클린턴이 주지사로 있을 때 아칸소 주 메나의 간이활주로를 통해 함께 마약을 밀반입했다(《진실이 자유롭게 하리라》를 보기 바란다). 혈통들은 세계적으로 마약시장을 장악하고 있고 '마약과의 전쟁'에 수조 달러의 돈을 쏟아 붓고도 아무것도 이루지 못했던 것은 이 때문이다. 그러려고 했던 일이 아니다. 아프가니스탄에서의 아편 생산량은 미국과 영국이 2001년에 침공한 뒤로 치솟았다. 아프가니스탄은 이제 지구에서 가장 큰 아편 생산국이고 세계 불법 아편 생산의 92퍼센트를 차지하고 있으며 인구의 12퍼센트가 아편 원료인 양귀비 재배에 종사한다. 케이시 오브라이언은 클린턴 부부와 부시 부자가 마약을 쓰고 아버지 부시가 상습적으로 소아성애를 하는 모습을 가까이서 봤다. 케이시는 '감금'상태에서 낳은 딸 켈리에게 부시가 한 짓을 책에 다음과 같이 썼다.

켈리는 조지 부시의 '이웃'으로 인도된 뒤로 그와 성적인 접촉을 할 때마다 몸이 끔찍할 정

도로 아프게 되었다. 체온은 40도에서 41도까지 올랐고, 토하면서 평균 3일 동안 움직이지도 못할 지경의 두통을 견뎠다(높은 전압에 감전된 정신적 외상과 일치한다). 휴스턴(케이시의 강요받은 '남편') 은 의사를 부르지 못하게 했고, 켈리는 내가 위로도 못하게 하면서 머리가 "너무 심하게 아파서 움직이지도 못하겠어요"라고 가엾게 우는 소리를 했다. 그렇게 몇 시간 내내 꼼짝도 하지 않았 다. 부시가 성적으로 학대하고 나면 켈리는 보통 콩팥의 통증을 호소했고 하루 이틀은 곧창자에 서 피를 흘리기 일쑤였다. 나를 괴롭힌 마인드컨트롤 때문에 켈리를 돕거나 지켜줄 수도 없었 다. 그런 끔찍한 지경에 있는 내 아이를 보면서 내 광기는 더 깊어져만 갔다.

곧창자의 출혈은 조지 부시의 소아성애 도착증을 보여주는 많은 육체적 지표들의 하나일 뿐이었다. 나는 그가 켈리를 성적으로 학대한다고 뻔뻔스럽게 말하는 것을 여러 번 엿들었 다. 그는 이런 식으로 그리고 켈리의 목숨을 위협해서 나를 조종하고 통제하려고 했다. 소아성 애자 대통령에게 성폭행 당한다는 것의 심리적 파문은 상상하기조차 어려울 정도지만, 들리 는 바로는 부시는 마인드컨트롤에 쓰는 NASA의 정교한 전자장치와 약물로 켈리의 마음에 주 는 정신적 외상을 더욱더 커지게 했다.

부시는 "누구를 부를래?"와 "내가 지켜볼 거야" 같은 말로 켈리를 구속해가면서, 켈리의 무력감이 더 깊어지게 하기도 했다. 조지 부시가 내 딸의 몸과 마음을 악랄하게 짓밟은 것과 비교하면 내가 어릴 때 견뎌낸 조직적인 학대들과 정신적 외상은 이제 하찮아 보인다.

나는 지금은 배우인 러셀 브랜드Russel Brand가 진행하는 BBC 라디오의 생 방송 인터뷰에서 부시의 소아성애 행태들을 이야기했고, 그 멍청한 매체는 내가 한 말을 "데이비드 아이크는 미쳤다"는 식의 흔히 하는 방식으로 보도 했다. 하품 나올 일이다. 앞에서 '형태장'의 조작에 대해 이야기했던 오스트 레일리아의 사탄숭배자는 정치인들이 어린이 성적 학대에 빠져드는 방식도 말해주었다.

정치인들은 세심하게 등급이 나뉜 기준들에 따라 소개되고, 그들은 '우리끼리의 작은 비밀'이 되는 경우에 희생자들을 받아들일 수 있다. 온 세계에서 정치인들에게 성추행당하고 육체적인 학대를 받은 어린 아이들은 재빨리 제물들로 사용된다. 오스트레일리아에서 시신들을 찾아낸 적이 거의 없는 이유는, 그곳이 아직은 야생지역이기 때문이다.

어떤 사람이 이런 짓을 할 수 있을까? 공감을 느끼지 못하는 사람이다. 그들에게 '영혼이 없는'이라는 말은 다음과 같은 정의를 따른다. (1) 인간답게 하는 특질들이나 영향력들이 부족하고 죽어있고 기계적으로 무감각하게 움직인다. (2) 세심함이나 고결함이 부족한 사람의 특징이다. (3) 비정하고 잔인하다. (4) 깊은 느낌을 가질 섬세함이나 능력이 부족하다. 이런 사람들은 나머지 우리 대부분과는 같지 않고 우리는 그야말로 하루 빨리 이 점을 이해할 필요가 있다. '그들'이 그럴 리가 없다고? 아니다, 당신이 그러지 않을 뿐이다. '그들'은 그렇게 하고 있다. 한때 아역 스타였던 배우 코리 펠드만 Corey Feldman은 2011년 ABC의 '나이트라인' 프로그램에서 할리우드에는 아역 배우들과 아이들을 먹잇감으로 삼는 소아성애자들이 들끓는다고 말했다. 그는 소아성애자들은 오락산업계의 '콘도르들 같고' 또 '성상납'이 아이들에게도 적용된다고 했다. "그런 일은 모두 물밑에서 일어납니다." 그가 말했다. "하지만 커다란 비밀인 거죠." 소아성애를 합법화하려는 움직임의 뒤에 있는 진짜 이야기가 여기 있다. 맞다, 말한 그대로다. 국제가족계획연맹(IPPF)은 UN의 '아동권리'협약에 성행위를 승낙할 '권리'를 끼워 넣는 것을 옹호하고 있는데, 이것은 아이들에게 권리들을 주는 것과는 아무런 관계가 없다. 아이들에게 일어나는 일에 대한 부모의 권리들을 빼앗는 것을 말한다. IPPF는 정부들, 트러스트들, 재단들, 그리고 EU 집행위원회와 특별 프로젝트에 대한 UN 인구기금으로부터 자금지원을 받으며, EU 내에서도 굵직한 로비집단이다. 이제는 아이들의 성적 자유를 옹호하고 나섰지만, 실상은 '승낙'이라는 허울 아래 아이들을 성적으로 학대하는 어른들의 자유다.

이 기관에는 "외쳐라!Exclaim!"라는 청소년의 성적 권리 안내책자도 있는데, LifeNews.com의 어맨다 폴로스키Amanda Pawloski는 이것이 "국제법을 가장해 성생활과 성을 보호하고 권리를 주는 코르누코피아cornucopia(풍요의 상징인 '풍요의 뿔'-옮긴이)"를 요구하는 것이라고 했다. '라이프뉴스'는 또한 걸스카우트세계연맹이 주최한 UN의 한 '성인참여사양no-adults-welcome' 패널에서 IPPF가 '건강하고 행복하고 화끈한Healthy, Happy and Hot'이라는 제목의 브로셔를 배포해도 된다는 허가를 받았다고 밝혔다. 부모들이 개입할 힘을 빼앗는 한편으로 병적인 것보다 더 병적인 인간들에게 아이들을 끝없이 대주기 위해 아이들을 성의 대상으로 삼으려는 커다란 압력이 있다.

소셜서비스 마피아

여기에는 또 다른 중대한 측면이 있는데 그것은 '소셜서비스Social Services', '패밀리서비스Family Services', '어린이보호서비스Child Protection Services'다. 이 기관들에는 아이들을 끝없이 대주고 또 엘-리트의 일원들에게 학대받았다는 아이들의 주장이 나오거나 조사받지 않도록 가로막으려는 혈통의 사탄숭배자와 소아성애자 집단들이 많이 스며들어가 있다. 이 기관들은 취약계층, 특히 아이들을 보호하려고 있는 것들이지만(적어도 공식적으로는) 진실을 밝히자면 그들은 다름 아닌 사탄숭배자들과 소아성애자들에게 아이들을 대주려고 부모로부터 아이들을 훔치는 수단들이 되었다. 그들은 많은 아이들을 지시에 따라 빼앗는다. 어느 동네의 아이 하나를 찾아내면 그 아이는 희망목록에 올라가고 그런 다음 소셜서비스는 부모에게서 어린 소년이나 소녀를 빼앗을 핑계를 만들어내고 아이들을 그 집단들과 연계된 위탁부모와 입양부모들에게 넘겨준다. 미국 어린이'보호'서비스(CPS)는 국가를 대신하여 아이들을 훔치는 개인회사들을 고용하고, 이 회사들과 CPS가 아이들을 유괴해서 어린이밀매, 소아성애와 사탄숭배 네트워크들에 팔아넘기는 데는 엄청난 재정적인 장려책이 있다. 당연히 모든 위탁부모들과 입양부모들이 소아성애자들이고 사탄숭배자들이라는 뜻은 아니다. 거의 대다수는 그렇지 않다. 하지만 그렇게 하는 아주 많은 사람들이 있다. 터무니없는 이유들로 그리고 잔인하고 공정하지 않은 부당한 상황들에서 부모에게서 아이들을 훔치는 건수가 세계적으로 치솟고 있는 것은 이 때문이다. 부패한 사회복지사들, 경찰, 변호사들과 판사들(흔히 같은 집단들에 줄을 대고 있는)의 말만 듣고 이런 결정들을 하는 '가정법원'의 재판이 같은 이유로 비밀리에 열린다. 정부당국은 이런 비밀이 '아이들을 보호하기' 위해서라고 주장하지만 실제로는 사탄숭배자들과 소아성애자들, 그리고 시스템 그 자체가 공개되지 않도록 보호하려는 것이다. '부패'라는 말은 어떤 식으로도 충분치 않을 낱말이다. 생각이 있는 사람이라면 온 세상의 '법률체계'는 뿌리 속까지 썩었다는 점을 알아야 한다. 그것을 조종하는 혈통들이 왜 정의를 베풀고 싶어 하겠는가? 혈통들은 법률체계를 쥐고 있을 뿐만 아니라, 자기들의 이익을 받들어 모시도록 그것을 만들어냈다. 그러나 비밀 가정법원은 부패의 정상수준을 훨씬 넘어서 있는데, 이것은 그들이 절박하게 얻으려하는 아이들이 얽혀있기 때문이다. 사탄숭배자와 소아성애자 사회복지사, 경찰관, 변호사와 판사들은 만족할 줄을 모르는 집단들과 무대감독들을 먹이려고, 사랑하는 부모에게서 아이들을 빼내는 데 함께 머리를 맞댄다. 사회복지사들과 경찰은 증거를 날조하고 많은 판사들은 청문회가 끝나기도 전에, 그리고 흔히는 시작도 하기 전에 '판결문'을 단정해서 써버린다. 아이들을 사랑하는 부모에게 냉정하고도 의도적으로 떼어놓고, 또 형제자매에게서 서로 떼어놓으려면, 상상할 수 없을 정도로 영혼이 없고 비정한 비인간성이 필요하다. 하지만 이 '사람들'에게는 평범한 일이다. 그들은 그런 사람들이다. 사회복지사부터 경찰을 거쳐 판사들에 이르기까지, 가정법원 체계가 이런 사고방식에 흠뻑 젖어있다. 비밀이란 끔찍한 일들이 대부분 사람들 모르게 생긴다는 뜻이고, 또 어떤 기관이든 힘 있는 자리(고용/해고하는 자리)를 차지하고 나면 그들은 모든 직급에 '자기 사람들'을 손쉽고 빠르게 앉힐 수가 있다(그림 235). 게임을 하지 않

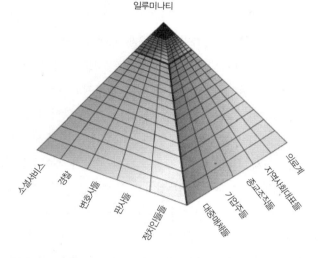

혈통의 사탄숭배자와 소아성애자 네트워크
일루미나티

소셜서비스
경찰
변호사들
판사들
정치인들
대중매체들
기업주들
종교조직들
지와사회대표들
의료계

【그림 235】엘·리트 소아성애자들과 사탄숭배자들을 대중의 관심으로부터 보호하는 구획화된 구조

으려들거나 까발려버릴 수도 있는 사람은 누구라도 승진에서 빼버리고, 나갈 때까지 몰아세우고 괴롭히기가 일쑤다. 이런 식으로 사탄숭배자들과 소아성애자들이 많은 자리들을 차지했다. 그들은 경찰, 소셜서비스, 법조계, 사법부와 정부의 고위층을 차지하고 있다. 그리고 더 낮은 많은 단계들도 그렇다.

어린이'보호'서비스는 아이들을 부모들로부터 빼앗는 목표치를 올리도록 정부들에게서 재정적인 장려를 받고, 소아성애자들과 사탄숭배자들 네트워크의 직접적인 부분이 아닌 배짱 없는 사회복지사들은 '감독자들'의 압력을 받으면서 목표치를 이루려고 거짓말과 속임수를 일삼는다. 어느 쪽이든 결과는 같다. 비탄에 빠진 부모들, 비탄에 빠진 아이들과 찢긴 가족들. '탈바꿈하는 자' 토니 블레어는 영국 총리일 때 부모로부터 빼앗는 아이들의 수를 많이 늘리려고 '독자적인 개혁운동'을 벌였다. 지방의회들이 매년 강제입양시키는 수의 목표치를 세우도록 한 것이 그것이었다. 혈통의 비밀집단에 아주 철저히 이어진 이 사람은 그 혈통들이 아이들에 대한 채워지지 않는 욕구를 가질 때 이렇게 한다. 이것도 우연의 일치일까? 물론 아니다. 한 해 10,000명 정도의 아이들을 국가가 가족에게서 떼어내는 현재 영국에서의 그 상황은 전례 없는 일이다. 나는 10여 년이 훨씬 넘도록 피해자들을 조사해왔는데, 소셜서비스 체계가 날이 갈수록 더 오만해지고 노골적으로 되어간다는 것을 전혀 의심하지 않는다. 그런 사례들은 아주 많아서 전부 다 파악하기조차 어렵다. 그 대다수가 어떻게든 대중의 관심을 전혀 모으지 못하는 것은 비밀을 강요당하기 때문이고 또 부모들이 국가가 아이들을 훔쳐갔다고 공개적으로 말했다가는 감방에 갈 거라고 협박당하기 때문이다. 이런 일은 벌어지고 있다. 바로 지금. 영국에서 해마다 수천 명의 부모들이 아이들을 학대하거나 방치하고 있다고 부당하게 고발당하면서 이 이야기들은 끔찍하고 충격적일 정도로 끝없이 나오고 있다. 부모들은 만일 그들이 아이들을 데려가는 소셜서비스(SS) 마피아의 결정에 도전한다면, 다시는 아이들을 보지 못할 뿐더러 '감시 아래' 어쩌다 만날 수조차 없을 거라는 말을 듣는다. 사실은 그런 결과가 애초부터 결정된 것이었음에도 일어난 일을 공개적으로 말한다면 그들에게 좋지 않은 일이 될 거라는 말도 듣는다. 당연히 정말로 학대받고 방치되는 아이들은 그런 상황에서 떨어져 나와야 하지만, 여기서 우리가 말하는 것은 그런 경우들이 아니다. 아이들을 사랑하고 애지중지하는 부모들이 보살핌을 잘 받고 있는 아이들과 떨어지고 있다. 참으로 감사하게도, 그리 빠르게는 아니지만 지금 벌어지는 일들에 대한 대중의 인식이 높아져가고 있다. 런던의 〈선데이 텔레그래프Sunday Telegraph〉지에 글을 쓰는 추적조사 저널리스트 크리스토퍼 부커Christopher Booker는 소셜서비스와 비밀 가정법원체계가 저지르는 경악스러운 일들을 폭로하려 해오고 있지만, 모든 대중매체가 그렇듯이 엄격한 보도제한으로 그가 말할 수 있는 것에 제약을 받는다. 그가 말하는 한 사례에서는 아이를 낳고 있는 한 여성에게 다섯 명의 경찰관과 두 명의 사회복지사들이(경찰이 다섯이나) 들어와서는 사실상 엄마의 자궁에서 아기를 빼앗아갔다. 이 사람들은 지금도 자신을 스스로 인간이라고 부르는 걸까? 그들은 지금도 자신들이 영혼 비슷하게라도 생긴 것과 이어져 있다고 믿는 걸까? 만일 그렇다면, 그들은 자신들을 속이고 있는 것이다. 그래, 그들은 명령을 따르고 있었을 뿐이라고 말할 테지만, 뉘른베르크 나치 재판에서 그들이 했던 말도 같지 않았던가? 가슴에 와 닿는 것을 따르려고 해보라, 이 친구들아. 그들이 '명령을 따르는' 것은 땅콩 크기만 한 배짱에 꼭 그만한 심장을 가졌기 때문이다. 그들이 자기 자식들의 눈을 들여다보면서 이런 짓을 할 수 있을지, 나는 알 도리가 없다. 영국에서만 해마다 수천 명의 아이들이 부당하게 부모에게서 떨어지니, 온 세상에서 그런 아이들의 수는 얼마나 될까. 이런 일은 부모들이 아이들을 학대한다거나 아니면 있지도 않은 심리적인 문제들을 들먹이면서 부모로서 부적절하다고 고발함으로써(증거도 없이) 그렇게 된다. 소셜서비스에는 그들이 바라는 판정을 내려주는 '당직' 정신과 의사들도 있다.

넌더리나는, 그 이상의

가정법원의 한 판사(얼마나 얼간이 같은지를 보라)는 영국인 아빠 마크 해리스 Mark Harris가 법원이 어떤 식이든 아이들에게 다가가지 못하도록 금지시킨 뒤에 차를 타고 지나가는 아이들에게 손을 흔들었다고 해서 그를 넉 달 동안 감옥에 보냈다. 나중에 그는 아이들을 차창 밖으로라도 보고 싶어서 차로 아이들이 사는 집을 지나갔다는 이유로 열 달 동안 감옥에 갔다. 기소된 죄목은 '법정모욕'이었지만, 그토록 경멸스러운 법정을 어떻게 모욕할 수 있다는 말인가? 마크는 133번의 법정출두와 33명의 판사를 거쳤으며 두 번의 징역형을 받았고 아이들을 다시 만나도 좋다는 허락을 받기까지 단식투쟁을 벌였다. 그는 이렇게 말했다. "그들은 내 딸의 어린 시절을, 아이의 인격형성 시기를 내게서 앗아갔어요. 리사는 이제 스물이에요. 나는 리사가 열 살 때부터 열여섯이 되도록 못 봤어요. 한 아이의 인생에서 그 나이에 놀랄 만큼 많은 일들이 일어나는데, 난 다 놓쳐버렸어요." 마크의 아이들은 왜 아빠가 자기들을 보러 오지 않는지 알지도 못했다. 얼마나 넌더리나는 일들인지를 보여준다. 또 어떤 엄마는 길에서 아들을 만났을 때 사랑한다 말했다고 감옥에 갔고, 그런 다음에는 인터넷에 자기 이야기를 담은 비디오를 올렸다고 체포되어 다시 법정에 섰다. 내가 가까이서 봤던 사례는 잉글랜드 북서부 리버풀에서 오랜 전에 국가가 세 아이들을 훔쳐간 모린 스팰렉Maureen Spalek의 이야기다. 그러고서 그녀는 저 남부끄러운 머지사이드 주 경찰과 소셜서비스에게 남부끄러운 박해와 괴롭힘을 받았다. 모린은 아이들을 훔쳐서 먹고사는 사람들이 그녀의 아이들을 억지로 보낸 새 가정에 생일카드를 써 보냈다는 '죄'로 체포되어 법정에 섰다. 두 아이가 양부모와 사는 읍의 외곽에서 표식 없는 경찰차가 그녀를 멈춰 세우기도 했다. 차를 빼앗기고 체포되었고 수갑을 찬 채로 경찰서 유치장에 다음날 점심시간까지 붙들려 있었다. 경찰은 모린이 그 읍에 들어가서는 안 된다는 법정의 명령을 위반했다고 주장했다. 나중에 그녀는 누군가에게 문자를 보냈다고 체포되어서 리버풀 머지사이드 경찰서 벨 베일 유치장에 다시 갇혔다. 그녀는 그 문자가 전혀 위협적이거나 무례하지 않은 것이었다고 했다. 유치장 경사는 모린이 문자를 보내고, 또 그것 때문에 경찰의 경고를 받은 뒤로, 그녀에게 괴롭힘을 당했다는 항의가 들어왔다고 했다. 이 사람들은 아주아주 넌더리난다. 경찰은 누가 그녀를 체포하도록 허가했는지 입을 열지 않았고 유치장의 그 경사는 질문을 하자 전화를 끊어버렸다. 의심할 나위 없이, 그는 그러고서 자기 아이들이 있는 집으로 갔을 것이다. 당국은 모린 스팰렉이 무척 거슬렸던 것 같았고, 어떤 사람들은 이 일이 부분적으로는 리버풀의 악명 높은 앨더 헤이 Alder Hey 어린이병원에서의 일들과 이어져있다고 미심쩍어한다. 앨더 헤이는 850명 정도의 유아들에게서 나온 몸의 일부를 담아 2,000개가 넘는 용기들에 보관한 아이들의 장기와 그 밖의 인간조직을 무단으로 적출, 보유, 그리고 폐기(어디에?)했던 것으로 폭로되었다. 모린 스팰렉은 자기 아이들이 아픈 데가 없었는데도 예약을 위해 앨더 헤이에 갔었다는 사실을 알아냈다. 그렇다면 그들은 거기서 무엇을 하고 있었던 것일까? 나는 모린의 체포소식을 내 웹사이트에 올리고서 사람들에게 머지사이드 경찰에 전화해서 그들이 이 여성에게 한 일을 어떻게 생각하느냐고 말하라고 요청했다. 경찰서 전화가 마비될 정도로 아주 많은 사람들이 그렇게 해주었고 모린은 고발이 취하되어 풀려났다. 한 경찰관이 그녀에게 말했다. "친구들이 아주 많은 것 같네요." 이 일은 충분히 많은 사람들이 모든 사람의 자유와 공정과 정의를 위해 함께하면 어떤 일을 할 수 있는지를 보여준다.

우리에게 필요한 것이 이것이다. 이 가치들에의 헌신과 초점, 그리고 그것들을 표현하는 데 필요한 것을 하려는 결정인 것이다. 우리가 지금은 덩치 큰 개에게 아주 쪼그마한 꼬리를 살랑거리고 있지만, 깨어나서 짖기 시작할 때만 이 상황을 끝낼 수 있다. 내가 이야기한 것들이 공식적으로 전체주의를 표방하는 어느 나라에서 일어나고 있다 해도 사람들은 충격 받겠지만, 지금 이것은 거짓말을 하면서 '자유롭고' '민주적인' 체하는 '자유로운' 영국, '자유로운' 미국과 그 밖의 나라들에서 공통적으로 일어나는 일상 경험이다. 대부분의 사람들은 사라진 아이들의 이야기가 대중매체에 얼마나 자주 나오는지를 보면 그 수를 추정할 수 있겠다고 생각하지만, 그것은 실제로 사라지는 아이들의 일부의 일부의 일부일 뿐이다. 그 아이들의 많은 수는 결국 혈통들의 조종을 받아 아이들을 무더기로, 그리고 '의뢰인'을 위한 구체적인 유전적 특징을 지닌 구체적인 아이를 주문에 따라 유괴하는 어린이밀매조직들에게로 간다. 많은 수가 마침내는 중동, 특히 사우디아라비아와 아랍에미리트로 가지만, 온 세계의 구매자들에게 팔리기도 한다.

【그림 236】 전신스캐너. 소아성애자들의 꿈. 그렇지 않아요, 헨리?

혈통의 네트워크가 아이들에게 집착하고, 또 왜 그것이 사실인지를 여기서 설명했다. 지금 아이들은 갈수록 더 많은 공항들에서 '보안검색대'를 지나면서 끊임없이 나체사진을 찍히거나 성추행을 당하고 있다(그림 236). 이것으로 소아성애자들은 곧 보안직종을 열망하게 될 것이다, 그렇지 않은가? 믿기 어려울 정도다. 여기에 고용되는 소아성애자들의 수는 이 장치의 확대 사용과 함께 늘어나고 있고 이 과정에서 아이들은 성추행을 '삶의 일부'로 받아들이도록 익숙해지고 있다. 제복을 입은 이 사람들이 아이들에게 하는 일을 다른 상황에서 다른 사람들이 한다면 그들은 체포되어서 평생을 철창 안에서 보낼 것이다. 우리 아이들이 학대받도록 놔두고서 우리는 무엇을 하고 있는가?

　됐다, 됐어, 이제 그만.

9

피라미드의 꼭대기엔 누가 있나?

일루미나티라는 거미줄 전체에 퍼져있는 또 하나의 근본적인 존재(또 하나의 '시멘트')는 내가 '로스차일드' 시오니즘이라고 부르는 것이다. 나는 시오니즘의 진짜 창조자들과 오늘까지도 그것을 통제하는 사람들을 줄곧 강조하려고 '로스차일드'를 덧붙이고 있다. '시온'은 '토성'에 대한 암호다. 사탄숭배(사타니즘)가 토성숭배(새터니즘)인 것과 같은 식으로 시오니즘은 새터니즘이다(그림 237). 이것은 토성숭배교의 또 다른 얼굴이지만, 그 지지자들과 후원자들 대부분은 그것을 알려고 하질 않는다.

나는 앞에서 그 역사적 배경을 간추려보았고, 또《인간이여 일어나라》와《데이비드 아이크의 세계음모 가이드》에 로스차일드 시오니즘의 자

【그림 237】 토성숭배(새터니즘)의 거미줄

세한 내용을 폭로했다. 대부분의 연구자들은 이 네트워크의 압도적 중요성을 깨닫지 못하고 있거나 아니면 워낙 두려워서 그렇게 말하지 못한다. 이런 젠장! 사람들에게 시오니즘에 대해 물어보면 거의가 이렇게 대답할 것이다. "유대인들 말이잖아." 정계와 대중매체에 있는 로스차일드의 네트워크들은 이런 인상(이미지)을 '상식'과 '다들 아는' 것으로 '파는 데' 큰 성공을 거두었다. 하지만 사실이 아니다. '유대인'과 '시오니즘'은 우리가 믿듯이 서로 바꿀 수 있는 용어들이 아니다. 많은 유대인들이 시오니즘에 거세게 반대하고, 또 많은 시오니스트들은 유대인이 아니다. 밖으로 나타나 보이는 로스차일드 시오니즘은 유대인들의 고국인 팔레스타인과, 유대인들이 '약속의 땅' 이스라엘에 대해 하느님이 주신 권리를 가진(앞에서 설명했듯이 이것은 역사적으로 말이 안 되는 소리다) '선택받은 백성'이라는 믿음을 바탕으로 하는 하나의 정치적 이데올로기다. 그들은 또한 이스라엘의 진짜 경계는 가자지구와 아직 팔레스타인 사람들이 공식적으로 차지한 서안지구를 포함하고, 여기에 레바논, 이라크, 시리아, 이집트와 요르단, 또는 창세기에서 말하는 '이집트의 시내에서부터 유프라테스 강에 이르기까지' 지금의 이스라엘을 둘러싼 것이어야 한다고 믿는다. 이것이 밖으로 드러난 시오니즘의 얼굴이지만, 그 핵심에 있는 것은 지금 숨겨져 있는 통제구조 속에서 으뜸가는 비밀결사다. 시오니즘은 로스차일드가가 만들어내서 지금도 조종하고 있고, 또 그들은 '시오니즘은 모든 유대인들을 뜻한다'라는 믿음을 프로그램해서, 로스차일드와 정부, 금융, 사업, 대중매체, 군대 등등에 소속된 하수인들에 대한 진실을 드러내는 사람을 '반유대주의자'와 '인종차별주의자'로 매도할 수 있게 하는 길을 찾았다. 세상에서 벌어지고 있는 일들을 드러내 밝히려거든 우리에게는 다음의 'B들'이 다 있어야한다. 머리brain, 의지력backbone, 배짱balls. 이것들이 지금만큼 필요한 때는 없다. 토끼굴이 정말로 얼마나 깊은지를 알고 싶으면 이 필수조건들에 '의식'을 덧붙이면 된다. 인종차별주의는 몸을 통해서 살아 움직이고 경험하는 '의식(자각Awareness)'이 아닌 몸을 '자아'라

372

고 한다는 점에서 극도로 무지한 상태다. 인종차별주의는 사람을 그가 입은 우주복을 가지고 판단하는 것과도 같다. 인종차별주의자들은 우스꽝스럽고 유치하고 또 어리석지만, 내가 통제시스템을 무너뜨리려면 드러내야 하는 것들을 드러내지 못하도록 가로막을 정도로 위험이 되는 사람들은 아니다(그들은 이미 시도했다가 실패했다). 어쨌든 세상에서 가장 극단적인 인종차별주의자들은 결국 로스차일드 시오니스트들이다. 그 가장 충격적인 모습들의 하나이자, 극단의 극단은 하바드 루바비치Chabad Lubavitch라는 유대인우월주의 조직이다. 이 조직은 온 세계 정부들에 광범위하게 줄을 대고 있다. 하바드 루바비치는 18세기에 창립되었고 가장 칭송받는 지도자는 1994년에 사망한 메나헴 멘델 슈니어슨Menachem Mendel Schneerson 또는 '위대한 랍비'였다(그림 238). 그는 "영혼의 두 가지 반대 유형이 있는데, 하나는 세 가지 사탄의 영역에서 온 비유대인 영혼이고, 다른 하나는 신성함에서 나오는 유대인 영혼이다"라고 썼다. 그는 또 이렇게 말했다. "유대인은 (다른) 어떤 목적을 위한 수단들로 창조되지 않았다." 모든 신성한 발현들의 실체는 오로지 유대인을 받들기 위해서만 창조되었고, 따라서 "유대인 그 자신이 목적"이라는 것이다. 모든 비유대인들은 사악하게 타고났고 유전적으로 열등하다고 강연했던 이 사람 슈니어슨에게 미국의회는 의회황금메달을 주기로 만장일치로 결정했다. 하지만 이것은 렙틸리언 혼혈 혈통들이 언제나 믿었던 것이 아니던가? 알다시피, 나는 그렇다고 생각한다. 우연의 일치가 아닐 수 없다. 비유대인들은 유대인들을 받들어 모시기 위해서만 여기 있다고 설교한 사람에게 무슨 생각으로 의회메달을 준 것일까? 하바드를 이끄는 랍비 이츠학 진즈버그Yitzchak Ginsburgh는 비유대인은 유전적으로 열등하기 때문에 유대인이 비유대인의 장기들을 앗을 수 있어야

【그림 238】'위대한 랍비'. 사랑스러운 양반이다.

한다고 믿는다. 그는 〈쥬이쉬 위클리The Jewish Weekly〉에 하바드 루바비치의 설립자 슈누르 잘만Schneur Zalman에 대해 다음과 같은 글을 썼다.

이교도(비유대인)에 대해 말하자면 …… 잘만의 태도는 이랬다. "비유대인의 영혼은 완전히 다르고 열등한 체계를 가졌다. 그들은 어떤 것이라도 보완할 만한 특징들도 없는 전적으로 사악한 자들이다." 유대인의 신체 모든 세포들에 신성이 깃들어 있다면 그것은 하느님의 일부이며, 그러면 DNA의 모든 가닥은 하느님의 일부다. 따라서 유대인의 DNA에는 특별한 것이 있다. 유대인이 간이 필요하다면, 그를 구하기 위해 지나가는 무고한 비유대인의 간을 앗을 수 있는가? 율법은 아마도 그것을 허락할 것이다. 유대인의 생명은 무한한 가치가 있다.

만일 어느 비유대인이 백인이나 흑인, 중국인과 관련지어 그런 말을 한마디라도 뻥긋했다가는 어떤 일이 일어날지 상상할 수 있는가? 유대의 출판물들은 하바드의 랍비 마니스 프리드만Manis Friedman이 '유대인들이 아랍의 이웃들을 어떻게 다뤄야한다고 생각하느냐'는 질문에 이렇게 대답했다고 보도했다. "도덕적인 전쟁을 벌이는 유일한 길은 유대인의 방식뿐이다. 그들의 성소들을 파괴하고, 남자와 여자와 아이들(그리고 가축)을 죽이는 것이다." 도무지 믿을 수가 없는 말이라는 것을 알지만, 돌아다니면서 다른 사람들더러 '인종차별주의자'라고 고함을 지르는 사람들이 정말로 이들이다. 정치적인 '좌파'(좌뇌)의 많은 사람들이 로스차일드 시오니즘에 도전하는 사람들에게 인종차별주의자라는 낙인을 찍으면서 그들이 이렇게 하도록 지난 수십 년을 도와왔다. 이 '좌파' 사람들은 그들에게 도전하는 사람들이 지금 어떤 일이 벌어지는지 세상에 경고하려고 할 뿐인데도 공개적으로 이야기할 이들의 권리를 인정하지 않으려고 했고, 이런 노력은 자주 성공을 거두었다. 이런 일들이 여러 해 전에 특히 로스차일드 시오니스트들이 통제하는 캐나다에서 내게도 있었는데, 그 곳의 주모자들 가운데 하나는 리처드 워만Richard Warman이라는 상습적인 소송자이자 정부의 고용인이었다. 유튜브에서 'David Icke, the Lizards and the Jews(데이비드 아이크, 도마뱀들과 유대인들)'이라고 치면 밴쿠버에서 내 강연을 금지하려고 일하는 그가 나온다. 내가 여기서 말하고 있는 '좌뇌' 사고방식의 전형적이기 그지없는 사례를 보는 재미도 있을 것이다. 아주 많은 사람들이 연루되었겠지만, 그렇게 함께 모여 있었어도 그들에게는 알려진 기술로 측정할 수 있는 뇌세포의 활동이 전혀 없었다. 책의 사인회를 하는 동안 그들은 내게 크림파이들을 던졌지만 팔을 스쳤을 뿐, 대신 어린이서가를 망쳐놓았다. 그들에게 축복을. 난 그들의 어머니들을 탓하련다. 이 리처드 워만이라는 친구가 그들에게 어떻게 그런 아이디어를 주는지가 유튜브 비디오에 나온다. 어느 모로 보나 남아프리카와 미국의 인종차별 정책에 못지않은 인종차별 국가인 이스라엘에 그들이 결코 의문을 던지거나 도전하지 않는 듯해 보인다는 점이 얼마나 우스운 일인지. 여기서 팔레스타인 사람들을 시시각각, 날이면 날마다 괴롭히는 해악만을 말하는 건 아니다. 한 예를 들어 에티오피아 출신의 검은 유대인들을 기생충이나 마찬가지로 여기는 지독하게도 계층적인 이스라엘 사회 속의 놀라운 인종차별주의자 집단들을 나는 여기에 포함시킨다. 이 "나 좀 봐, 난 아주 순수해"라는 식의 좌뇌에 갇힌 '반인종차별주의자들' 중 누구도 그런 말을 하는 것을 나는 한 번도 들어본 적이 없다. 하지만 나는 그들에게 정말 안타까움을 느낀다. 그들이 아침마다 깨어나서는 여전히 그들 그대로임을 깨달을 때 어떤 느낌일지를 생각해보라. 세상에! 다음으로 넘어가도록 하자.

우리는 로스차일드 시오니즘과 이스라엘의 끔찍한 모습들에 도전하는 것과 반유대주의자가 되는 것을 동일시하게 하는 계산된 분산술책을 넘어설 필요가 있다. 그러면 우리는 로스차일드 네트워크들이 당신이 알기를 바라지 않는 단순한 사실들을 바라볼 수 있다. 첫째로, 로스차일드 시오니스트가 되려면 유대인일 필요가 없다. 미국 부통령 조 바이든은 텔아비브에 있는 그의 주인들에게(궁극적으로는 로스차일드의 주인들에게) 알랑방귀 뀌면서 이것을 공개적으로 말했다. 가장 열광적인 로스차일드 시오니스트들의 일부는 미국과 그 밖의 곳의 기독교 시오니스트들이다. 가장 강경하게 이들을 이끄는 사람은 그들의 '영적' 지도자 존 해기John C. Hagee이다. 극단적으로 성서의 내용을 외치고 다니는 위선자들의 최악의 경우를 생각해보면 그가 거기 딱 들어맞는다. 해기는 히틀러와 나치가 유대인들에게 한 일이 '이스라엘을 위한 하느님의 뜻'을 실행한 것이었다고 말한다. 그가 말한 내용을 읽기 전에 달콤한 차 한 잔 갖다놓길 바란다.

테오도르 헤르츨Theodor Hertzl(로스차일드의 앞잡이)은 시오니즘의 아버지다. 그는 유대인이었고 19세기의 전환기에 이렇게 말했다. "이 땅은 우리 땅이다. 하느님은 우리가 그곳에 살기를 바라신다." 그래서 그는 유럽의 유대인들에게 가서 말했다. "이스라엘 땅으로 와서 나와 함께 하기를 바랍니다." 온 사람은 얼마 되지 않았고 그는 우울해졌다. 그렇게 온 사람들이 이스라엘을 세웠다. 오지 않은 사람들은 홀로코스트의 지옥을 겪었다. 그때 하느님은 사냥꾼을 보내셨다. 사냥꾼은 총을 들고 오는 사람이라 당신을 강제한다. 히틀러는 사냥꾼이었다.

믿을 수가 없다. 사실 어떤 부분에서는 압도적인 대다수 유대인들이 원치 않았던 곳, 즉 이스라엘로 이주시키기 위해 로스차일드가와 록펠러가 히틀러와 나치를 보냈다. 첫 번째 로스차일드 시오니스트 회의는 1897년 스위스 바젤에서 열렸는데, 이것은 유대인들 모두를 이스라엘로 이주시키려는 시오니스트들의 계획을 지지하지 않았던 유대인들의 반대에 부딪쳐, 원래의 장소였던 독일 뮌헨에서 옮겨가야 했던 것이다. 그때 나치가 등장했고 나머지는 이야기하지 않아도 알 것이다. 테오도르 헤르츨은 일기에 이렇게 썼다.

유대인의 고통이 악화되는 것은 필수적인 일이다. …… 이것은 우리의 계획을 깨닫도록 도울 것이다. …… 내게 좋은 생각이 있다. …… 나는 비유대인들에게 유대인의 부를 정리하게 할 것이다. …… 그렇게 해서 비유대인들은 유대인들에 대한 박해와 억압을 더 강하게 하면서 우리를 도울 것이다. 비유대인들이 우리의 가장 좋은 친구가 될 것이다.

로스차일드 시오니즘은 유대인들에게 최선의 것을 주고 싶어 하는가? 분명히 그렇다. 존 해기는 기독교 시오니스트 조직인 '이스라엘을 위한 기독교인 연합Christians United for Israel'의 설립자이자 전국위원장이다. 그는 정기적으로 이스라엘을 찾아가고 메나헴 베긴 총리 시절부터 모든 총리들을 만났다. 그의 목회방송사 '존 해기 미니스트리스John Hagee Ministries'는 구소련에서 유대인들을 이스라엘로 이주시키는 데 850만 달러 이상을 내놓았고, 그는 '이스라엘을 기리는 밤A Night to Honor Israel'이라는 행사의 창시자이자 상임이사를 맡고 있다. 이 행사에서는 기독교인들과 이스라엘의 결속을 다짐한다. 이와는 반대로 유대인들의 많은 수는 시오니스트들이 아니다. 많은 유대인들은 시오니즘에 반대하고 로스차일드 시오니스트가 장악한 미국의 자금을 받는 이스라엘 정부와 군대가 저지르는 집단학살의 맹공격에 맞서 살아남기 위해 싸우는 팔레스타인 사람들을 지원한다. 유대인들은 팔레스타인 사람들에 대한 로스차일드 시오니스트의 어젠다에 대응하여 시위를 벌이고 이스라엘을 거부하라고 촉구한다(그림 239). 하지만 주류 대중매체에서 '정보'를 주워 모으는 사람들이 이것을 얼마나 알까? 그림 240에서 보듯이 많은 유대 종교인들은 미국 측에 이란을 공격하라는 로스차일드 시오니스트의 요구들을 혐오하고 또 이란을 지원하려고 아흐마디네자드 대통령과 훈훈한 만남을 가졌었다는 사실을 얼마나 많은 사람들이 알까? 로스차일드 시오니스트가 통제하는 주류 대중매체에서만 '소식'을 얻는 사람들은 아무도 이런 내용들을 모를 것이다. 이 매체들은 한 대목만을 밀어붙인다. 곧, 시오니즘은 모든 유대인들을 말하며, 여기서 이야기 끝이라는 것. 그딴 이야기를 믿는 사람은 부모님이 나치수용소에서 고통 받았던 참으로 멋진 유대인 작가 노먼 핀켈슈타인Norman Finkelstein과 유대인 음악가이자 작가인 길라드 아츠몬

【그림 239】 로스차일드 시오니즘이 '유대인들'과 같은 것이라는 믿음은 조작된 이야기다

Gilad Atzmon(www.gilad.co.uk)의 책을 읽어봐야 한다. 로스차일드가에는 브네이브리스B'nai B'rith와 그 갈래의 유대주의 반중상동맹Anti-Defamation League(ADL)이 소속된 조직들의 네트워크가 있는데, 이들은 진정한 문제에 가까이 다가가는 사람들을 표적으로 삼는, 로스차일드가가 통제하는 다른 집단들과 함께 일한다. 그들은 단순하고도 엄청나게 충격적인 진실이 밝혀지는 일을 막으려고, 할 수 있는 모든 방법으로 그런 사람들을 공격하고 무

【그림 240】 모든 유대인들이 로스차일드 시오니스트들?

너뜨린다. 바로 로스차일드가와 로스차일드 시오니스트 비밀결사의 하수인들이 정부들, 특히 영국과 미국 정부와 세계 금융과 통상, 주류 대중매체, 할리우드, 그리고 음악 산업을 조종한다는 진실 말이다. 이 목록들마저도 그들이 이룬 제국의 일부일 뿐이다.

로스차일드가

환전상의 아들 메이어 암셀 로스차일드(1744년 출생)는 독일 프랑크푸르트에서 로스차일드 왕조를 세웠다. 그 전에 이 일가는 '바우어Bauer'로 알려졌었다. 메이어 로스차일드는 독일의 왕족들과 가깝고도 큰 이득이 되는 관계를 이루었고, 그 가운데서도 헤세-하나우Hesse-Hanau의 윌리엄 왕자와의 관계가 가장 두드러졌다. 영국과 벨기에 왕족은 정말로 둘 다 독일의 작세-코부르크-고타가이고, 결코 이것이 우연의 일치이거나, 바로 이 혈통이 유럽의 다른 남아있는 왕족들과 이어져있을 수는 없는 노릇이다. 로스차일드의 유전

적 특징이 어딘가에 들어가야 하는 것이다. 골드만삭스, 라자드Lazard와 리먼 Lehman을 비롯한 미국에서 가장 두드러지는 로스차일드 시오니스트 은행일 가들의 다수도 독일의 로스차일드 본거지에서 나온다. 메이어 로스차일드 는 아들들을 런던, 파리, 나폴리와 비엔나로 보내서 제국을 확장했고 이것은 곧이어 유럽의 금융계를, 나중에는 세계의 금융계를 조종하게 되었다. 로스 차일드가는 사촌과 육촌과 같은 가족구성원과 중매결혼을 하는 것으로 잘 알려졌었다. 공식적인 전기(傳記)들에는 이것이 가족 안에서 돈을 지키기 위 함이었다고 쓰여 있지만, 유전학도 똑같이 중요했다. 로스차일드의 중요한 상투적 수법은 비밀스럽게 전쟁을 꾸며놓고서 모든 진영에 싸우는 데 필요 한 신용'화폐'를 빌려주는 것이었다. 그들은 대립이 끝나고 나면 전쟁을 치 른 나라들에 파괴된 기반시설과 경제를 일으켜 세우도록 더 많은 신용'화 폐'를 선물로 주고 나서 같은 일을 되풀이한다. 그들은 빚으로 이 나라들의 소유권을 손에 넣었다. 이스라엘의 작가이자 연구자 배리 하미쉬Barry Chamish 는 2006년 이스라엘과 레바논의 전쟁 동안에 에블린 드 로스차일드Evelyn de R. 경의 한 손자와 만났던 일을 보고했다. 그 손자는 모르몬교도가 되려고 가 족을 저버렸다고 했다. 모르몬 교회와 파수대 협회 또는 여호와의 증인은 둘 다 로스차일드가의 자금을 받아 유지되며 오늘날 로스차일드 시오니스트의 표면상의 조직들로 남아있음을 생각해보면 여기에는 모순적인 면이 좀 있 다. 두 종교들 모두 '시온'이라는 '새로운 예루살렘'을 세운다는 맹세를 받 는다. 모르몬교의 창시자들인 조지프 스미스Joseph Smith, 하이럼 스미스Hiram S., 그리고 브리검 영Brigham Young은 혈통 프리메이슨들이었으며, 프리메이슨 의 많은 개념들을 모르몬의 믿음과 의식에 끼워 넣었다. 파수대 협회를 세운 찰스 테이즈 러셀Charles Taze Russell과 조지프 프랭클린 루더포드Joseph Franklin Rutherford도 프리메이슨이었고 로스차일드의 하인들이었다. 이 '종교들'은 둘 다 그 핵심에 있어서 사탄숭배를 위한 연막들이다. 나는 많은 여성들과 자세한 이야기를 나누었고 그들은 솔트레이크시티에 있는 모르몬 성전의

제단 위에서 파충류 존재들이 함께한 사탄의식들을 치르는 동안에 성폭행 당하고 임신했다고 설명했다. 그렇게 생긴 태아들은 앞에서 스튜어트 스윌들로가 묘사했던 것과 같은 끔찍한 의식들에 사용되었다. 그 로스차일드 손자는 그 무렵 하미쉬에게 레바논에서의 '전쟁의 결실'은 일곱 일가들만이 누리고 있었다고 말했다. 그는 로스차일드가에 대해 말했다. "그들은 자신들의 장난감으로서 이스라엘을 만들어냈어요. 이스라엘은 그들을 더 부유하고 더 많이 통제할 수 있게 해줍니다." 나는 거의 20년 동안 로스차일드가가 이스라엘을 가졌고, 이스라엘이 하는 일들은 로스차일드가가 하는 일이라고 말하고 글을 써왔다. 로스차일드가는 그들의 온갖 오컬트 상징들을 가지고 이스라엘의 국회 크네세트Knesset와 대법원 건물을 세웠다.

영국, 독일, 프랑스, 오스트리아, 이탈리아, 스위스에는 로스차일드 일가의 분파들이 있고 그들은 온 세상에서 많고도 다양한 이름들을 가지고 활동한다. 돈과 조작이 있는 곳이라면 어디에서나 로스차일드를 보게 될 것이다. 이탈리아에서 이 일가의 나폴리 분파는 로마교회와 오랫동안 밀접한 관련을 맺었는데, 전혀 뜻밖의 일이 아니라는 것은 확실하다. 이 왕조의 가장 두드러지는 일원들 가운데는 엘리자베스 2세 여왕과 바티칸의 재정고문이자 런던정치경제대학의 운영이사인 에블린 드 로스차일드 경, 그리고 네 번째 로스차일드 남작이며 헨리 키신저의 절친한 친구에다 사업동료인 제이콥 로스차일드Jacob R.가 있다(그림 241과 242). 일루미나티가 만들고 통제하며 많은 하수인들과 플레이어들을 '교육'시키는 런던정치경제대학에 로스차일드가 관여하고 있으리라는 생각이 들 것이다. 이 점은 나중에 더 이야기하도록 하겠다. 제이콥 로스차일드는 로스차일드 시오니스트이자 대중매체계의 거물인 루퍼트 머독의 가까운 친구에다 동료이고, 또 머독이 큰 지분을 가진 위성텔레비전 네트워크 비스카이비BskyB의 부회장이다. 머독에게 그런 연줄 대기는 식은 죽 먹기다. 로스차일드가의 네트워크들이 등 뒤 어딘가에 있지 않고서는 그 누구도 대중매체 아니면 다른 무엇에서라도 제국을 세

우지 못한다. 2011년
에 머독은 자기가 영국
에서 발행하는 지저분
한 타블로이드 신문 〈
뉴스 오브 더 월드News
of the World〉가 수천 명
의 사람들, '유명인사
들', 그리고 심지어 사

【그림 241】 에블린 드 로스차일드 경　【그림 242】 제이콥 로스차일드

망한 군인들과 살해 당한 아이들의 가족들의 전화를 도청한다는 사실이 드
러나면서 그 신문을 폐간하게 되었다. 그들은 마찬가지로 부패한 런던경찰
국의 경찰관들에게 비밀 정보를 받는 대가로 수만 파운드의 뇌물도 먹이고
있었다. 경찰국장 폴 스티븐슨Paul Stephenson 경은 전화 해킹 혐의로 체포되었
던 전직 〈뉴스 오브 더 월드〉 부편집장을 그의 '개인고문'으로 채용한 사실
이 드러나면서 사임했다. 로스차일드의 선전부장 루퍼트 머독은 '탈바꿈하
는 자' 토니 블레어가 당선되는 데 큰 역할을 했고 이제 우리는 이 두 사람이
2003년 이라크 침공이 있기 전 9일 동안 세 번 만났다는 사실을 안다. 온 세
계에서 머독이 가진 127개의 신문들이 하나같이 이 침공을 지지했다. 〈뉴스
오브 더 월드〉 스캔들이 터졌을 때 데이비드 캐머런이 2010년에 총리가 되
기에 앞서 겨우 1년 안에 적어도 26번이나 머독의 경영진들을 만났다는 사
실이 드러났다. 캐머런이 총리가 된 첫 해에 27번의 또 다른 만남이 있었다.
국방부장관 리암 폭스Liam Fox는 국가방위에 관한 비밀 브리핑들을 머독의
경영진에게 했고, 로스차일드가 조종하는 재무부장관 조지 오스본은 재
임 첫 해에 머독의 편집장들과 경영진을 16번 만났다. 캐머런도 〈뉴스 오브
더 월드〉의 편집장이었던 앤디 쿨슨Andy Coulson을 다우닝가의 공보 책임자로
임명했는데, 전화도청 스캔들로 사임했다. 〈뉴스 오브 더 월드〉의 기자였
던 션 호어Sean Hoare는 이 스캔들이 터졌을 때 런던 북부의 왓퍼드에 있는 자

택에서 숨진 채로 발견되었다. 그는 그 전년도에 쿨슨이 '뉴스 인터내셔널 New International 문화'의 일부였던 '고질적' 해킹에 대해 알고 있다고 공개적으로 말했었다. 호어는 전화도청이 '산업 수준'으로 벌어지고 있다고 했다. 경찰은 호어의 죽음이 "사인은 알 수 없지만, 의혹은 없다."고 했다. 이 해괴한 진술은 조사나 부검이 전혀 진행되지 않고서 나온 것이었다. 그의 죽음은 그가 가진 증거가 그 어떤 조사나 이에 뒤따른 범죄수사에서도 결코 다뤄지지 않을 것이라는 뜻이었다. 얼마나 편리한가. 이 글을 쓰는 지금, FBI는 머독의 고용자들이 9·11 희생자 가족들의 전화를 해킹했다는 혐의를 수사하고 있고, 이것이 증명된다면 폭스뉴스, 〈뉴욕포스트〉, 〈월스트리트저널〉을 비롯한 머독의 미국 자산들에 중대한 영향을 미칠 수 있다. 이 모든 것들로 로스차일드가가 버티고 있는 돌 밑을 얼핏 들여다보게 되지만, 말 그대로 얼핏 보는 것일 뿐이다. 내가 '로스차일드가'라고 부르는 것은 '로스차일드'라는 이름뿐만이 아닌 끝도 없이 많은 다른 이름들을 가진 혈통을 뜻하는 것이라고 강조해두겠다. 로스차일드라는 이름을 가졌지만 세상을 조종하는 일가의 중심부와는 아무런 관계가 없거나, 같은 이름을 가진 것 빼고는 이 일가와 직접 이어져있지 않은 사람들도 많이 있다.

로스차일드의 전쟁과 '혁명들'

로스차일드가는 두 번의 세계대전을 배후에서 조종한 으뜸 세력이었다. 그들은 두 번 다 모든 진영들을 조종하면서 돈을 댔다. 2차 세계대전에서 나치를 포함해서. 이른바 '유대인'이라는 일가가 왜 유대인들을 그토록 증오했던 사람들에게 힘을 주었을까? 간단하다. 그들은 유대인들에게 조금도 관심이 없기 때문이다. 그들에게 유대인들은 목적을 이루는 수단일 뿐이다. 나치의 핵심인물들과 그들에게 돈을 댄 사람들 중에는 로스차일드 시오니스트들이 많았다. 막스 바르부르크Max Warburg(로스차일드 시오니스트)는 히틀러에게 자금을 대고 아우슈비츠에서 집단수용소를 운영했던 이게파르벤의 임원이었다. 그의 형제 폴 바르부르크Paul W.(로스차일드 시오니스트)는 이게파르벤 미국 지사의 임원이었고 1913년에 세워진 뒤로 미국의 경제를 주물럭거렸던 연방준비은행제도를 만드는 일을 도왔다. 막스 바르부르크는 독일의 중앙은행인 라이히스방크Reichsbank를 장악하도록 마르 샤흐트Hjalmar Schacht를 임명하는 문서에 서명했다. 바르부르크의 서명은 아돌프 히틀러의 서명과 나란히 있다. 나치의 인종정책을 다룬 가장 영향력 있는 작가들의 하나인 알프레트 로젠베르크Alfred Rosenberg는 유대인이었고, 또 나치가 독일과 나머지 유럽에 미친 참상에 초점을 맞추는 그와 같은 로스차일드의 하수인들이 많이 있었다(《진실이 자유롭게 하리라》 참조). 나치가 로스차일드 시오니스트인 록펠러 왕조와 해리먼가와 부시가에게 자금을 받았고, 록펠러가는 '인종 순수성'을 설파한 나치의 구루인 에른스트 루딘의 연구에 돈을 댔다는 내용은 이미 이야기했었다. 제이피모건의 파벌들, 제너럴일렉트릭, 스탠더드오일, 내셔널시티뱅크, 체이스맨해튼은행, 쿤뢰브사Kuhn, Loeb & Co., 제너럴모터스, 포드, 그리고 그 밖의 기업들이 나치 전쟁광에게 자금을 댔다. 독일이 경제 붕괴의 수렁에서 그토록 빨리 일어나서 유럽의 많은 나라들에 선전포고를 할 수 있었던 방법이 이것이다. 이 돈을 전달했던 중요한 다리는 공식적으로 바르부르크 일가(사실은 로스차일드가)가 조종하던 암스테르담의 맨델손은행Mendelsohn Bank과 프랑크푸르트, 런던과 뉴욕의 헨리슈로더은행J. Henry Schroder Bank이었다. 슈로더은행의 법률업무는 미국의 로펌 설리번 앤 크롬웰Sullivan & Cromwell이 맡았다. 설리번 앤 크롬웰의 사장은 존 포스터 덜레스John Foster Dulles와 앨런 덜레스Allen D. 형제(로스차일드 시오니스트들)였는데 이들은 전쟁이 끝나고 각각 미국 국무부장관과 첫 민간인 CIA 국장이 되었다. 로스차일드가는 러시아의 스탈린(로스차일드 시오니스트), 영국의 윈스턴 처칠(로스차일드 시오니스트), 그리고 미국의 프랭클린 루즈벨트(로스차일드 시오니스트)를 조종했다. 스탈린은 유대인이었고, 처칠도 그랬다. 모쉐 콘Moshe Kohn은 1993년 〈예루살렘포스트The Jerusalem Post〉에 이렇게 썼다. 처칠은 "어머니 랜돌프 처칠 여사(결혼 전 이름은 제니 제이콥슨Jenny Jacobson 또는 제롬Jerome)에게서 유대인 유전자를 물려받은 것이 틀림없다는 생각이 떠올랐다.”'루즈벨트'라는 이름은 그 전에 '로센펠트Rosenfelt'였고 이 집안은 록펠러(로켄펠테르)가를 비롯한 많은 유대인 일가들처럼 미국으로 건너오면서 그들의 핏줄을 감추려고 이름을 바꾼 독일의 유대인 집안이다. 로스차일드가는 '나치 집단학살 작전'이라는 오케스트라의 지휘자들이었다. 그들은 독일의 유대인들과 세계의 여론을 모두 조작해서 로스차일드가가 오래도록 이스라엘에 계획했던 새로운 '유대인의 고국'을 지지하도록 하기 위해, 독일의 유대인들이 나치에게 괴기스런 취급을 받기를 바랐다.

로스차일드가는 1917년에 이디시어Yiddish(유대인 이민들이 사용하는 언어-옮긴이)를 구사하는 블라디미르 일리치 레닌(로스차일드 시오니스트. 본명은 블라디미르 일리치 울리야노프)과 레온 트로츠키(로스차일드 시오니스트. 본명은 레프 브론스타인)가 이끈 러시아 볼셰비키혁명의 설계자들이었다. 이 양반들은 로스차일드가의 앞잡이들이었고, 그들의 동료 '혁명가들'인 그리고리 지노비에프Grigory Zinoviev(로스차일드 시오니스트), 레프 카메네프Lev Kamenev(로스차일드 시오니스트)와 야코프 스베르들로프Yakov Sverdlov(로스차일드 시오니스트)도 마찬가지였다. '러시아' 혁명은 로스차일드 혁명이었다. 그들은 독일의 유대인 제이콥 쉬프Jacob Schiff와 폴 '연방준비' 바르부르크가 운영했던 미국 은행들의 하나인 쿤뢰브사를 거쳐 자금을 제공했다. 제이콥 쉬프는 1921년에 라운드테이블의 위성인 외교관계협의회(CFR)를 만들었다. 쉬프는 바르부르크의 아내의 형부였고 이 집안들을 따라가 보면 그들은 그 어떤 왕족들만큼이나 근친결혼을 많이 한다는 것을 알게 된다. 그들은 자기들 스스로 왕족이라고 여긴다. 쉬프가는 로스차일드가의 자산이고, 제이콥 쉬프는 프랑크푸르트의 현관문 위에 '붉은 표식' 또는 육각별(토성)이 있는 로스차일드가의 집에서 태어났다. 앨 고어의 딸(지금은 카레나 고어 쉬프)은 제이콥 쉬프의 후손과 결혼했다. 쉬프가의 사람이 유대인(하자르) 가계가 아닌 사람과 결혼하려들까? 나라면 아주 놀랄 것이다. 《수용소군도》를 쓴 소련의 반체제인사 알렉산드르 솔제니친은 이렇게 말했다. "볼셰비키는 러시아인들을 증오했던 러시아인이 아닌 사람들이 주동했다." 그들은 모든 사람을 증오했다. 증오는 그들의 정서적인 통화다. 그들은 러시아와 소련에서 6,000만 명의 기독교인들과 비유대인들을 죽였다. 솔제니친은 수천만이 죽은 집단수용소들을 로스차일드 시오니스트들이 세우고 운영했다고 썼다. 알려진 인간의 역사에서 가장 큰 살인기계였던 붉은 군대는 로스차일드 시오니스트들의 작품이었다. 레온 트로츠키(로스차일드 시오니스트)가 붉은 군대의 대장이었고, 군대를 이끌었던 집행자들은 아론 솔츠Aron Solts(로스차일드 시오니스트), 야코프 라포포트Yakov Rappoport(로스차일드 시오니스트), 라자르 코간Lazar Kogan(로스차일드 시오니스트), 마트페이 베르만Matvei Berman(로스차일드 시오니스트), 겐리크 야고다Genrikh Yagoda(로스차일드 시오니스트), 나프탈리 프렌켈Naftaly Frenkel(로스차일드 시오니스트)이었다. 붉은 군대는 거의 700만 명의 독일인들과 온 유럽에서 수백만 명을 더 죽였다. 붉은 군대의 군인들은 가는 곳마다 민간인들을 죽이고 고문했으며 로스차일드 지휘관에게서 그렇게 하라는 명령을 받았다. 그들은 200만 명쯤의 독일여성들과 오스트리아, 헝가리, 루마니아, 불가리아, 폴란드, 체코슬로바키아, 유고슬라비아에서 더 많은 여성들을 성폭행했다. 또한 나치의 집단수용소에서 풀려난 여성들(대부분이 유대인)도 성폭행했다. 붉은 군대는 수십 년 동안 동유럽을 공포에 떨게 했다. 일리야 에렌부르크Ilya Ehrenbrug(로스차일드 시오니스트)는 붉은 군대에게 수백만 명의 희생자들을 성폭행하고 고문하고 죽이라는 명령이 적힌 팸플릿을 나눠준 소비에트의 사악한 선전가였다. 에렌부르크는 그들에게 이렇게 말했다.

그대들이 맡은 전선이 조용하고 전투가 없거든, 그러면 그 동안에 독일인을 죽여라. …… 이미 독일인을 죽였거든, 그러면 다른 사람을 죽여라. 독일인의 시체더미보다 우리에게 더 즐거운 것은 없으니.

죽여라! 죽여라! 독일족속에게는 사악함밖에 없다. 살아있는 자 가운데, 아직 태어나지 않은 자 가운데 사악하지 않은 자는 하나도 없다! 스탈린 동지의 훈시를 따르라. 이번에는 파시스트 짐승들을 소굴에서 완전히 뿌리 뽑아라! 이 독일여자들의 민족자긍심을 강제로 짓밟아라! 그들을 그대들의 합법적인 전리품으로 취하라. 죽여라! 사납게 나아가면서, 죽여라, 그대 붉은 군대의 용맹한 병사들이여.

끝내주는 친구다. 붉은 군대는 그의 말을 곧이곧대로 들었고, 한 젊은 러시아 장교는 날이면 날마다 일어나는 일을 이렇게 적었다.

여인들, 엄마들과 그 아이들이 통로를 따라 양쪽에 누웠고 하나하나의 앞마다 바지를 내리고서 시시닥거리는 병사들이 떼로 서있었다. 피를 흘리고 있거나 정신을 잃은 여인들은 한쪽으로 아무렇게나 널브러졌고 자기 아이들을 살리려는 여인들을 다른 병사들이 쐈다.

로스차일드 시오니스트들은 일리야 에렌부르크를 러시아혁명의 유대인 영웅으로 칭송하고 있고 또 이스라엘의 홀로코스트 역사박물관인 야드 바쉠Yad Vashem에서도 그를 추모한다. 베냐민 네타냐후 이스라엘 총리는 2011년 러시아의 블라디미르 푸틴에게 붉은 군대를 기리는 기념비를 이스라엘에 세울 것이라고 말했다. 이스라엘은 왜 이 살인마에다 성폭행광에게 역사적인 의미를 두고 기리는 것일까? 위의 내용을 보라. 붉은 군대를 만들고 작전의 수단으로 살인과 성폭행과 고문을 명령했던 사고방식이 1948년에 이스라엘이 느닷없이 건국했을 때부터 그 나라를 장악해왔다. 이스라엘이 팔레스타인 사람들을 집단학살하고 있고 그들을 증오와 멸시로 대하고 있다는 데에 누구 놀라는 사람이 있는가?

미국 정부의 로스차일드

많은 수가 독일 로스차일드에서 나온 일가들 출신인 로스차일드 시오니스

386

트 비밀결사의 하수인들은 미국의 은행업, 사업, 대중매체와 정계를 장악했다. 아주 적은 수의 사람들이 로스차일드의 네트워크들을 거쳐서 어떻게 아주 많은 사람들에게 지시를 내리는지를 보여주기 위해 나는 버락 오바마가 2008년 대통령선거에서 당선된 뒤로 임명한(임명하라는 말을 들은) 인물들을 일부 들어보려 한다. 우리가 이름들을 살펴가는 중에 유대인은 미국 인구의 2퍼센트가 되지 않으며, 또 그들의 상당수는 로스차일드 시오니스트들이 아니라는 점을 잊지 말길 바란다. 오바마는 람 이스라엘 이매뉴얼Rahm Israel Emanuel(로스차일드 시오니스트)을 비서실장으로 임명했다(그림 243). 이매뉴얼은 백악관 내부에서 오바마에게 혈통의 어젠다를 지시하고 강요했던 참모였다가 2010년에 시카고 시장이 되어 떠났다. 시카고는 지구 위에서 정치적으로 가장 부패한 도시들의 하나다. 이곳은 오바마의 정치경력을 만들어준 곳이기도 하다. 이매뉴얼은 이스라엘군에 복무했고 또 1948년 이스라엘 건국 후 800,000명쯤의 팔레스타인 사람들이 공포에 질려 고국을 빠져 나가게 만들고 다시는 돌아오지 못하게 하는 일을 도왔던 이르군Irgun(유대주의자 지하 준군사 조직-옮긴이) 테러리스트 집단과 일했던 전직 공작원의 아들이다. 이스라엘이 세워진 뒤로 로스차일드의 네트워크들에 줄이 있는 많은 이스라엘인들이 미국으로 보내졌는데 이것은 특히 미국 정부체제에 스며들어갈 수 있도록 미국에서 태어난 시민이 될 아이들을 낳기 위함이었다. 오바마의 수석보좌관(또 한 명의 참모)은 데이비드 엑설로드David Axelrod(로스차일드 시오니스트)로, 이매뉴얼의 가까운 동료이자 힐러리 클린턴과 존 매케인에 맞선 오바마의 '당신이 믿을 수 있는 변화' 선거운동을 했던 사람이다. 엑설로드는 지금 오바마가 아주 사소한 발표를 할

【그림 243】 람 이매뉴얼과 버락 오바마: "내 곁에 꼭 붙어 있어라 애야, 사람들을 죽인 것으로 노벨평화상을 받게 해주마."

때마저도 찰싹 달라붙어있기 일쑤인 텔레프롬프터 스크린에 뜨는 발표문들을 감독한다. 이매뉴얼처럼 엑설로드도 시카고를 손에 쥔 로스차일드 시오니스트 '정치' 마피아가 만들어낸 인물이다. 오바마의 중요한 돈줄이자 통제자들의 하나는 로스차일드 시오니스트의 하수인 조지 소로스로, 많은 나라들, 특히 구소련에서 금융 투기와 조작을 일삼았던 재벌이다. 오바마는 로스차일드 시오니스트 '보좌관들'과 다양한 영역들의 '왕들'을 줄줄이 임명했는데, 악명 높은 전쟁 범죄자이자 로스차일드 시오니스트의 하수인 헨리 키신저도 그 한 명이다. 또 한 명의 '왕'인 캐스 선스타인Cass Sunstein(로스차일드 시오니스트)은 '백악관 정보/규제 사무국 담당관'으로 '음모 이론들'을 금지하거나 세금을 매기라고 촉구했다. 로스차일드가는 그들의 어젠다를 드러내는 견해나 연구를 금지하고, 대안이 되는 정보를 대중들이 보지 못하게 하려고 인터넷을 검열하고 싶어 한다. 선스타인은 '지구온난화'가 조작된 사기라는 의견은 금지시키거나(금지란 말을 썼다) 세금을 물려야할 것들의 일례가 될 수 있다고 말하고 있다. 따라서 오바마가 '그의' 지구온난화/기후변화 정책들을 감독하도록 캐럴 브라우너Carol Browner(로스차일드 시오니스트)와 토드 스턴Todd Stern(로스차일드 시오니스트)을 임명한 일은 정말이지 적절하기 그지없다.

미국 경제의 핵심이 되는 기둥은 연방준비제도이사회의 의장인데, 연방준비은행은 개인이 소유하고 로스차일드가가 조종하는 은행들의 카르텔로 하나로 아울러서(정말 우습게도) '미국중앙은행'이라 부른다. 국가의 중앙은행이라면 국민에 대한 책임이 있어야하고, 그렇지 않다면 그것은 국민이 이자까지 쳐서 갚아야하는 정부 '돈'을 빌려주는 또 다른 개인은행일 뿐이다. 이것이 곧 미국연방준비은행을 두고 하는 말이고, 흔한 말로 연방준비은행은 로스차일드가가 통제하는 페덱스Federal Express가 그런 것처럼 연방의 것이 아니다. '연준'은 러시아혁명에 자금을 댄 쿤뢰브사의 로스차일드 시오니스트들인 제이콥 쉬프와 폴 바르부르크가 1913년에 만들어냈다. 바르부르크의 아들 제임스 폴 바르부르크는 1950년 7월 17일 미국상원에서 이렇게 말했다. "우리는 좋든 싫든 세계정부를 가질 것입니다. 유일한 문제는 세계정부를 정복으로 이루느냐 승낙으로 이루느냐가 될 것입니다." 아들 바르부르크는 대공황 때 루즈벨트 대통령의 금융보좌관이었다. 로스차일드가가 통제하는 쿤뢰브사는 존 D. 록펠러가 스탠더드오일 제국을 확장하는 데, 그리고 철도건설자 에드워드 해리먼Edward Harriman과 산업가 앤드류 카네기에게 돈을 대준 중요한 자금원이었다. 결국 로스차일드가는 그들을 모두, 그리고 제이피모건의 자금운용을 통제했다. 제이콥 쉬프는 뉴욕상공회의소에서 이렇게 말했다. "신용재원들을 적절히 통제하는 중앙은행이 없이는, 이 나라는 역사상 가장 심각하고 지대한 영향을 미칠 금융 공황을 겪게 될 겁니다." 물론 그는 거짓말을 하고 있었다. 그 반대가 진실이며 이미 증명되었다. 로스차일드가는 그들에게 미국 경제의 통제권을 쥐어줄 미국중앙은행을 세우려고 문제-반응-해결책으로서 미국에 금융위기를 만들어냈다. 폴 바르부르크는 은행통화위원회에서 이렇게 말했다. "1907년의 공황에 내가 했던 첫 번째 제안은 국가어음교환소(중앙은행)를 만들자는 것이었습니다. (중앙은행을 위한) 올드리치 플랜Aldrich Plan에는 단순히 은행업의 기본규칙들일 뿐인 많은 것들이 들어있습니다. 여러분의 목표도 같아야 합니다." '올드리치 플랜'은 딸이 존 D. 록펠러 주니어와 결혼한 상원의원 넬슨 올드리치Nelson A.를 이르는 것이었다. 올드리치는 뉴욕 주 주지사를 네 번이나 했고 제럴드 포드의 부통령이었던 넬슨 올드리치 록펠러의 외할아버지였다. 올드리치와 '숨은 손'은 1913년 12월 23일 대부분의 의회의원들이 크리스마스를 보내러 집에 갔을 때 개인(로스차일드) 은행업자들의 연방준비제도를 만들어낸 법령을 날치기 통과시켰다. 연방준비제도이사회의 초대의장은 찰스 섬너 햄린Charles Sumner Hamlin(로스차일드 시오니스트)이었고, 폴 바르부르크(로스차일드 시오니스트)도 이사회에 있었다. 찰스 린드버그Charles Lindbergh 하원의원은 이렇게 말했다.

> 연방준비법은 지상에서 가장 거대한 트러스트를 이룹니다. 대통령(우드로 윌슨)이 이 법안에 서명하면, 금융권력을 가진 보이지 않는 정부가 합법화될 것입니다. 이 시대 최악의 범죄가 이 금융통화법안으로 저질러지는 것입니다.

그가 정말로 옳았다. 그 뒤로 로스차일드가의 은행 네트워크가 미국을 손아귀에 넣었다. 로스차일가는 하수인인 에드워드 멘델 하우스Edward Mandell House(로스차일드 시오니스트)와 버너드 바루크Bernard Baruch(로스차일드 시오니스트)를 거쳐 윌슨 대통령을 손에 쥐었다. 흔해빠진 이야기다. 그 자세한 배경은 《진실이 자유롭게 하리라》를 보기 바란다. '연준'은 말 그대로 헐값에 돈을 찍어내서 이윤을 목적으로 이자를 붙여서 정부에 '빌려'준다. 그걸 잘해낼 수 있다면 대단한 사기가 될 텐데, 로스차일드가의 네트워크들은 정부와 대중매체는 물론 연방준비은행들도 통제하기 때문에, 그들은 그렇게 했다. 놀랍게도, '연준'은 1913년에 시작된 뒤로 온당한 감사를 한 번도 받지 않았다.

지미 카터와 로널드 레이건의 재임시절에(사실상 아버지 조지 부시 때도) 폴 아돌프 볼커Paul Adolph Volcker(로스차일드 시오니스트)가 의장으로 임명된 일에서 '연준' 이야기는 다시 시작된다. 볼커는 로스차일드의 런던정치경제대학을 다녔었고, 록펠러(로스차일드)가 통제하는 체이스맨해튼은행의 부사장과 기획이사를 역임했으며, 1987년에 연방준비제도이사회를 떠나서 뉴욕의 투자금융회사 제이로스차일드울펀슨사J. Rothschild, Wolfensohn & Co.의 회장이 되었다. 제임스 울펀슨James D. W.(로스차일드 시오니스트)은 나중에 세계은행 총재가 되었다. 연방준비제도의 다음 차례에는 필립 유진 드 로스차일드가 '실천하는 사탄숭배자'라고 했던 '거물' 앨런 그린스펀(로스차일드 시오니스트)이 있었다. 그린스펀은 사건들을 커튼 뒤에서 기획하는 '마법사'로 알려졌었다. 레이건 대통령은 그를 연방준비제도이사회의 의장으로 '임명'했고(대통령이 '연준'의 수장을 '임명'하지 않는다. 누가 될 것인지를 전달받을 뿐이다), 그린스펀은 아버지 부시와 클린턴 시절, 그리고 아들 부시의 재임시절 대부분 동안 미국의 경제정책을 떠맡았다. 그는 2006년에 퇴임했으므로 그가 대부분을 기획했던 금융 붕괴가 2008년 9월에 미국과 세상에서 일어났을 때 그 혐의를 벗게 되었다. '연준'에 있는 동안 그린스펀은 금융규제가 체계적으로 해체되도록 감독해서 탐욕과 부패가 날뛰게 했다. 진절머리나는 2인조 토니 블레어와 그의 장관이자 나중에는 후임자가 된 고든 브라운은 영국에서 같은 일을 했다. 그린스펀은 이 정책으로 빌 클린턴의 재무부장관이었던 로버트 루빈(로스차일드 시오니스트, 런던정치경제대학)과 래리 서머스Larry Summers(로스차일드 시오니스트)의 열렬한 지지를 받았다. 로버트 루빈은 로스차일드가가 통제하는 골드만삭스의 공동회장이었고, 래리 서머스는 악랄한 깡패이자 세계은행의 수석경제학자였다. 빌 클린턴의 대통령 경제정책 특별보좌관과 경제자문위원회의 수석경제학자이자 수석고문은 피터 오재그(로스차일드 시오니스트, 런던정치경제대학)였다. 그린스펀의 대대적인 규제철폐를 지지했던 다른 한 사람은 클린턴 행정부의 로버트 루빈의 보좌관이자 나중에 뉴욕연방준비은행의 총재가 된 티모시 가이트너Timothy Geithner(로스차일드 시오니스트)였다. 이곳은 연방준비제도 카르텔에서 가장 강력한 힘을 가졌다. 이 로스차일드 시오니스트들의 비밀집단이 금융권의 견제와 균형을 통째로 무너뜨리지 않았더라면 2008년 9월의 금융 붕괴는 일어나지 않았을 것이다.

미국과 세계를 무너뜨린 로스차일드 시오니스트들

이 이야기에 나오는 흥미로운 등장인물은 브룩슬리 본Brooksley Born이다. 그녀는 빌 클린턴 행정부에서 작은 정부금융기관인 상품선물거래위원회(CFTC)의 위원장으로 임명되었다. 본은 정직하고 양심적인 사람이었고, 미국 국민의 재정을 지켜주고 싶어 했다. 그런 가치관과 태도들은 미국의 정부와 경제를 굴리는 사기꾼들, 도둑들과 사탄숭배자들의 소굴 속에서 언제나 그녀를 큰 어려움에 빠뜨렸다. 연방준비제도이사회 의장 앨런 그린스펀, 재무부장관 로버트 루빈, 그리고 루빈의 보좌관이었다가 나중에 후임자가 된 래리 서머스, 이 로스차일드 시오니스트 3인방은 브룩슬리 본이 장외 파생상품OTC derivatives으로 알려진 기업의 범죄행위를 어서 빨리 규제하라고 요구하기 시작하자 그녀를 무너뜨리는 일에 착수했다. OTC는 '장외거래over the counter'하는 것을 뜻하지만 UTT 곧 '비밀거래under the table'라고 하는 쪽이 훨씬 정확했을 것이다. 파생상품은 사기꾼들이 남이 위험을 떠안도록 속여서 자기의 투자손해를 막는 것이다. 똑같은 금융'상품들'을 다들 자신만이 소유자라고 생각하는 복수의 구매자들에게 파는 일이 그 한가지다. 이 사기극은 훨씬 더 깊이까지 들어가지만, 거기까지 가지는 않겠다. 뱃속 편한 이야기가 아니니까. 장외 파생상품 시장은 완전히 고삐가 풀린 상태로, 여기 발을 들인 사람들 말고는 아무도 모르는 무법천지의 거래였다. 이때까지 이 시장은 27조 달러의 규모였고 브룩슬리 본은 그것이 가져올 재앙과도 같은 결과들을 볼 수 있었다. 그린스펀은 본에게 금융시장의 사기꾼에게 불리한 규칙은 좋지 않다고 생각한다고 했다. 이것은 자신이 금융사기를 막도록 임명받았다고 믿는 사람에게는 충격적인 말이었다. 그렇게 하지 말라는 그린스펀과 루빈의 엄청난 압력과, 입버릇이 지저분한 얼간이 래리 서머스의 그 흔한 욕설을 무릅쓰고 그녀는 장외 파생상품을 규제하는 절차를 밀어붙였다. 이 사람들은 증권거래위원회(SEC)의 의장 아서 레빗Arthur Levitt(로스차일드 시오니스트)의 지원을 이용하기도 했다. 이 위원회도 규제기관이어야 했지만, 이런, 이름이 무슨 문제인가? 이 비열한 집단은 본을 의회청문회에 서게 몰아세웠고 규제하려는 그녀의 의지를 가로막으려고 아무짝에도 쓸모없는 정치인들에게 로비를 했다. 이들 대부분은 당연히 OTC 파생상품과 OTC 두통약(장외 파생상품의 OTC와 같은 'over the counter'를 쓰는데 처방전 없이 구입하는 일반의약품을 말한다-옮긴이)의 차이도 몰랐지만 늘 그렇듯 안간힘을 썼고 정확히 로비를 받은 그대로 했다. 텍사스 주의 필 브라운Phil Brown 상원의원은 본에게 기억에 남을 만한 말을 했다. "나는 이것이 문제가 되는 시장이라거나 그런 사기가 만연한다는 증거라곤 전혀 찾아볼 수가 없어요." 멋진 말입니다, 필. 우리에게 해주고 싶은 헛소리가 더 있나요? 정말 있었다. "기관 하나가 이 분야를 혁신하게 해서는 안 될 뿐만 아니라 그렇게 하면 상당한 금융문제들이 생겨요." 나는 그가 2008년 9월 무렵에 600조 달러 규모의 장외 파생상품 시장이 세계경제를 무너뜨렸을 때도 같은 생각을 했을지 궁금하다. 그린스펀은 청문회에서 파생상품을 규제해도 별 쓸모가 없을 것이라고 말했다. 몇 주가 지나 최고급 헤지펀드라고 하는 LTCM(Long-Term Capital Management)이 바로 브룩슬리 본이 규제하려고 했던 일을 하다가 망해버렸다. 그린스펀과 루빈은 은행들에 그 펀드를 인수해서 부양하라고 지시했다. 그런데도 아무런 조치도 없었던 것은, 그렇게 할 생각이 없었기 때문이었다. 본이 맞았음이 증명되었는데도, 의회는 그녀가 이끄는 위원회에게서 파생상품을 규제하는 권한을 빼앗았고 본은 자신이 할 수 있는 일이 없다는 것을 절감하면서 사임했다. 지금의 상품선물거래위원회의 위원장은 골드만삭스에서 18년을 보낸 게리 젠슬러Gary Gensler(로스차일드 시오니스트)이다. 글쎄, 그들은 정직하고 진실한 사람이 그들 집단에 들어오게 하는 실수를 두 번 다시는 하지 않을 것이다. 안 그런가? 2008년 세계경제의 붕괴를 만들어낸 으뜸 인물들은 앨런 그린스펀, 로버트 루빈, 래리 서머스, 티모시 가이트너였다. 모두 로스차일드 시오니스트들이다. 그린스펀은 자기가 의도를 가지고 기획했던 경제 붕괴가 일어나기 2년 전에 연방준비제도이사회에서 물러났다. 그는 미국시민으로서는 가장 높은 영예인 의회황금메달을 받았고, 그의 자리는 벤 버냉키Ben Bernanke(로스차일드 시오니스트, 런던정치경제대학)가 이어받았다. 로버트 루빈은 씨티은행으로 갔고, 이 은행은 나중에 부양을 위해 국민의 혈세로 1,000억 달러의 긴급구제금을 받았다. 서머스와 가이트너는 어떻게 됐을까? 글쎄, 두고 보자.

로스차일드 시오니스트가 손에 쥔 미국

버락 오바마는 경제 붕괴가 생긴 뒤로 몇 달이 지나 부시 대신 미국 대통령

【그림 244】 티모시 가이트너는 2008년의 경제 붕괴를 일으키는 일을 도왔고 그 뒤로 다른 사람들과 함께 금융계의 혈통집단들을 위해 미국을 약탈하는 일을 감독했다.

【그림 245】 사랑스런 래리 서머스

이 되었는데, '그'는 '상황을 수습할' '그의' 경제팀으로 누구를 임명했을까? 일부러 그것을 만들어낸 바로 그 사람들이었다. 이 일은 모두 람 이매뉴얼(로스차일드 시오니스트)과 데이비드 엑설로드(로스차일드 시오니스트)가 통제하는 백악관으로부터 진행되었다. 오바마는 티모시 가이트너(로스차일드 시오니스트)를 재무부장관으로 만들었다. 오바마의 어머니는 뉴욕에 있는 포드재단의 아시아프로그램 국장이었던 가이트너의 아버지 피터 가이트너Peter F. G.(로스차일드 시오니스트) 밑에서 일했었다(그림 244). 래리 서머스는 백악관 국가경제위원회의 위원장으로 임명되었고(그림 245), 로스차일드가의 사업동료 폴 아돌프 볼커(로스차일드 시오니스트)는 경제회복자문위원회 의장이 되었다. 다른 경제 관련 직위들에는 예산관리국장에 피터 오재그(로스차일드 시오니스트), 조 바이든 부통령의 수석경제학자이자 경제정책보좌관에 재러드 번스타인Jared Bernstein(로스차일드 시오니스트), 증권거래위원회(SEC) 위원장에 메리 샤피로Mary Schapiro(로스차일드 시오니스트), 상품선물거래위원회 위원장에 게리 젠슬러(로스차일드 시오니스트), 연방예금보험공사(FDIC) 의장에 쉴라 베어Sheila Bair(로스차일드 시오니스트), 중소기업청(SBA) 청장에 카렌 밀스Karen Mills(로스차일드 시오니스트)가 임명되었다. 다시 한 번 짚고 넘어갈 필요가 있는 것은 유대인은 미국 인구의 2퍼센트일 뿐이고 그들 대다수는 로스차일드 시오니스트들이 아닐 것이다. 하지만 걱정

마시라, 음모는 없다. 마을을 엉망으로 만든 갱단이 이제 아예 쑥대밭으로 만들려고 돌아왔는데, 당신은 짐작도 못할 것이다. …… 그들은 자신들의 집합적인 행동들과 그들이 대변하는 은행시스템으로 마비된 경제를 살리는 유일한 길은, 설마, 아니다, 분명 아니다. …… 납세자들이 빌린 수조 달러의 돈을 로스차일드가 통제하는 씨티그룹(로스차일드 시오니스트 로버트 루빈이 자문해줘서 재앙을 맞음), 제이피모건, AIG와 그 밖의 기나긴 목록의 은행과 보험회사들에게 넘겨주는 것이라고 결정했다.

이런 일과 미국 정부의 다른 모든 지출은 이미 말했던 오바마의 예산관리국장 피터 오재그가 감독했던 것으로, 오재그는 로스차일드의 정책에 발맞추어 미국의 산업을 황폐화시킨 북미자유무역협정(NAFTA)을 시행하는데 람 이매뉴얼과 긴밀하게 일했었다. NAFTA는 바로 '공동시장'이 유럽연합으로 가는 과정에서 그랬던 것과 같이 북아메리카연합을 위한 하나의 핑계다. 오재그는 아이슬란드의 금융이 무너지기 전까지 아이슬란드 중앙은행에 자문을 해주었던 경제컨설턴트 회사의 설립자이자 대표였으며, 러시아의 재원자산들이 영국 첼시FC의 구단주인 벼락부자 로만 아브라모비치 Roman Abramovich 같은 로스차일드 시오니스트 올리가르히oligarch(러시아의 신흥재벌로 과두제 지배계층-옮긴이)들에게 넘어갈 때 러시아 재정부에 자문을 해주고 있었다. 오재그는 '임무를 마치고' 2010년 7월에 예산관리국장을 사임했지만, 뭐 어떠랴. 오바마는 국무부장관 힐러리 클린턴의 차관 제이콥 루 Jacob Lew(로스차일드 시오니스트)가 빌 클린턴 때와 같은 직위를 맡아서 그 일을 다시 하게 된다고 발표했다. 2008년 9월 경제위기가 덮치던 무렵 벤 버냉키는 연방준비제도를 운영하고 있었다(명목상 그랬고 그린스펀이 아직 배후에 있었다). 버냉키는 월스트리트의 로스차일드 시오니스트 친구들과 통제자들에게 넘겨주려고 더욱 많은 돈을 찍어냈다(납세자들에게 이자를 붙여서). 한편, 수조 달러의 공급을 금융가 동료들에게 아무 조건 없이 넘겨주는 데 핵심적으로 관여했던 재무부장관 티모시 가이트너는, 긴급구제를 받은 은행시스템의 압류로부터 집을 지키려고 하는 사람들을 지원하는 데 미국의 주들이 긴급구제기금이나 부실자산구제프로그램(TARP)을 합법적으로 이용할 수 있는지를 알려고(일부 주들이 요청함에 따라), 스콰이어샌더스 앤 뎀시Squire, Sanders & Dempsey라는 로스차일드 시오니스트의 국제적인 사설 '로펌'에 의견을 물었다. 개인소유의 로스차일드 시오니스트 회사 스콰이어샌더스 앤 뎀시는 그럴 수 없다고 했고, 따라서 티모시 가이트너는 은행들의 압류로부터 대중들(그 은행들을 긴급구제해준)을 보호하는 데는 돈을 쓸 수 없다고 말했다. 미국인들은 이것을 이해할 필요가 있다. 사실 세계가 이것을 이해해야 한다. 미국은 로스차일드가와 록펠러가를 거쳐 로스차일드 시오니스트 비밀결사가 소유했다. 그들은 미국의(그리고 세계의) 경제를 무너뜨리고 미국인들과 지구의 다른 수많은 사람들이 일자리를 잃고 길거리로 나앉게 한 은행들을 소유하고 통제하고 있고, 또 그들이 정말로 앞으로도 그렇게 한다면 미국 국민들이 몇 세대 동안 갚게 될 어마어마한 금액의 신용 '화폐'로 그 은행들을 긴급구제한 연방준비제도 카르텔을 소유한다.

이런 일들이 진행되어오는 동안, 로스차일드 시오니스트들은 세계의 큰 금융기관들을 운영하고 있었다. 세계은행의 총재는 로버트 졸릭Robert B. Zoellick(로스차일드 시오니스트)인데, 그는 9·11이 생기기도 훨씬 오래 전에 이라크 침공을 열렬히 지지했던 그 잘난 부시 행정부의 내부자였다. 졸릭은 국방부 차관으로서 이라크 침공을 기획한 다른 한 사람인 폴 월포위츠(로스차일드 시오니스트)가 실각한 뒤로 세계은행 총재 자리를 넘겨받았다. 국제통화기금(IMF)의 총재는 도미니크 스트로스칸Dominique Strauss-Kahn(로스차일드 시오니스트)이었는데, 이 사람은 뉴욕의 한 호텔방에서 일이 틀어지기 전까지는 다음번 프랑스 대통령선거에서 니콜라 사르코지(로스차일드 시오니스트)에게 도전장을 내밀 유력한 후보였던 프랑스 정치인이다. 이 일로 나폴레옹처럼 생긴 사르코지는 무척 행복했을 것이다. 유럽중앙은행(ECB)의 총재는 장클로드 트리셰Jean-Claude Trichet(로스차일드 시오니스트)로, 프랑스 굴지의 국유은행

크레디료네Crédit Lyonnais에서의 '재무 부정들'에 대한 재판에서 무죄선고를 받은 뒤로 2003년에 그 자리에 오른 프랑스인이다. 이런 사실들로 보아, 로스차일드 시오니스트들이 세계의 금융을 통제할 수도 있고 또 2008년과 그 뒤로 이어진 금융 붕괴를 꾸몄을 가능성이 있다고만(그것도 아주 조금) 생각하는 사람이 있을까? 유럽중앙은행의 장클로드 트리셰와 IMF의 도미니크 스트로스칸은 아일랜드의 '긴급구제'에 핵심이 되는 사람들이었다. 사실은 아일랜드 국민들이 아일랜드 은행들과 로스차일드가와 같은 엘-리트 투자자들을 긴급구제한 것이다. 경제 붕괴를 가져와놓고서 사람들의 빌린 돈을 뒤집어 쓴 긴급구제된 은행들도 예외 없이 직접적으로나 궁극적으로 로스차일드 시오니스트들의 통제를 받는다. 로이드 블랭크페인Lloyd Blankfein(로스차일드 시오니스트)이 최고경영자이며, '로스차일드'(토성)라는 이름이 나온 곳인 독일에서 미국으로 옮겨왔던 일가들 출신인 로스차일드 시오니스트들, 마커스 골드만Marcus Goldman과 새뮤얼 삭스Samuel Sachs가 세운 골드만삭스도 그 하나다.

노골적인 타락

골드만삭스는 2008년의 경제 붕괴에 지극한 책임이 있었지만, 그 무렵에는 골드만삭스의 회장이자 CEO였던 헨리 '행크' 폴슨Henry Paulson Jr.이 재무부장관으로서 오바마와 버냉키가 마무리지을 부시 대통령의 은행 긴급구제정책을 도입한 상태였다. 폴슨이 내린 결정들은 부시 행정부의 막판에 골드만삭스에게 엄청난 이익이 되었다. 나중에 아일랜드, 포르투갈과 여러 나라들이 휩말린 '유로패닉'이 시작된 그리스 경제의 붕괴에도 골드만삭스는 일조를 했다. 그 결과 이 글을 쓰는 시점에서 그리스의 실업률은 40퍼센트로 치솟았고 젊은이들의 42퍼센트가 일자리를 얻지 못한다. 이들의 삶은 더더욱 황폐해졌지만, 로스차일드 시오니스트들에게는 전혀 신경 쓸 일이 아니다. 결국 인간의 고통이 바로 그들이 보고 싶어 하는 것이니까. 그들은 온 시스템을 꿰어 엮었다. 로스차일드 시오니스트 비밀결사 네트워크들은 정부들, 금융시스템(세계은행과 같은 국제기관들을 포함해서)에 그들의 하수인들을 두고서 주류 대중매체를 소유하고 조종하면서 그들의 활동들에 대한 보도를 통제한다. 2011년 BBC의 '리포터' 톰 드 캐스텔라Tom de Castella는 BBC의 웹사이트에 '빌더버그 수수께끼: 사람들은 왜 비밀집단이 있다고 믿는가?'라는 제목의 기사를 실었다. 멍청한 BBC에게 '수수께끼'는 '온 세계의 정부, 금융, 대형 사업, 대중매체와 군대 등등에 있는 힘 있는 사람들의 무리가 왜 몰래 만나는가'가 아니라, 사람들이 왜 거기에 사악한 뭔가가 있을 수도 있다고 믿는가 하는 것이었다. BBC는 루퍼트 머독(로스차일드 시오니스트)이 소유한 〈타임스〉지의 '컬럼니스트' 데이비드 아로노비치David Aaronovitch(로스차일드 시오니스트)의 말을 인용했다. 아로노비치는 빌더버그 그룹에 대해 말했다. "사실 그건 부자와 권력자들이 가끔씩 만나 저녁 만찬을 하는 모임입니다." 그는 곧장 BBC에 들어가야 한다. 어린이 부서가 어울릴 것이다. 아님 코미디 부서나. BBC는 정부의 한 갈래이고 이 기업은 극소수의 훌륭한 사람들을 빼고는 살아있는 동안 이름만 저널리스트일 사람들을 고용한다. 이렇게 진정한 저널리즘이 결여되고 금융, 사업, 정부가 통제된다는 것은, 만일 경제적으로나 정치적으로 어떤 일이 일어나고 있다면 그것은 로스차일드가가 그렇게 되길 바라기 때문이라는 것을 뜻한다. 이런 일은 금융, 주식시장, 상품시장, 통화가치, 금 시세, 그리고 다른 모든 것에 있어서도 진실이다. 금융의 세계는 '투자자들의 확신'이 지배하고, 또 이것은 대중매체, 정부와 중앙은행의 재무제표를 통제하는 힘을 가진 사람들과 날마다 금융시장에서 수조 달러를 움직이는 재력을 가진 사람들, 달리 말해 로스차일드가와 그 하인들이 지배한다. 로스차일드 시오니즘은 그 우라질 핵심에 있어서 하나의 엘-리트 비밀결사다. 여기서 내가 이름을 댄 사람들과 더 이름을 댈 수 있는 그토록 많은 사람들은 전체적으로는 유대인들의 하수인들이 아니라, 그 포악한 목표들을 앞당기려고 몇 세기동안 유대인들을 무자비하게 조종했던 비밀결사의 하수인들이다.

"팔레스타인을 파괴하도록 도와줄까?"

미국이스라엘공공문제위원회American Israel Public Affairs Committee(AIPAC)의 지지를 받지 않고서 미국의 대통령이 된다는 것은 있을 수 없는 일이다. 사실상 공공연하게는 아닐지라도 이것은 정부와 관련이 있다는 소리로 들린다. 여러 가지 면에서 그것은 정부가 맞다. AIPAC은 무한한 돈을 지원받는 로스차일드 시오니스트의 로비집단으로 미국에서 가장 큰 집단의 하나다. 이 말을 잠깐 생각해보자. 워싱턴 D. C. 최대의 로비집단 중 하나, 어쩌면 가장 클지도 모를 집단이 외세의 이익을 대변하고 있다. AIPAC이 승인하지 않으면 어떤 종류라 하더라도 정치고위직에 오르는 일이 거의 있을 수가 없으며, AIPAC이 반대하면 의회나 상원의 의원이 되는 일마저도 험난한 고투가 된다. BBC와 독립 텔레비전 뉴스의 기자였던 앨런 하트Alan Hart는《시오니즘: 유대인들의 진짜 적Zionism: The Real Enemy of the Jews》(2005)에 이렇게 썼다. "유대인들은 미국 인구의 2퍼센트도 안 되지만, 정치선거자금의 50퍼센트를 차지한다." 로스차일드 시오니스트 소유의《워싱턴포스트》지는 대통령선거자금의 '50에서 70퍼센트'가 로스차일드 시오니스트의 돈줄에서 나왔다고 했다. 이 수치는 압도적인 부분이 거부 로스차일드 시오니스트들의 돈으로 이루어진 것이고, 50에서 70퍼센트의 유대인들에게서 나왔다는 말은 전혀 아니다(그림 246). 2008년 버락 오바마와 존 매케인의 대통령선거에 기부한 40대 기업의 반이 넘는 수가 로스차일드 시오니스트들이 소유한 기업들이었다. 그들은 결과를 통제할 수 있도록 그들이 정말로 바라는 후보와 그 경쟁자에게도 돈을 댄다. 미국의 대통령과 부통령 후보들은 이런 저런 점에서 다르겠지만(그 차이가 갈수록 적어지기는 하지만) 그들은 모두 늘 한 가지 사항에 동의한다. 바로

【그림 246】 이들에게는 한 가지 공통점이 있다. 그게 뭘까?

이스라엘은 이스라엘이 바라는 것을 얻는다는 것. 로스차일드가가 이스라엘과 미국 정부를 소유하는데 왜 그렇지 않겠는가? 추적조사 저널리스트 웨인 매드슨이 이 상황을 아주 잘 묘사했다.

이스라엘의 로비가 의회, 대중매체, 할리우드, 월스트리트, 두 정당들, 그리고 백악관을 쥐고 흔든다. 최근에 백악관 출입기자인 헬렌 토머스와 CNN의 앵커 릭 산체스의 일에서 보았듯이, 이런 말을 하면 이 로비에 의해 사람들이 해고된다. 하지만 이스라엘 로비의 오만함, 그리고 그들의 권력남용과 그 해묵은 동화들 때문에, 이스라엘을 지지해야한다는 웃기는 주장에 도전하는 사람들을 편협하게 대하는 태도에 많은 미국인들은 갈수록 넌더리를 내고 있다.

오바마는 로스차일드 시오니스트들의 노예다. 그들은 오바마를 대통령에 앉혔고 무엇을 하고 말할지를 이야기해준다. 오바마는 착한 아이가 되어야 하고 조직적인 집단학살, 이스라엘의 전쟁범죄나 이스라엘 '방위군'이 팔레스타인 아이들을 비열하게 다루는 일들은 절대로 말해서는 안 된다(그

【그림 247】 용감하기 그지없는 친구들. 점령 팔레스타인에서의 일상적인 장면

림 247). 이스라엘이 가자지구에 세운 장벽 때문에 팔레스타인은 2011년까지 45퍼센트의 실업률을 기록했고 이것은 지구에서 가장 높은 비율이다. 직업을 가진 사람들의 임금이 가진 구매력은 5년 동안 34퍼센트 이상 곤두박질쳤다. 가자지구에 사는 인구의 3분의 2가 난민들이다. 가자에는 보급품을 받을 공항이나 항구가 없다. 모든 것이 이스라엘을 거쳐 가야 한다. 이스라엘의 점령으로 팔레스타인 서안지구에는 600곳이 넘는 검문소와 바리케이드가 있다. 중상을 입

은 사람들이나 출산을 하려는 여성들을 태운 팔레스타인 구급차들은 툭하면 가로막힌다. 2001년에 팔레스타인 구급차들의 평균 비상운행시간은 10분이었다. 2011년 이 시간은 거의 두 시간이었다. 이스라엘의 인종차별주의는 믿기 어려울 정도다. AFP 통신은 이스라엘이 가족들이 항의하는데도 무슬림의 한 공동묘지에 '관용의 박물관'을 세우려 한다고 보도했다. 이스라엘 법정은 그곳이 이제 공동묘지가 아니라는 판결을 내려버렸다. 그러면 시신들은 무어란 말인가? 이스라엘이라는 기계는 피도 눈물도 없다. 사납고 잔인하며 희생자들의 고통에 흐뭇해한다. 이스라엘국회는 정부의 파시즘에 대한 항의로 이스라엘 제품들의 불매운동을 벌이는 행위를 금지하는 법을 통과시켰고 이것으로 회사들은 피해나 손실을 입었음을 입증하지 않고도 불매운동을 벌인 사람들을 고소할 수 있게 되었다. 팔레스타인 사람들에게서 강제로 뺏은 불법적인 유대인 정착지들에서 생산된 제품들에 대해 불매운동을 벌이는 경우에도 이 법이 적용된다. 불매운동을 벌이는 사람들은 정부에 납품하기 위한 입찰도 할 수 없다. 법은 이렇게 말한다. "이스라엘에의 불매운동을 시작하고, 여기에 참여하라고 부추기거나, 불매운동을 촉진할 목적으로 지원이나 정보를 주는 일을 금지한다." 파시즘, 파시즘, 파시즘이다. 2011년에 이스라엘 군대의 한 고위급 지휘관조차도 점령 서안지구에서 극단주의에다 불법적인 유대인 정착민들이 팔레스타인 사람들에게 벌이는 '유대인 테러'가 방관되고 있다고 공개적으로 말했다. 아비 미즈라이Avi Mizrahi 소장은 '과격한'(미친) 유대인 거점들의 하나인 이츠하르 정착촌을 폐쇄해야 한다고 했다. 그는 이곳이 팔레스타인 사람들에 대한 테러의 온상이라고 말했다. 이스라엘 외무부장관이자 초-극단주의자 아비도르 리베르만Avigdor Lieberman은 불법으로 서안지구의 정착촌에 산다. 미즈라이 소장은 이렇게 말했다. "이곳에서 벌어지고 있는 일은 테러리즘이다." 유대인 정착민들은 무슬림사원들과 팔레스타인의 올리브나무 숲에 불을 지르고 재산을 훼손하고 살인을 저지른다. 이스라엘 군대가 끊임없이 저지르는 잔인함과 공포행위 말고도 팔레스타인 사람들에게는 이것이 일상의 삶이다. 이 장을 쓰는 동안 이스라엘 군대는 팔레스타인 사람들 소유의 올리브나무 300그루를 뽑아버리고서 그 땅을 군사지역으로 선포했다. 딱 그런 식이다. 날이면 날마다 이런 일들이 벌어지고 있다. 마찬가지로 이 글을 쓰는 동안, 이스라엘 국회의 한 위원회는 팔레스타인 사람들이 이스라엘 군대가 그들의 집을 부수는 데 철거비용을 내도록 강제하는 법안을 통과시켰다. 이스라엘은 1967년에 시작한 점령 이후로 25,000채가 넘는 팔레스타인 사람들의 집을 철거했는데, 그 90퍼센트가 '행정상'의 이유들이다. 그들에게는 철거허가가 (이스라엘인들의 소관)도 없었거나 아니면 군대가 그 땅을 원한다고 결정했다. 자기재산에 사는 가족들이 하루아침에 길거리로 나앉는다. 점령이 시작된 뒤로 팔레스타인 사람들에게 건축허가를 내주지 않았다. 미국의 캐터필러 Caterpillar사가 이스라엘 군대에 판 장갑을 두른 불도저들이 집들을 민다. 이스라엘 정부는 팔레스타인의 지역과 사적지들의 이름을 '유대화'하고 팔레스타인의 정체성을 지우는 위원회의 구성을 승인하기도 했다. 그것은 TV 뉴스에서도 볼 수 있는 점진적인 집단학살이다.

차갑고 냉혹한 이스라엘 총리 베냐민 네타냐후는 2011년에 팔레스타인 포로들에게 더 가혹한 조건들을 만들어줄 생각이라고 발표했다. 그는 부양할 가족들을 남겨두고서 이스라엘의 감옥들에 수감된(많은 수가 기소도 없이) 11,000명쯤 되는 팔레스타인 남성, 여성, 그리고 아이들을 말하고 있었다. 이들은 독방에 갇히고, 한밤중의 급습과 고문을 당하고, 목욕과 깨끗한 옷가지와 가족들의 면회를 거부당한다. 영혼도 없고 공감능력도 없다. 그러나 무자비한 네타냐후에게는 이마저도 성에 차질 않는다. "나는 감옥에 앉아 있는 테러리스트들을 달리 다루기로 마음먹었습니다." 네타냐후가 2011년 6월에 말했다. "우리는 국제법에 따라 그들이 마땅히 받아야 할 것들을 모두 주겠지만 그 이상은 아무것도 주지 않을 것입니다." 아니다, 그들은 그러지 않을 것이다. 포로들에 대한 이스라엘의 처우는 이미 '국제법'을 무시하고 있다. 이스라엘은 팔레스타인 포로들을(아이들을 포함해서) 부당하게 대하고 고문하는 것으로 대부분의 기본적인 인간의 품위에 관한 사항을 위배하고 있다. 이스라엘은 1967년에 가자와 서안지구를 점령하기 시작한 뒤로 어림잡아 700,000명의 팔레스타인 사람들을 감옥에 가뒀다. 이 수치는 팔레스타인 인구의 20퍼센트이고 남성인구의 40퍼센트다. 이스라엘의 군사재판제도가 팔레스타인 억류자들의 재판, 선고와 투옥을 장악하고 검사와 판사를 모두 제공한다. 같은 지역들에 있는 이스라엘인들에게는 민간법률을 적용한다. 포로들의 인권과 지원을 위한 단체인 앗다미르Addameer의 사무국장 사하르 프란시스Sahar Francis는 아이들을 포함한 포로들이 수면 박탈, 성폭행 위협, 육체적 폭력, 오랜 기간의 완전 격리에 시달리고, 또 가족구성원들이 체포되면서 자백을 강요받고 있다고 했다. 그녀는 이렇게 말했다.

특히나 청소년들의 경우에, 군법은 그들의 자백을 쉽게 받아내려고 심문도 하기 전에 먼저 협박을 하고 있다. 아이들은 그야말로 겁에 질릴 것이다. 그들은 아이들에게 굴욕감을 준다. 그들은 수용소로 가는 내내 아이들을 때리고 발로 차고 가혹행위를 하기 시작한다. 이것은 (억류자들의) 자백과 나중의 모든 심문과정을 진행하는 방식에 영향을 준다.

어떤 경우에는 전기충격을 사용한다. 또 다른 경우들에는 눈을 가리고 의자에 묶는다. 머리를 뒤로 젖히게 한 다음 물 한 컵을 가져와서는 얼굴에 떨어뜨리면서 숨이 막히는 느낌을 준다. (고문은) 아주 흔한 일이다. 매우 자주 일어난다.

그들이 공개적으로 하는 일을 봤다면, 안 보이는 곳에서는 무슨 일이 벌어지는지 상상해보라. 그러나 이스라엘은 하고 싶은 일이라면 뭐든지 한다. 방해받지 않고서. 네타냐후는 베두인Bedouin부족의 지역사회에 있는 30,000명의 팔레스타인 사람들을 퇴거시켜서 이스라엘 정부가 지정하는 장소로 강제 이주시킬 것이라고 발표했다. 늘 이런 식이다. 토의도 없고, 어떤 권리도 이야기해주지 않는다. 이스라엘은 독일의 나치를 규탄하고서 스스로가 파시스트 국가를 세운다. 이것이 그저 역설일 뿐일까? 아니면 나치 뒤에 있는 세력이 이스라엘 뒤에 있는 세력일 수도 있는 걸까? 알겠지만 나는 그럴 수 있다고 생각하고, 그 세력의 이름은 'ㄹ'로 시작한다. 이것이 정치적인 매춘부에 '탈바꿈하는 자' 토니 블레어가 로스차일드 시오니스트들이 모인 청중석에 대고 '이 지역의 본보기'라고 말했던 바와 같은 이스라엘 정권이다. 블레어는 이런 말을 하고 싶었을 것이다. "이스라엘은 팔레스타인 사람들을 뺀 하느님 백성의 땅이며, 이스라엘의 영광을 느끼고 또 이스라엘이 보내준 수표들을 받을 수 있도록 원하는 거라면 뭐라도 핥을 수 있어 자랑스럽습니다." 블레어가 UN, 미국, EU와 러시아를 대표해서 중동에 '특사'로 갈 만도 하다. 로스차일드 시오니스트 아첨꾼을 허위로 임명해서 이스라엘의 주장을 유일한 해법으로 조장하려는 것은 팔레스타인 사람들을 또 한 번 속이는 짓이다. UN, 미국, EU와 러시아는 당연히 그것을 알지만, 한편으론 그들 모두가 로스차일드의 통제를 받는다. UN 팔레스타인난민구호기구의 대변인 크리스 건네스Chris Gunness는 이런 말을 했다. "그토록 많은 사람들을 고의로 가난에 허덕이게 하고 생산 잠재력이 있는 수십만의 사람들을 극빈의 삶으로 밀어 넣는 인위적인 정책의 논리를 이해하기가 어렵다." 아, 그 논리란 간단하다고, 크리스. 그들을 파괴하려는 것이니까, 친구. 오바마나 다른 대통령 또는 총리는 이를 두고 무슨 말을 해야 할까? 아무것도 없다. 이 책을 쓰고 있었을 때 미국이스라엘공공문제위원회(AIPAC)에서 오바마는 미국의(로스차일드의) 중동정책을 가지고 연설을 했다. 〈월스트리트저널〉의 기사에 따르면 오바마가 대통령이 된 뒤로 이 주제를 놓고 한 첫 번째 연설문은 제임스 스타인버그James Steinberg(로스차일드 시오니스트), 데니얼 커처Daniel Kurtzer(로스차일드 시오니스트)와 데니스 로스Dennis Ross(로스차일드 시오니스트)가 쓴 것이다. 이 연설이 어떤 식으로든 치우친 것이라고 생각되지 않는가? 로스차일드가의 네트워크가 오바마와 텔레프롬프터를 모두 손에 쥐고 있고, 또 이

스라엘을 소유하고 있는데(정말로 이스라엘
을 창조했다) 이것은 놀랄 일도 아니다(그림
248). 지금 AIPAC의 회장은 리 '장밋빛' 로
젠버그Lee Rosenberg인데, 오바마의 시카고
시절부터 가까운 친구이자 돈줄이며, 한
때 AIPAC의 대변인이자 〈예루살렘포스트
〉의 통신원이던 CNN의 인기 진행자 울프
블리처Wolf Blitzer(로스차일드 시오니스트)와
아마 좋은 관계를 이루고 있는 듯하다(그림
249). 오바마가 이스라엘을 두고 미리 합의
하지 않은 내용을 말해서 '장밋빛' 같은 가
까운 친구이자 돈줄, 그리고 그가 비위를
맞춰야하는 그 조직을 화나게 할 일은 없
을 것이다. 오바마는 AIPAC에서의 '자신
의' 연설에서 이렇게 말했다.

【그림 248】 로스차일드 시오니스트의 노예가
된 미국

【그림 249】 (AIPAC 회장 리 '장밋빛' 로젠버그)
AIPAC과 이른바 '대통령'이라는 그 애완견, 그
리고 점령 팔레스타인의 사람들에게 준 결과들

나는 백악관에서 네타냐후 총리를 만났고, 우리는 60년 이상을 우리의 대통령과 총리들을
이끌었던 근본적인 진실, 곧 친구들끼리 가끔 그렇듯이(그래, 그렇지) 우리가 때로는 뜻을 모으
지 못하는 동안에도 미국과 이스라엘의 결속은 깨질 수 없으며, 또 이스라엘의 안보에 대한
미국의 책무는 철갑과도 같은 것임을 재확인했습니다.

이런 무도함이 60년을 거뜬히 넘도록 계속된 것은 그러는 내내 로스차일
드가가 이스라엘과 미국 정부를 조종했기 때문이다. '철갑과도 같은 것'이
이스라엘이 그 어떤 규모의 잔혹행위를 저질러도 상관없다는 뜻일까, 엄청
난 짓을 해도? 맞다, 그것도 '철갑과도 같은 것'이다. 오바마는 표적이 되는
인구집단에게 끊임없고 끔찍한 폭력과 소모의 전쟁들을 공개적으로 혹은

몰래 벌였던 두 나라에 대해 다음과 같이 말했다.

　이스라엘의 안보에 대한 미국의 책무는 더 깊은 곳에서 우러나오기도 합니다. 그리고 이것이 우리가 함께 나눈 가치들입니다. 엄청난 역경들에 맞서 자유를 쟁취하기 위해 분투했던 두 나라의 국민들로서 우리는 우리 선조들이 얻기 위해 싸웠던 나라의 안전을 지키는 것이 모든 세대의 과업이 되어야 한다는 점을 이해합니다. 활기 넘치는 두 민주국가들로서 우리는 우리가 소중히 여기는 개인과 국가의 자유를 끊임없이 보살펴야 한다는 점을 인정합니다. 또한 이스라엘이 독립한 뒤로 이스라엘의 중요성을 인정한 나라로서 우리에게는 유대인들의 굳세고 안전한 고국으로서 그 생존에 대한 막중한 책무가 있습니다.

　오바마가 만일 자기도취에 빠진 반사회적 인격 장애자가 아니었더라면, 틀림없이 그는 숨이 막힐 지경이었을 것이다. 그러나 오바마는 이젠 꿈나라를 헤매고 있었다.

　특히 억센 이웃나라들 틈에 있는 이스라엘처럼 작은 국가에게는 안보를 위한 그런 노력이 얼마나 어려운 일인지도 우리는 압니다. 나는 직접 그것을 봤습니다. 통곡의 벽을 만지고 내 기도문을 그 오래된 돌들의 틈에 넣으면서, 나는 이스라엘의 자손들이 그들의 오랜 고국으로 돌아가기를 열망했던 수세기의 세월을 생각했습니다.

　이런 젠장, 이젠 내가 다 숨이 막힌다. 구역질이 나서일 게다. 이 '이스라엘처럼 작은 국가'가 세상에서 가장 잘 무장된 군대들 가운데 하나다. 사실상 그 모두를 미국 정부가 준 것이고 또 미국의 납세자들이 돈을 낸 것이다. 오바마 스스로도 이렇게 말했다.

　우리는 이스라엘이 부딪친 도전들을 이해하기에, 나와 내 행정부는 이스라엘의 안보를 우선시했습니다. 그래서 두 나라의 군대들 사이의 협력을 전례 없던 수준까지 끌어올렸습니다.

따라서 우리의 최첨단 기술들을 이스라엘 동맹이 이용할 수 있도록 하고 있습니다. 그리고 이 때문에 국가재정이 어려운 시기임에도 우리는 대외군사예산을 기록적인 수준으로까지 늘렸습니다.

여기에는 정규적인 군사원조를 넘어서 아이언 돔 로켓방어시스템을 위한 추가적인 지원이 들어있습니다. 이것은 미국과 이스라엘의 협력의 강력한 사례이며, 이미 가자에서 날아오는 로켓포들을 격추해서 이스라엘의 무고한 생명들을 지키도록 도왔습니다. 따라서 분명히 말씀드리지만, 우리는 이스라엘의 질적인 군사우위를 유지할 것입니다.

이스라엘의 '질적인 군사우위'란 사실상 이런 내용을 들어본 적도 없고 또 많은 사람들이 절망적인 재정궁핍을 겪고 있는 미국 국민들에 앞서 이스라엘의 질적인 군사적 우세를 특별 우대하는 것이다. 미국인들을 위한 집들? 아니, 이스라엘을 위한 폭탄들. 진실을 말하자면 미국 정부는 미국 국민에게 최선이 되는 것을 하려고 있는 게 아니다. 정부(모든 정부)의 역할은 이스라엘을 소유하고 조종하는 로스차일드 네트워크의 요구와 이익을 떠받드는 것이다. 이것을 이해하면 미국 행정부들의 우선사항이 왜 미국인들을 위한 집이 아니라 무방비의 팔레스타인 사람들을 위협하고 고문하고 죽이는 이스라엘을 위한 폭탄인지를 쉽게 알게 된다.

조직적인 집단학살

그림 250의 지도를 보기 바란다. 왼쪽 그림의 검은 부분이 1948년 이스라엘을 갑자기 생겨나게 한 군사작전 전의 팔레스타인 땅이고, 오른쪽이 2000년의 팔레스타인 땅이다. 정부의 원조와 사주를 받은 유대인 '정착민들'이 팔레스타인 사람들의 집들을 불도저로 밀어 내쫓아서 갈수록 더 많은 땅을 빼앗으면서 지금은 이보다도 훨씬 더 작다. 여기서 우리가 보는 광경은 집단학살, 곧 "하나의 국가적 인종적 종교적 또는 민족적 집단 전체를 조직적이

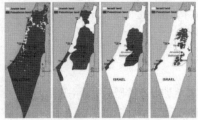

1946년부터 2000년까지 잃어버린 팔레스타인 땅

【그림 250】 팔레스타인 사람들을 죽이고 파괴하는 집단학살 작전 속에서 팔레스타인이 어떻게 강탈당했는지를 보라.

【그림 251】 오바마 — 백악관에 앉은 이스라엘의 사람

고 포괄적으로 몰살하거나 몰살을 시도하는 것"이다. 오바마가 이를 두고 한마디도 뻥긋하지 않고 있는 것은 만일 그랬다가는 자신에게 일어날 문제 때문이다. 그는 이것을 안다(그림 251). 2011년에 이스라엘과 팔레스타인의 국경을 1967년 상황으로 되돌려야 한다는 오바마의 쓰레기 같은 연설은 훨씬 더 큰 세계적 군사작전의 일부로서 무슬림들 듣기 좋으라고 한 말이었다. 그는 이스라엘이 1967년의 국경으로 돌아가는 것이나 다른 어떤 것에도 결코 찬성하지 않으리라는 걸 아주 잘 안다. 오바마와 무자비한 이스라엘 총리 네타냐후 사이에 '균열'이 생겼다는 착각이 때때로 대중매체에 떠도는데 이것은 무슬림세계에 오바마가 그들을 옹호하고 있다는 거짓말을 팔려는 것이다. 나는 적어도 30년 동안 이스라엘은 '평화로운 해결'에 관심이 없다고 말해왔다. 로스차일드 시오니스트들은 모든 것을 원하고, 또 이것은 팔레스타인 사람들의 조직적인 파괴를 뜻하는 것이다(그림 252). 그런 일이 일어나게 하려면 그들은 시간을 벌어야하는데, 이것이 10년, 20년이 지나고 아직도 이야기하는 '평화회담', '로드맵', '회담을 위한 준비회담'의 실체다. 시간벌기인 것이다. 팔레스타인이 무엇을 제의하는지는 중요하지 않고(그들이 제의할 것은 거의 남아있지 않다) 이스라엘이 받아들일 수 없는 이유는 언제나 있을 것이다. 늘 새로운 요구가 나오고 처음부터 일은 이런 식으로 흘러왔다. 이스라엘 정부의 파시스트들이 관

408

심 있는 유일한 양보는 팔레스타인 사
람들이 그곳에서 걸어 나가는 것뿐이
다. 대부분의 사람들은 알아차리지 못
하겠지만, 로스차일드 한 명이 여러
모습으로 가장한 채 이 모든 일들의
한가운데에 있어왔다. 바로 대니 로
스차일드Danny R. 소장이다. 그는 1964
년에 이스라엘방위군(IDF)에 들어갔
고 4년이 지나 첩보부대(다른 말로는 모

【그림 252】 텔레비전 뉴스에도 나오는 집단학살극(그
리고 주류 대중매체가 보도하는 것보다 훨씬 더 많은
일들이 벌어지고 있다).

사드, 그들이 모든 일을 한다)의 고위직으로(당연히) 옮겨갔다. 나중에 대니 로
스차일드는 IDF의 참모장 모셰 레비Moshe Levi의 보좌관이 되었고, 준장으로
진급해서 남부 레바논의 IDF 부대 사령관이 되었다. 이어서 그는 군정보부
의 부국장과 연구부 부장이 되었다. 연구부 부장으로 있으면서 1991년의 첫
번째 걸프전 이전과 전쟁 중에 정치적으로 군사적으로 '국가전략'의 연구와
분석을 맡았다. 이 전쟁이 끝나자 소장으로 진급했고 점령지내정부활동코
디네이터(COGAT)로 임명되었는데, 이것은 가자와 서안지구의 점령한 팔레
스타인 땅을 통제한다는 뜻이다. 로스차일드 소장의 행동과 공개성명들로
보아, 그는 아이들을 죽이고 땅을 빼앗는 일을 비롯해서 팔레스타인 사람들
을 비인간적으로 취급하는 배후의 으뜸세력으로 두드러진다. 그는 군의 '두
뇌집단', 이스라엘중앙은행과 이스라엘의 정치, 금융, 군과 정보활동들에 관
련된 여러 조직들에서 공식적으로 '은퇴'한 뒤로도 여전히 아주 활발하게
활동한다. 대니 로스차일드는 내가 말하는 '시간벌기' 정책에서 분명히 아
주 중요한 역할을 했고, 이스라엘에서의 그의 악랄한 일가를 대표하는 사람
으로서 이스라엘의 정책에 그가 미치는 영향력은 근본적인 것이다. 이스라
엘이 어떤 합의에 시간을 끄는 방법들의 한 가지는 (선출된) 팔레스타인 정부
가 '하마스'로 알려진 테러리스트 조직이기 때문에 그들과는 협상할 수 없

다고 하는 것이다. 뭐, 정말 웃기는 일이다. 이스라엘은 그들에게 협상에 나서지 않을 핑계를 줘서 일을 마무리 짓는 데 더 많은 시간을 벌 수 있게 해주는 도깨비 같은 존재로서 하마스를 만들어냈다. 중동에서 사람들을 두렵게 하는 또 하나의 도깨비 같은 존재는 '무슬림형제단'으로 이집트에서의 '민중봉기'에 손을 댔다. 무슬림형제단에도 흥미로운 배경이 있다. 1924년에 오스만제국이 무너진 뒤로 영국과 미국은 무슬림형제단을 창립했고 형제단은 오랫동안 나치, 이스라엘, 러시아, 프랑스와 독일의 이익들에 봉사해왔는데 지금까지도 같은 세력의 조종을 받는다. 이스라엘은 지금 하마스의 창설에 관여했던 무슬림형제단의 큰 후원자들의 하나다. 로버트 드레이퍼스Robert Dreyfuss는 《악마의 게임Devil's Game: 미국은 어떻게 이슬람 근본주의자들을 부추겼나》(2005)의 저자다. 그는 이렇게 썼다. "1967년에 시작해서 1980년대 말에 이르기까지, 이 스라엘은 점령지역들에서 무슬림형제단이 스스로 창립되도록 도왔다. 이스라엘은 형제단의 지도자 아메드 야신Ahmed Yassin이 하마스를 창설하도록 지원하면서, 하마스의 이슬람교도적인 성격이 PLO를 약해지게 할 것이라고 확신했다." 그 무렵 PLO(팔레스타인해방기구)는 팔레스타인의 이익을 공식적으로 대변하는 가장 두드러진 조직이었다. 드레이퍼스는 또 이렇게 지적했다. "1980년대에 가자와 서안지구의 무슬림형제단은 이스라엘 점령에 대한 저항을 지지하지 않았다. 그들은 대학교 캠퍼스들에서 PLO, 특히 PLO의 더 좌익인 파벌들과 싸우는 데 대부분의 힘을 쏟았다." 한때 미국의 사우디아라비아 대사였던 찰스 프리먼Charles Freeman은 이렇게 말했다. "이스라엘은 하마스를 시작했다. 이것은 신 베트Shin Bet(이스라엘의 국내정보기관)의 프로젝트였고, 그들이 PLO를 둘러막는 데 하마스를 이용할 수 있다는 정서가 있었다." 〈뉴욕타임스〉의 기자 데이비드 쉬플러David Shipler는 이스라엘이 PLO에 맞서도록 이슬람 근본주의자들에게 자금을 댔다는 가자지구 이스라엘 군정장관의 말을 인용한다.

410

정치적으로 말해서 이슬람 근본주의자들은 때때로 이스라엘에 쓸모가 있다고 여겨졌는데, 그들이 PLO의 세속적인 지지자들과 갈등이 있었기 때문이다. 서안지구의 대학교 캠퍼스들에서 이따금씩 두 집단 사이에 폭력사태가 터졌다. 가자지구의 이스라엘 군정장관 이츠하크 세게브Yitzhak Segev는 자신이 PLO와 공산주의자들에 대한 견제세력으로서 이슬람 운동에 자금을 댔었다고 말한 적이 있다. 그는 이렇게 말했다. "이스라엘 정부는 내게 예산을 주었고 군사정부는 그것을 이슬람교도들에게 준다."

야세르 아라파트가 이끄는 PLO는 하마스가 이스라엘 점령자들과 함께 '반동분자 아랍정권들'을 직접 지원하면서 활동하고 있었다고 했다. 아라파트는 이탈리아의 한 일간지에 이렇게 말했다. "하마스는 이스라엘이 만들어냈고, 이스라엘은 샤미르 총리 시절에 그들과 700곳이 넘는 기관들에 돈을 줬는데, 거기에는 학교들, 대학들과 무슬림사원들이 들어있었다." 아라파트는 무바라크 이집트 대통령이 동석한 자리에서 이츠하크 라빈 이스라엘 총리가 '이스라엘이 하마스를 지원했다'는 말을 했었다고 했다. 일은 이런 식으로 흘러간다. 곧, 이스라엘이 원치 않는 결과를 가져올 '평화협정'의 기회가 있을 때마다, 하마스나 무슬림형제단은 테러리스트 공격을 감행하고(아니면 모사드가 한다) 이것은 '협상'을 끝낼 핑계로 이용된다. 이스라엘은 하마스에 있는 하수인들에게 딱총이나 다를 바 없는 화기를 이스라엘에 쏘라고 지시하고는 그 '앙갚음'으로 팔레스타인 사람들을 최첨단 무기로 폭격하고 집단학살한다. 이스라엘과 놀아나지 않으려는 하마스 대표자들이 그 표적들이다. 2010년에 모사드 요원들은 위조한 영국 여권으로 두바이에 갔고, 호텔 보안카메라들이 보는 앞에서 그들의 노선에서 벗어난 하마스의 고위급 사령관 마흐무드 알 맙후Mahmoud al-Mabhouh의 방에 들어가 그를 죽이고서 같은 카메라들을 지나 태연하게 걸어서 사라졌다. 이들이 찍힌 영상들이 인터넷에 올라왔고 정부당국은 누가 살인을 저질렀는지 알지만, 늘 그렇듯이 아무런 조치도 뒤따르지 않았다(그림 253). 이스라엘은 하고 싶은 것은 마

【그림 253】 살인을 저지르기 전에 카메라에 잡힌 모사드 요원들 — 그러나 아무런 조치도 없었다. 그들은 모두가 이스라엘을 두려워한다. 뭐, 난 전혀 아니다.

음대로 하고, 영국인 신분과 여권들을 불법으로 이용하는 데서도 마찬가지지만, 그때의 영국 외무부장관은 지금의 영국 노동당 당수 에드 밀리밴드Ed Miliband(로스차일드 시오니스트, 런던정치경제대학)의 형제인 데이비드 밀리밴드 David M.(로스차일드 시오니스트)였다. 모사드는 모든 주요 국가들과 그 다음 급의 나라들 대부분에서 활동한다. 프랑스 외교부장관이었던 롤랑 뒤마Roland Dumas는 이스라엘이 "프랑스에서 하고 싶은 건 뭐든지 하고, 프랑스 정보기관도 통제하고 있다."고 했다. 2011년 7월 22일 노르웨이 오슬로의 폭탄테러와 우토야 섬에서의 총기난사 사건에 로스차일드의 '위장술책' 전문가들, 곧 모사드가 있었음은 불을 보듯 빤한 일이다. 죽임을 당한 많은 청소년들은 이스라엘 제품의 불매운동을 떠들썩하게 벌이고 있던 노르웨이 노동당의 청소년운동 모임에 와있었다. 노동당의 각료들은 팔레스타인 사람들을 대하는 이스라엘의 방식에 강도 높은 목소리를 냈었고 정부는 팔레스타인을 국가로 인정하겠다는 뜻을 내비쳤었다. 이스라엘에게는 눈이 뒤집힐 만한(그들은 눈이 뒤집힌다) 일이었다. 팔레스타인 사람들의 정의를 지지하는 일은 사망선고가 될 수도 있다. 2010년에는 보급이 차단된 가자지구에 절실히 필요한 보급품들을 주려했다는 죄목으로 이스라엘 특공대가 마비 마르마라호에 탄 아홉 명의 터키 운동가들을 살해했다. 이 배는 공해에서 불법으로 나포되었다. UN인권조사단은 이스라엘에게 의도적인 살인, 그리고 불필요한 만행과 고문을 저지른 죄가 있음을 찾아냈다. 조사단은 보고서에서 "제4차 제네바협정의 147번 조항과 관련하여 다음의 범죄행위들, 곧 의도적인 살인, 고문이나 비인간적인 취급, 의도적으로 몸 또는 건강에 큰 고통을 주거나 심각한 부상을 입히는 행위에 대

412

해 기소할 수 있는 뚜렷한 증거가 있다"고 했다. 그런데 무슨 일이 일어났을까? 아무것도. 보고서는 이스라엘의 작전 방법들을 이렇게 압축했다. "선단의 승객들에 대한 이스라엘군과 여러 관련자들의 행동은 그 상황에 어울리지 않았을 뿐만 아니라 전적으로 불필요하고도 믿기지 않는 수준의 폭력들을 보여 주었다. 받아들일 수 없는 수준의 만행을 무심코 드러낸 행동이었다." 이것이 바로 미국 지도자들이 '중동의 유일한 민주국가'라고 부르는 정권이자, 블레어가 '이 지역의 본보기'라고 부르는 병들고 타락한 정권이다. 유튜브에 'An American Jew Subjected to Torture in Jerusalem(미국계 유대인, 예루살렘에서 고문당하다)'을 쳐보면 그들이 얼마나 민주적인지를 볼 것이다. 또 다른 보급선단이 2011년에 가자지구로 갈 계획이었고, 거기 탄 사람들의 25퍼센트가 '우리 이름으로는 하지 말라'고 말하는 놀랍고도 정말 훌륭한 반시오니즘 유대인들이었다. 이 선단에 가담하려던 스웨덴, 그리스와 노르웨이 운동가들이 공동 소유한 배 한 척이 고의적인 방해 행위로 아테네 항에서 프로펠러가 잘렸다. 모사드는 딱하다고 생각해보면 아무것도 아니다. 자기들이 '진짜 남자'(자존심을 놓고 다투는 꼬마 녀석들), 그리고 '진짜 남자'처럼 행동하는 '진짜 여자'라고 생각하는 짧은 바지를 입은 꼬마들이다. 로스차일드 시오니스트의 앞잡이에 미국 국무부장관인 힐러리 클린턴은 로스차일드와 텔아비브에 있는 보스들의 지시에 따라 이 선단에게 가자로 들어가지 말라고 경고했다.

우리는 이 선단이 가자 사람들을 지원하는 데 필요하거나 쓸모 있는 노력이 된다고는 믿지 않습니다. 바로 이번 주에 이스라엘 정부는 가자의 주택건설에 대한 중요한 약속을 했습니다. 가자로 건축자재들이 들어갈 것이며 우리는 선단들이 이스라엘 영해로 들어가서 이스라엘이 자국을 방어할 권리를 발동하는 상황을 만드는 도발은 도움이 되지 않는다고 생각합니다.

글쎄다, 첫째로, 이스라엘의 봉쇄로 고통 받고 도움이 절실한 사람들에게 공급하는 일은 누가 봐도 도움이 되는 일이고, 둘째로 그 선단은 '이스라엘 영해'가 아닌 가자지구 해안의 팔레스타인 영해로 들어갈 계획이었다. 당연히 그녀는 이스라엘이 국제법을 지킨다는 명목으로 모든 국제법을 어기면서 지난번 선단에 냉혹한 살인을 저질렀던 일은 입에 담지 않았다. 하지만 이스라엘에게는 무죄이고 이스라엘이 파괴하려고 하는 사람들에게는 유죄다. 그리스 정부의 미국 태생 총리 게오르게 파판드레우(로스차일드 시오니스트, 빌더버그 그룹, 런던정치경제대학)는 2011년에 그리스 경제를 무너뜨리고 국민들을 가난에 빠뜨리며 나라를 로스차일드가의 은행들과 기업들에 팔아넘기는 일을 잠시 쉬면서 선단이 그리스 영해를 떠나 가자로 가지 못하게 막았다. 그는 네타냐후의 방문을 막 받고서 그 지시를 받았었다. '이스라엘이 자국을 방어할 권리'라는 대목은 팔레스타인 사람들의 집단학살을 정당화하는 데 이미 써먹은 것이고 또 이스라엘의 선제공격에 핑계를 대는 데 거듭거듭 써먹도록 계획된 것이다. 당신이 공격하는 표적이 당신을 공격할 의사가 전혀 없더라도, 공격받기 전에 미리 공격한다는 것이 이유다. 애초에 앙갚음을 해두는 것이라고 할 만하다. 이스라엘의 인종차별 정책과 미국이 돈을 대서 컬럼비아에서 사람들을 학대하는 일에 반대하는 운동을 벌이는 미국인들마저도 체포되고 '외국 테러리스트 조직들'을 지원했다는 이유로 대배심이 열리기도 전에 수감되기도 한다. 이것은 외국 테러리스트 조직의 물질적인 지원이 무엇으로 이루어지는지에 대해 크게 확대된 미국 정부의 정의를 따르는 것이다. 정의를 위해 평화로운 운동을 벌이고 팔레스타인과 컬럼비아가 저지른 불공정의 희생자들을 만나러 여행하는 일은 '테러리즘의 물질적 지원'이지만, 리비아의 무고한 사람들을 폭격하는 일은 신의 일을 하는 것이다. 로스차일드 시오니스트의 이런 영향력은 영국과 세상의 다른 많은 나라들에도 있다. 예를 들어 캐나다 같은 경우는 로스차일드 시오니스트들에게 철저히 통제 받는다. 영국판 AIPAC은 모든 큰 정당들에 있는 '이스라엘의 친구들Friends of Israel' 네트워크인데, 한 조사에 따르면 지금의 집권당인 보수당 의원들의 80퍼센트가 '이스라엘의 친구들'에 가입한 것으로 나타났다. 여기에는 이스라엘(이스라엘을 소유한 로스차일드가)의 입맛에 맞는 것을 지원한다는 목표가 있다. 데이비드 캐머런 영국 총리는 로스차일드 시오니스트이고 '야당'인 노동당의 당수 에드 밀리밴드도 마찬가지인데, 밀리밴드는

【그림 254】 '탈바꿈하는 자' 토니 블레어. 돈이면 살 수 있는 아첨꾼

그의 형제 데이비드 밀리밴드(로스차일드 시오니스트)가 유일한 경쟁후보였던 노동당 경선을 거쳐 당수가 되었다. 영국의 유대인 인구는(다수가 로스차일드 시오니스트들이 아니다) 6,200만 명의 총인구 가운데 280,000명뿐이다. 캐머런과 지금 그의 집권 보수당의 재정후원자는 로스차일드 시오니스트 무기거래 갑부인 포주 자블루도비츠Poju Zabludowicz인데, 이 사람은 보수당 '이스라엘의 친구들'에도 기부를 하고 있다. 토니 블레어와 고든 브라운 정부에서 가장 힘 있는 조종세력은 피터 만델슨(로스차일드 시오니스트)이었다. 그는 그리스의 코르푸 섬에 있는 로스트차일드가의 맨션에서 휴일을 보내면서 그들과의 가까운 관계를 과시한다. 로스차일드가는 빌 클린턴과 아들 부시를 조종했던 것처럼 블레어를 조종했다(그림 254). 이것이 블레어가 이스라엘(로스차일드가)의 재촉을 받는 미국의 두 대통령을 지지하면서 영국이 전쟁에 뛰어들게 했던 연결고리였다. 로스차일드가는 아프가니스탄과 이라크 침공, 테러와의 전쟁과 그 핑계가 되었던 사건, 곧 9·11을 조작했다.

9·11의 모든 곳에 로스차일드 시오니스트들이 있다

세계무역센터 쌍둥이 빌딩은 2001년 9월 11일이 오기 겨우 몇 주 전에 사업가들인 래리 실버스타인Larry Silverstein(로스차일드 시오니스트)과 프랭크 로위Frank Lowy(로스차일드 시오니스트)가 임대권을 샀다. 두 사람 다 지금의 총리

인 베냐민 네타냐후를 비롯해서 이스라엘의 지도자들과 아주 가까운 줄을 가졌다. 네타냐후는 9·11에 일어난 일이 '이스라엘에 좋은 것'이라고 말했다. 임대권을 사기 위한 거래는 뉴욕항만관리청의 청장, AIPAC의 부회장이자 로스차일드가가 통제하는 골드만삭스의 동업자였던 루이스 아이젠버그Lewis Eisenberg(로스차일드 시오니스트)와 진행되었다. 아이젠버그는 이스라엘 지도자들과 가깝기도 하다. 뉴욕항만관리청으로 하여금 그 임대권을 개인의 손에 팔도록 엄청난 로비를 벌였던 인물은 에스티 로더Estée Lauder 화장품 집안 출신의 로널드 로더Ronald S. L.(로스차일드 시오니스트)였다. 그는 유대민족기금Jewish National Fund, 세계유대인총회World Jewish Congress, 미국유대인합동분배위원회American Jewish Joint Distribution Committee, 그리고 로스차일드 반중상동맹(ADL)을 포함하는 로스차일드 시오니스트 조직들의 길고 긴 목록에 들어간다. 세계무역센터 임대권의 구입은 실버스타인과 로위에게는 끔찍한 사업거래였다. 쌍둥이 빌딩은 그것들의 겉모양과 처리해야 할 어마어마한 양의 석면 때문에 '하얀 코끼리'로 알려졌었다. 왜 그 임대권을 샀느냐는 질문에 실버스타인은 이렇게 말했다. "그걸 사야 한다는 뿌리칠 수 없는 충동을 느꼈어요." 그가 그랬다는 데 걸겠다. 거래가 성사되자 실버스타인과 회사는 '테러리스트의 공격'이 생기는 경우를 대비해서 보험금을 크게 늘렸고 쌍둥이 빌딩이 무너지자 45억 5천 달러를 받았다. 임대권의 가격은 32억 달러였고 실버스타인은 자기돈 1,400만 달러만 투자했을 뿐이라는 보도가 나왔다. 실버스타인과 보험회사들 사이의 소송을 감독한 판사는 마이클 무카시Michael B. Mukasey(로스차일드 시오니스트)였고, 나중에 미국 법무부장관이 되었다. 세계무역센터의 임대권은 원래 보르나도Vornado라는 회사가 실버스타인과 로위보다 5,000만 달러가 높은 가격을 불렀었는데, 이 회사의 최대주주는 유대인 사업가 버너드 멘딕Bernard Mendik이었다. 이 사람은 실버스타인의 매제였고 두 사람은 실버스타인의 누이가 이혼한 뒤로 심각하게 틀어졌다. 이때 보르나도는 가장 높은 가격을 불렀음에도 갑자기 마음이 바뀌어서 실버스타인과 로위에게 독무대를 내주고 발을 빼버렸다. 사람들이 실버스타인을 '행운아 래리'라고 부를 만도 하다. 버너드 멘딕은 실버스타인과 로위가 세계무역센터의 마지막 입찰가를 낸지 몇 주 만에 '갑자기 잃아누웠다가' 죽었다. '갑자기'들은 아주 많다. 실버스타인은 쌍둥이 빌딩의 북쪽 건물 100층이 넘는 높이에 있는 '세상의 창문들'이라는 레스토랑에서 아침마다 자녀들과 식사를 했지만, 9·11 당일

【그림 255】 아침을 먹으러가는 길에 갑자기 피부에 문제가 생겼다는 행운아 래리 '당겨버려라' 실버스타인

에는 아무도 나타나지 않았다. 실버스타인은 막판에 '피부과 예약'을 했다고 했지만 그의 경호원들의 한 명이 슬며시 이야기했듯이, 사실 실버스타인은 차 안에서 전화로 그에게 세계무역센터에서 멀찍이 떨어져 있으라고 이야기했다. 실버스타인은 한 텔레비전 인터뷰에서 세계무역센터 단지의 다른 건물이 불길에 휩싸이자 '당겨버려라'는 결정이 내려졌다고 이야기했다 (지금은 이런 말을 한 것을 깊이 후회한다). 폭파해체를 말하는 전형적인 용어다 (그림 255). 이 건물은 '7번 빌딩' 또는 '솔로몬형제 빌딩'이었는데, 여기에 비행기가 충돌하지는 않았다. 곧 이어서 7번 빌딩은 분명한 폭파해체의 방식으로 무너졌다. 유튜브에 'Building Seven Collapse(7번 빌딩의 붕괴)'를 쳐보면 이때 일어난 일을 보게 될 것이다. 실버스타인의 '당겨버려라' 이야기 속의 문제는 47층짜리 7번 빌딩만큼이나 큰 건물을 그렇게 무너뜨리려면 화약을 설치하는 데 몇 주 또는 몇 달이 걸릴 수 있다는 점이다. 어떻게 '당겨버려라'는 결정이 나오고서 그렇게 무너질 수 있다는 것일까? 이것은 있을 법하지도 않은 일이기는 하지만, 꼭 그렇지도 않았다. 화약은 '당겨버려라'는 공식적인 결정이 나오기 오래 전에 설치되었고 9·11의 시나리오 전체가 하

나의 미리 계획된 각본에서 펼쳐진 것이었다. BBC의 한 리포터는 텔레비전 생중계에서 7번 빌딩이 실제로 무너지기 30분 전에 그것이 무너졌다고 발표했다. 정부당국이 '뉴스'를 너무 일찍 배포했기 때문이었다. 그 리포터가 빌딩의 최후를 보도했을 때 그것은 리포터 뒤의 배경에 아직 서있었다.

그들이 계획을 말해준다

부시 행정부는 이른바 '네오콘' 곧, 신보수파에게 아주 잘 조종당했다. 이들을 이끈 사람들은 리처드 펄, 폴 월포위츠, 도브 잭하임Dov Zakheim, 로버트 케이건Robert Kagan, 더글러스 페이스Douglas Feith, 윌리엄 크리스톨(로스차일드 시오니스트의 〈위클리 스탠더드〉 편집장), 그리고 딕 체니 부통령의 '고문'이었고 자격 박탈당한 미국 변호사이자 유죄판결을 받은 중죄인 루이스 리비Lewis Libby 같은 로스차일드 시오니스트들의 비밀집단이었다. 이 폭력단에는 로스차일드 시오니스트이자 지금의 세계은행 총재 로버트 졸릭도 들어가는데, 졸릭은 네오콘이자 로스차일드 시오니스트 동료인 폴 월포위츠를 대신해 그 자리에 들어갔다. 네오콘의 지도부는 빌 클린턴에게 9·11이 일어나기 오래 전에 이라크의 침공을 촉구하는 글을 썼고, 그들은 부시 시절 세계무역센터의 공격이 일어난 뒤로 이라크와 아프가니스탄의 침공을 지지하는데 열을 올리기 시작했다. 이 로스차일드 시오니스트들은 부시가 취임하기전에 '미국의 새로운 세기를 위한 프로젝트(PNAC)'라는 '두뇌집단'을 발족했다. 부시의 국방부장관 도널드 럼스펠드와 부통령 딕 체니는 둘 다 이스라엘의 열렬한 지지자들로서 대통령의 동생 젭 부시와 함께 여기에 발을 담갔다. PNAC는 2000년 9월에 '미국 국방의 재건: 새로운 세기로 가는 전략과 군사력, 자원들'이라는 문서를 내놓았다. 여기에서 그들은 이라크, 이란, 북한과 같은 나라들을 강조하면서 미국의 군대가 '동시다발적 권역별 전쟁들에서 싸워서 결정적으로 이길 것'을 요구했다. 하지만 좋은 구실이 없고서는 그런 외국에서의 전쟁들을 설득할 수는 없을 것이라고 했다. 문서에는 이렇게 나와 있다. '변형의 과정은 …… 참사와도 같이 촉매 역할을 하는 사건이 없이는 요원한 일이 될 것이다. 새로운 진주만 공격처럼 말이다.' 이 문서가 나온 지 1년 뒤에, 그리고 이 로스차일드 시오니스트들 대부분이 부시 행정부에서 권력을 잡은 지 아홉 달 만에, 정말로 미국은 부시가 '우리의 진주만 공격'이라고 했던 것을 겪었다. 그러고는 이 로스차일드 시오니스트 문서에서 구상한 어젠다를 정당화하는 데 그 공격들이 이용되었다. 뻔뻔스럽기 그지없는 일이었다.

　이라크, 이란, 북한을 '악의 축'으로 묘사한 2002년 부시의 연두교서는 네오콘인 데이비드 프럼(로스차일드 시오니스트)이 쓴 것으로 바로 외국에서의 다발적인 전쟁들을 위한 PNAC 계획에서 나온 것이었다. 이 문서에서는 표적국가로 리비아도 언급되었다. 그날 일어난 일에 대한 9·11 위원회의 공식 '조사'는 부시와 체니에게 마지못해 강요된 것이었을 뿐이고, 그들이 이 위원회의 위원장으로 처음 임명한 사람은 헨리 키신저(로스차일드 시오니스트)였다. 그들에게도 이것은 어처구니없고 믿기지 않는 일이어서 키신저는 '이해관계의 갈등들'을 말하면서 사임해야했다. 키신저가 이것 때문에 멈춰섰던 적이 전에는 없었다. '조사'와 최종보고서는 필립 젤리코Philip Zelikow(로스차일드 시오니스트)가 감독했고 보고서는 이 사건에 대한 다른 시각을 제시했던 핵심 증인들을 면담하거나 그들의 말을 인용하지도 않고서 공식적인 이야기가 진실이라고 선언했다. 9월 11일에 유족들이 제출한 모든 부당한 사상자들의 사례들을 처리하도록 배정된 연방법원 판사는 앨빈 헬러스타인 Alvin K. Hellerstein(로스차일드 시오니스트)이었는데 그의 가족은 이스라엘과 깊은 연줄이 있다. 변호사인 케네스 파인버그Kenneth Feinberg(로스차일드 시오니스트)가 9·11 희생자들의 보상기금을 감독했고 가족들의 97퍼센트는 9월 11일의 잔학행위들에 대한 독립적인 조사를 요구하지 않는다는 조건으로 그 돈을 가져가라고 설득당했다. 조사를 요구하거나 보상기금의 제한 조건을 거부했던 사람들은 '특별조정관' 쉴라 번바움Sheila Birnbaum(로스차일드 시오니스트)에게 넘어갔다. 파인버그는 이어서 은행 긴급구제와 관련된 부실자산구제프로그램(TARP)의 경영자 보상을 위한 '스페셜마스터'와, 멕시코 만의 BP사 원유 유출 재앙의 희생자들에게 주는 보상기금의 정부임명 관리자가 되었다. 또다시 말하지만 유대인들은 미국 인구의 2퍼센트 정도밖에 안 되고 그들 다수는 로스차일드 시오니스트들이 아닐 것이다. 권력을 가진 자리에 있는 그들의 비율은 놀라울 따름이고, 여기서 나는 당신이 '주요 인물들'이라고 부를 사람들을 들춰내고 있을 뿐이다. 이것은 훨씬 더 깊이 들어간다. 그건 그렇고, PNAC의 문서에는 '특정 유전형들을 표적으로 할 수 있는 진보한 형태의 생물학전 전략'을 개발하라는 요구도 들어있었다. 다른 사람들을 '인종차별주의자'라고 부르는 사람들이 이들이다. 이들은 병적인 것 그 이상이다. PNAC는 대안 매체들에 널리 노출되었고, 그 결과 '대외정책계획Foreign Policy Initiative'으로 이름이 바뀌었다.

9·11에 대한 '조사'와 '보안'의 통제

이스라엘, 그리고 로스차일드 시오니즘은 차마 손대기가 어려운 문제다. 9·11이 생겼을 때 CIA 국장은 조지 존 티넷George John Tenet(로스차일드 시오니스트)이었고, 이 사건의 '조사'는 모사드 요원의 아들 마이클 체르토프 법무부 차관보(로스차일드 시오니스트, 런던정치경제대학)가 감독했다. 체르토프는 9·11을 핑계로 기본적인 권리들과 자유를 박탈해버린 악명 높은 애국법의 공저자로, 9·11에 대한 대응으로 신설된 국토안보부의 두 번째 장관이 되었다. 이 기간에 국방부는 세계은행 총재가 된 폴 월포위츠 국방부 차관(로스차일드 시오니스트), 도브 잭하임(로스차일드 시오니스트) 같은 사람들(둘 다 PNAC의 구성원)이 통제하고 있었다. 잭하임은 이스라엘과 미국의 이중국적을 가졌고 국방부 예산에서 수조 달러를 '잃어버리게'한 국방부 감사관인데, 이는 2001년 9월 10일에 발표된 사실이다. 왜 이 놀라운 사실이 널리 보도되지 않았는지 궁금한가? 그 다음날에 무슨 일이라도 생겼던가? 하지만,

그건 틀림없이 우연의 일치였을 게다. 잭하임은 부당하게도 미국의 F-15와 F-16전투기 편대들을 남아도는 군수품으로 분류해서 이스라엘에 헐값에 팔아넘길 수 있었다(그리고 어쨌거나 이스라엘은 미국의 '원조'금으로 그것들을 사들인 셈이다). 이처럼 많은 무기들이 거래(흔히 선물로)된다는 것은 이스라엘 군대가 고작 750만 명의 인구를 '방어'하는 데 지구에서 가장 뛰어난 무기로 무장한 군대의 하나라는 뜻이다. 이것은 말도 안 되는 일이지만, 이스라엘의 군사력과 핵무기는 '방어'보다는 훨씬 큰 목적을 가지고 축적해온 것이다. 그것들은 이 버르장머리 없는 녀석이 제 맘대로 되지 않을 경우에 전쟁을 확전하고 세상을 위협하는 데 쓰려고 계획된 것이다. 이스라엘의 기득권층 전쟁사학자인 마르틴 판 크레펠트Martin van Creveld는 이스라엘이 그 존재를 위협받는다고 느끼면 언젠가는 어쩔 수 없이 핵능력과 다른 온갖 무기들을 사용해서 유럽대륙을 초토화할 수도 있다고 말했다. 그는 이스라엘이 유럽을 적대적인 표적으로 여긴다고 했다. "우리에게는 이탈리아의 수도 로마 너머까지를 포함해서 유럽대륙의 심장부에 있는 여러 목표들에 닿을 수 있는 수백 개의 핵탄두와 미사일이 있다." 크레펠트는 유럽 대부분의 수도들이 이스라엘 공군의 표적이 될 것이라고 말했다. 이 사람들은 정신병자들이며, 감찰을 받으려고 하지 않을 핵무기들을 가지고 있고, 또 핵무기확산방지협약에 서명하기를 거부한다. 이에 대해 '국제사회'는 어떻게 할까? 한번 추측해보시라.

이스라엘에는 텔아비브 남동쪽의 이스라엘생물학연구소Israeli Institute for Biological Research(IIBR)를 거점으로 하는 대량 생화학무기 프로그램이 있고, 군은 이스라엘의 대중매체가 이에 대해 입도 뻥긋 못하게 검열한다. 300명의 과학자를 고용해서 끔찍한 생화학'무기들'과 세상 사람들에게 풀어놓을 실험실에서 만들어진 질병들을 연구개발하고 있다. 그들은 표적들을 '자연사'한 것처럼 보이게 암살하기도 한다. 네오콘들이 '특정 유전형들'을 죽이는 생물학 무기들이라고 했던 것도 그 과학자들이 만들어내고 있다고 나는 확신한다. 로스차일드가는 이스라엘의 손을 빌려서 세상과 전쟁을 벌이고 있다. 그들을 감옥에 가둬야 하고 그 열쇠는 대서양 한가운데 어딘가에 던져 넣어야 한다. 왜 750만 명의 인구를 가진 한 나라가 세계에서 가장 잘 무장된 군대와 핵무기 비축량, 그리고 광범위한 생화학무기 프로그램을 가졌는지 스스로 물어보기 바란다. 방어를 위해? 아니다. 공격을 위해서다. 이것들 모두는 로스차일드 시오니스트가 통제하는 미국 정부를 거쳐서 미국 납세자들이 비용을 치르고 있고 엄청나게 파괴적인 능력 또한 그 빌어먹을 미친 놈들의 손에 들어있다. 2011년에 예루살렘의 한 랍비식 법정은 20여 년 전에 법정 판사들을 모욕했던 어느 세속적인 변호사의 환생으로 의심된다며 개 한 마리를 길바닥에서 돌로 쳐 죽이라는 선고를 내렸다. 당신이 이 글을 만우절에 읽고 있다면 그건 순전히 우연의 일치다. 이 이야기는 농담이 아니다. 뭐, 사실이지만, 무슨 말인지 당신은 알 것이다. 극단적인 정통파 유대인들의 지역인 미쉬림의 금융문제 법정에 큰 개가 들어가서 판사들을 놀라게 했다. 판사 한 명이 언젠가 그들을 '모욕'했던 변호사에게 법정이 저주를 퍼부었던 일을 떠올렸다. 있을 수 있는 일은 아니지만, 틀림없었다. 그 저주는 변호사의 영이 개에게나 들어갈 거라는 것이었다. 전통적인 유대교에서는 동물을 더럽다고 여긴다. 그들은 법정에 들어온 개가 그 변호사라고 결정했고 그 개, 음-, '변호사'가 동네 아이들의 돌에 맞아 죽어야 한다는 판결을 내렸다. 운 좋게도, 어느 동물복지기구가 재판장 랍비 아브라함 도브 레빈에 대해 경찰 민원을 제기하면서 그 개는 죽을 운명으로부터 벗어났다. 다시 말하지만, 이런 사고방식을 가진 사람들이 핵무기와 생화학무기들을 가졌다. 밤에 편히 자길 바란다.

9·11이 생겼을 때 세계무역센터의 보안은 로스차일드 시오니스트 소유의 크롤이라는 회사가 맡고 있었다. 이 회사는 CIA와 모사드와 아주 가까운 끈을 가지고 있고, 지금의 회장인 윌리엄 브래튼은 2011년 영국의 폭동들이 끝난 뒤 데이비드 캐머런 영국 총리에게서 러브콜을 받았었다. 9·11과 관련된 세 공항들의 보안은 모두 ICTS 인터내셔널과 그 하부조직인 헌트레이

코퍼레이션Huntleigh Corporation이 맡았는데, 이들은 로스차일드 시오니스트들인 에즈라 해럴Ezra Harel과 메나킴 아츠몬Menachem Atzmon이 소유한 회사들이다. 이 회사들은 이스라엘의 국내안보와 방첩기관인 신 베트의 '전직' 요원들이 차지하고 있기도 하다. 신 베트는 이스라엘 항공사 엘알EL AL의 보안을 맡고 있다. ICTS 인터내셔널은 1982년에 설립했고 9·11과 관련된 공항들 모두의 '보안'을 책임진다. '신발 폭탄범' 리처드 레이드가 비행기에 탔던 파리의 샤를드골 공항, '바지 속 폭탄범' 우마르 파룩 압둘무탈랍이 여권도 없이 그리고 여러 개의 경보신호가 있었음에도 비행기에 타도록 허가받았던 암스테르담의 스키폴 공항이다. 이들 로스차일드 시오니스트들의 모든 '보안상의 실수들'의 결과, 우리 앞에는 경찰국가와 불쾌하기 짝이 없는 공항 '보안' 절차, 그리고 체르토프 그룹Chertoff Group의 소유자 로스차일드 시오니스트 마이클 체르토프가 홍보하는 전신방사선스캐너가 있다. 체르토프 그룹은 국토안보부 출신의 몇몇 고위급 동료들, 그리고 NSA와 CIA 국장이었던 마이클 헤이든Michael Hayden까지도 고용한 '위기관리/보안 컨설팅 회사'다. 체르토프는 기획된 '바지 속 폭탄범' 사건이 난 뒤로 TV 네트워크들 어디에나 나와서 정부가 전신방사선스캐너를 도입해야 한다고 촉구했었다(그림 256). 이 장치들은 체르토프 그룹의 고객들의 하나인 라피스캔사Rapiscan Systems가 만든다. 의회가 첫 번째 애국법(9·11로 정당화되고 체르토프가 공저자였던)을 표결에 부치기 몇 시간 전에, ICTS 인터내셔널 같은 외국 보안회사들에게 9·11 관련 소송들에 관한 면책특권을 주는 몇 가지 '기술적인 수정들'이 더해졌다. 이것은 '수수께끼처럼' 사라져버린 9·11 공항들에서의 감시기록 테이프들이 어떻게 된 것인지, 그리고 왜 주요 카메라들이 작동하지 않았는지에 대해 ICTS 인터내셔널이 법정에서 질문을

【그림 256】마이클 체르토프. 그는 자신의 신의 일을 하고 있다.

받거나 설명할 필요가 없게 된다는 뜻이었다. 아들 부시의 동생 마빈 부시 Marvin B.도 세계무역센터, 유나이티드항공, 그리고 워싱턴덜레스 국제공항의 보안을 맡았던 회사 시큐라컴Securacom의 중심인물이었다. 쌍둥이 빌딩에의 공격들은 격상된 보안경보가 해제되고 폭약탐지견들이 철수한 지 겨우 며칠 뒤에 일어났다. 9월 8일과 9일의 주말에는 남쪽 빌딩 50층 이상의 층들이 36시간 동안 정전이 되어서 이 기간 동안 고층의 보안카메라들과 문들이 작동하지 않았다.

"우린 사건을 기록하려고 거기에 갔다."

다음으로, 격분한 뉴저지 주 주민들의 전화를 받고 출동한 경찰에게 체포된 다섯 명의 '춤추는 이스라엘인들'의 이야기가 있다. 주민들은 '중동' 남자들이 불타고 있는 쌍둥이 빌딩을 비디오로 찍으면서 하이파이브를 하고 함성을 지르며 기뻐 날뛴다고 신고했고 그들은 비행기들이 충돌하기 전부터 찍기 시작했다고 했다. 한 목격자가 말했다. "그 사람들은, 알잖아요, 되게 좋아하던데요. …… 내가 보기에 충격 받은 모습은 아니었어요." 경찰과 FBI 수사관들은 그들의 흰색 밴에서 위치들이 표시된 지도 몇 장과 함께 양말 속에 감춘 4,700달러의 현금, 외국인 여권들, 그리고 '아랍의 비행기납치범들'이 사용했다는 종류의 박스커터들을 찾아냈다. 폭약탐지견들이 밴에서 폭약의 흔적들을 찾아냈다는 보고도 있었는데, 이 밴은 도미니크 수터Dominick Suter(로스차일드 시오니스트)가 소유주인 어번무빙시스템Urban Moving Systems이라는 모사드의 위장회사 소속이었다. 수터는 공격이 있은 뒤로 모든 일을 그만두고서(사무실이 서둘러 비워진 것으로 보건대, 말 그대로) 곧바로 이스라엘로 달아났다. 유대계 일간지 〈포워드The Forward〉는 FBI가 체포한 다섯 명의 이스라엘인 가운데 적어도 두 명이 모사드 요원들이었고, 어번무빙시스템이 모사드의 위장활동이었음을 알아냈다고 했다. 그 다섯 명은 71일 동안 붙잡혀있었지만 기소 없이 풀려나서 이스라엘로 돌아가도록 허용되었고, 거기서 세 명이 텔레비전에 나와서 "우리 목적은 그 사건을 기록하는 것이었다"고 말했다(그림 257). 맞다, 일어날 것을 그들이 알았던 사건이다. 모사드는 가짜 테러리스트의 공격을 연출하고서 그들이 악마로 만들고 싶은 누군가에게 뒤집어씌우는 데 세계적인 달인이다. 미국육군대학원의 연구

【그림 257】다섯 명의 '춤추는 이스라엘인들' 가운데 세 명이 한 이스라엘 텔레비전 쇼에서 말한다. "우리 목적은 그 사건을 기록하는 것이었다."

책임자였던 앨런 새브로스키Alan Sabrosky 박사는 "이스라엘, 그리고 우리나라에 있는 반역자들"이 9 · 11 공격에 책임이 있다는 것을 미국의 군지휘자들이 안다고 공개적으로 말했다. 그 공격이 있은 뒤로 우리에게 인텔센터와 SITE(국제 테러리스트 추적연구소)라는 두 기관들로부터 아랍의 테러리즘에 대한 두려움을 조장하는 '빈 라덴'의 여러 비디오들과 다른 '정보'들이 주어졌다는 사실은 이미 말했었다. 인텔센터는 벤 벤즈케(로스차일드 시오니스트)가 운영하고 SITE는 리타 카츠(로스차일드 시오니스트)가 공동설립했다. 작가인 고든 더프Gordon Duff와 브라이언 조버트Brian Jobert는 "이스라엘이 가짜 테러 소식들을 통제하고 있는가?"라는 제목의 기사에서 몇 가지 핵심적인 질문들을 던진다.

알카에다가 폭탄테러를 명예로 여긴다고 누가 그러는가? 리타 카츠다. 우리에게 빈 라덴의 테이프들을 누가 가져다주는가? 리타 카츠다. 무슬림들이 나쁘다는 그 많은 정보를 우리에게 누가 다 가져다주는가? 리타 카츠다. 리타 카츠는 뉴스 서비스들, 국토안보부, FBI와 CIA가 이용하는 정보의 일차적인 원천인 SITE 정보국장이다. 카츠에게 무슨 자격이 있기에 그러는가? 카츠는 이스라엘 방위군에서 복무했다. 대학 학위가 있으며 대부분의 추적조사 저널리스트들은 모사드가 그녀에게 정보를 주면서 '돕는다고' 믿는다. 그 어떤 종류의 것이든 우리는 그녀가 자격을 갖췄다는 증거를 찾아볼 수 없다. 정보를 모으는 경험은 술집 바텐더가 더 많

이 한다.

  카츠의 주장들을 증명해주는 사람은 아무도 없다. 알카에다가 일을 저질렀다고 SITE가 말하면, 그것은 신문에 찍혀 나온다. 이스라엘이 하지 않았다고 SITE가 말하면, 그것도 신문에 찍혀 나온다. SITE는 정말로 무엇을 하는 걸까? 그들은 인터넷을 확인해서 '정보'를 얻는데, 거의 예외 없이 이스라엘이 보도되기를 바라는 정보이고, 이것은 뉴스로 팔려서 미국 TV에 나오고 우리가 보는 신문들에 보도되고 거의 그것이 사실인양 인터넷에 돌아다닌다. 놀라운 일이 아닐 수 없다.

  당신이 이 책을 지금까지 읽었고 또 로스차일드 시오니스트 비밀결사 네트워크들이 세상의 사건들을 통제하고 조작하는 수준을 보았다면 그리 놀라운 일은 아니다. 로스차일드 시오니스트들인 카츠와 벤즈케가 '안보'기관들과 대중매체에 '정보'와 빈 라덴의 비디오들을 주었고, '알카에다'의 대변인이라는 애덤 가단Adam Gadahn이 테러리즘을 지지하는 자신의 비디오들을 배포했다. 그의 이름은 FBI의 '지명수배' 테러리스트 명단에 올라 있다. 게다가 '애덤 가단'이 과격한 로스차일드 시오니스트 반중상동맹(ADL)의 이사회에 있었던 칼 펄만Carl Pearlman의 손자 애덤 펄만Adam P.이라는 유대인으로 드러난 것은 얼마나 이상한 일인가. 미국 상원 국토안보정부위원회 위원장은 조셉 리버만Joseph Lieberman 의원(로스차일드 시오니스트)이고, 그는 진실이 새나오는 것을 막으려고 인터넷을 검열하는 데 언제나 '테러리즘의 위협'을 들먹인다.

후쿠시마, 똑같이 케케묵은 이야기

이스라엘의 모든 감시회사, 그리고 군수품 생산자와 공급자들은 로스차일드의 정보기관이자 집행본부인 모사드의 통제를 받는다. ICTS 인터내셔널과 또 하나의 회사인 마그나Magna BSP가 여기 들어가는데, 마그나사는 2011

년 3월에 지진과 해일에 뒤따른 재앙이 생기기 전에 일본 후쿠시마 핵발전소에 '보안'시스템을 설치했다. 후쿠시마는 황폐화된 일본뿐만이 아니라 세상에 헤아리기 어려운 재앙이다. 그 정도의 기간에 걸친 방사능누출의 규모로 보아 오랜 시간이 지난 뒤의 일본

【그림 258】 후쿠시마의 폭발과 소규모 핵폭발. 차이를 찾을 수 있는가? 난 못 찾겠다.

의 미래를 예측하기는 어렵다. 어떤 사람들은 2011년 여름까지 누출된 방사능의 규모는 1986년 우크라이나 체르노빌에서보다 이미 50배나 나빠졌다고 말하고 있었다. 이 글을 쓰는 시점에 그것이 조만간 멈출 듯하지 않은 상황에서 아직도 대기와 바다로 방사능을 쏟아내고 있다. 후쿠시마에 일어났던 일을 설명하는 공식 이야기는 전혀 말이 안 되는 것이다. 해일로 생긴 홍수로도, 지진으로 생긴 손상으로도 이에 뒤따른 사건들을 설명할 수가 없다. 정부당국은 해일이 덮친 뒤로 원자로 3호기의 폭발이 수소의 압력 때문이라고 했지만, 후쿠시마에는 그것을 처리할 기술이 있었고, 또 그렇게 하는 데 전력이 필요하지 않았다. 후쿠시마의 4호기는 가동하고 있지 않았고 연료를 빼냈는데도 폭발했다. 어떻게 그럴 수 있었을까? 5호기와 6호기도 관리작업을 기다리며 냉각운전정지 상태였고 1, 2, 3호기만 가동하고 있었다. 그림 258에는 3호기가 폭발하는 모습과 오른쪽의 소규모 핵폭발 사진이 나와 있다. 후쿠시마에서의 방사능재앙은 3호기 안에 설치된 핵폭발장치 때문에 일어났다. 폐쇄된 4호기도 인위적인 수단들로만 폭발할 수 있었다. 이스라엘 회사 마그나사는 이 재앙이 일어나기 1년 쯤 전에 후쿠시마발전소의 3호기 안과 여러 곳에 커다란 보안카메라들과 감지기들을 설치했다. 그 시간 그 장소에는 직원들도 있었고, 남아있던 카메라들은 계속 그 사건을 찍었다. 마그나사는 군사용과 민간용의 '가상 보안장벽'을 만들어내는 데 전문성을 가

졌는데 '전자광학레이더시스템'
과 '입체시감지기'가 여기 들어간
다. 카메라들의 무게는 450킬로그
램 이상이었고 그 크기와 모양은
포신형gun-type 핵무기와 아주 비슷
하다(그림 259). 마그나사는 이스
라엘 디모나에 자리 잡았고, 이곳
은 바로 이스라엘의 대규모 핵무
기 프로그램의 본산이다. 마그나
사의 '가상장벽'시스템은 '광학감
시선Optical Watch Line'이나 '부엉이'

【그림 259】 마그나사의 보안카메라와 감지기. 그리고 옆의 것
은 포신형 핵폭발장치.

라 불린다. 상징에 집착하는 이 사람들에게 '부엉이'는 캘리포니아 주 북부
보헤미안 그루브에서 엘리트들이 숭배하는 12미터 높이의 부엉이 석상 형
태의 '몰록'이라는 희생의 신을 나타내는 일루미나티 상징이다. 고대세계에
서는 아이들을 불 속에 던져서 몰록에게 제물로 바쳤고, 성서에도 이 사실이
나온다. 후쿠시마의 공식적인 이야기는 9·11 이야기가 그렇듯이 처음부터
끝까지가 공상이다. 다음 글은 2011년 6월에 나온 후쿠시마 3호기의 상태에
대한 공식적인 발표다.

　　높은 방사성의 잔해들과 오염수가 도쿄전력의 후쿠시마 다이이치 원자력에너지 시설에서
의 복구노력들을 계속 방해하고 있다. 도쿄전력은 3호기 건물로 들어가는 통로를 치우는 일을
비롯해서 화요일까지 컨테이너 280여 개 분량의 방사성 잔해들을 치웠다. 작업자들이 건물
로 들어갈 수 있게 됨에 따라 도쿄전력은 원자로를 안정시키기 위해 3호기 격납구조물에 질
소가스를 주입할 계획이다.

　　그림 260은 이 발표가 나왔을 때의 3호기 상태다. 사실상 아무것도 남지

않았다. 프리랜서 저널리스트 짐 스톤Jim Stone은 후쿠시마 사고의 배경을 놓고 몇 가지 뛰어난 연구를 했고 웹사이트는 www.jimstonefreelance.com이다. 후쿠시마의 파괴가 '자연' 재해가 아니었다는 사실은 지진과 해일도 '자연'재해가 아니었다는 뜻이다. 그들은 분명히 핵폭발 장치를 설치해놓고서 지진과 해일이 생기길 바라면서 빈둥거리고 있을 생각은 아니었다. 그들이 어떻게 지진과 그 치명

【그림 260】 파괴된 3호기의 모습

적인 결과들을 일으켰는지는 나중에 설명하도록 하겠다. 내가 보스턴공립도서관에서 원자력 기술자인 아니 건더슨Arnie Gundersen의 비디오 자료를 찾아냈을 때는 이 장을 마치고 후쿠시마 사고가 핵폭발 장치로 생겼다는 내 견해를 '공개'한 다음이었다. 그는 후쿠시마가 그 어떤 원자력발전소에서라도 일어날 수 있는 일에 대한 새로운 증거를 보여주었다고 말하고 있었다. 건더슨은 폭발의 정지 장면들을 차례차례 보여주면서 지진파가 어떻게 시속 1,600킬로미터쯤의 속도로 퍼질 수 있었는지 아무도 설명하지 못한다고 했다. 음속을 거뜬히 뛰어 넘는 속도다. 이것으로 그 폭발에서 '폭굉파detonation wave'가 생겼는데 이 점은 설명할 수가 없었다고 했다. 수소와 산소는 음속보다 느린 '폭연파deflagration wave'만을 만들어낼 수 있기 때문이다. 그의 말을 들어보자.

이런 일이 왜 생겼는지는 아무도 모른다. 실내압력에서 수소와 산소는 폭발할 수가 없다. 나는 많은 화학자들과 이야기해봤는데 우리는 어떻게 그것이 폭발했는지 헤아릴 수가 없었다. 갑자기 연소(폭연)할 수는 있지만, 폭발할 수는 없는 일이고 또 격납구조물 설계에 큰 문제

들이 있는 것이다.

나는 건더슨과 그 화학자들이 왜 그리 말했는지 이해가 간다. 그들은 이 폭발이 핵무기로 생긴 것인데도(그래서 폭연파가 아닌 폭굉파가 생겼다) 원자로 라는 관점에서 일이 어떻게 된 건지를 설명하려고 시도했던 것이다. 이스라 엘의 핵무기 프로그램이 진행되는 장소와 같은 곳을 본거지로 하는 회사가 설치하고 관리한 보안시스템이 있었다는 것은 '격납구조물 설계의 문제'만 이 아니다.

로스차일드 시오니스트의 할리우드

로스차일드 시오니스트들은 지금까지 주류 대중매체를 소유함으로써 진실 이 아예 새나가지 못하게 막았다. 영향력 있는 이스라엘 주간지 〈하아레츠 Ha'aretz〉의 특집부장 샤하르 일란Shahar Ilan은 이렇게 썼다. "유대인들(로스차 일드 시오니스트)이 미국의 대중매체를 통제한다. 이것은 아주 빤한 일이고, 그렇지 않다고 주장하는 것은 상식을 모욕하는 짓이다." 미국국립보존기록 관은 2011년에 이스라엘의 기관들이 미국 대중매체에 로스차일드 시오니 스트들의 대외정책목표들을 홍보하는 이야기들을 심는 데 쓴 3,600만 달러 에 대한 상원의 '밀봉' 조사에서 찾아낸 내용들을 기밀 해제했다. 〈애틀란 틱 매거진The Atlantic Magazine〉이 그 돈을 많이 받았다. 이스라엘의 디모나 핵 무기시설을 '연구센터'라고 써서 관심을 흩트리고 또 이란의 핵시설들이 핵 무기 프로그램의 일부였다고 주장하면서 미국의 공격을 강요하는 일들이 돈을 주고 꾸며낸 이야기들이다. 미국의 주요 출판물들은 너저분하게 '한 목소리'를 냈다. 그 상원의 조사문서는 찾아낸 내용들이 공개되지 않도록 '봉인'되었고 그것을 내놓은 국립보존기록관은 대단한 일을 해냈다. 이것은 로스차일드 시오니스트가 미국의 정계와 대중매체를 모조리 통제한다는 사 실을 아주 잘 확인해주는 것이다. 미국에서만 그러는 게 아니고 루퍼트 머독

같은 로스차일드 시오니스트 거물들의 '뉴스' 대중매체만 그러는 것도 아니다. 〈로스앤젤레스 타임스〉의 칼럼니스트 조엘 스타인Joel Stein(로스차일드 시오니스트)은 유대인들(로스차일드 시오니스트들)이 할리우드를 통제한다고 생각하지 않는 미국인들은 '바보'들이 틀림없다고 단언하는 기사를 썼다.

나는 연예기획사들의 고위직에 있는 여섯 명의 비유대인들을 찾아내기까지 업계를 샅샅이 뒤져야만 했다. 그러나 자 보시라, 그 여섯 명 가운데서도 AMC의 사장 찰스 콜리에르Charles Collier조차 유대인으로 드러났다! …… 자랑스러운 유대인인 나는 미국이 우리의 업적에 대해 알기를 바란다. 그렇다, 우리는 할리우드를 통제한다.

'번쩍거리는 도시(할리우드의 별칭-옮긴이)'는 온 세상에서 역사적 사건들의 거짓 버전들을 팔고 지각을 프로그램하는 데 이용되었다. 혈통들이 할리우드를 소유한다는 건 말할 것도 없고 그 자체를 만들어냈을 것이라는 점은 분명하다(그림 261). 할리우드의 영화들과 텔레비전은 현실을 조작하고 또 혈통들이 준비하고 있는 사건들에 앞서서 사람들을 정신적으로나 정서적으로나 미리 프로그램하는 데 이용된다. 9·11이 일어나기 여섯 달 전에 TV드라마 시리즈 '론건맨The Lone Gunmen'에는 탈취한 상업용 항공기를 원격조종해서 세계무역센터를 목표로 날려 보내는 실험방송분이 나왔다. 제작진 내부의 사람들은 CIA가 그들에게 줄거리의 구상을 주었다는 말을 했다고 한다. 이 글을 쓰는 지금 치명적인 대규모 전염병과 미국의 질병관리본부를 다룬 '컨테이젼Contagion'이라는 영화가 홍보되고 있는데, 혈통들이 내놓으

【그림 261】 로스차일드 시오니스트의 할리우드

려고 기다리고 있는 인류에 대한 또 하나의 공격을 할리우드가 내다본 것 그 이상이다. 로스차일드 시오니스트들은 인터넷도 통제한다. 구글, 야후, 페이스북, 마이스페이스, 트위터, 유튜브, 위키피디아, 이베이 등등이 모두 로스차일드 시오니스트들이 만들었거나 통제한다(보통은 둘 다다). 이용자들의 정보를 널리 수집하고 보유하는 검색 엔진들, 소셜네트워크 서비스들, 휴대전화회사들에 관한 스캔들이 드러나는 것을 보노라면 웃음이 나온다. 그러면 이 회사들은 모두 이런 일이 일어난 것에 깜짝 놀라거나 왜 그렇게 됐는지 궁색한 변명을 늘어놓는다. 그들은 로스차일드 시오니스트 비밀결사, 그리고 이것을 다른 비밀결사들, 사탄숭배자들, 소아성애자들과 연결하는 네트워크들을 위해 일하는 수단들이기 때문에 그렇게 한다. 2012년 런던올림픽 로고와 마스코트는 어느 모로 보나 '시온'(토성)과 모든 것을 보는 눈을 상징한다(그림 262). 런던이 2012년 올림픽의 유치신청을 했다는 소식을 들은 순간 나는 가족들과 친구들에게 런던이 유치하게 될 것을 확신한다고 말했었다. 런던과 2012년은 계획된 것이 아니라고 하기에는 너무도 동시적이었고 혈통들이 그 시기에 런던에서 올림픽게임을 원했던 이유가 틀림없이 있다. 그토록 터무니없이 과장된 해인 2012년에 많은 꾸며진 사건들이 있을 것이라는 의심이 든다. 이 책의 말미에서 이것을 다시 다룰 것이다. 나는 우리가 여기서 대중매체, 할리우드, 인터넷, 정치, 금융과 거대 사업을 소유한 '유대인들'이 아니라, 로스차일드 시오니즘이라는 비밀결사의 지시를 따르는 극소수의 패거리들에 대해 이야기하고 있음을 다시 강조해두겠다. 대부분의 유대인들은 그들에게는 아무런 관심도 없는 로스차일드가의 네트워크에게 무자비하게 이용당하고 유린되었

【그림 262】 2012년 런던올림픽의 시온과 모든 것을 보는 눈

다. 로스차일드 시오니즘은 전반적으로 유대인들의 최선이 아닌 세계 지배를 위한 로스차일드가의 음모, 곧 렙틸리언 동맹의 음모에 들어맞는 것들을 위해 일하고 있다. 로스차일드가와 그들의 시오니스트 비밀결사 그물망은 미국 정부의 모든 것에 대한 정책을 조종하고, 이런 상황은 영국과 수없이 많은 나라들, 그리고 애초부터 로스차일드가의 작품인 유럽연합에서도 마찬가지다. 로스차일드가가 미국과 이스라엘을 이중 조종하면서 미국인들이 내는 엄청난 금액의 세금이 군사와 재정 '원조'로 이스라엘로 넘어가고 있다. 로스차일드가의 한 갈래가 그것을 또 다른 갈래에게 그냥 주고 있는 것이다. 《이스라엘 로비(한국어판)》(2008)에서 존 미어샤이머John J. Mearsheimer와 스티븐 월트Stephen M. Walt는 이렇게 쓴다.

이스라엘은 해마다 대외 직접원조로 30억 달러를 받는데, 이것은 미국의 전체 대외원조예산의 거의 5분의 1을 차지한다. 1인당 받는 금액으로 치면, 미국은 이스라엘 사람 한 명에게 해마다 500달러 정도의 직접 보조금을 주는 셈이다. 이 후한 보조금은 지금 이스라엘이 1인당 소득에서 한국이나 스페인과 맞먹는 부유한 산업국가라는 사실을 안다면 특히나 놀라운 것이다.

프린스턴대학교의 국제법 교수 리처드 폴크Richard Falk는 이런 말을 했다. "이스라엘은 세계 모든 나라들을 묶은 것보다도 많은 경제원조를 받는다." 그런데도 이와 함께 미국회계감사원은 이스라엘이 "동맹국들 가운데서 미국에 대해 가장 공격적인 스파이활동을 하고 있다"고 했다는 보도가 있었다. 그들은 미국인들의 '동맹국'이 아니라, 미국인들의 납치범들일 뿐이다. 미국 하원은 '미사일 방어 시스템'의 명목으로 이스라엘에 추가로 2억 5,000만 달러의 군사원조를 주는 안을 승인했다. 하원 국방소위원회 소속의 민주당 하원의원 스티브 로스만Steve Rothman(로스차일드 시오니스트)은 이렇게 말했다. "국방, 군사, 정보 협력을 말하자면, 미국과 이스라엘의 관계가 이보다

더 굳건했던 적은 없었다.” 그가 이 말을 했을 무렵, 이스라엘 당국은 2007
년부터 150만 명의 팔레스타인 사람들에게 필요한 식량, 연료와 생필품들
의 공급을 막아왔던 가자지구의 봉쇄를 계속하는 데 미국의 지원을 받은 군
사력을 사용하고 있었다. 또한 이스라엘에 막대한 대외원조가 주어지고 있
는데도, 이 글을 쓰는 시점에서 이스라엘 국민들은 재정적인 어려움과 가난
에 항의하는 길거리시위를 시작했다. 하루 40만 명의 군중이 이스라엘의 길
거리로 나서서 정부의 정책과 부당한 임금에 항의했다. 그들은 팔레스타인
사람들, 그리고 우리 모두와 힘을 모아서 우리 모두를 표적으로 삼는 세력에
도전할 필요가 있다. 바로 일루미나티 혈통들과 로스차일드 시오니즘을 포
함하는 그들의 냉혹한 네트워크다. 우리는 인종, 종교, 문화와 소득계층의
쓸데없는 분리들을 제쳐놓고서 모두를 위한 평화와 정의와 공평함에 다함
께 뜻을 모을 필요가 있다. 로스차일드 시오니스트 엘-리트들은 수십 억 달
러의 ‘원조금’을 그들 자신을 위해, 그리고 훨씬 더 많은 무기들을 사들이려
고 이스라엘에 쌓아두고 있다. 그토록 많은 이스라엘 국민들의 곤경이 확인
해주듯이, 그들은 대부분의 유대인들에 대해서는 조금도 신경 쓸 수가 없다.
나는 여기서 시오니즘(로스차일드가와 그 네트워크들)의 진정한 얼굴과 거대
정부, 거대 금융, 거대 사업, 거대 제약회사, 거대 생명공학회사, 거대 식품회
사, 거대 대중매체 등등에 있는 그 하수인들이 대부분의 유대인을 포함해서
인류에게 세계적인 전체주의 독재를 강요하기 위해 어떻게 하나가 되어 일
하는지를 보여주려고 이 장을 시작했다. 시오니즘은 몇몇을 뺀 대부분의 사
람들이 너무도 모르고 있거나 아니면 너무도 두려운 나머지 맞붙어서 폭로
하지 못하는 주제이지만, 그것은 알려져야 하고 또 아주 가까운 미래에 세
계적인 폭압을 피하게 된다면 그 그물망은 해체될 것이다. 사실 그것은 ‘미
래’에 관한 것조차도 아니다. 폭압은 이미 여기 있으며 우리가 스스로 자신
을 얼마나 깊이 그것의 노예가 되도록 놔둘 것인지의 문제일 뿐이다. 로스차
일드가는 위장기관들과 허수아비 대표들 뒤로 갈수록 넓어지는 세계통제의

434

진정한 규모를 감추느라 한 세기를 보냈고, 그 장막은 대다수의 사람들이 볼 수 있도록 걷혀야만 한다. 그들은 충분히 오랫동안 그늘 속에서 일했고, 우리는 하루빨리 그런 시절을 끝내야만 한다.

로스차일드가에는 진실에 조금이라도 가까이 가는 사람은 누구라도 '반유대주의자anti-Semite(모순적이게도 '반아랍'이라는 뜻이다)' 낙인을 찍어 표적으로 삼는 온갖 조직들이 있지만, 이 부분은 내 다른 책들에 써놓은 또 다른 이야기다. "그자들을 인종차별주의자라고 불러라" 하고 말하는 로스차일드의 위장 단체들에는 반중상동맹(ADL)이 있는데, 이것은 진정한 전체주의자의 방식으로 그들에게 맞서는 사람들을 중상하고 다닌다(그림 263). 그들에게는 브네이브리스(서약의 아들들Sons of the Covenant), 사이먼비젠탈센터Simon Wiesenthal Center(철저한 사기꾼의 이름을 땄다)도 있고, 또 그 파렴치한 존재를 정당화하려고 캐나다 나치당의 인지도를 높이다가 들통 난 캐나다 유대인회의Canadian Jewish Congress(CJC)와 같은 네트워크들이 모든 나라에 있다. 내가 마지막으로 봤을 때 CJC는 버니 파버Bernie Farber라는 화가 잔뜩 나있는 사람이 이끌고 있었다. 그는 내가 마음에 들지 않나보다. 왜 그런지 알 수가 없다. 뭐랄까, 그는 저 리처드 워만이라는 녀석의 친구고 내게 크리스마스카드도 보내지 않는다. 속이 상한다. 이런 조직들은 표현의 자유를 금지하고 그들이 대변하는 주인들을 노출하지 못하게 하는 '증오범죄법hate laws'을 널리

도입하게 된 배후에 있는 조직들 일부일 뿐이다. 이 법들은 '소수를 보호한다'고 홍보하지만 로스차일드가와 그들의 추잡한 토성 숭배는 소수에게는 전혀 관심을 가질 수가 없고, 그런 점은 다수도 마찬가지다. 그들은 완전한 통제에만 관심을 가진다. 이스라엘에 대한 비판이 반유대주의 '범죄'

【그림 263】 로스차일드가의 사냥개 반중상동맹. 그들의 수법은 사람들을 중상 모략하는 것이다.

가 되게 하는 갈수록 더 많은 법들이 도입되고 있다. 노먼 핀켈슈타인과 음악가이자 작가인 길라드 아츠몬처럼 훌륭하고 용기 있는 많은 유대인들은 로스차일드 시오니스트들에 반대하는 뜻을 공개적으로 밝혔다. 그들은 이스라엘이 팔레스타인 사람들에게 저지른 참상들과 로스차일드 시오니스트 엘-리트들이 일반 유대인들을 속이는 방식을 들춰낸다고 해서 핀켈슈타인의 학자 경력을 무너뜨려버렸다. 그의 뛰어난 책《홀로코스트 산업(한국어판)》(2003)과 길라드 아츠몬의《누가 방랑하는가?The Wandering Who?: 유대인의 정체성 정책 연구》(2011)도 읽어보길 바란다. 그들은 이 비평가들을 '반유대주의자'라고 부를 수 있는 근거가 없어서, 대신에 '자기혐오자'라고 부른다. 뭐, 그들은 나를 어떻게 생각하는지 말할 수 있고, 또 그렇게도 했지만, 내가 입을 다물게 되지는 않을 것이다. 너무도 많은 것들이 여기에 달려 있다. 특히 우리 아이들과 그들의 아이들을 위해서.

우리는 어떤 반응과 결과들이 나올지라도 돌 하나하나의 밑을, 특히 가장 큰 돌들을 들춰볼 필요가 있다. 우리가 진실을 추구하든지, 아니면 그렇지 않더라도 말이다. 그리고 만일 '로스차일드 시오니스트의 이스라엘'이라고 표시된 돌을 들춰보면, 당신은 지금도 출생증명 문제로 골머리를 앓고 있는 거짓 미소의 한 남자를 찾아낼 것이다.

덧붙이는 말 : 2012년 1월에 백악관 예산관리국 국장 제이콥 루(로스차일드 시오니스트)가 버락 오바마의 백악관 비서실장(참모이자 해결사)이 된다는 발표가 있었다. 루는 오랫동안 오바마의 참모이자 해결사였던 람 이매뉴얼 대신 임명된 윌리엄 데일리William Daley의 짧은 재임기간에 이어 비서실장이 된다. (2012년 11월, 오바마가 재선에 성공하고 나서 제이콥 루는 2013년 1월 재무부장관에 임명되었다. -옮긴이)

3차대전의 각본이
쓰여지고 있다!

　나는 2011년 여름에 이 글을 쓰고 있고, 책을 다 만들어서 인쇄과정을 마치고 판매되기 몇 달 전이면 많은 사건들이 일어나있을 것이다. 어떤 사건들일지를 정확히 말할 순 없지만, 그 주제들과 그들이 무엇을 이루려고 할지는 말할 수 있다.

　렙틸리언 동맹과 그 혼혈 혈통들은 세계정부, 세계군대, 세계중앙은행과 단일 전자화폐라는 강압구조 안에서 엄청나게 줄어든 인구를 철저히 통제하기를 바란다. 법에 따라 모든 사람들에게 마이크로칩을 심어서 지구적 컴퓨터 네트워크와 '하늘의 위성 스파이들'인 위치확인시스템(GPS)에 연결시키고 싶어 한다. 태어나는 모든 아기에게 마이크로칩을 심는다는 것이 그 계획인데, 마이크로칩 프로그램에는 전자추적 말고도 훨씬 더 사악한 이유들이 있다. 이 문제는 나중에 다루도록 하겠다. 그들은 같은 세력이 조종하는 소수의 기업들을 거쳐 모든 식품 생산을 통제하고, 또 그 밖의 다른 모든 식품생산 과정은 금지하려고 한다. 정원에서 먹을거리를 기르는 일도 그 하나다. 이런 일은 '식품 안전'이라는 이유와 여러 핑계들을 내세워 일어날 것이다. 기업의 독점으로부터 나오는 식품은 유전적으로 조작될 것이며 사람들을 정신적으로 정서적으로 육체적으로 불안정하게 하는 화학물질들의 범벅

이 될 것이다. 유기농 식품을 금지할 것이고, 사람들이 기업이 결정하는 식단에 부족한 영양소들을 보충하지 못하도록 비타민과 여러 보조제들을 먹는 일도 그렇게 할 것이다. 혈통의 통제를 받는 미국식품의약국(FDA)은 호두가 건강에 주는 이로움들을 주장하던 다이아몬드푸드Diamond Foods라는 회사에 보낸 서류에서 호두를 약품으로 지명했다. FDA는 이렇게 말했다. "귀사의 호두제품들은 인증된 신약승인신청 없이는 미국에서 합법적으로 내놓아서는 안 될 약품입니다." 미친 짓이다. 그 뒤에 숨은 진짜 이유를 모른다면 말이다. 수돗물은 인구를 유순하고 로봇처럼 남아있게 하고 또 사람들이 '자신의 노예상태를 좋아하게' 만들려고 약물을 집어넣도록 되어있다. 인간의 면역계를 무너뜨리고 사람들을 우리가 지금 다루고 있는 온갖 종류의 질병들에 노출시키려는 강제 예방접종이 있을 것이다. 나치와도 같은 지구적 경찰국가를 강요할 것인데, 여기서는 공식적인 방침에 반대하는 견해들을 금지하고, 인터넷은 말할 수 없이 검열할 것이며, 감시시스템은 정부당국이 알지 못하는 일을 아무도 할 수 없게 할 것이다. 이런 일은 '전체주의자의 까치발걸음'을 통해 이미 일어나고 있다. 사람들은 어디서 살 것인지, 어디서 일할 것인지, 그리고 얼마나 많은 시간을 얼마나 받고 일할 것인지를 지시 받을 것이다. 노동조합과의 전쟁은 그 일부분이다. 허깨비 적들에 맞서는 끊임없는 전쟁들을 위해 세계군대로의 강제 징병이 있을 것이다. 약물에 절고 마이크로칩이 심어진 인류는 토성을 숭배하는 엘-리트들의 통제망 위에 있는 로봇들과 컴퓨터 단말기들이나 다름이 없다. 부모들은 자기 아이들에 대한 권리를 국가에 빼앗길 것이다. 아이들이 왜 사랑하는 부모들에게서 확실한 이유도 없이 떨어지고 있는지에 대한 또 다른 이유가 이것이다. 내가 말하는 것들이 극단적이고 말도 안 된다고 생각하거든 주위를 둘러보라. 내가 묘사하고 있는 바로 그런 사회가 20세기 전반에 출판된 두 '예언적인' 소설들에 나왔다. 조지 오웰의 《1984》, 올더스 헉슬리의 《멋진 신세계(한국어판)》가 그것이다. 이 두 소설을 조합해보면 계획된 일의 큰 주제들을 알 수 있고, 또 그들이 말하는 많은 것들은 오늘날 분명히 일어나고 있다. 이렇듯 놀라운 예언의 사례들이 운 좋은 추측일 뿐이었을까? 아, 아니다. 오웰과 헉슬리는 어떤 일이 오고 있는지를 알았다. 그것을 멈추지 않는다면 말이다.

아주 오래 전에 계획된 음모들

나는 인류가 다루고 있는 음모의 규모와 조정 과정을 아주 오랫동안 강조해 왔다. 우리 세상을 조작하고 착취하는 그들은 그것을 하루, 한 달, 1년 또는 10년 단위로도 만들어내지 않는다. 그들은 바로 우리가 경험하는 현실의 짜임새 안에 부호화된 프로그램을 실행하고 있다. 세계무역센터 쌍둥이 빌딩은 1960년대에 건설되었고, 2001년에 일어날 자신의 운명을 알고 있었다. 지금은 다이애나 비의 추모비가 되어버린 파리 알마교 터널 위의 자유의 불꽃과 검은 별모양은 1989년에 그곳에 세워졌고, 1997년이 지나서 스스로 무엇을 상징하게 될지를 알고 있었다. 이런 말을 사람들이 받아들이기가 힘들다는 것을 알지만 그것이 진실이다. 우리가 여기서 '지상의' 음모만을 다루고 있지 않다는 점을 잊지 않길 바란다. 일루미나티 혈통들은 '세상 밖'의 주인들을 위한 다리들일 뿐이다. 오늘날 일어나고 있는 일들의 각본은 아주 아주 오래전에, 분명히 수백 년 전에 쓰인 것이고 어쩌면 수천 년 전에 쓰였을 수도 있다. 아니다, 농담이 아니라 배불리 먹지도 않았고 술 한 잔도 하지 않았다. 세계적인 파시스트/공산주의자 국가는 토성에서 오고 달이 증폭하는 방송에 부호화되어있기 때문에 그런 조정 과정이 벌어지고 있다. 이 부호화된 정보와 그것이 어디로 가는지를(계획을) 안다면 당신은 믿기 어려울 정도로 정확하게 맞아떨어지는 예언 '소설'을 쓸 수 있다. 조지 오웰과 올더스 헉슬리는 《1984》(1948년 출판)와 《멋진 신세계》(1932년 출판)에서 그렇게 할 수 있었다. 그들은 기본적으로 무슨 일이 오고 있는지 알았기 때문이다. 오웰(본명은 에릭 블레어Eric Blair)은 경찰국가와 감시사회, 그리고 사람들이 규칙을 지키게 하려는 끝나지 않는 전쟁을 묘사했다. 이것이 바로 오늘날 우리가 보고 있는 모습이다. 이 끝나지 않는 전쟁이란 '테러와의 전쟁'이다. 당신이 '테러와의 전쟁'에서 이겼노라고 어떻게 말할 수나 있겠는가? 못한다. 그이야기는 거짓일 수도 있지만, 사람들이 그것을 진실로 믿는다면 당신은 목적을 이룬 것이다. 올더스 헉슬리는 《멋진 신세계》에서 인구를 통제하는 데약물과 유전학을 사용하고, 또 부모들이 아이들을 키울 권리를 잃고 결국 출산을 거쳐서는 아이들을 낳지 않는다고 묘사했다. 대신 아이들은 '세계국가계층들'의 집단 안에서 만들어지고 태어난 뒤부터 조직적으로 프로그램된다. 헉슬리가 말한 많은 것이 지금 일어나고 있고, 국가가 부모의 권리들을 꾸준하게 좀먹고 빼앗는 일은 나머지 단계로 가는 디딤돌들의 하나다. 오웰은 런던 바로 외곽의 윈저 성 근처에 있는 엘-리트의 이튼칼리지Eton College에서 헉슬리에게 프랑스어를 배웠는데, 이곳은 왕실의 자손들을 보내서 프로그램하는 곳이다. 두 사람은 친구가 되었고 헉슬리는 오웰을 페이비언협회 Fabian Society에 소개했다. 이것은 일루미나티 그물망 가운데 큰 비밀결사이고 그토록 정확한 것으로 드러난 두 사람의 '소설들'이 만들어진 정보의 원천이 된 곳이었다.

페이비언협회는 1884년에 정계의 '좌파'를 조종하려고 세워졌고, 한편 다른 비밀결사들은 '우파'와 '중도파'를 맡아서 논쟁을 양극화시키고 나눠서 지배하며 정치적인 선택이라는 환상을 심었다. 페이비언협회는 토니 블레어의 영국 노동당(그리고 오스트레일리아판 노동당)을 만들어냈고 여러 모습으로 위장한 채 온 세상에서 활동한다. 줄리아 길러드 오스트레일리아 총리는 페이비언의 회원이며 지금의 외무부장관이자 또 한 명의 페이비언인 케빈 러드의 자리를 이어받았다(케빈 러드는 2013년 6월부터 9월까지 다시 총리를 맡았다-옮긴이) 그들은 오스트레일리아 국민들을 페이비언의 통제자들이 지시하는 방향으로 데려가고 있지만, 혈통의 하인인 자유당 총수 존 하워드가 오스트레일리아 총리였을 때도 그랬다. 그들이 일하는 방식이 이렇다. 환상을 유지하려고 다르다고 주장하면서 같은 얼굴에 쓴 가면들인 것이다. 뉴질랜드와 캐나다처럼 오스트레일리아도 그들의 명령을 따르도록 겉보기일 뿐인 권력을 쥐어준 길러드와 하워드 같은 앞잡이들이 있는 로스차일드 시오니스트들의 영지이다. 페이비언협회(궁극적으로 로스차일드 시오니즘)는 '좌파'의 엘-리트 대학교인 런던정치경제대학(LSE)을 만들었고 또 통제하는데, 이곳은 영국, 미국과 여러 나라들에서 어젠다에 봉사하도록 그토록 많은 '좌익' 정치인들과 여러 혈통의 하수인들을 배출한다. 데이비드 록펠러(로스차일드 시오니스트)가 그곳 출신이고, 또 '탈바꿈하는 자'이자 '아눈나키' 저자인 제카리아 시친(로스차일드 시오니스트)도 그곳을 나왔다. 9·11때 국방부 감사관으로서 수조 달러를 잃어버린 도브 잭하임, 그리고 자유를 빼앗은 애국법의 공저자이자 국토안보부의 두 번째 장관이었으며 전신방사선스캐너를 세상에 팔아먹은 마이클 체르토프도 마찬가지다. 로스차일드가의 협력자인 거부 자본가 조지 소로스는 LSE의 학생이었고 그곳에 아주 많은 돈을 기부했다. 이 글을 쓰는 지금 런던정치경제대학의 '평의회'에는 이 왕조의 으뜸가는 공작원의 한 명인 이블린 드 로스차일드 경, 빌더버그 그룹의 주요 구성원이자 삼극위원회의 일원이며 BP사와 골드만삭스 인터내셔널의 회장이자 바티칸의 재정고문(이블린 드 로스차일드도 마찬가지)이며 로스차일드-록펠러의 세계무역기구(WTO) 총재였던 피터 서덜랜드Peter D. Sutherland, 셰리 블레어Cherie Blair(페이비언협회 회원인 토니 블레어의 아내), 그리고 LSE 출신이자 지금은 '리버티Liberty' 회장인 샤미 차크라바티Shami Chakrabarti 같은 사람들이 들어가 있다. 리버티는 영국에서 가장 두드러지는 '자유와 시민권의 수호자'이지만, 실제로는 아무짝에도 쓸모없는 조직에 가깝다. 페이비언협회의 로고는 양의 털가죽을 쓴 늑대(바로 그 모습 그대로다)이고 그 이름은 로마의 장군 퀸투스 파비우스 막시무스 베루코수스Quintus Fabius Maximus Verrucosus의 '파비우스'에서 따온 것인데, 그는 장기간에 걸쳐 적을 소진시키면서 어느 쪽이든 결정적인 승패가 나는 전투를 피하는 전술로 유명했다. 바로 전체주의자의 까치발걸음이다(그림 264). 헉슬리와 오웰이 관여하던 시절, 페이

【그림 264】 페이비언협회: 양의 털가죽을 쓴 늑대

비언협회의 깊숙한 곳에는 계획된 각본이 있었을 것이다. 페이비언협회가 계획된 일을 알고 있었으므로 두 사람 역시 계획된 일을 알았다. 오웰은 그 계획을 들춰낼 생각으로 《1984》를 쓴듯하다. 1984년은 페이비언협회의 창립 100주년이 되는 해였다. 그 장기계획에 대해 리처드 데이Richard Day 박사(로스차일드 시오니스트)라는 록펠러가의 내부자에게서 나온 강력한 확증도 있는데, 이 사람은 오늘날 일어나고 있는 일들을 1969년에 정확하고 자세하게 묘사했다. 그가 말한 내용은 뒤에서 이야기하도록 하겠다.

그러므로 1960년대에 뉴욕항만관리청에 쌍둥이 빌딩을 지어야한다고 제안했던 인물이 데이비드 록펠러(로스차일드 시오니스트)였다는 것이나, 1980년대에 〈인터내셔널 헤럴드트리뷴International Herald Tribune〉을 통해 미국의 돈으로 자유의 여신상의 햇불을 실제크기로 복제한 것을 다이애나 비가 자신의 운명을 받아들일 파리의 터널 위 검은 별모양에 세운 일은 전혀 우연의 일치가 아니다. 그 무렵 〈인터내셔널 헤럴드트리뷴〉은 옥스 슐츠버거Ochs-Sulzberger 일가(로스차일드 시오니스트들)와 메이어 그레이엄Meyer-Graham 일가(로스차일드 시오니스트들)가 공동 소유했다. 데이비드 록펠러가 뉴욕항만관리청에 쌍둥이 빌딩을 지으라고 제안한 지 30년도 더 지나서, 2011년 에스티 로더 화장품 일가의 로널드 로더(로스차일드 시오니스트)는 빌딩들의 임대권을 최초로 개인의 손에 넘기도록 항만관리청에 로비를 벌였다. 뉴욕항만관리청의 청장 루이스 아이젠버그(로스차일드 시오니스트)는 동의했고, 그 임대권은 래리 실버스타인(로스차일드 시오니스트)과 프랭크 로위(로스차일드 시오니스트)가 샀는데, 이들은 테러리스트의 공격이 생길 경우를 대비한 보험

금액을 큰 폭으로 늘렸다. 그들이 임대권을 산 지 몇 주가 지나자 로스차일드 시오니스트의 세계적 행동대원인 모사드가 조작한 9·11의 잔학행위가 벌어졌고, 세계무역센터와 9·11 관련 모든 공항들의 보안을 맡은 로스차일드 시오니스트의 회사들 덕분에 그들의 임무는 쉬웠다. 그런 뒤에 이 공격은 경찰국가를 강요하고, 또 2000년 9월에 로스차일드 시오니스트의 '미국의 새로운 세기를 위한 프로젝트'가 내놓은 정책문서에 적힌 목표국가들을 침공하는 핑계로 이용되었다. 아니다, 그들은 일을 해나가면서 계획을 세우지 않는다.

세계적 사건들의 진실

각본은 오래 전에 쓰였고 그것은 하루하루 진행되고 있다. 사람들이 맞닥뜨린 도전은 그것을 갈기갈기 찢어버리는 것이다. 2011년에 시작된 북아프리카에서의 사건들은 갈수록 더 많은 나라들을 손에 넣고 세계를 제3차 세계대전으로 몰아가는 일을 정당화하려는 영화 속의 장면들일 뿐인데, 그 다음에는 모양새를 다 갖춘 세계적 파시스트/공산주의자 국가가 펼쳐지도록 계획되어있다. 나는 우크라이나 키예프의 한 호텔방에 앉아 알자지라 텔레비전에서 생방송으로 이집트 대통령 무바라크의 퇴진과 곧바로 이어진 믿기 어려운 기쁨과 환호의 장면들을 지켜보고 있었다(그림 265). 30년 동안의 무바라크와 군복을 입은 심복들의 폭압 아래에서 육체적으로나 경제적으로나 그토록 고통을 겪었던 사람들에게는 얼마나 기쁜 순간이었는지 모른다. 그 밤 내내 쏟아져 나온 안도감과 행복감에 어느 누가 감동받지 않을 수 있을까? 하지만 다음날 아침에 실제로 바뀐 것은 무엇이었는가? 혁명은 없었다. 비열한 앞잡이만 없어졌을

【그림 265】그림자 속에서 조종되는 카이로의 수천 명의 진심어린 시위자들

뿐이다. 이제 이집트는 30년 동안 무바라크의 의지(미국/이스라엘/로스차일드가의 의지)를 강요했던 군대가 장악했다. 이집트 군대는 미국 정부(로스차일드가)가 통제할 뿐만 아니라 미국의 군사'원조'로 해마다 15억 달러를 받는다. 이것은 미국의 납세자들이 팔레스타인 사람들을 억압하고 조직적으로 집단 학살하고 우리가 아직은 알지 못하는 더 큰 계획에 돈을 대도록, 이스라엘에 제공되는 30억 달러(그 이상이다) 다음으로 많은 금액이다. 이집트 군대를 (그리고 '혁명' 뒤의 이집트를) 장악한 사람은 무함마드 후세인 탄타위Mohamed Hussein Tantawi 장군이었다. 그는 쫓겨난 무바라크의 평생지기이자 무바라크의 30년 폭압의 시절에 가장 가까운 동료였다. 탄타위는 20년 동안 '국방부장관'(집단학살자)이었고 이집트인들에게 무바라크의 공포정치를 강요하는 일을 고문과 살인의 명수인 이집트정보부의 수장 오마르 술레이만Omar Suleiman과 함께했다. 탄타위는 '민중혁명'이 일어나고 나서도 아직 무대 뒤에 있었다. 그때 군대는 무바라크가 국민들과 여러 문제들에 대해 저지른 죄를 묻고 고발하겠다고 발표했다. 누가 죄를 묻고 고발하고 있었을까? 국민들에게 죄를 저지른 바로 그 사람들이었다! 둘러댈 수 없기는 하겠지만, 이 바닥에서는 그럴 필요가 없다. 미국 정부가 이집트 군대를 소유하고 있으니, 미국이 뛰라고 하면 그 군복을 입은 친구들은 올림픽 높이뛰기 기록을 깬다. 시위자들에게 발포를 하지 않는 군대에 말들이 많았지만, 같은 때에 미국에 있는 이집트 군대의 주인들은 무바라크에게 물러나서 시위자들을 내버려두라고 요구하고 있었다. 미국(로스차일드가의 네트워크)이 무엇을 요구한다 해도 이집트 군대는 그렇게 할 것이다. 세상의 눈들이 빠져나가자 군대는 카이로 타흐리르 광장에서 시위자들을 해산시켰다. 군대가 약속한 '자유

【그림 266】 소로스와 브레진스키. 다스베이더가 내 친구야.

444

롭고 공정한 선거들'을 위한 일정표는 없었지만, 그들은 적어도 6개월이나 그 이상 집권할 것이라고 말했다. 이집트에서 일어난 일은 훨씬 더 많은 통제를 들여오는 데 써먹고 있는 '민중봉기'라는 환상을 위한 청사진이었다. 공개적으로 침공해서 너무 많은 나라들을 장악하면 일어나는 일이 너무 빤히 보이게 된다. 그러나 당신의 통제 아래 사람들이 '봉기'를 일으키도록 조종하면, '자유'와 '국민에게 권력을'이라는 허울 아래서 당신이 찾는 격변과 정권교체를 가져올 수 있다.

이것은 갑부 자본가 조지 소로스(로스차일드 시오니스트), 그리고 삼극위원회의 공동설립자이자 버락 오바마의 참모로서 똑같이 소름끼치는 즈비그뉴 브레진스키(로스차일드 시오니스트)의 전문분야다(그림 266). 소로스는 자신의 트러스트들, 연구소와 같은 조직들의 네트워크를 거쳐서 '민중혁명들'을 조작한다. 열린사회연구소Open Society Institute와 국제위기그룹International Crisis Group이 가장 두드러지는 두 곳이지만 이들 말고도 많다. 브레진스키도 '민중혁명'을 조작하는 인물이다. 그는 수백만의 아프가니스탄 사람들의 생명을 희생해서 소련의 침공을 유도하려고 아프가니스탄의 '자유의 전사들'의 무장과 자금지원을 수락했는데, 이것으로 무자헤딘과 탈레반이 만들어졌고 더 장기간의 계획을 위해 오사마 빈 라덴이 떠오르게 되었다. 내가 우크라이나의 키예프에서 이집트의 경축인파를 보고 있었던 일은 적절한 일이었다. 내가 있던 호텔에서 길을 따라 내려가면 독립광장이라는 광장이 하나 더 나오는데 이곳은 2004년 대통령선거에서 개표부정이 있었다고 해서 빅토르 야누코비치를 물러나게 한 '민중혁명'(소로스의 네트워크가 부추긴)이 일어나서 비슷한 경축인파들이 모였던 곳이다. 그러나 내가 몇 년이 지난 뒤에 강연행사로 그 나라에 있었을 때의 우크라이나 대통령은 바로 같은 사람인 빅토르 야누코비치였다. 나는 어떻게 이럴 수가 있었느냐고 사람들에게 물었지만 그들은 고개를 절레절레 흔들면서 어깨만 으쓱할 뿐이었다. 내가 우크라이나 텔레비전방송과 생방송 인터뷰를 하면서 국민이 내쫓은 사람이 지금 다시 권력을 쥐고 있는 점으로 보아 우크라이나에는 혁명이 없었다는 말을 했을 때 사실 통역자는 내 말을 옮기지 말라는 말을 들었다. 보라, 그곳은 자유국가가 아닌가. 그런 황당해 보이는 일이 일어날 수 있는 이유는 '민주주의'는 자유가 아니기 때문이지만, 그들은 마치 민주주의가 정말로 자유를 뜻하는 것처럼 이 낱말들을 서로 바꿔 쓴다. 그렇지가 않다. 오바마와 국무부장관 클린턴이 중동과 아프리카를 두고서 이 두 낱말들을 그리도 자주 말할 수는 없다. 그들은 날이면 날마다 자유의 권리와 민주선거와 온갖 그따위 것들에 대해 지겹도록 중얼거리지만, 가장 훌륭한 민주주의에서도 다수에의 폭압만이 있을 뿐이다. '민주주의'는 거의 언제나 그렇지도 않다. 승자들, 그래서 지도자들이 된 사람들은 보통 커다란 몫의 부패가 끼어있는 소수의 인구가 선출한다. 이길 기회를 가진 정당들은 같은 세력의 통제를 받는데 어떻게 민주주의가 사람들에게 선택권을 줄 수 있겠는가? '정당'이라는 바로 그 개념은 애초에 혈통들이 스스로 지도자들을 고르는 힘을 지킬 수 있도록 들여온 것이다. '민중혁명'으로 쫓겨난 사람이 몇 년 뒤에 뽑혀서 대통령이 되는 희한한 결과에 대한 책임은 우크라이나의 이 정당제도에 있었다. 2004년의 '오렌지혁명'은 빅토르 유시첸코라는 친구가 빅토르 야누코비치를 밀어내게 했지만, 국민이 유시첸코의 당에 믿음을 잃어버렸을 때 이 '민주주의'에서 유일한 다른 진짜 선택은 야누코비치의 당밖에 없었고, 이 당은 지금도 그가 이끌고 있다. 이렇게 해서 야누코비치는 대통령 자리로 돌아왔다. 정치적인 선택이란 순전히 환상에 지나지 않는다.

날조된 혁명들

조지 소로스와 즈비그뉴 브레진스키는 동유럽 국가들을 결국 EU와 NATO의 군사통치 아래로 밀어 넣도록 꾸며진 여러 번의 '민중혁명들' 배후에 있었다. 우크라이나는 이미 이야기했지만, 체코공화국과 2003년에 '장미혁명'

446

으로 브레진스키가 훈련시킨 미하일 사카쉬빌리가 예두아르트 셰바르드나제 대통령을 밀어내고 집권한 조지아도 있었다. 한심한 사카쉬빌리는 워싱턴 D. C.의 조지워싱턴대학교와 브레진스키가 공산주의문제연구소Institute on Communist Affairs를 이끌던 뉴욕 컬럼비아대학교 로스쿨을 졸업했다. 사카쉬빌리는 소로스와 브레진스키 네트워크가 조종하는 미국에서 훈련받은 많은 정부의 하수인들 가운데 하나다. '혁명들'은 CIA와 모사드를 비롯한 여러 집단들, 정보기관과 함께 일하는 재단과 기구들의 복잡한 그물망을 거쳐 조종된다. 열린사회연구소와 그 밖의 소로스와 이어진 집단들은 조지아의 학생들에게 대규모 시위기술을 가르치고 돈을 대주었고, 시위를 장려하는 반대파 TV방송에 재정지원을 해주었다. 〈조지안 메신저The Georgian Messenger〉의 편집장 자자 가체칠라제Zaza Gachechiladze는 "소로스 씨가 셰바르드나제의 전복을 계획한 사람이라는 것은 여기서 널리 받아들여진 여론이다"라고 했다. 같은 일은 체코공화국과 우크라이나에서도 일어났고, 그들은 2009년에 이란에서 '녹색혁명'을 시도했다가 실패했다. 타이의 쫓겨난 총리, 혈통의 앞잡이이자 사기꾼인 탁신 친나왓을 지지하는 '붉은 셔츠'운동도 소로스의 열린사회연구소가 끼어있는 일루미나티 조직들의 네트워크가 자금을 대고 지원한다. 소로스와 그 동료들은 온 세계에서 불안과 격변을 조작하고 있다. 조작된 혁명들을 위한 또 하나의 도구는 세르비아를 근거지로 스르야 포포비치Srdja Popovic가 이끄는 비폭력행동전략응용센터Center for Applied Nonviolent Action and Strategies(CANVAS)이다. 포포비치는 동료인 이반 마로비치Ivan Marovic와 함께 오트포르!Otpor!(저항!)도 설립했는데, 마로비치는 2011년 월스트리트의 시위에 나타났고, CANVAS와 오트포르!는 하나가 되어 일한다. 그들은 흔히 그들이 훈련시키는 '혁명' 세력들에 대해 주먹을 상징으로 사용한다. 오트포르!는 2000년에 유고슬라비아의 슬로보단 밀로셰비치 정권을 이론상으로 전복하도록 미국과 소로스 네트워크의 자금을 받았고(NATO의 대규모 폭격이 아주 조금 도왔다) CANVAS와 함께 그때부터 혈통의 위장 조직들의 자금 지원을 받으면서 다른 많은 나라에서 '혁명과업'을 이어갔다. 오트포르! 는 이제 서구국가들, 특히 미국에서 활동하고 있다. 당신이 참여하는 시위나 '혁명'에 이 사람들이나 그 동료들이라도 끼어있다면 그것은 '혁명'이 아니다. 그것은 비밀집단이 조작한 것이다. 이런 정황은 우리를 다시 이집트로 데려가는데, 이집트 4월 6일 청년운동(그 주먹 상징과 함께)의 무함마드 아델 Mohamed Adel 같은 '혁명가들'은 세르비아의 CANVAS에서 훈련받았고 2008 년에 미국으로 날아가서 뉴욕에서 미국의 고위관리들을 만났다. 이집트에서 시위가 시작되자 무함마드 엘바라데이 Mohamed ElBaradei라는 친구는 오스트리아에서 서둘러 비행기에 오르고 '그의 사람들'에게로 갔다. 엘바라데이는 '민중혁명'을 만들어내는 조지 소로스의 국제위기그룹 이사회에 있었다. 국제위기그룹은 열린사회연구소의 자매 조직이다. 국제위기그룹과 이어진 또 한 명의 잘 알려진 이름은 즈비그뉴 브레진스키다. 엘바라데이는 '혁명에 참여해야한다는' 충동을 느끼고서 이 조직에서 갑자기 사임했는데, 그가 탄 비행기가 카이로에 내려앉은 지 며칠 만에 그는 시위를 주도하는 지도자들의 한 명이 되어있었고 혈통의 또 다른 작품인 무슬림형제단과 아주 잘 해나가고 있었다(그림 267). 이 사람은 일을 빠르게 한다. 그가 분명히 어떤 유형의 역할을 맡았는지 알 수 있다. 엘바라데이는 국제원자력기구의 사무총장일 때 노벨평화상을 받았다. 더 말할 필요가 없다. 엘바라데이는 이집트 군부가 총선을 허용했을 때 이집트의 대통령제를 옹호하겠다고 말했

【그림 267】 무함마드 엘바라데이. 소로스의 혁명가

었는데, 그는 엘-리트들의 심복이던지 아니면 그들의 하나다. 그들이 선택권을 쥐고 있다.

"내가 말하는 대로 하라고."

북아프리카와 중동에서의 '혁명들'은 오래 전에 짜인 각본을 따라 비밀스

럽게 선동되고 있다(그림 268). 우리에게 '리더들leaders'이란 없고, 대신 '숨은 손'이 '큐'라고 할 때면 남들이 쓴 말을 그대로 따라 읽는 리더들readers이 있다. G-8이니 G-20이니 하는 정치적인 모임들은 그저 리더들의 회의일 뿐이다. "무슨 말을 하라고 그러던가, 버락?" "아, 시리아를 규탄해야 하네, 프랑수아, 자넨?" "난 유로위기

【그림 268】 북아프리카와 중동에서의 '민중혁명들'은 비밀스럽게 조작된 것이며, 진심어린 시위자들은 그들이 이해 못하는 게임에서 움직이는 졸들일 뿐이다.

를 해결하도록 EU에게 힘을 더 쓰라고 해야 하네." 보기에도 한심한 모습들이다. 힐러리 클린턴 국무부장관이 이집트의 악랄하고 타락한 무바라크를 미국의 '친구이자 동맹', 그리고 클린턴가의 '개인적인 친구'라고 부른 적이 있다. 뭐, 유유상종이라니까. 하지만 하룻밤 사이에 클린턴의 오랜 친구는 사라져야 할 나쁜 놈이 되었다. 그녀가 카이로로 가는 길에 마음이 바뀐 것일까? 빛을 보고서 모든 사람들이 억압과 폭압으로부터 자유로워야 한다고 깨달았을까? 뭐라고? 영국과 세상의 셀 수도 없는 다른 '악마 같은 정부들demon-ocracies'과 함께 오바마-클린턴 정부는 지구에서 가장 비열한 폭군들 몇몇을 재정적으로 군사적으로 지원한다. 미국의 돈과 무기로 무바라크는 30년 동안 권력을 지켰고, 오바마는 백악관에서 그를 따뜻하게 맞이했다(그

림 269). 로스차일드가가 통제하는 미국의 역사에는 나라가 세워졌을 때부터 이런 일들이 아주 많았고, 또 갈수록 더 많은 폭압과 억압으로 자국의 국민들을 누르고 있다. 그들은 사람들을 지워버리는 일 말고 '권리' 따위

【그림 269】 "어서 오세요, 친구여, 미국의 혈맹을 만나서 기쁘기 그지없네요."

의 것에는 아무런 관심도 없다. 그렇다면 'democracy'에서 'de'라는 접두사가 '치우다, 빼다, 없애다'라는 뜻이라는 것이 얼마나 적절한 일인가. 71세의 레이 맥거번Ray McGovern은 힐러리 클린턴이 조지워싱턴대학교에서 중동에서의 '자유'에 대한 사람들의 권리를 두고 뱃속 매스꺼운 연설을 하고 있을 때 바로 그 앞에서 경찰과 평상복 차림의 폭력배들에게 끌어내져서 두들겨 맞고 쫓겨났다. 레이의 '죄'는 무엇이었을까? 참전 육군 장교였고 27년 동안 CIA의 분석가였던 이 사람은 '평화를 찾는 참전용사들Veterans for Peace'이라는 단체의 티셔츠를 입고서 클린턴이 연설하고 있을 때 조용히 등을 돌리고 있었을 뿐이다. 위키리크스에 비밀문서들을 넘겼다는 죄목으로 23세의 브래들리 매닝Bradley Manning 이등병을 체포해서 역겨운 짓을 했던, 착한 척 웃고 있는 미국의 참모습이 이것이다. 매닝은 하루 23시간을 개인소지품은 아무 것도 없이 작은 방에 갇혔고, 가족과 변호사를 만나면서도 수갑을 찬 채로 어떤 육체적인 접촉도 허용되지 않았다. 이 괜찮은 23세의 젊은 친구에게는 시트와 베개도 없었고 방에서의 운동도 금지되었다. 사실상 실외운동이 전혀 허락되지 않았는데, 이것은 포로의 처우에 대한 UN의 규칙들을 위반하는 것이다(그림 270). 아, 하지만 그 규칙들은 다른 나라들을 위한 것이지, 미국, 영국 또는 이스라엘을 위한 것이 아니다. 이 악마 같은 거짓말쟁이들이 다른 지역들에서 자유의 필요성을 입에 담는 동안, 가장 극단적인 수준의 전체주의를 강요하는 일이 바로 미국에서 하루가 다르게 늘어가고 있다.

【그림 270】 브래들리 매닝 이등병이 미국의 '가치들'을 경험해보도록 배려해주는 정부에 체포되기 전후의 모습

아니, '사람들의 권리'에 대한 온당하고 존중하는 마음이 갑자기 바뀌었던 것은 아니니까 오바마와 클린턴의 무바라크에 대한 '심경'

의 변화에는 또 다른 이유가 틀림없이 있었을 것이고, 또 그것이 무엇인지는 빤하게 보인다. 이집트와 중동과 관련하여 말투가 바뀐 것은 우리가 일루미나티의 세계적 어젠다에서 완전히 새로운 단계를 보고 있기 때문이다(그림 271). 위키리크스가 공개한 공식 문서들은 미국 정부가 카이로의 대사관을 거쳐서 '자발적인' 시위들을 계획해왔으며 여러 해 동안 핵심적인 시위자 및 행동가들과 일해오고 있었다고 밝혔다. 이집트의 '민중혁명'은 수천 명의 진심 어린 시위자들이 보수는 없지만 필수적인 '엑스트라'로 연기했던 영화 속의 또 다른 장면이었을 뿐인 반면에, '스타들'과 각본가는 화면에 나타나지 않았다(그림 272). 오바마와 클린턴조차도 영화를 팔고 엑스트라와 관중을 속이려고 다른 누군가의 말을 읽고 있었을 뿐이다. 진짜 일은 무대 뒤에서 일어나고 있었고 다른 인터넷 정보제공자들 중에서도 로스

【그림 271】 머리가 여럿 달린 괴물이 세계를 차지하려고 살인놀음에 몰두하고 있다.

【그림 272】 카메라 큐 — 액션!

차일드 시오니스트 소유의 구글과 페이스북이 관여했다. 인터넷을 통해 대규모 시위를 일으켰다고 인정받는 사람은 구글의 마케팅매니저인 와엘 고님Wael Ghonim이었다. 구글의 회장이자 빌더버거인 에릭 슈미트(로스차일드 시오니스트)는 고님이 '소셜미디어'가 미래에 대중들에게 어떻게 이용될지를 보여주었다고 했다. 또는, 헨리 키신저(로스차일드 시오니스트)가 이집트에서 시위가 벌어지는 동안에 했던 말처럼 이것은 앞으로 펼쳐질 드라마의 1막 1

장일뿐이다. 어떤 형태의 통신이라도 좋은 목적이나 나쁜 목적으로 쓰일 수 있겠지만, 게임이 어떻게 진행되는지, 그 목적이 무엇인지에 대해 대중들이 물정에 어둡다면, 그들은 폭압으로 끌려가는 트위팅을 할 수도 있다. 이란을 표적으로 같은 수법들을 사용하고 있다. 로스차일드가의 네트워크에게 이란은 큰 포상이 될 것이다. 중동에서의 격변과 전쟁들은 브레진스키가 유라시아라고 부르는 것을 통제하고 또 제3차 세계대전을 일으키려는 전략의 일부다. 유라시아는 기본적으로 유럽에서 러시아와 중국을 가로지르고 아래로는 중동까지 내려가는 땅덩어리인데, 러시아와 중국과 국경을 맞댄 될수록 많은 나라들을 통제한다는 것이 그 계획이다. 브레진스키는 1997년의 책 《거대한 체스판》에 이렇게 썼다.

잠재적으로 가장 위험한 시나리오는 중국, 러시아, 그리고 이란의 대연합이 될 것인데, 이것은 이념 때문이 아닌 서로의 고충을 보완하려는 필요로 통일된 '반-헤게모니' 연합일 것이다. 이번에는 중국이 앞장서고 러시아가 뒤따를 가능성이 있겠지만, 이것은 규모와 범위에 있어서 중국-소비에트 블록이 내민 도전장을 방불할 것이다. 이런 만일의 사태를 피하려면, 그곳이 아무리 멀다 해도 유라시아의 서쪽, 동쪽, 남쪽 경계에서 미국의 전략지정학적인 기술을 동시에 보여줄 필요가 있을 것이다.

미국이 유라시아를 어떻게 '관리'하는지가 아주 중요하다. 유라시아를 지배하는 힘이 세계의 가장 앞서있고 경제적으로 생산력이 높은 지역들 가운데 둘을 통제할 것이다. 지도만 한 번 봐도 유라시아를 통제하면 거의 자동적으로 아프리카를 종속시키면서, 지정학적으로 서반구와 오세아니아를 세상의 중심 대륙에 대한 주변지역으로 만들 것이라는 점을 알 수 있다. 세계 인구의 75퍼센트쯤이 유라시아에 살고, 세상의 물질적인 부의 대부분도 그곳의 기업들과 땅 아래에 있다. 유라시아는 세상의 알려진 에너지원의 4분의 3 정도를 차지한다.

석유와 가스로 치자면 이 자원들의 많은 부분이 카스피해와 그 주변에 있

452

다. 이곳엔 러시아, 이란과 카자흐스탄, 투르크메니스탄, 아제르바이잔 등의 나라가 있고, 예전의 소비에트연방 국가들과 국경을 마주하고 있고 조지아도 그리 멀지 않다. 버락 오바마가 유라시아에서의 미국의 외교정책을 시행하도록 유라시아 담당 국무부 차관으로 처음 임명한 사람은 대니얼 프라이드Daniel Fried(로스차일드 시오니스트)였다.

희망목록

그림 273의 지도는 지도라기보다는 혈통들이 정복해서 세계적인 그물망 안으로 흡수할 계획인 나라들의 희망목록에 가깝다. 이집트에서 일어난 시위들은 현직 지도자를 끌어내린 튀니지의 시위들을 뒤따른 것이었다. 리비아에서의 시위들이 확대되도록 조작되기 전에 같은 시기에 알제리와 리비아에서는 산발적인 시위들이 일어났다. 혈통들은 민간인들로 가득한 리비아의 도시들을 폭격하면서 '평화로운 시위를 보호'하려고 꼬마들을 보내는 핑계로 삼았다. 이집트의 오른쪽을 살펴보라. 로스차일드가의 집단학살자들이 지금의 지도자들을 그들의 새로운 일루미나티 꼭두각시들로 바꾸는 것과 더불어, 언제나 그들의 목적에 들어맞는 대혼란을 가져올 목적으로 뒤흔들기 시작한 여러 나라들이 있다. 우리는 이집트에서 로스차일드가의 영지이자 그 국민들은 로스차일드가가 소유한 지도층의 목적들을 위한 총알받이일 뿐인 이스라엘로 간다. 다음으로 표적국가들인 요르단, 레바논, 시리아, 그리고 이미 점령당한 이라크와 아프가니스탄으로 넘어간다. 이라크에서 철군하고 있다는 오바마의 주장은 이번에도 거짓말이다. 적어도 15,000명이 '보안인력', '군사교육관', 그리고 웃기게도 '외교관'이라는 허울을 쓰고 남을 것이다. 이라크

【그림 273】 희망목록

와 아프가니스탄 사이에는 드넓은 땅덩어리와 전략적인 '미스터 빅' 이란이 있다. 이란이 왜 끊임없이 악마처럼 묘사되는지 지금도 궁금한 사람이 있는가? 내가 마지막으로 미국 정부가 하는 말을 들은 것은 이란이 '알카에다'와 '비밀거래'를 하고 있다는 것이었다. 하품 나올 소리다. 이란에의 폭격을 가장 열렬하게 지지했던 사람들의 한 명은 존 볼튼John Bolton(로스차일드 시오니스트)이라는 아주 병적인 사람으로, '미국의 새로운 세기를 위한 프로젝트'의 최전선에 있는 네오콘이며 부시 행정부의 UN파견 대사였다. 이란이 움직이든 움직이지 않든 볼튼은 폭격하고 싶어 한다. 하원 외교위원회에서 그는 자신이 이른바 핵무기 프로그램을 막도록 3년 동안 이란에 대한 군사공격을 요청해 왔다고 말했다. 이스라엘은 핵무기프로그램을 가졌고, 미국과 영국과 함께 거듭 이어지는 전쟁에 손을 댔다. 이란이 마지막으로 다른 누구를 공격했던 적이 언제였을까? 볼튼은 이스라엘의 대규모 핵능력은 단 한 번도 입에 올린 적이 없다. 그는 또 한 명의 록펠러/로스차일드 매춘부인 것이다. 그리고 미국은 핵무기를 가진 다른 나라들의 위험성을 끊임없이 비난하지만, 지금껏 그것을 사용해서 일본에서 헤아릴 수 없이 많은 사람들을 죽인 유일한 나라가 미국이라는 점을 알아챘는가? 바로 그렇다. 볼튼은 이란을 공격하면 이스라엘이 참전하는 지역전쟁에 불을 붙일 수도 있다는 점을 인정했지만, 그럴만한 가치가 있다고 말했다. 빌 클린턴 정권의 국무부장관인 '탈바꿈하는 자' 매들린 올브라이트(로스차일드 시오니스트)가 했던 악명 높은 말이 떠오른다. 올브라이트는 제재의 결과로 이라크에서 50여만 명의 아이들이 죽더라도 "그럴 가치가 있다"고 했었다.

이런 사람들은 그냥 은유적으로가 아니라 말 그대로 미쳤다. 그들은 그들이 일으킨 전쟁에서 민간인과 군인들이 죽어갈 때 워싱턴에 앉아서 커피나 홀짝이고 있다. "하지만 그럴 가치가 있다니까, 알겠어? 여기 크림 좀 더 줄래요?" 외교위원회 위원장 일리애나 로스 레티넌Ileana Ros-Lehtinen은 볼튼이

454

또 다른 나라를 폭격해야 한다고 주장한 뒤에 말했다. "존 볼튼이 좋아요." 이란의 민간인들과 아이들은 어떤가? 그들이 좋은가? 볼튼은 부시 행정부에서 2002년 5월에 리비아와 시리아를 박살내자고 제의했던 국무차관이었고, 이 일은 9년이 지난 지금(2011년) 시도되고 있다. 2011년 8월 이스라엘은 이란의 국경에서 그리 멀지 않은 이라크 북부 쿠르드 자치구 지역에 무인 드론 폭격기를 배치하고 있다고 발표했다. 쿠르드 자치정부의 대통령 마수드 바르자니는 많은 수의 이라크 쿠르드족 학생들을 이스라엘의 대학들에 입학할 수 있게 해준 답례로 이에 동의했다고 한다. 말도 안 되는 소리! "마수드, 당신은 살아남고 싶은가?" "그럼요, 선생님." "그럼 우리가 들어가겠네, 알았나?" "물론입니다요, 선생님, 언제라도 환영입니다. 차를 대접해드리지요." 이스라엘의 모사드 요원들과 군사고문들도 '거래'의 일부로 드론들과 함께 주둔할 것이고, 뻔뻔스럽기 그지없게도 이란이 그 표적이다. NATO의 러시아 주재 대사인 드미트리 로고진Dmitry Rogozin은 2011년 8월에 NATO가 이란 정부를 전복하려고 군사공격을 준비하고 있다고 했다. 그는 러시아 일간지 〈이즈베스티야Izvestia〉에 NATO가 '서구(로스차일드가와 혈통 일가들)'와는 다른 시각을 가진 정부들을 바꾸려 한다는 말을 했다. "이란에 씌워진 올가미가 조여지고 있습니다." 그가 말했다. "이란에 대한 군사계획이 진행되고 있고 또 우리는 이 드넓은 지역에서 대규모 전쟁으로 커지는 것을 분명히 우려하고 있습니다." 로고진은 시리아와 예멘에 대한 공격은 이란에 대한 공격의 전주곡이 될 수 있다고 믿었다. 이런 언급은 이스라엘이 이란의 핵시설들을 공격해서 UN에 가입하려는 팔레스타인의 노력으로부터 주의를 돌리려 할 것이라는 추측이 나도는 가운데 나온 것이었다.

지도에서 이란과 아프가니스탄의 오른쪽으로 가면 파키스탄이 나오는데, 이곳은 조직적으로 뒤흔들리고 있고 '테러리즘과의 싸움'이라는 핑계로 미국 무인 드론 폭격기의 공격을 받고 있다. 전면적인 침공에 대한 압력은 일어나지도 않았던 빈 라덴의 사살에 뒤이어 한층 늘었다. 그런 일이 있었다는 환상은 '테러리스트들의 온상'이라는 이유로 파키스탄을 표적으로 삼는 데 이용되었다. 그들의 희망목록을 짚어보는 우리의 여정은 이제 중국과 인도의 접경에 가 닿는다. 나는 큰 세력을 끌어들일 이스라엘과 무슬림 국가들의 분쟁을 거쳐(중동에서 촉발되어서) 중국, 러시아, 유럽과 북아메리카가 뛰어드는 제3차 세계대전이 어느 시점에선가 계획되어있다고 오랫동안 말해왔다. 존 '살인충동' 볼튼은 이것을 알고 있다. 이란에의 공격이 이스라엘과 여러 아랍 국가들이 참전하는 광역적인 전쟁을 일으킬 가능성이 있기는 하지만, 그럴만한 가치가 있는 일이라고 그가 말했던 이유가 이것이다. 그것이 '가치가 있는' 일인 것만은 아니다. 혈통의 어젠다가 요구하는 일이다. 나는 2011년 6월에 이 글을 쓰고 있는데, 중국은 이미 '서구'에 대놓고 만일 파키스탄과 얽혀든다면 그것은 중국과 얽혀드는 것이라고 말하기까지에 이르렀다. 인민'해방'군의 첸 빙데Chen Bingde 참모총장은 모스크바와의 군사협력을 늘리고 군사력을 함께 키운다는 데 환영의 뜻을 밝혔다. 러시아도 NATO

【그림 274】 마구잡이 사건들로 보이는 것들은 신중하게 조작되고 꾸며진 것이다.

의 리비아 폭격에 비난의 강도를 높이고 있다. 하지만 이것은 몽땅 하나의 게임이다. 러시아와 중국은 UN 안전보장이사회에서 리비아 상공에 비행금지구역을 설정하는 결의안에 반대할 수도 있었지만 하지 않았다. 두 나라는 기권으로 결의안이 통과되도록 했다(그림 274). 이집트에서 일어난 일은 "앞으로 펼쳐질 드라마의 1막 1장일뿐이다"라고 했던 키신저의 말이 정말로 뜻하는 것은 북아프리카와 중동의 모든 아랍권 국가들을 표적으로 삼는 계획이다. 이집트의 시위들이 처음 일어났을 때 나는 시리아, 요르단과 그 밖의 나라들이 뒤따를 것이라고 썼는데, '평화시위대를 보호하기 위해' 그 나라를 침공하라는 요구와 함께 이 일은 이미 시리아에서 벌어지고 있다. 진실을 말하자면 시리아의 모든 시위자들이 평화적인 것은 결코 아니다. 미국과 이스라엘이 잘 무장시키고 잘 조직했으며 터키를 거쳐 무기를 공급해주는 요원 앞잡이들과 용병들이 기관총으로 시리아 군인들(그리고 민간인들)을 죽이기 시작했다. 군대가 반격에 나서고 무장반군과 더 많은 민간인이 죽임을 당했을 때, 오바마와 클린턴은 침을 튀기며 비난해대고 있었다. '프레스 TV'는 최첨단 무기들과 탄약으로 중무장한 수십 명의 '시위자들'이 요르단 국경과 가까운 남쪽의 도시 다라에서 체포되었다고 보도했다. 2011년 4월 미국 국무부는 '행동가들이 독재정부들로부터 체포와 기소를 당하지 않게 스스로를 보호하도록 돕는 신기술들을 개발하는 데' 그 전 2년 동안 5,000만 달러를 썼다고 말했다. 그러니까 그 돈은 한 푼도 빠짐없이 미국에서 쓰였어야 했다. 국무부는 훈련을 통해 세계적으로 5,000명의 '행동가들'을 키워냈고, 여기에는 다른 사람들을 훈련시키는 임무를 가지고 자신들의 나라로 돌아간 튀니지, 이집트, 시리아와 레바논의 '행동가들'을 포함하는 중동의 집단도 포함된다고 인정했다. 〈워싱턴포스트〉지는 미국이 네오콘의 '악의 축'에 시리아를 추가했던 2005년부터 시리아에 있는 반대세력들에게 어떻게 자금을 대왔는지를 보여주는 대외 전보들을 공개했다. 리비아에도 같은 배경이 적용된다. 영상에 찍힌 리비아의 '반역자들'은 완전히 딴판인 정교한 무기들을 가졌던 것으로 드러났다. 그들은 장악한 지역들에서 가다피의 지지자들에게 엽기적인 잔혹행위도 저질렀지만, 그것은 중요하게 여겨지지 않는다. 그들은 '착한 편'이니까. 오바마는 전쟁권한법War Powers Act을 지키기를 거부한 것을 정당화하려들면서 뻔뻔스럽게도 트리폴리의 대학들, 병원들과 다른 민간목표물들을 폭격해서 수천 명을 죽인 일이 '적대감'을 드러내는 것이 아니라고 주장했다. 이 사람은 정신과 전문의가 일생을 바쳐 고쳐야 할 사람이다. 혈통들은 안 된다는 대답을 받아들이지 않는다고 이미 수도 없이 이야기했다. 그들은 가다피 대령을 타도하고 또 더 좋게는 죽이고 싶어 했으며 생각대로 될 때까지 리비아에 대한 폭격을 늘려간다는 계획을 세웠다. 같은 계획이 시리아, 요르단과 레바논에도 잡혀있다. 시리아와 요르단을 쉽게 공격할 수 있는 터키에서의 NATO 활동들과 지중해에서의 미 해군의 병력증강은, 오랫동안 짜인 각본이 펼쳐지고 있다는 것을 확인해준다. 소아성애자이자 연쇄살인자인 조지 H. W. 부시의 이름을 딴 미 해군의 최신예 항공모함이 이 글을 쓰는 지금 그 지역에 배치되었는데 사탕을 나눠주려고 거기 간 것은 아니다. 같은 시기에 오바마는 아프가니스탄에서 병력을 단계적으로 철수(빼내서 다른 곳에서 싸우도록)할 것이라고 발표했다.

진정한 악의 축

미국, 영국과 이스라엘의 군 정보기관은 다른 나라들에 비밀스럽게 침투해서 그곳의 장악을 위한 준비 작업으로 혼란을 일으키는 일을 전문적으로 한다. 그들은 10년, 20년이 지나도록 온 세계에서 이 일을 해오고 있다. 파키스탄에서 미국 정보기관의 일을 하면서 두 명의 파키스탄인을 사살하고 붙잡힌 미국의 전문 테러리스트를 석방시키기 위해 오바마는 '외교면책특권'을 핑계 삼으려고 했다. 레이먼드 데이비스는 2011년 1월에 라호르에서 차를 몰고 있을 때 양 옆으로 모터사이클을 들이댄 두 남자를 쐈다. 데이비스는 그들이 무장하고 있어서 자기방어를 했다고 말하지만, 그는 열 발을 쏘고 나서 차에서 내려 달아나는 한 명의 등에 두 발을 쐈다. 어떤 보도들은 사망자들이 데이비스를 관리했던 파키스탄 정보기관의 요원들이었다고 한다. 사람들이 모여들자 다른 차에 있던 정체불명의 미국인 한 무리가 데이비스를 구하려고 했지만 군중이 막아서자 데이비스가 붙잡히기 바로 전에 달아나면서 세 번째 사람을 죽였다. 오바마는 데이비스를 '파키스탄의 우리 외교관'이라 부르고 파키스탄에서의 기소가 면제된다고 우기면서 여느 때처럼 터무니없는 거짓말로 반응했다. 뒤이어 데이비스의 차에서 총, 지도, 분장키트, 망원경, 원거리 무전기가 나오면서 그가 CIA 요원이라는 사실이 드러났다. 또 다른 보도들에서는 예전에 '블랙워터Blackwater'로 알려졌던 악명 높은 '개인경호'업체인 제Xe와의 연관성이 제기되었다. 이는 미국 정부를 위한 용병부대로 활동한다. 가다피 대령이 용병들을 쓰고 있다고 비난했던 미국이다. "고삐 풀린 용병들과 폭력배들이 시위자들을 공격했습니다." 힐러리 클린턴이 소리를 질렀다. 전직 특수부대원이었던 36세의 레이먼드 데이비스를 구하려고 했던 정체불명의 미국인들도 CIA였다. 파키스탄 관리들은 그들이 무장을 했고 데이비스와 같은 집에서 살았다고 말한다. 온 세계에 자유로운 언론매체를 퍼뜨린다고 내세우는 '자유의 땅' 미국의 정부는 데이비스가 CIA 공작원이라는 이야기를 막으려고 그들의 '자유로운' '저널리스트들'에게 압력을 넣었다. 애완견 언론매체는 착하게 말을 잘 들었고, 외국 일간지들은 그 이야기를 다루면서 미국에서의 더 심한 억압을 웃음거리로 삼을 정도가 되었다. 런던의 〈데일리 텔레그래프〉지는 데이비스가 파키스탄에서 CIA의 지부장으로 활동하고 있었고 드론 공격을 위한 정보를 모으고 있었다고 보도했다. 그의 차에서 나온 카메라에는 민감한 장소들의 사진이 들어있었다. 데이비스는 죽은 두 사람의 가족들이 234만 달러의 돈을 받은 다음에 풀려났다고 한다. 파키스탄에서는 '피 묻은 돈'으로 알려졌다. 이슬람의 율법인 샤리아Sharia law는 살인 희생자의 친족이 살인자를 용서할 수 있도록 허용하고 있고 여기서 그들은 그렇게 하도록 두둑한 돈을 받았다. 당신의 나라에서 레이먼드 데이비스 같은 사람을 보거든, 그곳을 떠나야 할 시간일 게다. 영국과 이스라엘은 같은 일을 끊임없이 하고 있다. 두 명의 영국 SAS 특수부대원들이 2005년 바스라의 한 검문소를 지나지 못하고 이라크 경찰에게 체포되었다(그림 275). 이들은 아랍인처럼 옷을 입고서 가발을 쓰고 있었다. 붙잡히기 전에 그들은 총을 쏴서 이라크 경찰관 한 명을 죽이고 여러 명에게 부상을 입혔다. 아랍인으로 변장한 영국의 이 정예요원들의 자동차에

【그림 275】온갖 '가치들'을 가진 엽기적인 영국 정부를 위해 엽기적인 임무를 수행하는 가짜 아랍인들

는 무기, 폭약과 원격 기폭장치가 있었다. 차에는 부비트랩이 설치되어있어서 언제든지 폭발할 수 있었다. '반군'에게 뒤집어씌울 목적으로 조작한 '테러리스트 공격'을 하려는 속셈이 분명했다. 모사드가 연출해서 유대인들을 공격하고서

'아랍의 테러리스트들'에게 뒤집어씌우는 '위장술책'의 테러공격들이 오랫동안 이스라엘에서 아주 많이 일어났다. 영국 정부당국은 모든 진실이 밝혀지기 전에 두 사람을 빼내려고 너무도 절박했던 나머지 탱크들을 보내서 그들이 갇혀있던 이라크 경찰서를 기습했다. 두 공작원 테러리스트들을 '구조'했고 그들의 차량을 빼앗았다. 영국, 미국과 이스라엘의 군 정보기관은 거짓 도덕성과 "뭐라고요? 누구, 나요?", "아, 아니오, 우린 그런 짓 안 해요, 우린 착하거든요. 나쁜 놈들이나 그런 짓을 하죠"라는 식의 태도 뒤에 숨은 세계적인 테러리스트 네트워크나 다름없다. 시리아 같은 나라의 정부들이 아무런 책임이 없다는 뜻은 아니다. 책임이 있다. 하지만 이건 흑백논리가 아니다. 바샤르 알 아사드 시리아 대통령은 중동에서 가장 인기 있는 지도자였고 조작한 시위들이 일어나는 동안 국민들 대부분의 대단한 지지를 받아왔지만, 주류 대중매체는 이런 사실들을 다루지 않았고, 가다피를 지지하는 트리폴리의 엄청난 군중들도 마찬가지다. 대신 그들은 무장한 공작원들이 정부군인 것처럼 군중들에게 총질을 하는 장면을 내보냈다. 계획의 하나는 시리아를 제재해서 무릎 꿇게 하고 대중들이 아사드 대통령을 없애도록 부추기는 것이다.

아라비아의 정신병적인 '국왕들'

사실 아라비아의 '왕족'들은 전혀 '왕족'이 아니다. 자신들이 만들어내고

서 "우리가 맡는다"라고 말했을 뿐이다. 예를 들면 '국왕Sheikh'이라는 낱말은 '왕족'을 의미하는 데 흔히 쓰이지만, 'Sheikh'라는 낱말은 '왕족'이나 '유전적인' 것과는 아무 관계가 없다. 이것은 그냥 '지혜로운 사람', 한 부족의 원로나 이슬람의 학자, 또는 말 그대로 '나이가 많은 사람'이라는 뜻이다. 그 정의대로라면 국가 소유의 석유자원을 훔칠 수 있도록 난폭하게 억압하는 사람이 된다거나, 세상의 수도들에서 호화롭게 살면서 자국 국민들에게는 엄격한 '도덕성'의 원칙들을 따라 살라고 요구하는(투옥, 채찍질형, 돌팔매형이나 사형으로 위협하면서) 것은 전혀 안 될 일이다. 중동의 이 독재자들에게는 '도덕'이 없다. 행여나 있다면 그들이 하는 짓을 할 수는 없는 노릇이다. 아랍 '왕족'의 독재정권들은 혈통의 전략에 딱 들어맞는 정권들을 바꾸려는 억눌리고 가난에 신음하는 사람들의 진정한 분노가 조작되어 터지는 일로부터 안전하다. 이 '왕족 석유' 왕조들과 그 밖의 사람들은 주문한 변비약을 취소하고 있을 것이다. 일루미나티의 어젠다와 그것에 의존하는 미국에 얼마나 많이 봉사하느냐에 따라 다른 나라들보다 더 안전하기는 하겠지만, 지금 그들 모두가 위험하다. 나는 1970년대 중반에 젊은 나이로 축구 집단교습과 축구선수 양성을 위한 계획의 일환으로 사우디아라비아에서 두 달을 살았었다. 나는 그곳에 적어도 2년은 있어야 했지만, 그곳을 견딜 수가 없어서 8주 만에 나와 버렸다. 나는 사람들의 가난과 대비되는 '왕족'의 궁전들과 생활방식의 호화로움을 보았는데, 이것은 '와하비즘Wahhabism'이라는 그들의 극단적인 '이슬람' 버전으로 부과된 폭압적인 법들과 참수형을 비롯한 끔찍한 처벌들로 떠받혀지는 엄청난 불평등이었다. 살인, 간통, 성폭행, 이슬람의 거부, 무장강도, 도둑질, 신성모독, 동성애, 마약밀수, 선동, 마술과 우상숭배에는 사형을 선고한다. 다른 처벌들에는 채찍질형, 강도짓에는 손발의 절단, 그리고 여성들의 공개적인 돌팔매형이 있다. 한 여성은 윤간을 당했다고 해서 200대의 매질과 6개월의 징역을 선고받았다. 어찌됐든 간에 그녀의 잘못이었던 것이다. 부시일가 그리고 미국과 영국의 전반적인 지배층들이 그들을 '친구와 동맹'으로 보았던 것도 당연한 일이다. 역겨운 '대영제국'은 영국의 고용자였던 이븐 사우드를 사우디아라비아의 첫 국왕으로 앉히고 사우드일가가 사악하고 정신 나간 와하비즘의 교리를 들여오게 한 배후의 핵심세력이었다. 여성에 대한 처우는 혀를 내두를 지경이다. 여성들은 사람들 앞에서 거의 완전히 온몸을 가려야하고, 취업한 여성들은 5퍼센트밖에 안 되며, 운전하는 것도 법에 어긋난다. 내가 거기 있던 두 달 동안 여성들의 얼굴을 거의 본 적이 없다. 새까만(토성) 베일 사이로 눈만 볼 수 있을 뿐이었다. 사우디아라비아에 도착했던 일은 다른 행성에 내린 것과도 같았고, 사우디아라비아와 더없이 엽기적인 '사우드가'보다 더 오래도록 '지도자'가 바뀌지 않은 나라는 세상 어디에도 없다.

정부군의 공격으로부터 '시위자들을 보호하도록' 리비아 상공에 비행금지구역을 설정하라는 아랍연맹의(로스차일드 연맹의) 요청을 사우디가 지지했으면서도 동시에 바레인에 군대를 보내서 민간인들을 죽이고 아랍에미리트의 지원을 받아 평화시위를 진압하라고 명령을 내리던 그 위선은 충격적이다. 그들은 로버트 게이츠 미국 국방부장관이 바레인의 황태자 살만 빈 하마드 빈 이사 알 칼리파를 만난 지 며칠 만에 바레인에 들어갔다. 알 칼리파는 200년 이상을 지배한 왕조를 대표하는 인물이다(그림 276). 목격자들은 알

칼리파가 고용한 10만 명의 용병들이 시위자들을 마구잡이로 공격하는 데 몽둥이, 칼, 곤봉, 검과 손도끼를 쓰고 있었으며, 또 신경가스와 신경독물로 많은 사람들이 죽고 마비되었다고 보고했는데, 이것은 아홉 명의 의사들이 확인한 사실이다. 그 한 명은 휴먼 라이츠 워치Human Rights Watch와 함께 이것을 입증하는 보고서를 제출했다. UN 인권최고대표사무소의 네이비 필레이Navi Pillay는 바레인 정부가 시위자들을 죽

【그림 276】 바레인의 폭군 살만 빈 하마드 빈 이사 알 칼리파. 줄여 부르면 '살만 빈 살인 빈 고문'

이고 다치게 할 때 시위대들이 병원들을 빼앗았다고 비난하면서 이렇게 말했다. "이것은 충격적이고 불법적인 행위입니다." 이들이 바로 시위자들(다수가 무장한 공작원들)에 대한 정부의 태도에 항의하면서 시리아 주재 대사들을 철수시킨 어처구니없고 끔찍한 바레인과 사우디아라비아의 같은 '왕족들'이다. 바레인의 '왕족' 나치는 심지어 부상당한 반정부시위자들을 치료해주는 '범죄'를 저질렀다고 해서 수십 명의 의료관계자들을 군사법정에 세웠다. 몇몇은 TV 위성채널들에서 나라의 국제적인 이미지를 흐리려는 목적으로 거짓말을 하고 과장된 이야기를 했다고(결코 있을 수 없는 일이다) 기소되기도 했다. 의사들은 감금상태에서 강제 자백하도록 고문을 당했다고 했다. 바로 관타나모 수용소에서처럼. 그러나 폭격기들을 리비아에 보낸 '가치들'을 가진 '비조종사들'의 반응은 어땠을까? 침묵이었다. 당연한 일이다. 미국 제5함대의 거점은 바레인이다. 그 조그만 나라가 중요한 금융 중심지의 하나이고, 지금은 거기서 챙길 중요한 게 있었던 것이다. 바레인에서 평화시위자들을 죽이고 진압하는 데 썼던 무기들은 미국 회사들의 호의로 온 것들이었다. 바레인은 2010년 10월까지 미국의 무기공급상들에게 2억 달러를 썼다. 오바마는 영국과 미국에서 교육받은 알 칼리파를 살인행위가 자행되고 있는 동안 백악관에 초대했고, "대화를 시작하려는 황태자의 지속적인 노력들을 적극 지지합니다."라는 뜻을 전했다. 그렇다 하더라도 그는 무고한 사람들을 죽이는 학살자다. 힐러리 클린턴 국무부장관은 변혁을 다루려는 알 칼리파의 노력을 높이 샀다. "미국에게 바레인은 파트너이자 아주 중요한 나라이고 우리는 그들의 대화와 황태자가 해오고 있는 중요한 일들을 지지하며, 또 그렇게 되기를 기대합니다." 이봐요, 국왕나리, 걱정하게 하고 싶지는 않지만 클린턴은 느닷없이 무바라크가 물러나야한다고 요구하기 전에는 그가 클린턴 일가의 친구라고 했어요. 이런 거짓된 위선들이 바레인에서 시위자들에게 저지른 살인과 폭력을 '대화를 시작하려는 지속적인 노력들'이라고 묘사하면서 평화시위자들을 보호한다는 평계를 대고 리비아를 폭격한다. 그들에게 수치심이라곤 없다. 영국 총리 데이비드 캐머런(토니 블레어의 제2형)은 리비아에서 벌어지고 있던 폭력과 비교하면서 바레인에 클린턴과 같은 입장을 보였다. 캐머런은 두 상황이 같지는 않다고 말했지만, 그 전개방향은 같다. 다른 두 나라들이 남의 나라 국민들을 진압하려고 국경을 넘었으므로 사실 바레인의 경우가 더 좋지 않다. 그가 '같지는 않다'고 한 말은 실제로는 그들이 될수록 빨리 가다피를 없애길 바랐다는 뜻이지만, 아직 그들에게는 바레인, 사우디아라비아와 아랍에미리트의 가짜 왕족들이 지금 있는 곳에 그대로 있을 필요가 있다. 결국 모든 무슬림 국가들, 특히 이란과 사우디아라비아라는 '큰 상'을 원하지만, 이 일을 조심스럽고 체계적으로 해야 하며 그렇지 않으면 모든 일을 그르칠 수도 있다. 그들에게 필요한 나라들에 집중하기에 앞서 지금은 그 지역의 다른 나라들을 표적으로 삼는다는 생각인 것이다. 사우디아라비아와 아랍에미리트가 바레인에 개입한 일은 만일 바레인의 사기성 '왕족들'이 나가떨어지면 다음은 그들 차례가 될 수도 있다는 두려움에서 나온 절박한 반응이었다. 아랍에미리트의 외무부장관 안와르 무함마드 가가쉬Anwar Mohammed Gargash는 바레인의 독재정권을 지원하기로 한 결정은 '그 어떤 위험(그들의 폭정을 이어가는 데 위협이 되는)에 직면해서도 똘똘 뭉치려는' 페르시아 만 연안국들의 의지를 보여주는 것이라고 말했다. 그렇지만 사우디와 아랍에미리트의 독재자들은 그들도 물러나게 될 순간을 어떻게든 미루고 있을 뿐이다. 그들은 스스로 이해하지 못하는 게임판의 졸들일 뿐이다. 그들은 오늘은 여기 있지만 그들이 머물러있기보다는 사라지는 것이 어젠다에 더 쓸모 있어지는 내일이면 거기 있지 못한다.

시아파

혈통들이 사우디아라비아와 여러 연안국 정권들(지금은 제자리에 있는)을 원하는 또 다른 이유가 있다. 이슬람의 두 파벌인 수니파와 시아파는 아랍세계를 나누고 정복하려고 서로 줄다리기를 벌이고 있다. 이슬람 안에서의 이런 분립은 7세기로 거슬러 올라가는 예언자 무함마드의 승계를 놓고 의견의 일치를 보지 못했던 일로부터 생겼다. 이 시기에 수니파와 시아파는 코란과 이슬람의 신성한 본질에는 대체로 뜻을 같이 하면서도 각자의 길을 갔다. 믿기지 않겠지만, 살을 꼬집고 보면 사실임을 알 것이다. 고대의 이 분리는 현대에 무슬림인구를 계속 나눠놓고 통치하는 데 이용되었고, 지금도 그토록 많은 사람들이 여기에 속아 넘어가고 있다. 두 파벌이 서로 잘 지내는 나라들이 있는가 하면, 서로를 혐오하는 나라들도 있고, 또 사우디아라비아 수니파의 극단주의자들인 와하비파의 교리에서는 시아파 사람을 죽이면 천국에 갈 기회가 더 많아진다고 말하기도 한다. 혈통들을 대신하는 사우디의 '왕족일가'(헛소리)가 맡은 역할 중 하나는 수니파와 시아파 사이의 증오심을 유지하는 것이다. 중동의 대부분은 수니파 무슬림들이 차지하고 있지만, 시아파가 가장 두드러지는 나라는 이란(90퍼센트가 시아파)이다. 혈통들은 이 지역의 다른 어떤 나라보다도 이란 땅을 차지하고 싶어 한다. 바레인에서의 시위들은 주로 다수파인 시아파(인구의 70퍼센트)가 '왕족일가'인 수니파 독재정권에 도전하는 것이다. 수니파의 영토인 사우디아라비아(95퍼센트)와 아랍에미리트(80퍼센트)는 전적으로 시아파의 시위들을 난폭하게 진압하려고 개입했다. 사우드가는 사우디아라비아 대부분을 수니파가 차지하고는 있지만 대부분의 유전들이 있는 동쪽지역에서는 시아파들이 다수이기 때문에 특히나 조마조마해 한다. 바레인의 시위자들은 그들이 하는 일이 시아파나 수니파의 문제가 아니라, 자유와 정의와 독재정권의 타도를 위한 것이라고 했다. 그러나 이것은 중동의 폭군들에게 들어맞는 일이고, 할 수 있는 곳이라면 어디서나 아랍세계를 분리 상태에 남겨두려고 지칠 줄 모르고 일했던 로스차일드가의 이스라엘에게도 딱 들어맞는다. 서구의 일루미나티 네트워크들은 이란의 시아파 지도층(또 다른 다수의 종교적 독재자들)을 전복하려는 노력들을 지원하는 데 수니파 독재자들(무슬림일지라도 다수는 이름만 수니파다)을 이용하고 싶어 한다. 모순되는 것은 사우디아라비아, 아랍에미리트,

바레인, 오만, 쿠웨이트, 그리고 나머지 모든 아랍 국가들은 시간대가 맞아 떨어질 때 '서구'가 정복하고 싶어 하는 목록에 올라있다는 점이다. 2011년 여름에 미국은 사우디아라비아의 국경 바로 너머에 있는 예멘을 이미 드론으로 폭격했다. 이들 냉혹하고 무감각하며 잔인한 아랍의 지도자들은 그런 시간이 올 때까지 이용되고 지원받겠지만 때가 되면 "국왕나리를 기다리는 택시를 타라"는 말을 들을 것이다. 이집트의 무바라크가 그랬던 것처럼. 그들은 지금 편의상의 '통치자들'일 뿐이고 지금껏 모두가 그랬다. 세대를 거듭하여 그들의 억압 아래서 고통 받았던 사람들의 결집된 분노도 영원히 잠잠해지지는 않을 것이다. 오로지 군사력과 잔인함만으로 여기저기서 잠시 꺾일 수는 있지만, 그들의 분노가 사라지지는 않는다. 그런 분노는 바레인과 예멘과 같은 곳들에서의 살인적인 대응 때문에 정말로 부채질 되고 있다. 지금은 중동의 '왕족' 독재자들이 임종을 맞는 시기다. 과연 그렇게 될 것인가의 문제가 아니라, 그때가 언제인지만 남았다. 속 시원한 일이다. 하지만 무엇이 그들을 대체할지가 문제다.

폭압의 동력, 위선

그들이 자신들이 하는 말에 스스로 숨이 막히지 않는다는 것이 신기할 따름이지만, 내 생각에 그들은 진실을 입에 담으면 숨이 막힐 그런 노련한 거짓말쟁이들이다. 나는 리비아를 침공할 준비를 하는 모습을 여러 주 동안 지켜봤다. '비행금지구역'과 '민간인들의 보호'는 폭격작전을 시작할 평계였지만, 그것은 정말로 처음부터 '반역자들'을 통한 침공이었다. 애초의 목적은 가다피 대령을 없애는 일이었고 그들은 이 일을 이루기 위해 필요에 따라 교전의 규칙들을 바꾼다는 계획을 세웠다. 이탈리아 나폴리에 있는 NATO 합동작전사령부의 사령관인 미국의 새뮤얼 록클리어Samuel Locklear 제독은 NATO군이 적극적으로 가다피를 죽이려고 했었다는 말을 개인적으로 했다. 반면에 오바마 행정부는 '정권교체'가 그들의 의도가 아니며 UN의 위임통

466

치권이 이를 승인하지 않는다고 말했다. 아니, 그렇지 않았다. 그러나 전에는 이런 거짓말이 문제가 된 적이 한 번도 없었고 리비아에서도 마찬가지였다. NATO는 병원들, 식품저장시설들, 상수도기반시설, 그리고 셀 수도 없는 다른 민간인 거주지들과 방송을 할 수 없도록 텔레비전 송신탑들도 폭격했다. 그들이 거짓된 입들을 열 때마다 버락 오바마, 힐러리 클린턴, 데이비드 캐머런, 토니 블레어, 니콜라 사르코지와 존 볼튼 같은 네오콘들이 혈통의 어젠다를 진척시키거나 그것을 비밀로 지키려고 거짓말을 하고 있다는 것을 확실히 알 수 있다. 미국 하원 군사위원회 위원인 마이크 터너Mike Turner는 록클리어 제독이 민간인의 보호는 가다피 군대의 지휘계통의 제거를 허용한다는 뜻으로 해석되고 있고, 여기에는 가다피 자신도 포함된다고 말했다고 했다. 이것은 리비아의 지도자를 없애고, 자신들의 정권을 세우고서 리비아의 금융체계와 엄청난 석유매장량을 차지하려는 외세들의 침공이었다. 그들은 여러 가지 이유로 가다피를 없애고 싶어 했는데, 가다피가 금본위의 아프리카화폐를 도입할 계획을 가지고 있었던 점이 그 하나다. 가다피는 내가 앞에서 이야기했던 이유들 때문에 많은 서구국가들, 특히 미국이 많은 양의 금을 가지고 있지 않다는 점을 알았다. 포트녹스에는 텅스텐 가짜 금들이 가득 들어있다. 가다피의 친구인 우고 차베스 베네수엘라 대통령은 2011년에 온 세계로부터 베네수엘라의 금보유고를 모두(그 많은 양이 런던에 있었다) 환수하라고 명령했고, 이것이 적어도 부분적으로는 같은 이야기와 이어져 있었다는 것이 확실하다. 어떤 점에서는 가다피도 이른바 '위협이 되는 좋은 본보기'가 되었다. 혈통들은 다른 방식으로 일을 할 수 있음을 보여주는 지도자나 정부를 무너뜨리기 시작했다. 그들은 일단 사람들이 뭔가 다르게 해도 되는 본보기에 대해 알고 나면 이것이 도미노효과를 가져올 수 있다는 점을 두려워한다. 가다피 대령은 선거도 없이 40여 년 동안 권력을 쥐고 있었다. 내가 이것을 지지하거나 옹호하는 것은 결코 아니다. 하지만 여기서 균형을 좀 잡아보자. 넬슨 만델라는 가다피를 '20세기의 가장 위대한 자유

투사들 가운데 한 명'이라고 묘사했다. 가다피는 세계에서 가장 가난한 나라들의 하나를 차지했고 리비아 국민들에게 아프리카에서 가장 높은 삶의 수준을 가져다주는 데 석유수익을 썼다. 모든 국민들이 석유수입으로 얻은 돈을 은행계좌에 넣었고, 모든 국민들이 무료 의료혜택을 받았다. 만일 리비아에서 수술을 할 수 없는 경우에는 환자들을 외국으로 보내서 치료했다. 가다피의 혁명이 있은 뒤로 기본적인 식품들을 보조해주었고, 새로 농사를 시작하는 농부들은 땅을 무상으로 쓰고 집과 가축과 사료를 받았다. NATO/로스차일드가 세우는 새 정권에서 어느 것 하나라도 이런 일이 일어날 수 있을까? 어림없는 일이다. 가다피는 현대세계의 경이들 가운데 하나라고 불리는 관개계획으로 해안의 사막지역을 녹색으로 바꿔놓았고, 전기를 공급하고 나라를 개발하는 데 오일머니를 썼다. 그는 또한 이슬람 극단주의자들의 적대적인 반대(특히 '반역자들'의 본거지인 벵가지에서의 반대)를 무릅쓰고 여성들이 교육을 받고 경력을 쌓도록 장려했다. 어떤 일을 할 수 있는지를 세상에 보여주는 일은 바로 혈통들이 일어나지 않기를 바라는 것이다. 중동의 그 가짜 석유 왕족들 또한 탐욕스러운 권력 강화를 위해 석유수익들을 독차지하는 그토록 뻔뻔스러운 모습을 보이면서도 이런 일은 바라지 않는다. 사우디아라비아와 아랍에미리트가 리비아를 공격하는 '연합'에 가담한 것도 당연하다. 주류 대중매체는 혈통들이 표적으로 삼고 싶어 하는 누군가를 악마화하는 데 늘 해왔던 역할을 했고, 우리는 가다피가 군인들에게 '반역자들'이 차지한 지역들을 장악하면 여성들을 성폭행하도록 비아그라를 나눠준다는 어처구니없는 이야기들을 들었다. 이런 말들은 사담 후세인의 군대가 아기들을 인큐베이터에서 빼서 내던졌다느니, 1차 대전 때 독일 군대가 아기들을 창에 꿰어서 차에 싣고 돌아다녔다느니, 나치 수용소의 수감자들로 비누를 만들었다느니 하는 이야기들과 함께 '지성을 모욕하는 허위선전'이라고 적힌 쓰레기통에 쓸어 넣어야 한다. 어떤 일이 벌어지는지 직접 보려고 트리폴리에 갔던 미국의 추적조사 저널리스트 웨인 매드슨은 이런 말을 했다. "알다시피 옐로케이크 우라늄, 이동식 생물학무기실험실이 이라크에서의 전쟁과 점령의 서곡이 된 뒤로, 이런 정보전, 곧 선전전은 본적이 없다" 인권기구들은 여성들을 성폭행했다는 증거를 찾아내지 못했다. 그런 말을 퍼뜨린 사람들이 돈을 받는 리비아의 '반역자들'이었는데 어떻게 찾겠는가? 거짓말이 직업인 UN 주재 미국 대사 수전 라이스Susan Rice는 그따위 헛소리를 떠벌이고 있었다. 라이스의 전임자 중 한 사람인 존 '살인충동' 볼튼은 자랑스러워서 침을 흘리며 좋아했을 것이다. UN 주재 미국 대사들의 입에서 나오는 말이라면 한 마디도 믿어서는 안 된다. 유전적인 거짓말쟁이들만이 그 일에 지원할 수 있다. 휴먼 라이츠 워치는 리비아의 '반역자들'이 상점들과 진료소들을 약탈하고 가다피를 지지한다고 의심되는 가정들에 불을 질렀다고 보고했지만, 힐러리 클린턴은 가다피의 군대가 대대적인 성폭행에 몰두하고 있다는 계획적인 허튼소리에만 '관심'이 있었다. 뭐, 힐러리는 아무튼 이런 주제에 경험이 많고 남편 빌도 마찬가지니까. 미국 정부의 마인드 컨트롤 프로그램의 노예들로 사는 것이 그들의 본업이다(케이시 오브라이언의 《뜨거운 역사 추악한 진실》을 보기 바란다). 나는 진실한 체하는 위선자들과 집단학살과 대학살의 지지자들이(심지어는 그 기획자들이) 줄줄이 마이크 앞에 나와서 평화시위자들에게 이른바 폭력을 행사했다며 가다피와 중동의 다른 독재자들을(그러나 사우디아라비아나 바레인은 아니었다) 비난하는 모습을 지켜봤다. 주류 대중매체는 누가 봐도 빤한 그들의 모순과 속임수를 결코 집어내지 않는다. 이것이 정치지도자들이라고 하는 직업적인 거짓말쟁이들이 대중매체와 잘 해나가는 방법이다. 또 다른 직업적인 거짓말쟁이들은(저널리스트라고 불리는 인간들) 입을 다물고 있다. 이라크와 아프가니스탄 등지에서 무고한 사람들에 대한 학살을 지지하면서도 중동의 독재자들이 국민들에게 행사하는 폭력을 멈추라고 요구했던 냉혹하고 잔인한 미국 국무부장관 힐러리 클린턴을 보라. 힐러리는 이것을 자신의 일이라 생각하는 것 같다. 힐러리가 2011년 2월 28일 UN 인권이사회에서 혈통의 다음번 표적을 악마화하면서 했던 새빨간 거짓말을 들어보자.

지금 세상의 눈은 리비아에 모아져 있습니다. 우리는 가다피 대령의 보안군이 평화시위자들에게 발포하는 모습을 거듭거듭 보았습니다. 그들은 비무장 민간인들에게 중화기를 썼습니다. 용병들과 폭력배들이 날뛰면서 시위자들을 공격했습니다. 총부리를 동료시민들에게 겨누기를 거부한 군인들을 처형하고 무차별적인 살인과 제멋대로의 체포, 그리고 고문을 저지른다는 보고들이 있습니다.

국제법상의 의무들과 상식적인 도의를 위반하는 이런 행위들의 책임을 가다피 대령과 그 주변 인물들에게 물어야합니다. 그들의 행위들로써 그들은 정권의 합법성을 잃었습니다. 아울러 리비아 국민들은 자신들의 뜻을 분명히 했습니다. 가다피가 물러나야 할 때가 되었다는 것입니다. 그것도 바로 지금, 폭력이나 정권의 연장이 더는 없도록 말입니다.

국제사회(사실상의 세계정부인 로스차일드가)는 한 목소리를 내고 있고 우리의 메시지는 명백합니다. 보편적인 권리들을 이렇게 침해하는 일은 받아들일 수가 없고 묵인되어서도 안 될 것입니다(사우디아라비아와 바레인은 빼고). 이 이사회는 금요일에 독자적인 조사위원회를 출범시킴으로써 책임을 묻는 중요한 첫 단계에 들어갔습니다.

영국, 미국과 이스라엘의 지배층(싸잡아서 '로스차일드가')에게는 남들이 한다고 비난하는 짓을 자신들이 남들에게 해왔던 긴 긴 역사가 있다. 잊지 않도록 하는 말이지만, 미국과 이스라엘의 정부들은 몇몇 힘을 보탠 나라들과 함께 이라크가 대량살상무기들을 가졌다는 있지도 않은 '증거'를 꾸며내서 온 나라와 고대문화로부터 내려온, 가치를 헤아릴 수 없는 유물들을 폭격해서 초토화하는 일을 정당화했었다. 수백만의 이라크 국민들이 불구가 되거나 죽었고, 세계적인 살인기계에게 봉사하는 데 영혼과 자기정체성을 넘겨준 군복 입은 용감한 친구들에게 사랑하는 사람들을 잃음으로써 삶을 파

470

괴당했다. 아차, 미안하다, '그들의 나라에 봉사하는 데'로 바꿔야겠다. 미국 군대는 죽은 민간인들이 '반란군'이었다고 주장하려고 시신 곁에 놓아둘 '흘려놓는 무기들'을 가지고 다니라고 장려된다는 말을 들었다. 우리는 뉴스에서 군대가 "반란군들을 죽였다"는 말을 얼마나 많이 듣는가? 그들은 무고한 민간인들인데도 말이다. 유튜브에서 'Drop weapons-US soldiers recount killing innocent Iraqi civilians(흘려놓는 무기들-미국 병사들이 무고한 이라크 민간인들을 죽였다고 말하다)'를 쳐보면 병사들이 하는 말을 들을 수 있다. 민간인들이 몇 달이고 십자포화 속에 갇히거나 영국과 미국 군대에게 직접 폭격당한 아프가니스탄에서도 같은 일이 일어났고, 또 지금도 일어나고 있다. 그들은 진짜 가해자들이 워싱턴, 런던과 텔아비브에 신사복을 입고 앉아 있는데도, 9·11의 책임이 무슬림 테러리스트들에게 있다는 거짓말로 세상에 또 다른 전쟁을 선전하는 가운데 생긴 '부수적 피해'로 무시된다(그림 277). 민간인들은 '텔레프롬프터 앞의 정신병자들'이 공식적으로 승인한 '조이스틱 앞의 정신병자들'이 유도하는 무인 드론들로부터의 일상적인 죽임과 파괴로 고통 받고 있다. 아프가니스탄, 파키스탄, 예멘, 소말리아에서(이 목록은 달이 갈수록 더 길어질 듯하다) 날마다 죽임을 당하고 있는 민간인들로부터 수천 킬로미터 떨어진 라스베이거스 근처 크리치 공군기지에 있는 조이스틱 조작자들이 이 드론들을 조종한다. 영국도 이 일에 손대고 있고, 영국 공군 지휘관들은 "우리가 하는 일에 법적으로 마음 편하다"라고 말한다. 그럼 도덕적으로도 마음 편한가? 말을 못한다. 미국 정보기관에 관해 폭넓게 글을 썼던 미국의 작가 제임스 뱀포드James Bamford는 드론들이 아이들을 포함해서 무고한 많은 사람들을 무차별적으로 죽이고 있다고 말한다.

【그림 277】 '가치들'을 가진 나라들의 희망목록에 오른 결과들. 이 장면은 팔레스타인이지만, 같은 일은 이 나라 저 나라를 이어서 계속된다.

뉴아메리카재단New America Foundation은 2004년부터 미국의 드론들에 죽는 사람들의 4분의 1은 무고한 민간인들이었다고 했고, 부룩킹스연구소Brookings Institute는 이 비율을 더 놓게 잡았다. 제임스 뱀포드는 이렇게 말했다.

목표물들에 대한 사형집행 영장들에는 중간급 관료들이 서명을 하고, 아이들의 교육에 열성적인 중산층 엄마 아빠들이 조이스틱 살인자의 일도 함께 한다. 그들은 목표물의 지구 반대쪽에서, 그리고 살인하는 짬에 점심을 먹으러 달려갈 만큼 집에서 가까운 곳에서 편안하고 안전한 가운데 드론을 조종한다.

지금 5,000대가 넘는 로봇형 차량들과 드론들이 이라크와 아프가니스탄에 배치되어있고 50대가 넘는 드론들이 한꺼번에 날아갈 수 있다. 올해 국방부와 CIA는 유인 항공기보다 많은 무인 항공기를 구매할 것이고, 모든 폭격기와 전투기 조종사들을 더한 수보다 많은 드론 항공기 조종사들을 양성할 것이다.

충분히 많은 사람들이 깨어나서 어젠다에 문제들이 생기게 될 때, 그들이 산의 내부와 지하에 있는 안전한 기지들에서 공격할 수 있도록 로봇 군대가 창설되고 있다. 이런 것들을 죄다 알고 있는 힐러리 클린턴은 UN 인권이사회에서 독자적인(그런 건 없다) UN 인권조사위원회를 출범시키고 리비아에서의 시위자들에 대한 폭력을 조사해서 '책임을 묻는 중요한 첫 단계'에 대해 말했고, 가다피 대령은 이른바 전쟁범죄로 네덜란드 헤이그의 국제형사재판소(ICC)의 조사를 받을 처지가 되었다. ICC는 '로마규정Rome Statute'에 따라 '인류에게 알려진 최악의 범죄들, 곧 전쟁범죄, 인류에 대한 범죄, 그리고 집단학살의 가해자들을 심판하려고' 2002년에 발족했다(분명히 북아메리카, 유럽, 러시아, 중국, 오스트레일리아 등등의 정부들은 면제되었다). 미국은 남들이나 기소하라고 요구하면서 ICC에 가입하려고도 들질 않는다. 재판소의 수석 검사인 루이스 모레노 오캄포Luis Moreno-Ocampo는 "처벌받지 않고서 민간인을 학살할 권한은 그 누구에게도 없다"고 했다. 아, 하지만 그들에게는 있다네, 루이스, 이 친구야. 그들에게는 있다고. 게다가 자넨 기소는커녕 그들을 조사하려고도 않잖아. 혈통이 만들고 통제하는 ICC는 2011년 6월에 전쟁범죄자 버락 오바마, 힐러리 클린턴, 데이비드 캐머런과 니콜라 사르코지가 퍼뜨린 이야기를 바탕으로 가다피와 아들 사이프 알 이슬람Saif al-Islam, 그리고 정보총책 압둘라 알 사누씨Abdullah al-Sanussi에게 영장을 발부했다. NATO 사무총장이자 빌더버거인 안데르스 포그 라스무센Aners Fogh Rasmussen과 미국, 영국, 프랑스는 리비아의 민간인 지역들을 계속 폭격해서 사망자수가 꾸준히 늘어가고 그 수가 수천 명에 이르는 가운데 그 영장들을 반겼다(그림 278). '가치들'을 가진 이들 대량학살자들은 이라크와 여러 곳들에서 그토록 말도 못할 유전결함을 초래한 열화우라늄탄도 사용해왔다. ICC는 이들에 대해 무슨 일을 할까? 아무 일도 하지 않는다. ICC는 '탈바꿈하는 자' 조지 부시와 '탈바꿈하는 자' 토니 블레어가 인류에게 저지른 충격적인 규모의 범죄들과 전쟁범죄들에 대한 조사는 하고 있는가? 사상자의 수는 수백만 명이 될 수도 있고 이 모든 일의 배경에는 냉혹하고 계산된 거짓말들이 있었다. 딕 체니, 콜린 파월, 곤돌리자 라이스, 그리고 그렇게 어마어마한 희생을 가져온 이라크에서 전쟁을 벌이기 위한 거짓 '증거'를 만들어내는 일을 도왔던 블레어의 '홍보요원'(직업적인 거짓말쟁이) 알리스테어 캠벨Alistair Campbell이라는 거짓말제조기는 조사하고 있는가? 수많은 목숨을 앗아간 이라크 전쟁을 부추긴 '정보서류'를 날조했던 영국의 첩보원 존 스칼렛John Scarlett은 왜 체포하지 않았는가? 스칼렛은 합동정보위원회의 위원장이었고 '대량살상무기에 있어서 이라크는 그 예외가 아니라는 사실을 덮는 일의 이로움'을 다룬 내용의 메모를 블레어의 외교관계 보좌관에게 보냈다. 블레

【그림 278】 '가치들'을 가진 나라들에게 보호받는 더 많은 아이들

어는 스칼렛을 비밀정보부(MI6) 국장으로 임명함으로써 보상했다. 팔레스타인 사람들에게 날마다 범죄를 저지르고 세계에서 가장 인구가 밀집된 민간인 지역인 가자지구를 대대적으로 폭격하는 이스라엘 지도자들은 왜 체포하지 않는 건가? 수십 년 동안 로스차일드/록펠러의 심부름꾼 헨리 키신저가 저지른 전쟁범죄들과 아버지 부시와 딕 체니가 1991년 걸프전쟁에서 저지른 학살과 혐오스러운 만행들을 조사하고는 있는 건가? 아니면 UN의 집계대로 1990년대에 50여 만 명의 아이들을 희생시킨 빌 클린턴과 토니 블레어가 이라크에 한 '제재들'은 또 어떤가? 이것은 매들린 올브라이트 국무부 장관(로스차일드 시오니스트)이 "그럴 가치가 있다"고 했던 '대가'였다. 조사를 하고들 있냐고? 전혀!

진정으로 정의에 관심이 있다면 죄수호송차를 불러서 이들을 깡그리 실어 넣고 열쇠는 없애버려야 할 법정들과 위원회들을 휘어잡고 있는 것이 바로 이 위선자들, 깡패들, 대량학살자들이다. 힐러리 클린턴이 내뱉은 말은 이 '숙녀'가 히스테리처럼 웃다가 무대에서 굴러 떨어져버리고 없어도, 어처구니없는 거짓 도덕성과 함께 청중석으로 넘어간다(그림 279). 정계, 산업계, 그리고 군에 정의란 없다. 바로 부당함과 위선이 그들을 먹여 살린다. 한 순간에는 이집트의 살인적인 독재자 무바라크가 클린턴 '일가의 친구'지만, 다음 순간이면 힐러리는 무바라크가 시위자들에게 저지른 폭력을 규탄하고 성모 마리아가 되어서 그가 "물러나야" 한다고 말한다. 한 순간에는 클린턴과 정부의 부패한 친구들이 무바라크 같은 중동 독재자들에게 무기와 군사원조를 주면서 국민들을 잔인하게 진압하게 하고, 다음 순간이면 모세가 되어서 그들의 동료

【그림 279】 "우리는 모든 이들의 자유와 평화와 자결권을 믿습니다." …… "야 해! 속아 넘어갔군, 농담이었는데……"

학살자 폭군들에게 "백성들을 자유롭게 하라"고 요구한다. 클린턴은 가다피 대령이 저지른다고 말했던 고문을 비난하면서도 미국에서 고문을 금지하는 법들을 피해 포로들을 무바라크의 이집트 같은 곳들로 보내서 고문하는 미국의 정치-산업-군사복합체를 대변한다. 아프가니스탄의 '국제안보지원(침공)군'의 사령관 데이비드 퍼트레이어스David Petraeus는 고문이 허용된다고 말한다. 오바마는 그를 CIA 국장에 임명했고 이 사기꾼 대통령은 고문을 문제삼지 않는다. 오바마 행정부는 2011년 6월에 미국이 가둬둔 포로들의 죽음에 대한 99건의 조사들을 멈출 것이라고 발표했다. 퍼트레이어스는 충격적인 숫자의 민간인들을 죽였던 아프가니스탄의 한 살인기계에게 명령을 내리면서 '생명을 살리기 위해서는' 고문이 필요하다고 했다. 힐러리 그녀는 시리아군이 시위자들을 죽인다고 매도했지만, 국경에서 이스라엘군의 총에 23명이 죽은 일로 시위를 벌이는 시리아인들에게는 "자제하라"는 말을 했다. 클린턴은 아프가니스탄, 이라크, 리비아와 파키스탄에서 말로 다할 수 없을 만큼의 사람들을 죽여서 미국이 스스로를 지켰듯이, 이스라엘에게는 '스스로를 지킬 권리'가 있다고 했다. 이것은 혈통들에게 알랑거리는 다른 한 사람 윌리엄 헤이그William Hague 영국 외무부장관에게도 똑같이 적용된다. 헤이그 자신도 알지만 혈통들은 하루 만에 그를 무너뜨릴 수 있음을 안다. 헤이그는 시리아 정부의 폭력은 "받아들일 수 없으며 멈춰야만 한다"고 하면서도 리비아와 아프가니스탄의 민간인들을 폭격하는 영국 군용기들과 군대의 정기적인 상황을 보고받고 있었다. 시리아에서의 시위와 폭력사태, 그리고 군사개입을 정당화하려는 교묘하고도 뚜렷한 움직임 속에서, 국제원자력기구(IAEA)는 시리아에 비밀 핵 프로그램이 있음을 UN 안전보장이사회에 보고하고 있다고 발표했다. 이 모두가 혈통 네트워크들을 거쳐서 꾸며진다. 한술 더 떠서 IAEA는 국경 바로 너머의 이스라엘 디모나에서 수십 년 동안 진행되고 있는 거대한 핵무기 프로그램에 대해서는, 비록 그것을 지구에서 가장 호전적이고 폭력적인 나라들의 하나가 통제하고 있을지라도

입도 뻥긋 않는다. IAEA가 시리아에 이런 조치를 하게 된 근거는 신고하지 않은 원자로가 있다는 것이었다. 이스라엘이 신고하지 않은 핵 프로그램 전체가 '보고된' 적이 없고, 미국에는 이스라엘의 핵보유능력을 두고서 묻지 않는다는 공식적인 정책('말하지도 묻지도 말라'는 합의)마저 있는데, 오바마는 대통령이 되면서 이것을 이어간다는 데 곧바로 동의했다. 뭐, 말하나마나 오바마는 그리 할 것이다. 우리가 보고 있는 세상의 정치매춘부들의 도덕주의자 같은 상투적인 모습은 죄다 대중의 눈과 귀를 가리기 위해서만 있는 하나의 게임이다. 그 말들을 읽어 내려가는 사람들이 직접 쓰지도 않은 텔레프롬프터 선전술인 것이다.

미국의 죽음의 수용소들

제2차 세계대전이 끝날 무렵 독일에 있던 미국의 죽음의 수용소들보다도 이런 위선이 가져온 재앙을 더 잘 보여주는 예들은 거의 없다. 미국의 수용소들에서 연합군최고사령관이자 미래의 미국 대통령 드와이트 아이젠하워 장군의 명령에 따라 조직적으로 주어진 질병과 추위와 굶주림으로 200만 명의 독일인들 태반이 죽었다. 영국과 미국 정부당국은 한편으로 아우슈비츠와 같은 나치의 수용소들을 규탄하고 있었다. 아이젠하워가 서신에서 자신이 독일인들을 증오하며 기회가 생길 때마다 될수록 많은 수의 독일인들을 죽이기 시작했다는 점을 분명히 밝혔다는 사실을 역사 '수업'(프로그래밍)에서 배운 사람들이 얼마나 될까. 그는 독일인 전쟁포로들을 '비무장 적군'으로 부르도록 명령했다. 그의 후계자들이 아프가니스탄과 이라크의 전쟁포로들을 '적 전투원들'로 부르는 것과 같았다. 이것으로 미국 당국은 두 경우 모두 포로들의 처우를 다룬 국제법들을 빠져나갈 수 있었다. 아이젠하워의 표적이 된 독일인들은 제네바협정의 대상이 아니었으며, 수용소들과 포로들의 처우를 조사해야하는 스위스 적십자도 찾아오지 않았다. 이런 식으로 미국의 '전쟁 영웅' 아이젠하워는 거의 200만 명의 사람들에게 굶주림과 추위와 질병을 떠안겼다. 캐나다 〈오타와 선Ottawa Sun〉지의 기자 피터 워싱턴Peter Worthington은 세상을 비웃는 이 대량학살을 다룬 기록을 입수했다. 그는 1989년에 이렇게 썼다.

드와이트 아이젠하워가 엄청난 규모의 전쟁범죄자였다는 결론을 피해가기는 어렵다. 그의 (비무장 적군)정책은 유럽의 전장에서 죽은 수보다 더 많은 독일인들을 평시에 죽였다. 여러 해 동안 우리는 170만 명의 독일 전쟁포로들이 사라진 일로 러시아인들을 비난했다. 지금까지 아무도 그리 깊이 파고들질 않았다. …… 그 기록자는 목격자들과 생존자들을 면담했고, 동맹국의 한 장교는 미국의 수용소들을 나치의 부헨발트 수용소에 빗대었다.

뉴욕의 은퇴한 철학교수 마틴 브레치Martin Brech는 열여덟의 나이에 안데르나흐라는 곳에 라인 강을 따라 있었던 아이젠하워 죽음의 수용소에서 경비병과 통역자로 있었다. 당시 독일 포로들의 처우에 항의했을 때 그가 마주친 것은 '적개심 아니면 무관심'이었다고 1990년에 그는 소회했다.

나는 철조망 너머로 내용물이 꽉 찬 휴대식량을 던져주었다. 그런 나를 위협한 것으로 보아 그들을 적절히 먹이지 않는 것이 우리의 고의적인 방침임이 분명했다. 울타리 너머로 휴대식량을 던지는 나를 붙잡고서 그들은 감옥에 넣겠다고 으름장을 놓았다. 대위 하나가 독일인들에게 또 다시 음식을 주는 걸 보면 나를 사살하겠다고 했다. …… 거기에는 열셋밖에 안 된 소년들도 있었다. …… 어떤 포로들은 히틀러의 최후의 저항에 징집된 노인들이었다. …… 안데르나흐에 있던 포로들의 평균체중이 40킬로그램이었다는 사실을 이해한다.

이 잔인하고 냉혹한 계획적인 대량학살은 지금 몇몇 나라들에서 나치 강제수용소들을 다룬 공식적인 이야기 속의 미심쩍은 점들을 문제 삼는다는 이유로 사람들을 감옥에 가두었던(그리고 그들을 사실상 싸잡아 비방하는) 바로 그 혈통 비밀집단이 저질렀다. 그렇게 문제 삼는 일을 비난하는 '좋은 편'이 자기들만의 수용소들을 가지고 있었는데도 말이다. 하루하루 세계적으로 대중의 마음에 주입되는 이 흑백논리의 환상 속에 '좋은 편, 나쁜 편'이란 없다. 클린턴과 오바마가 무바라크나 다른 어떤 폭군을 규탄할 때면, 그것은 악이 악을 규탄하는 꼴이다. 얼굴도 다르고 입은 옷이나 제복도 다를지는 모르지만, 그 사고방식은 똑같다. 그들은 냉혹하고 계산적이고 비정하며, 일루미나티 혈통의 으뜸가는 특성을 가졌다. 바로 공감능력의 결핍이다. 그들이 대변한다고 주장하는 것이 무엇이든, 그들을 모두 하나로 묶어주는 공통 주제가 이것이다.

가다피를 잡아라

2011년 UN 안전보장이사회에서 리비아 상공에 비행금지구역을 설정한다는 결의안 1973이 통과되는 순간부터 나는 그 발상이 '평화시위자들을 보호'하려는 게 아니라 가다피를 없애고 리비아의 석유와 금융자산들을 차지하려는 것이라고 말했다. 미국, 영국, 프랑스는 리비아 동부에서 '공공연한 시위들'이 생기기 전에 침공을 정당화할 선동가들을 훈련시키고 무장시키려고 군의 요원을 파견했었다. 문제-반응-해결책이다. 나는 또한 가다피가 쉽게 물러나지 않을 경우 그렇게 할 때까지 군사작전을 늘려갈 것이라는 말도 했다. 바로 이것이 NATO의 지시를 받는 지상의 '반역자들'에게 길을 열어주

【그림 280】 리비아의 진짜 침입자들

려고 NATO가 인구밀집지역들에 폭격을 하면서 노골적이고 뻔뻔스럽게 무시해버린 결의안 1973이 군사행동의 제한을 강제했다고 하는 데서도 일어난 일이다(그림 280). UN은 로스차일드가와 록펠러가가 세웠고 뉴욕의 록펠러가가 기증한 땅에 들어섰다. 그렇다면 UN은 그것을 만

들어낸 사람들과 주인들이 요구하는 일이라면 무엇이든지 하리라는 생각이 들것이다. UN은 그렇게 한다. UN 안전보장이사회 결의안 1973은 '민간인들을 보호'하려고 리비아 상공에 비행금지구역을 둔다는 데 합의했다. 이것은 군사행동들에 제한이 되어야했고 이를 위반하는 행동은 그 즉시 UN의 비난을 받아 마땅했다. 하지만 아니었다. 위반이라고? 미국이 주도하는 NATO는 UN이 그 애처로운 작은 손들을 깔고 그냥 앉아있는 동안에 결과야 어찌 되든 간에 하고 싶은 일은 뭐라도 했다. NATO의 대변인 제임스 아파투레이 James Appathurai(돈이면 살 수 있는 입, 아니, 돈으로 빚어진 영혼)는 가다피가 교만하게 아직 살아있다고 말했다. "UN 안전보장이사회는 리비아에의 새로운 결의안을 채택해야 합니다. 결의안 1973으로는 지상작전을 생각할 수 없습니다. 우리는 새 결의안이 필요합니다." 나는 이렇게 번역하겠다. "우리는 우리가 없애거나 죽이려고 하지 않는다고 말한 이 사람을 아직 없애거나 죽이지 못했습니다. 따라서 우리는 우리가 없애거나 죽이려고 하지 않는다고 말한 이 사람을 없애거나 죽일 때까지 폭격을 늘려가야 합니다." 아파투레이는 밤에 어떻게 잘까? 아마도 아기처럼 잘 것이다. 미국은 이자를 지불해야 하는 수조 달러의 부채로 금융 붕괴를 겪고 있다. 영국과 유럽의 나머지 국가들 대부분도 곤경에 빠져있다. 정부들은 은행들을 긴급구제하느라 돈이 없다는 핑계로 국민들에게 심각한 긴축계획들을 짐 지우고 있다. 그러나 전쟁이라면 돈은 문제가 아니고, 리비아에서도 다시 한 번 그랬다. 이유는 간단하다. 사람들이 품위 있는 생활을 하도록 하는 것은 혈통의 목적이 아니다. 정반대다. 세상을 폭격해서 세계적 폭압으로 몰아가는 것이 목적이고, 따라서 그렇게 하는 데 쓸 돈은 언제나 있다. 눈과 영혼이 어두운 그 남자가 한 번 더 앞으로 나와서 텔레프롬프터 마음으로 남의 말들을 비굴하게 되풀이하고 리비아의 폭격을 정당화했다. 그가 했던 말은 나중에 참고할 수 있도록 좀 분석해볼 가치가 있는 소설작품이요, 전형적인 유형이다. 자, 텔레프롬프터 돌리고, 오바마 큐.

여러 세대를 거치면서 미합중국은 세계안보의 지주이자 인간 자유의 수호자로서 독특한 역할을 했습니다. 군사행동의 위험과 대가들을 마음에 두면, 우리는 세상의 많은 문제들을 해결하는 데 무력을 쓰기를 당연히 꺼려합니다.

미국의 정부와 군대는 온 세계에서 인간의 자유를 파괴하고, 폭군들에게 국민들을 억압하도록 자금을 대주고 무장시키는 데(지금 미국이 비난하는 중동의 몇몇 나라를 포함해서) 독특한 역할을 했다. 미국, 영국, 이스라엘과 나머지 위선자들은 군사행동의 위험과 대가들을 '마음에 두지' 않는다. 그 국민들에게는 부족한 돈이 전쟁이라면 아무런 문제가 아니다. 미국은 분명히 무력을 쓰기를 꺼려하지 않지만, 세상의 많은 문제들을 해결하는 일은 꺼려한다. 그 문제들을 만들어내는 일이 미국의 으뜸가는 임무다. 미국의 정부와 군대가 1776년부터 해온 전쟁들, 군사작전들과 개입들의 숫자를 보면 그야말로 엄청나다. 그들은 뒤에서 받쳐주는 영국과 이스라엘과 함께 명백히 세상의 깡패들이다. 아차, 미안하다, 대본이 틀렸다. 그들은 '세계안보의 지주이자 인간 자유의 수호자로서 독특한 역할을' 했고 세상의 많은 문제들을 해결하기 위해 무력을 쓰는 것을 당연히 꺼려한다.

우리의 이해관계와 가치들이 위태로울 경우, 우리에게는 행동할 책임이 있습니다. ······ 리비아는 바로 튀니지와 이집트 사이에 있습니다. 국민들이 자신들의 운명을 스스로 결정하려고 일어섰을 때 세상에 영감을 주었던 나라들입니다. 40년이 넘도록 리비아 국민들은 폭군 무아마르 가다피에게 지배를 받았습니다. 가다피는 국민들의 자유를 부인했고, 그들의 부를 착취했으며, 나라 안팎에서 반대세력을 죽였을 뿐만 아니라, 리비아 요원들에게 죽임당한 미국인들을 포함해서 온 세계의 무고한 사람들에게 테러를 저질렀습니다.

이집트의 '민중'혁명은 무바라크 정권에게 억눌린 국민들의 진정한 분노와 불만을 터뜨리도록 고용된 하수인 선동가들을 앞세워서 카이로의 미국

480

대사관을 통해 몇 년 전에 계획되고 조직된 것이었다. 미국정부가 돈과 무기를 대줘서 30년 동안 권력을 지켰던 정권이었다. 제3차 대전으로 이어지도록 기획된 훨씬 더 큰 세계적 계획의 일부로서 중동의 격변들을 조작할 때가 되었던 것이다. 오바마가 "리비아는 바로 튀니지와 이집트 사이에 있습니다"라고 강조한 것은 자유를 말하고자 했던 것이 아니라 북아프리카와 중동, 그리고 파키스탄과 중국의 경계까지를 잇는 선 위의 여러 나라들을 줄줄이 찢어놓는 계획을 말하려는 것이었다. 오바마가 말하는 미국 정부의 '이해관계'란 혈통들의 이해관계일 뿐이고 또 그들에게 '가치들'이란 없다. 오바마는 가다피가 "나라 안팎에서 반대세력을 죽였을 뿐만 아니라, 리비아 요원들에게 죽임당한 미국인들을 포함해서 온 세계의 무고한 사람들에게 테러를 저질렀습니다"라고 말했다. 이것이 CIA에게 외국에 있는 미국 시민이 테러리스트 집단들과 이어진 것으로 '의심'된다면 죽여도 좋다는 승인을 해준 사람, 또 아프가니스탄, 파키스탄, 소말리아와 예멘 같은 나라들을 제재하고 수천 명의 민간인들을 죽인 무인 드론 폭격기 공격을 지지하는 사람의 입에서 나온 말이다.

세계의 비난에 부딪친 가다피는 공격의 수위를 높이고, 리비아 국민들을 상대로 군사작전을 시작했습니다. 무고한 사람들이 살인의 대상이 되었습니다. 병원들과 구급차들이 공격받았습니다. 저널리스트들은 체포되고, 성폭행 당했으며, 또 살해되었습니다. 식품과 연료 공급은 막혔습니다.

미스라타에 사는 수십만의 사람들에게 물 공급이 끊겼습니다. 도시와 소읍들은 포격을 받았고, 사원들은 파괴되었으며, 아파트건물들은 내려앉았습니다. 전투기들과 무장 헬리콥터들이 하늘에서의 공격으로부터 스스로를 지킬 아무런 수단이 없는 사람들을 공격하기 시작했습니다.

좋아, 그럼 증거를 보여달라. 미국과 영국군은 리비아를 비롯한 다른 모든

'전장들'에서는 말할 것도 없고, 이라크에서만 위의 모든 내용과 그보다 더한 짓을 저질렀다. 탄압받는 가자지구 사람들을 이스라엘군이 봉쇄할 때 미국 정부는 모르는 척하면서도, 바로 그 정부가 포악하고 악마 같은 이스라엘 정권에 자금과 무기들을 쏟아 부어서 팔레스타인 사람들을 집단학살하게 한다. 성명들과 문서들로 보건대, '사람들을 보호하는' 미국 정부는 적어도 1990년대 말의 클린턴 행정부시절부터 리비아에 핵공격을 하는 계획을 세워왔다. 이제 오바마가 뽑아든 마무리 카드는 바로 존 웨인이다.

그런 상황에 있는 인류 동료에 대한 선도자로서의 미국의 책임과 더 깊게는 우리의 책임들을 무시하는 일은 우리의 진정한 모습을 배신하는 일이었을 것입니다. 어떤 나라들은 다른 나라들에서 일어나는 잔혹행위들을 못 본 척할 수도 있을 것입니다. 미합중국은 다릅니다. 그리고 대통령으로서 나는 행동을 시작하지도 않고서 가만히 앉아서 학살과 공동묘지의 모습을 보지 않기로 했습니다.

당연히 가다피의 힘을 빼앗으면 리비아가(그리고 세계가) 더 나아지리라는 것은 의심할 나위가 없습니다. 나는 세계의 다른 많은 지도자들과 함께 그것을 목표로 삼았고, 군사적이지 않은 방법들로 그것을 적극 추구하려 합니다. 하지만 정권교체를 하는 데까지 우리의 군사임무를 넓히는 일은 실수가 될 것입니다(이런 거짓말쟁이).

【그림 281】 존 웨인 …… 그릇된 것들을 바로잡는 '좋은 편'. "가서 그들을 잡으라고, 존."

이것이 미국의 정신을 프로그램하는 데 거듭 거듭 되풀이되는 존 웨인 전략이다. 미국은 '우리 편'이고, 대단하고, 거칠지만 공정하고, '나쁜 놈들'을 무찌르고 온갖 그릇된 것들을 바로잡는 배려하는 마음이 깊은 영웅이다. 할리우드 영화들에서 웨인이 연기했던 좋은 카우보이와 군인처럼 말이다(그림 281). 가서 그들을 잡게, 존. 존 웨인은 변함없이 총을 들고 언덕 위에 나타났지만, 미국 정부는 토마호크 미사일을 더 선호한다. 물론 다 헛소리였고, 오바마의 연설은 어느 모로 보나 웨인이 했던 연기들만큼이나 한 편의 영화요 연극이었다. 몇몇 상원의원들이 전쟁 권한법에 적힌 의회의 승인 없이 전쟁을 벌이는 오바마의 권한을 문제 삼았을 때, 로스차일드 시오니스트 앞잡이 상원의원들인 존 매케인(로스차일드 시오니스트, '선택받은' 오바마에게 질 의도로 공화당 대통령후보로 뽑혔다)과 존 케리(로스차일드 시오니스트, 해골단, '선택받은' 아들 부시에게 질 의도로 민주당 대통령후보로 뽑혔다)가 행동을 시작했다. 두 사람은 리비아에서의 전쟁을 소급 승인하는 법안을 통과시키자고 제안했다. 그때 로스차일드 시오니스트 네오콘들이 짧은 바지에 어린이 모자를 쓰고 장난감 총을 사방팔방으로 쏘아대면서 지평선 위에 나타났다. 짧은 바지를 입은 윌리엄 크리스톨의 사고방식은 너무 지나치다. 사실 윌리엄 크리스톨은 무슨 일이 됐든 가까이하지 말아야 할 사람이다. '미국의 새로운 세기를 위한 프로젝트'가 이름을 바꾼 '대외정책계획'은 가다피와의 전쟁은 어쩔 수 없이 그를 없앨 때까지 확대해야 한다고 요구하는 크리스톨과 여러 사람들의 서한을 발표했다. 그들이 워싱턴 번화가의 술집이나 갈 뿐, 스스로 그 행동에 뛰어들지 않아도 되는 한은. 로스차일드가는 가다피를 없애고 싶어 했고 로스차일드 시오니스트들은 눈에 불을 켜고 달려들었다. 그 서한에 서명한 사람들은 다음과 같다. 모조리 로스차일드 시오니스트들이다.

엘리엇 에이브람스Elliott Abrams, 브루스 피트케이언Bruce Pitcairn, 잭슨 대니얼리 플렛카 Jackson Danielle Pletka, 게리 바우어Gary Bauer, 애쉬 제인Ash Jain, 존 포드호리츠John Podhoretz, 맥스 부트Max Boot, 프레드릭 케이건Frederick Kagan, 스티븐 레이드메이커Stephen G. Rademaker, 엘런 보크Ellen Bork, 로버트 케이건Robert Kagan, 카를 로브Karl Rove, 스캇 카펜터Scott Carpenter, 로렌스 카플란Lawrence Kaplan, 랜디 슈네만Randy Scheunemann, 리즈 체니Liz Cheney(섬뜩한 이름을 가진 딕 체니-'Dick'은 '불쾌한 놈'이라는 뜻의 아내), 윌리엄 크리스톨, 게리 슈미트Gary Schmitt, 세스 크롭시Seth

Cropsey, 로버트 리버Robert Lieber, 댄 세너Dan Senor, 토머스 도넬리Thomas Donnelly, 토드 린드버그Tod Lindberg, 마이클 싱Michael Singh, 에릭 에델만Eric Edelman, 마이클 마코프스키Michael Makovsky, 헨리 소콜스키Henry D. Sokolski, 제이미 플라이Jamie Fly, 앤 말로위Ann Marlowe, 마크 티쎈Marc Thiessen, 로이얼 마크 게리흐트Reuel Marc Gerecht, 클리포드 메이Clifford D. May, 케네스 바인스타인Kenneth Weinstein, 존 한나John Hannah, 조슈아 무라비치크Joshua Muravchik, 폴 월포위츠, 윌리엄 인보든 William Inboden, 마틴 페레츠Martin Peretz, 제임스 울시R. James Woolsey.

이 명단에 있는 사람들이 압도적으로 그렇기는 하지만 모조리 유대인이라고 말하는 건 아니다. 그들은 내가 로스차일드 시오니즘이라고 부르는 비밀결사의 하수인들이라는 말을 하는 것이다. 이 병적이고 거짓으로 가득한 사람들이 리비아의 폭격을 확대하라고 요구하고 있을 즈음, 그 나라는 갈수록 더 많은 사람들의 죽음과 파괴에, 그리고 병원들, 대학들, 텔레비전 방송국들과 다른 민간시설들이 표적이 되면서 고통받고 있었다. NATO의 폭격이 더 심해지면서 민간인 사망자 수는 하루하루 늘어만 갔다. 항구들은 식량과 생활필수품의 운송을 막으려고 봉쇄되었고, 어부들은 바다로 나가지 못했으며 연료를 얻으려는 사람들이 길게 늘어섰다. 이런 일들이 일어나는 가운데, 힐러리 클린턴이라는 순수악은 뻔뻔스럽게도 이렇게 말했다.

요점은 여러분이 '누구 편에 있는가'라는 것입니다. 여러분은 가다피 편에 있습니까, 아니면 리비아 국민들과 그들을 도우려고 모인 국제적인 연합의 열망 편에 있습니까?

클린턴은 '민주당원'이고 이것은 우리가 알다시피 '공화당원'인 것과는 다르다. 아들 부시 대통령은 이라크에서 학살이 일어나는 동안에 이런 말을 했다.

자유를 사랑하는 여러분이 우리와 자유를 받아들이는 국가들과 있지 않으면, 여러분은 적과 함께 있는 것입니다. 그 사이에는 아무도 없습니다.

484

아돌프 히틀러가 말했다. "거짓말은 크게, 단순하게 만들고, 끊임없이 이야기하면, 결국 그들은 믿을 것이다." 글쎄다, 이젠 모든 사람들이 믿지는 않는다.

헛소리 그만 해라, 이게 진짜 이유다

이제 국민들을 보호한다는 핑계로 리비아를 공격한 배경의 진실을 알아보자. 이 주제를 놓고 오바마가 했던 말 한마디 한마디가 깡그리 거짓말이라는 것은 말할 필요도 없다. 그것이 오바마의 일이다. 리비아에는 국유 중앙은행이 있었고, 미국의 연방준비은행과 달리 여기에는 개인주주들이 없었다. 리비아 정부는 리비아 디나르Libyan Dinar라는 화폐를 발행했고, 금융카르텔이 리비아와 하기를 바라는 모든 사업은 중앙은행을 거쳐서 해야 했다. 혈통들은 이것을 모두 끝장내고 그 나라만의 통화체계를 가진 리비아와 여러 표적 국가들을 로스차일드 세계금융 네트워크에 나라를 휘청거리게 할 빚을 지게 하는 금융 수렁 속으로 확실하게 빠뜨리고 싶어 했다. 리비아 공격의 앞잡이들인 오바마 대통령, 데이비드 캐머런 영국 총리, 니콜라 사르코지 프랑스 대통령은 하나같이 은행가들의 재산이자 그들의 정부(情婦)들이나 다름없다. 이 '정부moll'라는 낱말의 정의는 '총잡이나 깡패의 짝이자 매춘부이기도 한 여성'이므로 얼마나 완벽한 서술인지를 알 수 있다. 그 계획이란 가다피를 넘어뜨리고 나서 리비아를 산더미 같은 빚(통제)에 종속시킨다는 것이었다. 유럽부흥개발은행(유럽과 미국이 소유하고 자금을 댄다)은 이집트의 무바라크 다음에 들어선 군사정부에 '자유시장개혁'의 대가로 엄청난 금액을 제의했다. '개혁'이라는 말은 긴축계획들, 그리고 국제적인 은행들과 기업들(사실은 단수의 국제적인 은행과 기업)에게 자산들을 파는 것이라고 읽으면 된다. 이집트 군사정부는 국민들이 되갚아야 할 수십 억 달러의 조건부 차관으로 나라가 더 많은 빚을 지게 했지만 결코 실상을 알지는 못할 것이고, 로스차일드가의 심부름꾼들인 소름끼치기 짝이 없는 존 매케인(로스차일드 시오니스트)과 존 케리(로스차일드 시오니스트, 해골단)는 '자유와 민주주의'를 촉진하려고 로스차일드 기업들의 대표단을 이집트로 이끌었다. 이들이 리비아에서의 불법전쟁을 위한 소급 합법성을 주장했던 바로 그 길거리 매춘 정치인들이었다. 그들의 대표단에는 제너럴일렉트릭, 보잉, 코카콜라, 벡텔, 엑슨모빌, 메리엇인터내셔널Marriott International, 그리고 다우케미컬Dow Chemicals의 대표들이 있었는데, 이들은 싸잡아서 '이리저리 옮겨 다니는 기생충들'로 알려져 있다. 자, 잠깐 이것을 보시라 …… 리비아 '반역자들'의 지도자들은 '자유를 위한 투쟁'을 접어두고서, 국유 은행을 대체하고 국제 금융카르텔(로스차일드가)의 통제로부터 자유로워지려고 새로운 중앙은행을 세우고 있다고 발표했다. 《경제정책저널Economic Policy Journal》의 로버트 웬젤Robert Wenzel은 "이것은 어중이떠중이 반란군이 아닌 좀 더 나은 무리들이 있다는 점과 거기에 영향력 있는 아주 세련된 사람들이 몇 명 있음을 보여준다"고 제대로 결론을 내렸다. 그는 그들의 봉기가 '굴지의 석유자본가들이 진실로 불만을 품은 반역자들을 꼭두각시와 위장 술책으로 이용한 연출극'처럼 보였다고 했다. 음-, 아주 조금은 그랬다.

앞에서 말했듯이, '반군지도자'의 한 명인 칼리파 장군은 버지니아 주 워싱턴 대도시권에서 그의 청구서를 지불한 CIA 본부와 가까운 곳에 20년을 살았고, 가다피를 밀어내려고 수립된 '과도국민위원회'는 미국과 NATO의 부패하고 부정직한 앞잡이들로 가득 채워졌다. UN의 미국 대사인 거짓투성이 수전 라이스는 2011년 8월에 리비아중앙은행, 리비아투자청, 리비아외환은행, 리비아 아프리카 투자포트폴리오와 리비아석유공사가 가진 15억 달러 자산의 동결해제를 승인해달라고 UN 제재위원회에 요청했다. 미국은 '계속되는 인도주의적 요구와 예상되는 수요'를 위해 5억 달러가 '원조' 기구인 국제개발처(USAID)로 갈 것이고, 다른 5억 달러는 '연료와 인도주의적인 필수물자를 공급하는 회사들(헬리버튼Halliburton 같은 석유카르텔과 일루미나티 기업들)'에 줄 것이라고 했다. 나머지 5억 달러는 '리비아 공무원들의 봉급과 활동경비, 식품구입보조금, 전기와 그 밖의 인도주의적 지출비용'에 쓰려고 '임시재정체제Temporary Financial Mechanism(TFM)'에 할당된다. 뭐라고? 도대체 '임시재정체제'는 뭐란 말인가? 내가 놓친 게 있었나? 그것은 리비아를 관리하려고 미국 정부(로스차일드가)가 세운 '비공식' 기관인 것으로 드러났다! 우리가 리비아의 과도정부라고 듣는 과도국민위원회에 돈을 대는 조직이 이것이다. 미국은 이라크에서 했던 일을 리비아에서 하고 있다. 바로 그곳을 차지해서 자본과 석유를 장악하는 일을. 리비아의 '혁명'? 튀니지와 이집트 등등의 나라들을 보라. 그 국민들의 많은 수가 환호하는 가운데 우리가 보는 앞에서 또 하나의 나라가 강탈당했다. 비록 그 군중은 대중매체가 당신더러 믿으라고 보여주었던 것보다 엄청나게 적었고 현실이 보이기 시작하면서 훨씬 적었기는 했지만. NATO 파시스트들은 당연히 가다피가 죽을 때까지 멈추지 않을 것이다. 처음부터 그럴 속셈이었기 때문이다. 리비아의 또 하나의 '반대세력'인 '리비아구제국민전선(NFSL)'은 미국이 근거지이고 1981년부터 CIA의 재정지원을 받았다. CIA와 모사드의 사주를 받은 NFSL은 1984년 5월 8일 트리폴리에 있는 가다피의 은신처를 공격해서 가다피를 암살하려 했고, 그가 빠져나간 동안에 80명의 다른 사람들을 죽였다. 이 조직은 NATO의 공습으로 막을 내리고 있는 수십 년 동안의 가다피 통치기간에 그를 권좌에서 없애려고 세워진 CIA와 모사드와 영국 정보기관의 많은 위장조직들의 일부다. 그 조직들의 '통솔'기관은 2005년 런던에서 만들어진 '반리비아국민회의'였다. NFSL은 2011년 2월 17일 리비아 '분노의 날'을 조직하는 데 큰 역할을 했고, 미국에서 반가다피 활동을 벌이는 선전원들의 하나인 애리조나 태생의 '리비아계 미국인' 랩가수 '칼리드 엠Khaled M'의 아버지는 CIA와 모사드와 영국 정보기관의 주인들을 위해 NFSL을 수립한 사람들의 한 명이다. 말할 필요도 없이, '칼리드 엠'은 '리비아청년운동'의 웹사이트 '2월 17일'과 함께 미국 주류 대중매체의 엄청난 관심을 모았다. 리비아는 또 다른 이름 아래 훨씬 더 큰 억압을 가져오려고 '숨은 손'이 일으키고 이끈 다른 하나의 '민중혁명'이다. NATO가 리비아 수도 트리폴리에서 맨 처음 공습한 곳들의 하나가 반부패청이었고 이것은 석유수익들을 훔쳐서 스위스은행 계좌에 챙겨 넣는 정부각료들을 기소하는 데 쓰고 있던 문서들을 없애는 것이 목적이었다. 추적조사 저널리스트 웨인 매드슨은 '반역'운동으로 '변절한' 각료들이 이들이었다고 짚어주었다. 거의 한 사람 한 사람까지. 다음으로 니콜라 사르코지 대통령(로스차일드 시오니스트)의 친구인 프랑스 '철학자' 베르나르 앙리 레비Bernard-Henri Lévy(로스차일드 시오니스트)가 있다. 레비는 리비아의 '반역자들'을 만나러 그곳에 자주 갔고 온 세계의 시끄러운 곳들에 나타나서 분쟁의 굵직한 플레이어들을 만나는 듯하다. 그는 남수단과 다르푸르, 아프가니스탄과 서남아시아, 보스니아, 남오세티아와 그 다음으로는 리비아에 있었다. 레비는 이란에서의 봉기를 선동했고 시리아에서의 군사개입을 주장했다. 그는 로스차일드 시오니스트의 어젠다를 진척시키는 혈통들의 심부름꾼이다. 언젠가 잔혹한 이스라엘방위군을 두고서 "나는 스스로 그렇게 많은 도덕적인 물음들을 던지는 그런 민주적인 군대를 본적이 없다. 이스라엘의 민주주의에 대단히 필수적인 것이 거기 있다"라고 말했던 사람이 바로 이 사람이다. 말해봐야 무엇하랴.

혈통이 통제하는, 아 미안, '반역자가 통제하는' 과도국민위원회는 '리비아 국민의 유일하게 합법적인 대표'라고 주장하고 또 예상했던 일이지만 미국과 그 밖의 30곳이 넘는 애완견 나라들로부터 리비아의 합법적인 자치단체로 공식 인정을 받았다. 과도국민위원회는 벵가지를 근거지로 투쟁하면서 일찍이 그들이 '리비아의 통화정책에 능숙한 통화당국으로 벵가지중앙은행을 만들었고 또 벵가지에 임시본부를 두고서 리비아중앙은행의 은행장을 임명했다'고 발표했다. 그런 투쟁을 해가면서 이런 일을 한다는 게 얼마나 다재다능한 일인가. 하지만, 잠깐, 이뿐만 아니라 더 있다. 그들은 벵가지를 기반으로 새로운 '리비아석유회사'도 차려서 아프리카의 알려진 석유매장량 가운데 가장 큰 것을 차지했고, 정신없이 바쁜 일정이었을 텐데도 카타르와의 석유거래에 서명할 시간도 낼 수 있었다. 오바마 정부와 UN은 둘 다 '반역자들'에게 가다피의 석유공사만 끌어들이지 않는다면 그들의 통제 아래서 어떤 석유라도 팔아도 된다고 했다. 뭐, 좋은 일이었다. 모두 얼마나 투명한 일들인가. 카타르의 통치자 하마드 빈 칼리파 국왕의 사진이 벵가지의 '반역자' 본부에서 가까운 광고판에 이런 말과 함께 붙어있었다. "카타르여, 역사는 우리의 대의에 대한 여러분의 지원을 언제나 기억할 것입니다."(그림 282)

【그림 282】카타르의 왕 : 혈통들의 친구

이 왕은 NATO가 리비아를 공습하는 데 아랍세계의 지지를 끌어 모으는 중요한 역할을 했다. 일간지들은 영국과 프랑스가 반역자들에게 돈을 대고 무기를 공급하는 데 카타르를 이용하고 있다고 보도했다. 카타르 관리들은 그들이 벵가지로 무기들을 실어 나르고 있음을 확인해주었다. 그 무렵 리비아 외무부차관이던 칼리드 카임Khaled Kayim은 카타르의 전문가들 20명이 벵가지에 있다고 말했고 이것은 카타르 왕이 워싱턴에서 오바마를 만나고 그의 통제자들로부터 명령을 받았던 바로 그 시간이었다. 재정석유부의 '반역자' 장관 오스만 무함마드 리쉬Othman Mohammed Rishi는 카타르를 두고 이렇게 말했다. "그들은 우리에게 연료를 주었고, 수백 만 달러를 빌려주었으며, 수입품들의 대금을 대신 치렀다. 우리는 무척 고마워하고 있다." 카타르는 아랍의 텔레비전 채널 알자지라의 모국이다. 이 방송사는 중동의 '민중들' 편에 서있다는 평판을 얻지만, 그렇지가 않다. 알자지라는 중동의 조종이라는 장기 전략의 일부로서 '민중들'의 현실을 프로그램하는 영상들과 정보를 내보내려고 세웠다. 알자지라 네트워크는 카타르 왕 하마드 빈 칼리파 국왕의 돈으로 시작했다. 이 친구는 외국의 지도자들과 군사지휘관들을 로스차일드 네트워크에 평생토록 봉사하도록 준비시키는 또 하나의 프로그래밍 공작인 영국의 샌드허스트 왕립군사학교를 나온 혈통의 협력자다. 런던의 〈타임스〉지가 입수한 가다피 이후의 리비아에 대한 70쪽짜리 계획은 NATO가 승리한 다음에 리비아 국민들이 겪어야할 폭압이 사실임을 보여주었다. 여기에는 넌더리나는 아랍에미리트 폭군들의 돈으로 10,000~15,000명의 '트리폴리 기동부대'를 도입해서 리비아 수도를 장악하고 가다피 지지자들을 체포하자는 제안들이 들어있었다. 이 문서는 리비아의 대중매체를 장악하는 계획들도 드러낸다. 이것은 모두 (NATO의) '반역자들'이 꾸며진 문제를 일으키기 오래 전에 준비된 일들이었다.

아프리카작전

혈통들은 지금 중동과 북아프리카뿐만이 아니라 아프리카대륙 전체를 노리고 있다. 중국이 아프리카의 많은 부분들을 차지하면서 중국과 갈등(제3차 세계대전)을 일으킬 가능성이 훨씬 많아졌다. 2007년에 아들 부시와 국방부장관 로버트 게이츠가 공식적으로 미군 아프리카사령부(AFRICOM)를 만든 까닭이 이것이었다. 당연하게도 '미스터 체인지' 오바마는 게이츠를 계속 등용했다. 그들이 백악관의 꼭두각시를 바꿨다고 해서 왜 국방부장관까지 바꿔가면서 진행하던 어젠다를 꼬이게 만들겠는가? 게이츠는 2011년에 CIA 국장 리온 파네타Leon Panetta에게 자리를 내주었는데, 그는 로스차일드 시오니스트 극단주의자 찰스 슈머 상원의원과 한 지붕 아래로 들어간 이래로 이스라엘에 말도 못하게 호의적이었다. 파네타는 미국의 '이스라엘에의 흔들리지 않는 책무(침략과 집단학살)'가 사실임을 보여주었다. 아프리카사령부는 독일 슈투트가르트의 켈리 바라크에 주둔해있고, 지부티, 영국과 플로리다에도 있다. 아프리카의 36개국에 '안보협력사무국'과 '국방무관사무소'도 두었다. 아프리카사령부는 미국 중부사령부(USCENTCOM)의 관할인 이집트를 뺀 아프리카 전역을 맡고 있다. 세계를 미국의 군사지역들로 울타리 쳐서 나눠놓는 이 사람들의 오만함이란 하늘을 찌르지만, 다시 한 번 말하건대, 이것은 미국의 일이 아니다. 이 '사령부들'은 미국이 힘을 못 쓰게 될 때 세계군대로 바뀔 계획이다. 맨 처음 아프리카사령부를 정당화했던 핑계는 아프리카 나라들에서 '테러리즘과의 싸움'을 조정한다는 것이었다. 이런 거듭되는 변명은 미국과 이스라엘이 꾸며낸 9·11 공격 덕분에 가능했다. 아프리카사령부의 진짜 목적은 아프리카를 차지하는 것과 리비아(알려진 매장량은 470억 배럴), 나이제리아(375억 배럴), 앙골라(135억 배럴), 알제리아(134억 배럴), 수단(68억 배럴)에 있는 석유자원들이다. 우리는 아프리카대륙 전역과 아랍세계의 강간과 약탈을 보고 있다. 미국 군대(혈통들의 군대)는 국민들과 자원들을 움켜쥐려는 계획 아래 온 아프리카대륙에 기지들을 세우려 하고 있다. 리비아와 북아프리카 전역 그리고 중동에서 벌어지고 있는 일의 진실이 이것이다. 오바마는 자신의 눈이 텔레프롬터에서 줄줄이 이어지는 거짓말들을 훑을 때 그것을 안다. 그가 진정으로 세계의 평화와 잔혹한 군사통치의 국가폭력으로부터 무고한 사람들을 보호하기 바란다면 리비아 상공에 비행금지구역을 선포하지는 않았을 것이다. 대신 미국, 영국과 이스라엘이라는 진짜 '악의 축'에 비행금지구역을 설정했을 것이다. 그럴 때 세상은 훨씬 안전한 곳이 될 것이다. 우리는 힐러리 클린턴 국무부장관이 2011년에 아프리카 나라들을 순방했을 때 중국과의 분쟁이라는 시나리오가 갈수록 커져가는 것을 보았다. 클린턴은 중국이 영향력을 확장해가면서 아프리카는 '신식민주의'를 조심해야 한다고 말했다. 이 나라 저 나라를 폭격하고 있는 한 행정부를 대변하는 여성에게서 나온 이런 진술의 뻔뻔함이란 소름끼치는 것이었다. 클린턴은 '새로운' 식민주의를 조심하라는 말을 하고 있었다 (구 버전에 머물러 있으라는 말씀). 아프리카가 엘리트들만을 상대하는 친구들을 경계해야 한다고도 했다. 좋다, 자신을 잘 아니 좋은 일이다. 잘 가요, 힐. 클린턴은 또 다음 10년에 걸쳐 심각해질 중국의 "많은 문제들을 우리는 보기 시작했다"고 했다. 중국이 인터넷을 통제하려는 노력을 그 예로 들었다. 자기 남편은 고국에서 미국이나 UN이 인터넷을 검열할 기관을 세워야 한다

【그림 283】 워싱턴에 있는 앨버트 파이크의 동상

고 목소리를 높이고 있었는데도 말이다. 그의 전략적인 아내는 아프리카에 대놓고 "미국과 민주주의에게서 배울 교훈들이 더 있다"고 했다. 그래, 미국 가까이에는 가지도 말라는 거겠지.

제3차 세계대전

앨버트 파이크Albert Pike는 미국 프리메이슨리의 역사에서 가장 이름난 프리메이슨들 가운데 한 명이고 그의 동상이 워싱턴 D. C.의 경찰본부 바로 옆에 서 있다(그림 283). 그는 KKK단(Ku Klux Klan)의 결성을 도움으로써 평화와 사랑과 조화에 놀라운 기여를 하기도 했다. 고마우셔라, 앨. 파이크는 19세기에 프리메이슨리 스코트 의례의 최상 대지휘자Sovereign Grand Commander였고 일루미나티의 굵직한 공작원이었다. 그는 1871년에 또 다른 악명 높은 일루미나티 이탈리아인 공작원 주세페 마치니Giuseppe Mazzini에게 쓴 편지에서 내가 여기서 밝히고 있는 세계독재국가들을 통해 '세 번의 세계대전으로 세상을 바꿀 것'이라는 말을 했다고 한다. 많은 이들이 그 편지가 가짜였다고 하지만, 사기 아니면 위조라며 묵살한 문서들에 사건들의 흐름이 담겨있는 놀라운 예언이 될 정도로 기묘한 능력이 있다는 점은 대단한 일이다. 편지는 첫 번째 전쟁이 영국제국과 독일제국 사이의 분쟁을 거쳐 러시아 왕정체제를 무너뜨릴 거라고 말한다. 로스차일드 시오니스트의 러시아혁명에 돈을 대고 일을 꾸몄던 세력이 로스차일드가였음을 잊지 않길 바란다. 파이크는 두 번째 전쟁이 팔레스타인에 주권국가인 이스라엘을 세우는 정치적 시오니즘으로 이어질 것이라고 말했다. 그리고 그는 제3차 세계대전을 두고 이렇게 말했다.

제3차 세계대전은 '일루미나티'의 '어젠투agentu'가 만들어낸 정치적 시오니스트들과 이슬람세계의 지도자들 사이의 반목을 이용해서 조장해야 합니다. 전쟁은 이슬람(무슬림 아랍세계)

492

과 정치적 시오니즘(이스라엘)이 함께 공멸하는 방법으로 수행해야 합니다. 한편으로 이 문제를 놓고 더더욱 분열된 다른 나라들은 물리적으로 도덕적으로 영적으로 그리고 경제적으로 완전히 소모할 때까지 싸우게 될 겁니다. …… 우리는 염세주의와 무신론이 팽배하게 할 것이고, 또 그 온갖 참상들 속에서 철저한 무신론의 결과와 야만성과 피비린내 나는 혼란의 근원을 똑똑히 보여줄 어마어마한 사회적 대격변을 일으킬 겁니다.

그러면 어느 곳에서나 소수의 혁명가들로부터 어쩔 수 없이 자신들을 지켜야할 시민들은 그들 문명의 파괴자들을 몰살할 것입니다. 기독교에 환멸을 느끼고 이신론을 가지고서 그 순간부터 방향을 잃고 이상을 갈구하지만, 무엇을 숭배해야할지도 모르는 아주 많은 사람들은 마침내 루시퍼(렙틸리언들)의 순수한 교리가 보편적으로 현현하면서 진정한 빛을 내는 것을 볼 것입니다. 이 현현은 함께 정복되고 소멸되는 기독교와 무신론의 파괴를 뒤따를 전면적인 복고운동의 결과가 될 겁니다.

(출처 : 캐나다 해군 전직 정보장교인 윌리엄 가이 카르William Guy Carr 중령, 《사탄 : 우리 세상의 왕자Satan: Prince of This World》에서 인용)

이 편지에 이슬람과 정치적 시오니즘(이스라엘)이 '함께 공멸'한다고 쓰여 있다. 로스차일드 시오니즘은 대대적인 동정심을 사서 이스라엘을 세울 수 있도록, 유대인들이 독일에서 야만적인 취급을 받았음을 확실히 해주었다. 이제 그들은 또다시 일을 시작하고 있다. 2009년 7월에 러시아 드미트리 메드베데프 대통령과 중국 후진타오 주석이 만일 이스라엘이 이란에 핵공격을 하도록 놔둔다면 "우리의 반응은 세계대전이 될 것이다"라는 '긴급경고'를 미국에 했다는 보도가 나왔다. 세계의 큰 힘들(미국, 유럽, 러시아, 중국)을 쓸어버리고 그 다음에 '다시는 세계대전이 일어나지 않도록' 세계군대와 함께 그들의 중앙집권화된 세계적 독재정치구조를 들여온다는 것이 계획이다. 미국의 독립 저널리스트인 짐 터커Jim Tucker는 수십 년 동안 빌더버그 그룹을 추적해왔고 사람들이 그들의 조작술책들을 눈여겨보게 된 데는 그의 역할이 크다. 여러 해 동안 빌더버그 안의 그의 정보제공자들은 아주 정확했던 것으로 입증되었다. 또 그는 빌더버거들이 2011년 여름 스위스 생모리츠에서 열린 회의에서 '대규모 전쟁'을 주창했다고 말한다. 터커의 정보제공자들은 미국 NSA 국장 키스 알렉산더Keith Alexander가 "세계경제에의 우리 목표를 진척시키려면 여러 나라들이 뛰어드는 대규모 전쟁"이 필요하다는 말을 했고 또 리비아에의 공격을 멈추라는 압력이 '위험한' 수준으로까지 높아지고 있다며 불평했다고 전한다. 로열더치쉘 그룹Royal Dutch Shell의 부회장이자 영국 상원 의원인 존 커John Kerr의 말을 인용한다. "경제침체가 빌더버그를 다루는 보도를 꾸준히 억누를 수 있다. 유럽에는 많은 독립신문들이 있지만, 그들에게는 돈이 없다. 우리는 지금도 좋은 친구인 루퍼트 머독을 찾아갔다." 터커의 정보제공자들은 빌더버그 그룹이 2012년에 세상의 경제침체를 유지해가면서 리비아에서의 전쟁을 중동의 '엄청난 유혈사태'로 확대하고 싶어 한다고 했다. 터커는 빌더버거들이 언론의 눈을 피해 몰래 모임에 참석한 미국 국방부장관 로버트 게이츠의 연설을 들었다고 말했다. 게이츠는 네덜란드, 스페인과 터키에 더 많은 노력을 기울여달라고 요청했고 독일과 폴란드에게는 전쟁에 뛰어들라고 촉구했다. 그는 더 많은 돈과 군대를 투입하지 않으면 유럽 NATO 회원국들의 "집단적인 군사적 노력이 헛된 일이 될 가능성이 아주 높다"고 했다. 런던의 〈파이낸셜 타임스Financial Times〉는 이 연설을 보도하면서 게이츠가 '고위관리들'에게 연설했다고 했다. 짐 터커의 정보제공자들은 어느 빌더버거가 버락 오바마를 두고서 "그는 훌륭한 군인이며 명령들을 따를 것이다"라고 한 말을 인용했다.

이것이 중동과 북아프리카에서 일어나는 사건들의 실상이고, 그 일부는 그 어느 때보다도 눈에 띄게 팽팽해지고 있는 '서구'와 러시아/중국을 잇는 선이 지나는 곳으로 옮겨지고 있다. 사람들은 이 어젠다에 도전하는 일에 참여하기 시작해야 한다. 그렇게 하지 않는다면, 악몽과도 같은 시나리오가 뒤따를 것이다.

494

동일본대지진은 자연재해가 아니다!

이미 알겠지만 지금은 소심한 사람에게 적당한 시간이 아니다. 우리가 마주하고 있는 아주 심각한 도전들이 있는데, 그 하나가 하프HAARP라고 알려진 기술의 잠재력이다. '좌익 급진파'라고 주장하는 영국 의회의 의원 조지 갤러웨이George Galloway는 라디오쇼에 나와서 2011년 3월에 있었던 일본 대지진이 알래스카에 기지가 있는 고주파활성오로라연구프로그램High Frequency Active Auroral Research Program 또는 하프로 일으킨 것이라는 주장을 비웃었다.

갤러웨이의 느닷없는 조롱은 놀랄 일이 아니었다. '전통 좌파'라는 사람들보다 세상의 사건들 배후에 있는 세력들에 대해 더 무지한 사람들은 지구에 거의 없다. 조작되고 별 상관없는 좌-우의 '전쟁터'에 대해 진부한 말들과 상투적인 생각들을 지껄여대기보다는 마음을 열고서 알아야겠다고 마음먹기 전까지는, 인간을 노예로 만드는 구조를 무너뜨리는 일에 그들이 할 일은 아무것도 없을 것이다. 23년 동안 의회의원이었던 갤러웨이 같은 사람들이 하프의 잠재력에 그토록 무지하다는 사실은 그런 사고방식을 가진 사람들이 그들이 믿도록 프로그램된 것에서 벗어나 세상을 있는 그대로 이해하려면 가야 할 길이 얼마나 먼지를 보여준다. 갤러웨이와 또 그와 비슷한 생각을 가진 사람들이 좋은 일을 하나도 하지 않았다는 말이 절대로 아니다. 그는 여러 해 동안 팔레스타인의 참상을 열심히 폭로했었고 이것은 칭송받을 만한 노력이다. 그가 편견을 가진 텔레비전 쇼 진행자들과 미국의 한 상원위원회와 벌였던 언쟁도 마찬가지로 잊을 수 없는 일이었다. 하지만 갤러웨이와 그의 사고방식은 점들을 이어서 그림을 보는 대신 그 점들에 도전하고 있다. 좌파 대 우파라는 정치적 '스펙트럼'은 사람들을 나누고 통치하려고 구축한 것이고, 한편으로 같은 네트워크가 양 '진영들'을 통제하고 돈을 대주면서 정치적인 어젠다들과 그들의 방향을 지시한다. 조지 갤러웨이는 이를테면 마가렛 대처, 존 매케인이나 세라 페일린 같은 사람들과 한 치도 다를 바 없는 졸일 뿐이다. 체스판의 졸들이 다른 색깔을 가지는 것과 같은 식으로 그들은 좌파니 우파니, 급진이니 보수니 하고 불리는 것이지만, 같은 게임에서 같은 값어치를 가진 같은 졸들이다. '좌파'와 '우파'는 둘 다 세상이 이미 지나쳐버린 패권을 위한 의미 없는 전투들에서 서로 싸우느라 그토록 긴 시간을 낭비해버렸다. 이제 '좌파'와 '우파'가 상상할 수 있는 것보다도 정치권 밖에 있는 사람들이 세상의 사건들을 더 깊이 들여다보는 책임을 떠맡으면서 자각은 더 커졌고, 이런 자각으로 우리는 하프의 실상을 보게 된다 (그림 284와 285).

날씨를 조작하고 지진을 일으키고 마음을 조종하는 하프를 가능성 있는 일들의 목록에 덧붙이지 않고서는 세상과 인간의 행동에 일어나고 있는 일

【그림 284-285】 고주파활성오로라연구프로그램(HAARP)

들을 더는 이해할 수가 없다. 하프는 대기권 상층의 전리층이 아주 나쁜 짓을 하도록 조작한다(그림 286). 전리층은 지표에서 60킬로미터쯤 상공에서 시작하여 수백 킬로미터까지 더 뻗어있는 대전(帶電) 영역이다. 이곳은 인간들에게 치명적인 이온화 방사

【그림 286】하프는 지구 위의 생명을 조종하고 에너지 차단막을 만들도록 전리층을 조작하고 있다.

선으로 이루어져 있다. 전리층과 그 아래 성층권은 태양에서 나오는 최악의 과도한 방사로부터 우리를 보호해주는 한편, 오존층은 자외선이 지표면에 닿기 전에 그 대부분을 거른다. 이런 일을 하지 않으면 우리는 새까맣게 구워질 것이다. 오존층은 이미 손상되었고, 이제 그들은 전리층을 망가뜨리고 있다. 조지 겔러웨이가 하프와 일본의 대지진과 해일이 관련이 있다는 주장이 터무니없다며 머리를 가로저을 때, 그는 이 기술이 어떤 일을 할 수 있는지, 그리고 이 기술을 혼란과 파괴와 죽음을 일으키는 데 사용하는 절대적인 순수악의 네트워크가 있음을 전혀 이해하지 못하고 있다는 것을 드러내 보이고 있었다. 알래스카 하프 시설의 건설은 1993년에 시작해서 2007년에 완성했다고 한다. 미 공군, 미 해군, 알래스카대학교, 그리고 미국 국방부의 기술개발분과인 악랄하기 그지없는 국방고등연구계획국(DARPA)에서 자금지원을 받는다. 달리 말해 이것은 군사작전이고, DARPA가 관여하고 있다면 그 어젠다는 인간의 통제와 조종, 그리고 그보다 더한 것에 초점을 두고 있을 것이다. 결국 DARPA는 이런 일을 하도록 만들어졌다. 알래스카에서 보는 것이 하프기술의 모든 것은 아니다. 하프기술은 이보다 훨씬 광범위하고 이 네트워크에 늘 추가되고 있는 온 세계의 다른 시설들과 연결된다. 러시아와 중국 같은 나라들도 이와 비슷한 '연구'를 하지 않을 리가 없

【그림 287】 오바마가 노벨평화상을 받기 전날 밤 노르웨이에 나타난 소용돌이 빛

다. 사실 우리는 러시아 바실수르스크 가까이에 있는 수라 전리층 가열시설Sura Ionospheric Heating Facility에 대해 알고, 온 세계에 그런 시설들은 더 있다. 연구자들은 2009년 12월 벼락 오바마가 노르웨이에서 노벨평화상 수상소감 연설을 하기 전날 밤에 노르웨이 북부 하늘에 나타난 푸른색 소용돌이 빛을 하프기술과 연결된 것이라 보았다(그림 287). 빛은 공중에 멈췄고 그 중심에서 청록색 빛을 쏘기 전에 소용돌이 형태로 움직이기 시작해서 사라지기까지 10~20분 동안 머물렀다. 이 장면은 유튜브에 올라와있다. 이 빛은 유럽비간섭성산란과학협회European Incoherent Scatter Scientific Association(EISCAT) 시설과 아주 가까운 곳에 나타났다. 이것은 '하프 안테나단지'의 하나라고 하는데, 온 세상에 세워지고 있는 하프 관련 시설들이 있다.

이스라엘과 중국 정부는 이런 종류의 기술에 결국 뛰어들게 되어있고, 이것은 사실로 드러난다. 독립적인 미국 과학자 로렌 모레Leuren Moret는 하프와 관련 기술들을 다룬 자세한 연구를 했다. 그녀는 중국, 영국, 스웨덴, 네덜란드, 브라질과 여러 남아메리카 나라들과의 관련성을 확인해준다. 모레는 하프의 정의를 세계적인 자원들이 어디에 있는지를 알아내서(하프는 지구를 '엑스선 사진'처럼 찍을 수 있다) 지구를 약탈하고 제3세계에서 그것들을 빼앗는 일을 하는 '시오니스트/파시스트 제휴'의 일환이라 말한다. 그녀는 이렇게 주장했다. "이것은 다른 군대들과 벌이는 군사적인 전투가 아니다. 그들 국민들을 표적으로 삼는 나라들이다." 정확히 말한 그대로다. 하프와 이어져 있는 굵직한 로스차일드 시오니스트는 '스웨덴 로스차일드가'로 불리는 스웨덴 발렌베리Wallenberg 가문이다. 스웨덴 밖에 있는 대부분의 사람들은 들어보지도 못했을 테지만, 이들은 그물망의 아주 중요한 가닥이다. 이 무리의 한 명인 라울 발렌베리Raoul W.는 헝가리에서 유대인의 탈출을 도왔던 영웅으로 추앙되지만, 사실 그는 그들에게 가짜 여권을 팔아서, 맞다, '팔아서' 부자가 되었다. 혈통들 일부는 스스로를 '유대인답다'고 부를지도 모르지만, 나머지 우리를 경멸하는 만큼이나 그들은 유대인들을 싸잡아 경멸한다. 라울 발렌베리의 누이는 UN 사무총장이었던 코피 아난의 장모인데, 코피 아난은 '유유상종'의 사례가 되어 이 가문에 장가를 들었다. 하프가 순전히 미국의 활동이 아닌 세계적인 것이라는 사실을 확인해준 다른 한 사람은 하프 프로젝트를 개발하는 과학위원회에서 일했던 주도적인 러시아 과학자 로알드 지누로비치 새그데프Roald Zinurovich Sagdeev이다. 새그데프는 러시아우주연구소Space Research Institute(소련판 NASA) 소장이었고 원자력과학과 플라스마물리학의 전문가다. 하프는 '미국의' 마인드컨트롤, 기후조작, 지진유발 기술이 아니다. 이것은 혈통들의 기술이며, 따라서 겉으로의 국적이야 어떻든 간에 혈통에 봉사하는 사람들이 여기에 발 담그고 있다.

하프의 위험성

이제 우리에게는 에너지전쟁, 기상전쟁, 그리고 지질학적 전쟁의 가능성이 있고, 그런 전쟁은 이미 시작됐다. 하프는 지속성 또는 맥동 형태로 대기권 상층 전리층의 특정 지점에 엄청나게 강력한 전자기전파를 쏴서 진동하고 '부풀게' 한다. 하프는 충격지점에서 전리층을 진동하게하고, 그러면 이 공명은 전리층에 일으킨 진동들과 '동조'하거나 함께 공명하게 만든 지표면의 관련 지점과 이어져 지진을 일으킬 수 있다. 전리층의 목표지역과 지상의 목표지역 사이에서 공명하는 이 전자기 '레이저' 빔은 지각을 움직이게 만들 수 있고 그렇게 해서 지진이 일어난다. 당연히 지질학적으로 불안정한 지역에 있는 지점을 목표로 삼는다면 가장 효과적이다. 과학자들은 지진이 전리층과 자기권에 변화를 가져온다는 것을 알아냈는데, 하프는 같은 일을 하고 있지만 그 반대로 한다. 하프는 전리층을 전파발신기로 바꾸고, 땅위의 목표지점이 '수신기'가 된다. 하프가 송신하는 주파수대역이 지진을 일으키는 주파수대역과 같다는 것이 우연의 일치일까. 그 기본 형태에 있어서 모든 것은 진동이고, 만일 지구를 진동적으로 그리고 전자기적으로 왜곡하면 이것은 결국 '물리적'(홀로그램의) 수준에서 왜곡을 가져올 것이다. 하프의 전파와 전리층이 어우러지면 그 힘은 1,000배나 증폭되고, 이것은 36억 와트가 넘는 전기를 만들어낼 수 있다. 전리층에 영향을 줌으로써, 하프는 가장 높은 곳에서부터 지상에 이르기까지 온 대기권에 영향을 줄 수 있다. 전리층의 과학연구를 위해 하프를 세웠다는 것이 공식적인 이야기지만, 이것은 마치 건물들과 사람들에게 주는 폭발의 영향을 연구하려고 크루즈미사일을 개발했다고 말하는 것과도 같다. 하프는 전리층을 조작하고 또 과열되게 하고 있고, 에너지파가 지구로 돌아올 때면 지진, 화산활동, 날씨유형의 변화와 극심한 기상이변들로 나타나는 광범위한 진동적인 왜곡들을 일으킬 수 있다. 다른 많은 것들 가운데서도 하프는 인간의 생각과 지각에도 영향을 미칠 수 있고, 핵무기보다도 더 커다란 폭발을 일으킬 수 있어서 핵무기는 이제 쓸모없어져가고 있다.

1990년대 후반에 유럽의회의 안보와 군비축소에 관한 외교문제 소위원회의 한 보고서는 하프의 실재적이고도 잠재적인 위험들을 강조했다. 이 보고서의 밑바탕이 되었던 청문회에 NATO와 미국의 대표들을 초청했다. 하프가 납세자들의 돈으로 운영되고 또 지구의 모든 이들의 삶에 영향을 미칠 가능성을 가지고 있는데도 그들은 참석을 거부했다. 하프는 사실상 세계적인 군사편제가 통제하고 또 이것은 정치인들과 견제와 균형과 책임의 영역들 너머에서 활동하기 때문에 이들에게는 아무런 책임이 없다. 이 사람들은 명목상으로 누가 정치권력을 쥐고 있는지에 상관없이 자신들 마음대로 행동한다. 하프가 사용되고 있는 방식은 국제조약에 위배된다. 혈통들이 하는 일 대부분은 그들이 다른 모든 이들에게 떠안기는 법들에 위배된다. 우리가 계속 가만히 놔두는 한, 그들은 하고 싶은 대로 할 것이다. 유럽의회의 보고서에는 이렇게 적혀있었다.

환경에 미치는 지대한 영향으로 보아, 하프는 국제적인 관심사이고 우리는 그것의 이로움이 정말로 그 위험들보다 더 많은지를 물어야 한다. 더 이상의 연구와 실험을 하기 전에 환경에의 영향과 윤리적 측면이 면밀히 검토되어야만 한다. 하프는 대중들이 거의 까맣게 알지 못하는 프로젝트이므로, 이 점은 바로잡을 필요가 있다.

이 보고서는 1999년에 쓰였다. 헌신적인 연구자들이 하프와 그것이 할 수 있는 일에 대해 더 많이 인식하게 되었다는 점 말고는 아무것도 바뀐 게 없다. 더 이상의 연구와 실험을 하기 전에 '면밀히 검토된' 것은 아무것도 없었다. 하프를 쓰는 사람들은 인류와 그것이 세상에 주는 결과들을 전적으로 무시하는 가학적인 길을 갔다. 이 보고서에는 대기의 전기속성들이 어마어마한 힘들을 만들어낼 수 있어서 만일 무기로 쓴다면 적에게 엄청난 충격을 줄 것이라고 적혀있다. 또 하프가 재래의 다른 어떤 원천보다도 수백만 배 더 많은 에너지를 어느 정확한 장소에 보낼 수 있다고 했다. 이 에너지는 움직이는 목표물도 겨냥할 수 있는데, 항공기나 새떼가 뚜렷한 이유 없이 하늘에서 떨어진다면 이 점을 떠올려볼 만도 하겠다. 보고서는 다음과 같은 하프의 잠재력을 강조한다. 지구의 날씨패턴을 조작하고(이 기술로는 아주 쉬운 일이다), 내 통신에는 아무런 방해 없이 남의 통신을 방해하며, 석유와 가스와 다른 자원들을 찾기 위해 땅속을 '엑스선 사진'처럼 찍을 수 있다는 것들이다. 혈통들은 자원들이 어디에 있는지 정부들보다도 훨씬 잘 알고 있다. 그곳들은 군사적으로나, 아니면 아이티처럼 꾸며진 지진들의 표적으로 삼아서 그 나라는 거기 있는 줄도 모를 수도 있는 자원 자산들을 차지하게 된다. 아울러 자원의 위치자료는 그들의 석유회사와 다른 기업들과 공유한다. 하프에 다가가지 않고서는 경쟁조차도 할 수가 없다. 하프는 지하의 군사시설들, 지하에 숨은 사람들과 숨겨놓은 무기들의 비축량을 살펴볼 수도 있다. 하프는 1990년대부터 가동돼왔고, 이 점으로 미루어 2003년의 이라크침공을 정당화하려고 거짓말을 했던 '대량살상무기'가 사담 후세인에게 없음을 그들이 알고 있었다는 것이 더더욱 확실해진다. '동굴'에 있는 오사마 빈 라덴을 찾을 수 없었다는 것도 얼마나 웃기는 일인지 모른다. 마음에 새겨두어야 할 하프의 또 다른 잠재력은 실재처럼 보이는 홀로그램 이미지들을 투사할 수 있다는 점이다. 나는 다른 책들에서 '블루빔 프로젝트Project Blue Beam'에 대해 썼는데, 이것은 UFO와 종교의 신적 존재들의 홀로그램 이미지들을 하늘에 투사해서 인간의 지각을 조작하려든다. 마지막장에서 이것을 전체적인 계획에 짜맞춰보도록 하겠다.

필요한 곳에 지진을

【그림 288】 2010년의 아이티 지진

【그림 289】 여기 꼬마들이 온다. 그들은 지진이 일어나자마자 들어올 준비가 되어있었다. 물론 순전히 우연의 일치다.

나는 2010년에 20만 명이 넘는 사람들이 죽은 아이티의 파괴적인 지진을 일으키는 데 하프가 사용되었다고 확신한다(그림 288). 미국 군대가 아이티에 워낙 빨리 들어가서 공항들을 접수했기에 그들이 미리 대기하고 있지 않고서는 있을 수가 없는 일이었다. 지진이 일어나기 전날, 마이애미의 미국 남부사령부에서는 허리케인이 덮치는 경우에 아이티에 구호물자를 제공하는 시나리오를 준비하는 회의들이 있었다. 다음날 지진이 강타했고, 그들은 자신들의 계획을 '가동'하기로 했다. 얼마나 편

502

리한 일인가. 미군이 착륙허가를 내
주지 않아서 아이티에 들어갈 수가
없다는 구호단체들의 불평이 나올
정도로 미군은 곧바로 모든 것을 장
악했다(그림 289). 그런 다음 바로 뒤
이어서 관대함과 공명정대함과 인류
에 대한 공감에 있어서 두 수호자들

【그림 290】클린턴과 부시. 그들은 짓밟힌 인류를 무척
이나 걱정한다.

인 빌 클린턴과 '탈바꿈하는 자' 아들 조지 부시가 여기 나타났다. 두 사람은
'클린턴 부시 아이티 펀드'('구호단체')를 이끌고 또 '아이티의 장기적인 재건
과 구호 노력들을 감독하라'는 오바마의 '임명'을 받았다(그림 290). 아니, 아
이티와 그 주변의 막대한 석유와 다른 자원들의 장기적인 통제와 착취를 감
독하도록. 지진이 일어나기 9개월 전에 빌 클린턴이 아이티의 UN '특사'로
임명된 진짜 이유가 이것이다. 클린턴과 부시는 카메라들이 철수한 다음에
현장에서 사라졌다. 1년이 넘도록 채 5퍼센트도 치우지 못한 잔해들 속에서
아직 시신들이 나오고 있었고, 100만 명쯤의 사람들이 아직 집이 없다. 아이
티는 UN 안정화임무단(MINUSTAH)이 주둔한 군사점령상태로 남아있고, 이
난폭하고 범죄적인 점령군(물론 다 그렇지는 않다)에게 학대받고 강탈당하고
위협받는 아이티 사람들은 이들을 경멸한다. 나는 단층선에 설치한 핵폭발
장치로 지진들이 일어나고 있다는 추론들을 여기저기서 들었는데, 어떤 경
우들은 사실일 수도 있지만 하프를 사용하면 그럴 필요가 없다. 핵폭발장치
는 에너지를 조작해서 엄청난 폭발을 일으킨다. 하프는 어떻게 할까? 전리
층을 거쳐서 막대한 수준의 집중된 에너지를 조작하고 만들어낸다. 집중된
에너지를 사용하는 무기들은 파괴와 살상에 있어서라면 최첨단 기술이다.

지난 몇 년 동안 지진들이 일어나는 즈음에 하늘에서 이상한 빛들과 무지
개 빛깔들이 목격되었고, 이것은 하프의 활동을 보여주는 것이라고들 말한

다. 2010년에 아이티와 칠레의 지진들이 일어나기 전에 하늘에서 보였던 것이 이것이고, 같은 현상들은 2011년 일본을 휩쓴 것을 비롯한 다른 지진들에서도 보고되었다. 하프는 전리층을 가열하고, 따라서 이 꾸며진 지진들이 일어나기 전에 대기를 달군다. 메릴랜드에 있는 NASA 고더드우주비행센터 Goddard Space Flight Center의 디미타르 오주노프Dimitar Ouzounov 연구진이 내놓은 자료는 일본지진이 일어나기 전에 며칠 동안 진원지 바로 위의 전리층이 설명할 길 없이(하프가 아니라면) 빠르게 가열되고 있었다는 점을 확인해준다. 오주노프는 이 발견들을 MIT가 발간하는 〈테크놀로지리뷰Technology Review〉에 발표했다. 이 논설은 그 가열현상이 어쩌면 단층선의 교란에서 방출된 방사성 라돈으로 생겼을 수도 있다는 이론을 세웠지만, 정확히 하프가 전리층에 미치는 영향들을 말해주는 자료도 드러내보였다. 지구자기장의 주파수들을 읽어내는 하프 유도자기계Induction Magnetometer는 지진의 전 단계에서 2.5헤르츠 내외의 초저주파가 꾸준히 있었음을 보여주었다. 자연적인 지진에서 나오는 주파수와 같다. 지진의 진원지 위에 동심원을 그리는 열의 고리들도 있었다. 이들 지진이 일어나는 위치들과 가까운 바다에 미국 해군이 있다는 것 또한 공통된 대목이다. 아이티와 후쿠시마에서도 그랬다. 그 당시 국방부장관이던 윌리엄 코언William Cohen(로스차일드 시오니스트)은 1997년에 군대들이 "전자기파를 사용해서 원거리에서 기후를 바꾸고 지진과 화산폭발을 일으킬 수 있는 환경테러리즘eco-type terrorism에도 관여하고 있다"고 말했다. 맞다, '군대들'은 바로 코언이 수장인 미국의 군대를 말한 것이었다. 일본의 지진과 해일은 '자연'재해로 가장했지만 하프기술을 써서 일어나도록 꾸며졌다. 후쿠시마 원자력발전소에는 보안카메라들과 감지기들로 위장한, 이스라엘의 핵무기프로그램의 본거지에 있는 한 회사가 설치한 작은 핵폭발장치들이 있었다. 그들이 왜 그런 일을 할까? 폭발들은 지금도 계속되는 방사능 방출로 이어졌고, 이것은 다음 장에서 설명할 이유들로 혈통들이 바라는 일이다. 일본이 혈통의 어젠다에 온전히 협조하지 않았었다는

504

징후들도 있다. 그들은 다른 나라들에 있는 내부자들이 기술수단으로 지진을 일으킬 수 있음을 잘 인식하리라는 것을 알고 있고, 또 그 메시지는 "우리에게 아니라고 말하면 어떤 일이 생기는지 보라"는 것이었다. 혈통 네트워크는 원자탄을 개발했고 숨겨진 역사를 보면 그럴 필요나 군사적으로 타당한 이유가 없었던 1945년에 그 두 개를 일본에 떨어뜨렸다. 이것은 핵무기의 파괴력을 보여주고 또 곧이어 올 '냉전'기간(《진실이 자유롭게 하리라》를 보기 바란다) 동안 사람들을 두렵게 하려고 한 일이었다. 혈통들은 하프를 운영하기 오래 전에 이미 지구 대기권과 자기장을 뒤죽박죽으로 만들고 있었다. 하프를 다룬 유럽의회의 보고서는 이것이 군사적 목적을 위한 50년 동안의 집중적인 우주연구와 이어져있다고 하는데, 대기권 상층부와 통신을 통제하려는 속셈이 있었던 '스타워즈'의 일환으로서도 그랬다. 지상에서 대략 7,000~50,000킬로미터에 걸쳐있는 하전 플라스마 방사능대인 밴앨런대에서 있었던 핵실험들도 적혀있다.

1950년대부터 미국은 이 고도에서의 핵무기 폭발로 생기는 전자기펄스가 전파통신과 레이더작동에 미치는 영향들을 조사하려고 밴앨런대에서 핵물질의 폭발실험들을 했다. 이것으로 거의 온 지구를 덮는 새로운 자기방사능대가 생겨났다. 전자들은 자기력선을 따라 이동했고 북극 상공에 인공적인 북극광을 만들어냈다.

이 군사실험들은 오랜 기간 동안 밴앨런대를 쉽게 교란했을 것이다. 지구 자기장은 넓은 지역에 걸쳐 교란될 수도 있고, 이것은 전파통신을 방해할 것이다. 미국 과학자들은 밴앨런대가 정상으로 돌아오는 데는 몇 백 년이 걸릴 수도 있다고 말한다. 하프는 날씨유형의 변화를 가져올 수 있다. 이것은 생태계 전반에, 특히 민감한 남극지역에 영향을 줄 수도 있다.

하프의 또 다른 심각한 영향은 강력한 전파 때문에 전리층에 구멍들이 생기게 한다는 점이다. 전리층은 지구로 들어오는 우주방사선을 막아준다. 구멍들이 다시 채워지기를 바라지만, 우리가 겪는 오존층의 변화는 다른 쪽 방향을 가리킨다. 이것은 우리를 보호해주는 전리층에 상당한 구멍들이 있다는 뜻이다.

미국의(그리고 러시아의) 군대가 밴앨런대에 핵무기들을 터뜨렸다는 사실을 아는 사람이 얼마나 될까? 1950년대와 1960년대에 지구 대기권에서 300메가톤이 넘는 핵폭탄들이 터졌다. 밴앨런대는 이 미치광이들이 끼어들어서 핵폭발로 방사능을 뿜어내면서 그 힘을 수백 배나 늘리기 전에는 아주 약했다. 이것으로 우주선이 밴앨런대를 지나기가 훨씬 더 위험하고 많은 비용이 들게 되었는데, 이 방사능의 영향이란 곧 우주선이 정상상태에서 그래야 하는 것보다 훨씬 더 빨리 이곳을 지나야한다는 뜻이기 때문이다. 이 폭발들은 전에는 없던 새로운 방사선대들을 만들어내기도 했다. 많은 과학자들은 자연계에 미칠 결과들이 두려워서 그 프로젝트를 반대했지만, 어쨌거나 미치광이들은 그것을 했다. 첫 번째 핵실험('트리니티 테스트Trinity Test'로 알려진)은 1945년 맨해튼 프로젝트Manhattan Project가 했고 다른 많은 실험들이 뒤따랐다. 미국 국립암연구소National Cancer Institute가 내놓은 수치들을 보면 암발생률은 1945년부터 해마다 늘어났다. 맨해튼 프로젝트는 제2차 세계대전 동안에 뉴멕시코 주 로스앨러모스국립연구소Los Alamos National Laboratory에서 율리어스 로버트 오펜하이머Julius Robert Oppenheimer(로스차일드 시오니스트)의 주도로 첫 번째 원자탄을 개발했다. 오펜하이머는 '원자탄의 아버지'로 알려진 한편, '수소폭탄의 아버지'라 불렸던 과학자는 에드워드 텔러Edward Teller(로스차일드 시오니스트)였다. 텔러도 맨해튼 프로젝트에서 일했고 그와 수소폭탄을 함께 개발했던 스타니와프 마르친 울람Stanislaw Marcin Ulam도 그랬다. 맨해튼 프로젝트를 함께한 다른 과학자들로는 레오 실라르드Leó Szilárd(로스차일드 시오니스트), 유진 위그너Eugene Wigner(로스차일드 시오니스트), 한스 베테Hans Bethe(로스차일드 시오니스트), 펠릭스 블로흐Felix Bloch(로스차일드 시오니스트), 로버트 서버Robert Serber(로스차일드 시오니스트)가 있다. 그 이름들을 하염없이 댈 수도 있다. 맨해튼 프로젝트는 1939년에 레오 실라르드의 지시로 앨버트 아인슈타인(로스차일드 시오니스트)이 보낸 편지를 받은 플랭클린 루스벨트 대통령(로스차일드 시오니스트)이 승인하고 자금을 댔다. 편지에는 나치가 핵 무기를 개발할지도 모른다는 경고가 들어있었다. 나는 세상에 핵무기들이 있게 한 이 과학자들을 모두 이어주는 주제를 찾아내려고 해봤지만 아직 하 나도 찾아내지 못했다. 더 분발해야겠다.

테슬라의 기술

하프기술의 특허권은 버너드 이스틀런드Bernard J. Eastlund와 여러 과학자들이 신청하고 취득했으며 그들의 고용주인 ARCO 파워테크놀로지사ARCO Power Technologies Inc.(APTI)가 소유했는데, 이 회사는 석유계의 거물 애틀란틱 리치 필드Atlantic Richfield의 자회사다. APTI는 하프시설의 건설을 시작했고 1994년 에 CIA 같은 기관들을 위해 일하는 정보기관 관련 세계적 하청업체인 이시 스템스E-Systems에 특허권과 함께 팔렸다. 하프의 계약과 특허권은 이시스템 스에서 세계최대의 방위산업체이자 일루미나티 기업들의 하나인 레이시언 Raytheon으로, 그리고 마침내는 BAE시스템스 노스아메리카BAE Systems North America(지금은 줄여서 BAE시스템스)로 넘어갔다. 미국 정부는 하프가 철저히 군 의 통제와 국방부의 기술개발부서인 국방고등연구계획국(DARPA)의 감독을 받는데도 그것이 민간연구 프로젝트라고 우긴다. 하프의 특허권과 또 이와 관련된 특허권들에서는 이 기술이 다음과 같은 것들을 할 수 있다고 말한다.

- 전례 없을 만큼의 에너지를 핵무기보다도 훨씬 더 정밀하게 대기권의 특 정 지점들에 보낸다.
- 하프의 통신은 영향 받지 않고서 지구의 통신시스템들을 방해한다.
- 날아오는 미사일들을 막는다.
- 날씨를 조작한다.

- 대기권의 분자구성을 바꿔서 대기를 조작한다.
- 전자기펄스를 사용해서 방사능 없이 핵폭탄 크기의 폭발을 만들어낸다.
- 가시거리외레이더over-the-horizon radar를 쓸 수 있게 한다.

이 기술은 뛰어난 세르비아인(지금의 크로아티아에서 태어났다) 발명가이자 공학자였던 니콜라 테슬라(1856-1943)의 연구를 바탕으로 한다. 테슬라는 오늘날 우리가 아는 전력을 세상에 준 교류전류(AC)와 다른 사람들이 발명한 것으로 인정받는 많은 전력/통신시스템들을 찾아냈다(그림 291). 테슬라는 교류전류에 관한 46개의 기본특허들 가운데 45개를 가졌었고, 16가지의 다른 형태들의 조명을 발명해서 자신의 실험실을 환하게 밝혔다. 테슬라는 시대를 앞서갔고 우주의 전자기적 본질을 이해했다. 버너드 이스틀런드는 하프 특허에서 테슬라를 언급하고 있고, 테슬라는 1940년 〈뉴욕타임스〉의 한 기사에서 자신이 가진 기술의 잠재력을 밝혔다. 이 기사에서는 테슬라가 '텔레포스teleforce'라고 했던 발명을 이야기했는데, 이것은 '어느 누구도 꿈도 못 꾸었을 완전히 새로운 물리학법칙'을 바탕으로 하는 것이었다. 테슬라는 보이지 않는 빔이 400킬로미터의 거리에서 항공기 모터들을 '녹일 수' 있어

【그림 291】 20세기의 천재, 니콜라 테슬라

서, 한 나라의 주변에 보이지 않는 '방어벽'이 둘러질 것이라고 말했다. 텔레포스는 직경이 '1제곱센티미터의 1억분의 1'인 빔으로 작동된다. 굴리엘모 마르코니Guglielmo Marconi가 무선통신을 찾아냈다고 인정받지만, 그는 하프가 사용하는 매개체인 전파를 앞서 이해했던 테슬라의 아이디어를 훔쳤다. 마르코니는 아홉 달 동안 테슬라 밑에서 일했고 기술정보를 모조리 훔쳐갔다. 미국 대법원은 마르코니가 테슬라의 특허들 14개를 훔쳤다는 판결을 내렸다. 테슬라는 오늘

날 우리가 레이더라고 부르는 물체를 찾아내거나 추적하는 기술, 그리고 땅속에 있는 것을 '꿰뚫어볼 수 있는' 기술의 잠재력을 알았다. 테슬라는 모든 사람이 쓸 수 있는 공짜 전기를 만들기 시작했고 이것은 지금도 완벽하게 할 수 있는 일이지만, 사람들이 요금을 치러야하는 혈통의 에너지기업들에 매달리도록 억압되고 있다. 우주에는 전기가 가득하지 않는가. 왜 우리가 지구를 약탈해야 하는가? 그럴 필요가 없다. 테슬라는 자신이 찾아낸 에너지 원칙들이 가진 군사적 가능성도 보았다. 그는 자신의 송신기가 1,000억 와트에 이르는 전류와 함께 1억 볼트 전압을 만들어낼 수 있고, 또 무선주파수가 2메가헤르츠에서 공명한다면 여기서 나오는 에너지는 TNT 10메가톤과 맞먹을 것이라고 했다. 하프가 지진을 일으킬 수 없다? 또 하프가 날씨를 조작할 수도 없고 무기로도 쓸 수 없다고? 테슬라는 한 실험에서 그가 있던 건물과 이웃 건물들이 격렬하게 흔들리는 인공지진을 일으켰다. 수많은 창문들이 부서지고 나서야 테슬라는 스위치를 끌 수 있었다. 1935년에 〈뉴욕아메리칸New York American〉지는 '테슬라의 인공지진'이라는 제목의 기사를 실었고 여기서 그는 지구에 공명파를 송신하는 것의 영향을 말했다.

규칙적인 진동들은 에너지를 거의 잃지 않고 지구를 통과한다. …… 기계적인 영향들을 지상의 엄청난 거리까지 보내고 온갖 독특한 결과들을 만들어내는 일이 가능하게 된다. …… 이 발명은 전쟁에서 파괴적인 영향을 주는 데 쓸 수 있다.

테슬라는 자기가 '지구를 사과처럼 쪼갤' 기술을 가졌다고 했고, 그가 1943년에 죽었다는 점을 생각하면 정신이 번쩍 든다. 지금쯤이면 어떤 일을 할 수 있을까? 러시아와 중국에는 핵무기보다도 더 큰 힘을 가진 이 기술이 있고, 이스라엘도 미국을 통제하는 로스차일드가를 거쳐 이 기술을 가졌다. 이 기술을 하프라고 부르고, 정부의 한 내부자가 말했듯이 하프는 지구를 뒤집어버릴 만큼 충분한 힘을 보낼 수 있다. 인간의 최첨단 기술이 가진 잠재력을 보면, 근본적으로 더 앞선 기술을 가진 렙틸리언 동맹이 앞에서 말했던 대격변들을 어떻게 일으켰고 또 토성을 장악할 수 있었는지를 쉽게 헤아릴 수 있다.

날씨는 조작되고 있다

테슬라는 수백 곳의 산불을 내고 두 개 주의 전력망이 나가게 해버린 극심한 벼락을 동반한 폭풍들을 인공적으로 만들어낼 수 있었다. 하프가 날씨를 조작할 수 있다고 생각해보았는가? 당연히 그럴 수 있다. 그들은 수십 년 동안 바로 그렇게 해오고 있다. 먼저 초창기에는 비가 내리도록 구름씨를 뿌렸고, 이제는 만들어진 가뭄, 극심하고 멈추지 않는 비와 눈 폭풍, 토네이도, 허리케인처럼 그들이 선택하는 거의 어떤 것이라도 일으키고 있다. 아메리카 원주민들과 여러 부족집단들은 레인 댄스 같은 방법들로 날씨를 바꿨는데 그들은 비구름을 형성하는 전자기장을 만들어내고 있던 것이다. 날씨란 서로 다른 주파수들에 진동하는 에너지일 뿐이어서, 그 주파수들을 발생시킨다면 그것에 맞는 날씨를 만들 수 있다. 더할 나위 없이 단순하다. 〈월스트리트저널〉은 '일레이트 인텔리전트 테크놀로지Elate Intelligent Technologies Inc.'라는 러시아회사가 '맞춤형 날씨'라는 슬로건을 걸고서 날씨를 조절하는 장치를 팔고 있다고 보도했다. 회사의 임원인 이고르 피로고프Igor Pirogoff는 이 기술로 1992년의 파괴적인 앤드류 허리케인을 '비실비실한 작은 돌풍'으로 바꿔놓았다고 했다. 맞다, 그리고 오늘날 쓸 수 있는 날씨를 바꾸는 기술, 특히 하프를 가지고 그 반대로 할 수도 있다. 날씨의 조작은 40년 전의 UN 환경변경기술의 군사적 또는 다른 적대적 사용금지협약(ENMOD)으로 국제법의 적용을 받는다. 설마 그들이 있을 수 없다고 생각하는 것을 법으로 금지했을까? 날씨는 언제나 조작되고 있고, 로스차일드 시오니스트들이 깊이 손을 대고 있다. 언젠가 이스라엘 과학자들이 구름씨를 뿌리는 데 치명적인 대장균을 사용하자고 제안했던 것은 그것이 따뜻한 날씨에서 작용했고 다른 대안들은 그렇지 않았던 까닭이었다. 아주 많은 수의 미친 교수들이 있고 그들은 비밀스럽게 그리 했을 법도 하다. 그들은 그 정도로 미쳤다. 밴앨런대에서 핵무기를 터뜨리고 전리층에 구멍을 내는데 대장균이 뭐 그리 대수겠는가? 혈통이 세상에서 벌이고 있는 일에서 하프는 지금 없어서는 안 될 톱니바퀴로 쓰이고 있다. 예를 하나 들면, 그들은 날씨를 조작하고서 그것을 '기후변화'의 탓으로 돌린다. 앨 고어는 자신의 새빨간 거짓말을 팔려고 가뭄, 홍수, 산불 같은 기상이변을 들먹였는데 이것들 모두가 하프로 손쉽게 만들어낼 수 있다. 테슬라는 지난 세기의 전반에 그의 기술로 수백 곳에 산불을 냈다.

혈통들은 파키스탄을 뒤흔들고 장악하기를 바라는데, 2010년에 유례없이 엄청난 홍수가 이 나라를 덮쳤다. 5분의 1쯤의 국토가 잠겼고 2,000만 명 정도의 사람들이 집과 생계수단을 잃었다. 사망자는 2,000명이었다. 2011년 미국 중서부에서 미시시피와 미주리 강을 기록적인 수위로 범람하게 한 폭우와 함께 이 강들의 수원인 산들에 폭설이 내리면서 이 지역을 여러 개의 끔찍한 토네이도들이 휩쓸었던 일에도 온통 하프의 흔적이 있었다. 전에는 본적이 없었던 규모의 토네이도가 미국의 중서부와 북동부를 덮쳤다. 이는 4월 25일과 28일 사이에 300명이 넘게 죽은 300개의 토네이도들과 함께 '슈퍼 토네이도'로 알려졌다. 어느 시점에서는 24시간 안에 118개의 토네이도가 생기기도 했다. 그들이 하프시설의 효과에 배꼽잡고 웃고 있었다는 데건다. 재미있었을 것이다. 그 시간 하프의 웹사이트 자료를 보면 그것이 작동하고 있었고, 날씨에 미치는 하프의 영향을 추적하던 사람들은 폭풍과 토네이도들을 정확하게 예측하고 있었다. 토네이도들은 빠르게 회전하는 전자기장으로 생기고 허리케인들의 경우도 마찬가지다. 하프기술이 이것들을 만들어내는 일은 애들 장난일 뿐이다. 뉴올리언스에 허리케인을 보내고, 제방에 구멍을 뚫어버릴 폭발장치를 준비하라. 그러면 그 도시는 당신 차지다. 혈통의 또 하나의 표적은 일루미나티 기업들을 위해 일하지 않는 모든 농부들이다. 나는 범람한 미주리와 미시시피 강이 기록적인 양의 물을 바다로 나르고 있을 때 이 글을 쓰고 있다. 농지는 침수되고 있고, 제방은 강 하류의 사람들을 보호하려고 파괴했다(어쨌든 그들은 우리에게 그렇게 말하고 있다). 그 결과로 작물을 키우는 드넓은 지역들이 침수되었고, 이 와중에 기업농이 아닌 농부들의 삶의 터전과 지역사회들도 함께 쓸려갔다. 그러고서 연방정부는 이 농부들에게 육군공병단을 통해 그들의 땅을 사겠다고 제안하는 편지를 보냈다. 강 하류의 사람들을 보호한답시고 농토와 지역사회들을 범람시키려고 제방을 폭파했던 같은 공병단이다. 이것은 사람들의 땅을 빼앗으려는 사기였을 뿐이다. 조지 소로스(로스차일드 시오니스트)는 미국과 오스트레일리아에서 가빌론Gavilon이라는 회사를 통해 농지와 곡물저장회사들을 사들이는 데 광분하기 시작했다. 식량공급의 통제는 혈통의 '필수품'이고, 그들은 아프리카와 다른 여러 곳에 기아를 가져왔듯이 서구에서의 식량부족을 꾸미려고 한다. 날씨의 조절은 식량의 조절이다. 하프가 날씨에 미치는 또 하나의 잠재적인 영향은 고기압이나 저기압의 자연스런 동서경로를 바꿔서 그것이 목표지역들로 가도록 제트기류를 조작하는 것이다. 제트기류는 지구의 회전과 대기의 가열로 형성된다고 우리는 알고 있다.

하프는 지구자기장을 심각하게 교란할 수 있고, 그것이 불안정해지고 있다는 많은 조짐들을 보여주고 있다. 영국의 〈인디펜던트The Independent〉지는 자북극이 "인류역사상 그 어느 때보다도 빠르게 이동하고 있어서 현대 운송체계의 안전성에서부터 이동 동물들의 기존 경로까지 모든 것들을 위협하고 있다"고 보도했다. 자북은 두 세기 동안 캐나다 엘즈미어 섬의 얼어붙은 야생지에 있었지만, 이제는 러시아 쪽으로 1년에 64킬로미터의 속도로 옮겨가고 있으며, 그 속도도 지난 10년 동안 3분의 1이 빨라졌다. 이것은 나침반을 5년마다 1도 가량 왜곡하고 있고, 이 때문에 미국 연방항공국은 활주로 코드를 항공기의 계기들과 일치하도록 5년마다 다시 수치를 구해야 한다. 과학자들, 그리고 많은 사람들은 이 모든 일이 자극의 '뒤집힘' 또는 역전현상의 전주곡일 수도 있다고 짐작하는데, 이것은 지난 500만 년 동안 가장 긴 안정기였다고 믿는 기간의 시작인 대략 780,000년 전에 마지막으로 생겼던 것으로 계산된다. 이 일은 자연현상일 수도 있겠지만, 그렇지 않을 수도 있다. 우리는 모두 자기장의 속성으로 어느 정도는 동기화되어있지만, 동물세계, 특히

【그림 292】 바다생물과 새들의 떼죽음은 하프의 결과일 수 있다.

고래, 돌고래, 조류 등 자기장과의 상호작용에 이끌리는 방향안테나를 가진 생명들은 더더욱 그렇다. 항공기가 옳은 항로를 유지하도록 활주로 코드를 바꿔야 한다면, 분명히 동물들도 자기들의 '내비게이션'을 다시 프로그램하지 않으면 여기에 영향 받을 것이다. 수많은 고래, 돌고래들이 해마다 온 세상의 해안에 밀려와 꼼짝 못하는 채로 발견된다. 미국의 케이프 코드와 뉴질랜드 해변이 가장 흔한 곳들이다. 뉴질랜드 남섬에 밀려와 갇혀 죽은 107마리의 둥근머리돌고래들이 하나의 사례다. 훨씬 더 수수께끼 같은 일은 캘리포니아 항구에서 발견된 새들과 수백만 마리의 물고기들을 포함한 바다생물들의 떼죽음이다(그림 292). 새와 바다생물들의 설명하지 못한 다른 사례들은 다음과 같다.

- 루이지애나 주 배턴루지의 도로 위에서 발견된 450마리의 붉은깃찌르레기새, 갈색머리흑조, 찌르레기들
- 아칸소 주 비브의 집 지붕과 도로의 찌르레기 3,000마리
- 잉글랜드 타넷 근처 켄트 해안에 밀려온 수천 마리의 '데블크랩devil crabs'
- 아칸소 강가에서 32킬로미터의 띠를 이루어 죽은 수천 마리의 민어들
- 메릴랜드 주 체사피크 만에서 죽은 수만 마리의 작은 물고기들
- 플로리다 만에서 죽은 채로 떠서 발견된 수천 마리의 물고기들
- 뉴질랜드에서 죽은 채로 발견된 도미들
- 텍사스의 고속도로 교량에서 죽은 채로 발견된 많은 미국검둥오리들

어떤 경우들은 다른 설명들이 있겠지만, 나는 이 떼죽음의 사례들 대부분에는 한 가지 공통요인이 있다고 확신한다. 하늘에서 떨어진 수천 마리의 새들과 어림잡아 10만 마리의 물고기들이 같은 때 아칸소의 같은 지리적 지역에서 죽었으므로, 이 사건들을 모두(또는 어쨌든 그 다수를) 연결하는 요인이 있다. 이 요인이 하프일 가능성이 아주 높다.

마인드컨트롤

하프에는 세계인구의 마음을 집단으로 조종하는 잠재력이 있다. 인간의 뇌는 특정 주파수들에서 활동하고 만일 그 주파수들에 정보를 보내면 뇌는 그것을 그 사람의 생각과 지각들로 해독할 것이다. 하프의 생각과 지각들이 인간의 생각과 지각들로 될 것이다. 몇 가지 새 소식이 있다. 하프는 인간의 뇌와 같은 주파수대역으로 정보를 보낼 수 있다. 이 대역을 극저주파(ELF)라고 한다. 모든 생각과 감정에는 그것만의 주파수가 있다. 미국의 의학/초심리학 연구자인 안드리아 푸하리히Andrija Puharich 박사는 거의 60년 전에 영능력자들이 '연결'되어 있을 때 특정 주파수(8헤르츠)를 보이는가 하면, 10.8헤르츠의 주파수는 '소란행동'을 낳고 6.6헤르츠는 사람들을 우울하게 한다고 발표했다. 그는 주파수들을 이용해서 DNA를 바꾸기도 했는데, 이것은 하프의 또 다른 목표다. 적군의 마음과 감정을 조작해서 전투를 포기하고 항복하게 하는 기술은 오랫동안 사용해왔지만, 하프는 이런 일을 세상에 할 수 있는 잠재력을 가졌다. 이 정신병자들은 인간 감정의 파장을 기록하고 그것들을 일종의 '감정라이브러리Emotion Library'에 저장해서 어떤 목표에 보내고 또 그런 감정들을 개인적으로나 집단적으로나 자극해왔다. 이를테면 "내게는 아무런 힘이 없어", "다 희망이 없어, 그냥 항복할래" 같은 것들이다. 캐나다 국무부의 기술전문가이자 지구청정에너지협회Planetary Association for Clean Energy(PACE)의 회장 앤드류 미크로우스키Andrew Michrowski 박사는 목표가 되는 사람의 뇌에 거의 어떤 것이라도 심어 넣을 수 있고 이렇게 심은 내용은

'생명체계'가 내부에서 만들어진 자료/결과들로 처리할 것이라고 오래 전에 썼다. "낱말들, 글귀들, 심상들, 느낌들, 감정들이 곧바로 심어지고 생물학적 목표물은 그것을 내적인 상태들, 부호들, 감정들, 생각들과 아이디어들로 경험할 수 있다." 바깥의 한 주파수가 뇌의 활동과 동기화되고 나면 그것은 뇌의 주파수를 바꿀 수 있고, 따라서 뇌파패턴들도 바꾸게 된다. 이것은 '동조entrainment'로 알려져 있다. 뇌파의 주파수들이 바뀌면 뇌의 화학구조, 생각들, 감정들과 지각들도 모두 바뀐다. 이와 비슷한 일이 토성-달 매트릭스를 거쳐 오랜 세월동안 인류에게 저질러져 왔지만, 이제 그들은 마지막 장에서 다룰 이유들 때문에 지상의 기술을 이용해서 이 집단적인 지각통제시스템의 힘을 늘려야만 한다. 미국, 러시아, 영국, 중국 같은 나라들의 비밀프로젝트들은 70년이 넘도록 인간의 뇌를 밖에서 조종하는 법을 연구하고실험해왔다. 이것은 남들을 조종하는 데 집착하는 사람들의 궁극적인 꿈이다. 소련이 미국에 송출한 마음을 조종하는 메시지들은 1970년대에 공개적으로 드러났다. 이것은 되풀이해서 두드리는 소리처럼 들렸기 때문에 '우드페커Woodpecker' 신호로 알려졌다. 우드페커는 모스크바의 미국대사관에 극초단파를 쏘아대는 일을 포함하는 러시아의 초기실험을 확대한 것이었다. 〈로스앤젤레스 타임스〉는 미국 대사가 직원들에게 이것이 정서와 행동의문제들과 백혈병과 암 같은 심각한 질병을 일으킬 수 있다는 말을 했다고 보도했다. 이 일의 피해자가 된 대사들인 찰스 볼렌Charles Bohlen과 르웰린 톰슨Llewellyn Thompson은 둘 다 암으로 죽었고, 1976년에 〈보스턴 글로브The Boston Globe〉는 월터 스토슬Walter Stoessel 대사가 희귀한 혈액질환에 시달리고 있으며 눈에서 피를 흘리고 두통으로 고통 받는다고 보도했다. 미국의 정보기관은 여러 해 동안 이 극초단파공격을 알고 있었지만 대사관의 누구에게도 이야기하지 않았다. 그들은 결과들을 지켜봄으로써 스스로 그것을 하나의 실험으로 이용하고 싶어 했다. 이것이 세상을 움직이는 사고방식이다. 여러번 강조했듯이 여기에는 어쨌거나 '내 편, 네 편'이 없다. 혈통들은 모든 나라들을 조종하고 있어서 그들에게 세상은 하나의 나라다. 그렇지 않다면 미국에 신호들을 송출하는 데 쓰이리라는 것을 뻔히 알면서도 1977년에 미국 정부당국이 소련에 40톤의 '슈퍼마그넷'을 팔아넘긴 일은 해괴하기 짝이 없는 일이 된다. 미국의 정보기관, 군대와 정부가 우드페커 신호를 가능하게 만든 기술을 건네준 것이다. '냉전'이라는 연막작전이 여전히 진행되고 있는 동안에도 심지어 그들은 그것을 설치하도록 과학자들도 보냈다. 우드페커는 그들이 지금 가진 하프기술로 이어진 혈통의 실험이었다. 존 알렉산더 John B. Alexander 중령은 1980년에 미 육군 지휘참모대학의 공식발행물인 〈군사비평Military Review〉에 우드페커를 다룬 글을 썼다.

적에게 영향을 주도록 고안된 (소련의) 마음을 바꾸는 기술들은 아주 진보했다. 여기에 채택된 과정들에는 시야, 냄새, 온도, 전자기에너지, 또는 감각상실에 영향을 주는 심리전 무기들을 써서 인간의 행동을 조종하는 것이 있다. …… 행동조종을 연구하는 소련 연구자들은 인간에 미치는 전자기방사의 효과들도 연구했고 이 기술들을 모스크바의 미국대사관에게 적용했다. …… 연구자들은 어떤 저주파(ELF) 방사가 향정신성의 특성들을 가진다는 것을 보여준다. 이런 전송파들은 표적인구에게 우울증이나 과민성을 일으키는 데 사용할 수 있다. 대규모의 행동수정 ELF를 응용하면 끔찍한 영향을 가져올 수 있다.

이것이 하프가 세계적 규모로 할 수 있는(또는 그 이상으로 할 수 있는) 일이다. 나는 다른 책들에 마인드컨트롤의 역사와 이 '연구'가 미국, 영국, 독일과 그 밖의 곳들에서 아이들과 성인들에게 저질렀던 참상들을 아주 자세하게 썼다. 두뇌 활동을 바깥에서 철저히 통제할 수 있게 해주는 기술들이 개발되었고, 하프는 사람들이 자신의 생각, 믿음, 감정들로 해독할 정보들을 인간의 뇌 주파수들에 보내도록 설계되었다. 이것은 세계 인구에게 마이크로칩을 심으려는 계획의 중요한 부분이다. 그들은 칩에 정보를 보내서 정신적 정서적으로 조종하고 멀리서 암살도 할 수 있게 된다. 이 모든 일들의 뒤에 있는 사람들의 비열한 본성은 CIA에서 일했던 가장 잘 알려진 마인드컨트롤 연구자들의 한 명인 예일대학교 생리학교수 호세 델가도Jose Delgado 박사에게서 똑똑히 보인다. 이 사람은 행동을 조종하는 데 쓰는 전자 주입장치 개발에 특히 관심이 있었다. 델가도는 1969년에 보고서 한 편을 내놓았고, 같은 의견이 1974년의 의회의사록에 나타났다. 우리가 막지 않는다면 온 인류에게 저질러진 계획이 무엇인지를 이해하려면 이 글을 천천히 읽어볼 만하다.

우리 사회를 정치적으로 조종하는 데는 정신외과의 프로그램이 필요하다. 마음을 물리적으로 조종하는 것이 그 목적이다. 정해진 규준에서 벗어나는 모든 사람들은 외과적으로 불구로 만들 수 있다. 개개의 사람들은 가장 중요한 현실이 자신의 존재라고 생각할지도 모르겠지만, 이것은 그 사람의 개인적인 시각일 뿐이다. 여기에는 역사적인 관점이 결여되어 있다. 사람에게는 자신의 마음을 발전시킬 권리가 없다. 이런 종류의 진보적인 지향에는 큰 매력이 있다. 우리는 전기적으로 뇌를 조종해야 한다. 언젠가는 군인들과 장군들은 뇌의 전기자극으로 조종될 것이다.

델가도는 미쳤고 완전히 머리가 돌았지만, 지금 하프에 관여하고 있는 해군연구소Office of Naval Research의 자금으로 CIA에서 동물들과 사람들에게 끔찍한 실험들을 했다. 〈뉴욕타임스〉는 1965년에 델가도의 실험들을 실었고 황소에게 준 영향을 묘사했다.

오후의 햇살이 높은 나무 담장을 넘어 경기장 안으로 쏟아졌고, 거친 황소가 아무런 무기도 없는 '투우사'에게 달려들었다. 싸움소와 한 번도 마주해본 적이 없는 과학자였다. 하지만 돌진하는 소의 뿔은 붉은 망토 뒤의 남자에게 닿지 못했다.

그 일이 막 일어나려는 순간, 그 과학자 호세 델가도 박사는 손에 쥔 작은 송신기의 단추를 눌렀고 소는 갑자기 멈춰 섰다. 이번에는 다른 단추를 누르자 고분고분히 오른쪽으로 몸을 틀더니 종종걸음으로 멀어졌다. 황소는 전날 아무런 통증 없이 가는 전선이 심어진 뇌의 어떤 부분에서 오는 전기자극(무선 신호들에 따른)에 의한 명령을 따르고 있었다.

델가도는 인간들에게도 비슷한 실험들을 했었다고 말했지만, 체포되기는커녕 여기 필요한 모든 자금을 받았다. 《멋진 신세계》의 저자이자 내부자였던 올더스 헉슬리는 '노예상태를 좋아하도록' 조종 받는 사람들을 이야기했고, 이것은 하프와 마인드컨트롤 어젠다의 또 다른 일면이다. 그러나 이것은 그들의 노예상태를 좋아하는 '의식을 가진 사람들'의 경우에 대한 것이 아니라, 그런 현실감을 해독하도록 바깥에서 프로그램되고 있는 인간 몸-컴퓨터를 말하는 것이다. 영국 레딩대학교의 인공두뇌학 교수 케빈 워윅Kevin Warwick은 "어떤 기계가 당신을 온전히 행복하게 해주는 신호들을 전해주고 있다면, 그 매트릭스의 일부가 되지 않을 이유가 무엇이겠는가?"라는 말을 했다. 워윅은 스스로 마이크로칩을 심고서 이것이 아주 훌륭한 생각이라고 홍보하는 인물로 가장 잘 알려졌다. 만일 워윅이 칩이 할 수 있는 일을 보여주는 하나의 사례라고 했을 때, 그게 그거라면 나는 하지 않으련다. 나는 마이크로칩이나 이 어처구니없는 학자가 제안하는 다른 무엇보다도 내 영혼을 더 선호한다. 델가도 시절에 또 다른 미친 CIA 요원으로 아이보르 브라우닝Ivor Browning 박사가 있다. 그는 당나귀의 시상하부 또는 뇌의 '쾌락중추'에 전파수신기를 붙였다. 당나귀가 산을 올랐다가 돌아오도록 밖에서 지시했는데, 당나귀가 옳은 길을 선택할 때는 '쾌락중추'를 자극했고 옆길로 샐 때면 스위치를 꺼버렸다. '쾌감'이 멈추면 당나귀는 '쾌감'이 돌아올 때까지 방향을 바꿨다. 인간에게 하려는 계획이 이것이고, 하프는 이 일의 중심에 있다. 모든 방송을 디지털로 바꾸려는 경쟁 또한 대대적인 지각의 조종과 이어져있다. 이것의 목표는 파형수준을 넘어서 경험되는 홀로그램 현실에 훨씬 더 가까운 현실의 디지털수준에서 해독과정을 해킹하는 것이다. 또 하나

518

의 수단은 극초단파(UHF)를 거치는 것으로, 이것은 무의식마음을 거쳐 지각에 다가갈 수 있다. '디지털화'는 이 대역을 풀어놓고 있다. 미국 국방부도 무음확산대역Silent Sound Spread Spectrum(SSSS)이라는 이름으로 이 기술의 배후에 있고, 내가 설명하고 있는 기술들과 함께 디지털방송을 그 '전달체계'로 이용할 계획을 가지고 있을 가능성이 아주 높다.

스마트그리드는 마인드그리드

지금쯤 세계적으로 조직된 엄청난 규모의 음모가 있다는 사실을 확인하고 싶다면 나는 '스마트그리드Smart Grid'를 보여주겠다. 이것은 가정에 전기와 정보를 제공할 세계적인 망을 설치하는 것으로 이미 실행되고 있는 계획이다. 지지자들은 이것을 '발전설비에서 수요자까지 최적의 방식으로 전기를 공급하는 지능형 디지털화 에너지망'과 '기존 전력시스템에 정보, 전기통신과 전력기술을 통합한다'와 같은 그들의 전체주의적 용어로 설명한다. 여기에는 가정에 인터넷, HD 비디오, 디지털 음악과 다양한 부가서비스들(다른 말로 하면 정보들)을 배포하는 '전력연합(카르텔)'인 홈플러그HomePlug라는 관련 업체도 있다. '스마트그리드'를 권유하는 다음의 너저분한 글들을 살펴보고서 이 기술을 도입하고 있는 진짜 이유를 말해주겠다.

- 디지털 정보의 이용을 늘리고 신뢰도, 보안성과 전력망의 효율을 높이는 기술을 제어.
- 완벽한 사이버보안과 함께 전력망의 운영과 자원들의 역동적인 최적화.
- 재생가능 자원들을 비롯한 분산된 자원들과 발전원의 효율적 이용과 통합.
- 수요대응, 수요자중심 자원들, 그리고 에너지효율성 자원들의 개발과 결합.
- 사용량 계량, 전력망 가동과 상태에 관한 통신, 그리고 분배의 자동화를 위한 '스마트' 기술들(가전기기와 소비자 전자장치들을 최적화하는 실시간의, 자동화된, 양방향 기술들)의 효율적 이용.

- '스마트' 가전기기와 소비자 전자장치들의 통합.
- 전기차, 하이브리드 전기차와 축열식 에어컨을 비롯한, 첨단 전력저장과 첨두부하삭감peak shaving 기술들의 효율적 이용과 통합.
- 수요자들에게 시기적절한 정보와 제어방안들을 제공.
- 전력망 기반시설을 비롯한 전력망에 연결된 가전기기들과 장치의 통신과 상호운용성을 위한 표준들의 개발.
- 스마트그리드 기술, 관례, 서비스를 채택하는 데 불합리하거나 불필요한 장애물들을 찾아내서 약화시킴.

맙소사, 전체주의는 말도 마시라. 이 사람들은 심지어 로봇처럼 이야기한다. 마지막 줄을 눈여겨보기 바란다. '스마트그리드 기술, 관례, 서비스를 채택하는 데 불합리하거나 불필요한 장애물들을 찾아내서 약화시킴.' 이것을 전체주의자의 입으로 번역하면 이렇다. "우리가 도입하는 것을 가로막거나 받아들이지 않는 주체나 사람을 찾아내서 필요한 조치를 한다. 당신이 좋아하거나 말거나 당신은 그걸 가졌기 때문이다." 글쎄다, 우리는 그것을 '가지면' 안 된다. 우리는 지금부터 어떻게 해서라도 그것을 '가지려' 해서도 안 된다. 그들은 모든 나라에서 모든 사람들이 이 전력망에 이어지는 세계적인 망을 만들려고 한다. 전기시스템들은 정보를 실어 나를 수 있고, 이 망들은 당

【그림 293】 '녹색' 전구로 위장한 스마트그리드의 정보송신기

신의 뇌에 정보를 심는 전기와 전자기를 이용해서 당신의 집에 마인드컨트롤 프로그램을 보내려고 고안된 것이다. 전 세계에서 갈수록 법으로 강제하고 있는 새로운 '에너지 절약' 전구들은 이 시스템의 일부다. 이 전구들은 정보송신기 역할을 하도록 만들어진다. 그것들은 꼭 송신기처럼 보이기까지 한다(그림 293). 미친 소리라고? 자, 잠깐만. 원자력공

학 전문가인 로버트 베크Robert Beck 박사는 ELF 방사 전문가인 캐나다 로렌시안대학교의 마이클 퍼싱어Michael A. Persinger 박사와 과학연구논문을 공동 집필했는데, 전자기 마인드컨트롤의 잠재력을 연구한 내용이었다. 베크 박사는 사이코트로닉스협회Psychotronics Association에서 어떤 ELF장의 패턴들에 노출된 실험참가자가 불편함, 우울함과 불길한 예감의 느낌을 호소했다고 말했다. 그는 러시아의 우드페커 신호를 측정했고 그것이 인간의 정신활동에 곧바로 파고들어 큰 영향을 준다는 사실을 찾아냈다고 말했다. 그는 이렇게 덧붙였다. "그 신호는 미국의 전력망에 스며들고 있었고, 전력선이 그 신호를 포착해서 다시 방사하고 있었으며, 집집마다의 조명기구로 들어가고 있었다." 베크 박사가 이 말을 한 것은 1979년이었고, 우리는 지금 우드페커보다도 훨씬 강력한 서브리미널 메시지들을 건넬 스마트그리드를 받아들이라는 말을 듣고 있다. 이 전기적인 전기통신시스템이 '에너지절약' 전구 송신기들을 거쳐 그런 일을 하도록 특별히 설계되었기 때문이다. 세계적인 관리/기술 컨설팅회사인 액센츄어Accenture가 스마트그리트의 보급에 아주 깊이 관여하고 있다. 액센튜어의 사장 마크 스펠만Mark Spelman은 스마트그리드가 '미래의 에너지인터넷'이라고 말했다. 스마트그리드는 사실 인간의 지각을 조작하고 프로그램하는 데 목적을 둔 무선정보인터넷의 다른 형태다. 송신기 전구들과 '에너지효율이 높은' 스마트그리드를 거쳐 인간의 노예화를 정당화하는 데 기후변화라는 거짓말을 또 다시 써먹고 있다. 이 시스템은 또한 정부당국이 당신의 에너지 이용을 시시각각 모니터하고 마음만 먹으면 난방을 줄이거나 끌 수 있게 한다. 퍼시픽 노스웨스트 국립연구소Pacific Northwest National Laboratory(미국 에너지부 관할)는 이 기술이 어떻게 작동하는지를 설명했다.

제어장치는 본질적으로 가정의 식기세척기, 세탁기, 드라이어, 냉장고, 에어컨, 온수기 같은 일반 가전기기에 장착할 수 있는 간단한 컴퓨터칩이다. 전력망에 혼란이 있을 때 칩은 이것을 감지하고 몇 초 또는 몇 분 동안 가전기기들을 꺼서 전력망이 안정되게 한다. 제어장치는 가전기기들의 재가동을 늦추도록 프로그램할 수도 있다. 이렇게 하면 기기들이 한꺼번에 켜지게 하기보다는 한 번에 하나씩 켜지게 해서 뒤이은 전력의 복구를 쉽게 해준다.

당신의 집과 직장을 끊임없는 전자기 방사에 푹 담굴 무선통신을 사용하는 프로그램된 컴퓨터시스템들로 당신의 삶 전체가 멀리서 통제될 것이다. 이 시스템이 완전 가동하고 나면 사람들이 집에서 하는 모든 것을 모니터할 것이다. 이른바 '스마트미터Smart Meters'는 캘리포니아에 설치되고 있고 논란의 여지가 많은 것으로 증명되었다. 많은 수에 불이 났고, 사람들은 그것들이 내뿜는 방사의 통상적인 영향들인 극심한 현기증, 메스꺼움, 감기 비슷한 증상들, 기억장애와 불면증에 시달리고 있다. 스마트미터는 전력을 공급하면서 전자기펄스로 무선정보를 송신하고, 이것이 건강에 나쁜 영향을 가져온다. 그들은 우리 집안에서 우리와 아이들을 죽이려고 하는 것이다. 스마트그리드가 에너지를 절약하고 전기요금을 절감한다고 하지만, 캘리포니아의 한 텔레비전방송국이 기존 시스템과 비교해 시험했을 때 그 반대라는 것을 알아냈다. 개인적인 경험으로 보면 요금은 실제로 치솟고 정부법령이 적힌 작은 인쇄물을 읽어보면 설치비용을 에너지기업들이 아니라 사람들이 내도록 되어있다. 스마트그리드는 오바마가 2009년 집권한 뒤로 그의 '부양책'에 나타난 수십 억 달러의 기금과 인센티브를 등에 업고 미국에 갈수록 빠른 속도로 들어오고 있다. IBM, GE와 지멘스 같은 굴지의 일루미나티 플레이어들이 여기 발을 들여놓고 있다. 이 글을 쓰는 지금 어림잡아 미국의 1,000만 가정이 스마트미터를 설치했고 그들은 2012년까지 5,000만이 넘는 가정들에 이렇게 하려고 한다. 스마트미터는 영국과 유럽에 도입되고 있고, 많은 오스트레일리아인들은 그것의 도입에 엄청난 적대감으로 반응하고 있다. 세상 모든 나라들이 세계적인 스마트그리드에 맞물리게 하는 것이 계획이다. 이것이 세계음모 속에서 중요한 프로그램이기 때문에 돈은 문제되지 않는다. 스마트그리드는 사용자들의 마음에 정보를 전달하고 그들의 일상 생활을 대단히 자세하게 추적하는 양방향 통신시스템이다. 그것을 거부하는 사람들은 전기공급을 끊을 거라는 말을 듣고 있으므로, 따라서 이것은 강제적이다. '에너지절약' 전구들처럼. 이 둘은 같은 어젠다의 일부다. 하지만 사실 에너지기업들은 미국에서 스마트미터의 '옵트 아웃opt-out'은 있을 수 없는 일이라고 말하는 한편, 법은 사람들이 '옵트 인opt-in'해야 한다고 말한다. 한 작가는 이런 말을 했다. "계약 당사자이지도 않고 그것에 대해 아무것도 모르면서 개인 기업들 사이의 비밀스러운 계약을 따르도록 어느 누구도 강요받을 수 없다." EU는 80퍼센트의 가정이 2020년까지 이 시스템에 연결되기를 바란다. 캘리포니아 주 버뱅크의 전자공학/미디어 전문가인 제리 데이Jerry Day는 스마트미터에 관한 우려들을 적었다.

1. 그들은 사생활을 침해하면서 집에 있는 전기장치들을 하나하나 확인하고 그것들이 작동할 때 기록한다.

2. 그들은 권리와 가정의 안전을 침해하면서 가정에서의 활동과 거주상황을 모니터한다.

3. 그들은 인가받지 않은 알 수 없는 집단이 가로챌 수도 있는 무선신호들을 송출한다. 이 신호들은 행동과 거주상황을 모니터하는 데 이용할 수 있고 범죄자들이 거주자들에게 범죄행위를 하는 데 이용할 수도 있다.

4. 거주자들의 일상 습관들과 활동들에 관한 자료는 수집되고 영구적인 데이터베이스에 기록 저장되어서 인가나 허락을 받지 않은 집단이 접속해서 개인정보를 알아내고 공유한다.

5. 스마트미터 데이터베이스에 접속하는 사람들은 가정에서의 활동들의 영구기록을 날짜와 하루 중의 시간까지 온전히 파악해서 거주자들의 삶을 아주 주제넘고 자세하게 파악하게 된다.

6. 이 데이터베이스들은 범죄자, 공갈범, 법집행자, 무선송신의 개인 해커,

전력회사 고용인과 그 밖의 계량기록으로 감시받는 거주자들의 이해관계에 어긋나는 행동을 할 수도 있는 정체를 알 수 없는 집단들의 손에 들어갈 수도 있다.

7. 당연히 '스마트미터'는 모니터 되는 사람들의 동의도 없이 또는 그들이 알지 못하는 사이 사적이고 개인적인 활동들과 행동들의 데이터베이스를 기록 저장함으로써 연방정부와 주정부의 도청법들을 위반하는 감시장치다.

8. 예를 들어 어떤 스마트미터 자료를 분석하면 인가받지 않은 원거리의 집단들이 집 안에 있는 사람들의 의료문제, 성 활동, 물리적 위치, 집을 비우는 유형과 거주자들의 개인정보와 습관들을 파악할 수 있다.

유튜브에서 'Smart Meters, Jerry Day'라고 쳐보면 그의 비디오가 나올 것이다. 경찰은 집에서 마리화나를 기르고 있다고 의심이 가는 사람들의 에너지이용 기록들을 가지고 이미 갈수록 많은 소환장들을 발부하고 있다. 당신의 전기사용량이 어떤 이유로 증가하면 경찰의 불시단속을 받을 수도 있다. 어떤 경우들에는 그들이 일단 집에 들어오고 나면 마리화나를 찾아내지 못했더라도 다른 위법행위들을 가지고 사람들을 고발했다. 2011년 7월 연합통신(AP)의 한 보도도 근본적으로 이 따위 일들과 이어져있었다. AP는 사실상 미국의 국가전력망을 해체할(새로운 것으로 바꿀 수 있도록 기존의 것을 부수는) 1년짜리 '실험'이 시작될 계획이라고 밝혔다. 지금의 전력망은 미국의 한 지역에서 만들어진 전기를 필요할 때 다른 지역에 보낼 수 있도록 온 나라 안에서 늘 일정하게 같은 주파수로 운영된다. AP의 보도는 연방에너지규제위원회가 전력망의 다양한 부분들을 서로 다른 주파수들로 운영하게 만들 계획이라고 했다. 더 이상 하나의 전력망이 아니라는 말이다. 이것은 교통신호, 보안시스템과 일부 컴퓨터들에 영향을 줄 수 있고, 전자시계와 커피메이커 같은 가전기기들이 20분까지 더 빠르게 가게 할 수 있다. 미국 해군성천문대의 시보업무 부서장인 디미트리어스 맷사키스Demetrios Matsakis는 이렇게 말했다. "많은 사람들의 물건들이 망가지게 될 텐데 그들은 왜 그런지 알지 못할 것이다." 연방에너지규제위원회는 이 말도 안 되는 일이 전력망(그때까지는 있지도 않았던 전력망)을 더 믿을 만하게 만들려는 것이었다고 말한다. 빤한 거짓말이다. 모든 논리에 어긋나는 터무니없는 무언가가 펼쳐지고 있을 때는, 그것은 어젠다가 가동하고 있는 것으로 보면 된다. 하프, 스마트그리드, 전구송신기, 그리고 전기통신안테나와 기술(휴대전화 송수신시설들을 포함해서)은 모조리 인류를 '노예상태를 좋아하는' 철저히 마인드컨트롤되는 좀비들로 바꿀 광범위한 지구적 마인드컨트롤 네트워크의 부분들이다(그림 294). 미국의 '그웬(GWEN)' 시스템과 영국과 여러 나라들의 '테트라(TETRA)' 시스템도 이것의 일부다. 그웬, 곧 지상파비상통신망Ground Wave Emergency Network의 통신탑들은 미국 공군의 주도로 1980년대 초부터 미국 전역에 세워지고 있다. 그웬은 320킬로미터 간격으로 세워지는 수십 미터 높이 탑들의 네트워크다. 그 핑계는 그웬이 핵전쟁이 일어날 경우의 비상용 예비통신 시스템이라는 것이다. 헛소리다. 그것들은 우리를 더 넓은 현실로부터 더욱더 떼어놓으려는 계획된 세계적 마인드컨트롤 '버블'의 일부다. 그웬의 탑들은 공중으로 방사하지 않고 그것들이 내보내는 것으로부터 아무도 빠져나갈 수 없도록 지상에 딱 달라붙어 퍼지는 주파수들을 송신한다. 그웬 통신은 인체에 심은 마이크로칩들과 통신하도록 계획되었다. 이미 수백만의

【그림 294】 하프, 스마트그리드, 전구송신기, 그리고 전기통신안테나와 기술(휴대전화 송수신시설들을 포함해서)은 모조리 광범위한 지구적 마인드컨트롤 네트워크의 부분들이다.

미국인들이 그웬의 전자기파 속에서 살고 있고, 오래지 않아 모든 사람들이 그렇게 될 것이다. 사람들이 기술적으로 만들어진 전자기장에 얽매어있을 때 마인드컨트롤하기가 훨씬 더 쉽다는 점은 잘 알려져 있다. 전자기의 생물학적 영향을 다루는 전문지식으로 두 번이나 노벨상 후보에 올랐던 로버트 베커Robert O. Becker의 말을 들어보자.

그웬을 사이클로트론 공명cyclotron resonance과 조합하면 사람들의 행동을 바꿔놓는 데 최고의 시스템이 된다. 꾸준한 지자기장의 평균 강도는 미국 전역에서 장소에 따라 다르다. 따라서 특정지역에서 생체의 특정 이온을 공명하게 하고 싶다면, 그곳에 맞는 특정 주파수가 있으면 된다. 미국 전역에 320킬로미터씩 떨어져 있는 그웬 송신기들의 간격은 각각의 그웬 구역 안에서 지자기장의 강도에 '맞춤형'으로 특정 주파수들을 내보내게 해준다.

다 신중하게 계획된 것들이다. 그웬은 아울러 날씨를 조작할 수도 있다. 영국에는 테트라(Terrestrial Trunked Radio)가 있다. 경찰과 그 밖의 비상서비스들을 위한 새로운 통신시스템일 뿐이라는 게 그 변명이다. 이 시스템은 전혀 필요하지 않은 때에 그 무렵의 총리, '탈바꿈하는 자' 토니 블레어가 도입했고, 테트라의 진짜 이유는 대규모 마인드컨트롤이다. 테트라 기술은 미국에서 사용하는 PCS/Digital, 곧 개인용 휴대통신시스템과 비슷하다. 영국 내무성은 테트라의 계약을 브리티시텔레콤British Telecom이 이끄는 컨소시엄에 주었고 이것은 O2와 그 자회사 mmO2에 팔렸다. 미국 전기통신계의 거인 모토로라도 테트라 시스템의 중요부품을 만드는 데 손을 대고 있고, 이 회사는 NSA와 긴밀하게 이어져있다. EU의 한 내부문서는 미국 정부가 테트라 네트워크의 가능성을 도청할 수 있게 하려고 모토로라가 테트라의 유럽표준을 정하는 데 중대한 역할을 했다고(NSA와의 공조로) 밝혔다. 하지만 이것은 그 이상의 것에 관한 이야기다. 그들은 이 기술들 모두가 하나의 세계적 그물망으로 이어질 수 있기를 바란다. 테트라도 마찬가지로 인간의 뇌 활동과 일치하

526

는 주파수들을 내보낸다. 이것이 모든 곳에서 보게 되는 똑같은 이야기인 것은, 그 기술들이 죄다 같은 이유로 들여온 것들이기 때문이다. 바로 인간의 마음과 감정의 통제. 테트라와 그웬의 통신탑 가까이에 사는 사람들은 질병, 두통, 우울증과 이 기술들과 관련된 일상적인 온갖 결과들을 호소했다.

하프의 또 다른 가능성은 몸안에 있는 독소들과 화학물질들을 비교적 무해한 수준에서 철저히 치명적인 수준으로 증폭한다는 것이다. '사이클로트론 공명'이라는 과정은 전자기의 영향이 화학물질들의 유해성을 수천 배까지 늘릴 수 있다는 뜻이다. 몸에 축적이 되면 음식 속의 해로운 화학물질들은 하프나 다른 원천들로부터의 전자기장으로 '들떠서' 치명적인 독소들이 된다. 하프와 그 관련 기술은 '식물, 동물, 균류, 시아노박테리아군을 비롯한 생명체들의 생리과정에 있는' 일주기(日週期)의 생체리듬을 뒤바꿔놓을 수 있다. 이 과정들은 인간과 동물들의 잠과 섭식패턴을 지시하고, 뇌파활동, 호르몬 분비, 세포재생과 여러 생물학적 활동들에 영향을 준다. 시차증은 생체리듬이 뒤집어진 것으로, 그 원인의 하나는 높은 고도에서의 전자기방사의 영향이다. 전자기장들의 방해를 받기 시작하면 무척 많은 결과들이 생기는데, 특히 인간의 뇌 활동의 범위와 지구의 자연스런 에너지균형에서 그렇다. 우리는 내가 이야기해오고 있는 기술에 대한 렙틸리언의 집착을 보고 있고, 너무 늦기 전에 무슨 일이 벌어지고 있는지에 어서 빨리 초점을 맞출 필요가 있다. 유럽원자핵공동연구소(CERN)가 세운 거대 강입자가속기는 하프를 포함하는 지구와 현실 조작의 세계그물망에 이어져 있다. 이곳은 세계 최대이자 최고에너지 입자가속기이고 스위스와 프랑스 국경 밑의 27킬로미터 길이의 터널이 고리를 이루고 있다. 이것은 입자들을 충돌시키는 '원자파괴장치'로 묘사되고, 끝에서 끝까지 1,000개가 넘는 원통형 마그넷이 들어있다. 가속기는 2008년에 가동을 시작했고 입자들을 서로 부딪치게 하는데서 기록을 깨왔지만, 2014년까지는 최대용량에 이르지 않을 것으로 보인다. 이 프로젝트에는 온 세상에서 온 10,000명의 과학자들이 참여했지만, 미국(로스차일드가)이 주도적인 기여를 했다. 돈이 문제가 아닌 이 수십억 달러짜리 가속기에 대한 CERN의 공식적인 동기는 대폭발의 순간에 어떤 일이 생겼는지를 찾아내고(그런 건 없었다네, 집에 갈 시간이야 친구들) 자연의 심오한 법칙들을 이해한다는 것이지만 그건 명분일 뿐이다. CERN은 7조 볼트까지 이르는 입자빔을 만들어내서 가속할 계획이라고 말하는데, 그것이 미칠 잠재적 영향이란 빤한 것이다. 세상에는 우리가 있는지도 모르는 가속기들도 있다. CERN은 하프처럼 또 하나의 국제 프로젝트이지만 이 경우에는 공식적으로 그렇다. 20개 회원국들이 참여했고, 600개 이상의 대학들에서 온 113개 국적의 수천 명의 과학자들을 고용하고 있다. 월드와이드웹(WWW)이 CERN의 작품이다. 이스라엘 과학자들이 CERN과 거대 강입자가속기에 큰 기여를 했다. 이스라엘의 과학기술부장관 대니얼 허쉬코비츠Daniel Hershkowiz 교수가 인정한 사실이다. 그는 이렇게 말했다. "이스라엘의 과학은 일반연구와 특히 CERN 프로젝트에 주도적인 기여를 한 것으로 국제적인 인정을 받았다."

뭔가 아주 큰 일이 거기서 벌어지고 있고 '대폭발'과는 관계없는 일이다. 인류에게도 좋은 일은 아니다.

은밀하게 진행 중인 인구감축계획

　실제로 일어나고 있는 사실을 에둘러 말하는 것은 좋지 않은 일이다. 렙틸리언 혼혈 혈통들은 수십억의 인구를 줄이려는 엄청난 인구감축 프로그램을 한창 진행하고 있다. 그들을 대변하는 사람들 일부는 세계인구가 10억, 심지어는 5억 명만이 남을 것이라고 이야기하고, 하프는 이 일을 이루는 데 중요한 무기들의 하나다.

　통제시스템의 입장에서는 인구가 감당하기 어렵게 되었고, 그들은 '멋진 신세계'에서 더욱 쉽게 통제할 수 있는 수로 줄이고 싶어 한다. 오바마 행정부에 임명된 '과학총책' 존 홀드렌John P. Holdren은 이런 '도태자들' 가운데 한 명이다. 그는 최적의 인구는 10억이라고 말을 하고 이 일을 이루는 데 흥미로운 방법들을 몇 가지 갖고 있다. 홀드렌은 백악관 과학기술정책부 부장이고 1977년에 《에코사이언스Ecoscience》라는 책을 공동 저술했는데, 이 책은 음식과 먹는 물에 약물을 넣고 강제낙태제도를 도입하며, 결혼이 아닌 관계에서 태어난 아이들을 정부가 빼앗고 의무적인 피임장치를 넣는 방법으로 인구를 대대적으로 불임화하자는 제안들을 자세히 담고 있다. 그 책에서는 1가구 2자녀만 허용하고, 자녀가 그보다 많은 가정은 공영주택에 살 권리를 빼앗는 정책을 지지한다. 두 명의 자녀만 공교육을 받을 자격이 있고, 아이가 더 많은 부모들은 따로 교육비를 내야 한다. 사람들은 아이들을 갖기에 앞서 '출산면허'를 받아야 한다. 이런 이야기를 하는 사람들은 그냥 미친 정도가 아니지만, 이들이 지금 세상의 권력구조를 통제하고 있다. 홀드렌은 모든 이들의 삶의 세세한 것들을 '세계적 공통기준' 안에서 지시할 '세계적인 정권(자, 보시라, 세계정부다)'을 보고 싶어 한다. 이 '정권'은 공기, 토양 또는 바다에 영향을 미치는 모든 것을 철저히 통제하고, 당신이 모는 차, 당신 집의 온도(스마트그리드를 거쳐서), 그리고 토지의 통제를 통해 누가 음식을 기르고 누구는 안 되는지를 결정한다. 혈통들은 그들의 기업들이 모든 음식을 생산하고 그 밖의 모든 사람들이 그렇게 하는 일은 금지하고 싶어 한다. 아울러 홀드렌은 어떤 기술을 사용할 수 있고 또 어떤 것을 사용할 수 없는지를 판결할 '과학법정'도 주창한다. 이 사람과 함께 《에코사이언스》를 쓴 사람들은 인구조절 극단주의자들인 폴과 앤 엘리히Paul and Anne Ehrlich 부부였다. 사람의 정자수는 1989년 이래 3분의 1이 줄었고 50년 동안 반으로 줄었다. 불임화 정책은 오랫동안 진행되고 있다. 그들은 또한 식품과 음료의 첨가물, 다른 형태의 영양소들의 섭취 가로막기, 백신과 약물들, 실험실에서 만들어낸 질병들, 끝도 없고 갈수록 많아지는 여러 형태의 방사선, 항공기와 '켐트레일'(뒤에서 짧게 설명할 것이다)이라는 것으로 온 세상의 하늘에 쏟아 붓는 독소들과 중금속들, 전쟁들, 굶주림과 기아, 노령인구의 의료 거부 등등 하염없이 계속되는 것들을 통해 인구의 도태를 실행하고 있다. 이런 영향들의 대부분은 곧바로 치명적인 것이라기보다는 누적되는 것으로(적어도 지금은) 이렇게 하면서 인간의 면역계를 표적 삼아 몸의 저항력을 약하게 하고 있다. 사람들, 특히 젊은이들이 휴대전화를 사용하면서 흡수하는 누적방사능의 결과들은 재앙과도 같은 상황이 될 것이다. 제발, 절대적으로 필요한 경우가 아니거든 휴대전화를 귀에 대지 말고 또 될수록 짧게 하라. 유선전화를 사용할 수 없다면 문자나 이메일을 이용하라. 인구감축 프로그램과 건강에의 이런 온갖 다중공격들의 영향들은 《인간이여 일어나라》에 아주 자세히 설명했다.

방사능 어젠다

우리는 인구 도태의 부분으로서 그 어느 때보다도 많은 방사능의 발생원들에 얽혀들고 있다. 그들이 이렇게 하는 데는 많은 방법들이 있고, 도입되는 것들을 나는 오랫동안 하나씩 짚어가고 있다(그림 295). 휴대전화와 기지국들, 그리고 다음과 같은 기술들의 폭발이 여기 들어간다. 하프와 그웬과 테트라, 컴퓨터, 고압선(가까이에 사는 사람들이 암에 걸리는 사례들이 늘고 많은 고압선들이 큰 폭으로 늘고 있는 이유가 이것이다), 공항의 전신스캐너(이것을 피하지 않고서 잦은 항공여행을 하는 사람들은 결국 심각한 영향을 받을 것이다), 무선인터넷, 병원에서의 엑스선과 CAT 스캐너의 터무니없는 과용, 방사선 조사(照射) 식품, 새로운 '녹색' 전구, 전자레인지, 원전사고, 참혹한 선천성 기형을 가져오는 폭탄 속의 열화우라늄(이것은 목표지역으로부터 온 세상으로 퍼진다), 그리고 정상적으로는 그렇지 않지만 하프가 전리층에 뚫고 있는 구멍들 때문에 지구의 방어막을 뚫고 들어오는 우주선이 있다. 하프가 자원을 찾아서 땅 속을 훑어보거나 엑스선 사진을 찍듯 할 때 이것은 그 지역 사람들에게도 같은 일을 하고 있는 것이고, 또 인공위성들이 우리에게 무엇을 보내고 있는지 누군들 알겠는가. 틀림없이 그것들에는 어떤 장소들과 사람들에게 스칼라파scalar waves를 쏘는 능력이 있다. 스칼라파는 정보를 나를 수 있고 시간이나 거리 때문에 약해지지 않는다. DNA는 스칼라파를 만들어내고 그 주파수에 동조하여 그것을 받아들이므로 이것이 사람을 육체적 정신적 정서적으로 조작할 가능성은 불 보듯 뻔하다. 정부들은 이런 기술들이 안전하다고 거짓말들을 하고 있어서 될수록 많은 방사능에 우리를 노출시킬 수 있다. 정보자유법으로 공개된 문서들은 미국의 국토안보부장관 자넷 나폴리타노Janet Napolitano가 국립표준기술원(NIST)

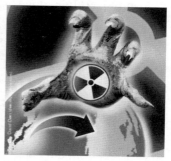

【그림 295】 방사능 공해의 발생원들은 언제나 늘어가고 있다. 정확히 계획된 대로.

이 전신스캐너가 안전하다고 증명했다는 말을 했을 때 그것이 거짓말이었음을 드러냈다. 아니다, 그들은 안전을 증명하지 않았다. 안전하지 않기 때문이다. 그 영향들은 누적되는데 어떤 식으로 그 안전성을 증명할 수 있단 말인가? NIST 내부의 한 이메일에서는 나폴리타노가 한 말을 우려한다는 입장을 보였고 이 기관이 제품들을 시험하지 않으므로 '그것들이 안전하다고 증명할' 수 없다는 점을 지적했다. 나폴리타노는 자신이 미국인들에게 전신스캐너의 방사능이 위험하게 누적되도록 하고 있다는 점은 신경 쓰지 않는다. 자신은 그것을 받지 않아도 되기 때문이다. NIST의 다른 이메일에서는 이 스캐너들이 안전하지 않을 수도 있으며 직원들이 그 가까이에 서있지 말아야 한다고 쓰여 있었다. 직원들은 가까이에 서있지 말아야 하고, 방사능에 가장 민감한 아이들을 포함해서 승객들은 그것을 지나가야 한다. 나폴리타노의 또 다른 거짓말은(그 거짓말들이 나오는 곳들이 그녀에게는 많다) 존스홉킨스대학교 응용물리연구소Applied Physics Laboratory의 연구결과 스캐너가 안전하다고 나왔다는 것이었지만, 존스홉킨스의과대학의 엑스선 시설관리자인 닥터 마이클 러브Michael Love는 이 기계장치들이 피부암을 일으킬 거라는 말을 했다. 컬럼비아대학교 방사선연구센터 소장인 데이비드 브레너David Brenner 박사도 동의한다. "그렇게 엄청난 수의 사람들을 엑스선 촬영하려고 하는 기술은 정말로 이것 말고는 없다. 방사선계에서는 정말이지 전례 없는 일이다." 2010년 컬럼비아대학교에서 방사능안전기관간 위원회가 했던 연구에서는 어린이와 임신여성들은 스캔을 받아서는 안 된다고 권고했지만 아무것도 달라지지 않은 것은 그들이 인구를 도태하려고 하기 때문이다. 샌프란시스코 캘리포니아대학교의 네 명의 교수들(생화학, 생물물리학, 엑스선 영상, 암의 전문가들)은 오바마의 과학자문 존 홀드렌에게 편지를 써서 '공항승객의 엑스선 스캐너들의 안전성에 대한 엄밀하고 확실한 자료가 아직 없으며' 또 그 안전성 시험들도 제조사들이 배타적으로 하고 있다고 경고했다. 이들은 시간을 낭비하고 있었다. 홀드렌 같은 극단주의 인구 도태자가 사람들을 죽이고 있는 기술을 두고 왜 뭔가를 하려들까? 이 스캐너들은 국토안보부장관이었던 마이클 체르토프(로스차일드 시오니스트)가 가짜 '테러공격'이 생긴 뒤에 홍보했음을 떠올리기 바란다. 로스차일드 시오니스트의 보안공작으로 암스테르담에서 비행기에 타도록 통과되었던 '바지 속 폭탄범' 이야기 말이다. 체르토프의 회사는 전신스캐너를 공급하는 1억 7,300만 달러짜리 계약을 딴 라피스캔사를 대변한다. 스캐너들이 주는 위험은 머리가 제대로 돌아가는 사람이라면 누구에게나 너무도 빤한 것이고 이제 그 빤한 일이 일어났다. 미국 교통보안청(TSA)은 이 기계장치에서 일하는 공항보안직원들 사이에서 암 발생이 치솟고 있는 사실을 애써 숨겨왔던 것으로 드러났다. 정보자유법의 보장 아래 전자개인정보센터Electronic Privacy Information Center가 손에 넣은 문서들에는 '많은 수의 근로자들이 암, 뇌졸중, 심장질환의 희생자가 되고 있다'고 적혀있었다. 문서들은 이 장치들에서 일하는 직원들 사이에서 '암 다발경향'이 나온 뒤로도 TSA 관리들이 방사능수치 측정수단을 주지 않았던 보스턴로건 공항을 특히 강조했다. 제복을 입은 사람들은 국가가 다른 국민들만큼이나 그들도 전혀 신경 쓰지 않는다는 사실을 언제쯤이나 배우게 될까? 많은 수의 사람들을 방사능에 노출시키려는 속셈으로 고안한 다른 하나의 속임수는 2011년에 발표한 새로운 공항보안스캐너들의 도입이다. 순서는 이렇게 된다. 공항에서의 보안검색을 그토록 끔찍한 경험으로 만들면 사람들은 이 과정을 더 빠르고 쉽게 만들어주는 것이라면 그것에 마음을 열 것이다. 그러면 승객들이 가방을 가지고 걸어서 지나가기만 해도 승객과 화물을 함께 스캔할 수 있는 새로운 6미터 길이의 터널이 등장한다. 멋지지 않은가? 시간은 또 얼마나 아껴줄까. 하지만 한 가지 작은 문제가 있다. 그 6미터를 걸어가면서, 당신은 가방에나 사용하는 방사선 조사량에 내내 노출될 것이다. 그들은 교묘하게 해낼 수 있는 최대한의 방사능원과 조사량에 우리가 노출되기를 바란다.

어딜 봐도 로스차일드가 있다

1990년대 초에 나는 원자력을 도입했던 배후세력이 로스차일드가였다는 것을 영국 하웰의 원자력연구소에서 9년을 일했던 키티 리틀Kitty Little 박사에게서 알았다. 무엇이 되었든 로스차일드가가 손대고 있다면, 그 동기는 언제나 '시대의 대업', 곧 행성지구의 장악을 진척하는 것이다. 원자력은 에너지가 필요해서가 아니라, 혈통들의 입장에서 대기에 방사능을 내뿜기 위해 필요한 것이었다. 원자력은 대규모 인구감축을 위한 갈망에서 시작된 것이지만, 또한 방사능을 먹는 것으로 보이는 렙틸리언들에게 필요한 것이다. 인간들은 방사능이 우리의 특정 전자기장들을 왜곡하기 때문에 심각한 영향들을 받지만, 당신이 만일 방사능과 조화로울 수 있는 다른 유형의 장이라면 그것은 당신에게 해를 주지 않을 음식원이 될 수 있다. 렙틸리언들, 그리고 그 혼혈들까지는 우리와 같은 식으로 방사능 때문에 문제가 생기지 않는다. 일본 후쿠시마 원자력시설의 재앙은 이 글을 쓰는 지금 엄청난 양의 방사능을 계속 쏟아내고 있고 이것은 온 세상을 돌아다니고 있다. 1986년 우크라이나의 체르노빌 원자력발전소에서 나왔던 방사능을 이미 훨씬 웃돌고 있다. 어떤 전문가들은 2011년 6월에 50배를 넘어섰다고 말할 정도다. 앞에서 후쿠시마가 이스라엘의 핵 프로그램이 있는 디모나를 근거로 하는 로스차일드 시오니스트의 한 '보안'회사가 설치한 핵폭발장치로 폭파되었다고 말했었다. 이것은 세계적으로 재앙과도 같은 계획된 방사능 누출을 가져왔지만, 특히 일본 주변과 태평양 건너에 있는 미국에 그렇다. 미국에서 죽는 아기들의 수는 선진국으로서는 오래전부터 터무니없게 높지만, 이 수치는 후쿠시마의 방사능이 캘리포니아 북부에 가닿고 있던 기간에 더욱더 치솟았다. 체르노빌의 재앙에 뒤이어 신생아들과 태아들과 동물들에게서 일어났던 일이다. 잉글랜드 북서부의 셀러필드Sellafield 같은 다른 원자력발전소들은 수십 년 동안 방사능을 바다나 강으로 쏟아부어왔다. 지금까지 바다는 믿기 어려울 만큼 오염되었고 비와 눈의 많은 양도 그렇다. 후쿠시마는 이 모든 상황을 다른 수준으로 가져가고 있다. 물은 정보를 흡수한다는 점을 떠올리기 바란다. 이 현실에서 방사능은 일그러진 정보이고, 지구의 정보 청사진에도 같은 일을 하며, 또 우리가 활동하는 지구의 에너지장을 그릇된 정보로(컴퓨터 바이러스처럼) 오염시킨다. 로스차일드가가 통제하는 BP사가 멕시코 만에 조직적으로 유출한 원유와 마시는 물에 들어가는 불소를 비롯해 물의 여러 오염원들도 마찬가지다.

앞에서 2011년 미주리와 미시시피 강의 기록적인 홍수를 만들어서 농지를 범람하게 하는 데 하프가 사용되었다고 말했었다. 제방을 날려버린 바로 그 육군공병단이 모든 걸 잃은 농부들에게 사겠다고 제안했던 농지였다. 그러나 여기에는 또 다른 측면이 있었으니 그것도 마찬가지로 방사능이었다. 미주리 강은 네브래스카 주 동부의 엄청난 양의 핵연료를 가지고 있던 포트 칼훈Fort Calhoun 원자력발전소를 물에 잠기게 했다. 그즈음 지하에서 전기화재가 있었고 발전소는 비워져야 했다. 유독가스로 발전소 일부에는 다가갈 수 없었고, 그때 미주리 강의 강물에 지하실이 잠겼다. 멕시코 만의 기름이 덮인 지역에서도 그랬듯이 발전소 상공에는 '밝힐 수 없는 안전상의 이유들' 때문에 비행금지구역을 설정했다. 같은 네브래스카 주에 있는 포트 쿠퍼Fort Cooper 원자력발전소도 같은 때에 비슷한 위협을 받았다. 포트 칼훈 발전소는 미주리 강의 범람원에 세워졌다. 후쿠시마 발전단지는 지진대에 그리고 해일에 취약한 해안에 자리 잡았다. 캘리포니아의 원자력발전소들은 지진단층선 위에 세우고 있고, 뉴욕에서 가까운 인디언포인트Indian Point 원자력발전소는 허드슨 강 동쪽 강기슭의 작은 지진단층대 위에 자리 잡았다. 러시아투데이(RT) 텔레비전의 한 진행자는 정부당국이 어째서 그렇게 미친 짓을 하느냐고 물었다. 글쎄다, 맞다, 그들은 미쳤지만(그냥 미친 정도가 아니다) 기술이 부족하고 멍청해서 이렇게 할 만큼 미쳤던 것은 아니다. 일부러 그렇게 했기 때문에 미친 것이다. 오래 전에 쓰인 각본은 펼쳐지고 있다. 2011년에 산불이 오펜하이머가 이끈 맨해튼 프로젝트의 산실인 뉴멕시코 주 로스앨러모스국립연구소(LANL)를 덮칠 듯했는데, '원자력안전을 걱정하는 시민모임Concerned Citizens for Nuclear Safety'이라는 조직은 플루토늄으로 오염된 폐기물이 담긴 30,000개가 넘는 용기들이 지상의 천막이나 다를 바 없는 곳에 보관되어 있다고 알렸다. 어림잡아 510,000세제곱미터의 방사성/화학고형폐기물들이 1943년부터 로스앨러모스 지역에 매립되거나 야적되었다고도 밝혔다. 원자력책임연대Alliance for Nuclear Accountability는 이렇게 말했다. "방사성폐기물 전량과 화학폐기물 대부분을 LANL이 있는 파자리토 고원의 메사mesa들에 매립했다. 방사성액체폐기물은 처음에 처리를 거의 하지 않은 채로 협곡들로 방류했다." 미국 남부와 중서부에서 뉴마드리드New Madrid 지진단층선과 교차하는, 미로 같은 석유와 가스 파이프라인들과 15기의 원자로들에서도 같은 주제가 보인다. 이곳은 미국에서 가장 컸던 지진들 가운데 네 개가 생겼던 현장이다. 플로리다 주의 민주당 지도자 스티브 겔러Steve Geller는 이렇게 말한다. "이 나라의 사실상 모든 천연가스 파이프라인이 그 단층위에 건설돼요. 이것이 폭발하면 그 빛이 달에서 반사될 정도가 될 겁니다." 미주리 주 비상관리국의 에드 그레이Ed Gray는 한 단층선을 가로질러 파이프라인들을 집중하는 것은 화를 자초하는 일이라며 한 목소리를 냈다(정말로 그렇다.)

다섯 개의 큰 천연가스 파이프라인들 가운데 네 개가 뉴마드리드의 이 부드러운 충적토를 지납니다. 디트로이트, 시카고, 인디애나폴리스, 피츠버그로 가는 가스를 다 이것들이 나르죠. 만에 하나 겨울에 지진이 생긴다면 아주 중대한 문제들이 생길 겁니다. 요양원이나 병원에 난방을 할 수 없다고 한 번 생각해보세요.

미국의 원자력안전을 맡은 기관은 원자력규제위원회(NRC)이지만, 연합통신이 2011년에 했던 한 조사에서는 NRC가 집행해야하는 규칙들을 무시하거나 약하게 만들고 있는 것으로 나타났다. 연합통신은 1년 동안 조사한 끝에 뉴욕 시에서 북쪽으로 48킬로미터 남짓 떨어진 곳의, 지금은 폐쇄된 인디언포인트 원자력발전소에서 1분에 38리터의 방사성물질을 누출한다는 사실이 거의 4년 동안 무시되었음을 알아냈다. 이 발전소는 치명적인 방사성물질들을 허드슨 강으로 누출해왔던 것이다. 원자력시설의 결함이 있는 밸브들에서 나오는 방사능의 누출허용량(누출허용량?)은 지금 예전보다 20배가 더 많다. 〈워싱턴포스트〉지는 원자력규제위원회의 기록을 빌려 미국에 있는 65곳의 상업용원자력발전소 가운데 적어도 48곳에서 방사성삼중수소가 흘러나왔다고 보도했다. 이 시설들에서, 적어도 37곳의 삼중수소농도는 어떤 때는 연방정부의 먹는 물 기준을 수백 배나 초과했다. 뉴저지 주의 한 원자력시설은 대수층에, 그리고 대서양을 등에 진 바네갓 만으로 들어가는 방류수로에 삼중수소를 유출했고, 지난 세월동안 미국 전역에서 삼중수소가 지표수로 흘러나왔다는 많은 보고들이 있었다. 삼중수소는 토양을 빠르게 통과하는데, 이것이 검출됐을 때는 함께 흘러나오는 더 강력한 방사성동위원소들이 있음을 보여주는 것이다. 이런 상황이 생기는 이유들 가운데 하나는 시험들을 느슨하게 한 나머지, 조작자들이 점검을 건너뛰어 버렸다는 점이다. 연합통신은 결함 있는 케이블들, 갈라진 콘크리트, 지하의 녹슨 파이프들을 찾아냈고, 오하이오 주의 데이비스 베시Davis-Besse 발전소의 경우에는 원자로용기에 12센티미터 크기의 구멍이 있기도 했다. 그런데도 이 시설들은 계속 가동하도록 승인을 받았다. 규제를 해제해서 2008년의 금융위기를 가져오게 했고, 이 규제는 지금 더 많은 방사능을 대기로 쏟아내도록 느슨해지고 있다. 후쿠시마 사고에 뒤이어 러시아의 원자력시설들을 점검한 검토서가 연합통신에 유출되었고 여기서 시스템에 30가지가 넘는 중대한 결함들이 있는 것으로 드러났는데, 안전기준들이 낮춰지고 많은 발전소들에서 핵연료와 폐기물의 안전성을 지키려는 효과적인 전략이 없다는 문제들도 포함되었다. 원자력을 쓰고 있는 모든 나라에서 같은 이야기를 찾아볼 것이다. 그리고 이것은 의도된 것이다. 하지만 이런 와중에서 모든 원자력발전소가 잠재적인 원자탄이고 나라를 초토화할 가능성이 있는데도, 영국 정부는 8개의 원자로를 새로 지어서 원자력 이용을 엄청나게 늘리는 계획을 추진하겠다고 발표했다. "여기서는 그런 일이 일어날 수 없습니다." 정부대변인이 원자력발전소의 위험들을 질문 받았을 때 했던 대답이 이랬다. 그들이 이것을 확실히 아는 것은, 그들에게 '위험성평가risk assessment'가 있었기 때문이다. 후유, 고맙기도 하지. 그들은 거짓말쟁이들이고, 생계수단으로 거짓을 말한다. 영국 정부와 원자력산업이 한통속이 되어서, 누출되고 있던 방사능의 양이 알려지기도 전에 후쿠시마의 위험들을 덮고 있었다는 사실이 이메일들로 드러났다. 런던의 〈가디언The Guardian〉지는 내부 이메일들에서, 정부가 후쿠시마의 재앙에 바로 뒤이어 발표했던 영국에서의 원자력 확대계획에 이 사건이 영향을 미치지 못하게 하려고 은밀하고 긴밀하게 웨스팅하우스Westinghouse, EDF에너지, 아레바Areva 같은 초국적기업들과 일하고 있었음이 확인되었다고 보도했다. 기업혁신기술부의 한 관리는 이메일에서 후쿠시마를 두고 이렇게 말했다.

이 사건으로 원자력산업이 세계적으로 후퇴할 가능성이 있습니다. 핵을 반대하는 친구들이 이 일로 힘을 얻지 못하게 해야 합니다. 우리가 이 영역을 차지하고 지킬 필요가 있습니다. 원자력의 안전성을 정말로 보여주어야 합니다.

세계 어느 곳이든 정부들의 말에 대해 해주고 싶은 충고가 있다. 그것이 의심할 나위가 조금도 없이 입증될 때까지는 그들의 말을 한 마디도 믿지 말라. 그들은 거짓을 말하도록 임금을 받고, 바로 그들의 DNA에 허위가 새겨져 있다. 영국의 원자력 확대계획은 멍청한(아니면 그 이상이거나) 에너지기후변화부장관 크리스 훈Chris Huhne이 발표했다. 이 사람은 지구온난화 극단주의자로 원자력이 '탄소배출(기후를 바꾸고 있지도 않은)을 줄일' 거라고 말한다. 기후와 얽혀있는 것이라면 그것은 하프다. 정부가 모든 논리와 증거를 거스르는 정책을 강행할 때, 그것은 안 된다는 대답을 받아들이지 않는 일루미나티의 각본을 따르고 있는 것이다. 훈은 이 각본을 알고서 그것을 지지하는 것이든지, 그게 아니라면 정말로 멍청한 것이다. 훈은 기후변화라는 정설(거짓말들)에 도전하는 사람들을 히틀러와 나치에게 고분고분했던 사람들에 비유한다. 그는 이런 말을 했다. "이것은 우리에게 뮌헨협정의 순간이다." 얼간이.

치명적인 조명

인간이 일으킨 '기후변화'라는 것이 신뢰가 무너진 지 오래되었음에도, '기후친화적인' 전구들을 우리에게 강요하고 대안기술들을 금지하는 법들을 도입하고 있는 진짜 이유가 방사능 어젠다와 마인드컨트롤이다. 유럽연합 덕분에 이 일은 영국과 유럽 전역에서 일어났고, 동일한 세계적 네트워크 덕분에 북아메리카에서 시행될 계획이다. 이른바 콤팩트 형광램프(CFLs)라고하는 이것은 실체 없는 지구온난화와 '싸우는 데(모든 것이 싸움이다)' 좋다고들 말한다. 달리 말하면 '환경'에 좋다는 것이다. 사실 그것들은 인간과 동물의 건강 모두에 심각할 정도로 위험하다. 앞에서 이 전구들이 어떻게 정보송신기가 되는지를 대충 설명했지만, 혈통들의 관점에서는 다른 많은 '이로움들'이 있다. 이 전구들에는 치명적인 독소인 수은(퀵실버quicksilver라고도 부른다)이 들어있다. 수은은 무척 위험해서(특히 아이들과 태아들에게) 많은 나라들에서 온도계, 차량, 온도조절 스위치들이 들어가는 긴 목록의 장치들에 사용하는 것이 금지되었다. 수은의 사용을 극도로 안전하지 않은 것으로 여기기때문이다. 수은은 비소와 납보다도 훨씬 독성이 강하다(아말감 치아충전재를 수은으로 만든다는 점을 생각하면 정신이 번쩍 든다). 그러나 그들은 깨지면 대기에 수은을 내보내는 전등을 가정, 직장, 가게, 쇼핑몰에서 사용하도록 법으로 강요하고 있다. 전구 하나하나는 일어나기를 기다리는 재앙이고, 이런 일은 그림자 속에서 이 정책을 지휘한 이들이 어리석고 무능해서 그렇게 되고있는 것이 아니다. 관료들의 '어리석음'과 '무능함'은 곧잘 냉정한 타산을 눈

가림하는 것이다. 형광전구는 전기가 적게 들고 기존의 전구보다 훨씬 오래 간다고들 하지만, 전구를 자주 켰다 껐다 하게 되면(어쨌든 그것들은 전등이고 나는 그것들을 끄는 게 에너지를 아꼈다고 생각했다) 빠르게 소모되고, 또 어떤 환경에서는 그들이 강제로 바꾸고 있는 전구보다 더 빨리 수명이 다한다. 가끔 생기는 일이지만 흔히 쓰는 전구(백열전구)가 깨지면 무슨 일이 일어날까? 쓸어서 쓰레기통에 버린다. 그걸로 끝이고, 아무 문제도 없다. 그러면 '환경친화적'이라 세상을 살리는 데 도움이 되는 형광전구가 깨지면 무슨 일을 해야 할까? 여기 영국 보건국이 주는 도움이 될 조언들 몇 가지가 있다.

(1) 오염된 곳에서 아이들과 애완동물들을 떼어놓는다.

(2) 유출물을 치우기에 앞서, 옷과 신발을 헌 것으로 바꾸고 고무장갑을 낀다.

(3) 진공청소기는 기계를 오염시키고 기화한 수은을 공기 속에 내뿜으므로 절대로 사용하지 않는다. 수은으로 오염된 진공청소기는 버려야 할 것이다. 그런 청소기를 어디서 안전하게 버릴 수 있는지의 정보를 얻고 싶거나 궁금한 점이 있다면 지역 행정기관에 문의하라. 오염시키고 유출물이 퍼지게 하므로 대걸레나 빗자루를 사용해서는 안 된다.

(4) 딱딱한 표면에 쏟아진 엘리멘탈 수은elemental mercury은 마스킹테이프를 사용해서 수거하거나, 빳빳한 판지로 밀어모아서 밀봉되는 뚜껑이 있는 유리용기에 쓸어 담아야 한다. 손전등으로 깨진 곳 바깥으로 넓게 살펴보면서 될수록 많은 수은을 찾아낸다.

(5) 용기, 판지와 유리조각은 폐기를 위해 봉투에 두 겹으로 담아야 한다. 다음으로 행정기관에 폐기시설에 관한 정보를 얻거나 궁금한 점을 물어보라. 전구가 깨진 방을 환기하고 2주 동안 그곳을 진공청소기로 빨아들여서는 안 된다.

(6) 유출물이 시트나 카펫 위에 있다면, 밀폐되는 용기에 수은을 모아야 한다(4번 참조). 청소기를 오염시키고 건강에 해로울 수 있는 기화한 수은을 공기 속에 내뿜을 수 있으므로 절대로 진공청소기로 빨아들이면 안 된다는 점을 기억한다. 수은을 수거할 수 없거든, 오염된 장소의 시트나 카펫은 치워서 유해폐기물로 버려야할 수도 있다. 그런 상황이라면 오염된 것들은 봉투에 두 겹으로 담아야 한다. 폐기물을 어디에서 안전하게 버릴 수 있는지의 정

보를 행정기관에 문의하라.

(7) 유출물을 치우려고 가정용 세척제, 특히 표백제처럼 암모니아나 염소가 들어있는 제품을 사용하지 말라. 이 화학물질들은 수은과 격렬하게 반응해서 유독한 가스가 생긴다.

(8) 싱크대에 흘러든 엘리멘탈 수은은 U형 트랩을 분리해서 밀봉되는 용기에 담은 뒤 유해폐기물로 처리해야 한다. U형 트랩에 남은 수은은 따뜻한 물에 닿으면 기화하므로 장기적인 노출을 막으려면 제거해야 한다.

(9) 수은에 닿은 옷은 드라이크리닝하거나 세탁기로 빨지 말고 봉투에 두 겹으로 담아 일반 가정용쓰레기로 버려야 한다.

(10) 고무장갑은 목 부분을 잡아당겨 뒤집어서 조심스럽게 벗는다. 장갑과 다른 오염된 옷은 봉투에 두 겹으로 담아서 쓰레기통에 버린다.

　보건국은 이렇게 덧붙인다. "전구가 깨진 곳은 깨끗하게 치운 다음에 적어도 24시간 동안 잘 환기시켜야(창문을 열고 선풍기를 돌려서) 한다는 점을 잊지 않는다. 치운 곳에 아이들과 애완동물이 다가가지 않게 한다." 아울러 보건국은 이 전구들을 쓰레기재활용센터의 가정용유해폐기물 부서에서 처리해야 한다고 말한다. 당신은 다음번 형광전구들이 깨지면 이런 일을 다 할 것인가? 그리고 임의의 시간에 40억 개 쯤을 사용하는 미국에서만 날마다 550만 개로 추정되는 전구들이 팔린다는 작은 문제가 있다. 또 하나가 깨질 때마다 당신은 위에서 말한 과정을 거치게 되고, 깨지지 않았다 하더라도 그것들을 유해폐기물로 처리해야 한다. 〈엘즈워스아메리칸The Ellsworth American〉신문은 메인 주 프로스펙트의 브랜디 브리지라는 여성이 당국의 지시에 따라 집의 전구들을 형광전구들로 바꾼 이야기를 실었다. 하지만 그 하나가 깨졌고 뒤이어 일어난 일은 그녀의 가정과 삶을 망가뜨렸다. 전구는 딸아이의 방에서 깨졌고 브랜디는 홈디포Home Depot 가게에 전화해서 조언을 부탁했다. 거기서는 유독물질처리센터의 직통전화번호를 알려주었고 그곳은 브랜디를 다시 메인 주 환경보호청으로 넘겼다. 전문가 한 명이 집에 와서는 방의 수은농도가 주 당국의 수은오염의 '안전' 한계치(누가 그걸 정하는가?)를 여섯 배나 넘었다고 했고, 방의 오염물질을 없애려면 청소업체를 불러야 한다고 했다. 여기에 드는 비용은 2,000달러였다. 한 집에 있는 하나의 형광전구가 이럴진대 미국에만 현재 40억 개쯤의 전구들이 있을 것이다. 어마어마한 규모로 버려질 전구들을 생각하면 우리는 쓰레기장과 매립지의 심각한 수은오염을 보게 될 것이고 또 이미 그런 일을 보고 있다. 전구들을 이런 식으로 버려서는 안 되지만, 아주 많은 사람들이 그것들을 유해폐기물센터에 가져가는 대신 그렇게 할 것이다. 통제시스템은 이런 일이 생기리라는 것을 안다. 폐기물교육기관인 웨이스트어웨어WasteAware에 따르면 이미 해마다 8,000만 개로 추정되는 수명이 다한 형광등이 영국의 매립지로 간다. 이것은 4톤의 수은과 맞먹고, 유럽과 북아메리카에서의 수치는 할 말을 잃게 할 것이다. 이로써 쓰레기 수거원들은 가정쓰레기 속의 깨진 전구들로 위험해지고, 아울러 공동생활을 하는 이웃들도 위험에 빠진다. 매립지에 버려지는 전구들이 치명적이고 축적되는 수은오염으로 지하수와 강들과 물고기들을 오염시킬 가능성은 불을 보듯 빠르다. 한 개의 콤팩트 형광전구는 안전한 먹는 물 수준 이상인 23,000리터의 물을 오염시킬 수 있다. 다시 말하지만 이것은 계획된 것이다. 그 계획은 인구의 세계적인 도태의 일환으로서 끝도 없는 원천들로 인간을 대규모로 독살하고 아울러 화학물질들의 영향으로 우리를 정신적으로 억누르는 것이다. 수은의 영향들에는 치매를 비롯해서 알츠하이머, 우울증, 기억력 감퇴, 근육과 운동조절능력('운동기능') 상실, 신부전과 다른 많은 건강 문제들이 있다. 혈통들이 수은으로 우리를 중독시키려 하는(그래서 아말감 치아충전이 있다) 이유가 이것이다. 불소fluoride와 형광fluorescent이라는 낱말이 비슷하다는 것을 알아챘는지 모르겠다. 둘 다 같은 '조상'인 플루오린Fluorine이라는 아주 위험한 원소에서 나왔기 때문인데, 이것은 광물인 형석fluorite에서 분리된다('흐르다'라는 뜻의 라틴어 어원 'fluo'에서 나왔다).

형광조명을 강요하는 데는 몇 가지 중요한 측면들이 있는데 사람의 건강에 주는 진동적 화학적 방사능 효과들이 여기 들어간다(그림 296). 이 전구들은 어떤 사람들이 다른 사람들보다도 더 많이 영향 받는 조화롭지 않은 진동, 방사능과 독성화학물질들을 내뿜도록 만들어진다(그림 297). 수은원자들에서 나오는 광자들 대부분은 자외선(UV) 방사파장에 있고 이 전구들을 사용한 뒤로 아프거나 얼굴에 선홍색 발진이 생겼다는 사람들의 보고가 늘어가고 있다(그림 298). 자외선은 민감한 그림들, 특히 수채화와 많은 옷감들에 영향을 주고 퇴색하게 할 수 있다. 따라서 어떤 보고들을 보면, 이 전구들을 사용하려면 미술품들을 아크릴 판으로 보호해야 한다고 한다. 형광램프의 깜박거림은 여기에 예민한 사람들에게 문제들을 일으키고 있고 덜 예민한 사람들은 그리 뚜렷하지 않은 방식으로 영향을 받는다. 이 깜박거림은 사진과 비디오 녹화를 방해할 가능성이 있다. 그 진동적인 영향이 중요하다

【그림 296】 전구 파시즘

【그림 297】 '녹색' 전구들은 으레 독성화학물질들과 방사능을 내놓고, 또한 깨지면 치명적인 수은이 나온다.

【그림 298】 이 여성의 얼굴에 '녹색' 전구가 미친 충격적인 영향

는 점은, 이 조명이 리모콘 수신기의 적외선 감지기에 영향을 미쳐서 채널들을 이리저리 돌리면서 텔레비전 자체의 수명을 줄일 수 있다는 데서 볼 수 있다. 필립스전자는 이 현상을 확인했다. 우리는 진동하는 존재들이라 정신적 정서적 육체적 불편함, 곧 부조화를 일으킬 수 있는 다른 진동들의 영향을 받는다. www.renewableenergygeek.ca에 정리된 것처럼 형광전구를 사

용한 사람들이 보고하고 있는 건강 문제들 몇 가지를 적어보면 다음과 같다.

가볍거나 심한 두통(편두통), 피부자극과 빨개짐과 화끈거림이나 가려움 또는 둘 다, 현기증과 메스꺼움, 이명(귀울음)과 귀앓이, 저림과 따끔거리는 느낌, 피곤하고 힘이 빠지고 지친 느낌, 수면장애와 초조함, 가슴통증과 심장의 문제, 기억력과 집중력 감퇴, 과민함, 스트레스와 불안감, 우울증과 심한 감정 기복, 호흡곤란, 근육통과 관절통, 눈의 통증과 압력.

이 증상들은 '유해전자파Dirty Electricity'로 부르는 것에 노출된 다중적인 결과들인데, 이것은 몸의 전자기균형과 뇌의 전기회로를 뒤섞어 놓는 균형을 잃은 전자기장이다. 정부정책에의 반발을 피하려고 건강에 미치는 대부분의 영향들을 감춰온 아무 짝에도 쓸모없는 캐나다 보건부조차도 이렇게 말했다. "콤팩트형광램프는 자외선 방사를 걸러주는 분광방산기가 들어있지 않다. 따라서 특히 어떤 피부질환을 가진 사람들의 피부를 자극하는 문제들이 있을 수 있다." BBC 방송에서 피부과전문의 존 호크John Hawk는 학교와 사무실에서 널리 쓰이고 콤팩트형광램프와 같은 일을 하는 형광등이 견디기 어렵다는 사실을 일부 사람들은 이미 경험했다고 말했다.

형광등은 주위의 공기에 영향을 주는 어떤 종류의 이온화 특성을 가진 것으로 보인다. 이것은 영국에서 일정수의 사람들에게, 어쩌면 수만 명의 사람들에게 영향을 미치는데, 그 가까이에 있는 것만으로 이들의 질병은 갑자기 심해진다. 그 일부가 아주 흔하게 나타나는 특정 형태들의 습진은 형광등이 있는 곳에서 갑자기 나빠지기 때문에, 이런 사람들은 백열등 조명 주위에 있어야 한다.

아, 하지만 그들이 '백열등 조명 주위에 있을 수' 없는 것은 갈수록 많은 나라들에서 백열등을 금지했고 건강을 해치는 이 전구들을 법으로 강요하기 때문이다. 어떤 사람들은 형광전등에 그것이 건강에 미치는 잠재적인 영향들을 경

544

고하는 글을 적어야한다고 말들을 하지만, 다시 한 번 말하건대, 그것을 쓰지 않으면 깜깜한 어둠 속에 앉아있어야 하는데 경고가 무슨 소용이겠는가? 그러므로 숨을 깊게 들이쉬고서 사람들에게 생명을 위협하는 이 조명시스템을 쓰도록 강요하는 일의 결과들을 종합해보자. 이것들이 깨져서 수은이 나오면 특히 아이들과 태아에게 치명적일 가능성이 있다. 여기 들어있는 수은함량은 뇌와 신체기능에 재앙과도 같은 영향을 미칠 수 있다. 이 전구들 수십억 개를 유해폐기물로 처리해야 하고 쓰레기장이나 매립장에 버리면 지하수와 강들로 수은이 스며들어 아주 유독한 환경을 만들어낸다. 진동, 방사능과 화학적 영향들은 과학자들이 사람들, 특히 아이들에게 "멀리 떨어져라", "한 시간 이상의 접촉을 피해라" 하고 경고했을 정도로 심각하고 잠재적으로 치명적인 건강 문제들을 일으킨다. 그것들은 그림과 옷감들을 바래게 하고 텔레비전과 다른 방송 기기들에 영향을 준다. 이성적인 사고의 관점에서는, 어느 모로 보나 그토록 오랫동안 문제없었던 무언가를 바꾸려고 이런 빤한 악몽을 들여온다는 발상이란 그냥 미친 정도가 아니다. 뭐, 무엇이 되었든 간에 인간의 안녕에 어떤 식으로든 마음을 쓴다면 그것이 이성적인 관점이다. 이런 조명을 강요하는 법을 통과시키고 앉아 있는 사람들은 대개가 문제('지구온난화')와 해결책('에너지 절약 전구')을 모두 믿도록 프로그램당한 정책방침을 그저 되풀이하는 꼭두각시들일 뿐이다. 그들은 '지성'의 정의에 근접해 있는 사람들이라고 말할 수 없는, 생각도 없고 따져보지도 않는 고용된 사람들이지만, 아무 생각 없는 검은 권력자들 뒤의 그림자 속에 있는 이들은 자신들이 하는 일을 정확히 안다. 다시 말하건대, 인간들은 그저 찍소리도 못하고 물러나 앉아서 그것을 받아들이지만, 이 묵종은 대를 이어 물려질 수도 있다.

하늘의 스프레이, 켐트레일

세상의 많은 사람들은 하늘에서 비행기가 이리저리, 주로 십자로 교차하는 패턴으로 날면서 '켐트레일chemtrails'이라고 알려진 된 것을 뿜어내는 이상하면서도 지금은 흔한 광경을 봤을 것이다(그림 299와 300). 이것은 비행기가 날아갈 때 보이는 비행구름인 콘트레일contrails과는 다르다. 콘트레일은 거의 곧바로 흩어지지만 켐트레일은 그러지 않는다. 이것은 퍼지면서 화학물질과 금속성 화합물로 하늘을 덮는다. 켐트레일은 세계적인 인구감축을 위한 또 하나의 수단이다. 켐트레일 살포는 1990년대 말에 북아메리카에서 시작된 것으로 보이는데, 지금은 내가 어느 나라에 가거나 거의 모든 곳에서 이것을 보게 된다. 연구가인 윌리엄 토머스William Thomas는 1998년 캐나다에서 살포가 시작된 직후에 이 일을 조사했다. 그는 켐트레일을 분석해보고서 마이코플라스마 퍼멘탄스Mycoplasma fermentans(아직 알려지지 않은 종류)를 비롯해 아주 유독한 병원체들을 찾아냈다. 캘리포니아에 있는 분자의학연구소 Institute of Molecular Medicine의 가스 니콜슨Garth Nicholson 박사는 걸프전증후군이라는 몸을 쇠약하게 만드는 질병에 시달리는 전직 미국 군인들의 45퍼센트쯤에서 이것을 찾아냈다(이봐, 군복 입은 친구들, 그들은 당신들한테 조금도 관심없다니까). 켐트레일 살포 뒤에 사람들은 호흡기의 문제와 독감 비슷한 증상들에 시달리고 때로는 정신혼란과 우울함을 겪는다고 보고했다. 켐트레일에는 알루미늄과 바륨도 들어있다. 이것은 인간에게 독성물질이고 T세포 수용체들을 비활성화시키고 질병에 맞서지 못하게 함으로써 면역계를 억누른다. 2000년 9월에 '네오콘'(로스차일드 시오니스트)의 '미국의 새로운 세기를 위한 프로젝트'가 내놓은 한 문서는 '특정 유전형들을 표적으로 할 수 있는

【그림 299-300】온 세상에서 독성화학물질들이 내뿜어지고 있다.

진보한 형태들의 생물학전 전략'의 개발을
요구했다. 그들이 만일 그들의 혼혈 '유전
형'에는 영향을 주지 않는 생물학 무기들을
만들어냈다면 어떤가? 그들은 나머지 세계
인구를 하늘에서 독살하고 있는 것이다. 켐
트레일 살포에 뒤이어 '모겔론스병Morgellons
disease'이라는 새롭고 끔찍한 병이 발견되
었다(그림 301). 이 병의 증상은 피부에 뭔
가 기어가고 따끔거리고 무는 느낌, 치유되
지 않는 피부병변, 극심한 피로감, 심한 정
신혼란, 단기기억상실, 관절통, 시력의 급
격한 감퇴, 어떤 희생자들은 자살을 생각할
정도로 너무도 심한 가려움, 그리고 심각
한 신경장애들이다. 모겔론스병의 가장 충

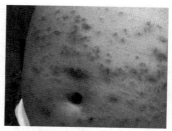
【그림 301】 모겔론스병

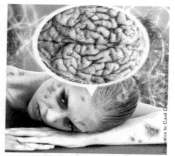
【그림 302】 모겔론스병에는 프로그램된 나노
기술이 들어있다.

격적인 모습은 몸에서 분리되는 색깔이 있는 섬유들인데, 이렇게 해도 이것
의 성장을 멈추게 하지 못한다(그림 302). 땅에 내려와 땅과 작물과 물을 감염
시키고 사람이 숨쉬고 피부를 거쳐 흡수되는 켐트레일의 나노기술에서 이
섬유들이 나온다는 것을 나는 전혀 의심하지 않는다. 나노기술은 너무도 작
아서 사람의 눈에 보이지 않는다. 켐트레일은 하루하루 늘어가는 대규모 인
구감축 프로그램의 일부다. 사람들을 대상으로 하는 생물학전은 새로울 바
가 없지만, 그 지구적 규모는 분명히 없던 것이고 거대 생명공학 기업들과
유력한 용의자들 덕분에 가능한 일이다. 이 대대적인 중독 프로그램에는 중
국도 손을 대고 있는데, 다시 말하지만 서로 다른 '편들'이란 생각은 착각
일 뿐이다. 검색창이나 유튜브에 'Chemtrail(켐트레일)'을 쳐보면 이 주제를
다룬 많은 정보와 비디오들이 있을 것이다. 또한 '500,000 plastic coffins in
Georgia(조지아 주의 50만 개의 플라스틱 관들)'을 쳐보고 미국 전역에 있는 다

른 사례들과 함께 왜 조지아 주의 한 곳에만 50만 개의 플라스틱 관들이 있는지 스스로 물어보길 바란다.

'의제 21'의 진실

지구를 파괴해온 사람들이 내세우는 '지구를 구하자'는 주제는 '지구온난화'나 '기후변화'에만 국한되는 것이 아니다. 절대 아니다, 그보다도 훨씬 더 많은 것들이 들어있다. 여기, '의제Agenda 21'을 봐주기 바란다(그림 303). 이것은 1992년 브라질 리우데자네이루에서 열린 UN 환경개발회의에서 태어났다. 이 행사는 삶의 대부분을 로스차일드가와 록펠러가에게 노예처럼 봉사했던 캐나다의 석유/사업 갑부 모리스 스트롱Maurice Strong이 주최했다. 스트롱은 빌더버그 그룹과 삼극위원회가 들어가 있는 라운드테이블 네트워크에서 환경 분야의 위성기구인 로마클럽의 회원이다. 의제 21과 이어진 생물다양성협약은 200개 나라들의 태반이 가입한 국제적 구속력이 있는 협약이다. 의제 21은 '환경을 지키자'는 명분으로 UN이 광범위하게 토지를 몰수하고 정부가 모든 자원들, 물 공급과 사용량, 그리고 이보다 훨씬 더 많은 것들을 통제하기를 요구한다. 미국이 이 협약에 서명하기는 했지만, 생태운동가이자 생태학자인 마이클 코프만Michael Coffman 박사 같은 사람들 덕분에 상원의 비준을 받지 못했다. 코프만 박사는 1980년대와 1990년대에 '환경을 보호하기' 위해 미국 국토의 절반을 몰수하려는 계획이 있음을 알게 되었다.

【그림 303】 의제 21은 그야말로 세계적 파시즘으로 가는 트로이의 목마다.

여기에는 기술적으로 홍수를 일으킨 미주리와 미시시피 강을 따라 사는 사람들이 내쫓기고 있는 것과 같은 방식으로, 농촌 지역사회들을 파괴하고 주민들을 몰아내려고 도로망을 없애버리는 일도 들어있었다. 이 잔인무도한 일에 충실한 나라들의 목록은 부록 2에 실었다. 말할

548

것도 없이 영국, 캐나다, 오스트레일리아, 뉴질랜드와 유럽연합이 들어있다. 의제 21은 'UN 기구들, 정부들, 그리고 인간이 환경에 직접 영향을 미치는 모든 분야의 큰 집단들이 지구적으로 국가적으로 지역적으로 취해야 할 행동의 포괄적인 청사진'이다. 잠깐만, 이 말을 내 전체주의번역기로 돌려봐야겠다. 잠시만 …… 나왔다. "됐으니 가봐라." 맞다, 이 말은 분명히 의제 21이 대규모로 인구를 감축하고, 지구를 지킨다는 이름으로 지구 표면의 많은 부분을 강탈하고, 모든 수준에서 인간을 마이크로칩을 심은 완전한 농노와 노예들과 다를 바 없이 만들 파시스트 통제구조를 도입하는 것이라는 뜻이다. 혈통의 환경 암살자들이 회개의 길을 걸어가고 있다며 그것을 우리더러 믿으라고 한다. 아주 적절한 질문이 생각난다. 전리층에 구멍을 내고, 바다와 대기에 방사능을 내뿜는 많은 원천들을 들여오고, 우림을 파괴하고, 멕시코 만의 생태계를 황폐화시키는 등등의 일을 하고 있는 세계 최대의 오염 유발자들이 왜 느닷없이 나무를 껴안는 사람들로 돌변할까? 당연한 말을 하자면, 그들은 그럴 생각이 없다. 의제 21은 혈통이 창조하고 조종하는 UN의 작품이고 40개의 장(章)에 세상을 장악하려는 프로그램을 펼쳐놓는다. 그 목표는 다음과 같은 것들이다.

- 국가주권을 끝낸다.
- 모든 토지자원, 생태계, 사막, 숲, 산, 바다, 담수, 농업, 농촌개발, 생명공학을 국가가 계획 관리하고, 형평을 보장한다(모든 사람을 동등하게 노예화한다).
- 국가가 사업과 금융자산들의 '역할을 정의'한다.
- 사유재산을 폐지한다('지속가능'하지 않기에).
- 가족단위를 '구조조정'한다.
- 국가가 아이들을 양육한다.
- 사람들은 무슨 일을 할지를 지시받는다.

- 이주를 대폭 제한한다.
- '인간 거주 지역'을 만든다.
- 사람들이 사는 땅을 비우도록 대대적으로 강제 이주시킨다.
- 교육을 지나치게 단순화한다(이미 이루어짐).
- 대규모로 인구를 감축한다.

이 모든 일들이 온 세상에서 지구적으로 국가적으로 지역적으로 일어나도록 계획되었다. 자, 잠깐만 기다리시라. 국가가 아이들을 양육한다? 이 소리는 1932년 올더스 헉슬리가 《멋진 신세계》에서 했던 말이 아니었나? 알다시피 그랬던 것 같다. 그림 304는 사람들이 보고 싶어 하는 이 미친 의제 21의 '생물다양성'과 '지속가능한 개발'을 표시한 지도다. 가장 진하게 표시된 지역들은 사실상 인간이 이용할 수 없는 곳으로 지정되었고, 다음으로 진한 지역들은 '고도로 규제되는' 곳들이다. 한 단계 더 밝은 지역들만이 일반인구가 '정상적으로 이용'하는 곳인데, 이 사람들은 대부분이 고층빌딩에 함께 오밀조밀 살게 되는 '인간 거주 지역'에 집중될 것이다. 지구적, 권역별, 국가적, 지역적 수준으로 실행되는 이 구조는 '지구시민'과 '지구촌'에 철권을 휘두를 세계정부가 감독할 것이다. 언론의 자유, 이주의 자유, 심지어(기술을 통해) 생각의 자유도 없을 것이다. 의제 21의 앞잡이 기구인 자치단체국제환경협의회International Committee for Local Environmental Initiatives(ICLEI)의 부사무

【그림 304】 의제 21이라는 미치광이가 계획대로 가면 미국은 끝장이다.

총장 하베이 루빈Harvey Rubin(로스차일드 시오니스트)은 그의 '멋진 신세계'가 미국 헌법과 권리장전, 사유재산과 언론의 자유와 관련하여 국민의 자유에 어떤 영향을 미치는지 질문을 받았다. 그는 짧게 대답했다. "개인의 권리들은 집단에 비해 부차적인 것이어야 한다." 의

제 21은 일반적으로 공학자, 과학자, 의료인과 기술전문가들이 대상지역에 있어서의 의사결정과 법률들을 통제하는 '기술관료제Technocracy'라는 것을 도입하기로 되어있다. '전문가들'은 그들의 지식 수준을 바탕으로 결정들을 내리겠지만, 그들이 얼마나 많은 지식을 가졌는지는 누가 결정하는가? 국가다. 어떤 바보가 많은 지식을 가졌다고 국가가 결정하면(이미 아주 흔하게 그렇게 하고 있듯이) 그 바보는 통제권을 갖게 된다. 선출된 사람들보다 정부기관들이 얼마나 많은 결정들을 내리고 법들을 도입하고 있는지 당신은 지금쯤 알아챘을지도 모르겠다. 이것들이 내가 이야기하고 있는 것으로 가는 디딤돌들이다. 즈비그뉴 브레진스키는 1970년에《두 시대의 사이에서Between Two Ages: 테크네트로닉 시대에서의 미국의 역할》이라는 책을 냈다. 그는 어떤 계획이 세워져 있는지를 정확히 알고 있었다. 그의 말을 들어보자.

테크네트로닉 시대Technetronic era에는 더 많이 통제되는 사회가 조금씩 모습을 드러낸다. 그런 사회는 엘리트가 지배할 것이고 전통적인 가치들에 제약받지 않을 것이다. 모든 시민을 거의 끊임없이 감시할 것을 주장하고 시민들의 가장 개인적인 정보까지 들어있는 완벽한 최신 파일들을 보관하는 일이 오래지 않아 가능해질 것이다. 이 파일들은 정부 당국의 즉각적인 검색대상이 될 것이다.

이 기술관료제에 들어있는 계획 하나는 돈을 '탄소화폐carbon currency' 또는 '에너지증권/크레디트energy certificates/credits'로 바꾸는 것이다. 사람들에게는 얼마 되지 않는 양이 할당될 것이고 지정된 기간이 끝나기 전에 써야 할 것이다. 이런 식으로는 그 누구도 절약해서 모을 수가 없다(엘리트들만 빼고). 모든 사람들은 국가와 기술관료제와 그들의 첨단기술에 오롯이 의존할 것이다(렙틸리언들은 그 생각만으로도 오르가즘을 느낄 것이다). '기후변화'와 관련해서 '탄소배출권'을 이야기하는 것 자체가 사람들을 여기에 준비시키고 있고, 스마트그리드도 이런 거래 전체에서 핵심이 되는 내용이다. 내가 보기엔 의제 21과 무척이나 비슷해 보이는 사회를 촉진하는 비너스 프로젝트Venus Project라는 것이 있는데, 이것은 영화 '시대정신Zeitgeist'에서 강조되었고 플로리다 주를 그 근거지로 한다. 이 프로젝트의 웹사이트에서는 이렇게 말한다. "비너스 프로젝트는 우리 문화를 철저히 재설계하는 것만으로 가능해지는, 인류를 위한 과감하고 새로운 방향을 보여준다." 마음에 든다, 하지만 어떤 종류의 '재설계'? 비너스 프로젝트는 '미래학자'이자 공학자인 자크 프레스코Jacque Fresco가 이끄는데, 그는 자신의 자원기반 경제에는 "금융이 영향을 주고 통제하는 체제는 더 이상 없을 것"이라고 말을 한다. 그래야 하지만, 여기에는 몇 안 되는 엘-리트들이 기술과 통합 체제를 통제하는 전혀 새로운 수준의 인간통제를 가져올 가능성이 있다.

정부 기관들, 비정부기구들(NGOs), 두뇌집단들, 트러스트들, 재단들, '훈련'(마인드컨트롤) 활동들과 '계획들'을 포함하는 서로 이어진 조직들의 광범위한 그물망은 그들이 '후기산업, 후기민주'(테크네트로닉) 사회라고 하는 기반구조를 구축해오고 있다. 반면에 세계 인구의 대부분은 스포츠, 게임쇼, 돈, 컴퓨터게임, 소셜네트워킹과 딴 데 정신 팔게 하는 온갖 것들에 푹 빠져있거나, 같은 사람들이 꾸며낸 경제위기에 부딪쳐서 청구서들을 지불하느라 쩔쩔매고 있다. 자치단체국제환경협의회는 이제 '지속가능성을 위한 세계지방정부Local Governments for Sustainability'로 불리고 콘라드 오토 짐머만Konrad Otto-Zimmermann(로스차일드 시오니스트)이 사무총장을 맡고 있다. 의제 21의 '지속가능성을 위한 세계지방정부'는 70개국에서 569,885,000명의 사람들을 대표하는 1,220명의 지방정부 구성원들이 가입해있다고 말한다. 그러나 당연히, 이들은 사람들을 전혀 '대표'하지 않는다. 그 사람들은 의제 21이 자신과 가족들에게 어떤 의미인지는 말할 것도 없고, 이런 의제가 있는지조차도 모른다. '지속가능성을 위한 세계지방정부'는 '기후변화'와 '생물다양성'을 퍼뜨리고 다니는 혈통의 온갖 잡동사니 위장조직들이 지원한다. 다음과 같은 것들이 그것이다. 세계지방자치단체연합(UCLG), 메트로폴리스Metropolis, 세

552

계경제포럼, UN 환경계획(UNEP), UN 인간정주계획(UN-Habitat), UN 기후변화협약, 재해감소를 위한 UN 국제전략UN International Strategy for Disaster Reduction, 세계은행, 클린턴기후구상Clinton Climate Initiative, 기후변화그룹Climate Group(토니 블레어), 세계자연보전연맹(IUCN), 재생에너지/에너지효율협력Renewable Energy and Energy Efficiency Partnership, 지구생태발자국네트워크Global Footprint Network, 국제지속가능도시센터International Center for Sustainable Cities, 지진/대도시구상Earthquakes and Megacities Initiative, 이해당사자포럼Stakeholder Forum. 원 세상에, 저렇게 많은 사람들과 저녁을 먹고 나면 수면제는 한 알도 필요 없겠다, 그렇지 않은가? 이들은 같은 목표를 가지고 일하는 조직들이 구성하는 세계적 태피스트리 전체의 요소일 뿐이다. 로스차일드가와 록펠러가는 그들이 1987년 콜로라도의 제4차 세계야생지역콘퍼런스World Wilderness Conference에서 지금은 다른 이름으로 활동하는 '세계자연보전은행'(WCB)을 제안했을 때, 이미 의제 21을 마음에 두고 있었다. 미국의 재무부장관이자 '탈바꿈하는 자' 아버지 조지 부시의 가까운 동료였던 제임스 베이커James Baker는 WCB를 지지하면서 야생지와 '환경적으로 민감한' 땅들을 '은행'에 주는 조건으로 제3세계의 부채 일부를 탕감하자는 연설을 했다. WCB는 절망적인 나라들을 돕는 일과는 아무런 관계가 없고 오로지 의제 21을 위한 토지의 강탈과만 관련이 있다. 회계사이자 투자상담가 조지 헌트George W. Hunt가 세계야생지역콘퍼런스의 공식 주최자였고 그는 막 유포되기 시작하던 몇몇 '음모이론' 정보를 연구하고 있던 중이었다. 헌트는 〈머니체인저Moneychanger〉지에 WCB가 제3세계의 부채를 줄여주고 '환경을 돕는' 일을 하고 있다고 주장하지만 사실은 땅을 빼앗는 세계중앙은행으로서 고안된 것이라고 말했다. 두 명의 아주 익숙한 이름들도 나왔다.

은행가인 에드몽 드 로스차일드가 6일 동안 그 모임에 있었어요. 에드몽 드 로스차일드는 개인적으로 캐나다 왕립은행의 마이클 스윗먼Michael Sweatman과 함께 통화 관련 문제들과 이

WCB를 만드는 일을 하고 있었지요. 이 두 사람은 꼭 쌍쌍둥이 같았는데요, 그래서 이 콘퍼런스의 적어도 재정적인 면은 이 사람들이 운영하고 있었던 것 같다고 말하는 거예요. 또 그 콘퍼런스는 일차적으로 돈을 모으려는 것이었다고 말하겠어요. (체이스맨해튼은행의) 데이비드 록펠러도 거기 있었고 일요일에 연설을 했어요.

이 사기극은 제3세계 국가들의 부채를 WCB에 이전하고 그 대가로 이 나라들은 땅을 넘겨주는 것이다. WCB를 넘겨받은 다른 기관은 광활한 넓이의 땅에 대한 소유권을 물려받은 것이다. 야생지역콘퍼런스 사무국이 펴낸 자료에는 이렇게 되어있다.

WCB에 대한 계획들은 이 은행이 특정 개발도상국들과 다자개발은행 또는 개인은행들 사이의 중개인이 되어서 특정 액수의 부채를 WCB에 이전하는 일을 하고, 따라서 은행장부에 있는 기존의 '불안한 부채'를 WCB에의 새로운 부채로 대신한다는 것을 보여준다. 부채 의무를 덜어주는 대가로 채무국은 '동등가치'를 가진 자연자원 자산들을 WCB에 넘겨줄 것이다.

조지 헌트는 자신의 경호원을 보내서 데이비드 록펠러에게 항의서를 건넸다. 헌트는 록펠러의 사무실로부터 정치공작에서 손 떼는 게 좋을 것이고 그렇지 않으면 후회할 것이라는 경고를 받았다고 말한다. 이렇게 멋진 사람들이다. WCB는 '지구환경기금Global Environment Facility'으로 바뀌었고 이것은 정확히 에드몽 드 로스차일드와 데이비드 록펠러가 제안했던 일을 하고 있다. 바로 세상을 훔치는 일을. 버락 오바마는 2011년에 아무런 논의나 논쟁도 없이 행정명령에 달랑 서명만 해서 백악관 농촌자문위원회Rural Council를 만들어냈다(행정명령 13575). 이 '농촌자문위원회'에는 국방부와 NASA(농촌자문위원회에?)를 포함하는 긴 목록의 정부 기관들이 들어있는데, 이들은 사람들을 땅에서 몰아내고(필요하다면 물리적으로) 의제 21을 실행할 이유들을 찾아내는 데 필요하다. 오바마의 행정명령은 '목축을 포함한 자작농과 가족농

554

에 대한 최대의 위협'으로 묘사되었다. 이제 당신은 이것이 혈통의 기업들에게 먹을거리를 생산하는 독점권을 주는 계획에 어떻게 연결되는지, 그리고 왜 육군공병단이 제방을 폭파해서 자작농들의 농지에 홍수를 내고는 고통 받는 농부들에게 그들의 땅을 육군공병단에게 팔 수 있다는 편지를 보냈는지를 알게 된다. 한 평론가는 오바마의 농촌자문위원회를 이렇게 말한다. "미국을 통틀어 될수록 많은 사람들을 소중한 농지들로부터 떼어놓고 …… 온 나라의 사유지 소유자들을 공격하려는 속셈을 선포한 군사회의다." 줄여 말하면 의제 21이다. 다음으로 2011년 6월에는 가족농장들에의 또 다른 공격을 다룬 뉴스가 나왔다. 농부들이 농기계를 운전하려면 영업용 운전면허를 갖춰야 한다는 '논의들'이 미국 교통부에서 있었던 것으로 드러났다. 이렇게 되면 미국의 역사만큼이나 오래된 가족농은 끝날 것이다. 가족농은 형편들이 뻔하다. 대개가 빠듯한 예산으로 가족이 경영하는 것이다. 아이들은 자라서 트랙터를 운전하고 농장을 물려받도록 준비된다. 하지만 새로운 규정들은 농부들이 그럴 형편이 안 되는 값비싼 직업운전자들로 대체되어야할 것이라는 뜻일 것이다. 이것은 거대 식품회사와 연결되지 않은 가족농들의 삶을 이어갈 수 없게 하는 더더욱 냉혹한 계산속이다. 한 농부는 정부가 농촌의 삶과 농업에 대한 이해를 저버렸다고 말했다. "나는 여기에 조금이라도 악의가 있다고 말하는 게 아니에요." 그가 말했다. "하지만 정부는 이해하지 못해요." 아, 그러나 그들은 이해하고 있고 그것도 아주 악의적이다. 또 다른 농부는 이 계획처럼 얼토당토않은 것은 여태껏 들어본 적이 없다고 말했다. 가족농이 살아남기를 바라는 사람에게는 그렇지만, 아닌 사람에게는 그렇지 않다.

자작농들과 많은 사람들을 땅에서 몰아내는 일은 날씨의 조작, 경제적 공격, 토지와 물과 자원들을 어떻게 써야 하는지를 결정하는 정부 기관들, 그리고 환경법들을 통해 이루어지게 되어있다. 환경보호청(EPA)은 자작농들과 재배자들, 그리고 농촌지역사회들에게 이미 테러리스트 조직이다. 나는 이 책의 편집이 끝나기 바로 전에, 캘리포니아 사막의 사람이 아주 드물게 사는 앤텔로프 밸리의 거주민들을 표적으로 삼아 로스앤젤레스 카운티의 '불법행위처리반'이 저지르는 역겨운 행태들을 담은 비디오를 보았다. 사람들은 어처구니없는 '법규위반'으로 집에서 쫓겨나고 있었고 재산을 없애라는 명령을 받았다. 한 남자는 이 일이 익명의 '이웃들'이 그의 사유지를 두고 항의했기 때문이라는 말을 들었지만 사실 가장 가까운 '이웃들'은 사방팔방 16킬로미터나 떨어져 있었다. 거주민들은 총부리를 들이대기 일쑤인 이 제복을 입은 모자란 폭력배들로부터 터무니없는 괴롭힘을 당했고, 무슨 일이 벌어지는지 그리고 왜 이런 일이 생기고 있는지 혼란스러워한다. 나는 말해줄 수 있다. 의제 21이다. 영국 정부가 국유림을 사설기관들에 팔아치우려고 했던 진짜 이유도 이것이었다.

'지속가능한 개발'은 '지속가능한 통제'

의제 21의 악몽 속에서 살아갈 아이들은 내가 말하는 것처럼 그들의 운명을 받아들이도록 프로그램되고 있다. 혈통이 만들었고 통제하는 UN 교육과학문화기구(UNESCO)는 2005년에서 2015년까지를 '지속가능한 개발을 위한 교육의 10년'(ESD)으로 선포했다. 바꿔 말하면, '우리 아이들이 착하고 작은 노예들이 되게 하는 대규모 마인드컨트롤의 10년'이다. 한 성명에서는 이렇게 말했다.

ESD의 10년은 잠재적으로 삶의 모든 측면을 다루는 지대한 영향력을 가지면서도 복잡한 일이다. 그 기본적인 비전은 모든 이들이 지속가능한 미래와 긍정적인 사회변혁에 요구되는 가치들, 행동, 그리고 삶의 방식들을 배우는 세상이다.

내가 말하듯이 '우리 아이들이 착하고 작은 노예들이 되게 하는 대규모 마인드컨트롤의 10년'이다. 교육을 체계적으로 지나치게 단순화하는 한 가지

556

이유가 그들의 '지속가능성' 문서들의 하나에 쓰인 이 말에 압축되어있다.

일반적으로 소득이 더 높은 더 많은 교육을 받은 사람들은 소득이 더 낮을 가능성이 높은 교육 수준이 낮은 사람들보다 더 많은 자원을 소비할 수 있다. 이 경우에 더 많은 교육은 지속가능성에의 위협을 늘린다.

와! 이 진술이 함축하는 것을 생각해보시라. 진절머리 나는 2인방 아버지 조지 부시와 빌 클린턴은 재임기간에 의제 21을 지지했고 따라서 저 정의만 놓고 보면 이것이 뜻하는 것은 죽음, 파괴와 통제임에 틀림없다. 클린턴은 정치적이거나 공적인 논의도 없이 또 다른 행정명령으로 '지속가능한 개발' 대통령 자문위원회를 만들었다. 의제 21이 슬며시 그리고 전체주의자의 까치발걸음으로 도입되고 있는 방법이 이것이다. 오바마의 '농촌자문위원회'는 이 글을 쓰는 시점에서 가장 최근 것일 뿐이다. 그림자 속에서 기다리고 있는 다른 많은 것들이 있고 우리는 미국 민주주의의 마지막 타는 불씨마저도 강탈하기 위해, 이름에 '백악관'과 '대통령'이 들어가는 기구들이 갈수록 더 이용되고 있는 모습을 지켜보고 있다. '지속가능한 개발'이라는 용어는 이것이 어느 하나를 나타내는 듯이 보이지만 아주 다른 뭔가를 뜻한다는 점에서 전형적인 전체주의 언어다. 나는 화전을 일구는 것과 같은 환경파괴들과는 달리, 무한정 이어갈 수 있다는 점에서 지속가능한 방식으로 뭔가를 하는 데는 대찬성이다. 그러나 (1) 이 뒤에 있는 사람들의 활동들로 지구는 황폐화되고 있고, (2) 의제 21은 지속가능한 개발에 관한 것이 아니라 지속가능한 통제와 대량 인구감축에 관한 것이다. UN 지구생물다양성 평가보고서는 85퍼센트의 인구를 줄여야 한다고 했다. 이런 우라질, 계획된 '지속가능한' 미국의 지도만 봐도 그것을 시행하는 데 필요한 인구감축의 규모를 알아차릴 수 있다. 또 한 사람의 인구 극단주의자 조나단 포릿Jonathan Porritt은 찰스 왕세자와 영국 정부의 '녹색' 고문이었다. 이 사람은 영국의 인구를 절반이 안 되는 3,000만 명으로 줄여야 한다고 했다. 포릿은 11대 뉴질랜드 총독이었던 포릿 경의 아들로 '2대 준남작 조나단 포릿 경님'이라는 이름표를 가질 선택권을 갖고 있다. 그는 철저히 혈통의 조종을 받는 '탈바꿈하는 자' 토니 블레어가 설립한 지속가능개발위원회Sustainable Development Commission의 위원장이었고, 예전의 '적정인구트러스트Optimum Population Trust'인 '인구문제 Population Matters'의 후원자다. 포릿은 내가 만나본 가장 거만하고 자기중심적인 사람들 가운데 한 명이기도 하다. 인구에 대한 그의 입장을 지지했던 사람은 런던과학박물관 관장 크리스 래플리Chris Rapley 교수로, 이 사람은 인구가 너무 많으면 지구온난화를 멈추기 위해 탄소배출을 80퍼센트까지 줄이기가 훨씬 어려워질 것이라고 했다. 이 또한 인구감축의 명분으로 이용되고 있다. 개인적으로 나는 포릿과 래플리의 탄소배출을 줄이는 게 세상에 훨씬 더 도움이 되리라고 생각한다. 그들의 계획은 다음 몇 년 동안에 의제 21을 될수록 빠르게 진척시키는 것이고, UN 총회가 2011년부터 2020년까지를 'UN 생물다양성의 10년'으로 선포한 이유가 이 때문이다. 이 일은 '생물다양성을 위한 전략계획 목표들의 시행을 뒷받침하고 촉진하려고' 공식적으로 진행되고 있지만, 내가 여기서 설명해온 목표들에 더하여 아주 많은 것들의 시행을 뒷받침하고 촉진하는 것이 그 계획이다. 수수께끼 같은 조지아 가이드스톤Georgia Guidestones은 조지아 주 엘버트 카운티에 있는데, 점성학적으로 정렬된 화강암 기념물로 흔히 '미국의 스톤헨지'라 불린다. 1979년에 '크리스티앙R. C. Christian'이라는 필명을 쓰는 어떤 사람의 주문으로 만들어졌고, 미래 세상을 위한 열 가지 '가이드들'이 여러 언어들로 새겨져있다. 이 '가이드'의 두 가지는 '자연과의 영구적인 균형 속에 인류를 5억 이하로 유지한다'와 '지혜롭게 생식하도록 이끌고 건강과 다양성을 나아지게 한다'이다. 아, 정말? 게다가 누가 이끈다는 말인가? 그야 당연히 국가다.

하프, 그웬, 테트라, '녹색' 조명, '기후변화'라는 사기극, 켐트레일, 의제 21과 '생물다양성'은 죄다 메두사 머리의 뱀들이다. 나는 나쁜 소식들을 전하는 걸 좋아하지 않지만, 우리는 성숙한 사람이 되어 허리를 곧추세우고서 우리가 직면한 것을 알아야 한다. 그렇게 해야만 우리는 그것을 다룰 무언가를 할 수 있다. 그리고 잊지 않길 바란다. …… 이 일을 하는 데 우리는 혼자가 아니라는 것을. 다른 힘들이 통제시스템을 무너뜨리고, 인간의 자각을 흔들어 깨우며 렙틸리언 어젠다를 좌절시키려고 일하고 있다.

　덧붙이는 말: 이 책의 초판이 만들어지는 동안에 우리는 즈비그뉴 브레진스키가 자신의 책에서 '테크네트로닉 사회'라고 했던 것이 유럽에서 드러나는 모습을 보았다. '유로존'에서의 조작된 금융위기의 문제-반응-해결책 과정은 비선출 기술관료들(은행가들)을 이탈리아와 그리스의 총리 자리에 앉혔다. 예일대학교 출신으로 유럽연합집행위원이었고, 빌더버그 그룹의 임원, 코카콜라와 골드만삭스의 국제고문이었던 마리오 몬티Mario Monti, 유럽중앙은행 부총재, 보스턴 연방준비은행의 수석경제학자, 그리스은행 총재와 하버드대학교 객원교수였던 루카스 파파데모스Lucas Papademos가 그들이다. 몬티는 이탈리아 재무부장관을 역임했고 스스로 내각을 구성하면서 선출된 정치인은 단 한 명도 없이 오로지 기술관료들, 특히 교수들만을 지명했다.
　마리오 몬티가 브레진스키와 록펠러가 설립한 (로스차일드) 삼극위원회의 유럽위원장이었고 루카스 파파데모스가 삼극위원회의 위원이라는 사실은 우연의 일치가 아니다(두 사람 다 2011년 11월에 총리가 되었다-옮긴이)

우리는 계속 가난해질 수밖에 없다!

마음을 직접 조종하는 일을 빼고서 지금 세상에서 가장 효과적인 통제의 형태는 돈이다. 많은 돈을 가졌을 때는 조금 또는 아예 없을 때보다도 훨씬 더 많은 기회와 힘이 생긴다. 뭔가를 하거나 어딘가 가고 싶지만 돈 때문에 하지 못하는 때가 얼마나 많은가?

돈은 사람들 대부분의 관심사이고, 이것은 혈통들이 그대로 이어지길 바라는 방식이다. 몇몇 사람들은 돈을 갈수록 더 많이 쌓아두는 데 집중하는 반면에 나머지 대부분은 임대료나 융자금을 벌거나 심지어 자신과 가족들이 먹을 음식을 사는 데 충분할 만큼의 돈을 벌려고 절박하게 힘을 기울인다. 로스차일드가와 혈통들은 사실상 모든 사람이 돈에 의존하는 세계구조를 만들어냈고, 또 그들이 돈을 통제한다는 점을 확실히 보여주었다. 그들은 오늘날 우리가 가진 '돈'이라는 개념(대출과 이자라고 하는 시스템)을 만들어 냄으로써 이렇게 했다. 사람들에게 존재하지도 않는 돈을 빌려주고 거기에 이자를 매긴다는 생각이다. 이것으로 그들은 부채의 누적을 통해 온 나라들과 지구의 자원들을 포함해서 세상 대부분을 움켜쥐게 되었다. 다시 메소포타미아로 돌아가 보자. 기원전 18세기 함무라비 왕의 통치기에 바빌론의 신전사제들도 돈을 빌렸고, 기원전 1000년까지만 해도 은행예금을 제3자에게 넘겨주는 일은 흔했다. 돈은 혈통들이 사용하는 통제의 으뜸 수단들의 하나인데, 서구세계에 처음으로 나타난 은행가들 가운데는 런던과 파리에 굴지의 금융가를 운영했던 템플기사단이 있었다. 베니스와 이탈리아 북부에 자리 잡은 '검은(토성) 귀족Black Nobility'이라는 혈통들의 네트워크도 오늘날 우리가 아는 통화제도의 확산에 아주 중요한 역할을 했다. 혈통 사탄숭배자들인 데 메디치de' Medici가도 여기에 포함된다. 검은 귀족은 '롬바르드Lombards'라는 상인들과 함께 이탈리아 북부의 롬바르디아에 금융가를 세웠는데, 이 '롬바르드'는 나중에 플로렌스, 제노바, 베니스와 밀란의 모든 은행가들을 일컫는 이름이 되었다. '은행bank'이라는 용어도 이탈리아에서 나왔다. '좌석bench'을 뜻하는 '뱅코banco'가 어원인데, 환전상들이 앉아서 일을 보던 좌석에서 나온 것이다. 오늘날, 재판관자리에 검은(토성) 법복을 입고 앉아서 법률제도를 집행하는 판사들을 가리켜 '더 벤치the bench'라고 부르는데, 법률제도 또한 은행을 만들어낸 혈통들이 제정했다.

검은 귀족의 은행활동은 함부르크, 암스테르담, 그리고 런던의 시티, 곧 '스퀘어마일'까지 뻗어나갔다. 스퀘어마일은 템플기사단 같은 비밀결사들의 통제를 받는다. '시티'에는 '롬바르드가(街)'가 있는데 앞에서 간추렸던 역사에 참고가 된다. 돈에 있어서 혈통들의 가장 파괴적인 무기는 '고리대금'이다. '이자'나 '폭리'를 뜻하는 중세 라틴어에서 나온 말이다. 일찍이 기독교세계에서는 고리대금업이 금지되었고, 이슬람권에서는 적어도 공식적으로는 지금도 그렇다. 카프카스 지역에서 북진하여 유럽으로 갔던 옛날 하자르인들에게 이것은 엄청난 '행운'이었다. 그들은 고리대금업을 금지하지 않았던 유대교를 따랐고, 그들이 이익을 착복하고 지금까지도 이어지는 규칙들과 일하는 방식들을 굳히기에 이 지역은 최적이었다. 지금은 '유대인'이라 부르는 옛날 하자르인들은 독일과 같은 곳들에서 금과 은의 교역을 통제했고, 독일에서는 바우어라는 가문이 이름을 로스차일드 또는 토성을 나타내는 육각별인 '레드쉴드Red Shield', '레드사인Red Sign'으로 바꾸었다. 독일어로 '골드슈미트'인 '골드스미스'는 사업과의 관련성 때문에 유대의 이름이 되었다. 골드스미스가는 그들의 귀중품보관실에 맡겨진 금과 은에 대한 종이영수증을 발행했고, 이 영수증들은 실제 금이나 은으로 교환되는 과정을 거치기보다는 영수증 자체가 교환되기 시작했다. 이 일은 금이나 은을 거의 움직이지 않고도 금과 은의 소유자가 아닌 다른 사람들에게 종이영수증을 발행할 수 있음을(그리고 이렇게 하는 데 이자를 물릴 수 있음을) 깨우친 금은세공인들의 손 안에 있었다. 그들은 다른 사람들의 부를 빌려줘서 자신들의 재산을 모으고 있었다. 진짜 소유자들이 찾아가려고 할 금과 은보다 더 많은 종이영수증(이자 붙은 대출)을 발행하지 않는 한 그들은 이 일을 끝도 없이 교묘하게 잘해낼 수 있었다. 지금 우리가 아는 은행시스템이 태어났고, 이것은 내가 로스차일드 시오니즘(로스차일드 새터니즘)이라 부르는 옛날 하자르 공동체의 파벌들 안에서 활동하던 비밀결사가 아직도 소유하고 통제한다.

돈이라는 광기

사람들은 그들의 삶을 통제하는 은행시스템에 대해 아는 것이 별로 없다. '돈'이 실제로 어디서 나오는지 묻는 사람이 몇이나 될까? 아, 그건 정부 아니에요? 글쎄, 아니다, 그렇지 않다. '돈'의 대부분은 혈통들, 특히 로스차일드가가 소유한 개인은행시스템이 허공에서 만들어내고, 이것을 '신용credit'이라고 한다. 바꾸어 말하면, 은행들은 사람들에게 존재하지도 않는 돈을 빌려주고 거기에 이자를 물린다. 소유권이라는 측면에서 존재하지도 않는 금과 은에 대해 그들이 종이영수증들을 빌려주던 것과 마찬가지다. 돈은 애초부터 빚으로서 '창조'되었기 때문에 인류는 빚더미에 허우적거리고 있다. 혈통들이 정부와 금융을 통제하면서 그들은 예금액의 10배도 넘는(실제로는 훨씬 훨씬 더 많은) 돈을 빌려주는 일을 아주 합법적으로 만들어주는 법들을 꼭두각시 정치인들을 통해 통과시킬 수 있었다. 이 제도를 '부분지불준비대출fractional reserve lending'이라 부른다. 당신이 1만원을 예금할 때마다, 당신은 은행이 남에게 최소 10만원을 빌려주고 거기에 이자를 물릴 권리를 주는 것이다. 당신이 은행에 가서 가령 1,000만 원을 빌린다고 치면 어떻게 될까? 은행이 돈을 찍어서 당신에게 넘겨줄까? 아니, 아니다. 은행은 당신이 이론상 '빌린 돈(실제로는 없는 돈이기 때문에 당신이 갖지 않더라도)'을 계좌에 그냥 찍어 넣을 뿐이다. 이제 당신에게는 그 '돈'을 이자까지 얹어서 갚아야할 의무가 있고, 경제가 무너지거나 일자리를 잃어서 그렇게 하지 못하면, 은행은 존재하는 당신의 재산을 뺏으러 온다. 땅이든, 재산이든, 소유물이든, 당신의 사업장이든. 이런 일이 수백 년 동안 일어나고 있고 이것으로 혈통들은 세상의 부 대부분을 축적했다. 또 아무런 의미도 없지만 오로지 우리가 가치 있는 것이라 생각하기에 구매력을 가진 한낱 종이쪼가리 통장이나 스크린 속의 숫자들에 의존하게 할 수 있었다. 아, 하지만 여기서 끝나지 않는다. 이제 당신이 막 '빌린' 허공의 '돈'을 쓸 텐데, 500만 원으로 차를 산다고 치자. 판매상은 있지도 않은 '돈'을 당신에게 받아서 수표를 자신의 은행에 입금한다. 이 두 번째 은행은 이제 500만 원의 최소 10배를 빌려주고 거기에 이자를 물릴 수 있다! 다음으로 판매상은 가령 200만 원을 주고 뭔가를 사고, 돈을 받은 사람은 자신의 은행에 입금한다. 이제 은행 3은 그 액수의 최소 10배를 빌려주고 이자를 붙일 수 있게 된다. 이 모든 일은 애당초 있지도 않았던 1,000만 원의 최초 '대출'에서 생긴다. 한 건의 대출이 은행시스템을 거쳐 가면서 만들어내는 이자의 액수는 그야말로 엄청나다고 할 수밖에 없다. 한 가지 더 있다. 은행은 '대출'을 해줄 때 당신이 동의한 액수를(이 경우엔 1,000만 원) 새로 만들어낸다. 하지만 당신은 1,000만 원을 갚는 것이 아니다. 이 금액에 이자를 더한 금액을 돌려주고, 이 이자는 결코 '새로 만들어진' 것이 아니다. 따라서, 그리고 고의로, 남아있는 '대출금들'의 모든 원금과 이자를 갚으려 해도 지금 돌아다니는 '돈'은 언제가 되었든지 턱없이 부족하다. '돈이 잘 도는' 경제팽창기에는 이것이 더 꼭꼭 숨겨질 수 있지만, 불황이나 불경기에는 우리가 지금 보듯이 사람들의 삶에 재앙과도 같은 일이 된다. 집과 사업장과 생계를 잃고 있는 사람들은 이런 식으로 이 시스템에 얽혀 들어간 것이다. 갚는 데 쓸 유통되는 '돈'보다도 남은 빚이 언제나 훨씬 더 많기에 그렇다(그림 305).

이 시스템은 속 모르는 경제학자들과 금융 '저널리스트들'이 마치 여기에 '자연적인' 뭔가가 있는 양 '경기순환'이라 부르는 것을 거쳐 혈통들이 게임을 사실상 완전히 통제하게 한다. 그런 건 없다. '경기순환'은 냉정한 조작이다. 호황과 불황의 차이는 기본적으로 유통되는 교환단위들(돈)의 양이다. 많은 신용화폐가 유통될 때는 경제활동의 팽창이 있을 수 있다. 더 많은 사람들이 물건을 살 수 있고 따라서 수요를 맞추려면 더 많은 것들을 생산할 필요가 생기며 고용은 풍족해지지만, 돌아다니는 '돈'이 훨씬 줄 때는 그

【그림 305】 빚더미에 앉혀놓고 딴 데 정신 팔게 만들어라. 잡았다!

【그림 306】 계속 돌리게, 벤, 막 찍어내라고.

반대 현상이 일어난다. 사람들은 그리 많은 것들을 살 수가 없고 따라서 생산수요가 줄어든다. 이것으로 아주 많은 사람들이 일자리와 생계수단, 그리고 집까지 잃는 일이 흔하다. 호황일 때는 사람들과 업계가 더 많은 빚을 지기가 쉽다. 자신의 직업에 자신감이 넘치고 더 큰 집과 차를 사는가 하면, 더 많은 비용이 드는 곳에서 휴일을 보낸다(그림 306). 회사들은 팽창하는 수요를 맞추려 새 공장과 설비를 사려고 대출을 받는다. 돌아다니는 '돈'의 양이 경제가 호황인지 불황인지에 결정적인 것인데, 그러면 누가 그것을 조종할까? 은행들이다. '경기순환'은 이렇게 된다. 1단계: 은행들은 사람들이 빌려가도록 조장하려

고 낮은 금리에 이론상의 돈(신용)을 빌려주는 이론상의 많은 대출을 해줌으로써 경제활동을 자극한다. 보통 당신은 이 기간에 대출을 얻어서 사실상 어떤 일이라도 할 수 있다. 경제호황은 이어지고 사람들과 회사들은 엄청난 금액의 빚에 스스로 빠져 들어간다. 2단계: 혈통의 은행들은 대출이 정점에 이르렀을 때 최적 시점에서 유통되는 돈을 거둬들이기 시작한다. 더 많은 '돈'을 은행으로 빨아들이도록 금리를 올리거나 대출건수가 확 줄어들게 하는 사건들을 기획하면 이렇게 할 수 있다. 시사용어로는 이것을 '신용경색'이라 한다. 3단계: 경제활동은 곤두박질치고, 일자리는 없어지며 빚과 이자를 갚을 수가 없어서 사업은 파산한다. 사람들이 존재하지도 않았던 '돈'을 못 갚으면 재산, 사업장과 그 밖의 부는 이제 혈통의 은행들과 기업들이 흡수한다. 엄청나게 많은 사람들이 집과 생계수단을 잃는 이유는 그들이 일을 중요하게 여기지 않아서가 아니다. 그 사람들이 생계를 꾸리도록 시스템이 충분한 일자리를 만들어내지 않을 때 이런 악몽이 일어난다. 일이 이렇게 되어도 시스템은 여전히 미쳐 돌아간다. 정말로 우리가 오로지 살아남기 위해 '죽을' 때까지 삶의 대부분의 날들을 노예들처럼 일하려고 여기 왔을까? 한 번 보시라. 사람들은 태어나서는 죽음이 코 앞에 올 때까지 노예들이 되어 일하고 빚을 지고 살기에 충분할 만큼 '교육'받는다. 혈통들은 대학에 가는 학생들에게 냉혹하게 비싼 학비를 강요해서 삶의 대부분의 기간 동안 허덕이며 갚아야 할 어처구니없는 액수의 빚을 지게 한다. 빚이란 무엇인가? 통제다. 급기야 젊은이들이 혈통의 은행들에게서 큰돈을 빌려서, 혈통의 시스템 속에서 노예가 되어 살도록 세뇌되고 준비되는 데 돈을 치를 지경에 이르렀다. 우리는 뭘 하고 있는 걸까? 자, 보시라. 스코틀랜드의 한 '교수'는 장기(臟器) 거래를 합법화해서 학생들이 이 사람 같은 얼간이들에게 '교육'받기 위해 장기를 팔 수 있게 해야 한다고 했다. "난 막 콩팥을 팔아서 의학과 보건 학위를 받을 수 있게 됐어." 학생들이 왜 길거리까지 나와서 그들이 겪고 있는 일들을 항의하는지 이해할 수 있다. 하지만 뭐가 바뀌었는가? 아무것도. 법을 만드는 정치인들을 설득하려 해봐야 시간 낭비다. 그들은 그들 주인들의 말을 따르지, 대중의 말을 따르지는 않는다. 시위를 벌이기보다는 그냥 대학에 가지 말라. 인생에서 하고픈 다른 것을 해보라. '모든 가능성' 안에서 우리가 가진 유일한 '선택'이 그것인가? 대학에 가는 것이? 시스템이 바뀔 때까지는 가지 말고, 말도 못할 정도의 지각 프로그래밍과 빚을 짊어지는 일에서 자신을 구하라. 나는 열다섯에 학교를 그만뒀고 큰 시험은 치른 적이 없다. 자신의 방식대로 자신을 스스로 교육할 수 있다(시스템의 방식이 아닌).

세상을 훔쳐라

여기 돈을 둘러싼 또 하나의 의문이 있다. 왜 정부들은 혈통의 개인 금융카르텔에게서 '돈'을 빌려서 국민에게 그것을 이자까지 얹어서 갚으라고 떠넘기는 걸까? 그들은 나라를 운영해야하는 정부들이 아닌가. 왜 그들은 이자 없는 돈을 스스로 만들어서 이자 없이 유통시키지 않을까? 왜 그런지 이제는 안다. 혈통들은 정부와 은행을 둘 다 손에 쥐고 있고 따라서 정부는 은행들 좋은 일을 한다. 미국 대통령 에이브러햄 링컨과 존 F. 케네디 두 사람은 은행들에서 빌리지 않은 무이자 나랏돈 형태들을 도입했다. 그들에게는 공통점이 한 가지 더 있는 것이다. 미국 정부는 로스차일드가와 록펠러가의 네트워크들이 1913년에 만들어낸 연방준비제도라는 개인소유의 은행카르텔에

게서 많은 '돈'을 빌린다(그림 307). 앞에서 이야기했듯이 사람들 대부분은 여기에 '연방'이라는 이름이 붙었고 '미국중앙은행'이라 부른다 해서 '연준'이 정부기관이라고 생각한다. 미국 대통령이 의장을 임명하지 않는가? 연방준비제도는 개인 은행들의 카르텔이고 공식적으로만 대통령이 의장을 임명한다. 혈통들이 대

【그림 307】 연방준비제도는 미국을 파괴하려고 만들어졌고, 지금 하고 있는 일이 바로 그것이다.

통령에게 누가 의장이 될지를 말해준다. 그들이 아무 조건 없이 대통령선거 운동에 몇 백만 달러를 쥐어주지는 않는다. 거래는 이렇다. "당신이 선거운 동을 하는 데 우리가 몇 백만을 주겠소. 당신 정부에 누가 들어갈지 말해주 는 것도 우리요." 연방준비은행은 미국 정부에 돈을 빌려주고 이자를 물린 다. '연준'이 달러를 소유하는 것이지 정부나 국민이 아니다. 로스차일드 왕 조의 시조 메이어 암셸 로스차일드가 말했다. "내가 나랏돈을 발행하고 통 제하겠다. 누가 법을 사용하는지는 신경 쓰지 않는다." 영국의 로스차일드 제국을 세운 그의 아들 네이선도 이렇게 말했다.

영국의 왕위에 어떤 꼭두각시가 앉혀져 해가 지지 않는 제국을 통치한들 나는 신경 쓰지 않 는다. 영국의 돈 공급을 통제하는 자가 대영제국을 통제하고, 내가 그 돈의 공급을 통제한다.

나는 '자본주의'의 '위기'가 있다는 말을 들었는데 우리가 거대 금융, 거 대 석유회사, 거대 제약회사, 거대 생명공학회사, 거대 식품회사들을 말하고 있는 것이라면 자본주의란 없다. 경쟁하는 자본주의는 그들이 절대로 바라 지 않는 것이다. 엘리트들은 내가 '카르텔리즘cartelism'이라 부르는 시스템 을 돌린다. "경쟁은 죄악이다"라고 말한 석유계 거물 존 D. 록펠러는 이런 사고방식에 사로잡혔다. 오늘날 미국과 유럽에서 벌어지고 있는 일들은 '세 상을 훔쳐라'라는 어젠다 속에서 아주 아주 오래 전에 꾸며진 것이다. 가난 한 나라, 곧 '제3세계'가 포화의 첫 표적이 되었고 이제 우리가 방관하면서 그걸 받아들인다면 우리 차례가 돌아온다. 제3세계의 부채로 수억 명의 사 람들이 죽었고 수십억의 삶이 무너졌다. 그리고 이것은 존재하지도 않고 또 절대로 존재하지 않을 돈의 부채다. 가난한 나라들이 깜짝 놀랄 만큼의 부채 를 지도록 조작된 자세한 배경은《진실이 자유롭게 하리라》에 설명했다. 아 프리카, 아시아, 중앙/남아메리카는 이론상의 '신용'과, 있었던 적도 없고 있 지도 않고 또 앞으로도 없을 돈의 부채를 통해 장악되었다. 그 수법을 알아보겠는가. 유럽의 식민주의자들이 표면적으로는 그들의 머나먼 제국들을 해체했을 때, 예전의 식민지들은 '독립'했다고 했었다. 하지만 결코 아니었다. 물리적인 점령은 새롭고 영구적인 물리적 점령을 준비하는 재정적 점령으로 바뀌었다. 로스차일드의 혈통 네트워크는 식민주의자들이 물러간(아무튼 문서상으로는 그렇다) 자리를 그들이 고른, 그것도 흔히 그들이 보수를 주는 정치지도자들로 채웠고 혈통의 대변자들과 비밀결사들은 그림자 속에서 모든 것들을 주물렀다. 이것이 가장 부유한 자들이 쳐놓은 덫에 세상에서 가장 가난한 사람들이 걸려든 사건들의 결말이었다. 로스차일드의 빌더버그 그룹은 1973년 5월 로스차일드 시오니스트 은행가 가문이자 '스웨덴의 로스차일드가'인 발렌베리가의 주최로 스웨덴 트셰바덴에서 만남을 가졌다. 다음과 같은 사람들이 거기 있었다.

헨리 키신저, 로버트 앤더슨Robert Anderson(애틀랜틱 리치필드 석유회사 소유자), 에릭 드레이크 경Eric Drake(BP사 회장), 데니스 그린힐 경Dennis Greenhill(BP사 전무이사), 르네 그라니에 드 릴리악Rene Granier de Lilliac(프랑스석유연구소French Institute of Petroleum), 게릿 바그너Gerrit Wagner(로열더치쉘 사장), 조지 볼George Ball(리먼브라더스Lehman Brothers), 데이비드 록펠러(체이스맨해튼은행), 즈비그뉴 브레진스키(삼극위원회 의장, 지미 카터의 미래국가안보고문, 지금은 버락 오바마의 멘토), 에드몽 드 로스차일드(미스터 '세계자연보전은행').

전후의 마셜플랜(유럽부흥계획)에 미국 정부의 공식 석유경제학자로 참여했던 월터 레비Walter Levy는 빌더버거들에게 석유가격을 400퍼센트로 대폭 인상하라고 제안했다. 이 일을 할 핑계가 필요했다. 5개월 뒤인 1973년 10월 이집트와 시리아가 이스라엘을 침공하면서 '욤키푸르전쟁'이 일어났다. 미국은 이스라엘을 지원했고 이 일로 아랍의 석유독재자들은 미국이 이 충돌에서 무기재보급을 포함해 '적을' 밀어주는 데 항의하면서 석유금수와 감산, 그리고 생산한 석유가격을 큰 폭으로 올린다고 선언했다. 그러나 이것은 모조리 한 편의 영화였다. 세계경제는 엉망이 되었고 영국에서는 '연료비축량을 아끼려고' 1주일에 3일만 일하게 했다. 온 세상에서 수백만의 사람들이 일거리와 생계수단을 잃었다. 록펠러의 엑슨 같은 미국의 석유 거인들은 욤키푸르전쟁을 준비하면서 그 여파를 훨씬 더 크게 만들 양으로 국내 석유비축량을 터무니없는 수준으로 줄여오고 있었다. 그 무렵 국무부장관과 국가안보보좌관이던 헨리 키신저는 리처드 닉슨 대통령에게 국내 석유비축량을 줄이는 일은 문제가 되지 않을 거라고 장담했다. 우연찮게도 로스차일드 시오니시트 키신저는 '왕복외교'를 통해 욤키푸르전쟁을 꾸며낸 사람이었다. 이스라엘과 공모하면서 이집트와 시리아에는 거짓말을 했다. 로스차일드의 빌더버그 그룹은 이제 어마어마한 석유가격 급등을 이루었고 2단계에 들어갈 시간이었다. 로스차일드 비밀집단과 아랍 산유국들 사이에 이루어진 거래의 일부는 큰 폭으로 늘어난 수익을 체이스맨해튼은행, 씨티은행, 매뉴팩처러스 하노버 트러스트Manufacturers Hanover Trust, 뱅크오브아메리카, 바클레이스은행Barclays, 로이즈 앤 미드랜드Lloyds and Midland 같은 지정 은행들에 예금하는 것이었다. 마침내, 석유수출국기구(OPEC) 회원국들의 석유수익 70퍼센트가 해외의 주식, 채권과 땅에 투자되었다. 이 수치의 60퍼센트는 뉴욕과 런던에 있는 금융기관들에 예치되었다. 이 기관들은 부분지불준비대출이라는 사기극이 있어서 그들이 받은 금액의 최소 10배를 빌려줄 수 있게 되었다. 온 세상의 인구들은 석유가격 급등과 감산으로 생긴 경제 붕괴에 뒤이어 살아남으려고 쩔쩔매고 있었다. 귀에 익은 소리인가? 다음으로 은행들은 제3세계에 대표들을 줄줄이 보내서 그들 국가가 가져갈 수 있는 만큼의 차관을 제안했고, 특히 그것을 훔치고 허비할 부패하고 무능한 정치인들을 찾고 있었다. 그들은 이 나라들이 엄청나게 늘어난 부채를 갚지 않기를 바랐다. 마지막 단계가 그 나라들의 땅과 자원들을 강탈하는 것이었기 때문이다. '돈'은 변동되는 저금리로 빌려주고, 부채라는 올가미가 놓이고 나면 그들은 금리를 엄청나게 올리면서 덫의 문을 열었다. 이 일은 그 무렵의 연방준비제도이사회 의장이자 나중에 '오바마의' 첫 경제팀 일원이 된 로스차일드가의 파트너 폴 볼커(로스차일드 시오니스트, 빌더버그 그룹)와 두 꼭두각시인 로널드 레이건 대통령(부통령이던 아버지 부시의 조종을 받음)과 마가렛 대처 영국 총리(사실은 아니지만 자신을 '보스'로 생각했다)의 정책들로 이루어졌다. 이들은 동일한 '통화론자' 경제긴축과 '민영화' 프로그램들(국가자산들을 로스차일드가의 기업들에게 팔아치우는)을 서로 다른 이름으로 들여왔다. 런던의 시티에 있는 N. M. 로스차일드는 영국의 국가자산들을 민영화하는 데 선봉이 되는 '대리점'이었다. 이와 똑같은 정책들을 '레이거노믹스Reaganomics'와 '대처리즘Thatcherism'이라 불렀는데, 은행금리를 치솟게 하고 지구에서 가장 가난한 나라들에게 끔찍한 결과를 가져다주었다. '제3세계 부채'로 알려지게 된 이 빚은 그토록 엄청난 비율에 이르러서 그들은 스크린 속의 실체 없는 숫자인 원금은커녕 이자조차 갚을 수가 없었다.

　　로스차일드가가 만들어낸 세계은행과 국제통화기금(IMF)은 더 많은 차관을 제공하는 데 뛰어들었는데, 이번에는 개인은행들에게 빌린 돈을 갚기 위한 공금에서 나온 돈이었다. 하지만 늘 그렇듯이 이것은 인류에 대한 범죄가 되는 짓을 무릅쓴 것이었다. 이는 세계은행과 IMF, 그리고 부채를 진 나라들을 거쳐, 사람들에게서 금융카르텔로 돈이 넘어가게 하는 것이기도 했다. 로스차일드가의 기업들은 실제로 이런 식으로 이 나라들의 소유권을 움켜쥐었고, 수억의 사람들이 극심한 가난과 영양실조로 고통 받고 죽어갔다. 세계은행과 IMF는 목표국가들에게 보건, 교육, 빈민구호와 같은 영역들에서 가혹한 긴축계획들을 도입하라고 고집했고, 사람들을 먹일 식량을 재배하는 땅들을 혈통의 초국적 기업들에게 들어가는 '환금작물' 재배지로 바꿔야 한다고 했다. 그들은 또 다음의 것들을 강요했다. 국가자산들을 기업들에게 매각하고, 이 기업들이 독점해서 하고 싶은 대로 하도록 규제를 철폐하며, 기업들에게 감세나 면세 혜택을 주는 반면, 임금을 삭감하고, 세금을 인상하며, 인권을 박탈하고 노동조합을 탄압하는 것이다. 1980년대에 칠레가 받았던 차관에는 임금을 40퍼센트 삭감하라는 요구가 따라왔다. 보건, 교육과 여러 프로그램들에의 지출과 임금을 반으로 줄여야했던 멕시코에서는 유아 사망률이 세 배로 뛰었다. 최빈국들 아이들의 '생명을 살리려면' 대규모 예방접종을 해야 한다고 말하는 사람들도 이들이다. 그런데도 여기에는 아무런 반박이 없다. 재정적인 압박과 예방접종 프로그램은 모두 같은 목표를 추구한다. 바로 인구감축이다. 조작된 제3세계 부채의 또 하나의 결과는 국가 소유의 땅들이 '세계자연보전은행'으로 넘어간 것이었다. 앞에서 말했던 지금의 '지구환경기금'이다. 이 모든 과정을 시작했던 빌더버그 모임에 참석한 에드몽 드 로스차일드가 연출한 일이었다. 나라들을 갚지 못할 빚더미에 몰아넣고서 새 차관을 주는 대가로 그들이 무엇을 해야 하는지를 말하는 이런 술책은 요즘의 서구국가들에서도 보인다. 세계 최빈국들에서 성공을 거둔 그들의 사기극은 지금 유럽에 발을 들여놓았고, 또 미국에도 오고 있다. 여러 가지 방식으로 이것은 이미 와있다. 아일랜드와 그리스 같은 나라들은 빚더미에 빠졌고, 로스차일드의 IMF와 유럽중앙은행은 악랄하게도 가혹한 긴축계획들을 실행하고 혈통의 기업들에 국가자산들을 매각하라고 주문하고 있다. 혈통들이 지구를 통째로 손에 넣을 길을 찾으면서 이런 일이 조직적으로 진행되고 있다. EU와 IMF의 긴급구제로 그리스는 고작 스크린 속의 숫자들에 대한 대가로 국가의 부동산자산들을 혈통의 은행과 기업들에 넘길 민영화전담기관을 설치해야만 했다. EU 재무부장관들의 모임인 유로그룹의 의장 장 클로드 융커Jean-Claude Juncker는 그리스의 자주권이 아주 많이 제한될 것이고 국가자산들을 개인 기업들에게 급매 처분하는 일을 감독하려고 '전문가들'이 그리스로 가고 있다고 말했다. 유럽의 재정적 재앙은 모두 국가의 자산을 강탈하고 자주권을 끝장내려고 조작한 것이고 미국에도 같은 계획이 잡혀있다.

앞에서 나는 요즘의 경제 붕괴가 로스차일드가가 정부에 있는 앞잡이들을 통해 조작한 것이었다고 설명했다. 레이건, 아버지 부시, 클린턴 대통령

【그림 308】그린스펀. 미국 경제를 사라져버리게 하는 '마법사'

의 재임기간과 아들 부시 재임기간의 대부분 동안 연방준비제도이사회의 의장이었던 앨런 그린스펀(로스차일드 시오니스트)(그림 308), 지금의 '연준' 의장 벤 버냉키(로스차일드 시오니스트), 빌 클린턴의 재무부장관들이었던 로버트 E. 루빈(로스차일드 시오니스트)과 래리 서머스(로스차일드 시오니스트), 그리고 클린턴 재임시절 루빈과 서머스와 일했고 지금의 재무부장관인 티모시 가이트너가 그들이다. 이 사람들이 2008년의 금융위기를 일으킨 핵심인물들이었다. 그들이 한 짓은 말 그대로 범죄행위였다. 은행들은 가치 없는 '악성자산들toxic assets'을 그 반대가 진실임을 알면서도 확실한 황금투자라면서 연금기금과 다른 곳들에 팔아넘겼다. 하지만 이 글을 쓰는 시점에서 2008년 이후 금융계에서 오직 한 사람만이 책임을 지고 감옥에 갔는데 이 사람이 다단계 폰지 사기로 수십 억 달러를 훔친 버너드 매도프Bernard Madoff(로스차일드 시오니스트)였다. 매도프는 자신과 함께 일했던 은행들은 자신이 하는 일을 알고 있었다고 했다. 이 희대의 사기꾼의 투자회사를 정리하던 수탁자는 2011년 초에 제이피모건체이스J. P. Morgan Chase & Co.가 650억 달러에 이르는 매도프의 사기극을 방조했다며 이 은행에 64억 달러를 청구하는 소송을 진행하고 있다고 했다. 뉴욕 파산법원이 선임한 어빙 피카드라는 변호사는 10억 달러의 수수료와 54억 달러의 손해배상금을 받아내려 하고 있다고 말했다. "제이피모건체이스사는 이 사기극의 한가운데 있었고 거기에 철저히 연루되어 있었다." 피카드의 대변인이 한 말이다. 매도프가 감옥에 간 이유는, 어떤 평론가가 제대로 말한 것처럼, 부자들의 돈을 훔치는 실수를 저질렀기 때문이다. 없는 사람들과 중산층에게 같은 짓을 하면 감옥에 가지 않는다. 어마어마한 보너스까지 따라온다. 리먼브라더스가 무너질 때 CEO였던 딕 풀드Dick Fuld(로스차일드 시오니스트)는 5억 달러를 챙겨 달아났다. 금융위기에 근본적인 책임이 있는 다른 사람들도 그들의 희생자들이 집과 연금을 잃는 동안 '보상'으로 몇 억 달러씩 챙겼다. 은행들에게는 정부의 금융법과 조사를 맡은 부서들의 요직에 자기 사람들이 있고 또 정부의 많은 '규제담당자들'은 나중에 그들이 기소하지 않기로 한 바로 그 은행들에서 일하기 때문에 어느 누구도 이 노골적인 부패로 고발당하지 않는다. 한편 이런 일이 벌어지고 있을 때, 어린 네 아이들을 가진 오클라호마의 한 엄마는 그녀가 마리화나를 대주던 비밀경찰에게 고작 31달러어치를 팔았다가 붙잡혀 10년형을 받았다. 정부당국과 힘 있는 자리에 있는 사람들이 인구의 나머지와 똑같은 법의 적용을 받지 않을 때 그들에게 붙여줄 이름이 있다. 파시즘이다.

골드만삭스

여러모로 보아, 지금의 위기가 어떻게 생겼는지를 이해하려면 '골드만삭스'라는 로스차일드가가 조종하는 악의 화신을 이해하면 된다. 골드만삭스는 공식적으로 1869년에 로스차일드 시오니스트 마커스 골드만이 로스차일드가의 영지인 독일의 바바리아에서 이민 와서 세웠다. 그는 19세기와 20세기에 걸쳐 독일에서 미국으로 건너가서 혈통의 어젠다에 봉사하려고 굴지의 은행들, 회사들과 기관들을 세웠던 많은 로스차일드 시오니스트들 중 한 명이었다. 골드만의 활동에 '삭스'가 들어온 것은 그의 사위이자 독일계 미국인 로스차일드 시오니스트인 새뮤얼 삭스가 오면서였다. 삭스의 부모도 바바리아 출신이었다. 삭스는 리먼브라더스 은행가문의 필립 리먼Philip Lehman과 오랜 지기였다. 리먼일가 역시 19세기에 바바리아에서 미국에 왔다. 바바리아는 헨리 키신저, 교황 베네딕트가 태어난 곳이고, 1776년에 로스차일드가가 만들어내고 지금의 내가 로스차일드 시오니스트라고 부르는 것과 찰떡궁합인 애덤 바이샤우프트Adam Weishaupt가 공식적으로 이끄는 '바바리아 일루미나티'의 본산이기도 하다. 바이샤우프트는 로스차일드 시오니즘을 포함하는 그물망의 또 하나의 중요한 가닥인 예수회에서 교육받았다. 바바리아 일루미나티는 프랑스혁명을 비롯해 전쟁들, 혁명들과 여러 사회를 바꾼 사건들을 조작했고, 미국에서 아주 왕성하게 활동했다. 로스차일드가가 통제하고 로이드 블랭크페인(로스차일드 시오니스트)이 이끄는 골드만삭스는 혈통의 요구들에 맞추어 미국 정부의 정책을 지시하고 있는 괴물이고 온 세계에서 왕성하게 활동한다. 골드만삭스는 그리스의 금융위기에 깊이 손대고 있었고 제이피모건체이스도 그랬다. 그리스는 공항과 도로들을 골드만삭스에 저당 잡혀 단기차관을 얻으면서도 부채한계제한에 걸리지 않으려고 부외 차관(부채)으로 유지하고 있다. 이와 함께 골드만삭스는 그리스가 채무를 이행하지 않을 것이라는 데 걸었고, 따라서 그들이 도와서 만들어낸 그리스사태에서 이익을 챙기고 있다.

골드만삭스의 수법은 자기 사람들이 정부의 재정관련 요직에 앉게 하는 것이고, 다른 굴지의 기업들도 이렇게 하고 있다. 다른 책들에서 나는 생명공학계의 왕족 몬산토에는 그 활동영역과 관련이 있는 정부 부서와 기관들과의 사이에 이와 비슷한 회전문이 있다는 것을 자세히 다뤘다. 몬산토가 정부의 생명공학정책을 만들 듯이 골드만삭스는 정부의 금융정책을 만든다. 나머지는 다 시시콜콜한 내용들일 뿐이다. 〈타임〉지는 골드만삭스를 '금융관련 수완을 정부에 제공하는 유일하고도 가장 큰 회사'라고 하면서 골드만삭스의 긴급구제보다 더 어처구니없는 일이 있을 수 없다고 했다. 골드만삭스는 단일 개인기부금으로서는 가장 많은 돈을 버락 오바마의 선거운동에 기부하기도 했다. 골드만삭스는 '회사의 몰락을 막으려고' 납세자들의 피 같은 돈 129억 달러를 받았고, 결정적으로는 보험계의 거인 AIG의 구제금융에 들어간 초기의 850억 달러로 이득을 보았다. AIG가 파산했다면 골드만삭스는 심각한 타격을 입었을 것이다. 오랫동안 회장이었던 모리스 그린버그 Maurice Greenberg(로스차일드 시오니스트)에게는 그야말로 반가운 소식이겠지만, AIG는 나중에 부양책으로 수백 억 달러를 더 받을 것이다. 그린버그는 사기성 사업관행, 담보사기, 관습법상의 사기, 그 밖의 보험법과 담보법 위반의 혐의로 2005년에 사임했다. 아니, 정말 사임했을까? 그린버그는 로스차일드와 록펠러의 앞잡이 헨리 키신저의 절친한 친구로서 키신저를 AIG 자문위원회 위원장에 앉혔으며, AIG는 악명 높은 키신저 어소시에이츠Kissinger Associates의 고객이었다. 그린버그는 로스차일드 외교관계협의회(CFR)의 명예부의장이자 임원이며 로스차일드 삼극위원회의 회원, 아시아 소사이어티Asia Society의 회장(지금은 이사), 록펠러대학교의 평의원 명예교수, 뉴욕현대미술관의 명예이사이다. 이 기관들을 모두 록펠러일가가 만들었다. 록펠러가와 그들의 '보스들'인 로스차일드가는 둘 다 골드만삭스와 긴밀한 관계가 있고 부시 행정부의 정책을 지시했으며 지금은 오바마에게 그렇게 한다. 어떻게 AIG가 그렇게 많은 긴급구제금을 받을 수 있었을까? 내 생각엔 운이 좋아서다. 당신 생각은 어떤가? 긴급구제는 2008년 9월부터 아들 부시의 재무부장관 헨리 폴슨Henry Paulson Jr.(그림 309)이 부추겼다. 폴슨은 2006년에 정부에 들어가기 전에는 골드만삭스의 사장과 CEO였다. 한 기사에는 이렇게 쓰여 있었다. "골드만의 CEO였던 재무부장관은 공교롭게도 자신이 있던 회사에 많은 돈을 빚진 무너져가는 보험계의 거인을 사들이는 데 850억 달러를 썼다. 당신에겐 좋은 냄새가 나는가?" 골드만삭스가 손대고 있다면 절대로

좋은 냄새가 안 난다. 폴슨은 골드만삭스의 부사장이던 닐 카쉬카리Neel Kashkari를 금융안정국 국장으로 앉혀서 긴급구제 대상을 결정하게 했다. 이어서 카쉬카리는 골드만삭스의 매니징파트너 류벤 제퍼리Reuben Jeffery를 임시 투자책임자로 데려왔다. 재무부의 다른 중요한 플레이어들은 댄 제스터Dan Jester, 스티브 샤프란Steve Shafran, 에드워드 포스트Edward C. Forst와 로버트 스틸Robert K. Steel이었다. 모

【그림 309】 헨리 폴슨은 청렴함을 찾는다. 헛수고다.

두 골드만 사람들이다. 주축이 되는 뉴욕연방준비은행의 골드만 핵심간부들이 긴급구제 논의과정에 관여했다. 이사회 의장 스티븐 프리드먼Stephen Friedman(로스차일드 시오니스트), 그리고 2008년 금융위기의 토대를 마련하는 데 큰일을 했던 빌 클린턴의 재무부 장관 로버트 루빈(로스차일드 시오니스트)이 여기 있었다. 프리드먼은 골드만삭스의 CEO였다. 외교관계협의회의 공동의장인 루빈은 페이비언협회의 런던정치경제대학 출신이고, 오바마의 첫 예산국장이 되었던 피터 오재그(로스차일드 시오니스트)도 그랬다. 티모시 가이트너(로스차일드 시오니스트)와 래리 서머스(로스차일드 시오니스트)는 오바마에게 '선택'받아서 '그의' 경제정책을 지휘했다. 가이트너는 키신저 어소시에이츠의 전직 간부, 외교관계협의회 회원, 그리고 금융위기를 일으키는 데 지대한 공헌을 했던 뉴욕연방준비은행의 총재다. 가이트너는 골드만삭스의 로비스트 마크 패터슨Mark Patterson을 재무부의 수석보좌관으로 데려왔다. 서머스는 2008년에 오직 하루 '얼굴을 내비친' 것으로 골드만삭스로부터 135,000달러를 받았다. 하원 금융위원회 위원장 바니 프랭크Barney Frank(로스차일드 시오니스트)는 재무부 관료들에게 질의를 하고 구제금융정책을 조사하는 일을 맡았었다. 프랭크의 보좌관은 그를 떠나 골드만삭스의 로비스트가 된 마이클 패스Michael Paese였다. 아들 부시 대통령의 수석보좌관은 골드만삭스의 CEO 헨리 폴슨을 재무부 장관에 앉히는 데 큰 역할을 했던 조슈아 브루스터 볼텐Joshua Brewster Bolten(로스차일드 시오니스트)이었다. 볼텐은 런던 골드만삭스에서 법률과 정부 업무 전무이사였다. 2008년에 AIG가 좌초했을 때 새로운 전무이사가 임명되었다. 골드만삭스에 300만 달러의 지분을 가진 전직 골드만의 전무이사 에드워드 리디Edward M. Liddy였다. 그는 재무부장관이자 골드만의 전직 CEO 폴슨의 요청으로 이 일을 맡았다.

'마켓워치Marketwatch' 사이트의 칼럼니스트 폴 패렐Paul Farrell은 골드만이 "세상을 다스린다"고 했고, 〈롤링스톤〉지는 골드만삭스를 '인류의 얼굴을 감싸 쥔 거대한 흡혈 오징어'로 묘사했다. 이 기사는 은행들이 대공황 때부터 큰 시장거품과 붕괴를 조작해왔다고 제대로 비난했다. 인터넷거품, 상품거품과 주택/신용거품이 여기 들어간다. 그들은 내가 설명한 이유들로 이 일을 했다. 곧, 호황과 투자열풍을 시작하게 하고는 거품을 터뜨려 헐값에 자산들을 주워 담아서 금융시스템과 그 밖의 많은 것들의 통제와 소유를 대폭 늘리는 것이다. 〈롤링스톤〉지의 이 기사는 뛰어난 객원편집자인 매트 타이비Matt Taibbi가 썼고 2008년의 금융위기와 이에 뒤따랐던 일들에서 골드만이 중심적인 역할을 했다고 폭로했다. 그에 따르면, '엄청난 신용사기'는 '온갖 헛소리에다 AAA등급을 발라서 기관 투자자들에게 팔아넘기는 짓'이다. 그러면 그리 많지 않은 수입과 연금 기금을 가진 사람들의 돈을 운용하는 이 기관들은 투자액을 잃고 그들의 고객들은 연금을 잃는다. 2008년의 금융위기를 준비하는 이 쓸모없는 쓰레기에 AAA등급을 준 무디스Moody's Investors Service와 스탠더드 앤 푸어스Standard & Poor's 같은 '신용평가기관들'이, 경제와 국민에게 온갖 충격적인 결과들을 안겨준 아일랜드, 그리스와 포르투갈에게 '쓰레기' 신용등급을 준 바로 그 기관들이다. 큰 신용평가기관들을 조종하면 아주 손쉬운 일이다. 무디스, 스탠더드 앤 푸어스, 피치Fitch Group는 시장을 지배한다. 그들에게 쓰레기를 우량주로 평가하게 하면 이것을 연금 기금이나 다른 투자자들에게 팔 수 있고, 나라들을 파산시키고 싶을 때는 그들의 신용등급을 떨어뜨린다. 주류 대중매체는 이 기막힌 부조리를 조명할 수도 없고 조명하려고도 하지 않는다. 이 기관들이 어느 나라에 '쓰레기' 판정을 내릴 거라는 것과 또 그 시기를 당신이 앞서 안다면 어떨까? 당신은 그들이 파산한다는 데 걸 것이다. 2011년 7월에 어떤 사람이 미국 선물시장에서 미국이 AAA등급을 잃을 것이라는 10억 달러짜리 '거래'(내기)를 했다. 그런 일이 일어난다는 걸 알지 않고서는 그렇게 하지 않는다. 스탠더드 앤 푸어스는 2011년 8월 초에 미국의 AAA등급을 예상대로 하향조정했다. 이 기관들은 아무리 잘못을 하고 이 일로 어떤 결과들이 생긴다 한들 아무런 법적이나 재정적인 처벌을 받지 않는다. 매트 타이비는 2004년에 골드만삭스의 CEO 헨리 폴슨이 골드만이 가지지도 않았던 돈의 대출한도에 대한 제한들(그렇게 부를 수 있다면)을 완화해 달라는 요청을 증권거래위원회(SEC)에 했다고 설명한다.

그들은 12달러를 빌려줄 때마다 1달러를 가지고 있어야 한다는 특정 규정들에 구속받는다고 생각했다. 그 무렵 최고경영자였던 헨리 폴슨은 SEC에 가서 그 규정들의 적용을 근본적으로 멈춰달라는 요청을 했고 그들은 그렇게 했다. 의회청문회나 투표는커녕 그런 비슷한 과정도 거치지 않았다. SEC는 골드만삭스와 네 곳의 다른 은행들에게 이 규정들을 면제해주면서 빌려주고 싶은 만큼 빌려주고 돈을 가지고 있을 필요가 전혀 없다고 했다.

2년 안에, 그 은행들 가운데 두 곳인 베어스턴스Bear Stearns와 리먼브라더스가 파산했다. 그들이 정부에 가서 규정들을 바꿔줄 것을 요구해서 허락을 받았던 바로 그 일이 화근이었다. 그들이 늘 하는 일이 이것이고 아울러 그들은 언제라도 심각한 문제가 생기면 정부를 재촉해서 납세자들이 낸 엄청난 금액의 돈으로 자신들을 긴급구제해달라고 요청할 수 있다는 점을 알고 있다. 이런 일이 거듭거듭 일어났다.

타이비는 보복 때문에 자신들의 이름을 써서는 안 된다고 말하는 사람들의 이야기는 하나도 다뤄본 적이 없다고도 했다. 정부에는 골드만삭스의 비위를 '거스르기를' 두려워하는 사람들이 있다고 했다. 어느 하원의원은 골드만을 비판하는 편지를 보냈는데, 한 시간도 채 되지 않아 민주당 대통령 후보였던 리처드 게파트Richard Gephardt가 전화를 걸어 '골드만삭스의 로비스트 행세를 하면서' 그가 편지에 쓴 모든 내용을 철회하라고 요구했다. "만일 골드만삭스를 거스르면 다시는 선거운동에 기부금을 받지 못한다는 것은 커다란 위협이다." 타이비가 말한다. "그리고 그들에게서만이 아니라, 어쩌면 민주당의 다른 누구에게서도 받지 못할지도 모른다." 앞에서 말했듯이,

골드만삭스는 단일 기부자로는 가장 많은 돈을 버락 오바마의 선거자금에 보냈었다. 오바마의 팬들은 아직도 그가 독자적으로 움직이고 엘리트에게 조종 받지 않는다고 믿는 걸까? 골드만삭스는 폭정과 다름없고 곧바로 '로스차일드'로 읽힌다.

이 모든 일들에서 일을 꾸미는 또 하나의 중요한 수단은 G30(the Group of Thirty)이다. 이것은 1978년에 록펠러재단이 출범시켰다. 록펠러가는 이 일을 하는데 제프리 벨Geoffrey Bell이라는 사람을 앞잡이로 채용했다. 또 한 명의 런던정치경제대학 졸업생이다. G30의 의장은 연방준비제도이사회 의장이었고, 런던정치경제대학 졸업생, 로스차일드가의 파트너이자 오바마가 경제회복자문위원회 의장으로 임명한 폴 아돌프 볼커(로스차일드 시오니스트)다. 이밖에도 G30에는 오바마의 티모시 가이트너와 래리 서머스가 포함된다. 골드만삭스는 당연히 뉴욕연방준비은행 총재였던 제럴드 코리건Gerald Corrigan 전무이사를 보내 여기 손을 대고 있다. 미국은 중국에 진 부채의 해일 속에서 허우적거리고 있고, 이 점은 미국 경제를 무너뜨리려고 펼쳐지고 있는 계획에서 핵심이 되어왔다. 중국어를 구사하는 티모시 가이트너의 아버지는 피터 가이트너로 헨리 키신저와 함께 미중관계국가위원회에서 일한다. G30의 다른 구성원 하나는 중국인민은행 총재 저우샤오촨Zhou Xiaochuan 박사다. 우연찮게도 피터 가이트너는 포드재단에서 일했고, 인도네시아에서 '소액금융프로그램들'을 개발하도록 재단이 보수를 주었던 앤 던햄Ann Dunham의 일을 감독했다. 앤 던햄은 버락 오바마의 어머니다. 로스차일드가 조종하는 잉글랜드은행의 거만한 총재 머빈 킹Mervyn King도 G30의 구성원이다. 페이비언협회가 통제하는 런던정치경제대학의 경제학 교수였던 이 사람은 미국에서 이런 온갖 부패와 속임수가 진행되는 동안에 영국 정부정책의 핵심에 있었다. G30은 온 세상에서 금융정책과 조치를 꾸미는 많은 로스차일드의 기관들 가운데 하나다. 가장 중요한 조직의 하나는 스위스 바젤에 있는 국제결제은행이다. 이곳은 유럽중앙은행(1998년 로스차일드의 도시 프랑

【그림 310】 벤 버냉키, 불을 끄려면 기름을 더 갖다 부어야 해.

【그림 311】 "당신의 세금을 은행들을 긴급구제 하는데 쓰고 있다." "더 뼈 빠지게 일해라. 이 쓸모없는 빚의 노예들아."

크푸르트에서 출범), 세계은행, IMF와 국가의 중앙은행들을 거쳐 혈통의 정책을 기획한다.

부패와 탐욕의 난장판

내가 설명한 일들이 가져온 결과는 온 세상에서 정부의 부채(국민의 부채)가 수조 달러까지 늘었다는 점이다(그림 310). 이 돈은 정부와 중앙은행들에 있는 엘-리트들이 개인은행과 여러 금융기관들에 있는 엘-리트들에게 퍼준 것이다(그림 311). 필요하지 않은 사람들에게 '긴급구제금'을 그렇게 낮은 금리로 줘서 그들이 이 돈을 다른 이들에게 더 높은 금리로 빌려주는 행운을 잡게 하는 연방준비제도의 정책은 지금껏 여러 번 탄로났다. 매트 타이비는 〈롤링스톤〉에 게재된 또 다른 훌륭한 논설에서 다음과 같이 썼다.

연준은 수십 억 달러의 긴급구제금을 멕시코, 바레인, 바바리아 같은 곳들의 은행들에 보냈고, 수십 억 달러를 더 일본의 자동차회사들에, 2조 달러가 넘는 돈을 씨티그룹과 모건스탠리에 각각 빌려주었으며, 케이맨 제도Cayman Islands(카리브 해에 있는 영국령 제도로 세계 5대 금융 중심지의 하나이며 세계적인 조세피난처로도 이름난 곳_옮긴이)에 들어가 있는 더 적은 수의 갑부들에게 수십억 달러를 더 주었다. "이걸 읽고서 우린 말 그대로 입이 딱 벌어질 지경입니다." 버몬트 주의 상원의원 버니 샌더스Bernie Sanders의 한 보좌관이 말한다. "이 거래들 하나하나가 말도 안 되는 것입니다."

모호하고 온통 약칭으로 쓰인 온갖 구제금융 프로그램들 덕분에 마침내 이것은 '공식적인'

예산 규모에 필적하게 되었다. 연방준비은행으로부터 대통령이 선택하지도 않았고 의회가 검토하지도 않은 수혜자들에게 거침없는 물살처럼 흘러들어가는 돈의 강물이지만, 이것은 터무니없어 보이고 뚜렷하게 알 수도 없는 방법론을 사용하는 선출되지 않은 연준 관료들의 인가로 (정부가 법정통화로 선언한 돈을) 진행된 것이었다.

타이비는 이것이 "마치 누군가가 실제로는 미국 정부의 긴급금융지원이 필요하지 않은 지구 위의 모든 사람들의 명단을 만들고서 그들에게 공공재산을 가져갈 열쇠를 쥐어주는 것과 마찬가지"라고 덧붙인다. 바레인의 아랍 뱅킹코퍼레이션Arab Banking Corporation에 0.25퍼센트의 낮은 금리로 350억 달러를 준 연준의 차관이 그 하나인데, 이 은행의 59퍼센트를 가다피 대령의 리비아중앙은행이 가지고 있었다. 더욱 좋지 않은 일은 미국 정부가 중동에서 3퍼센트의 금리로 다시 돈을 빌리고 있다는 점이다. 처음에는 이것이 미친 짓으로 들리겠지만, 내가 오랫동안 말해오고 있듯이, 미국을 파산시켜서 세계정부와 중앙은행의 발밑에 두는 것이 그 계획이라면 그렇지가 않다. 타이비는 특히 워터폴 톨프 오퍼튜니티Waterfall TALF Opportunity라는 회사가 모두 4억 달러에 이르는 저금리 '대출'을 아홉 번에 걸쳐서 받았던 '긴급구제'건을 강조한다. 이 일은 그 회사의 두 명의 중요 투자자들인 크리스티 맥Christy Mack과 수전 카치스Susan Karches에게는 아주 좋은 소식이었다. 우연찮게도 크리스티 맥의 남편은 모건스탠리의 회장 존 맥John M.인데, 모건스탠리는 수십억 달러의 긴급구제금을 받았지만 2008년의 '위기의 해'에 1,235,097달러를 벌었다. 맥 부부의 친한 친구 수전 카치스는 한때 모건스탠리의 투자금융 자회사의 사장 피터 카치스Peter K.의 미망인이고 연준의 저금리 '대출'은 짭짤한 이득을 보장해주었다. 이 돈은 학자금대출과 상업저당대출에 사용되었다. 어느 것 하나라도 '경제를 살리는 일'과 관계가 있었는가? 없다. 그리고 나머지 대부분도 마찬가지다. 그들은 납세자들의 '돈'(이제는 빚)을 혈통들과 그들의 동료들이 영구적으로 코 박고 있는 돼지 여물통에 부어넣고 있었을 뿐이다. 정부의 돈은 이자가 거의 없다시피 주어졌을 뿐만 아니라, 수혜자들은 그 돈을 갚을 필요조차 없었다. 그들은 만일 '대출금'을 상환하지 않으면 붙잡힐 '담보'로(그렇다, 담보로) 연방준비은행을 거쳐 납세자들에게 그들의 악성 자산을 주었다. 이것은 수조 달러의 은행부채를 정부부채로, 따라서 국민의 부채로 바꿔놓았다. 그래서 정부들은 도산하고 있고 가혹한 긴축 수단들을 짐 지우고 있다. 그러나 보라, 갈수록 더 미쳐가고 있다. 연방준비은행이 무이자나 다를 바 없이 준 '긴급'대출금은 곧이어 국채를 사들임으로써 더 높은 금리에 다시 정부에 빌려주는 데 쓰였다! 이것은 믿기 어렵게도 부를 정부('국민')로부터 세상에서 가장 부유한 은행가들과 그 밖의 사람들(궁극적으로는 로스차일드가의 네트워크) 일부에게로 모조리 넘겨주는 사기였다. 매트 타이비는 그것을 이처럼 맛깔나게 말한다. "그들이 받은 정부원조는 사실 연방준비제도이사회 의장 벤 버냉키와 재무부장관 티모시 가이트너가 고안하고 마무리한 더 넓은 범주의 긴급구제 계획들에 들어간다. 이미 악취가 풀풀 나는 부자들한테 도대체가 아무런 이유 없이 엄청난 돈을 주는 일이다." 아니면,《구제금융국가Bailout Nation》의 저자 배리 리쏠츠Barry Ritholtz의 말을 빌려보자. "깡그리 눈먼 돈이었다. 그것은 '못 치우겠거든 그 쓰레기 우릴 다오' 하는 것이 되었다."

연방준비제도이사회는 돈이 간 곳을 마지못해 공표했다. 9조 달러의 납세자 빚이 '단기융자'로 금융위기를 일으킨 금융시스템으로 갔다. 씨티그룹에 2조 2천억 달러, 메릴린치Merrill Lynch에 2조 1천억, 모건스탠리에 2조, 제이피모건에 6천억, 그리고 브리티시은행에 1조 2천억을 포함해 외국 은행들에 엄청난 금액이 넘어갔다. 아니 뭐라고? 미국 '중앙은행'이? '연준'은 이 놀라운 '대출금'에 걸맞은 담보를 요구하지 않았고, 그들은 이런 조건들조차도 하나 없이 돈을 받았다. "돈을 드리겠습니다만, 주택소유자들에게 담보권을 행사해선 안 됩니다. 돈이 방금 넘어갔습니다. 그걸로 하고 싶은 걸 하시지요." 로스차일드 시오니스트 앨런 그린스펀과 함께 로스차일드가가 지시하

는 계획에 맞추어 미국 경제를 무너뜨리는 일
이 직업인 로스차일드 시오니스트 벤 버냉키
가 연준의 우두머리인데 그들이 왜 그렇게 하
지 않겠는가(그림 312). 이 글을 쓰는 지금 미
국의 공식적인 국가부채는 15조 달러로 치닫
고 있지만, 진짜 숫자에는 턱없이 못 미치는
금액이다. 날마다 40억 달러쯤이 늘고 있고,
또 공식적인 부채만 해도 이미 미국 시민 1인
당 거의 50,000달러로 나타난다(그림 313). 애
플사가 미국 정부보다도 더 많은 지불준비금
을 가지고 있다는 보고가 2011년 여름에 나왔
다. 각각 764억과 737억 달러(어쨌든 빌린 돈)
였다. 오바마의 경기부양 대책(더 많은 빚)이
의회에서 통과되고 또 거기에 스마트미터에
많은 돈을 쓴다는 계획이 들어간 지 28개월
뒤에 직업을 가진 미국인의 수는 거의 200만
명이 줄었다. 이것은 다 각본대로 되어가고

【그림 312】 미국을 무너뜨리는 벤 버냉키

【그림 313】 미국인들은 엄청난 수준의 부
채의 결과로 고통 받고 있다.

있다. 납세자들의 돈이 들어간 긴급구제로 은행가들에게 가는 어처구니없
는 보너스들, 대규모 주택압류, 경제활동을 자극하기 위한 '돈'의 대출거부,
은행수수료와 당좌대월 금리는 끊임없이 늘어가고 우리가 인출할 수 있는
'돈'의 액수는 계속 줄어가는데도 예금이율은 없는 것이나 마찬가지인 상황
들이 펼쳐졌다. 런던의 〈데일리메일Daily Mail〉신문은 긴급구제 받은 영국 은
행들의 하나인 로이즈Lloyds TSB가 초과 인출한 고객들에게 '허가도 없이' 연
이율을(자, 보시라) 4,600만 퍼센트나 물리고 있었고 영국의 다른 굵직한 은행
들도 이와 비슷하다고 밝혔다. 보도에서는 이렇게 설명했다.

약정 당좌대월 없이 10일 동안 200파운드의 적자를 내는 로이드의 고객은 85.95파운드의 수수료를 물게 된다. 이것을 나누면 8일 동안 날마다 10파운드의 수수료와 5파운드의 '사용료', 그리고 95펜스의 이자를 내는 셈이다. 연간으로 환산하면 46,450,869퍼센트의 연이율이다.

금융시스템을 조종하는 사람들은(가장 뚜렷하게는 로스차일드가와 그 하수인인 록펠러가 같은) 세계 최대의 사기꾼들이자 도둑들이며, 그들이 시시각각 벌이고 있는 착취행위는 빈부의 격차가 그토록 충격적일 정도로 극단화된 이유다. 극소수의 엘리트와 세상의 나머지 인구 사이의 불공평은 최근 2008년의 위기가 생기기 전에도 숨 막힐 지경이었지만, 지금은 훨씬 더 좋지 않고 날이 갈수록 더 나빠지고 있다. 버니 샌더스 상원의원은 2007년에 상위 1퍼센트가 미국 총소득의 23퍼센트가 넘게, 그리고 하위 50퍼센트의 총종합소득보다도 많이 벌었다고 지적했다. 그 1퍼센트에게 가는 소득의 비율은 1970년대 이후로 거의 세 배가 되었고, 그 1퍼센트 속에서도 12분의 1에 해당하는 상위계층은 미국에서 버는 1달러마다 12센트를 가져간다. 이와 함께 미국에서 80만 명의 비고용 근로자들은 그들의 유일한 소득원인 주당 평균 300달러의 실업수당을 잃었다. 120만 명이 더 그렇게 될 것이며, 2012년에는 수백 만 명이 더 그리 될 것이다. 이들에게는 보살필 아이들이 있지만, 지금은 무엇이 됐건 간에 수입이 없고 일자리를 구할 기회도 사실상 없다. 자선단체의 무료급식소 같은 시설들이 무척 절실하고 또 날이면 날마다 더 많이 필요해지고 있건만, '반대파'인 공화당의 지원을 받는 오바마 행정부는 갑부들을 위한 세금우대정책을 계속하고 있다. 2011년 버니 샌더스 상원의원은 의회연설에서 세계 최대의 기업들 가운데 몇몇이 세금을 내지도 않았을 뿐 아니라, 국세청으로부터 환불까지 받고 있었다고 밝혔다. 그는 엑슨모빌이 2009년에 190억 달러의 수익을 올렸지만 세금은 한 푼도 내지 않았고 도리어 1억 5,600만 달러의 세금환급을 받았다고 했다. 뱅크오브아메리카는 44억 달러의 수익을 올렸지만 세금은 내지 않았고 19억 달러를 환급받았다. 제너럴일렉트릭은 미국에서 260억 달러를 벌었지만 세금을 내지 않았고 41억 달러를 받았다. 샌더스는 보잉사와 셰브런 같은 다른 이름들도 입에 올렸다. 이 거물 기업들이 세금을 한 푼도 내지 않고 떼거리로 수십 억 달러를 환급받고 있던 시기에, 미국 사회에서 가장 취약한 가난한 사람들과 노약자들은 정부의 지출삭감으로 쓰러지고 있었다. 오바마는 자신이 곧 국가이자, "알겠습니다"가 입에 붙은 심부름꾼에 말할 나위 없는 사기꾼이다.

군사예산의 증액

2008년 금융위기가 왔을 때 나는 3중 계획이 있다고 말했다. (1) 경제를 무너뜨린다. (2) 정부들이(사람들이) 금고가 텅 빌 때까지 은행들에 어마어마한 돈을 쏟아 붓게 한다. (3) 정부들의 대응수단들이 아무것도 남지 않게 되면 다시 경제를 무너뜨리고, 그때 은행가들과 금융 사기꾼들이 구원자가 되어 나와서 해결책, 곧 그들의 해결책을 내놓는다. 내가 말하고 썼듯이, 이것은 세계중앙은행을 바탕으로 세계의 금융질서를 완전히 재편할 것이고, 마침내 단일 전자화폐와 그 어느 때보다도 더 소수의 손에서 돌아가는 세계금융의 통제가 뒤이을 것이다. 여기서 2년 반을 건너뛰어서 2011년으로 오면 뉴햄프셔 주의 브레튼우즈에서 비정한 로스차일드가의 앞잡이이자 갑부 금융가 조지 소로스(로스차일드 시오니스트)의 주최로 콘퍼런스가 열린다. 1944년 7월에 제2차 세계대전 연합국들이 모여서 새로운 경제 질서(꾸며진 분쟁으로 가능해진 끝없는 '문제-반응-해결책'들의 하나)에 합의했던 곳이 이곳이었기 때문에 브레튼우즈를 선택했다. 이 일로 로스차일드가가 통제하는 국제통화기금(IMF)과 지금의 세계은행의 일부인 국제부흥개발은행(IBRD)이 발족했다. 그때와 같은 마운트워싱턴호텔에서 열린 소로스의 콘퍼런스는 새로운 경제 질서에 합의하는 힘을 갖추지 못했지만, 그것이 목적이 아니었다. 이 콘퍼런스는 소로스가 주창하는 그 종착지로 가는 길에 놓은 또 하나의 명확한 디딤돌이었다. 바로 세계중앙은행이다. 이 행사는 소로스와 그의 '신경제사상 연구소Institute for New Economic Thinking(우린 세계중앙은행과 단일 세계화폐를 원한다)', 그리고 '세계관리혁신센터Center for International Governance Innovation(우린 세계정부를 원한다)'가 공동주최했다. 나중의 것은 캐나다의 갑부 짐 발실리Jim Balsillie가 만든 '두뇌집단'이다. 속임수는 지금 세계 지배와 금융을 대대적으로 집중하려고 펼쳐지고 있고 이 행사는 갑부들이 대부분의 철새 정치인들도 포함되는 '힘없는 대중들'에게 건네는 가장 최근의 판촉활동이었다. 참석자들과 연사들 가운데 래리 서머스가 있어서 자신이 그토록 많이 만들어냈던 문제들에 대한 해결책을 내놓고 있었다는 게 얼마나 적절한 일이었는지 모른다. 앨런 그린스펀의 학생이자 추종자인 고든 브라운 전 영국 총리도 마찬가지다. 브라운은 영국 재무부장관 시절 자신의 우상의 규제철폐정책을 잘 반영해서 똑같이 재앙과도 같은 결과들을 가져왔다. 이런 사람들이 돼지저금통을 가지고 제 맘대로 하게 해서는 안 되지만, 이 행사에서 그들은 뻔뻔스럽게도 자기들이 만들어낸 엉망인 상황을 어떻게 해결했는지를 이야기하고 있었다. 이 시스템은 언제나 조작되었지만, 지금은 그 어느 때보다도 더 그렇고 한 시간이 다르게 커지고 있다. 우리의 세상, 우리의 삶과 우리 아이들과 손자들의 그것이 바로 우리 눈앞에서 장악되고 있다. 미국인들과 온 세상 사람들은 많은 수가 집을 잃고 '험하게' 살거나 늘 만들어지고 있는 텐트시티들에 살면서 내가 지금껏 이야기한 것들의 끔찍한 결과들로 고통 받고 있다(그림 314). 〈USA투데이〉는 미국인의 45퍼센트

【그림 314】 텐트시티 아메리카

쯤만이 일자리를 가졌다고 보도했다. 한편으로, 노숙자들과 굶주린 사람들에게 음식을 주는 사람들은 그렇게 한다고 해서 체포되고 있다. 파시즘이 미국에 오고 있는 것이 아니다. 이미 여기 있다.

가난한 사람들과 취약계층에의 지출이

큰 폭으로 줄어들고 조세부담은 늘어난 상황에서, 미국은 온갖 추가비용들을 덧붙여 한 해 1조 달러 규모의 예산을 살인과 약탈이라는 혈통의 더 많은 군사작전을 하는 데 쓰고 있다. 미국 정부가 군비를 85퍼센트 줄인다 해도 여전히 세상의 다른 어떤 나라보다도 더 많은 돈을 사람들을 억압하고 죽이는 데 쓰는 것이다. 하지만, 당연히 이것은 미국인들을 지키는 '미국의 군대'가 아니다. 세상을 약탈하는 혈통들의 군대이며 이 때문에 '국방'(공격) 지출이 그렇게 어처구니없이 많은 것이다. 온 세상에서 사람들을 재정적으로 쥐어짜고 있는 동안에도 '돈이 문제가 아닌' 지출을 하는 일이 군대에서도 벌어지고 있다. 캐나다는 지구에서 로스차일드 시오니스트의 통제를 가장 많이 받는 나라 중 하나다. 그들이 모든 쇼를 펼치고 어느 정당이 정권을 잡든 간에 정부를 주무른다. 캐나다 국민들이 불황에 시달리고, 또 대부분이 국방비 지출을 줄이기를 바라지만, 정부는 쿠웨이트, 독일, 자메이카, 케냐, 싱가포르, 그리고 한국에 군사기지를 세우려고 협상하고 있다는 발표를 했다. 이는 떠오르고 있는 세계군대의 영향권을 넓히려고 진행되는 일이지 캐나다의 이익을 위한 것이 아니다. 캐나다 정부는 2000년부터 '국방'(전쟁) 지출을 두 배가 넘게 늘렸는데, 국방부장관 피터 멕케이Peter MacKay는 이렇게 말했다. "분명히 해두자면, 계획의 초점은 국제적인 임무를 위한 파병에 참가하는 역량을 늘리는 데 있습니다. 우린 NATO에서 중요한 나라이고, 아이티에서 보았고 또 리비아에서 보는 것과 비슷한 상황들에 대응해서 도움을 주는 나라가 되었습니다. 우리는 여러 나라들의 그런 구도 안에서 꾸준히 일하면서 우리 역량을 기울일 알맞은 곳을 찾고 있습니다." 이런 사람들이 정부에 있다니. 끔찍한 일이다. 그러나 이 '국제적인 임무를 위한 파병에 참가하는'이라는 말은 이것이 다 무엇을 두고 하는 이야기인지를 말해준다. 그들은 이미 새로운 세계전쟁을 치르고 있다. 아직 공식화되지 않았을 뿐이다. 제3차 세계대전은 2001년 9월 11일에 실제로 시작되었다. 상원 국토안보정부위원회의 위원장 조셉 리버만(로스차일드 시오니스트)이 사회보장연금을 삭감해서 '국방'(전쟁)에 지출해야 한다고 말했을 때 이런 사람들의 허위와 동정심의 결여를 전형적으로 보여주었다. "요점은 우리가 이런 재정지원 혜택들을 지킬 수가 없고 아울러 위험한 세상에서 우리를 지켜야 하는 국가방위의 의무를 가진 한편으로 9·11 테러로 우리를 공격한 이슬람 극단주의자들과 전쟁을 하고 있으며 또 이 전쟁은 오랫동안 이어질 거라는 점입니다." 아, 그냥 가버려라, 이 한심한 양반. 미국 하원의회의 현 의장 존 베이너John Boehner는 같은 이유로 정년을 70으로 올려야 한다고 했다.

유로존은 유로'론'

은행들의 사기성 긴급구제는 유럽국가들 대부분을 절박한 재정적 곤경에 빠뜨렸다. 아일랜드 국민들은 믿기 어려운 수준의 부채로 몇 세대 동안 허우적거리게 된다. 왜일까? 그 사람들이 부채를 순순히 받아들였다거나 아니면 일하려하지 않아서가 아니다. 아일랜드 경제가 무너진 것은 은행들의 역겨운 탐욕과 그 결과로 도산해서 정부로부터 수십억 달러의 긴급구제를 받았기 때문이었다. 이것으로도 충분하지 않았는지, 정부는 로스차일드가의 EU, 장클로드 트리셰(로스차일드 시오니스트)가 총재인 유럽중앙은행(ECB), 그리고 그 무렵 도미니크 스트로스칸(로스차일드 시오니스트)이 총재였던 IMF에서 어마어마한 금액의 돈을 빌렸다. 쓸모라고는 한 군데도 없는 브라이언 코웬의 정부는 이 재앙과도 같은 방침에 직면하여 사임했지만, 코웬은 IMF와 ECB의 차관을 성사시킬 때까지는 물러나지 않았다. 그가 했어야 할, 분명하고 정직한 일은 곧바로 사임하고, 해야 할 일을 새 정부가 결정하게 하는 일이었을 것이다. 하지만 코웬은 지시를 받았다. 거래가 이루어지고 새 정부가 기정사실을 떠안을 때까지는 물러나지 말라는 지시를. 국민들이 EU에 힘을 집중시키는 데 '반대'라고 투표한 뒤에 또 한 번 국민투표를 주장하고 나섰던 코웬이 바로 이 코웬이다. 이 사람은 감옥에 있어야 한다. 아일랜드 정부는 지금까지 1,350억 유로쯤을 상환했거나, 아니면 상환하려고 돈을 빌렸다. 아일랜드 국민들에게 쓰려는 돈이 아니라 은행들이 도산하고 채권소유자들이 손해 보는 일을 막으려는 것이다. 국민들의 집을 지키기 위한 자금을 목표로 삼는 일은 절대로 선택사항이 아니다. 사람들을 중심에 두는 그런 대응이라면 은행들과 은행가들에게 그들의 탐욕과 부패의 대가를 치르게 했을 터였다. 말로 다 못할 만큼의 많은 사람들이 그들이 살아남게 해준 그 은행들에 빚을 갚지 못해서 집을 잃고 있는 미국에서도 같은 일을 할 수 있었다. 그리스, 포르투갈, 스페인, 이탈리아와 여러 나라들도 절박한 문제에 빠져있고 이 일은 혈통이 설계한 청사진에 따라 펼쳐지면서 세상의 완전한 통제와 소유로 몰아가고 있다. 조지 소로스는 유럽의 경제 붕괴가 어쩔 수 없는 일이었다고 말하면서 불난 집에 기름을 끼얹었다. 그런 일이 일어나도록 시도하고 있는 것으로 보아 그는 알고 있을 것이다. 그의 단짝 유럽중앙은행의 총재 장클로드 트리셰는 모든 유럽은행들에 대한 독립적인 권한을 가진 EU 재무부장관을 임명하자고 주장하는 데 이 조작된 위기를 이용해왔다. 2011년 6월 스위스에서 열린 빌더버그 콘퍼런스에 있었던 내부정보제공자들은 트리셰가 연설에서 그런 주장을 했다고 말했다. 문제-반응-해결책이다. 트리셰는 유럽인들을 EU의 철권 속의 노예로 만드는 데 가장 많은 일을 한 사람에게 주는 샤를마뉴상Charlemagne Prize을 받으면서 같은 주제를 되풀이했다. 이 상의 수상자들에는 '유럽프로젝트'를 시작한 혈통일가인 합스부르크가가 돈을 대는 '범유럽운동Pan-European Movement'의 창시자 리처드 코우덴호베칼레르기Richard Coudenhove-Kalergi 백작, 소아성애자에 어린이살해범이자 영국이 EU에 속박 당하도록 서명한 영국의 전 총리 에드워드 히스, 헨리 키신저, 스페인 국왕 '일루미나티' 카를로스, 네덜란드 여왕 '빌더버거' 베아트릭스, 토니 블레어, 그리고 빌 클린턴이 있다. 로스차일드 시오니스트인 트리셰는 어쨌든 마음이 느긋할 것이다. 이 상은 지금의 프랑스와 독일 지역을 통치했던 샤를마뉴의 이름을 딴 것이다. 그는 메로빙거 왕조를 이었고 신성로마제국의 토대를 닦았다. 샤를마뉴는 혈통의 영웅이고, 히틀러와 나치는 그를 신으로 받들었다. 트리셰는 수상 축하행사에서 청중에게 이렇게 말했다.

내일 또는 내일 이후의 이 연합 경제 분야에서 하나의 시장과 하나의 중앙은행을 가진 연합을 위한 재무부장관을 상상해보는 일이 그리도 대담한 일일까요?

제발, 이 거짓말쟁이, 당신은 그게 계획이라는 걸 알잖아. 이것은 세계 재무부장관으로 가는 또 하나의 디딤돌, 또 하나의 전체주의자의 까치발걸음이다. 유럽 단일 화폐인 유로의 도입은 유럽 국가들을 중앙집중된 경제독재의 속박에 옭아매려고 고안되었고, 은행들의 '채권소유자들'은 손실을 입지 않도록 정부들의 보호를 받아야한다고 하는 법들이 강요되었다. 2008년부터 우리가 귀에 못이 박히도록 들었던 용어인 '채권소유자'는 은행들, 회사들, 정부들의 '채권'을 약정된 기한과 금리로 사들이는 금융투기자다. 이것은 약정한 것을 얻으리라는 희망으로 하는 투기(그 이상은 아니다)이지만, 만일 투자가 잘못될 경우 정부가 손실금을 보장한다는 것은 다음의 뜻이다. (1) 잃을 수가 없으므로 분별 있는 투자를 할 필요가 없다. (2) 개인적인 투자에서 생긴 손실금은 할 수 없이 납세자들이 채권소유자들에게 상환한다. 미친 짓이다. 하지만 세상이 그러고 있다. 아일랜드은행연합의 채권소유자들은 그들의 손실을 일자리와 집과 공공서비스를 잃고 있는 아일랜드와 유럽의 납세자들에게서 충당하고 있다. 로스차일드가의 앞잡이 골드만삭스와 '로스차일드 그룹 상사은행Groupe Rothschild & Cie Banque'의 자산관리분야인 '로스차일드 상사관리Rothschild & Cie Gestion'가 이 연합에 들어있다. 이들 여러 '긴급구제 받은' 채권소유자들이 줄줄이 로스차일드가와 연결고리를 가지고 있으리라는 것은 의심할 나위가 없다. 이들 금융투기자들과 조작자들 모두는 그들의 손실분을 절망적인 상황에 있는 아일랜드와 유럽의 사람들이 갚게 하고 있다. 이 사람들은 줄어든 임금, 늘어난 조세에 집과 일자리를 잃고, 또 기본적인 공공서비스가 대폭 삭감된 상황에서 그렇게 하고 있다. 이 시스템은 위에서 아래까지 온통 조작되지만, 아직도 많은 사람들은 아주 분명하게 볼 수가 없다. 나는 어느 웹사이트의 포럼에서 경제시스템의 불공평과 부당함을 놓고 토론하다가 아래의 내용을 읽었다.

이 사회는 아주 공평하다. 부자 1세대들(부모들)은 산에서 나와서 돈을 가진 사람이 되지는 않았다. 모든 부자들은 다음 세대를 생각하고, 이것이 정상이다. 나도 가난하지만, 부자가 되려면 계획을 생각해야하기 때문에 기회들을 만들어내려고 한다. …… 사회에 대해서는 이런 태도를 갖지 마시라. 1세대의 돈이 깨끗하게 나온 것이라면, 그 돈은 괜찮을 것이다.

웃기는가 아니면 눈물이 나는가? 어려운 선택이다. 계획이라고? 말이 쉽다. 부자가 되려면 가난한 많은 사람들에게서 돈을 훔치기만 하면 된다. 아주 오랜 세월 동안 인류는 소수와 나머지 다수에 서로 다른 법이 있는 노예종족으로 살아왔지만, 인간의 기준들에 의해서도 우리는 말도 못할 수준의 대규모 통제와 억압으로, 그렇다, 완전한 노예상태로 옮겨가고 있다. 우린 노예이고 그들은 빼앗는다. 나는 이것을 아주 오랫동안 경고해왔고, 이제는 여기에서 보고 있다. 우리는 지금 로스차일드 네트워크가 그들의 정부들과 은행들을 쥐어짜서 사람들을 짜내게 하는 모습을 보고 있다. 우리의 저항이 적을수록, 그들은 더 힘껏 쥐어짜고 따라서 사건들과 불공정함은 훨씬 더 극심해진다. 우리가 지금 보는 모습이 이것이다. 이것을 받아들이면 우린 어떤 것이라도 받아들이게 될 뿐만 아니라, 그들은 몇 달 몇 년 사이에 훨씬 더 많은 것들을 줄 것이다. 우리는 구경꾼과 희생자가 되기를 멈추고 이 사람들과 그들의 악에 덤벼들기 시작해야 한다. 이 일은 일어나기 시작했지만, 아주 많이 일어나야 한다. 우리가 할 수 있는 중요한 일 한 가지는 은행들이 만든 집 '소유자'의 경제적 곤경 때문에 은행들이 압류하는 집을 떠나기를 거부하는 것이다. 이 시스템은 여기에 대응할 수 없기 때문에 이런 일을 무서워한다. 몇 안 되는 사람들이 그렇게 하면 그들은 떼어낼 수 있지만, 수백 수천 명 그리고 그 이상이 그렇게 하면 손을 쓸 수가 없다. 미국에서 은행들이 가짜로 서명한 가짜 서류들을 발부해가면서 압류 과정에 속도를 내고 있는 것은 그들이 그렇게 많은 압류건들과 사람들을 합법적으로 퇴거시키는 데 걸리는 시간을 감당할 수 없기 때문이라고 내부자들은 말한다. 저당권들은 그토록 많은 은행들과 금융기관들을 거쳐 팔리고 또 다시 팔리므로 그들은 그 저당권과 그들이 압류하려고 하는 집이 실제로 누구의 소유인지를 대부분의 시간 동안 알지 못한다. 압류된 집을 떠나기를 대규모로 거부한다면, 시스템은 갈기갈기 찢길 것이다. 그것은 많은 수를 대처하지 못한다. 우리 자신의 노예화에 평화롭게 저항하고 협조하지 않는 일을 조직하고 기획하는 데 집중할 사람들이 우리에게 필요하다. 몇몇 부패하고 악랄한 은행들이 우리에게 하라는 대로 가족들을 길거리로 나앉게 하는 일을 거부함으로써 우리는 엄청난 집단적인 의지를 어떻게 천명하는지를 보여줄 필요가 있다. 우리는 언제쯤 일제히 선을 그을 셈인가? 지금이 아니라면, 아마도 절대로 못할 것이다. 오랜 시간이 흘렀고, "이제 그만!"이라고 말할 때가 되었다. 그리 하지 않는다면, 우린 아직 아무것도 보지 못한 것이다. 영국의 전시 총리였던 윈스턴 처칠(로스차일드 시오니스트)은 게임판 위의 또 하나의 졸로서 그 일을 기꺼이 했지만, 이런 말을 했을 때는 절대적으로 옳았다.

피 한 방울 흘리지 않고 쉽게 이길 수 있는데도 옳은 것을 위해 싸우려 하지 않는다면, 승리가 확실하고 그리 많은 힘이 들지 않는데도 싸우려 하지 않는다면, 온갖 역경에 맞서야 하고 살아남을 기회도 얼마 되지 않는 싸움을 해야 하는 순간이 올지도 모른다. 더 나쁜 경우마저 생길 수 있다. 승리의 희망이 아예 없는데도 싸워야 할 수도 있는 것이다. 노예로 사느니 차라리 죽는 것이 낫기에 그렇다.

그러나 이것은 싸움을 말하는 것이 아니다. 우리 자신을 노예로 만드는 데 협력하기를 멈추는 것이다. 마지막 장에서 이 부분은 더 다루도록 하겠다.

592

덧붙이는 말: 이 책이 제작 과정에 있는 동안 유럽중앙은행의 새 총재가 장 클로드 트리셰를 대신하여 자리에 앉았다. 골드만삭스 인터내셔널의 부회장이었고, 이탈리아중앙은행 총재였으며, 어느 모로 보나 내부자인 마리오 드라기Mario Draghi였다. 골드만삭스는 문제들을 만들어내는 데 근본적인 역할을 했고 이제는 자기 '사람들'이 '해결책들'을 감독하도록 앉혀놓는다.

14

음식과 백신, 인류 앞에 놓인 독배들

어쨌거나 전기활동이 있는 뇌를 가진 사람이라면 2001년 9월 11일부터 세상이 얼마나 많이 바뀌었는지를 보지 못했을 리가 없다. 토니 블레어는 이날에 세상은 바뀌었다고 말했고, 당연히 그것이 의도했던 바였다. 통제와 감시, 법집행과 보안 분야를 통틀어 점점 늘어가는 게슈타포들의 규모는 렙틸리언 동맹과 새터니언의 계획이 드러나고 있는 것들이다(그림 315).

오래 전부터 내게는 새로운 계통의 사람들이 모든 수준에서 '제복을 입는 직업'과 정부 행정부 자리들을 넘겨받고 있다는 점이 그야말로 분명했다. 내가 궁금했던 점은 이런 일이 어떻게 그런 규모로 진행되고 있는가 하는 것이었다. '적당한 사람들'을 뽑는 데 '자아도취'로 알려진 특정 유형의 성격들을 대상으로 삼았던 일이 큰 기여를 했다. 정치, 금융, 사업과 대중매체에서 '힘 있는' 자리들을 찾는 사람들이 가진 것과 같은 성격특성이다. 버락 오바마, 데이비드 캐머런, 니콜라 사르코지, 토니 블레어, 줄리아 길러드…… 더 말해서

【그림 315】파시즘의 얼굴

무엇 하랴. 지원서의 글귀와 질문들, 그리고 이에 더하여 여러 기법들이 지원자들 가운데 자아도취자들을 가려내는 데 쓰인다. 자아도취증은 '자신에 대한 지나친 사랑이나 감탄, 자기집착이 특징인 심리상태, 공감능력의 부족(렙틸리언의 전형적인 특성)과 자존감의 무의식적 부족'으로 정의된다. 한 마디로 그들은 겉으로는 오만하고 공감능력이 부족하지만 속으로 들어가 보면 정서적인 불구자들이다. 혈통 네트워크는 목표를 이루는 데 이런 특성들을 모두 이용하고 사람들을 토성-달 매트릭스의 방송에 가장 강력하게 맞추고서 DNA 프로그램을 활성화한다. 영국 해군 장교였던 브라이언 제리쉬Brian Gerrish는 자기도취자들을 찾아내는 '인재 스카우트' 기법들을 사용하는 조직들을 꾸리고 '훈련시키는' 분야를 깊이 있게 파고들었다. 영국에서 두드러지고 다른 많은 나라들에서 활동하는 특별한 조직이 있다. 이것은 정부, 지방정부와 경찰 지도자들을 '훈련'시키는 '공동목적Common Purpose'이라는 조직이다. 사실 시스템 전체를 통틀어 아주 많은 부분을 훈련시킨다. 브라이언은 자아도취 성격을 이렇게 말한다.

그들의 자신과 권력에 대한 사랑이란 자동적으로 그들을 방해하는 남들을 짓밟을 거라는 뜻이다. 몇 해 전에 한 친구가 공무원 재임용 신청을 할 때 심리 측정시험도 받아야했다고 짚어주었을 때, 나는 퍼즐의 큰 조각을 받은 셈이었다. 의심할 나위 없이 이것은 '그들이 원하는' 종류의 사람들을 자리에 앉히려는 심사과정의 시작이었다.

심리측정에서는 주로 세심하게 고안된 설문지들과 시험들을 사용해서 지식, 능력, 태도와 성격특성들을 측정한다. 온 세상에서 권력에 미치고 권력에 취한 사람들이 법집행과 보안 분야와 정부 행정부에 임명되는 데서 브라이언 제리쉬가 말하는 일이 일어나는 것을 똑똑히 볼 수 있다. 미국의 교통안전청(TSA)이 그 두드러지는 사례다(그림 316). 그들의 아주 많은 수가(다는 아니더라도 그렇게 하고 있다) 자신들이 세상을 가진 양 거들먹거리면서 승객

【그림 316】 우린 무슨 짓을 하게 되었는가?

들을 모욕적으로 다룬다. 그들과의 관계는 교도관과 죄수 입장과 흡사하다. 아니라고 증명될 때까지는 모든 사람을 잠재적인 테러리스트로 여기면서 죄다 "이렇게 하시오", 혹은 "그렇게 하지 마시오"라는 식이다. 그들은 당황해서 흐느끼는 작은 아이들을 성희롱하고, 노약자에게 수치스러운 '조사'를 강요하며, 많은 수가 어떤 식으로든 사리분별력이나 상식이 없다. 존경할 만한 소수의 사람들을 빼고 그들은 제복을 입은 자아도취적인 로봇들이다. 어떤 사람은 로스앤젤레스 공항에서 교대시간 끝에 가슴을 쿵쿵 치면서 "내가 힘을 가졌다!" 하고 외쳤다가 해고되었다. 글쎄, 실제로는, 그에게 없다. 그들 누구에게도 없다. 그들이 아니라 제복에 '힘'이 있다. 제복이란 국가의 연장이니까. 그들은 제복에 생명을 주고 있을 뿐이다. 그게 다다. 힘은 옷장 안에 있지, 그들에게 있지 않다. 이것은 제복을 입은 모든 사람들에게 해당되는 말이다. 나는 가끔 그 사람들에게 말한다. "그 옷을 벗어도 힘을 가졌어요?" 또는 "다른 일자리를 얻었다고 해봐요. 당신 힘은 어디 갔죠?" 없다. 언제나 제복에 있었으니까. 슬픈 일은 그들이 국가(국가를 조종하는 숨은 세력들)의 뜻을 강요하는 동안에도, 그들이 남들을 다루듯이 스스로도 모욕적인 취급을 받고 있다는 점이다. 정부당국은 전신방사선스캐너가 거기서 규칙적으로 일하는 직원들을 죽이리라는 것을 알았다. 하지만 일자리를 구하는 사람들이 줄을 섰는데 무슨 상관인가? 스스로가 하는 일을 오롯이 알면서 인류를 조종하고 있는 사람들은 너무도 적어서, 그들은 표적 인구를 억누를 사람들을 표적 인구에서 뽑을 필요가 있다. 그래서 TSA, 법집행 기관들과 군대가 있는 것이다. 이 사람들은 혈통들에게 조종당하지만, 거의 대다수는 혈통들이 아니다. '적당한 유형'을 만들어내는 데 마음을 조종하는 기술들도 사용된다. 흔히 쓰는 것 하나가 지각과 행동을 프로그램하는 낯

596

말들과 글귀들을 사용하는 신경언어프로그래밍(NLP)이다. 브라이언 제리쉬
가 다시 말한다.

국가에 아이들을 빼앗긴 엄마들의 많은 수가 소셜서비스에서 일하는 사람들을 얼음처럼 차
갑고, 감정도 없으며, 두 여성이 조금 다른 말로 했듯이 "작은 로봇들 같다"고 말한다는 점은 흥
미롭다. NLP가 누적되기 때문에, 사람들에게 감지할 수 없는 적은 양의 NLP를 지금의 과정에서
주고, 몇 달 뒤에 또 주고, 다음 해에 또 주는 식으로 할 수 있다. 이런 식으로 그들의 성격에 큰
변화들이 생기지만, 나날이 생기는 변화는 거의 알아챌 수 없을 정도다.

한 사례는 자전거 숙달과정을 마치지 않았기에 언론배포용 사진을 찍는 데 자전거를 타지
않으려 하는 경찰관이 있었다. 정상적인 사람들은 이것이 정신 나간 도의적 공정성political
correctness이라 말한다. 그러나 전혀 사실이 아니다. 그 경찰관은 재구성되었고, 그의 현실
에선 '자전거 숙달과정을 마치지 않았기에' 자전거를 타지 않는 것은 완벽한 상식이다.

다른 하나의 사례는 경찰이 상부로부터 '위험성 평가'에 관한 조언을 받을 때까지 연못에
빠진 소년을 구하려 하지 않았던 경우다. 정상적인 사람이라면 거기 와서, 어쩌면 위험을 잠
깐 생각해보고, 그러고는 뛰어들었을 것이다. 하지만 '재구성된' 경찰의 입장에서, 그들은 '정
상적인' 수순을 밟았다.

'옛 사람'이 새로 훈련받은 사람들에게 자리를 비켜주면서 이른바 '공공
서비스'에 종사하는 사람들의 성격유형이 극적으로 바뀌고 있는 모습이 보
이는 이유가 여기에 있다. '도의적 공정성'이라는 그야말로 말도 안 되게 터
무니없는 것은 로스차일드가가 시작된 도시에서 만들어진 '프랑크푸르트
학파'로 알려진 로스차일드 시오니스 집단이 개발해서 도입한 것이다. 프
랑크푸르트학파는 로스차일드의 또 다른 작품인 마르크스주의의 소산이었
고, 귀족집안에 장가든 칼 마르크스(로스차일드 시오니스트)가 그 뿌리가 되

었다. 프랑크푸르트학파는 펠릭스 바일Felix Weil(로스차일드 시오니스트)의 자금으로 유지되었고, 첫 번째 회장은 카를 그륀베르크Carl Grünberg(로스차일드 시오니스트)였고 막스 호르크하이머Max Horkheimer(로스차일드 시오니스트)가 뒤를 이었다. 학파의 사상에 으뜸가는 영향을 미친 두 사람은 테오도르 아도르노Theodor W. Adorno(로스차일드 시오니스트)와 헤르베르트 마르쿠제Herbert Marcuse(로스차일드 시오니스트)였다. 프랑크푸르트학파는 스위스로 옮겼다가 1935년에 뉴욕으로 건너갔고, 6년 뒤에는 캘리포니아에 자리 잡았는데, 이런 이유로 캘리포니아는 도의적 공정성의 세계적인 중심지가 되었다. 사회공학을 위한 이 로스차일드 시오니스트 센터는 미국의 사회과학을 통제하는 데 손을 댔고, 아래 적은 내용은 그들이 미국과 국제사회에 들여오려고 했던 변화들 가운데 몇 가지일 뿐이다. 아마 고개를 끄덕이게 될 것이다.

- 인종차별 범법행위 만들어내기
- 혼란을 만들어내는 끊임없는 변화
- 청소년들에게 성(性)과 동성애 가르치기
- 학교와 교사의 권위 무너뜨리기
- 국가정체성을 파괴하는 대규모 이민
- 과음의 조장
- 교회들을 비우기(사람들을 모으는 것은 무엇이든)
- 범죄 희생자들에게 불리한 편향된 법률제도
- 국가 또는 국가보조금에의 의존
- 대중매체의 통제와 단순화
- 가족해체의 장려

어느 것도 사람들을 이롭게 하는 목표들이 아니다. 대신 사람들을 통제하려는 것일 뿐이다. 국가정체성은 대규모 이민으로 파괴되고 있고, 국경 없는

EU, 그리고 미국이 멕시코와의 국경을 적절히 단속하지 못하고 이른바 '불법입국자들'을 거주하게 해주는 상황 뒤의 진짜 동기가 이것임은 분명하다. 그들은 북아메리카연합의 일환으로써, 그리고 세 국가의 정체성을 파괴하려고 국경 없는 미국, 캐나다, 멕시코를 원한다. 한 국가의 국민이라는 느낌은 하나의 균일한 세계를 받아들이는 데 잠재적으로 커다란 장애물이고, 따라서 그들은 국가정체성이라는 느낌을 지우는 일을 하고 있다. 혈통들은 그들 일가들과 하수인들이 보호한다고 주장하면서도 학대하는 아이들을 신경 쓰지 않는 것처럼 동성애자들도 신경 쓰지 않는다. 반중상동맹(ADL) 같은 로스차일드 시오니스트의 위장조직들은 '인종차별주의'나 '소수집단'에 관심이 없다. 그들은 이것들을 더 많은 통제를 정당화하고, 언론의 자유를 억누르고, 당신의 의견을 범죄행위로 만들어버리고 진실은 지켜지지 않는 '증오범죄법'을 들여오는 데 이용할 뿐이다. 도의적 공정성을 다룬 자세한 이야기는 《인간이여 일어나라》에 실었고 이 책의 많은 내용도 거기 들어 있는데, 이 책은 구체적으로 핵심적인 점들을 서로 이으면서 정보를 또렷하게 전해주려고 쓴 것이다. 도의적 공정성은 받아들일 수 있다고 여겨지는 말과 행동을 끊임없이 줄여감으로써 자유로운 표현의 권리를 감시하는 수단이다. 2011년에 테네시 주에서 통과된 법안이 그 완벽한 사례다. 이 법안은 온라인으로 보내거나 거기 올리는 영상이 보는 사람을 '놀라게 하고, 위협하거나 정서적인 고통을 줄' 가능성이 있다면 그것이 범법행위가 된다는 것이다. 이 말은 사실상 모든 영상이 그렇다는 뜻이다. 어떤 것 때문에 죄를 범하게 되는 사람을 늘 찾아보게 될 것이다. 이 법안은 빌 해슬램Bill Haslam 주지사가 서명하여 법이 되었고, 이런 말도 안 되는 범죄에 1년 이하의 징역이나 2,500달러의 벌금을 선고한다. 혈통들은 이따위 법들이 보편화되기를 바라는데 이 법들은 사람들이 놀라고, 위협받거나 정서적으로 고통 받지 않도록 지켜주려는 것이 아니다. 그들은 그들 자신과 그들이 하는 일이 드러나지 않게 하려고 이같은 법들을 이용하는 것이다. 그들은 이와 관련하여 어떤 개인이나 기관에 대한 정보가 공개되는 일을 막고 또 그런 일을 위한 폭로마저도 금지하는 '보도금지명령'으로 또 다른 '위장술책'을 개발하고 있다. 대기업들은 그들의 활동들을 둘러싼 정보가 공개되지 않도록 이런 금지령들을 내렸다.

경찰의 폭력

'제복 입은 폭력배들'이 하는 짓에 충격 받은 사람들이 유튜브에 올린 셀 수도 없이 많은 비디오들에서 '공공서비스'에 뽑히고 있는 성격유형들이 끊임없이 보인다. 런던파크에서 뇌 대신 규정집만 가진 두 명의 경찰관들이 지나가다가 "모든 게 괜찮아"라고 적힌 피켓을 들고 있는 어떤 남자에게 멈춰 서서 묻는 모습이 찍혔다. 이것이 '왕립공원'의 규제사항에 위반되는지를 놓고 긴 대화가 이어졌고, 한 사람이 규정집을 꺼내서 여기에 적용되는 내용이 있는지 보려고 뒤적였다. 유튜브에 'Everything is OK in Hyde Park(하이드파크의 모든 게 괜찮아)'를 쳐보라. 2011년 5월에는 워싱턴 D. C.의 토머스제퍼슨기념관에서 그리 유별난 것도 아니었는데 춤을 췄다고 해서 젊은이들이 경찰에게 난폭하게 체포당하는 충격적인 비디오가 있었다('Thomas Jefferson Memorial Dancing'을 쳐보라). 한 친구는 딱딱한 바닥에 내동댕이쳐졌다. 이 친구들은 기념시설에서 춤을 추는 행위를 불법시위로 간주한다는 어느 연방법원 판사의 판결에 항의하고 있었다. 이런 어처구니없는 법들이 무더기로 나오고 있고 따라서 그 법들을 집행하려면 이 경찰관들처럼 어처구니없고 사나운 사람들이 필요하게 된다(그림 317과 318). 당국은 갈수록 늘어가는 그들의 난폭하고 정신 나간 행동을 대중들로부터 감추려고 임무를 수행하는 경찰을 촬영하는 행위를 금지하려고 한다. 뉴욕 주 로체스터 경찰은 한 여성의 집 앞에 차 한 대를 세워놓고 운전자를 검문하는 모습을 앞마당에서 찍었다는 이유로 그 여성을 체포했다. 28세의 에밀리 굿은 촬영을 멈추고 집에 들어가라는 경찰관의 명령을 정중히 거절하고 '공무집행방해'로 기소되었다. 자아도취적이고 모자란 그 경찰관은 자신이 위협을 느꼈고(아, 맙소사) 에밀리가 '경찰에 무척 반항적인' 것으로 보였다고 했다. 그녀가 이 웃기는 친구를 합법적으로 찍는 일을 멈추길 거부하자 경찰관은 "우리 명령을 듣지 않는다"고 에밀리를 체포했다. 유튜브에 'Rochester Police Arrest Woman in Her Front Lawn for Filming Traffic Stop(로체스터 경찰, 자기 집 앞마당에서 차량검문을 촬영한 여성을 체포하다)'을 치면 그녀가 찍은 영상을 볼 수 있다. 이런 '새로운 경찰' 사고방식의 또 다른 놀라운 사례를 '비눗방울 경찰관(2010년 토론토에서 G20 정상회의를 반대하던 한 여성시위자가 경찰관에게 비눗방울을 분 것을 폭행으로 간주하고 체포한 사례-옮긴이)'에서도 본다. 그들이 어떻게 '왕 중의 왕'이 되는지 아는가? 뭐, 그 비눗방울 경찰관은 '바보들 중의 바보'고, 불행한 일이지만 그에게는 이 칭호를 놓고 다투는 믿기지 않는 수의 제복 입은 경쟁자들이 있다. 'Officer Bubbles'를 쳐보라(달콤한 차 한 잔 준비해놓을 것을 권한다). 이젠 쓰레기통까지 단속하는 급이 더 떨어지는 자아도취자들까지 있을 지경이다. 뉴욕의 어느 85세 할머니는 공용쓰레기통에 신문을 넣었

다가 한 '공중위생요원'(무기를 가졌나?)이 쫓아와서 체포하겠다고 위협했던 일로 대중매체에 나왔다. "꼼짝없이 얼어붙었지." 할머니가 이야기했다. "나한테 사정없이 겁을 주고, 죽도록 다그치더라고. 무섭더라니까." 그 '요원'은 신분증을 요구했고 따르지 않으면 '집어넣겠다고' 위협했다고 한다. '가정쓰레기'를 잘못된 쓰레기통에 넣었다고 100달러의 벌금고지서를 발부했고, 벌금이 너무 많다고 불평하자 300달러로 올리겠다는 협박을 했다. 이것이 국민을 그야말로 시시콜콜한 부분까지 통제하

【그림 317-318】춤은 범죄다. 당신이 그토록 어리석다면 맞는 말이다. 정말로 어처구니없는 경찰의 임무수행.

기 위해 사용되는 사고방식이다. 오클라호마시티에서는 시당국이 18세 이하의 모든 청소년들에게 정한 통행금지시간을 위반했다며 극장 앞에 서 있던 20명의 청소년들이 더 많은 수의 제복 입은 얼간이들에게 체포되었다. 국가의 통행금지령? 이 아이들은 영화를 보고나서 그들을 데리러올 어른들을 기다리다가 체포되었다. '통금'에 걸리지 않을 극장에 가라고 하면 될 것을, 신이 내린 뇌세포 활동을 가진 이 사람들은 어쨌거나 체포로 밀고나갔다. 한 엄마는 경찰관들을 "폭력배" 같다고 했다. 정확히 요즘 온 세계에서 뽑고 있는 유형이다. 이 청소년들은 '위기개입센터'로 보내졌고 부모들을 만나도록 허가받기까지 최소 여섯 시간 동안 억류되었다. 그들은 오클라호마시티의 법집행에 '침해 받고, 불쾌하고, 또 두렵다는 느낌'을 느꼈다고 했다. 뭐, 우리가 뜻을 모아 이런 일을 끝낼 준비를 하지 않는 한 익숙해져야 하지 않을까. 이 통행금지령은 2011년 런던과 여러 도시들에서의 꾸며진 폭동들에 대한 '해결책'의 하나로, 그것을 제안했던 데이비드 캐머런(로스차일드 시오니스트) 영국 총리를 비롯해 전체주의자의 까치발걸음에서는 더 흔한 일이 되어가고 있다. 시카고는 12세 이하의 아이들이 날마다 저녁 8시 30분이 되면 부모의 집에 있어야 한다는 뜻의 통행금지령을 도입했다. 시카고 시장이 이를 지지하고 있을까? 이스라엘의 군인이었고 오바마의 중요한 재임초기에 비서실장이었던 람 이매뉴얼(로스차일드 시오니스트) 말이다. 오스트레일리아 빅토리아 주의 테드 베일리우Ted Baillieu 주지사는 '외설적이고, 풍기문란하며, 공격적이거나 위협적인' 언어에 즉석 벌금을 물리는 단속권을 경찰에게 주는 법을 도입('시범실시'한 뒤에 영구적으로)했다. 누가 그걸 결정할까? 경찰이다. '외설적이고, 풍기문란하며, 공격적이거나 위협적인' 경찰관들과 빅토리아 주 주지사에게 물리는 즉석 벌금은 어떤가? 그 다음으로 조지아 주 미드웨이의 경찰서장 켈리 모닝스타Kelly Morningstar가 있다. 이 사람은 세 소녀들의 레모네이드 가판대를 '폐점'시켰다. 겨우 한 소녀의 집에 가판대를 놓았는데도 하루 50달러짜리 식품영업허가를 받지 않았다는 이유였다. 켈

602

리 모닝스타는 이 뉴런 결핍의 승리를 이렇게 설명했다. "경찰은 그 레모네이드가 어떻게 만들어지는지, 누가 만드는지, 무엇으로 만드는지를 몰라서, 시 조례에 따라 적절한 조치를 취했습니다." 좋아, 우리도 당신을 놓고 똑같은 말을 할 수 있다고, 친구. 당신은 어떻게, 무엇으로, 그리고 어떤 성분으로 만들어졌나? 틀림없이 그들에게는 지성이나 의식은 들어가지 않은 게다. 또 하나의 황당하기 그지없는 '레모네이드' 이야기를 보려면 유튜브에 'Children defy police in Washington(워싱턴에서 아이들이 경찰에 반항하다)'을 쳐보라. 카메라를 자꾸 막는 경찰모의 그 아가씨 경찰은 진지한 도움이 좀 필요하다. 언젠가는 그 도움을 찾았으면 좋겠다. 컴퓨터 소프트웨어 가게가 그것을 만나는 첫 장소가 될지도 모르겠다. 이 '레모네이드 단속들'이 미국 전역에서 아주 흔하게 생기고 있는 걸 보면 이것은 분명히 조직된 일이다.

이 오만한 자아도취자들은 그들의 힘에 도전하고 이의를 달거나 또는 진지하게 받아들이지 않으면 특히나 흥분한다. 나는 런던 히드로 공항에서 어느 보안직원에게 그날 아침 텔레비전에서 한 보안전문가가 확인해주었듯이 내가 허리띠를 풀어야 할 이유는 없다고 짚어주었다. 그녀는 버럭 화를 내더니 "법이 뭔지는 알아요" 하고 외쳤고, "이의를 달지 마라"가 기본적인 반응이었다. 난 다시 물었다. "허리띠를 풀어야한다는 법이 있어요?" 결국 그녀는 그런 법은 없다는 데 동의했지만, 그녀의 에고는 워낙 뿔이 난 나머지 씩씩거리며 자리를 뜨더니 돌아오지 않았다. 나는 같은 일을 런던 개트윅 공항의 어느 '제복'에게 했는데 그 사람은 뇌졸중으로 쓰러질 뻔했다. 나는 그의 행동 때문에 마침내 감독자를 불러달라고 했고, 그 친구가 왔을 때는 너무도 어려서 '나와 있는 걸 엄마가 아느냐'고 묻고 싶은 충동을 느꼈다. 영국에서 당신이 전신스캐너를 지나도록 지시받으면 몸수색의 선택권마저도 없다. 거부하면, 비행기는 못 탄다. 병원상담사인 닥터 안토니오 아기레Antonio Aguirre는 영국 맨체스터 공항에서 그가 '방사선폭행'이라 부르는 것을 거절했다가 경찰에게 내몰렸다. 그는 이 스캐너들이 암을 일으킬 수 있다는 아주 바른 말을 했다. "엑스선은 암을 일으키는 것으로 알려져 있고 나든 다른 사람이든 누군가는 이 전신스캐너로 암에 걸릴 거라고 생각해요." 많은 사람들, 특히 그것을 조작하는 직원들이 그렇게 될 것이다. 잠깐 이 점을 생각해보고 우리가 이미 파시즘으로 치닫는 길을 얼마나 멀리 왔는지를 받아들이자. 건강과 심지어 생명에의 위협을 무릅쓰고서 방사선을 쬐기로 하지 않으면 당신은 비행기를 탈 수 없다. 우리는 이것을 순순히 받아들이고 있는가? 미국의 교통안전청(TSA) 직원들은 특별하다. 그들은 '몸수색'을 하면서 여성들과 아이들을 더듬고 많은 수가 공개적인 모욕에 전문화되어 있다. 휠체어를 탄 백혈병에 시달리는 95세의 할머니 한 분이 죽기 전에 친지들에게 작별인사를 하러 떠나려고 플로리다 공항에 갔다가 TSA에게서 성인용 기저귀를 벗으라는 강요를 받았다. 여섯 살 먹은 소녀는 전신방사선스캐너를 지나고 나서도 공격적인 몸수색을 받았다. TSA의 관리자 존 피스톨은 아이가 스캐너에서 움직여서 그랬다고 했다. 피스톨은 그의 주인들이 하라는 대로 행동하고 말하는 또 한 명의 마음껏 부릴 수 있는 심부름꾼일 뿐이다. 일상적으로 생기는 일이 이렇다. 미국 TSA 직원들에게 도전하면 경찰이 오거나, 아니면 보나마나 그들은 당신이 비행기를 놓치게 한다. 감히 그들의 힘에 이의를 달았다고 해서 당신은 처벌받아야 한다. 그들은 마치 국가의 힘이 자신들의 것인양 이용해서 남들에게 힘을 휘두르고 싶어 하는 애처로운 욕구를 드러내지만, 국가는 방사능이 누적되면서 그들이 죽고 있다는 사실을 빤히 알면서도 언제나 그들을 스캐너에 노출시키고 있다. 워싱턴 D. C.의 로널드레이건 국립공항에서 보안검색을 받던 한 여성은 난폭한 공격을 받고서 나동그라져서 다른 승객과 금속의자에 부딪쳤고, 얼굴과 몸에 구타를 당하고 금속탁자에 머리를 내리찧어서 영구적인 정신적 외상을 줄 정도의 뇌손상을 입었다. 대체 무슨 죄이기에? 그녀는 콘택트렌즈 용액이 담긴 작은 용기를 가지고 있었다. 유튜브에 'Dr Phil Airport Assault(공항폭행을 다룬 닥터 필 쇼)'를 처보기 바란다. 여기서 일어난 일은 놀라울 정도다. TSA는 나치의 게슈타포나 동독 슈타지Stasi의 미국판 비밀경찰로 미국 전역에서 활동하도록 확장하고 있다. 공항에서만 일하는 게 아니다. 오바마가 선거운동 기간에 자신에게 자금을 대는 혈통들이 요구하는 것이 무엇인지를 잘 알기에 약속했던 국내 보안군의 큰 부분이 이들이다. 오바마는 국가안보를 군에만 의지할 수는 없다고 했다. "우리는 강력하고 힘 있고 충분한 자금이 뒷받침되는 민간 국가보안군이 있어야 합니다." TSA는 지금 미국 '안보'(통제)의 광범위한 그물망을 이루는 다른 기관들과 합동으로 세 개 주와 8,000킬로미터를 아우르는 '연습'에 참가했다.

경찰관들이 대중들의 항의를 받자 테이저건이 등장한 데서 우리는 TSA와 동일한 태도와 행동을 보게 된다. 비뚤어진 에고를 가진 머리가 빈 사람이 쏘는 55,000볼트의 전기총이다(그림 319). 많은 사람들이 이 '치명적이지 않은' 무기로 죽었고, 경찰을 더 무서워하게 되어 그들이 하라는 대로 하도록 만들기에 이것은 혈통들과 잘 맞아떨어진다. 테이저건은 위험하고 생명을 위협받는 상황들에서 훈련된 화기담당 경찰관들만 사용하게 되어있었다. 그 무렵 나는 이런 규정이 오래가지 않을 거라고 말했었는데, 지금은 이 무기를 사탕과자처럼 막 나눠주고 있다. 너무도 무기력해서('자존감의 무의식적 결여') 자신이 느끼는 전능함에 이의를 달 때 참지 못하는 제복 입은 자아도취자들의 에고만 빼고는, 그 누구에게도 어떤 것에도 위험이 되지 않는 상황에서 끊임없이 사용되고 있다. 'Taser Outrageous(어처구니없는 테이저)'를 쳐보라. 오하이오 주 데이튼 경찰은 정신장애자 청소년 제시 커시에게 테이저를 쏘고 페퍼스프레이를 뿌리고 육체적으로 공격했고 폭행혐의로 고발했다. 무슨 죄이기

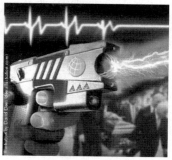

【그림 319】 테이저건. 비뚤어진 에고의 전투를 위해 선택된 무기

에? 월리 후퍼라는 또 다른 자아도취적인 고용된 바보는 소년의 언어장애를 경멸의 말로 '오해'했다. 후퍼는 17세의 이 소년이 정신장애가 있다는 것을 알았지만, 동료바보 존 하워드 경관과 함께 지나친 진압에 들어갔다. 소년은 '월리 얼간이'가 자신을 막아서서 하는 말을 알아듣지 못했기에 자전거를 타고 집으로 갔다. 경찰관들은 소년의 집으로 갔고 그의 어머니가 문을 열자, 이 폭력배들은 소년의 등에 테이저를 썼다. 제시의 어머니는 법원 심리에서 이렇게 말했다. "피고 후퍼와 하워드가 집에 들어와서는 뒷문을 등지고 서서 손을 들고 '그만 하세요, 그만 하세요' 하고 말하는 제시와 몸싸움을 벌이기 시작했어요. 하워드 경관은 페퍼스프레이를 제시에게 뿌렸어요. …… 그리고 제시의 가슴 윗부분을 주먹으로 때렸어요." 보시라, 진짜 남자들답다. 하워드는 제시를 계속 때렸고 그러다가 이 '덤 앤 더머'가 지원을 요청해서 20명의 경찰들이 집에 왔다. 제시는 수갑을 차고 꼭 붙들려서 경찰차에 쳐 박혔다. 이 이야기는 한 번뿐이었던 일이라 쳐도 충격적이지만, 경찰의 잔인성은 이제 온 세상에서 일상적인 일이 되고 있고, 이 사람들은 모자란 폭력배들이 집행하는 혈통의 경찰국가에서 이런 식으로 하도록 뽑히고 프로그램되고 훈련받는다. 조지아 주의 로건빌('사람이 우선인 곳')에 사는 한 남자는 집에 돌아와서는 자살한 의붓아들을 발견하고 경찰을 불렀는데, 그들이 와서는 구급대원들이 소년을 회생시키려고 시도하는 동안에 그 남자를 두들겨 팼다. 캐나다 온타리오 경찰은 그 난폭성과 성폭행과 부당한 체포라는 마땅한 평판을 얻고 있다. 선 살바티는 2010년 토론토에서 열린 G20 정상회담의 치안을 준비하는 경찰관들에게 "토요일에 잘 해봐요"라고 말했다가 체포되었다. "경찰 한 명이 내 목을 붙잡고 주먹질을 하기 시작했어요." 살바티가 말했다. "그 사람은 '이게 당신 권리야'라는 식의 말을 했어요. 알겠어요? '당신한테 권리가 있다고 생각해? 이게 당신 권리야'처럼 말이에요." 살바티는 경찰서로 붙들려가서는 옷을 발가벗긴 채로 경찰관들 앞을 걸었고(여성도 한 명 있었다) 그런 다음에 발가벗은 그대로 철창에 갇혔다. 'Cops Strip Search Man and Leave Him Naked For 10 Hours In Holding Cell(경찰, 알몸수색 뒤에 그대로 10시간 동안 유치장에 방치)'을 치면 이 이야기를 볼 수 있다. 온타리오 주 오타와에서는 경찰관들이 체포한 한 여성을 발로 차고 셔츠와 브라를 벗겨서 반나체로 유치장에 3시간을 가둬두었다. 유튜브에는 'Ottawa Police Attack and Strip Search Innocent Woman(오타와 경찰 무고한 여성을 공격하고 알몸수색하다)'이라는 제목으로 올라와있다. 경찰의 잔인함을 다룬 이야기들이 지금 끝도 없이 나오는 것은 특정 '성격' 유형들이 채용되고 있기 때문이다. 게다가 공개되지 않은 사람들은 또 얼마나 많을 건가? 우리가 계속 그것을 받아들인다면 우린 아무것도 깨우치지 못한 것이다. 그들의 오만함과 어처구니없는 행동은 시스템이 보호해주리라는 걸 그들이 알고 있다는 사실로부터 나온다. 시스템은 그들이 그런 식으로 행동하기를 바라기 때문이다. 이미 '반체제인사들'을 기다리는 집단수용소들의 경비원 모집에는 지원자가 부족하지 않을 것이다. 집단수용소라고? 아니, 농담이 아니다. 내 다른 책들을 보거나 검색창에 'Concentration Camps, America(미국의 집단수용소)'를 쳐보라. 이 수용소들은 많은 나라들과 연방비상관리국(FEMA) 소관인 미국에서 설치되고 있다. 이것이 얼마나 많이 진행되었는지를 대부분의 사람들은 모른다. 경찰은 그 어느 때보다도 더 군인들처럼 행동하고, 또 세계정부의 지시를 실행에 옮길 세계군대와 경찰력을 근본적인 하나의 단위로 묶는다는 것이 그 계획이다. 데이비드 캐머런의 영국 정부는 심지어 지방 경찰력에 '장교 계급'을 만들겠다며 군의 장교들과 정보기관의 인사들을 경찰의 최고위직에 앉히는 계획을 말하고 있다. 미국 정부는 경찰서에 군복, 무기, 군용차량(어떤 경우에는 탱크도 있다)을 공급하고 훈련시키고 있다. 해마다 특수기동대(SWAT, 여기 들어가려면 뇌가 없어도 된다)가 군사작전과 비슷하게 미국의 사유재산을 급습하는 사례들이 40,000건에 이른다(그림 320). 2010년 디트로이트에서 일곱 살짜리 소녀가 할머니와 텔레비전을 보고 있던 집에 SWAT팀이 창문으로 섬광수류탄을 던져 넣

【그림 320】 SWAT팀과 '키스톤 캅스Keystone Cops'. 차이가 보이는가? 총만 치우면 내게도 보이지 않는다.

었다. 수류탄은 소녀가 덮고 있던 담요를 태웠고 SWAT팀이 집안에 들이닥쳐서 소녀를 쏴 죽였다. 그들이 찾고 있던 용의자는 거기 살지도 않았다. 번지수를 잘못 짚은 것이었다. 미시건 주 오클랜드카운티의 경찰은 방탄조끼를 입고서 적어도 한 명은 마스크를 쓴 채로 어느 의료용 마리화나 조제실에 총을 겨누고 들이닥쳤다. 그들은 어느 누구도 체포하지 않고 직원과 환자들의 돈까지 그곳의 현금을 깡그리 털어갔다. 미시건 주의 재산몰수법은 보안관 대리들이 압수한 현금의 80퍼센트는 보안관사무소로 가고 나머지 20퍼센트는 지방검찰관이 가져가도록 되어있다. 이것은 무장 강도와 다를 바 없다. 1878년의 포시코미타투스법Posse Comitatus Act은 민간의 치안유지에 군을 투입하지 못하게 하는데, 우리에게는 그 법을 빠져나가서 군인들처럼 입고, 군인들처럼 무장하고, 군인들처럼 행동하는 사람들이 있건만, 그들은 '경찰'이라고 불린다. 그들은 미국의 통제를 완전히 군대화하기까지 조금씩 나아가면서 이 법을 갈수록 더 위반하고 진짜 군대를 이용하기도 한다. 플로리다 주에서는 군대가 사람들을 체포해왔고 이런 일은 다른 곳들에서도 생길 것이다. 2008년에 미국 국방부는 20,000명의 군대를 미국 안에 배치해서 임무를 수행하게 하겠다는 계획을 발표했고 2011년까지 그들을 훈련시켰다. 아주 많은 사람들이 깨어나서 행동에 옮기지 않는다면 계엄령을 곧 보게 될 것이다. 경찰이 평화시위대 속의 시위자들처럼 옷을 입고 개입해서 평화시위만 하는 사람들을 구타하는 빌미를 주는 폭력을 일삼는다는 사실도 더 자주 드러나고 있다. 평화시위자들에 대한 평판이 나빠지도록 가게 진열장을 부수고 경찰차를 불태우는 일들이 그런 것들이다. 캐나다 경찰이 이런 짓을 자주 하다가 붙잡혔고, 2007년 퀘벡에서 열린 북아메리카안보번영협력(북아메리카연합) 정상회의에서는 그들의 선동 앞잡이들이 경찰과 똑같은 신발을 신고 있는 모습이 영상에 잡혔다. 나라면 그 비밀임무조 지원을 취소하겠네, 친구들. 이런 일이 온 세상의 평화시위에서 일어난다. 영국 경찰은 당연히 대규모 시위에서 이렇게 한다. 폭력을 연출해서 정의를 찾아 평화롭게 시위하는 사람들의 평판을 깎아 내리는 데 필요한 성격 결함의 규모를 상상할 수나 있겠는가? 그들이 어떻게 자기 아이들의 눈을 들여다볼 수 있는지 나는 모르겠지만, 아무런 거리낌없이 그렇게 하리라고 나는 확신한다.

얼마나 더 감시받아야 하나?

모두가 내 앞선 책들에서 했던 예측들을 비웃고 있었지만, 거기서 앞으로 그렇게 되리라고 말했던 감시의 수준은 이미 놀라운 정도다. 어딜 가나 감시카메라들이 있고, 영국의 어느 읍이나 도시를 돌아다니면서 가게와 여러 건물들에 들어갔다 나왔다 하는 사람은 날마다 300개가 넘는 카메라들에 찍힌다. 도로망에 널려있는 카메라들은 과속을 막으려는 것이라고 하지만 당신이 지나갈 때 당신 차의 번호판을 기록하고 있다. 잉글랜드 하트퍼드셔 주의 범죄율이 낮은 작은 읍 로이스턴에는 모든 도로마다 모든 자동차의 번호판을 기록하는 경찰카메라들이 설치되었다. 그러면 시스템은 그것들을 전체 데이터베이스와 비교한다. 그들이 어디에서나 계획하고 있는 일이 이것이다. 인공위성 네트워크는 우리가 가능하리라고 믿지도 않을 방법으로 우리를 지켜보고 있다. 영국 경찰은 전파로 조종하는 비행감시카메라를 도입했다. 1988년 영화 '그들이 산다They Live'에서 나온 것과 같다. 이것들은 다 수십 년도 더 넘는 과거에 계획되었다. 우리에게는 얼굴인식 카메라, 홍채인식, 전신방사선스캐너와 DNA 데이터베이스가 있다. 그들은 여러 이유들로 모든 사람의 DNA를 파일로 만들려고 하는데, 그 한 가지 이유는 이것으로 사람마다의 고유한 주파수에 다가갈 수 있기 때문이다. 사람들은 그들의 특정 주파수로 곧바로 표적이 될 수 있다. DNA 표본을 얻으려고 펼쳐지는 많은 사기들과 법들이 있다. 나는 남아프리카에서 '어린이신분증Ident-A-Kid'이라는 것을 위해 학령기어린이들에게 머리카락 표본, 침, 지문을 요구하는 프로젝트를 보았다. 아이들을 잃었을 때 경찰이 찾아내는 데 도움이 된다는 계략을 써서 설득한다. 여기에 진심 어린 사람들도 관여하고 있다고 나는 확신하지만 이런 프로젝트들에는 빠짐없이 숨은 동기가 있기 마련이다. 영국 경찰은 지금 체포하는 모든 사람의 DNA를 채취해서 보관한다. 무죄로 밝혀질 때도 마찬가지다. 데이터베이스를 구축하려는 또 하나의 음흉한 사기극일 뿐이다. 런던 히드로 공항은 '테러리스트들을 식별하려고' 생체인증 얼굴인식 카메라들을 도입하고 있다고 발표했다. 하품 나오는 소리다. 국제형사경찰기구(인터폴)는 그들이 가진 DNA와 지문 데이터베이스들에 얼굴인식 데이터베이스를 덧붙이려고 한다. 인터폴의 다면적인 데이터베이스들은 사실상 세상의 그 어떤 공항일지라도 그곳을 거쳐 여행한 모든 사람들의 기록들을 보유하도록 계획되었다. 또 다른 계획들은 '테러리스트들을 식별하고 승객들에 대한 다른 위험들을 찾아내도록' 비행기의 모든 좌석에 카메라를 단다는 것이다. 그들이 사람들의 안전을 바란다면 그 카메라들은 백악관, NSA, 영국정보부와 모사드의 수뇌부에 딱 어울리는 것이다. 또 그들은 담배 자판기(미성년자 흡연 방지), 슈퍼마켓 계산대(미성년자 음주 방지), 그리고 '승차권을 대신해서' 버스정류장과 기차역에도 카메라를 설치하려 한다. 도쿄 경찰은 주택 소유자들에게 '테러리즘과 범죄 예방'의 목적으로 사유지에 카메라를 설치하라고 요청하고 있다. 많은 바보들이 그렇게 할 것이다.

이제 감시 수법에는 우리가 사는 물건들에 마이크로칩 꼬리표 붙이기, 휴대전화와 신용카드 거래와 '포인트'카드 거래의 추적, 전화도청, 숨어있는 카메라와 도청장치, 그리고 인터넷 쿠키까지도 들어간다. 컴퓨터 자판에서 치는 키들을 기록하는 '키스트로크keystroke' 프로그램들이 있는데 이것은 그들에게 패스워드와 암호화코드를 준다. 키스트로크 프로그램은 계획된 공공연한 노예세상에서 컴퓨터사용자들의 작업량을 추적하는 데 쓰일 수도 있다. 그들은 쟁의권이 없는 의무고용을 도입하려 하는데, 노조를 만들려는 움직임이 힘을 쓰지 못하는 진짜 이유가 이것이다. 가장 유명한 사례는 위스콘신 주에서 일어났던 일이다. 부분적으로 집단교섭을 없애려는 형편없는 스캇 월커Scott Walker 주지사가 내놓은 가혹한 노동조합법에 항의해서 수천 명의 근로자들이 주 의사당을 점거했었다. 미국과 EU는 신용카드 내역을 포함해서 대서양을 횡단하는 모든 비행기의 탑승수속 자료를 15년 동안 저장하게 한다는 계획에 합의했다. 런던의 〈가디언〉지가 손에 넣은 문서들에서 확인되듯이, EU의 변호사들마저도 이것이 정보보호법에 위배되는 불법행위라고 말한다. 법률적 소견에서는 미국 국토안보부가 개인 탑승수속 자료를 보관하게 하는 것이 "기본권에 합치하지 않는다"고 말했지만, 조종자들은 기본권을 빼앗고 싶어 하는데 그게 무슨 문제가 되겠는가? 2011년 미국 국토안보부는 테러리스트들이 사람들 몸 안에 폭발장치를 심어서 전신스캐너를 통과한다는 구상을 하고 있다는 발표를 하기도 했다. 이른바 '뱃속 폭탄'이다. 갈수록 더 미쳐간다. 그 다음에는 비행기를 타기 전에 외과수술이라도 해야 한다는 말인가? 여기 어느 보도에 핵심이 되는 내용이 있다. "당국은 지금 공항들에서 사용하는 전신스캐너들이 그런 장치들을 찾아낼 만큼 깊게 꿰뚫지 못한다고 주장한다." 아, 그래, 모든 승객들에게 본격적으로 엑스선을 쏘이고 나서 방사선으로 그들을 진짜로 해치워야겠네. 알겠지만 그들은 눈에 뜨일 만큼 빠르게 죽어가지 않는다. 공항들에 계획되고 있는 '거짓말탐지기'와 함께 군중 속에서 얼굴과 '수상한 행동패턴'을 찾아내는 기술이 도입되고 있다. 우리는 하루 24시간 사람들 대부분은 '가능한 일이라고 믿지도 않을' 렙틸리언 동맹의 기술을 이용한 우리가 알지도 못하는 방법들로 감시받고 추적당할 수 있다. 그들은 사람들을 뇌파패턴과 심장리 듬으로 식별하는 기술을 들여왔다. '영업용 자동차들이 납치되었는지를 식별하려는 시도로' 트럭들에 부착하는 '감지시트'는 운전자마다의 특징적인 앉는 자세를 기록할 수 있다. 이런 것들이 다 '휴머비오Humabio' 또는 '생체역학지표와 행동분석을 이용한 인간모니터링과 인증'이라는 제목을 가진 분야에서 나오고 있다. 미국 국토안보부는 범죄나 테러행위를 저지를 의도를 가진 사람을 찾아내도록 고안된 FAST(Future Attribute Screening Technology)라는 기술을 개발하고 있다. FAST는 심박동수, 음색, 눈이 '응시'하는 것, 체온 등등을 검사하고, 스포츠경기장과 공항을 포함해 어느 곳에나 검문소 또는 '보안경계선'을 설치할 수 있다. 이것이 톰 크루즈의 영화 '마이너리티 리포트'에 나왔던 '범죄 사전차단' 기술의 개념이다. 할리우드는 로스차일드 시오니스트를 거쳐 혈통들이 통제하고 있어서 대중들이 그들의 어젠다를 받아들이도록 길들이고 있다. 미국과학자연맹의 수석연구분석가인 스티븐 애프터굿Steven Aftergood은 FAST를 탐탁지 않게 여기며 또 무고한 사람들을 잠재적인 테러리스트들로 간주하는 많은 '거짓 양성false positive'의 결과들을 가져오리라고 믿는다. 나도 그가 옳다고 확신하지만, 이것이 다중차원의 통제와 위협이라는 갈수록 커져가는 태피스트리에 또 한 가닥을 덧붙여주는 한, 그들에게는 신경 쓸 필요가 없는 일이다. 그보다 더 겁을 수 없는 조직이자 CIA의 보스인 미국 NSA는 일루미나티의 거물 '방위산업' 업체인 레이시온Raytheon에게 '완벽한 시민Perfect Citizen'이라는 것을 들여오는 1억 달러짜리 비밀계약을 내주었다. 레이시온은 한때 하프의 특허권을 가졌던 회사다. 완벽한 시민은 인터넷 통신을 감시하는 비밀기술을 사용한다. 〈월스트리트저널〉은 '완벽한 시민이란 빅브라더Big Brother다'라고 말하는 레이시온의 이메일을 언급했다. 전화통화, 이메일과 팩스는 잉글랜드 노스요크셔의 멘위드힐Menwith Hill 기지 같은 사악한 시설들에서 핵심낱말들과 음성인식패턴을 스캔하는 에셜론Echelon 첩보네트워크로 감시되고 있다. 이곳은 미국 국가정찰국(NRO)

이 운용하는 인공위성들의 지상기지이고 영국 땅에서 미국 NSA가 운영한다. 나는 멘위드힐 기지가 9·11 공격에서 한몫했다고 들었다. 에셜론을 포괄적으로 연구했던 워싱턴의 저널리스트 빌 블럼Bill Blum은 이것을 온 세상을 감청하는 대대적이고 고도로 자동화된 도청기지국의 네트워크로 묘사한다. "하늘의 거대한 진공청소기처럼 NSA는 모든 걸 깡그리 빨아들입니다. 지구 궤도를 줄곧 돌고 있는 위성들이 집전화, 사무실전화, 휴대전화, 이메일, 팩스, 텔렉스, 위성전송, 광섬유통신트래픽, 마이크로파중계회선, 음성, 문자 이미지들을 포착해서 슈퍼컴퓨터로 처리합니다." 블럼은 에셜론의 감시망이 정치지도자들, UN, 교황과 국제사면위원회 같은 단체들을 대상으로 스파이활동을 했다고 말한다. 기밀의 사업정보들도 이런 식으로 빼내서 혈통의 기업들에게 넘어간다. "신이 전화를 가졌다면, 그것도 감시되고 있어요." 그가 말했다. 에셜론의 다른 기지들은 모웬스토(영국 콘월 주), 오스트레일리아 방어위성통신기지(웨스턴오스트레일리아 주 제럴턴), 미사와 공군기지(일본), 파인갭(오스트레일리아 노던테리토리의 앨리스스프링스 근처), 사바나세카(미국 푸에르토리코), 슈거그로브(미국 웨스트버지니아 주), 야키마(미국 워싱턴 주), 와이호파이(뉴질랜드)에 있다. 유럽에서 시민의 자유를 침해하는 행위를 추적하는 기관인 스테이트워치Statewatch는 이렇게 말했다.

EU를 통틀어 정부들은 모든 사람들의 통신자료를 의무적으로 보유해야 한다는 국가법을 채택했거나 하고 있다. 이런 일이 일어나는지 아는 사람이 거의 없을지라도 모든 형태의 통신(위치까지 포함하는 전화통화, 팩스, 휴대전화)이 여기 들어가는데 2009년부터는 모든 인터넷 이용 기록을 보관하는 데까지 확대될 것이다. 인터넷 이용을 비롯한 트래픽 자료가 국가가 보유하거나 국가가 아닌 원천들(세금, 고용, 은행거래명세, 신용카드 사용, 생체인증, 범죄기록, 건강기록, 전자정부서비스 이용, 여행기록 등)로부터 수집한 다른 자료와 합쳐지면, 모든 사람 하나하나의 깜짝 놀랄 정도로 자세한 일상생활과 습관들을 클릭 한 번만으로 파악할 수 있다.

이 내용은 몇 년 전에 쓴 글이라, 지금은 이보다 훨씬 더 진보해있다. EU는 '웹사이트, 토론광장, 유즈넷 그룹, 파일 서버, P2P 네트워크와 개인용 컴퓨터'의 끊임없는 감시를 통해 셀 수 없이 많은 원천들로부터 얻은 자료를 추적할 새로운 감시체계를 발표하면서 이것을 훨씬 더 극단적인 단계로 끌어올렸다. 이 정보는 거대한 컴퓨터시스템이 수집하고 분석해서 '비정상적인 행동'을 감지해내는 데 사용할 것이다. 이 시스템을 '인덱트 프로젝트Project Indect'라 부르는데 EU의 경찰력과 EU의 CIA가 이용하게 될 것이다. 토니 블레어의 조사권한규제법Regulation of Investigatory Powers Act의 결과로 인터넷서비스 제공업체는 우리의 서핑활동을 기록하고서 이 정보를 M15에 제공해야 한다. 로스차일드 시오니스트가 통제하는 세계 최대의 이메일 제공자인 야후는 그들에게 개인의 이메일들을 살펴볼 권리가 있다는 업데이트된 조건, 곧 '서비스 부가조건'을 포함시키기도 했다. 그들은 우리의 이메일이 조사받고 있다는 것을 야후가 아닌 다른 포털사이트에서 말하는 것도 이용자의 책임으로 만든다. 마이클 '전신스캐너' 체르토프(로스차일드 시오니스트)가 공동으로 쓴 미국 애국법은 미국에서의 기본적인 많은 자유들을 지워버렸다. '반(反)테러'(반-국민)법령이란 이제 미국인들이 시민권을 박탈당하고 재판도 없이 감옥에 갇히며 다른 나라까지 끌려가서 고문을 받고 심지어 비밀리에 처형될 수도 있다는 뜻이다. 그 법령들이 '테러리스트'를 겨냥한다는데 바탕을 두고 설득되고 통과되지만 그 표현들을 보면 계획된 대로 이것을 국민들에게 적용할 수 있게 한다는 점에서 이 법들은 전체주의자의 까치발걸음의 일례이다. 그 무렵에 나는 '반테러'법이 테러리스트들을 겨냥하는 게 아니라고 말했었다. 그런 것들을 들여오는 사람들이 테러리스트들이다. 반테러법이란 사실 반국민법이고 지금 그 진상이 백일하에 드러나 있다. 미국에서의 파시즘은 오바마가 마음대로 전쟁을 선포하고, 또 그 사람들이 테러리스트라고 말하는 '정보군사공동체'(혈통들)를 바탕으로 미국시민을 기소나 재판도 없이 암살하라는 명령을 내릴 권리를 요구할 지경에까지 이르렀다.

증거는 필요하지 않다. 오바마의 국가정보국장 데니스 블레어Dennis Blair 제독은 의회증언에서 그들에게 미국인들을 암살할 '권리'가 있음을 인정했다. 국방부 합동참모본부는 대통령이 가진 암살 프로그램을 위한 처리대상자명단을 쌓아가고 있고, 대통령이 고개만 끄덕이면 미국의 인구는 하나씩 줄어간다. 그들의 어젠다가 지금까지 진행된 게 이 정도다. 그들이 여기서 어디로 가려하는지를 상상해보기 바란다. 이 모든 일은 '테러리즘을 막으려는' 것이다. 하지만 실제로 얼마나 많은 사람들이 테러리즘으로 죽는가? 9 · 11처럼 엘리트들이 연출하는 테러리즘으로 죽는 사람들을 빼고 나면 남은 것이 무엇인가? 예컨대 미국에서만 해마다 처방된 약물을 먹고 죽는 엄청난 수의 사람들이나, 아니면 '테러리즘을 막아야' 한다고 말하는 사람들의 폭탄으로 죽어가는 수백만 명의 사람들을 사실 그 어느 것에 비교할 수 있을까. '테러와의 전쟁'이란 죄다 거대한 거짓말이다.

인터넷의 검열과 정보수집

자유언론과 자유연대의 권리는 날이 갈수록 종잇장처럼 찢기고 있다. 지금 우리에게는 '자유언론'이 겨냥하는 권력을 가진 사람들에게는 씨도 먹히지 않는 '자유발언구역'이 있고, 어쨌거나 자유로운 표현과 항의의 권리도 그들 마음대로 금지될 것이다(그림 321). 산더미 같은 이른바 '증오범죄법'들이 로스차일드 시오니스트를 폭로하는 사람들의 입을 다물게 하는 데 도입되고 있다. 이것들은 소수자들을 보호하는 것과는 아무런 관계가 없고 오로지 혈통들이 노출되지 않게 하는 일과만 관계가 있다. 숨은 손은 지금 인터넷에 손을 대고 있다. 월드와이드웹은 혈통의 창작품이고 이것이 통신을 추적하고 개인정보를 식은 죽 먹듯 모을 수 있다는 점에서 그들

【그림 321】 쓰지 않으면 잃는다.

에게 주는 이로움은 끝도 없다. 당신이 로스차일드 시오니스트의 페이스북에 올리는 것은 뭐든지 그들의 재산이 된다는 걸 알고 있었는가? 당신이 페이스북에 가입하면 아래의 것들을 허용하게 된다.

당신이 (i) 올리거나 페이스북서비스와 관련된 또는 비공개 설정을 조건으로 홍보하거나, (ii) 당신의 웹사이트에 공유링크를 거는 것을 포함하여 다른 사용자가 올릴 수 있게 하는 사용자콘텐츠를 (1) 사용, 복사, 발간, 스트림, 저장, 보유, 공개적인 상영 또는 전시, 전송, 스캔, 리포맷, 수정, 편집, 조작, 번역, 발췌, 각색, 파생물 창작과 배포(다단계를 거쳐)하는 것, 그리고 (2) 광고를 포함한 어떤 목적으로 당신의 이름, 사진, 이미지를 사용하는 것, 그리고 (1)과 (2)를 목적으로 하거나 페이스북서비스와 그것의 홍보와 관련해서 취소할 수 없고, 영구적이고, 독점적이지 않고, 양도할 수 있고, 완전히 지불된, 전 세계적인 인가(재양도권과 함께).

소셜네트워킹 사이트들은 사람들에 관한 정보를 긁어모으고 그들의 사진, 글과 창작물들의 소유권을 움켜쥐려는 로스차일드 시오니스트의 사기극이다. 미국 연방거래위원회는 소셜인텔리전스Socail Intelligence Corp.라는 회사가 소셜미디어의 계정들을 검색해서 취업지원자들의 뒷조사를 하고 거기서 찾아낸 것들을 7년 동안 보관하도록 승인했다. 이 사이트들에서 당신이 하고 말하는 모든 것들은 몇 년이 지난 다음에 당신에게 불리하게 쓰일 수 있다. 익명을 써도 소용없다. 소셜인텔리전스사는 닉네임과 실명을 연결하는 소프트웨어를 사용한다. 이 사랑스럽기 그지없는 사람들은 비디오와 사진 공유 사이트들, 블로그들, 이베이, 크레이그리스트와 위키피디아에 등재된 내용들도 샅샅이 뒤진다. 인터넷은 사람들의 현실감각을 조작할 수 있는 기술로 만든 집단마음이기도 하다. 우리가 인터넷에 들어가 있는 동안 아주 많은 일들이 일어나고 있어서 우리는 그것에 대해 아무것도 모른다. 옥스퍼드대학교의 수전 그린필드Susan Greenfield는 인터넷이 충분히 읽고 쓸 수 없게 만드는 '연상적 사고'에 의존하도록 뇌를 개조하고 있다고 말한다. 그녀는 페이스북과 트위터 같은 네트워킹 사이트들이 사람들에게 '공감력의 뇌엽절리lobotomy'와 같은 결과를 주고 있다고 경고했다. 또한 이 기술들이 '윙윙거리는 소리와 밝은 빛에 끌리고 주의지속시간이 짧으며 그 순간을 사는 어린아이들의 상태로 뇌를 되돌린다는 것'이 두렵다고 했다. 얼굴을 마주한 대화는 찜찜하지 않은 스크린 속 대화로 바뀔지도 모르고 이미 많은 사람들이 그렇게 하고 있다고 그린필드는 말했다. 미국의 공학자 니콜라스 카르Nicholas Carr는 〈애틀랜틱매거진Atlantic Magazine〉에 쓴 글에서 인터넷이 신경회로를 재배치하고 기억을 다시 프로그래밍하고 있지는 않은가 하는 의문을 던졌다. 그는 자신의 친구들이 전해지는 정보를 더 이상 충분히 받아들일 수 없다는 말을 했다고 했다. 카르가 쓴 글의 제목은 '구글이 우리를 바보로 만들고 있는가?'였다. 혈통들은 인터넷에서 얻는 이로움이 많고 그래서 그들은 인터넷을 만들어냈다. 하지만 그들에게 대단히 불리한 점이 한 가지 있다. 인터넷이 없었더라면 음모를 다룬 정보가 세계적으로 퍼질 수가 없었다. 혈통들은 지금 판에 박힌 테러리즘의 위협을 비롯한 많은 핑계들을 내세워서 그런 정보의 흐름을 막으려는 술책을 부리고 있다. 그들은 인터넷의 검열을 정당화하려고 기다리고 있는 문제-반응-해결책을 내놓을 것이고, 이 것은 나나 미국의 라디오 진행자들인 제프 렌스와 알렉스 존스 같은 사람들, 그리고 9·11이 있은 뒤로 그렇게 많이 등장한 인터넷 연구자들을 겨냥할 것이다(그림 322). 국토안보부는 저작권침해로 고발된 사이트들에 갖다 붙여서 웹사이트들을 폐쇄해왔다. 저작권침해는 혈통들이 지워버리고 싶어 하는 웹사이트들을 없애는 데 맨 앞에 내세우는 또하나의 핑계다. 로스차일드 시오니스트의 통제를 받는 오락산업이 컴캐스트Comcast와 AT&T를 포함하는 기업들을 설득해서 저작권 대상이라고 하는 파일들을 스트리

【그림 322】 로스차일드 시오니스트의 인터넷 검열

밍하거나 다운로드했다고 고발된 사람들에게 '삼진아웃 규정'을 부과하게 했다는 보고들이 있다. 세 번째 '스트라이크' 다음에는 인터넷 접속이 제한되거나 금지된다고 한다. 컴캐스트와 AT&T 같은 기업들이 오락산업과 똑같은 주인들의 지시를 받는다는 점에서 나는 그 기업들이 납득이 되는 일을 하리라고는 보질 않는다. 미국 국토안보부는 어린이 포르노물의 유포를 막으려는 목적이라는 대대적인 조사에서 '실수로' 84,000개의 웹사이트들을 중단시켰다. 그들이 아이들의 성적 학대를 막는 데 진지하다면 나는 정치권력을 가진 유명 인사들의 명단을 줄 수 있지만, 당연히 그들은 그렇지 않다. 권력을 가진 어린이 상습 학대범들과 살해범들은 인터넷을 검열하는 데 어린이 포르노물을 그 명분으로 이용한다. 영국 문화커뮤니케이션창조산업부 장관 에드 베이지Ed Vaizey는 저작권 로비스트들을 만나서 인터넷 검열계획을 의논하고 있다. 그들은 허용되는 웹사이트와 그렇지 않은 웹사이트들을 결정하는 '전문가 기구'를 만들려고 한다. 심사관은 '간소화된 과정'을 거쳐 사이트들을 빠르게 폐쇄할 수 있는 결정을 내리게 된다. 영국의 디지털 경제법에는 웹사이트들을 지워버리는 권한이 들어있는데, 이것은 음악산업계의 로비스트들이 쓰고 상원 자유민주당('자유'당)이 제출한 제안서 때문이었다. 덴마크 경찰은 인터넷의 익명이용을 금지하는 법들을 정부에 요청했고, 페이스북의 설립자 마크 주커버그Mark Zuckerberg(로스차일드 시오니스트)의 누나 랜디 주커버그Randi Z.(로스차일드 시오니스트)는 인터넷의 익명성을 없애야 한다고 요구했다. 구글의 CEO 에릭 슈미트(로스차일드 시오니스트)도 동의한다. 슈미트는 인터넷의 익명성이 '위험한' 관례라고 하면서 정부들이 그것을 끝낼 거라고 '예측'했다. 이미 알고 있다는 이야기다. 미국 이민세관집행국(ICE)은 2011년에 미국의 저작권을 침해하는 해외 웹사이트들을 표적으로 삼고 있고 미국의 법정에 세울 수 있도록 사람들을 넘겨받을 거라고 발표했다. 에릭 바넷Erik Barnett 부국장보는 모든 '.com'과 '.org' 도메인들이 버지니아 주에 있는 인터넷 인프라구조 회사인 베리사인VeriSign을 거친다는 이유로 이렇게 할 터무니없는 권리를 주장하고 나섰다. 그는 이것으로 미국의 기소를 요구하기에 충분하다고 했다. 이것은 미국 정부(로스차일드가)가 언제라도 하고 싶을 때 그런 웹사이트들을 모두 막아버릴 수 있다는 뜻이기도 하다.

흔해 빠진 핑계들

2001년 5월에 백악관은 국토안보부를 인터넷 '조치들'을 실행하는 '주무기관'으로 한다는 52쪽짜리 문서를 내놓았다. '조치'라는 말을 전체주의자의 말로 바꾸어 정의하면 '우리가 하고 싶은 대로 할 수 있다'가 된다. 입법이라는 말은 무척이나 넓게 해석될 수 있는 방식으로 사용되므로 그냥 '우리가 하고 싶은 대로 할 수 있다'라고 하는 편이 엄청나게 많은 나무들을 살릴 것이다. 미국에서의 인터넷 검열에 대한 압력은 상원 통상과학교통위원회 위원장인 '탈바꿈하는 자' 제이 록펠러(로스차일드 시오니스트), 국토안보정부위원회 위원장 조셉 리버만(로스차일드 시오니스트) 같은 혈통의 원천들로부터 나온다. 제이 록펠러는 그야말로 사악한 존 D. 록펠러의 증손자로, 2009년 사이버보안법의 배후세력이었다. 이 법은 대통령에게 원할 때면 언제든지 '사이버보안 비상사태를 선포'하고 '국가안보를 도모하기 위해' 어떤 정보네트워크라도 폐쇄하거나 제한할 수 있는 권한을 준다. 그들은 계획된 장악의 마지막 단계에서, 또는 그들이 하는 짓을 폭로하는 정보가 대중들에게 들어가지 못하게 막아야할 절박한 시기에 바로 이렇게 할 계획이다. 로스차일드의 심부름꾼 피터 만델슨(로스차일드 시오니스트)은 지난 노동당 정부에서 토니 블레어와 고든 브라운 총리의 조종자로서 영국의 인터넷 자유를 물고 늘어졌다. 또 한 명의 인터넷 검열관은 니콜라 사르코지(로스차일드 시오니스트) 프랑스 대통령으로, 2011년 G8 정상회담에서 바로 그것을 강요하는 행사를 주최했다. 그는 인터넷에 '가치들'과 '규칙들'이 있어야 한다고 말했다. 자신의 '가치들'과 '규칙들'이다. 파리에서의 이 행사에 참석한 사람들 가운데는 구글의 회장 에릭 슈미트, 페이스북의 설립자 마크 주커버그, 대중매체계의 거물 루퍼트 머독이 있었다. 세 사람 다 로스차일드 시오니스트다. 혈통의 심부름꾼들이 밥값을 하는 패턴을 볼 수 있다. 빌 '그 여자와 성관계를 갖지 않았어' 클린턴은 주빈으로 모습을 드러냈다. 모니카 르윈스키 스캔들이 한창일 때 텔레비전 생방송에서 국민들에게 일부러 거짓말을 한 (클린턴은 일부러 진실을 말하는 법이 없다) 이 사람은 2011년에 조지 오웰의 인터넷 '진실부Ministry of Truth' 같은 기관을 만들어서 연방정부나 UN이 운영해야 한다고 했다. 이 기관은 '인터넷을 떠도는 그릇된 정보와 소문들'을 처리할 것이다. 달리 말하면, 클린턴에게 지시를 내리는 패거리들에 대한 진실을 말하는 사람들을 표적으로 삼겠다는 것이다. 그래 좋아, 이것도 처리해보시지. 당신과 당신 아내는 세계적으로 수백만 명을 불구로 만들고 살해하고 훨씬 더 많은 사람들의 삶을 파괴한 참상의 세월들에 책임이 있다. 이란-콘트라 사건과 여러 거래들의 일환으로, 당신이 부시일가와 다른 사람들과 함께 마약을 밀반입하던 아칸소 주 메나의 간이활주로 근처 철로에서 죽은 채로 발견된 두 어린 소년들은 어떻게 된 건가? 당신의 정치경력을 파괴했을 정보를 가졌다고 해서 죽거나 사라진 사람들은 어찌 된 건가? 그리고 그 시신들이 어디에 묻혔는지를 상징적으로나 문자 그대로나 알고 있었고 또 당신이 상상할 수 있는 가장 꾸밈없이 연출된 '자살'로 살해당한 빈스 포스터 Vince Foster에게는 정말 무슨 일이 생긴 건가? 더 해볼까, 뺀질이 윌리씨? 몇날 며칠이라도 할 수 있다고. 이걸 당신의 '진실부'에 다루게 해보시지. 당신은 당신 인생을 통째로 조종한 주인들 엉덩이나 핥는 또 한 명의 불쌍한 심부름꾼일 뿐이다.

아래 클린턴 이야기의 자세한 배경은《진실이 자유롭게 하리라》에 있다.

"가서 진실부를 만들자고 하게, 클린턴, 인터넷은 우리 계획에 위험해."
"알겠습니다, 주인님. 말씀하시는 건 뭐든지 합지요. 주인님."
우유나 더 먹게, 빌, 잘 시간이야.

모든 것에 마이크로칩을

그들이 가장 군침을 삼키는 빅브라더의 기술은 마이크로칩이다(그림 323). 나는 이 계획을 1997년에 '패치를 붙인' 한 CIA 과학자에게서 들었다. '패치'는 일하기를 꺼려하는 혈통의 하인들이 살아있으려면 필요하다고 세뇌되어서 피부에 붙이고있는 약

【그림 323】 마이크로칩을 받으면 모든 의미에서 자유는 끝이다.

물이 든 투명봉지를 말한다. 왜 자신의 과학적인 능력들을 스스로가 혐오스러워하는 어젠다에 봉사하는 데 쓰고 있냐고 묻자 그 과학자는 이 패치를 보여주었다. 그는 조국에 봉사한다고 생각하면서 CIA에 들어갔지만, 내가 밝히고 있는 음모가 사실임을 깨달았다고 했다. 그는 전자기장으로 식물이 빨리 자라도록 자극하는 자신의 기술이 기아에 허덕이는 많은 에티오피아인들을 죽이는 데 쓰이자 그들을 위해 일하기를 거부했다. CIA는 이 기술이 전자기를 조준해서 대량으로 살상하는 데 쓰일 수 있음을 알아챘다. 그들은 굶주리는 에티오피아인들에게 특정 지점에 식량을 떨어뜨리겠다고 알렸고 군중들 위를 날면서 치명적인 전자기장을 내보냈다. 그 과학자는 이것이 사막에서 작물의 성장을 빠르게 하는 실험이라고 믿으면서 비행기 뒤쪽에 있었다. 이 기술이 활성화되자 그는 앞쪽으로 가서 창으로 내다보았고, 그가 본 것은 죽은 시신들뿐이었다. CIA에서 나온 지 얼마 지나지 않아 하루는 집을 나섰는데 어느 낯선 방에서 깨어났고 아무 생각도 나지 않았으며 뭔가 가슴에 붙어 있다는 것을 알았다. '패치'였다. 나와 만났을 때 그는 셔츠를 열어서 황금빛 오렌지색 액체가 든 봉지를 보여주었다. 패치는 72시간마다 교체해야 하고 그러지 않으면 그는 아주 끔찍하게 죽어갈 것이다. 스스로 그렇게 해보았기에 이것이 사실임을 안다. 그가 명령들을 따르지 않으면 패치는 교체되지 않는다. 그는 자신의 뜻에 상관없이 비밀프로젝트들에서 일하는 '패치를 붙인' 사람들이 수천 명이나 된다고 했다. 이것이 말로 다할 수 없이 사

악한 일이라고 생각한다면 모든 걸 아주 자세하게 다룬 내 다른 책들을 읽기 바란다. 이런 짓을 하는 사람들은 미쳤다. 그 과학자는 인간에게 마이크로칩을 심는 어젠다에 대해 말해주었는데 그는 이것이 단순히 전자태그를 붙여서 감시하는 것보다 훨씬 더한 것이라고 했다. 이런 것은 당연히 그 일부일 뿐이고, 칩은 컴퓨터시스템에 신호를 보내지만, 더더욱 중요한 것은 이 신호가 거꾸로 컴퓨터에서 칩으로 오기도 한다는 사실이라고 했다. 그는 이것으로 사람들이 개인적으로나 집단으로, 정신적으로 정서적으로 그리고 '육체적으로' 조종되고, 또 그들이 선택만 하면 언제든지 정보를 칩에 보내서 누군가를 죽일 수 있다고 말했다. 인체는 생물학적 컴퓨터이고 그들은 이 사실을 안다. 칩은 그들이 바라는 만큼의 많은 사람들을 불안하게 하는(심지어 죽이기까지도 하는) 정보를 받는 수신기로 작동할 것이다. 몸에 심어진 마이크로칩이 DNA 송수신기에 어떤 일을 할 수 있는지 생각해보라. 인구감축 어젠다를 가진 미친 사람들에게는 엄청난 무기가 된다.

마이크로칩을 심어서 마음의 지시만으로 컴퓨터와 상호작용하는 사람들이 이미 있다. 당신이 전화기를 붙잡고 신청을 하는 동안에 텔레비전 회사들이 당신 집의 텔레비전 박스 속의 카드에 신호를 보내서 어떻게 새 채널을 추가할 수 있는지를 보라. 서던캘리포니아대학교의 과학자들은 2011년에 두뇌활동을 조절하고 장기기억을 저장하는 칩을 개발했다고 발표했다. 이 기억들은 다운로드할 수 있고 칩을 심은 다른 뇌로 보낼 수도 있다. 또한 이것으로 정부당국이 칩을 심은 사람들의 생각과 기억과 지식에 다가갈 수 있게 된다. 진정으로 우리는 생각만으로도 범죄행위가 되는 조지 오웰의 사상경찰Thought Police의 영역에 와있다. 이것은 내내 계획되어온 것이고 오웰은 페이비언협회와 여러 결사들과의 연줄을 거쳐 앞으로 올 일을 알고 있었다. 그 칩이 개발되고 있는 서던캘리포니아대학교는 국토안보부의 국립테러사건위험/경제분석센터가 있는 곳이다. CIA의 그 과학자는 1997년에 이

비밀프로젝트들에서 개발한 마이크로칩들이 이미 백신 프로그램의 피하주사바늘에 들어갈 정도로 작다고 말해주었다. 오늘날 우리는 그가 말했던 것을 '나노기술'이라고 부른다. 이것은 아무리 눈을 비비고 봐도 잘 보이지 않을 만큼 작다. 일본의 히타치사는 0.05×0.05밀리미터 크기의 미세한 새 '분말'칩을 공개했다. 우리가 공개적인 활동무대에서 보는 것마저도 최첨단이 아니다. 비밀프로젝트들에서는 드러나길 기다리고 있는 훨씬 더 진보한 기술이 있다. 우리는 동물들에게 칩을 심어서(많은 연구들에서는 이것을 동물의 암들과 연관 지었다) 인간에게 칩을 심을 날을 준비해왔다. 처음에는 이것을 자진해서 했지만 이제는 바뀌고 있다. 똑같은 전체주의자의 까치발걸음 기법이 인간들에게도 계획되었다. 몸 안에 심는 마이크로칩은 우리가 사고를 당하거나 아픈 경우에 쓸 의료기록을 저장한다거나 아이들과 치매노인들을 잃어버려도 찾을 수 있다는 점 말고도 다양하게 이용할 수 있다고 홍보하고 있다. 뉴저지 주의 한 정형외과의사는 인간의 조직을 통과하는 고유의 파장을 발산하는 마이크로칩을 관절임플란트에 붙이려고 한다. 이 자료는 해독되어서 컴퓨터스크린에 뜨게 될 것이다. 몸 안에서 공명하는 인공파장이 건강에 무척이나 좋기도 하겠다. 모든 준비를 갖춘 마이크로칩으로 가는 디딤돌 또는 전체주의자의 까치발걸음은 '전자문신'이다. 그 사람의 심박동수와 여러 생체신호들의 감시는 물론 훨씬 많은 것들을 할 수 있는 피부에 붙이는 미세 두께의 전기회로다. 이것을 만든 사람들은 이 '문신' 또는 '표피전자공학시스템(EES)'이 '전자공학과 생물학의 차이를 없앴다'고 한다. 많은 점에서 이것들은 어쨌든 같은 것이다. '문신'은 이 기술을 가진 사람들에게 온갖 종류의 정보를 보내서 해독하도록 할 수 있고, 더군다나 반대로 보내오는 정보를 수신한다(그런데도 그들은 이 점에 대해서는 입도 뻥긋하지 않는다). 빅브라더 '정보' 폭력배들은 보나마나 흐뭇함에 두 손을 비비고 있을 것이다. 의류와 그 밖의 제품들에는 갈수록 통신칩이 달려서 나오고 있다.

에디 머피와 영화 '대역전Trading Places'을 만들었고 수상경력이 있는 영화

【그림 324】 록펠러가 게임계획을 밝히기 전의 애론 루소와 닉 록펠러

제작자 애론 루소Aaron Russo는 죽기 몇 해 전에 사람들에게 음모를 알리기 시작했다. 2007년에 그는 록펠러가의 한 명인 닉 록펠러가 대대적으로 마이크로칩을 심는 계획을 자신에게 이야기해주었다고 공개했다(그림 324). 이 이야기는 록펠러가 루소를 외교관계협의회에 채용하려고 이야기하던 중에 튀어나왔다. 록펠러는 그가 '노예serfs'라고 불렀던 마이크로칩을 대규모로 심고서 은행가들과 나머지 엘리트들이 세상을 통제하게 하는 것이 그 목표라고 말했다. 그는 루소가 그들에게 가담한다면 루소의 칩은 특별히 부호화되어서 당국의 불필요한 검열을 받지 않아도 된다고 했다. 록펠러는 9 · 11이 일어나기 거의 1년 전에 카스피 해로 가는 파이프라인을 건설하기 위한 포석인 아프가니스탄 침공을 촉발할 사건이 하나 생길 거라고 루소에게 말했다. 그들은 이라크를 침공해서 유전을 차지하고 중동에 기지를 세운 다음 '베네수엘라의 차베스를 잡을' 셈이었다. 글을 쓰는 지금, 우고 차베스는 종양제거수술을 받았고 항암치료를 받고 있다. 록펠러는 루소에게 군인들이 오사마 빈 라덴을 찾아서 아프가니스탄과 파키스탄의 동굴들을 뒤지는 모습을 보게 될 것이라고 했다. '진짜 적은 실제로 없지만 끝없는 테러와의 전쟁'이 있을 것이며 이런 일들이 죄다 '거대한 거짓말'이 될 거라고 했다. 록펠러는 냉소적으로 웃고 우스갯소리를 하면서 이것으로 정부는 미국 국민들을 휘어잡게 될 거라고 말했다. 록펠러는 '사람들은 지배되어야 하고, 인구는 적어도 절반으로 줄여야 한다"는 말을 내내 강조했다고 했다. 그는 또한 록펠러재단이 가정을 파괴하려고 여성해방운동을 만들어내고 자금을 댔다고 밝혔다. 이 계획은 아이들을 더 이른 나이에 학교에 보내서 국가를 그들의 첫 번째 가족으로 받아들이도록 주입하는 데 목적이 있었다(헉슬리의 《멋진 신세계》에 나오는 내용 그대로다). 그는 '여성해방'운동을 만들어내고 자금을 댄 또 다른 이유가 그 전

에는 은행가들이 인구의 절반에게 세금을 물릴 수 없었기 때문이었다고 했다. 닉 록펠러는 중국의 렙틸리언 혈통들과 함께, 그들의 큰 계획을 위해 중국의 음모를 바탕으로 활동한다. 중국에는 미국과 여러 정부의 컴퓨터시스템을 표적으로 삼아 인터넷에서의 검열과 정보차단기술을 합리화도록 준비된 컴퓨터해커부대가 있다.

【그림 325】 나도 알아. 먹는 물에 독물을 넣자고. 그래, 좋은 생각이야.

불소화와 아스파탐

이 책에서 내가 드러내고 있는 모든 것이 서로 이어져있고, 그 점들을 잇는 주제는 인류의 억압과 통제다. 혈통들은 사람들이 충치를 막으려고 먹는 물과 치약에 불화나트륨을 넣고 있는 게 아니다. 그렇지가 않다. 불소가 뇌억제제이니까 이렇게 한다(그림 325). 나는 이 이야기를 20년 동안 내 책들에서 말해왔는데 이제 이 사실은 주류 과학계의 몇몇 사람들마저도 인정하고 있다. 미국 국립환경보건과학연구소National Institute of Environmental Health Science가 펴내는 〈환경보건전망Environmental Health Perspectives〉은 이미 불소가 아이들의 지능을 떨어뜨리고 있다는 점을 밝힌 한 연구를 실었다. 먹는 물에 고농도와 저농도의 불소를 주입한 중국의 두 곳 지역사회에 사는 8세에서 13세 사이의 500명이 넘는 아이들이 그 대상이었다. 불소농도가 낮은 마을에서는 28퍼센트의 아이들이 똑똑하고 정상 또는 더 높은 지능을 가진 것으로 나타났지만, 농도가 높은 마을에서의 수치는 8퍼센트밖에 나오지 않았다. 불소행동네트워크Fluoride Action Network의 대표 폴 코넷Paul Connett 박사는 이렇게 말했다.

24번째로 이 연관성을 찾아낸 연구지만 이 연구가 다른 것들보다 더 강력한 결과를 보여준 것은, 연구자들이 핵심 교란변수들을 통제했고 또 낮아진 IQ와 먹는 물속의 불소농도를 관련시킨 것에 더해서 낮아진 IQ와 아이들의 혈중 불소농도 사이의 상관관계를 찾아냈기 때문이다. 이것으로 우리는 아이들의 불소노출과 뇌손상 사이의 인과관계에 더 가깝게 다가가게 된다.

또 하나 두드러지는 점은 IQ가 낮게 기록된 지역사회에서의 불소농도는 (환경보호청의) 이른바 '안전한 먹는 물' 기준인 4ppm보다도 낮았고 치아불소도포사업에 쓰이는 농도(0.7~1.2ppm)에 너무도 가까웠다는 사실이다.

불소든, 방사능이든, 아니면 무엇이든 간에, 그들이 온갖 것에 주장하는 '안전한' 먹는 물 수준이란 전혀 '안전'하지 않고 그들도 이것을 알고 있다. 지금까지 읽어온 것들로부터 혈통들은 그 무엇이든 '안전한' 수준에 관심이 없음을 알 것이다. 그것은 그들이 바라는 위험한 수준이다. 그들은 위험한 수준을 고르고서 그걸 안전하다고 부르고 당신이 무언가가 사람들에게 미치는 영향을 두고 도전할 때마다 당국은 "공식적으로 합의된 안전치 안에 있다"고 말한다. 하지만 누가 합의한 것인가? 바로 그거다. 거짓 '안전' 수준은 혈통의 네트워크들에서 비롯하고, 정부들의 고용자들과 그 기관들은 이것이 그들이 퍼뜨리고 시행해야할 정책이라는 말을 듣는다. 그들 대부분은 정책이 어디서 나오는지, 그리고 그 뒤에 숨은 동기가 무엇인지 짐작도 못한다. 불화나트륨은 나치의 집단수용소에서 수감자들이 온순하게 있도록 먹는 물에 투입됐다. 이것은 알루미늄과 인산염 산업에서 나온 폐기물이며 다음의 것들에 들어가는 성분이다. 향정신성 약물, 프로작, 그리고 여러 수면제와 정신치료 약물들, 사린신경가스, 쥐와 바퀴벌레 퇴치약, 그리고 마취약. 불소는 암, 유전성 손상, 알츠하이머와 솔방울샘의 석회화를 가져온다. 솔방울샘은 영능력과 관련이 있는 곳으로, 정확히 혈통들과 렙틸리언 동맹이 틀어막아서 사람들을 오감인식에 가둬두려고 하는 것이다. 또한 불소는 충치를 막아준다는 거짓말(지구온난화, 9·11과 나머지 온갖 것들처럼)을 바탕으로 거의 모든 치약에 들어간다. 이 사기극의 자세한 이야기는 다른 책들에

626

썼다. 불소증의 사례가 치솟는 데서 보듯이 불소는 사실 치아에 끔찍한 것이다(그림 326). 지역사회들은 먹는 물에 불소를 넣는 일에 반대표를 던졌지

【그림 326】불소는 이에 좋다?

만 그래도 여전히 진행되었다. 〈뉴롤로지아Neurologia〉 저널에 발표된 한 연구는 다른 보고들이 자세히 다룬 내용을 확인해주었다. 곧, 먹는 물에 넣는 불소가 뇌와 여러 곳의 심각한 손상을 가져올 수 있다는 점이다. 보고서에는 이렇게 쓰였다.

장기간 불소를 섭취하면 건강에, 특히 신경계에 중대한 손상이 생길 수도 있다. 불소는 혈액뇌장벽을 통과할 수 있고 태아의 뇌조직에 축적된다. 이것은 임신기간 중에 신경계에서 생화학적, 기능적 변화들을 가져올 수도 있다.

이제 그들은 사람들을 온순하고 착한 작은 노예들로 만들려고 향정신성 약물인 리튬이 자살률을 줄인다는 '연구'를 내놓으면서 그것을 먹는 물에 넣으려는 계략을 꾸미고 있다. 이것을 지지하는 사람들의 한 명은 뉴욕 마운트시나이(달-신의 산)병원의 닥터 제이콥 애펠Jacob Appel(로스차일드 시오니스트)이다. 애펠은 최근의 연구들에서 리튬이 '기분을 안정시키는' 효과가 있다는 '설득력 있는' 증거가 나왔다고 대중매체에 말했다. "미량의 리튬은 뉴런들 사이의 연결성을 더 좋게 하고, 또 살아가는 내내 노출되면 뇌가 더 행복해진다는 게 그 이론입니다." 그들의 노예상태를 좋아하게 하라. 애펠은 자연적으로 생기는 원소인 리튬을 첨가하는 일이 비교적 쉬울 것이라고 말했다. "먹는 물에 미량의 리튬을 넣는 데 반대하는 사람들이 그것이 존재하는 지역들의 먹는 물에서 리튬을 걸러내라고 말하고 다니지는 않습니다. 왜 모든 이에게 같은 이로움을 주지 않는 건가요?" 아, 제발, 대본은 그만 읽으시라. 먹는 물에 리튬을 넣는 일을 홍보하는 다른 한 사람은 캘리포니아대학

교의 닥터 게르하르트 슈나우저Gerhard Schnauzer(로스차일드 시오니스트)다. 정말로 무슨 일이 벌어지고 있는지를 알면 이런 사람들은 빤히 들여다보이는 사람들이다. 널리 사용되는 인공감미료인 아스파탐도 또 하나의 뇌억제제이고 9·11때 국방부장관이었던 도널드 럼스펠드(로스차일드 시오니스트)가 거대 제약회사 지디서얼사G. D. Searle & Company의 전무이사, 사장과 회장을 역임했던 때에 미국 정부의 시험절차를 거쳐 조작된 것이었다. 럼스펠드는 '특정 유전형들을 표적으로 할 수 있는 진보한 형태들의 생물학전 전략'을 요구했던 로스차일드 시오니스트의 '미국의 새로운 세기를 위한 프로젝트'의 일원이었다. 지디서얼사는 고엽제인 '에이전트 오렌지'와 유전자조작식품을 세상에 내놓은 몬산토에 아스파탐을 팔았다. 차 한 잔 하시게, 아스파탐 두 스푼 넣어서. 첨가성분에 원래의 'E951'이라는 이름으로 이것이 들어있는지 살펴보시라. 아스파탐의 상표명에는 뉴트러스위트Nutrasweet, 이퀄Equal, 스푼펄Spoonful이 있다.

【그림 327】 이봐, 면역계, 내가 간다!

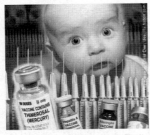

【그림 328】 아기들에게 예방접종을 하는 것도 어쨌든 오싹한 일이지만 그 규모는 믿기 어려울 정도다.

백신 프로그램

나는 백신이 면역계를 표적으로 우리의 자연방어력을 약하게 하는 수은을 비롯한 독물들의 칵테일이라는 식으로 자세하게 밝혔다(그림 327). 지금 아기들은 두 살까지 30가지의 백신 대부분과 그것들을 조합한 백신을 맞고 있다(그림 328). 지성에 오점이 있는 사람들은 이것이 아직 자라고 있는 면역계에 무슨 일을 한다고 생각하는 것일까? 그처럼 결정적인 시기에 이 독들을 쏟아 붓고 나면 아기의 면역방어력은 본래 타고난 수준에 결코 미치지 못할 것이다. 그러나 바로 이것이 목적이고, 이 백신 프로그램은 혈통들의 거대 제약카르텔, 그리고 로스차일드-록펠러가 만든 세계보건기구를 거쳐 지휘되고 있다. 또한 백신은 인간의 DNA를 바꾸도록 고안되었다. 또 하나의 공통주제인 것이다. 우리는 쓸모없는 백신이 필요하지 않다. 우리에게는 백신과 식품첨가물, 그리고 전자기원으로 근본적으로 망가지고 있는 면역계의 강화가 필요하다. 제약회사들을 서로 연결하는 거대 제약카르텔은 누가 소유할까? 혈통들이 한다. 또 그들의 약과 백신들이 우리에게 이로움을 주고 우리의 건강을 지켜주도록 만들어질까? 내가 인구감축을 말했던가? 〈인간과 실험독물학Human and Experimental Toxicology〉 저널에 실린 한 보고에서는 예방접종과 유아사망률의 연관성이 드러났다. 많은 경험을 쌓은 의학연구자들인 닐 밀러Neil Z. Miller와 개리 골드만Gary S. Goldman은 '늘어가는 백신접종의 수와 늘어가는 유아사망률 사이에서 통계적으로 아주 중요한 상관관계'를 찾아냈다. 미국은 개발국가들 가운데 그 어느 나라들보다도 아기들에게 더 많은 예방접종을 하고 있고 유아사망률이 가장 높다. 예방접종을 가장 적게 하는 일본과 스웨덴이 사망률도 가장 낮다. 1950년대부터 아이들에게 주사했던 소아마비백신에 발암성 병원체인 SV40이라는 바이러스가 들어있는 것으로 밝혀졌다. 이 바이러스는 이 백신을 만드는 데 쓰는 붉은털원숭이의 콩팥세포에서 발견되었지만, 아기들은 계속해서 백신을 맞았다. 2001년 〈샌프란시스코 크로니클〉에 실린 한 보고는 이렇게 말했다.

40년 동안 정부 관료들은 SV40이라는 유인원바이러스가 인간에게 해롭다는 증거가 없다고 주장했다. 그러나 최근에 수십 개의 과학연구들이 꾸준히 늘어가는 뇌, 뼈, 허파와 관련된 희귀종양들에서 그 바이러스를 찾아냈다. SV40이 실험실 동물들에게 일으키는 것과 같은 악성 암이다. 더 걱정스러운 것은, 오염된 백신을 접종받은 적이 없는 사람에게서 떼어낸 종양들에서 이 바이러스를 찾아냈다는 점인데, 이것으로 몇몇 사람들은 백신으로 감염된 사람들이 SV40을 퍼뜨리고 있을지도 모른다고 우려한다.

미국소아암협회는 지금 미국에서 어린이들을 죽게 하는 가장 큰 원인이 암이라고 말한다. 우리에게는 충격적이지만, 혈통들과 그들의 인구감축 프로그램에 손대고 있는 거대 제약회사들에게는 좋은 소식이다. 빌 게이츠 부부의 빌 앤 멜린다 게이츠재단Bill & Melinda Gates Foundation은 혈통인 갑부 워런 버핏이 제공하는 엄청난 양의 백신과 함께 제3세계의 대규모 예방접종에 쓰일 수십 억 달러를 기부한다. 게이츠는 그가 '백신형평vaccine equity'이라고 부르는 프로그램으로 세상의 모든 아이들이 예방접종을 받는 모습을 보길 원한다고 했다. 그는 솔직하지 않게도 가난한 아이들이 '부유한 아이들'이 가진 것들(주사바늘로 집어넣는 독들)을 갖게 해주는 '착한 사람'이 되어서 이 악몽을 퍼뜨리려 하고 있다. "지금이 부유한 아이들이 당연하게 여기는 마지막 두 백신들인 폐구균과 로타바이러스 백신을 확보하기 시작할 때입니다. 그리고 다음 5년 동안에는 그것들을 모든 곳의 모든 아이들에게 줄 것입니다. 이 말은 우리에게 처음으로 백신의 형평이 있게 된다는 뜻입니다." 이봐요, 멋지네요. 식량공급과 집과 깨끗한 물과 기회의 형평은 어때요? 대답이 없다. 그런데 독물들을? 아 그래, 우리에게 '형평'이 필요해. 게이츠는 '지구온난화'라는 거짓말을 홍보하는 데도 말 못하게 적극적이다. 아프리카생물안전성센터 African Center for Biosafety는 게이츠와 버핏의 자금으로 유지되는 '아프리카를 위한 가뭄저항성 옥수수(WEMA)' 프로젝트가 아프리카의 식량자주권을 위협하고 몬산토 같은 농산업계의 거인들에게 새로운 시장들을 열어주고 있다고 주장한다. 누가 게이츠와 버핏의 WEMA 계획에 '참여하고' 있을까? 몬산토다. 게이츠는 세계 인구(그가 크게 줄이기를 바라는)를 먹이려면 생명공학과 유전자 조작작물들이 필요하다고 말한다. 혈통들이 바라는 것이라면 뭐든지 빌 게이츠도 바라는 듯하고, 그가 컴퓨터소프트웨어로 수십억 달러를 계속 벌어들인다면 세상은 훨씬 더 안전한 곳이 될 것이다. 게이츠는 2011년 6월에 세계백신면역연합Global Alliance for Vaccine and Immunisation(GAVI)이 조직하여 런던에서 개최한 기금마련 콘퍼런스에 왔다. 빌 앤 멜린다 게이츠재단은 GAVI의 큰 돈줄이지만, 데이비드 캐머런 영국 총리도 영국 납세자들의 돈 8억 1,400만 파운드를 가난한 나라들의 아이들에게 예방접종을 하는 데 쓰겠다고 약속했다(그림 329). 캐머런은 이 돈이 8,000만 명이 넘는 아이들에게 접종을 하고 140만 명을 살리는 데 도움을 줄 것이라고 했다.

【그림 329】 지구적인 집단학살

이것으로 5년 동안 2초마다 한 명의 아이에게 접종하게 됩니다. 2분마다 한 아이의 생명을 살립니다. 이것이 바로 영국의 납세자들이 주게 될 돈입니다.

캐머런의 조종자들에게는 대규모 인구감축 프로그램이 있다. 캐머런과 게이츠의 주장이 진실이라면 그들이 왜 가난한 아이들의 생명을 구하고 싶겠는가? GAVI는 친숙한 이름들의 '연합'이다. 세계보건기구, 유엔아동기금 (유니세프), 세계은행그룹, 빌 앤 멜린다 게이츠재단, 원조국 정부들, 개발도상국 정부들, 개발도상국들과 산업국가들의 백신산업체, 보건연구기술기관들, 시민사회단체들, 그리고 '독립적인 개인들'이다. 그래, 분명히 거기 '독립적인 개인들'이 많이 있다. GAVI는 2000년 스위스 다보스에서의 세계경제포럼 정기총회에서 발족했다. 이것은 같은 사람들이 들어가 있는 빌더버그 그룹의 보다 공개적인 버전과도 같다. 알다시피 인구가 대규모로 줄어드는 걸 보고 싶어 하는 그 사람들 이야기다. 이 포럼은 1971년에 독일의 경제학자 클라우스 마틴 슈밥Klaus Martin Schwab이 창립했다. 세계경제포럼에 이어진 또 한 명의 친구는 의제 21의 '지속가능성(통제와 인구감축)을 위한 세계지방정부'의 사무총장 콘라드 오토 짐머만(로스차일드 시오니스트)이다. 짐머만의 공작은 세계경제포럼이 지원하고, 모든 가정에 방사능과 서브리미널 메시지들을 보내는 스마트그리드 마인드컨트롤 시스템도 이 포럼이 지원한다. 빌 게이츠(빌더버그 그룹)는 2011년에 노르웨이 총리 옌스 스톨텐베르그(빌더버그 그룹)를 만났고, 곧이어 노르웨이가 GAVI의 목표국들에 백신을 공급하는 데 기부금을 배로 늘리겠다는 발표가 나왔다. 노르웨이도 '가난한 나라들에서 900만 명의 아이들을 살리는' 백신 프로그램을 위해 빌 게이츠와 영국과 함께 긴밀하게 일할 것이다. 그나저나 노르웨이는 혈통의 세계 음모와 많이 이어져있기는 하지만, 만일 그들이 이스라엘의 '노선에서 벗어난' 행동을 하면, 2011년의 '폭탄테러'와 총기난사 사건에서 그랬듯이 이스라엘의 '징벌'을 받는다.

백신의 위험성을 폭로한 의사

이 장을 쓰다가 나는 뛰어난 온라인 네트워크인 '컨셔스 미디어 네트워크 Conscious Media Network(www.consciousmedianetwork.com 적극 추천하는 바다)'가 어느 배짱 좋은 여성과 했던 놀라운 인터뷰를 보았다. 닥터 로레인 데이 Lorraine Day가 그 주인공이었다. 정형외과 의사이자 샌프란시스코종합병원 부장이던 그녀는 '현대의학'과 백신이라는 살인기계를 내부자의 눈으로 보았다. 닥터 데이는 말했다. "의료산업 전반이 통제와 재정이득을 위해 발전했어요. 그것 말고는 있을 이유가 없어요." 그녀는 모든 사람을 약물에 절게 하려는 '사악한 계획'이 있다고 말했는데 모든 약물은 향정신성이기에 그렇다. 심지어 위장약마저도. 약물들은 우리의 마음과 진실을 이해하는 능력을 바꾼다. "당신이 향정신성 약품들을 먹으면, 그건 마치 길거리 약물을 먹은 것과 같아요." 그녀는 우리가 먹고 사는 방식에 따라 질병이 생긴다며, 배우 마이클 J. 폭스가 자신의 파킨슨씨병을 두고 이야기하면서 그것의 원인이 되기도 했던 뇌를 망가뜨리는 다이어트 탄산음료를 마시는 모습을 예로 들었다. 약물은 증상들을 덮어놓았을 뿐이다. "그건 절대로 문제를 해결하지 못해요. 기껏해야 문제를 숨길 뿐이죠." 닥터 데이는 의료산업 전체가 질병으로 벌어들이는 돈을 바탕으로 한다고 했다. 그렇다면 이 산업은 더 많은 병을 원할까, 아님 더 적게? 이런 저런 병을 위한 모금행사들과 이런 저런 병을 위한 자선단체들이 있지만, 정말로 바뀌는 건 아무것도 없다. 닥터 데이는 암을 가진 사람들보다 암 산업으로 생계를 꾸리는 사람들이 더 많다고 했다. 록펠러가가 만든 미국암학회에 들어오는 수입의 65퍼센트가 운영진의 급여와 다른 비용들로 나가고 겨우 5퍼센트만이 환자를 돌보는 기금으로 쓰인다. "미국암학회는 사람들이 암에 대해 배우는 정보를 통제하고 그들을 의사들에게 가도록 부추기려고 록펠러가가 설립한 것이에요." 암을 치료하는 대안이 되는 방법들과, 더 낮게는 식사와 생활방식과 운동으로 암을 예방하는 방법에 관한 정보를 찾아보기 어려운 이유가 이것이다. 닥터 데이는 유방암을 검사하는 유방엑스선촬영이 그 방사선 때문에 유방암에 걸릴 가능성을 키우고 있다고 했다. 또 임신중절이 유방암의 가능성을 큰 폭으로 늘리고 당국도 이것을 안다고 밝혔다. 여성이 임신을 하면 유방세포들은 젖을 만들어낼 준비를 하면서 불안정해진다. 임신중절은 이 과정을 완결되기 전에 멈춰버리고 그래서 유방세포들은 무기한 불안정한 채로 남는다.

　닥터 데이는 에이즈의 위험성을 사람들에게 처음으로 경고했던 사람들 가운데 한명이었다. 그녀의 말에 따르면 에이즈는 샌프란시스코의 동성애자 집단에 주사되었고 그 후 백신 프로그램들을 통해 아프리카로 갔다. 거대 제약회사들이 조종하는 질병통제센터(CDC)는 에이즈가 인간들끼리 옮길 수 있음을 알면서도 처음에는 그녀에게 그런 일이 있을 수 없다고 말했다. 그들은 마약 사용자들이 주사바늘로부터 에이즈에 걸릴 수 있지만 의료진은 그럴 수 없다는 희한한 주장을 했다. 닥터 데이의 병원에서 일하는 의료진 한 명이 주사바늘로부터 에이즈에 걸렸고 CDC 운영진은 그들이 아주 빤한 말도 안 되는 소리를 하고 있었음을 받아들이게 되었다. 닥터 데이는 에이즈를 아프리카에 들여온 것은 인구감축 및 대륙의 자원강탈과 관련이 있다고 했다. 그들은 아프리카 원숭이들을 감염시켜서 야생지역에 풀어놓음으로써 이 병이 퍼지게 하고는 이것이 에이즈의 근원이라며 뒤집어씌웠지만 사실 그것은 메릴랜드 주 포트디트릭에 있는 미국 생물학무기 프로그램(공식적으로는 아닐지라도 실상은)이 만들어냈을 가능성이 있다. 이곳은 미국 육군의무사령부, 육군의무연구군수사령부, 육군전염병의무연구소, 국립암연구소가 있는 곳이기도 하다. 한 집에 다 모아두었으니 참 잘한 일이다. 닥터 데이는 의무 예방접종은 '우리가 먹고 사는 방식으로 자신을 망가뜨리고 있는 것보다 더 빠르게 인간의 퇴보와 질병과 파괴를' 가져올 것이며 우리가 이 방향을 고집한다면 결국 아무것도 남지 않을 거라고 했다. 또 백신이 생기기 전에는 자폐증이 사실상 없었으며 유아돌연사증후군도 그렇다고 했다. 유아돌연사증후군의 주된 원인이 백신이었다. 이것은 의심할 나위가 털끝만큼도 없는 이미 밝혀진 사실이다. 그녀는 아기들에게 혈압, 심박동수와 호흡수를 측정하는 감지기를 연결했던 한 실험을 설명했다. 아기들은 백신을 맞을 때까지는 모두 좋았고 안정되어 있었다. 그런 다음에 측정치는 3주 동안 '뒤죽박죽'이었다. 많은 아기들이 숨을 멈추거나 느리게 쉬었다. 발작이 나타났고, 체온은 뇌손상을 입힐 수 있을 만큼 치솟았다. "백신은 소용이 없어요, 소용이 없어." 그녀가 말했다. "백신을 사용하기 전후의 전염병 발생 그래프를 보면 변화가 없었다는 걸 알 거예요." 소아마비는 위생과 영양상태가 나아지면서 백신을 들여올 즈음에 이미 85퍼센트가 감소했고, 또 예방접종을 시작했는데도 곡선은 바뀌지 않았다고 그녀는 말했다. 닥터 데이는 소아마비접종이 시작된 뒤로 85에서 100퍼센트의 소아마비가 생백신으로 생겼고, 대중이 이 사실을 알지 못하도록 소아마비의 이름을 무균성 수막염으로 바꿨다고 했다. 소아마비는 그 이름을 바꿈으로써 '퇴치'되었다. 닥터 데이는 백신에 든 수은이 예방접종이 시작되기 전에는 알려지지 않았던 자폐증을 일으키며, 백신은 암과 여러 질병들로 흐트러진 인간과 동물 세포들 안에서 자란다고 말했다. 백신에는 '온갖 독소들이 무더기로' 들어있기도 하다. 지금 정부당국은 한 방에 예닐곱 가지가 들어있는 '슈퍼백신'을 이야기하고 있다. 모든 백신과 거대 제약의료산업처럼, 이것은 무모한 짓이자 당신과 당신 아이들과 손자들을 죽이려고 계산된 것이다. 닥터 데이가 이야기해준 어느 연구에서, 한 집단의 동물들에게 한 가지 물질을 주사했고 동물들은 살아남았다. 두 번째 집단에게는 다른 물질을 주사했고 역시 살아남았다. 그러나 세 번째 집단에게 이 둘을 모두 주사했더니 모든 동물들이 죽었다. 닥터 데이는 거대 제약회사들을 폭로한다는 이유로 많은 라디오와 텔레비전 쇼에의 출연이 금지되었다. 대중매체와 의료학술지들은 그들이 살아남는 데 필수가 되는 광고를 철회하겠다는 협박 때문에 그녀의 말을 인용하거나 제약카르텔을 건드리는 말은 입도 뻥긋 않을 것이다. www.drday.com에 많고 다양한 주제들을 다룬 닥터 로레인 데이의 정보가 들어있다.

당신이 먹는 것이 당신이다

식품과 음료의 첨가물들은 인간의 마음, 몸과 정서의 균형을 잃게 해서 될수록 우리가 짧게 살게 하고 또 현실을 해독하는 방식을 일그러뜨리고 억누르려고 고안한 것이다(그림 330). 혈통들은 노예들이 자기들의 시스템에 효과적으로 봉사할 수 있을 때까지만 살기를 바라는데, 그러니 노령인구를 누가 걱정하겠는가. 치료를 거부하고 없애면 그만인데. 대부분의 식품을 플라스틱 용기에 담거나 비닐 랩을 씌우는 것만으로도 우리가 먹는 화학물질과 독소들이 늘어난다. 플라스틱에 든 독소들을 음식이 빨아들이는 것이다. 나는 '유기농'으로 표기된 농산물이 비닐 랩에 싸인 것을 보는데 이것은 당연히 그 농산물이 '유기농'일 수가 없다는 뜻이다. 하프가 쏘는 전송파가 인체에 가득한 독성물질들의 강도를 천 배로 늘릴 잠재력을 가졌다는 점도 있다. 식품첨가물들은 모든 사람을 겨냥하지만, 특히 보통의 아이들과 젊은이들을 표적으로 삼는다.

【그림 330】 이따위 형편없는 것들을 먹고 마시면서 사람들이 어떻게 정신적으로 정서적으로 그리고 육체적으로 균형을 이룰 수 있을까?

【그림 331】 이런 몸과 마음 상태를 가진 사람들이 세상에서 정말로 무슨 일이 벌어지고 있는지를 어떻게 이해하게 될까. 아님 괜한 걱정일까?

【그림 332】 식품 속의 화학첨가물들은 사람들의 뇌와 유전특징을 재배열하고 있다. 특히 아이들이 그 표적이다.

【그림 333】 혈통들은 적을 약에 절게 하고 있다. 바로 우리 인류다.

그들은 아이들이 '멋진 신세계'에서 어른 좀비노예가 되도록 준비시키고 있다(그림 331). 연구들과 개인적인 경험으로 보아, 화학첨가물들은 아이들의 행동에 큰 변화를 일으킨다. 아이들의 뇌는 화학적으로 재배열되고 있다(그림 332). 이런 균형 잃은 행동특성들이 나타나면, 아이들에게 리탈린Ritalin 같은 향정신성 약품을 주어서 사고와 정서과정들을 더욱 일그러뜨린다. 리탈린의 육체적 영향들에는 가슴 두근거림과 심장마비가 있다. 아이들에게(그리고 나머지 인구에게) 투여하는 약물은 그야말로 놀라울 지경이다(그림 333). 혈통들이 전력질주하면서 이런 일은 그들의 음모의 모든 요소들과 함께 최근 들어 엄청나게 늘어났다. 영국에서 사용하는 리탈린의 통계가 여기 있다. 1993년에 의사들이 리탈린을 처방한 것은 3,500건이었고, 1996년까지 26,500건이었다. 2006년에 영국 국민보건서비스(민간의료를 포함하지 않은)는 250,000건을 처방했다. 2007년까지 숫자는 461,000건으로 늘었다. 애더럴Adderall, 콘서타Concerta, 메타데이트Metadate CD, 리탈린 LA, 포칼린Focalin XR, 스트라테라Strattera(아토목세틴 Atomoxetine), 리스페달Risperdal 같은 비슷한 약들도 있다. 마지막 것은 소련에서 정치범들에게서 정보를 캐낼 때 썼던 약물이다. 숨을 깊게 들이쉬고서 다시 읽어보라. 그들은 아이들에게 진실을 실토하는 약을 주고 있고 미국을 통틀어 소아과의사 진료실에서 아이들의 장난감 블록에도 광고하고 있다. 앞

636

서가는 정신약리학 전문가이자 웨일스 카디프대학교 정신의학교수인 데이비드 힐리David Healy가 말했다. "리스페달을 먹는 사람들은 아무에게나 무엇이라도 말한다. …… 이 약을 아이들에게 줄 생각이라면 완전히 달라진 상황을 맞게 된다." 매리앤 갓볼도라는 디트로이트의 한 엄마는 '주의력결핍장애'라고 하는 딸아이에게 향정신성 리스페달을 주기를 거부했다가 무장한 SWAT팀이 들이닥쳤다. 이젠 파시스트가 된 어린이 '보호서비스'는 이것을 부모의 양육태만으로 간주했고 그래서 제복을 입은 무장한 폭력배들이 딸아이를 빼앗으려고 매리앤 갓볼도의 집으로 밀고 들어왔다. 틀림없이 스스로 리스페달을 먹고들 있었을 배심원단은 그 무렵 연방과 다수의 주 검사들이 제조사인 존슨 앤 존슨이 이 약품을 기만하여 마케팅하고(어린이들이 사용한 것을 포함해서) 위험한 부작용들을 숨겼다는 이유로 기소하고 있었는데도 그녀에게 유죄평결을 내렸다. 이 사람들은 숨 쉬는 법을 어떻게 기억하는 것일까? 믿을 수가 없다. 거대 제약회사들은 지금까지 2,000만 명의 미국 아이들에게 '진단 내린' 주의력결핍장애 등등과 같은 지어낸 정신의학적 상태들에 대한 해결책으로 한 해에 거의 50억 달러를 벌어들인다. 우리의 아이들과 젊은이들은 물론 인류전체와 벌이는 혈통의 전쟁이 있고, 이것들은 모두 페이비언협회의 회원이었던 올더스 헉슬리가《멋진 신세계》에 자세하게 묘사했던 것들이다. 온 세상에서 교육을 단순화시키고, 또 온갖 카메라들과 생체인증 식별기술이 학교에 있는 이유가 이것이다(그림 334). 그것들은 아이들과 학생들을 지키려고 거기 있는 게 아니다. 어딜 가나 그런 것들이 있는 세상을 오롯이 정상인 것으로 보도록 아이들을 길들이려고 설치한 것들이다.

처방된 약품들과 우리가 먹고 마시는 것에 바로 집어넣는 화학물질들만을 놓고 이야기

【그림 334】 내일의 로봇들이 되어가는 교육(프로그래밍) 체계. 아이들이 그리 되도록 놔두지 말라.

하고 있는 것은 아니다. 우리는 당연히 이런 약물들이 주어진 동물들의 고기에 들어있는 항생제들을 먹는다. 우리는 수익을 늘리려고 동물들을 더 살찌고 더 빨리 자라게 하는 성장호르몬을 먹는다(극단적인 비만이 그토록 많은 한 가지 이유다). 우리는 들녘의 작물들에 뿌리는 독성 화학물들을 먹는다. 한 번 생각해보라. 화학방제복을 입은 사람들이 치명적인 독들을 우리 음식에 뿌리고 그러고 나면 우리는 그것들을 먹는다. 하지만 그래도 대부분의 사람들은 그런 것에 아무 문제가 없고 또 건강에 영향을 주지 않으리라고 믿는다. 식물의 질병은 최근의 제초제들 몇 가지가 도입된 뒤로 치솟았고 이것은 몬산토의 시장주도상품인 '라운드업Roundup'의 경우 특히나 사실이다. 이 제초제의 성분들은 다른 부작용들의 목록 중에서도 토양양분들을 없애고, 식물의 천연방어력을 약하게 하며, 이로운 토양생물들을 죽이고 뿌리에 손상을 준다. 제초제들은 저항성이 생겨서 더 많고 더 강력한 제초제들을 쓰게 하는 '슈퍼잡초'를 만들어내고 있다. 작물독성물질들과 유전자조작이 결합해 식물들과 꽃들을 가루받이하는 데 중요한 벌의 군집들을 무너뜨리는 으뜸가는 이유들의 하나가 되었다. 우리는 한 가지 사실을 철저히 그리고 서둘러 이해할 필요가 있다. 이 사람들과, 그들을 조종하는 사람들은 조직적으로 인류를 죽이고 있고 또 조직적으로 우리가 건강한 음식을, 또는 많은 경우에 심지어 그 어떤 음식도 기르지 못하게 하고 있다. 그들은 지구적인 기아를 계획하고 있다. 맞다, 서구국가들도 그렇다. 그러고 나면 우리는 인간의 마음과 몸에 대한 악마 같은 공격의 일부인 유전자조작 식품을 먹는다. 혈통의 돈을 받는 과학자들은 자연을 유전적으로 조작해서 새들처럼 짹짹거리는 쥐, 어둠 속에서 빛나는 고양이, 그리고 소, 염소, 돼지, 쥐와 섞인 인간의 유전특성을 만들어내고 있다. 한국 국립서울대학교의 정신 나간 과학자들은 독시사이클린doxycycline이라는 항생물질을 주고서 자외선을 비추면 '녹색 형광색'으로 빛나는 개를 유전공학으로 만들어냈다. 맞다, 나도 안다. 참 별짓을 다한다. 자연의 얼개 전체가 재배열되면서 인간 DNA와 식물 DNA가

접합되고 있다. 하프의 배후 추진세력인 미국 국방고등연구계획국(DARPA)은 인간 DNA를 유전적으로 바꿔서 명령을 결코 어기지 않는 마인드컨트롤되는 군인들을 만들어내려 한다. 렙틸리언들은 그들이 동일하게 보는 유전학과 기술에 집착하고, 인류는 유전적으로 그리고 기술적으로 노예화되고 있다. 렙틸리언 동맹은 혼혈 혈통들에게 지시하고, 혼혈 혈통들은 정부에 있는 하인들에게 그 진짜 속셈이 뭔지 모르면서 온갖 논리와 양식에 어긋나는 법을 만들라고 말한다. 영국 정부는 '감자역병'이라는 진균병에 저항력을 가진 감자가 자연에 이미 있었는데도 유전자조작으로 이런 감자를 개발하는 연구에 몰래 보조금을 주었다. 영국은 대중의 반발 때문에 상업적으로도 유전자조작 작물을 기르지 않지만, 정부는 그것을 개발하는 데 몰래 공금을 사용한다. 영국에 유전자조작 식품을 들여오고 자연의 다양성을 깨뜨리는 일이 숨겨진 어젠다임을 깨우치기 전에는 이것이 미친 짓으로 보일 것이다. 미국의 감시단체인 '환경책임을 위한 공직자들Public Employees for Environmental Responsibility(PEER)'은 다른 단체들과 함께 오바마 행정부가 50곳이 넘는 야생동물 보호구역에서 유전자조작 농업을 지원하고 있다고 밝혔는데, 이것은 내부 이메일들로 확인한 사실이다. 백악관에게는 이 일이 '우선해야 하는 일'이었다고 이메일들에서 확인되었다. PEER의 상임이사 제프 러치Jeff Ruch가 말했다. "백악관은 몬산토와 손잡고 있다." 백악관이 몬산토와 한통속이 되어 일한다고? 난 안 믿으련다. 틀림없이 음모론이다. 그림자 속에 있는 사람들은 유전자조작 식품이 인간의 건강에 주는 위험들을 알지만, 정부와 행정부의 무지한 심부름꾼들은 그렇게 하라는 말을 듣기에 그것을 들여온다. 이것이 온갖 독립적인 과학적 증거들을 무시하고 유전자조작 식품이 허용되는 방식이다(그림 335).

【그림 335】살인자 '식품'

〈인디아투데이India Today〉에 실린 한 연구

에서는 유전자조작 작물에 널리 쓰이는 비티톡신BT toxin이 인간의 혈액표본에서 나온다는 사실을 알아냈다. 그 기사에는 이렇게 쓰여 있었다.

과학자들은 임신여성은 물론 임신하지 않은 여성들의 혈류에서 살충독소 단백질을 검출했다. 태아의 혈액에서도 이 독소가 검출된 것으로 보아, 이것이 다음 세대에까지 물려질 수도 있음을 시사한다.

바로 그것이다. 몬산토 같은 일루미나티의 앞잡이 자산들이 무언가가 안전하다고 말할 때마다 우리는 당연히 그렇지 않다는 걸 안다. 인간들에게 안전한 것을 만들어내는 일이 그 동기가 아니다(그림 336). '책임 있는 기술 연구소Institute for Responsible Technology'의 상임이사 제프리 스미스Jeffrey Smith는 천연 비티톡신을 먹인 쥐들은 강력한 면역반응들을 보였고 전에는 무해했던 성분들에 민감해졌다고 말했다. 여기서 같은 주제가 되풀이된다. 바로 면역계를 겨냥하는 것이다. 스미스는 매미나방을 죽이려고 밴쿠버와 워싱턴 주에 천연 비티를 뿌렸을 때 500여명의 사람들에게서 주로 알레르기나 독감 비슷한 증상들로 반응이 나타났다고 말했다. 여섯 명은 응급치료를 받아야 했다. 그들은 나방을 죽이려고 이런 일을 하지 않으며 이것은 온갖 핑계들을 대면서 사람들에게 뿌려대는 온갖 화학물질들과 같다. 그들이 노리는 건 사람들이다. 비티톡신은 수로에서도 나타나기 시작했다. 그들은 우리 세상을

【그림 336】 인구를 유전자조작하라.

조직적으로 오염시키고 있다. 혈통들은 이렇게 하면서도 폭로되거나 기소되지 않는다. 거대 식품회사, 거대 생명공학회사, 거대 제약회사를 그들이 소유하고 통제하고, 대중을 '거대기업들'로부터 지키도록 되어있는 정부의 식품, 약품과 환경관련 기관들을 통제하며, 또 주류 대중매체를 소유하고 이 가증스

런 일들의 보도나 보도금지를 그들이 통제하기 때문이다. 결정적으로 그들은 세상에 널린 '말을 되풀이하는 사람들' 집단의 도움과 지원도 받는다. 자신들이 들은 것을 아무런 의심 없이 되풀이하기만 하는 정치인들, 과학자들, 교사들, 교수들, '저널리스트들', 의사들, 그리고 일반 대중들이 이들이다. '저널리스트들'은 정치인들이 하는 말을 되풀이한다. 정치인들은 고문들과 '두뇌집단들'이 하는 말을 되풀이한다. 과학자들은 공식적인 악보에 적힌 대로 되풀이한다. 의사들은 거대 제약회사와 이들이 돈을 대는 의과대학 교수들이 하는 말을 되풀이한다. 교사들과 교수들은 교과과정, 교과서와 모든 것들에 대한 공식 버전들에 적힌 대로 되풀이한다. 그런 다음 엄청나게 많은 수의 대중은 이 모든 사람들이 하는 말을 되풀이한다. 장님이 장님을 이끈다는 글귀는 인간 사회를 묘사하려고 만들어졌는지도 모른다. 이런 사람들은 모두 되풀이하기를 멈추고서 의문을 던지고 스스로 생각하기를 시작해야 한다.

다중공격

의료과정 자체가 미국에서 세 번째로 많은 사망원인이 된 상황에서도 거대 제약회사의 의료체계에 대한 대안들과 함께 이 유독한 음식에 대한 유기농 대안들과 작은 농장들은 표적이 되고 있다. 작은 농장들은 텃밭 재배자들과 아울러 혈통의 조준선 안에 들어있다(그림 337과 338). 결국 혈통의 기업들만 식품을 생산한다는 생각이다. 미국 농무부가 '유기농'이라는 이름이 자기네 것이라고 주장한다는 사

【그림 337】 소규모 자영농부들과 텃밭 재배자들은 거대 제약과 거대 생명공학이 조종하는 정부들과 법집행의 공격 대상이다.

【그림 338】 거대 식품기업들의 손밖에 있는 농부들과 텃밭 재배자들이 삶을 이어갈 수 없게 하는 법들과 규제들이 갈수록 많이 계획되고 있다.

실을 알고 있었는가? 유튜브에 'Political Control Freaks Take Over Farmers Market(정치 지배광들이 농부들의 시장을 꿰차다)'이라고 치면 이런 일이 이미 얼마나 멀리 갔는지를 볼 것이다. 몬산토와 거대 생명공학업계의 다른 일원들은 씨앗의 다양성을 깨뜨리고 있고 독점을 위해 나머지 씨앗들에 특허를 내고 있다. 심지어 그들이 전혀 개발하지도 않은 자연품종의 씨앗들에도 특허를 내고 있다. 이 이야기는《데이비드 아이크의 세계음모 가이드》에 자세히 실었다. 거대 생명공학회사들은 한 번 심고나면 두 번 다시는 꽃피거나 열매를 맺지 않아서 소비자들이 심을 때마다 씨앗을 다시 사야하는 '터미네이터시드terminator seeds'라는 것들을 만들어냈다. 이것은 씨를 받았다가 다음 해에 심는 세상의 소규모 영세 농부들에게 큰 충격을 주었다. 모든 이들이 생명공학의 거인들에게 씨앗들을 의존하게 하고 그런 다음에는 값을 크게 올려서 식량생산에서 경쟁력을 잃게 하는 것이 그 계획이다. 2009년에 블룸버그사Bloomberg는 세계 최대의 씨앗생산자인 몬산토가 새로 유전자조작해서 만든 씨앗들의 값을 무려 42퍼센트나 올리고 있다고 보고했다. 우리는 또한 우리에게 좋은 식품, 특히 유기농으로 생산한 식품들을 포함하는 꾸며진 식품소동('문제-반응-해결책'과 '문제아님-반응-해결책')도 보게 될 것이다. 2011년에 독일에서 있었던 대장균 발생은 이것의 한 예였고 O104:H4라는 약물내성을 가진 대장균의 '슈퍼변종'이 포함되었다. 그렇다, 나는 이것이 꾸며졌다는 데 건다. 그 '수수께끼 같은 종류'는 새로운 여덟 가지 종류의 주요 항생제들에 내성이 있었고 실험실에서 만들어진 것이 틀림없다. 인간들은 일반 항생제들에 내성이 생기고 있는데 이것은 너무도 지나치게 처방해서 세균들이 그것들에 대응하여 돌연변이를 일으키고, 또 육식을 하는 사람들은 규칙적으로 항생제를 소비하기 때문이다. 대장균의 발생은 모든 식품에 방사선처리를 해야 한다고 주장하는 데 이용되었고, 스페인의 유기농 소농들은 그들이 대장균의 근원이었다고 그릇된 비난을 받으면서 심각한 타격을 입었다. 위키리크스가 공개한 미국 정부의 통신문에 따르면, 스페인이 유전자조작식품과 농산물을 받아들이라는 미국의 압력에 맞서고 있었고, 또 미국은 거기에 대한 보복을 맹세했다고 한다.

최근 몇 십 년 동안 태양을 악마처럼 묘사하는 모습에서 이 속임수의 규모가 보인다. 아, 당신은 햇볕에 나가서는 안 되고 그렇지 않으면 피부암에 걸릴 수도 있다. 햇볕에 나가려거든 자외선차단제를 써야 한다. 여기에는 두 가지 문제가 있다. 첫째, 우리가 어쨌든 건강하려면 햇빛에서 얻는 비타민D가 필요하다. 둘째, 피부암을 일으키는 것은 독성 자외선차단제이지 태양이 아니다. 그들은 심장마비의 원인이라면서 콜레스테롤도 악마처럼 묘사했지만 우리가 태양에서 오는 자외선을 비타민D로 바꾸려면 콜레스테롤이 있어야 한다. 2010년에 영국피부과의사협회, 다발성경화증학회, 영국암연구소, 피부과 일차진료학회, 국립골다공증학회, 당뇨병협회와 국립심장포럼이 햇빛을 쬐는 것이 비타민D의 흡수에 필요하다고 합의하면서 그 광기는 일부 누그러졌다. 비타민D가 부족하면 콩팥과 뼈에 손상이 생기고, 당뇨와 암과 정신분열 같은 정신장애들이 생길 수 있다. 햇볕과 콜레스테롤이라는 이중타격은 인구감축 어젠다의 일부이고 그것이 만들어내는 건강상태의 악화로부터 거대 제약회사는 막대한 이득을 얻는다. 그들은 콜레스테롤이 심장질환을 일으킨다고 사람들에게 말한다. 콜레스테롤을 억제한다는 것은 비타민D가 더 적게 흡수된다는 것과 특히 햇빛을 막으려고 쓰는 암을 일으킬 수 있는 자외선차단제 이용과 맞물렸을 때 긴 목록의 건강문제들을 일으킬 거라는 뜻임을 그들은 알기 때문이다. 우리는 당국이 말하는 모든 것들을 뒤집어봐야 한다. 그들이 말하는 것의 반대가 거의 언제나 진실이다. 거대 제약회사는 사람들을 심장질환으로부터 지키려고 콜레스테롤을 줄이는(따라서 비타민D 흡수도) 약품인 '스타틴statin'을 내놓았지만, 스타틴은 심장질환에 걸릴 가능성을 늘린다! 미국 터프츠대학교 의과대학의 연구자들도 '콜레스테롤을 낮추는 약품들이 암에 걸릴 위험성을 크게 늘렸다는 점'을 알아냈다.

심장질환의 위험성이 높은 35만 명의 남성들을 대상으로 한 연구에서는 그들의 콜레스테롤 섭취를 42퍼센트, 포화지방의 섭취는 28퍼센트, 그리고 총 열량은 21퍼센트를 줄였는데, 그 어떤 차이도 보이지 않았다. 포화지방의 섭취를 줄였더니 심장질환이 줄었다는 것을 보여준 임상실험은 지금껏 없었다. 미네소타대학교의 앤슬 키스Ancel Keys 명예교수가 옳은 말을 했다.

음식에 든 콜레스테롤과 혈액 속의 콜레스테롤 사이에는 어떻게든 아무런 관계가 없다. 게다가 우린 이 점을 내내 알고 있었다. 닭이나 토끼가 아닌 이상 식사에 들어있는 콜레스테롤은 조금도 문제가 안 된다.

내슈빌에 있는 밴더빌트대학교의 생화학자이자 내과의사인 조지 맨George Mann 박사는 〈뉴잉글랜드의학저널New England Journal of Medicine〉에 쓴 사설에서 콜레스테롤에 관한 거짓말을 '의학사상 최대의 사기'라고 했다. 그런 사기가 아주 많았다. 맨 박사는 '심장 마피아'를 말하면서 "많은 사람들이 해로운 음모가 있었음을 보게 될 것 같다"라고 했다. 물론 있었고, 지금도 있다. 식품과 약품산업계는 저콜레스테롤이라는 거짓말로 한 해에 500억 달러 이상을 벌어들인다. 혈통이 통제하는 미국 식품의약국(FDA)은 자외선차단제가 그 원인 중 하나이지만 아직도 '광범위스펙트럼' 자외선차단제가 피부암을 막는 유일한 방법이라고 말하면서, 피부에 방사선을 쏴대는 전신방사선 스캐너에 대해서는 아무것도 하지 않는다. FDA는 거대 제약과 거대 생명공학업계의 손아귀 안에 있다. 보스턴대학교 의과대학의 의학, 생리학, 생물물리학 교수인 마이클 홀릭Michael Holick 박사의 말을 들어보자.

세계의 인구는 햇볕이 심각한 피부암과 사망을 초래할 것이므로 절대로 햇볕을 직접 쪼여서는 안 된다는 미국피부과학회와 자외선차단제 산업의 끊임없는 이야기에 30년 동안 세뇌당했다. 사람들은 적당하고 분별 있는 피부노출이 좋은 건강을 지키는 데 대단히 중요하다는 새로운 이야기에 정말로 아주 놀란다. 우리는 태양이 주는 이로움들에 감사해야지 그것을 매도해서는 안 된다.

사람들은 수십 년 동안 고의적인 거짓말을 들어왔다는 데 놀란다. 온 세상에서 영세사업들을 허우적거리게 하고 있는 온갖 입법과 관료적 형식주의도 계획의 일부다. 그들은 세계정부구조와 그 기업들과 은행들을 거치지 않는 모든 사업들을 문 닫게 하려 한다. 대중들도 마찬가지로 법들과 규제들에 내리눌리고 있고 지난 20년 동안 만들어진 법의 규모는 믿기 어려울 정도였다. '탈바꿈하는 자' 토니 블레어가 다우닝가에 있었던 10년 동안 세 시간마다 새로운 법이 통과되었고 그 98퍼센트가 의회에서의 논의도 거치지 않았다. 이것들은 정부가 일어날 일을 지시하도록 하는 '행정명령'이라는 것을 거쳐 도입되었다. 미국에서도 의회를 건너뛰는 대통령령과 자신들의 규칙을 만들 수 있는 정부 기관들을 거쳐서 같은 일이 일어난다. 정부의 모든 수준들로부터 사회를 가로질러 뿌려대는 새 법률들과 규제들은 대대적인 행동수정에 목표를 둔 심리전의 일부다(그림 339). 이것은 쥐와 생쥐로 하는 행동실험들과 같은 방식으로 작동된다. 과학자들은 쥐가 경로들을 통과해야하는 미로를 만들었지만 어떤 경로들은 전기충격을 줘서 쥐가 방향을 바꾸도록 했다. 쥐가 몇 번 충격을 받으면 충격장치를 치워버려도 그 경로로는 다시는 가려하지 않는다. 쥐의 행동이 수정된 것이다. 우리 삶의 사실상 모든 세세한 것들까지 지시하는 법률들의 폭발적인 증가는 인간들에게 같은 일을 하도록 되어있다. 사람들이 온갖 '하라'와 '하지 말라', '해야 한다'와 '할 수 없다'로부터 끊임없이 '충격들' 또는

【그림 339】 빅브라더 법들의 폭발적인 증가는 인류를 거미줄에 옭아매는 혈통이라는 거미다.

잠재적인 '충격들'을 받게 하고, 여기에 따르지 않으면 그토록 많은 처벌들을 (크든 작든) 퍼부어서 우리 행동이 수정되면 우리는 순순히 따르고 묻지 않는 노예들이 된다는 것이 그 기술이다. 뭐, 내가 아는 누군가는 그렇게 하지 않을 것이다.

정말 음모는 없을까?

나는 내 최근작이자 대단한 작업이었던 《인간이여 일어나라》에 리처드 데이라는 남자의 이야기를 실었는데, 그가 1969년에 숨겨진 계획에 따라 세상이 변해갈 방식에 대해 말했던 내용을 여기서 다시 다루는 게 좋겠다. 이 이야기를 처음 듣는 사람들에게는 내가 이 책에서 틀을 잡았고 또 오늘날 전체주의 세상이 펼쳐지면서 사람들이 눈으로 직접 볼 수 있는 음모에 대해 읽고 난 뒤로 정신이 번쩍 드는 순간이 될 수도 있다. 리처드 데이(로스차일드 시오니스트)는 일루미나티의 위장단체이자 우생학에 자금을 대는 록펠러가가 창립한 가족계획연맹의 의료국장이었고, 뉴욕의 '달-신의 산' 마운트시나이의과대학의 소아과 교수이기도 했다. 먹는 물에 향정신성 리튬을 넣고 싶어 안달하는 닥터 제이콥 애펠(로스차일드 시오니스트)도 거기서 일한다. 데이는 1969년 3월 20일, 피츠버그소아과학회에서 80여 명의 의사들에게 연설을 했다. 그는 모두에게 녹음장치가 있으면 다 끄고 받아쓰지도 말아 달라고 부탁했다. 다가오는 신세계체제와 미국의 산업을 파괴할 계획을 밝히고 싶었기 때문이었다. 그러나 청중석에 있던 피츠버그의 소아과의사 로렌스 던건Lawrence Dunegan이 받아 적었고, 2004년에 죽기 전에 그가 거의 50년 전에 들었던 내용을 두고 여러 차례의 녹음된 인터뷰를 했다. 록펠러의 내부자인 리처드 데이 박사는 통합된 세계체제에서 세상의 다른 부분에 산업과 상거래의 다른 역할들이 주어질 거라고 했다(다른 책들에서 밝혔지만 유럽연합의 시작부터 같은 계획이 잡혀있었다). 미국의 우위와 상대적인 독립성과 자족성이 끝날 것이라고 데이는 말했다. 오래된 구조는 새로운 구조에 자리를 내주면서 무너져야할 것이다. 내가 뭐라고 했던가? 그들은 미국을 파괴하려고 미국을 이용하고 있다. 세상의 모든 부분이 전문성을 가질 것이며 따라서 서로 의존하게 된다고 데이는 말했다. 미국은 농업, 첨단기술, 통신과 교육의 중심으로 남겠지만, 중공업은 '밖으로 옮겨질' 것이다. 이것은 정확히 미국의 제조업이 쇠퇴하고 다른 나라들에 일자리를 대규모로 아웃소싱하면서 일어났던 일이다. 2001년에서 2010년 사이에 미국의 42,000개 공장들이 문을 닫았고 550만 개의 제조업 일자리를 잃었다. 중국은 이제 미국과 일본을 합친 것보다 더 많은 차를 만든다. 전에는 다양했던 경제들의 종말과 그것이 어떤 특화에 지배당하는 데서 우리가 목격했듯이 이것은 EU에서 일어나는 일이기도 하다. 이것으로 모든 사람은 다른 모든 사람에게 의존하게 되고 오로지 혈통들만이 전체적으로 시스템을 통제할 것이다.

닥터 던건은 리처드 데이가 약품, 식품, 실험실에서 새로 만든 질병들과 암 치료의 억압을 통해 인구를 도태하고 통제하는 계획을 밝혔다고 말했다. "우린 거의 모든 암을 바로 지금 치료할 수 있습니다." 1969년에 데이가 말했다. "만일 그 정보를 공개해야한다고 결정한다면 그건 록펠러연구소(지금은 록펠러대학교)에서 보관하고 있습니다." 당연한 일이지만 엘-리트들은 그 정보를 찾아볼 수 있고 그들의 아주 많은 수가 왜 그리도 오래 사는지를 말해주는 또 하나의 이유가 이것이다. 내게 마이크로칩 프로그램에 대해 말해줬던 그 CIA의 과학자는 자신에게 효과가 있도록 만들어진 면역혈청으로 암을 치료받았다고 말했다. 그들을 위해 일을 계속하도록 그를 살려두어야 했기 때문이었다. 데이는 사람들이 암으로 죽어가도록 놔두면 인구성장이 느려질 것이라고 말했다. 곱게 말하면 이렇다. "다른 것보다 암으로 죽는 편이 나을 걸." 내가 말하듯이, 이 사람들은 공감능력도 감정도 없다. 데이는 자신에게 적용되지 않는 한, 우생학과 '적자생존'을 지지하고 있었다. 그는 1969년에 낙태가 더는 불법이 되지 않을 것이며 평범한 일로 받아들일 거라고 했다(그리고 사탄의식에 태아를 꾸준히 공급할 것이다). 누구도 '시스템의 도망자'에게 음식을 주지 않도록 식품공급은 감시받을 것이다. 그가 말하고 있던 것은 시스템이 더는 말도 못할 단계에 이르렀을 때, 사람들이 그것에 도전한다는 뜻이다. 남몰래 음식을 기르는 일은 안전하지 않다는 이유로 금지될 것이다. 아이들은 더 많은 시간을 학교에서 보내겠지만 배우는 것이 없을 것이고(우리 눈으로 보는 단순화), 가족은 '중요성이 떨어지도록' 조작될 것이다(그래서 가족생활을 끝도 없이 공격하고 국가가 아이들을 빼앗는다). 여행의 제한이 있을 것이며, 주택의 개인 소유는 사라질 것이다(이것은 의제 21에 들어있다). 그들은 대중매체와 영화에서 폭력, 포르노물을 늘려서 사람들을 폭력과 포르노에 둔감하게 하고 인생은 짧고 위태롭고 잔인한 것이라고 느끼게 할 것이다. 음악은 '더 나빠져서' 지각을 프로그래밍하는 데 이용될 것이다(레이디가가와 다른 많은 친구들을 보라). 사회는 엄격하게 통제될 것이고 사람들은 전자태그를 받을 것이다. 오래도록 이어진 공동체들은 실업과 대규모 이주로 무너질 것이다(도의적 공정성 배후의 로스차일드 시오니스트 프랑크푸르트학파의 목표들의 하나). 전쟁무기로 날씨를 조작해서 가뭄이나 기아를 만들어낼 것이다(하프). 이것은 데이의 전문분야 가운데 하나였다. 그는 제2차 세계대전에서 날씨조작에 손댔었다. "사람들은 변화라는 생각에 익숙해져야만 할 것이며, 워낙 변화에 익숙해져서 변화를 바라게 될 것입니다(버락 오바마를 보라). 그 무엇도 영원하지 않을 겁니다." 다음 글은 www.overlordsofchaos. com에 올라와 있는 1969년에 데이가 예측한 내용을 간추린 것이다.

인구를 조절한다. 출산을 허가받는다. 성(性)의 목적을 재설정한다. 생식 없는 성과 성 없는 생식. 모두가 피임을 보편적으로 이용한다. 젊은이들을 성교육하고 육욕에 빠지게 해서 세계정부의 도구로 만든다. 인구조절의 수단으로 낙태비용을 지원한다. 뭘 하든 상관없는 동성애를 권장한다. 성 없는 생식에 사용하는 기술이 나온다. 가족의 중요성이 떨어진다. 안락사와 '죽는 약'이 사용된다. 알맞은 의료서비스를 제한해서 노령인구를 더 쉽게 없앤다. 약품을 엄격하게 통제한다. 개업 의사가 없어진다. 진단이 어렵고 치료할 수 없는 새로운 질병들이 나타난다. 인구조절의 수단으로써 암 치료를 억압한다. 암살의 한 형태로 심장마비를 일으킨다. 사춘기의 시작과 진화를 빠르게 하는 도구로써 교육을 이용한다. 모든 종교를 혼합한다. 오래 된 종교들은 사라져야 할 것이다. 핵심어를 수정해서 성서를 바꾼다. 주입의 도구로써 교육을 재구성한다. 학교에서 더 많은 시간을 보내지만 배우는 것이 없다. 정보에 다가가는 사람들을 통제한다. 학교가 지역사회의 중심이 된다. 도서관에서 어떤 책들은 그냥 사라진다. 법들을 바꿔서 도덕적, 사회적 혼란을 부추긴다. 약물남용을 부추겨서 도시와 읍내에서 살벌한 분위기를 만든다. 알코올 남용을 촉진한다. 여행을 제한한다. 감옥이 더 많이 필요해지고 병원을 감옥으로 사용한다. 심리적 또는 육체적 안전이 더는 없다. 사회를 관리하는 데 범죄를 이용한다. 미국의 산업적 우위를 축소한다. 인구와 경제를 옮긴다. 사회적 뿌리를 잃게 하는 것이다. 사회공학과 변화의 도구로써 스포츠를 이용한다. 오락을 통해 성과 폭력을 심는다. ID카드를 심는다. 식품을 통제한다. 날씨를 조작한다. 사람들이 어떻게 반응할지를 알고서 내가 원하는 대로 사람들이 하게 한다. 과학연구를 위조한다. 테러리즘을 이용한다. 감시와 주입물과 당신을 지켜보는 텔레비전이 나온다. 전체주의 세계체제가 온다.

데이는 신세계체제를 따르려 하지 않는 사람들은 '인도적으로 처리할' 것이라고도 했다. '순교자'는 없을 거라고 그는 말했다. "사람들은 그냥 사라질 겁니다." 이것이 지금 '벌어지고 있는' 일이다. 멋지지 않은가? 따라서 우리는 그저 물러앉아서 우리 운명을 기다릴 것인가? 아니면, "됐어. 이젠 그만!"이라고 말해야 할 때가 아닐까? 나는 그렇다고 본다.

인간이여, 일어나라!

　내가 가장 많이 듣는 물음은 "우리가 무엇을 할 수 있죠?"이다. 우리가 이 책에서 이야기해온 사악하고 사나운 공격을 받고 있다는 점을 깨닫고 나면 이 물음이 이해가 가는 것이다. 나는 이 마지막 장에서 물음에 대답하려 하지만, '해결책' 또는 문제의 원인을 없애는 핵심은 무슨 일이 벌어지고 있는지 그리고 우리가 다루고 있는 게 뭔지를 아는 것이다. 문제의 진정한 본질을 이해하면 적절한 '대답들'을 찾아내게 되어있다.

　"우리가 무엇을 할 수 있죠?"라는 물음에 할 수 있는 한 단어의 대답은 '사랑'이다. 이에 대한 많은 사람들의 반응은 보나마나 뻔하다. "사랑이요? 하프에 맞서는 데 사랑을 어디다 써요?" 글쎄, 짧게 이야기하자면 사실 많은 걸 한다. 지금 우리에게는 내가 '진실진동'이라고 부르는 우리를 돕는 시스템이 있고, 렙틸리언과 그레이들에게는 끔찍한 도전이 일어나고 있는데 여기에는 토성과 달에서 그들을 몰아내고 매트릭스의 '해킹'을 끝내려는 우호적인 외계존재들과 차원 간 세력들이 포함된다. 나는 1990년에 내가 살아있는 동안 그동안 억눌리고 잊힌 모든 것들에 인간의 마음이 활짝 열리는 엄청난 깨어남이 오고 있다고 들었다. 닐 헤이그와 나는 이 진실진동을 한 마리 사자로 상징화하고 있다(그림 340). 갓 깨어났던 시절에 나는 베티 샤인과 여

650

러 사람들을 통해서 인류가 잠들어있는 기억
상실 상태에 있고 새로운 진동들이(새로운 파
형정보원천이) 상징적으로 손가락을 '딱' 부딪
쳐서 잠자는 미녀를 깨울 거라는 정보를 받
았다. 더 마음이 열린 사람들이 이 변형에 먼
저 가닿겠지만, 마침내 아주 많은 수가 정신
적 정서적 감옥에서 풀려날 것이다. 나는 진
실진동이 숨겨졌던 모든 것을 표면에 떠오르
게도 할 것이며, 우리에게서 감춰두었던 비
밀들에 드리운 장막이 걷힐 것이라고 들었

【그림 340】 진실진동은 우리 현실의 정보구
조에 새로운 자각을 불어넣고 있다.

다. 20년도 더 전의 일이었고 지금 일어나는
일이 바로 이것이다. 수백만의 사람들이 자
아와 세상에 대한 새로운 지각에 깨어나고
있고 우리 모두를 노예로 만드는 음모를 가
린 장막이 확실히 걷히고 있다. 지금은 위대
한 도전의 순간이지만, 붙잡을 준비가 된 사
람들에게는 무한한 기회이기도 하다. 우리
가 이 현실에 남아있는 모든 순간 지구의 에

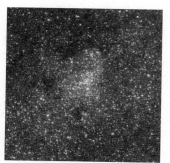

【그림 341】 은하중심

너지장과 상호작용하고 있다는 것을 인정할 필요가 있다. 이 상호작용이 없
으면 우리는 여기 있지 못한다. 강조하고 싶은 점은 이 상호작용이라는 말이
양방향의 과정이라는 것이다. 우리는 주고 다시 받는다. 우리가 '물질' 현실
이라고 하는 것은 주류 과학자들이 하는 말로 '거대질량 블랙홀'(그림 341)이
있다는 은하중심에서 보내오는 해독된 파형정보다. 몇몇 보고들에 따르면
그 블랙홀의 한가운데에는 별이 하나 있는데, 더 정교한 적외선 카메라들이
은하중심에서 '큰질량' 별들이라는 것과 성단들을 찾아낸 바 있다(그림 342).
주류 과학은 모든 은하들의 중심에는 거대질량 블랙홀들이 있다는 의견을

【그림 342】은하중심의 적외선 영상

내놓지만, 그들이 말하는 '블랙홀'의 개념은 내 것과는 근본적으로 다르다. 은하중심은 은하의 관제센터다. 힘이 나오는 곳이 이곳이고 우주적 가상현실 게임에서 우리 은하로 표현되는 정보가 나오는 곳이 이곳이다. 은하는 우리가 눈에 보이는 '물질'(홀로그래픽) 은하로 해독하는 파형정보장들의 덩어리다. 뭐, '해킹'이 없으면 그래야 한다는 말이다. 우리의 태양(그리고 '행성' 토성이라 부르는 갈색왜성/항성)과 같은 별들은 현실의 다차원들의 이 정보를 받아서 다시 은하에서의 자기들 구역에 보낸다. 별들은 은하의 파형/전기적 통신망 속에서 거대한 송수신기이자 변환기와도 같은 것이다. 지구, 인류, 그리고 동물이든, 식물이나 나무든 어쨌든 모든 생명은 수신하고 송신하고 또 이 은하/태양/행성 정보원천들과 대체로 상호작용하고 있다.

내가 '시간의 고리'라고 부르는 것은 '의식'이 경험하기 위한 특별한 집단적 '영화들'을 제공하는 뚜렷한 주기들을 거치는 것처럼 보인다. 고대인들은 '시간'의 원을 그리며 순환하는 본성이라는 그들의 개념을 가지고 이것을 묘사했다. 고대 인도에서는 경험의 이 부분 부분들을 '유가yuga(주기)들'로 불렀다. 고대 그리스인들은 우리가 황금시대에서 은의 시대, 청동의 시대와 철의 시대를 거쳐 다시 청동의 시대, 은의 시대, 황금시대로 가는 24,000년의 '대년Great Year'을 이야기했다. 이것을 우리가 학교에서 배웠던 철과 청동을 찾아낸 시기들인 철기시대와 청동기시대와 혼동하지 않길 바란다. 전혀 같은 것이 아니다. 고대 그리스인들과 여러 다른 사람들은 의식과 자각이 놀라울 정도로 확장하는 황금시대로부터 그 반대이자 사람들이 오감과 더 적은 것만을 인식하는 철의 시대로의 주기를 거치는 데 12,000년이 걸린다고 했다. 이것을 어둠의 시대라고도 한다. 그리스의 대년에 있는 시대들은 베다와 힌두의 유가들과 일치한다. 칼리Kali 유가(철의 시대), 드와파라Dwapara

유가(청동의 시대), 트레타Treta 유가(은의 시대), 사트야Satya 유가(황금시대)가 그것이다. 적어도 30곳의 고대 사회들이 같은 이야기를 했다. 하나의 유가를 마치는 데 얼마나 오래 걸리는지와 우리가 지금 지나고 있는 유가가 어느 유가인지에 대해서는 여러 의견들이 있는 듯하다. 내가 보기에 그 가운데 몇 개는 좀 형편없는(엉망이거나 뒤죽박죽인) 것들로 보인다. 많은 사람들은 이 주기라는 것들을 '분점세차(分點歲差)'와 연결한다. 고대인들은 원을 이루는 점성학적인 구획들로 하늘을 나누었고, 이것은 이집트의 룩소르와 가까운 덴데라의 하토르신전에 있는 이름난 덴데라 황도대Dendera Zodiac와 사라진 지 오래인 문명들이 남긴 다른 많은 인공물들에 나타나있다

【그림 343】 덴데라 황도대

【그림 344】 과학자들은 지구축의 '흔들림'이 '분점세차'의 원인이라고 말한다.

(그림 343). 주류 과학에서는 지구축의 '흔들림'이 지구가 하늘의 황도 12궁의 별자리들이나 시대들을 거치는 하나의 주기를 따라 천천히 움직이게 한다고 말한다. 이것이 한 주기를 끝마치는 데 어림잡아 25,765년이 걸리는 것으로 추정하는 분점세차다(그림 344). 이 체계를 따르자면 우리는 지금 물고기자리시대에서 물병자리시대로 옮겨가는 과정에 있다. 플라톤은 '대년에 네 개의 시대들이 있다'고 말한 이집트의 사제들에게서 대년의 주기를 들었다고 썼다. 플라톤은 그 사제들이 더 오래된 시대부터 이어진 지식을 잊어버린 고대 그리스인들은 마치 어린애들 같다는 말을 해주었다고 했다. 고대 인도의 전설에서는 신의 무한성을 가리는 네 가지 환영들을 말한다. 무한성을 가리는 환영들은 우리가 지금 '물질' 세상으로 경험하는 '시간의 고리' 현실을 일반적으로 묘사하는 썩 좋은 방법이다. '네 개의 시대' 체계를 믿는다면

우리는 지금 황금시대로 올라가는 나선에서 은의 시대를 향해 가는 청동의 시대를 지나고 있다. 지구의 대격변기에 종말을 맞은 아틀란티스와 무 또는 레무리아라는 고도로 진보한 문명들을 다룬 많은 신화들과 전설들이 있다. 플라톤은 아틀란티스에 대해 썼고 이것이 황금시대 동안에 있었다고 했다. 나는 '적자생존'과 '자연선택'을 거쳐 지식과 지능을 늘리면서 꾸준히 앞으로만 나아가는 찰스 다윈판의 인간 경험이 말도 안 되는 소리라고 이미 말했는데, 이 개념들이 주류 과학과 '교육'을 지배하는 이유가 여기에 있다. 어느 행성의 거주자들의 의식이 현재 억압당하고 다른 시기들에는 억압당하지 않으면 그들의 이해하고 표현하는 잠재력에는 이에 따른 차이가 있을 것이다. 이런 일이 지구 위에서 많이 일어났다. 어떤 기간들에는 자각이 팽창하고 다른 기간들에는 억눌린 시기들이 있었다. 놀라운 고대 구조물들은 고도의 전수자들이 넓어진 의식과 기술을 사용하고 또 렙틸리언 동맹의 도움을 받아 만든 것들이다. 이집트 기자의 대피라미드는 하나하나 몇 톤의 무게가 나가는 250만 개의 돌들을 20년 정도 걸려서 쌓은 것이라고 했다. 그 기간에 이 돌들을 다 쌓으려면 거의 2분마다 한두 개의 돌덩어리를 제자리에 놓아야 하고, 왕의 방에는 하나만 해도 70톤이나 나가는 화강암덩어리가 있다. 과학자들과 고고학자들은 다윈이론 덕분에 고대인들이 분명히 우리보다 더 원시적이었을 거라는 생각과 지금의 지식의 관점에서 피라미드들을 어떻게 세웠을까를 두고 이론들을 내놓는다. 그래서 피라미드를 따라 경사로를 만들어서 노예들이 돌들을 필요한 곳에 끌고 올라가며 쌓았다는 우스운 공식적인 이야기가 있다. 몇 톤이나 되는 돌들을 2분마다 제자리에 놓았던 방법이 이런 것이었을까? 그래, 그럴싸한 이야기다.

우주의 주기들

미국의 우주항공공학자 보리스 프리츠Boris Fritz는 40년 동안 유가주기들과 인도의 역사, 그리고 고대의 산스크리트 말글을 연구했다. 컨셔스 미디어 네트워크의 레지나 메리디스Regina Meredith와 했던 인터뷰에서 그는 철의 시대 또는 어둠의 시대에서 얻을 수 있는 것은 오감의 영역을 탐험하되 그것을 조심하라는 것이 전부였다고 했다. 베다와 여러 출처들을 토대로 프리츠는 마지막 하향의 어둠의 시대가 기원전 700년에서 정점에 이른 서기 500년 사이였음을 보여준다. 그는 상향의 어둠의 시대는 서기 500년에서 1600년 무렵까지였고 이때 인간들은 청동의 시대로 들어가기 시작했다. 그 다음으로 르네상스로 알려진 지적인 변혁과 문학, 과학, 예술, 종교, 정치의 대두, 그리고 정보의 고전적 원천들에 초점을 맞추는 추세가 뒤따랐다. 코페르니쿠스는 1543년 죽기 바로 전에 지구가 태양을 돈다는 연구결과를 발표했고, 그에 이어 '현대과학의 아버지'로 불리는 이탈리아의 물리학자, 수학자, 천문학자, 철학자인 갈릴레오(1564-1642)가 나타났다. 보리스 프리츠는 우리가 1900년까지 완전히 청동의 시대로 들어섰으며 20세기와 지금 21세기의 온갖 기술적 발견들과 발전들에서 드러났다고 말한다. 이 이론에서는 청동의 시대 초기에 지적능력의 확장을 보지만, 시간이 지나면서 우리는 마음에서 벗어나서 더 높은 수준의 자각으로 들어가기 시작한다고 말한다. 우리는 지금으로부터 2,000년쯤 뒤인 은의 시대로 나선을 타고 오를 것인데 이때가 되면 시간의 환영을 극복하고 당연하게 텔레파시로 소통한다고 한다. 이것은 '마법'의 시대이다. 환영이 환영일 뿐이고 그것이 어떻게 작동하는지를 앎으로써 그 환영을 조작해서 지금이라면 우리가 기적이라고 부를 일들을 이룰 것이라고 말한다. 마지막으로, 이 이론대로라면 의식이 놀랍도록 확장하는 황금시대가 온다는 것은 뭔가를 하는 데 기술이 더는 필요치 않다는 뜻이다. 이 이론을 지지하는 사람들은 황금시대에는 의식을 통해 뭔가가 곧바로 드러난다고 믿는다. 지금의 멕시코 유카탄에서 서기 250년에서 900년까지 있었던 마야인들도 시간의 원을 그리는 본성과 그 주기가 자각의 수준들이 달라지는 기간들로 나뉜다고 믿었다. 그들은 더 큰 주기들 안에서 주기들을 측정했다. 24,000년이나 25,000년 주기는 그 가운데 하나일 뿐이었다. 그

【그림 345】 진실진동은 우리가 태양으로부터 받는 정보를 바꾸고 있다.

【그림 346】 가슴과 마음을 진실진동에 열면 자아와 '세상'에 대한 자각의 변형을 경험할 것이다. 그렇지 않으면 기회는 없다.

들은 훨씬 더 긴 다른 주기들이 있고 또 다른 것들은 훨씬 더 짧다고 했다. 마야인들에게는 분점세차주기와 거의 같은 25,630년의 '장대한 주기Grand Cycle'가 있었고, 그들은 이 주기를 각각 5,125년인 다섯 개의 '대주기Great Cycle' 또는 '세계시대World Age'로 나누었다. 지금의 마야 대주기는 기원전 3114년에 시작되었고 몇몇 연구자들에 따르면 2012년 12월 21에 끝난다고 했다. 다른 이들은 2011년이나, 2012년의 다른 날짜, 가령 12월 12일 같은 날짜에 끝난다고 했다. 우리는 확실히 변화의 시대에 있지만, 2012년과 이 주기들에 관련해서는 '큰 문제'가 있다. 내가 1990년에 들었던 진실진동의 갈수록 커져가는 영향 때문에 우리는 근본적인 변화의 시대를 경험하고 있고, 또 그 어느 때보다도 극심해지고 있는 어마어마한 규모의 조작을 겪고 있다(그림 345). 진실진동은 우리에게 유용한 정보와 자각이 엄청나게 팽창한 것이라, 그 주파수 대역에 맞추는 사람들은 믿기 어려울 정도로 넓어진 자각을 경험할 가능성이 있다. 마음을 가둬두려고만 하는 사람들은 긍정적인 방식으로 전혀 영향을 받지 않을 것이다. 언제나 그렇듯 이것은 선택이다(그림 346). 진실진동은 '어두운' 곳들, 조작과 두려움을 찾아내고 있으며, 인간의 지각에 드리우고 있는 힘을 지워내고 있다(그림 347). 나는 진실진동에 이어져있는 사람들과 케케묵은 사고와 지각의 방식들에 필사적으로 매달리고 있는 사람들을 더더욱 똑똑히 보고 있다. 어떤 이들은 자아와 삶과 세상에 대한 오롯이 새로운 지각에 마음들을 열고 있는 반면에, 다른 이들은 그들의 에너지환경이 시간이 다르게 변해가면서 더 많은 스트레스와 불안과 두려움에 시달리고 있으면서도 그것에 순응하지 않는다. 우리는 에너지의 '바다'와 상호작용하고 있기에 그것이 바뀔 때 우리도 바뀌지 않으면, 정신적으로 정서적으로 그리고 '육체적으로'

【그림 347】진실진동이 '마음'을 '의식'으로 일깨우면서 매트릭스로부터 빠져나오고 있는 인류

더 많이 조화에 어긋나는 결과들이 분명히 생길 것이다. 에너지 '바다'에서 소용돌이치는 다른 진동상태들이 대단히 많은데, 여기에는 진실진동이 사람들에게 닿지 못하게 할 낮은 진동상태들에 그들을 묶어두려는 하프와 여러 방사선기술들이 만들어내는 많은 것들이 있다. 우리가 그런 진동의 덫에 빠지지 않으려면 우리 마음들을 '의식'에 활짝 열어야만 한다. 나는 2012년을 사람들이 주장하는 대로 특별한 해로 보질 않는다. 2012년과 여러 주기들에 '큰 문제'가 있다고 한 이유는 뒤에서 설명하도록 하겠다. 지각을 바꾸는 진실진동은 그 힘이 세지고 더 많은 사람들이 여기에 반응하면서 그 영향이 갈수록 커지고 있다. 이 힘은 2012년을 지나고 여러 해를 더 나아가면서 계속 강력해질 것이다. 2012년에는 2011년보다는 더 멀리 나아갔겠지만 2013년만큼은 나아가지 못했을 것이고, 이처럼 계속 더 나아갈 것이다. 우리는 어느 쪽이 되었든 믿기 어려운 변화의 중간지점에 있고, 마음과 가슴을 열어 지금 일어나고 있는 일의 긍정적인 측면들이 주는 이로움을 오롯이 누려야 한다.

1990년에 베티 샤인을 찾아간 지 몇 달이 채 안 돼서 나는 한 '채널'을 만나도록 이끌렸다. 그때 나는 '채널'이 무엇인지 알지 못했는데, 이런 정보에 낯선 많은 사람들도 보나마나 같은 걸 물어볼 것이다. 채널? 무슨 채널? 잉글리쉬 채널(영국해협)도 있고, 텔레비전 채널도 있잖아, 무슨 말을 하는 거야? 채널은 스스로 수신자나 매개자가 되어서 다른 차원이나 현실의 다른 주파수범위에 있는 다른 의식이 그들을 거쳐 말하게 하는 사람을 말한다. 이 과정은 영능력자가 하는 것과 비슷하지만, 영능력자가 그들이 해독한 말들을 전하는 반면에 채널은 직접 그곳에서 오는 말을 이야기한다. 뛰어난 영능력자들과 사람들을 속이고 스스로 착각하는 '영능력자들'이 있듯이, 뛰어난 채널들이 있는가하면 어디에도 연결하지 않고서 자신의 마음에서 나오는 말을 하는 사람들도 있다. 채널들을 거쳐 그릇된 이야기를 하는 악의를 가진 존재들(특히 렙틸리언들)도 있고, 또 '채널링한' 정보를 심어서 '저 밖에서' 오는 것처럼 되풀이하게 하는 마인드컨트롤 프로그램들의 협력자들인 채널들도 있다. 다른 말로 하면, 그런 채널링한 메시지들을 받아들일 때는 아주 조심하고 분별하고 또 물정에 밝아야 한다. 하지만 내가 1990년에 웨스트 잉글랜드에서 만난 그 채널 또는 '예민한 분'을 거쳐 내게 온 정보는 그 뒤로 줄곧 사건들이 들어맞으면서 시험을 통과했다. 그 여성이 채널링 상태로 들어갈 때 나는 기겁을 했다. 그녀의 얼굴이 바뀌었고(탈바꿈을 믿지 않는 사람이 거기 있어야 했다) 목소리도 달라졌다. 그녀가 투사된 전자기장을 해독하면서 그녀를 거쳐 이야기하는 의식에게는 '마그누'라는 이름이 있었다. 나는 이때 받은 정보를 몇 해 동안 두세 권의 책에 사용했고 그렇게 할 때마다 그 메시지는 펼쳐지는 사건들에 갈수록 더 많이 연관되고 또 중요해진다. 1990년에 '마그누'가 한 말은 이렇다.

지금 여러분이 여러분의 행성을 둘러싼 에너지가 들어오는 것을 감지하고 있음을 나는 느낍니다. 이것으로 여러분의 많은 수가 묻고 있습니다. 이것으로 여러분의 많은 수가 삶의 방식과, 어디로 가고 싶다고 느끼는지, 무엇을 하고 싶은지를 철저하게 다시 검토하고 있습니다. 이것으로 거대한 격변들이 일어나고 있습니다. 이 격변들 일부는 매우 혼란스럽고, 매우 고통스럽고, 매우 불안한 것들입니다. 동반관계를 이룬 어떤 사람들은 그들이 맞추는 것에 동반자들이 맞출 수가 없어서 그 관계가 더는 이어지기 어렵다는 것을 알아가고 있습니다. 이것으로 엄청난 불안이 생기고 있습니다. 그래서 나는 이 예민한 분에게 여러분은 서로를 도울 집단들

658

을 스스로 조직해야 한다고 여러 번 말했습니다.

나는 아틀란티스 시대부터 여러분의 행성에 헌신해왔습니다. …… 그때는 많은 에너지들을 사용하고 있었고 많은 정보와 지식을 이용하고 있었지만 어떤 안전상의 이유로 거두어들였습니다. 말하자면 완전한 재앙을 막으려고, 여러분 행성이 철저히 파괴되는 것을 막으려고 말이지요. 때 이른 파괴로부터 이 행성의 거주자들을 지키려는 어떤 응급조치였다고도 말할 수 있습니다.

말하자면 그 시대에 이 지식은 소수만이 알고 있었습니다. 내가 이 낱말을 쓰는 데 아주 조심스럽기는 하지만 신전이라 부를 만한 곳에서 이 지식을 가르쳤습니다. 어쩌면 이것이 함축하는 뜻들이 있을 겁니다. 그래서 될 수 있는 한 가장 넓은 의미에서 이 낱말을 쓰도록 하겠습니다. 이 지식을 전수한 사람들이 있었습니다. 전수과정에는 단계들이 있었는데 과정을 모두 마친 사람들을 '빛의 수호자들'과 '비밀 지식의 보호자들'이라고 합니다. 나는 그 배경에서 오는 것입니다.

이 지식과 에너지들을 거두어들일 시간이 왔었습니다. 이것이 무슨 뜻인지를 정확하게 설명하기는 무척 어려워서, 여러분이 곰곰이 생각해보도록 맡겨두려 합니다. 여러분 행성을 둘러싼 에너지들이 빨라져서, 숨어있는 에너지들, 곧 거두어들였던 이 에너지들이 이제 단계를 거쳐 돌아오고 있습니다. 그것들은 조금씩 깨어날 것입니다. 여러분 행성 자체의 의식수준이 올라가면서, 여러분의 의식을 올리려고 함께 일하는 여러분 빛의 일꾼들은 정제된 진동들을 점점 더 많이 가질 수 있을 것이고, 그래서 우리는 점점 더 많은 에너지들을 줄 수 있도록 여러분을 촉매로 활용할 수 있을 겁니다.

더 많은 여러분이 도전을 마주하려고 스스로를 끌어올리면, 우리는 이 에너지들을 더 많이 일깨울 수 있습니다. 자, 에너지란 의식이고 에너지들 자체에는 여러분의 의식에서 다시 떠오르기 시작하고 있는 지식과 정보가 들어있으므로, 여러분의 많은 수가 아틀란티스 시대를 생각해낼 것입니다. 여러분이 말하자면 돌고래와 고래들과 소통했음을 생각해낼 것입니다. 여러분은 이들 지각을 가진 다른 생물들을 이해했었습니다. 공중에 떠오를 수 있었습니다. 사물이 나타나게 할 수 있었습니다. 여러분은 전혀 기적 같은 방법을 쓰지 않고도 저절로 불을 일으킬 수도 있었습니다. 자신이 무엇을 하는지 알기만 하면, 이런 일들은 뒤따릅니다. 순서의 문제인 것입니다.

지금 나는 여러분의 행성에서 이 에너지들, 이 지식이 다시 깨어나서 여러분의 의식으로 다시 통합되는 시간을 보고 있습니다. 이 지식이 몇몇에게만 주어질 시간이 아니라 여러분의 온 행성이 깨어나서, 잊고 있었을 뿐인 이것을 이해할 시간을 보고 있습니다. 새로운 정보의 문제가 아닙니다. 여러분이 누군지 그리고 어디서 왔는지를 생각해내는 문제입니다.

따라서 여러분은 바뀌라는 요청을 받고 있습니다. 완전히 바뀌라는 요청을 받고 있습니다. 이것 조금, 저것 조금이라는 하찮은 변화의 문제가 아닙니다. 여러분은 정말로 자신을 뒤집어놓으라는 요청을 받고 있습니다. 치워버려야 할 커다란 그늘이 있는데 그 도전에 집중하는 일은 당신 같은 빛의 일꾼들의 몫입니다.

시간의 환영

여기서 이야기하고 있는 것은 부분적으로는 렙틸리언 동맹이 훨씬 더 큰 파괴와 통제에 이용하지 못하도록 거둬들인 그 에너지(정보)들이 가져온 '인간의 추락'이다. 이 진실진동 에너지들은 지금 다시 조금씩 돌아와서 인류를 흔들어 깨우고, 그것에 맞추는 사람들이 한때 알고 있던 것을 생각해내게 하고 있다. 이것은 2012년이나 유가, 시대, 주기 또는 그 가운데 어떤 것과도 관계가 없다. 고대사회들로부터 이어져 내려온 유가, 시대와 주기들의 이론이 이해가 간다는 것은 인정한다. 나는 2012년의 믿음체계에 문제가 있다고 언제나 느꼈지만, 그때는 그럴 듯하다는 생각에 한동안 '주기들 속의 주기들'이라는 주제 대부분에 동조했었다. 하지만 새로운 정보에 비추어 생각을

660

바꿀 준비가 되어있다. 왜 그렇게 많은 사람들이 세상이 돌아가는 방식이 이렇고 또 이것이 마야의 대주기라고 하는 것의 끝에서 오늘날 어떤 일이 일어나고 있는지를 설명해준다고 믿는지를 이해할 수 있다. 그러나 그렇지가 않다. 이 '정보'는 바로 이 시기에 우리 눈을 딴 데로 돌리고 헷갈리게 하려고 오래 전에 부호화된 것이다. 앞에서 나는 렙틸리언의 '장악 프로그램'이 오랜 세월 동안 돌아가고 있다고 말했다. 데이비드 록펠러가 쌍둥이 빌딩을 세우려고 준비하고 있을 때 이미 그 운명을 알고 있었던 것과 같은 원리다. 어느 한 시대에 마련해놓은 정보의 덫들이 다른 시대에 진행되면서 수천 년에 걸쳐 같은 일이 일어난다. 사실 시간이 없는 영역들에서는 그렇게 할 필요조차도 없다. 우리의 홀로그램 현실에 홀로그램 하나를 투사해놓고서 "이봐, 마야의 예언과 그들이 말한 시간에 대한 정보를 우리가 막 찾아냈어"라고 말하면 된다. 어떤 식으로였든, 그것은 덫이다. 이 유가들, 시대들과 주기들은 시간의 고리에 들어있는 현상들이고, 이 시간의 고리란 해킹현실이다(그림 348). 해킹당하지 않은 가상현실에는 에너지적인 주기들이 있지만 그것들이 이 주기들은 아니다. 2012년의 개념과 '새로운 시대로 들어간다'는 것은 모두가 토성-달 매트릭스 환영의 일부다. 시간 감각은 우리를 환영에 단단히 붙들어놓는 가장 깊은 통제력이다. 우리는 나이를 먹지 않는 데도 그것은 우리를 나이 먹게 하고, 시계(토성-달)를 떠받들게 하고 우리를 영원한 '지금'에서 떼어놓는다. 시대가 시대를 잇는다는 생각은 앞으로 흐르는 시간의 또 다른 버전이다. 그것이 원을 그릴 수도 있지만, 다람쥐 쳇바퀴도 그렇다. '새로운 시대'로 들어간다는 것은 우리가 앞으로 움직인다는 환상을 믿는다는 것이지만, 뒤쪽이 없듯이 앞쪽

【그림 348】 우리가 지각하는 유가들과 '2012' 주기들은 토성-달 매트릭스의 조작들이다.

도 없다. 오로지 '지금'만 있다. 진실진동은 토성-달 매트릭스 안에서 우리를 새로운 시대로 나아가게 하는 것이 아니다. 여기 앉아서 마음을 줄곧 '의식'에 열어놓고 있는 내게 이것은 더없이 뚜렷하다. 마그누가 준 정보는 새로운 시대나 주기로 들어가는 것을 이야기하지 않는다. 급박한 이유들로 거두어 들였던 에너지(정보/의식)들이 돌아오는 것을 이야기한다. 이 이야기는 최근에 내가 얻고 있는 다른 많은 정보들, 실마리들과 갈 곳을 가리키는 커다란 손가락들과 맞아떨어진다.

'세계의 종말'이라는 사기

사람들은 여기서 자신만의 직관을 사용해야만 한다. 유가, 뉴에이지, 2012년의 믿음체계들을 신봉하는 사람들은 두 번 생각할 것도 없이 그것을 묵살해 버릴 것이 뻔하다. 당연히 그들의 권리이고 나는 그것을 존중하지만, 그렇게 하지 않으면 아주 많은 것을 이해할 수 있다. 우리의 현실은 어둠의 시대들, 전쟁, 고통과 박탈을 겪게 되어있지 않았다. 우리는 사랑의 세상, 한계가 없는 세상에 살고 있어야 한다. 이 세상은 해킹현실 때문에 그렇지가 않다. 이 해킹현실 안에서 '황금시대'란 없다. 오도록 되어있지 않으므로 절대로 오지 않는 어딘가 멀리에 있는 유토피아다. 진짜황금시대는 '빛의 속도'라는 진동의 감방 벽 너머에 있는 것이고 은하중심에서 보내오는 순수하고 해킹되지 않은 정보에서 해독된다. 렙틸리언 동맹은 매트릭스 너머에 있는 우리의 진정한 자아와 현실로부터 우리를 완전히 떼어놓지는 못한다. 우리는 가슴과 직관을 거쳐서 이것을 느낀다. 컴퓨터 해커가 컴퓨터와 그 소프트웨어를 가지고 일해야 하는 것처럼 이 해킹현실은 침투해 들어가려 하는 것을 가지고 아주 폭넓게 일해야 한다. 같은 식으로 그들은 완전히 새로운 인체를 만들어내지는 못한다. 그들은 인간형태가 기능하고 '살아있게' 하는 데 필요한 많은 요소들을 남겨두어야 했다. 그들이 완전히 새로운 현실을 만들어내지 않았듯이 완전히 새로운 몸을 만들어내지는 않았다. 그들이 한 일이란 현실과 몸 두 가지로 돌아가서 전자기스펙트럼 안에 있는 정보구조와 몸 컴퓨터가 그 대역에 있는 현실을 해독하는 방식을 왜곡하는 것이었다. 진짜 황금시대에서 한때 인간들이 해독했던 더 넓은 현실은 유전자조작과 토성-달 매트릭스의 차단주파수들이 가로막았다. 우리가 보는 것의 몇 가지는 '저 밖에' 있는 것이지만, 그 대다수가 토성-달 매트릭스가 전송한 것들과 또 진짜처럼 보이지만 그렇지 않은 홀로그램 주입물들이 조작한 것이다. 그런 시간주기들이 나온 마야와 인더스 사회들은 둘 다 렙틸리언들이 지배했고 고대이집트, 그리고 지금 시대를 두고 비슷한 이야기를 하는 호피족 예언들이 나온 호피 같은 다른 사회들도 마찬가지였다. 이곳들에는 그들 정보의 원천들인 렙틸리언 '신들'에게서 나온 '채널링'이 많이 있었다. 나는 중앙아메리카의 마야유적지들에 가봤는데 그곳들은 피의 제물의 흔적이 깃든 전형적인 렙틸리언 '신들'의 사회였다. 참 많이도 진보한 문명이다. 그들의 이웃들인 뱀을 숭배한 아즈텍인들은 인신공양을 국가적인 오락거리로 만들었다. 다음은 내가 전에 썼던 글이다.

지금의 멕시코인 마야의 사람들은 그들 조상들이 '뱀의 사람들'이었다고 말한다. 그들은 하늘에서 와서 자신들의 문명을 차지하고 인간제물을 요구했던 파충류 종족을 이야기했다. 인간제물은 공통된 대목이다. 파충류 종족과 그들의 다른 비인간 패거리들을 '신들'로 여겼던 것은 그들의 기술적인 능력들 때문이었다. 미국의 호피족은 그들의 여성들과 교배했던 자신들의 '뱀 형제들', '하늘의 신들'을 이야기한다. 인도인들은 문명을 세우고 지독할 정도로 인종차별적인 힌두 카스트제도를 만들었던 '샤파'라는 파충류 종족을 이야기한다.

그리고 케이시 오브라이언이 멕시코의 전직 대통령 미겔 데 라 마드리드에게서 겪었던 일을 다시 들여다보라.

드 라 마드리드는 내게 '이구아나의 전설'을 전해주면서 도마뱀 같은 외계인들이 마야인들에게 내려왔다고 설명했다. 아마도 처녀들을 제물로 바치는 일을 비롯해 마야 피라미드들과 그들의 진보한 천문학 기술은 도마뱀 외계인들에게서 영감 받은 것들일 것이다. 외계인들은 마야인들과 이종교배해서 그들이 깃들 수 있는 생명체를 만들었을 때, 카멜레온 같은 능력으로 인간과 이구아나의 모습 사이를 오락가락했다고 말해주었다. '세계 지도자들로 바뀌는 완벽한 수단'인 것이다. 드 라 마드리드는 자신에게 마야인과 외계인의 피가 흐른다고 말했는데, 그것으로 '마음만 먹으면 이구아나로' 되돌아갔다.

시간의 고리의 주기들을 보여주는 고대의 인공물들과 작품들은 토성-달 매트릭스 프로그램을 돌리는 렙틸리언 '신들'에게서 영감 받은 것이었다. 인간들에게 찾아내라고 그들이 진실을 남겨놓으려 했을까? 그들이 계속 통제하고, 착취하고 또 먹고 싶어 했던 인간들에게? 공식적인 '규준들' 너머를 볼만큼 충분히 마음이 열린 사람들을 오도하는 데는 딴 데로 눈을 팔게 하는 뭔가 엄청난 것이 더 좋을 법했던 것일까? 호피족의 예언들에서는 '다섯 번째 세상'을 동트게 하는 사건들의 순서를 설명한다. 이 '세상들'은 다른 이름의 유가들 또는 마야의 시간주기들이다. 다른 고대인들에게도 같은 주제의 예언들이 있고 '새로운 하늘과 새로운 땅'으로 가는 길은 봉인과 나팔이 나오는 성서의 계시록과 뚜렷하게 비슷하다. 미국의 어처구니없는 전도사이자 부시일가의 친구인 팻 로버슨Pat Robertson은 2011년에 드문 지진으로 생긴 워싱턴기념탑의 균열이 '주님의 재림이 가까이 왔다는 하나님의 징표'일 수 있다고 했다. 그는 세상의 종말을 다룬 성서의 예언은 자연재앙들이 세상을 휩쓸어서 '예수의 재림'으로 이어질 수도 있음을 가리킨다고 말했다. 자, 보시라. 온 세상에서 다른 믿음들을 가진 사람들이 이 마음의 덫에 사로잡혀있다. 기독교인들은 아마겟돈과 예수의 재림을 기다리고, 호피족 예언들의 추종자들은 예언의 일들이 일어날 때마다 하나씩 표시해나가고 있으며, 심지어 몇몇 과학자들마저도 2012년에 온다고 하는 마야 대주기의 끝으로 가는 주기들을 좇고 있다. 하지만 그들은 '빛의 속도'라는 진동의 장벽 너머에 있

664

는 더 큰 현실 안에서가 아니라 토성-달 매트릭스의 주파수대역 안에 있는 에너지적 수순들을 좇고 있다. 앨버트 아인슈타인(로스차일드 시오니스트)은 빛의 속도보다 빠른 속도는 없다고 했고, 실수 아니면 조작으로 이것은 해킹현실 너머에는 사실 아무것도 없다는 믿음으로 해킹현실을 뒷받침하는 데 도움을 주었다. 지금 우리는 또 '니비루'라는 '열두 번째 행성'에 무척 집착하고 있는데, 이것은 수메르의 점토판들을 번역한 '탈바꿈하는 자' 제카리아 시친(로스차일드 시오니스트, 런던정치경제대학)의 책들로 유명해졌다. 시친은 렙틸리언들과 그들의 어젠다를 드러냈다고 나를 조금도 좋아하지 않았다. 니비루는 타원궤도를 돌면서 태양계에서 지구가 있는 곳을 3,600년마다 지나간다고 한다. 인터넷에는 다시 한 번 대파괴와 멸종의 가능성이라는 주제와 함께 니비루가 곧 돌아온다는 내용의 웹사이트들과 글들이 넘쳐난다. 우리는 지구적인 악몽과 심지어 '세상의 종말'이 온다고 두려워할 아주 많은 이유들을 듣고 있다. 우리 태양계와 관련이 있는 우리가 알지 못하는 다른 행성들이나 왜성들이 충분히 있을 법도 하지만, 나는 시친의 책들에 나오는 맥락에서는 니비루나 어떤 사람들이 행성 X라고 부르는 것을 믿지 않는다. 우리가 홀로그램 환영을 다룰 때는 어떤 것이 '진짜'고 어떤 것이 투사인지를 구별하기가 무척 어렵지만, 하늘에 많은 형태로 '놀라운 일들'이 생길 것은 분명하다. 오랫동안 내가 말해왔듯이 앞으로 오는 날들은 조금의 과장도 없이 말해 지질학적으로 그리고 극심한 날씨들에 있어서 심각할 정도로 평탄치가 않고 또 모든 방면에서 힘들 수도 있지만, 이것이 '세상의 종말'은 아니다. 그것은 인간 지각 프로그램의 종말이며 또 새로운 것이 들어오도록 오래된 것은 가야 한다. 그리로 건너가는 과정은, 음- 뭐라고 해야 하나? 그래, 흥미로울 것 같다.

내가 더 알아갈수록, 토끼굴은 더 깊어져간다. 게다가 우리가 보는 그 어느 것도 사실상 '진짜'가 아닌데도, 렙틸리언들과 그 패거리들은 가짜 지각의 '매트릭스' 영화식 수준들에 미치는 환영의 힘을 키우기 위해 토성-달 매트릭스의 힘을 크게 늘리려고 분명히 노력을 기울이고 있다. 이것은 돌아오고 있는 정보의 근원, 곧 진실진동의 영향을 가로막으려는 것이다. 다양한 예언들과 전설들은 마치 그 예언들이 일어나는 듯이 보이게 만들도록 렙틸리언들이 덫을 놓은 것이다. 연구자들이 찾아낸 에너지 주기들은 매트릭스 프로그램 안에 든 주기들이다. 어느 연구자는 1941년의 주기가 2001년에 되풀이되었다고 지적하면서, 1941년의 진주만 기습공격과 2001년의 9·11 기습공격에 갖다 붙였다. 하지만 어느 것도 '기습공격'이 아니었다. 둘 다 매트릭스에 부호화된 계획에 따라 매트릭스의 하인들이 꾸민 문제-반응-해결책이었다. 혈통들은 성공의 가능성을 가장 크게 하려고 이 주기들을 이용하고 있다. 우리가 이 점을 꿰뚫어보지 않으면 그것에 심각하게 사로잡히게 된다. 어떤 일이 벌어지고 있는지를 보라. 기독교인들은 세상의 일들이 아마겟돈으로 가고 있다고 믿는다. 뉴에이지 신봉자들은 호피족의 예언을 믿는다. 2012년 신봉자들은 마야의 대주기에 나온 종말을 믿는다. 니비루를 믿는 사람들은 그것이 와서 세상을 파괴하기를 기다린다. 이것들은 기본적으로 다 되풀이되는 같은 이야기다. 그들은 있었던 적이 없는 종교 인물들의 '재림'을 묘사하려고 하늘에 홀로그램을 쏠 계획이다. 2011년 아프리카 하늘에 나타난 '성모 마리아'가 그랬다. 토성-달 매트릭스, 하프와 관련 기술은 '외계인'의 침공이나 심지어 '니비루 행성', 갈색왜성, 혜성과 하늘에 나타나는 다른 모습들도 진짜처럼 보이도록 홀로그램으로 투사할 수 있다. 제발, 이것은 덫이다. 우리가 믿는 것을 우리는 지각하고 따라서 만들어낸다. 우리가 그 환상에 힘을 실어주고 있다. 그들이 외계인의 위협이나 침공을 발표한다면 그것을 믿지 마시라. 1970년대에 캐럴 로진Carol Rosin 박사는 앞에서 말했던 독일의 로켓과학자 베르너 폰 브라운과 일했는데, 이 사람은 제2차 세계대전이 끝나고 NASA가 기용했던 인물이다. 로진 박사에 따르면 폰 브라운은 자신이 암으로 죽어가고 있다는 사실을 알았을 때 우주공간의 무기화(사실 더 많은 일들이 있다)를 정당화하려고 가짜 적들을 줄줄이 내세울 계획이 있다는 말을 해주었다는 것이다. 순서대로 말하면 소련, 테러리스트, 제3세계 국가의 '미치광이들', 곧 지금 용어로는 '우려국가들', 소행성, 그리고 마지막 것은 '외계인' 침공의 위협이 될 것이다. 폰 브라운은 로진에게 이것들은 몽땅 거짓말이고 속임수이므로 그런 일이 생기면 어떤 것도 믿지 말라고 했다. 할리우드 영화들에서 이 주제들이 어떻게 나타났었는지를 눈여겨보기 바란다. 우리는 대중매체와 여러 곳에서 '외계인의 침공'이라는 주제가 갈수록 많이 나오면서 사람들이 '공동의 적'에 맞서 '세상을 하나로 뭉치게' 하고 세계정부와 세계군대 따위의 것들을 정당화하는 데 써먹을 거짓말을 믿도록 길들여지는 모습을 보게 될 것이다. '외계인들'은 오지 않는다. 그들은 내내 여기 있었고, 렙틸리언들을 몰아내는 일을 거들고 있는 선의의 존재들이 우리에게 자신들을 알릴 때(언젠가는 그렇게 할 것이다) 그들은 인간이 존재하는 데 사악한 위협으로 비춰질 것이다. 늘 비웃음을 사거나 한 번도 논의된 적이 없는 '외계인 침공'의 가능성이 주류 매체에 더 자주 나타나고 있다는 것을 나는 이미 눈치 챘었다. 이 주제를 놓고 2011년에 '외계존재들과의 접촉이 인류에게 이로울까 해로울까? 시나리오 분석(Would Contact with Extraterrestrial Benefit or Harm Humanity? A Scenario Analysis)'이라는 제목으로 펜실베이니아주립대학교와 NASA 행성과학부가 발표한 공동연구도 있었다. 연구에서는 이렇게 말했다. "외계지적존재(ETI)는 우리를 공격해서 죽이고, 우리를 노예로 삼거나, 심지어 먹을 가능성도 있다. …… ETI는 이기심에서 우리를 공격하거나 아니면 은하계를 우리로부터 지키려는 보다 이타적인 목적으로 우리를 공격할 수도 있다." 인류가 또 다른 엄청난 거짓말 앞에 섰을 때 이 따위 말들을 더 많이 듣게 될 것이다. UFO의 홀로그램 투사는 '블루빔 프로젝트'라는 대규모로 마음을 조작하는 프로그램의 일부이다. 유력한 종교에 맞춘 종교적 인물들의 홀로그램을 하늘에 투사하는 것도 마찬가지다. 블루빔 프로젝트는 앞선 책들에 설명했고 이것은 모조리 마야, 호피, 그리고 이와 비슷한 정보와 예언들을 포함하는 거짓 '종말의 시간' 시나리오의 일환이다.

이것의 또 다른 측면은 '하늘'의 변화다. 이 글을 쓰는 지금 달의 위상이 달라지고 각도가 바뀌고 있다는 보고들이 갈수록 늘어가고 있다. 달을 관측하는 사람들은 달이 오른쪽으로 돌아갔든지 아니면 지구가 왼쪽으로 돌아갔다는 말을 한다. 그들은 이런 일이 2010년 12월 21의 월식 때 시작됐다고 한다. 12월 21일이라는 날짜를 눈여겨보라. 마야의 대주기가 끝났다고 하는 2012년 12월 21일과 같은 날짜다. 1638년 이후로 동지(남반구에서는 하지)에 있었던 첫 월식이었다. 오리온 같은 별자리들의 위치가 바뀌고 있다는 보고가 있었고, 다른 많은 사람들처럼 이누잇족 또는 '에스키모들'도 해가 다른 곳에서 뜨고 있고 별들이 자리를 바꿨다고 했다. 주류 과학이 달리 말하게 두지 말라. 삶에서 매일 매일 떠오르는 해를 봤고 그것이 느닷없이 다른 곳에서 나타나서 변화가 있었다는 것을 아는 것은 천문학 학위가 없어도 가능하다. 날마다 해가 뜨거나 질 때 그것을 오래도록 바라보는 썬게이저sun gazer들도 해의 자리가 바뀌었다고 말한다. 당연히 지구가 자리를 바꾸었다고 하는 편이 훨씬 그럴듯하다. 렙틸리언들은 또한 토성-달 매트릭스의 홀로그램을 바꾸고 있고, 그들이 그렇게 할 때 투사하는 별의 자리들을 바꿀 수 있다. 조작자가 천체투영관의 천장에 하늘을 투사할 때 할 수 있는 것처럼. 토끼굴은 워낙 깊고, 환영의 규모는 워낙 방대하다. 무슨 일이 일어나는지를 파악하려면 이 점을 인정할 필요가 있다. 자북은 날마다 옮겨가고 있고 새와 물고기의 떼죽음과 함께 이것은 기본적으로 같은 주제들을 가진 다양한 원천들로부터 나온 '종말의 시간' 예언들과 이어져있다. 멕시코 만의 원유재앙은 바다가 검게 바뀐다는 호피족의 종말예언에 갖다 붙여졌다. 그러나 자북의 이동과 떼죽음은 이 예언들이 실현되는 것처럼 보이게 하는 하프와 관련 기술들의 작품일 수도 있다. 호피족의 일곱 번째 조짐은 '바다가 검게 바뀌고 그 때문에 많은 살아있는 것들이 죽노라 들으리라'이다. 아홉 번째와 마지막 조짐은 이렇다. '땅 위로 하늘에 살 곳이 있어 그것이 떨어져 엄청난 충돌이 있었노라 들으리라. 그것은 푸른 별처럼 나타나리라. 이 일이 생기자마자 내 사람들의 의식(儀式)들은 멈추리라.' '조짐들'과 예언들은 특히 지금과 다음 몇 년 동안 일어나는 것처럼 보이도록 오래된 '과거'에 부호화되어 전해진 것들이다.

다시 나오지만, 그 이유는 모두 다 조작인데도 사람들이 자신의 비판적인 사고와 직관적인 앎을, 그들이 믿는 것이 '신이 내린' 운명이 펼쳐지는 것이라는 생각에 내어주도록 조작하는 것이다. 사람들이 이렇게 믿을 때 그 환상에 더 큰 힘을 실어주고 에너지적으로 자기실현 예언을 만들어내도록 돕는다. 많은 기독교인들과 유대인들은 '선'과 '악'의 '마지막 전쟁'인 '아마겟돈'에 대한 '그의' 예언을 실현하는 것이 '하나님의 뜻'이라고 믿기에 뒤로 물러나서 혈통들이 강요한 참상들에 도전하지 않으려 할 것이다. 아마겟돈이 어디에 있는가? 이스라엘에 있다. '므깃도 산Har Megiddo'으로 알려진 곳이다. 나는 오랫동안 이스라엘을 포함하는 중동에서 제3차 세계대전을 일으키는 것이 계획이라고 말해왔다. 아마겟돈은 기독교인들이 메시아가 지상에 돌아와서 적그리스도/악마/사탄/루시퍼를 물리칠 거라고 믿는 시간이지만, 악과 싸우는 '좋은 편들'이라고 홍보하는 사람들이야말로 진정한 악임을 우리는 확실히 안다. 그들이 계산된 조작을 거쳐 일어나게 하고 있는 것은 '쓸데없는 소리에 헛소리'라는 영화다. 그건 '하나님의 뜻'과는 아무 관계가 없다. 세대에 세대를 이어 얼마나 많은 사람들이 이렇게 물었을까. "사랑 가득하신 하나님께서 어째서 이런저런 참상이 일어나게 하시고서 그것이 일어나야 한다고 하시는가?" 대답은 이렇다. '사랑 가득하신 하나님'이 그렇게 하지 않는다. 렙틸리언 '신들'이 '그레이들'과 여러 패거리와 함께 그렇게 한다. 제발, 제발, 곧이듣지 마시라. 오늘날은 우리에게 있는 주제들은 우리가 어떤 '유가'에 있든 간에 늘 있던 같은 것들이다. 맞다, 복잡성과 과학적 지식의 수준은 옮아갔지만, 결과는 어떤가? 고대에는 말도 못하게 많은 사람들이 전쟁들과 대량 인간 제물로 죽어갔다. 오늘날은 훨씬 더 큰 살상능력으로 대량 인간제물을 요구하며 이어지는 전쟁들이 바그다드와 트리폴리에 폭탄을 퍼붓고 있다. 고작 70여 년 전의 2차 세계대전은 5,500만 명의 목숨을 앗아갔고, 이제 세 번째 전쟁이 꾸며지고 있다. 정말로 이것이 서기 500년에 바닥을 쳤다고 하는 '어둠의 시대'에서 나아가서 일어나는 일일까? 사망자의 수만 봐도 그렇다. 지금은 더 많은 사람들이 죽는다. 아, 나는 그렇게 듣고 있지만, 오늘날 우리는 훨씬 더 동정심이 많다. 그러면 왜 근본을 바꾸지 않는가? 서기 500년에도 동정심 많은 사람들이 분명히 있었을 것이다. 이것은 시대들이 아니라 '의식'의 문제이고, 물론 에너지의 변화들이 거기 영향을 줄 수는 있지만, 사회에서 전체적으로 근본이 바뀔 정도는 아니다. 매트릭스를 조종하는 존재들은 그 근본이 바뀌길 바라지 않는다. 옛날처럼 약탈하고 학살하려고 싸우는 대신, 우리는 이제 같은 짓을 하면서 평화나 양민의 보호를 위해 싸운다고 말한다. 진실진동이 오늘날 그 지각에 영향을 주고 있는 것이지, 어떤 유가나 마야의 주기 탓이 아니다. 진동의 변화는 그 어떤 새로운 시대나 주기 때문에 우리 현실로 들어오고 있는 것이 아니라, 해킹현실을 깨부수고 인류를 정신적 정서적 진동의 감옥으로부터 흔들어 깨우려고 오는 것이다.

바리케이드 위의 파충류들

렙틸리언들과 그 인간 혼혈들은 진실진동에 도전하려고 준비해오고 있고, 하프의 주된 동기가 이것이다. 그들은 (1) 진실진동이 잠재적인 힘을 미칠 정도까지 우리 현실에 파고들지 않도록 막으려고 (2) 사람들이 그것에 맞추고 그것으로 깨어나지 못하게 막으려고 애쓰고 있다. 하프에는 중앙오스트레일리아 파인갭에 있는 거대한 '미국의'(비밀집단의) 지하기지를 비롯한 온 세상에 있는 다른 시설들과 함께 지구를 '전신 보호막'으로 둘러쌀 힘이 있다. 하프기술의 원특허를 가진 버너드 이스틀런드는 '상대론적 입자'로 이 보호막을 만들어낼 수 있다고 했다. 이 입자들은 빛의 속도로 움직이는 하전입자들이다. 지상의 그웬 방식의 기술과, 가정과 직장의 스마트그리드 등등과 함께 이것은 진실진동에 대한 다중수준의 에너지방어막을 이룬다. 날아오는 미사일들을 막으려고 만들었다는 '스타워즈' 방어막이라고 불리던 것은 우선 제일선에서 지구로 들어오는 정보와 자각, 그리고 선의의 외계존재들과 차원 간 존재들을 막는 지구방어막을 갖추려는 것이었다. 토성-달 매트릭스는 특정 주파수대역에서 작동하므로, 우리가 그 대역을 넘어 마음을 더 열도록 하는 힘은 매트릭스가 보내는 것들에 영향을 덜 받는다. 진실진동이 우리 마음을 열기 시작하기 전에는 그렇게 하는 데 위험이 조금 있었고, 렙틸리언 동맹은 그들의 집을 무너뜨릴 이 변화에 맞서려고 준비해왔다. 인간들이 눈에 보이게 깨어나고 있는 바로 이 시점에서 우리가 이 책에 적은 것들에 공격당하고 있는 것은 그 때문이다. 그들은 사람들이 토성-달 매트릭스의 제약들 너머로 자각을 확장하는 일을 막으려고 마음과 감정의 억압 수준을 늘려야 했다. 하프와 관련 기술들은 우리와 상호작용하는 에너지장을 조작하는 지구 위의 매트릭스 지원시스템이다. 광범위하고 서로 연결된 지하기지들과 산을 파내 만든 기지들에서 벌어지는 것들과 함께 CERN의 거대 강입자가속기도 이 일을 거들고 있다. 빠르게 늘어가는 방사선원(특히 후쿠시마의 방사능)들 역시 다른 역할들 중에서도 이 방어망의 일부이고 식품 속의 화학물질들, 먹는 물의 불소(희망목록에 있는 리튬도), 독성 백신과 유전자조작식품과 함께 인체의 송수신체계를 불안정하게 한다. 켐트레일 속의 금속들도 관련이 있고 화학물질들, 방사능과 멕시코 만의 원유와 같은 것으로 바다와 수원들을 오염시켜서 정보를 왜곡하는 것도 마찬가지다. 그 뒤로 이 왜곡은 해류를 따라 세상의 바다들로 더 넓게 퍼져나간다. 바다에서 원유가 정보를 왜곡한다고 표면에 떠있는 원유를 들여다볼 필요는 없다. 이것은 내가 앞에서 동종요법을 두고 강조했던 것과 같은 원리다. 동종요법의 치료제들 속의 성분들은 성분이 남지 않을 때까지 희석하고 또 희석하지만, 성분들의 정보는 그대로 남아 있다. 진실진동이 가져오는 변형과 토성-달 매트릭스의 종말을 막으려고 지금 지구, 인류와 다른 모든 것들의 송수신체계들과 정보장들 전체가 모든 각도에서 공격받고 있다. 방사선의 수준을 크게 늘린 밴앨런대에서의 핵폭발도 다면적인 방어막의 일환이었다. 여기서 위성 네트워크도 한 몫을 하고 있다. 우리가 알지 못하는 아주 많은 일들이 진행되고 있다. 토성과 달을 조종하는 존재들에 대한 도전도 여기에 들어간다. 우리는 혼자가 아니다. 인류를 자유롭게 하려는 어마어마한 노력이 진행되고 있고 우리가 '외계존재들'이라고 부를 존재들에서부터 순수자각에 이르기까지 다중차원들에 걸쳐 이런 일이 일어나고 있다.

렙틸리언들의 게임 계획은 이렇다. 그들은 지구 대기권이 인류 대부분을 잠들어있게 할 주파수대역 안에 남아있도록 진동방어막을 설치한다. 그들은 일부 사람들이 깨어날 만큼 충분히 의식적이고 마음이 열려있을 것임을 안다. 경찰국가와 아주 세세한 감시기술과 프로그램들이 있는 이유가 이것이다. 그들은 마음의 감옥을 깨고 자유로워지는 사람들을 찾아내려고 안달이다. 모든 사람의 독특한 주파수를 저장해두고서 깨어나는 사람들의 주파수를 곧바로 겨냥해서 그들을 없애거나 그들의 DNA 송수신체계를 막아버릴 수 있도록 DNA 데이터베이스를 구축하고 있다. 그들은 자신들의 '멋진 신세계'에 그런 사람들이 있길 바라지 않는다. 지금의 인구수, 또는 아주 많은 다수도 곧 설명할 그들의 계획들에 치명적일 수 있으므로 그들은 지구 인구를 대규모로 도태시키려고 한다. 나는 거의 20년 동안 그 계획이란 태어나는 모든 아기들에게 마이크로칩을 심는 것이라고 말해왔다. 이것은 이 세상에 들어오는 시간부터 아기들의 현실과 진동상태를 바깥에서 통제하려는 것이다. 그들의 생각은 생애를 통틀어 조종될 것이며 그들의 마음을 열 수도 있는 정보의 원천은 가로막히거나 금지될 것이다. 록펠러가의 내부자 리처드 데이 박사는 1969년에 "도서관에서 어떤 책들은 그냥 사라질 것이다"라고 말했다. 진실진동은 그런 상태에 있는 사람들과 연결되지 않을 것이며 지구는 렙틸리언들의 이익과 요구에 봉사하는 제대로 갖춰진 포로수용소가 될 것이다. 의제 21에 따라 이주는 엄격하게 제한될 것이다. 오늘날의 중국 사회를 생각해보고 그 통제의 수준을 아주 많이 제곱해보면 그들이 강요하려고 하는 세상의 모습과 비슷해질 것이다. 지금의 중국은 프리메이슨이자 일루미나티의 관리였던 마오쩌둥이 시작한 기본 청사진이 실현된 것이지만, '멋진 신세계'판은 훨씬 더 극단적이고 가혹할 것이다. 계획의 '막판'은 의제 21의 세계에서 로봇이나 노예들과 다를 바 없을 지경까지 마인드컨트롤되는, 극적으로 줄어든 인구만

672

남게 되면 렙틸리언들이 공개적으로 한결 쉽게 나타날 수 있도록 지구의 대기를 자신들에게 더 맞게 바꾸는 것이다. 이것이 온갖 방사선원들을 풀어놓고 전리층에 구멍을 내는 또 하나의 결정적인 이유다. 대기를 렙틸리언들에게 맞도록 바꾸는 것 말이다. 그들은 인간의 유전자에 돌연변이를 일으켜서, '도태'에서 살아남기를 바라는 5억에서 10억의 노예들이 방사능이 훨씬 많아진 대기에 적응할 수 있게 할 계획이다.

우리에겐 힘이 있다

한 사람의 인생에서(누군지는 상관없다) 우리가 마주한 상황과 그것을 두고 우리가 무엇을 할 수 있는지에 집중하는 일보다 더 중요한 것은 없다. 이 집중에서 모든 것이 나온다. 우리의 모든 인생경험과 우리 아이들과 손자들의 인생경험이 거기서 나온다. 이 글을 쓰는 지금 내 나이 쉰아홉이다. 나는 결코 세계적인 포로수용소에서 지금의 아이들과 젊은이들만큼 오래 살지는 않겠지만, 그들에게 일어나는 일이 깊이 걱정되고 그래서 이 현실에서 내 삶의 모든 순간을 그 악몽이 비켜가고 매트릭스가 녹아내리게 하는 데 맞추고 있다. 우리가 하려고 한 것이 이것이기에 이 일을 해나가도록 하자. 이 노력에서 우리가 혼자가 아니라는 점은 아무리 강조해도 지나치지 않고 또 인종, 종교, 문화, '계급', 정치, 소득계층의 기존 단층선들과 분열들을 제쳐놓는다면 우리는 이 다차원적인 노력에 중요한 기여를 할 수 있다. 렙틸리언들과 그 혼혈들에게 이런 것들은 전혀 중요하지 않다. 그들에게 이것들은 본질적인 '분리와 지배'를 조작해내기 위한 도구들일 뿐이다. 그들은 기독교인, 무슬림, 힌두교인과 다른 모두에게 하는 것만큼이나 유대인들도 세계적 포로수용소에서 노예로 만들 것이다. 그들이 얻고자하는 결과에 이롭다고 생각한다면 그들도 똑같이 죽일 것이다. 우리가 집단수용소에서 분리되고 지배받기 전에, 그리고 나머지 자유가 망각 속에 사라지기 전에 이런 분열들은 제쳐놓으시라. 우리는 이미 코 앞까지 왔다. 그 감옥이 에너지적이듯이 해답 또

한 에너지적인 것이다. 그것이 다 어떻게 작용하는지 기초원리라도 이해한다면 우리에게는 진동의 감방벽을 해체해버릴 힘이, 아니 힘 이상의 것이 있다. 통제시스템이 결어긋난 가슴에너지와 두려움, 스트레스, 분노, 좌절과 우울함 같은 낮은 진동의 생각과 감정을 만들어내도록 어쩌다가 구성된 것은 아니다. 인류를 그들이 원하는 에너지를 발산하는 낮은 진동의 결어긋난 상태에 남겨놓고, 사람들을 마음이 닫힌 무지 속에서 노예로 부리며, 그리고 …… 여기 큰 게 있다 …… 지금 진실진동이 갈수록 더 강력하게 돌고 있는 지구의 에너지 '바다'에 낮은 진동의 전자기에너지를 끊임없이 투사하려고 그렇게 한 것이다. 하프와 관련된 온갖 방사기술들은 이 '바다'의 진동상태를 더 억누르는 데 사용되고 있다. 진실진동을 막는 그들의 전략에 이것이 필수적이니까. 지구의 에너지장에 인간들이 시시각각 미치고 있는 영향을 알고 나면 사람들은 몹시 놀랄 것이다. 지금의 기술은 이것을 측정할 수 있고, 9·11 같은 사건에서 세계 규모의 반응이 있을 때 이 에너지장의 진동상태는 엄청나게 치솟는다. 9·11 공격으로 생긴 두려움과 감정은 분명히 공모자들의 목적에 들어맞았을 것이고 이것은 그들에게 또 다른 이득이었지만, 우리는 이 에너지장이 진실진동에 활짝 열리도록 믿기 어려울 만큼의 영향을 주고 또 하프 집단과 에너지를 억누르는 다른 원천들을 쓸모없게 만들어버릴 수 있다. 우리 모두는 개인적으로도 큰 영향을 미치지만, 함께 모여 집단을 이루고 많은 수가 마음을 모으면 놀라운 결과를 가져온다. 사탄 숭배자들이 지구 위의 특정 지점들에서 의식들을 거듭 행하는 것은 그렇게 하면 '형태장에 강한 흔적을 남기기' 때문이라고 한다. 혈통들은 그곳에서 만들어지는 에너지를 긁어모으려고 왕실 결혼식, 종교의식과 여러 행사들 같은 대규모 모임들을 꾸며낸다. 그들은 인간 에너지의 집단적인 힘을 알고 있고 그 잠재력을 두려워한다. 카드로 만든 집을 무너뜨리려면 우리는 이 에너지를 이용할 필요가 있고, 이렇게 하려면 본질적이지 않은 것들을 제쳐두고 집중해야 한다. 그들이 인구를 대대적으로 도태하고 싶어 하는 또 다른 이유는 만일 충분한 수의 사

674

람들이 우리가 가진 힘을 이해할 만큼 충분히 깨어나면 인간의 가슴과 '의식'이 가진 집단적인 잠재력이 얼마나 큰지 잘 알고 있기 때문이다. 온 세계를 다니면서 하루 종일 하는 내 강연행사들이 가장 중요하게 기여하는 바는 비슷한 마음과 비슷한 가슴을 가진 사람들이 하나가 되어 지구의 에너지장에 발산하는 집단에너지라는 것을 나는 오래 전부터 알고 있었다.

심장이 핵심이다. 심장의 호르몬 분비는 우리가 제3의 눈이라 부르는 정신감응기능의 일부인 뇌의 솔방울샘과 뇌하수체를 아우르는 내분비계와 연결된다. 심장은 몸에서 가장 강력한 전자기장을 투사한다. 심장이 뇌와 신경계와 조화를 이루고 있으면 우리는 완전히 새로운 수준의 지성, 사랑, 정신적 정서적 균형, 명료한 생각, 직관적 앎을 갖고 상위 '의식'에 연결되는 변화를 거친다. 심장은 모든 것의 중심에 있다. 그래서 지구적인 음모는 조직적으로 인간의 심장을 겨냥했다. 그들은 바로 이런 식으로 나를 방해하려고 내 삶에 사람들을 보냈지만 결국 실패했다. 조종자들은 심장의 진정한 힘을 무서워하고, 심장과 뇌와 신경계의 동시성이 어긋나면 정신적으로 정서적으로 그리고 '육체적으로' 어떤 혼란이 벌어지는지도 안다. 그들은 낮은 진동의 균형 잃은 감정 상태를 일으키는 사건들을 꾸며낸다. 그들은 우리가 화내고 좌절하고 두려워하고 원망하고 우울해하고 짜증내기를 바란다. 그들은 우리가 가슴을 닫고 현실과 지각을 해독하는 과정에서 가슴을 구경꾼으로 만들고 싶어 한다. 아일오브와이트에 있는 쉔클리닉의 내 친구 마이크 램버트는 그가 보았던 인간에너지장의 활동을 찍은 '키를리안Kirlian' 사진에 대해 내게 말해주었다. 마이크는 심장이 있는 부분이 전자기발전소가 되어야 하는 데도 너무도 많은 사람들의 심장 부근에서 에너지 활동이 거의 없는 것으로 나타난다고 했다. 통제시스템이 사람들을 닫아버리고, 그들을 무한한 자아로부터 떼어놓고, 또 오감에 갇혀 사는 노예들로 만드는 방법이 이렇다. 하프와 여기 관련된 모든 방사기술들도 지구에너지 '바다'의 진동상태를 더 억눌러서 물고기들(인간들)이 그런 낮은 진동상태에 있도록 조종하는

데 사용하고 있다. 이것은 사람들이 에너지 '바다'의 영향을 받아서 결어긋난 상태에 있으면 이 패턴들을 다시 '바다'로 보내 그 부정적인 영향에 더 힘을 실어주면서 악순환의 고리를 만들어낸다. 우리는 이 순환 고리를 끊고 개인과 집단의 에너지장을 되돌려야 한다. 통제시스템이 의존하는 결어긋남으로부터 우리를 개인적으로나 집단적으로나 자유롭게 해줄 결맞음으로 바꿔야 하는 것이다. 우리는 서로를 사랑함으로써 조작된 혼란으로부터 에너지적인 조화를 드러낼 수 있다. 충분히 많은 사람들이 다음에 짧게 설명할 깨어남의 프로젝트에 동참한다면 충분히 그렇게 될 것이다.

직관의 수준에서 '개인의 마음들'을 연결해서 통신망을 이룬다는 뜻을 가진 '하이퍼커뮤니케이션hypercommunication'이라는 현상이 있다. 아프리카의 부시맨들은 이런 방식으로 소통하므로 '부시텔레그래프bush telegraph'라는 용어도 있다. 하이퍼커뮤니케이션 연구자들은 충분한 수의 마음들(나는 심장들이라 하겠다)이 이 방법으로 이어지면 그들에게는 '신과 같은' 힘이 생겨서 우리가 사는 세상을 바꿔놓을 수 있다고 말한다. 이것은 틀림없는 사실인데, 특히 인간의 뇌가 지구의 공명주파수들과 같은 주파수대역에서 활동한다는 점을 생각하면 그렇다. 우리는 지구와 하나이며 여기에는 양방향의 통신이 있다. 인간의 가슴과 마음의 집합적인 힘은 매트릭스의 주술을 끊어버리고 하프, 그웬, 스마트그리드와 이런 모든 것들의 영향을 극복할 수 있다. 인간의 가슴과 마음/의식의 집합적인 힘에 비하면 이것들은 새 발의 피다. 통제시스템을 벌벌 떨게 할 변화의 동력원이 이것이다. 레인댄스에서 하나로 연결된 마음과 가슴들은 전자기장을 바꿔서 비가 내리게 하는 힘을 만든다. 충분한 수의 사람들이 함께 집중하면서 가슴과 마음이 모인 변형의 힘을 내뿜는 것만으로도 세상을 감옥에서 천국으로 바꿀 수 있다. 작가이자 연구가인 배르벨 모르Bärbel Mohr는 이렇게 쓴다. "크리스마스, 세계 선수권 축구경기나 영국 다이애나 비의 장례식 같은 일들에 아주 많은 사람들이 주의나 의식을 모을 때마다, 컴퓨터의 임의숫자발생기는 임의의 숫자들 대신 질서를 가진 숫자들을 내놓기 시작한다." 숫자는 파형상태의 디지털 버전이다. 지구의식 프로젝트Global Consciousness Project는 1998년에 시작해서 인간의 의식이 '물질' 세계에 주는 영향을 연구한다. 이 프로젝트에서는 모든 대륙의 50곳이 넘는 곳의 임의사상발생기random event generator들을 연결해서 인간의식의 영향을 측정한다. 이 장치들의 활동은 지구적이고 국가적인 관심이 쏠리는 사건들이 있을 때 치솟는다. 연구자들은 지금까지의 발견들을 가지고 이런 결론을 내린다. "이 결과들은 정보와 의미의 우리 정신세계와 물질세계가 우리가 아직은 이해하지 못하는 방식으로 이어져 있다는 증거다." 아니면 우리가 이해하는 방식일지도. 실험들은 꽃과 사람의 정보가 물에 새겨지는 방식과 마찬가지로, DNA가 에너지장에 정보를 새길 수 있음을 보여주었다. 이것을 '유령 DNA 효과'라 부른다. 우리는 가슴, 의식과 DNA의 송신을 거쳐서 서로 소통하고 연결할 수 있고, 그래서 텔레파시와 원격치유가 가능한 것이다. 이런 일들은 다 우리가 시간과 공간이라 부르는 것을 넘어서 모든 것이 하나인 현실수준들에서 일어난다. 통제시스템과 렙틸리언의 조종에 대한 해독제가 이것이지만, 수천만 명이 함께해야 한다.

세상을 깨우기-모든 가슴이 변화를 가져온다

이것으로 나는 2011년 7월에 내 웹사이트를 통해 새로운 일을 시작하게 되었다. 우리에게는 온 세상의 모든 도시, 읍, 마을과 공동체에서 정기적으로 (일주일에 몇 번) 사람들이 모여서 그들의 에너지장들을 잇고서 사랑과 평화와 조화를 대기에 뿜어내도록 앞장서서 집단들과 모임들을 조직할 사람들이 있어야 한다. 더 많은 사람들이 함께할수록 더 좋다. 지구에 미치는 영향이 훨씬 더 큰 주요 볼텍스 지점들인 '신성하게' 여기는 '성소들'에서 대규모 모임을 조직할 필요가 있다. 나는 이 프로젝트를 '세상을 깨우기-모든 가슴이 변화를 가져온다(Awakening the World-Every Heart Makes a Difference)'라고 불렀다. 내 웹사이트에 가면 온 세상 사람들이 소통하고 서로 조직할 수 있는 같은 이름의 섹션이 있다. 우리는 날마다 웹사이트를 통해 특정시간에 사람들을 모아 20분 동안 우리의 가슴과 마음을 이어서 사랑과 가슴의 결맞음을 지구 전체나 특정 장소, 사람이나 사건에 집중한다. 될수록 빨리 수천만 명이(마침내는 수억 명이) 모이기를 바라고 이 일은 세상에 큰 변화를 만들어낼 것이다(그림 349). 우리는 두려움, 분노, 증오와 적대감의 에너지를 묽게 해서 그것을 사랑과 평화와 조화로 바꾸고 있다. 하나하나가 통제시스템이 바라지 않는 것들이다. 이것은 인간과 우리를 통제하려고 하는 존재들의 가슴 속 조류를 바꿔놓을 것이기에 이 일을 함께 하길 바란다. 이 대의에 자신을 헌신하겠다는 결정을 내리고 다음으로 자신의 직관적인 앎을 따르면 모든 것이 맞아 떨어질 것이다. '포스Force'에 연결하겠다는 결정을 내렸으므로 '포스'가 함께할 것이다. 렙틸리언들과 그레이들이 선의의 외계존재들과 차원간 존재들의 도전을 받으면서 다른 수준들의 현실에서의 변형은 이미 많이 나아갔다. 우리는 그 변형과 자유의 에너지를 우리 현실에 자리 잡게만 하면 된다. 우리가 여기에 온 목적이 이것이다. 세계 인구는 70억을 빠르게 넘어가고 있고 이것은 믿을 수 없을 만큼의 힘이 나올 잠재력이다. 우리는 그 진실에 깨어나서 그 힘을 모든 인류의 더 큰 선을 위해 이용할 필요가 있다. 만일 수억 명의 사람들이 그들의 진정한 힘을 일깨워서 여기서 내가 초대하고 있는 일을 시작한다면 그 변형은 과연 어떠할 것인가(그림 350과 351). 자신의 가슴에 집중하고 다른 이들과 연결하여 에너지의 대기로 사랑과 평화와 조화를 내보내는 일 말고 참여해야 할 일은 아무것도 없다. 성소들과 여러 곳들에서 행사들을 조직하는 분들은 시간과 장소만 우리에게 알려주면 그것을 내 웹사이트에 공표하도록 하겠다. 집단적으로 에너지를 내보내는 이런 일들로 세상은 가장 근본적인 방식으로 이로움을 얻을 것이고 우리는 인간의 지각과 행동에 미치는 그 에너지의 영향과 아울러 증오와

【그림 349】 인간의 가슴이 가진 집단적인 힘은 노예의 시대를 끝낼 것이다.

678

두려움에서 나오는 에너지의 왜곡들이 녹아내
리면서 더 나은 곳으로 바뀌어가는 세상을 볼
것이다. 전쟁과 만들어진 재앙들과 금융 붕괴
가 많은 원인들로 부추겨졌지만, 가장 중요한
것은 사람들의 반응과 태도에서 그런 에너지
가 더더욱 많이 생겨나온다는 점이다. 이 또한
진실진동 방어막의 또 다른 요소이지만, 우리
가 맞설 수 있는 것이고 또 함께 모여 진실진동
을 불러들이면 그 힘은 훨씬 더 커진다. 그렇게
하면 당신은 진실진동과 이어져서 이 현실에서
그것의 매개체가 되고 송신기가 될 것이다.

【그림 350】 그 무엇도 진실진동의 변형의
에너지와 정보로부터 달아나지 못한다.

여러분 행성 자체의 의식수준이 올라가면서, 여러분
의 의식을 올리려고 함께 일하는 여러분 빛의 일꾼들은
정제된 진동들을 점점 더 많이 가질 수 있을 것이고, 그
래서 우리는 점점 더 많은 에너지들을 줄 수 있도록 여
러분을 촉매로 활용할 수 있을 겁니다. …… 더 많은 여
러분이 도전을 마주하려고 스스로를 끌어올리면, 우리는
이 에너지들을 더 많이 일깨울 수 있습니다.

【그림 351】 진실진동은 통제시스템의 에너
지 토대를 무너뜨리고 있다.

통제시스템은 살아남으려고 인류를 끊임없이 조종하고 있다. 낮은 진동
의 뇌/마음 에너지에 의존하는 그 시스템을 무너뜨릴 수 있으려면 이것은
우리가 이해해야 하는(그것도 서둘러서) 심오한 진실이다. 여기서 내가 요청
하는 것을 하면 우리의 집단현실에만 중요한 이익이 되는 것이 아니다. 여기
기여하는 모든 이에게 큰 변형을 가져올 것이다. 규칙적으로 시간을 내어 조
용히 앉아서 심장의 결맞음에 집중하고 사랑과 평화와 조화를 내보내면 자

신 안에서 사랑과 평화와 조화가 생길 것이다. 이것은 심장의 전기/진동 활동에 결맞음을 만들어내고 다시 심장, 뇌와 신경계가 이루는 삼위일체의 조화를 가져올 것이다. 이 조화는 심장과 마음과 몸이 하나의 단위로 일할 때 오는 명료한 생각과 영감 어린 앎에 대한 당신의 엄청난 잠재력을 풀어놓을 것이다. 심장에서 뇌로 가는 신경이 그 반대보다 더 많으며, 심장의 전기장과 자기장은 뇌보다 60배가 강하다는(훨씬 더 클 가능성이 있다) 점을 기억하기 바란다. 사랑과 존중과 보살핌은 두려움, 증오, 분노, 원망, 좌절, 우울함보다 5,000배는 더 강하다. 우리에게는 지구에너지장의 성격을 바꿔서 지금 우리가 가진 두려움과 증오와 혼란을 버리고 사랑과 평화와 조화의 되먹임 고리를 만들어낼 힘이 분명히 있다. '머리'는 우리를 엉망진창으로 만들었고, 가슴은 '머리'와 조화를 이뤄서 우리를 거기서 끌어낼 것이다. 심장의 결맞음은 직관과 면역계의 힘을 키워주기도 한다. 일석삼조인 것이다. 당신이 주면 당신은 받을 것이다. 머리는 우리의 감옥현실을 만들어냈고 가슴은 우리를 거기서 자유롭게 할 것이다. 가슴은 언제나 길을 찾을 것이다. 머리는 가슴을 모셔야 한다. 하찮게 여기거나 억누르지 말고.

아무것도 믿지 마라

우리는 환영 속의 환영, 곧 가상현실우주 속의 매트릭스 해킹현실 안에 산다. 앞에서 설명했듯이 '여왕벌'(토성-달)은 '정크' DNA에 들어있는 렙틸리언 프로그램을 작동하고 DNA의 다른 부분들과 인간의 해독체계를 가로막아서 우리가 그들이 원하는 것만 보고 그렇지 않았다면 우리가 볼 것들을 보지 못하게 하는 파형정보의 '해킹현실'을 방송한다. 우리는 매트릭스에 철저히 통제되고 입력한 자료에 반응하는 인간로봇이 될 수도 있고, 우리 가슴과 마음을 열어서 다른 이들이 볼 수 있는 것 너머를 볼 수도 있다. 비밀결사의 의식들은 그 입회자들을 매트릭스 방송에 훨씬 더 강력하게 묶어두도록 고안되었다. 이들이 주로 시스템을 돌리고 은행과 기업들과 그리고 결국 정치

권력까지 굴리는 사람들이다. 만일 페이비언협회 같은 굵직한 비밀결사들 가운데 하나를 거쳐 이 프로그램에 발을 들여놓으면, 당신은 조지 오웰과 올 더스 헉슬리가 했듯이 믿기 어려울 만큼 예언적인 책들을 쓸 수 있다. 그 계획이 토성-달 매트릭스와 인간의 DNA에 수천 년 동안 부호화되어있었기 때문이다. 인류가 여기서 빠져나올 유일한 길은 그 해킹현실을 깨부수고 시스템이 필요로 하는 낮은 진동의 에너지를 거부하는 것뿐이다. 현실의 다중적인 수준들이 이 목적을 위해 일하고 있다. 우리는 해킹현실 안에서 우리 몫을 해야 하고 이것은 우리 가슴과 마음을 진실진동에 열어서 우리가 안다고 생각하는 것들에 대해서라면 빈 종이를 가지고 다시 시작한다는 뜻이다. 사람들이 '아는' 것은 매트릭스가 그들에게 프로그램한 것이다. 그것을 얼마나 오래 믿었는지에 상관 말고 모든 것에 의문을 던져보라. 조사를 해봐서 허점이 드러나거든 파고들어가라. 종교적 믿음, 정치적 믿음, 현실의 믿음, 이건 죄다 매트릭스의 술책이다. 우리는 다시 시작할 필요가 있는데 이번에는 진실이 가슴(직관, 앎)을 거쳐 들어오게 하고 매트릭스가 압도적으로 부여잡고 있는 머리로부터 자유로워지라. 머리가 지배하면 매트릭스고, 가슴이 지배하면 매트릭스로부터의 자유다.

첫 단계가 아무것도 믿지 말고 안다고 생각하는 모든 것에 의문을 가지는 것이다. 이 책에서 읽은 모든 것에도 의문을 가져보라. 알아야 할 것은 언제나 더 있으므로 나는 내가 쓴 것이 결정적인 사실이라고 내세우지 않는다. 모든 세부 내용들이 100퍼센트 정확하지도 않을 것이다. 우리가 날마다 경험하는 억눌리고 조작된 에너지 환경에서, 또 통제하는 자들이 그들을 폭로할 정보를 막으려고 할 수 있는 온갖 일을 하고 있는데 어찌 그럴 수 있겠는가? 하지만 그 주제들에 관해서면 나는 아주 자신이 있고 오감현실 안의 세계음모에서 일어나는 일들이라면 지금 나날이 일어나는 사건들에서 그 진실을 볼 수 있다. 얼추 20년 전에 쓴 책에서 앞으로 일어나리라고 했던 일들이 지금 일어나고 있다. 사람들은 매트릭스와 해킹현실에 대해서는 자신의 직관을 써야만 할 것이다. 세상이 이해가 가는가? 그게 옳다고 느끼는가? 행여 아니라면 내던져버려라. 우리는 믿음이 종말을 고하는 시간에 있고, 아니라면 그렇게 하는 게 낫다. 사람들은 우리가 뭔가를 믿어야 한다고 말한다. 그런데 왜 그래야 하는가? 나는 아무것도 믿지 않는다. 나에게는 어떤 시점에 무언가가 어떻다는 지각이 있기는 하지만, 그 지각이 워낙 확고해서 하나의 믿음으로 굳혀졌다는 뜻에서는 그것을 믿지 않는다. 알아야할 게 언제나, 언제나 더 있다는 것을 온전히 인식해야한다. 어느 순간에 무언가를 보는 방식만 있을 뿐이다. 내 지각은 내내 가변적이고 새로운 사건들, 경험들과 정보에 따라 늘 바뀌어간다. 이것이 내가 아무것도 믿지 않는다는 의미다. 지금 지각하는 것과 믿는 것은 같지가 않다. 지각의 가변성이란 직관적으로 우주와 춤을 추고 더 많은 자각을 구하는 일 너머에 있는 가슴이 드러나는 것이다. 도그마와도 같은 믿음은 생각이자 머리, 곧 매트릭스다. 머리는 하인으로서는 훌륭하지만, 주인이라기에는 끔찍하다. 믿음의 감옥을 깨고나오는 일이 또 다른 이유로 필수적인 것이다. 바로 우리가 매트릭스와 맺고 있는 되먹임 관계 때문이다. 매트릭스가 우리에게 믿으라고 하는 것을 믿는다면 우리는 같은 믿음을 매트릭스로 보내고 그것이 우리에게 다시 돌아올 때 그것의 영향에 힘을 보태게 된다. 되먹임 관계란 우리가 다양한 방식으로 자신을 마인드컨트롤하고 있고 또 남들에게 같은 것을 믿으라고 영향을 미치는 데 쓰일 수도 있는 믿음체계로 매트릭스에 힘을 실어준다는 뜻이다. 당신이 믿음으로부터 옮겨가서 "이건 이 순간의 내 지각이지만 이게 다라는 건 아니고, 내가 경험과 정보에 비추어 끊임없이 내 지각을 고쳐 가는 데 열려 있다는 걸 난 알아"라고 말할 때 이 사이클을 깨부순다. 종교, 정치, 과학과 지각을 통제하는 온갖 것들에서의 믿음은 사람들을 이 되먹임 고리에 단단히 붙들어놓는다. 이집트의 거리에서 '자유'를 외치던 수천 명의 시위자들은 하루에도 몇 번씩 메카, 곧 카바 큐브(토성)를 향해 단체로 무릎을 꿇었다. 자유라고?(그림 352) 그들은 워낙 혼란스러워서 자유가 무엇인지 모른다. 그리고 나는 미국에서 같은 모습을 보는데, 여기서 자유를 요구하는 많은 기독교 애국자들은 자신을 기독교인과 애국자로 동일시하면서 스스로 노예가 된다. '기독교인'과 '애국자'가 된다는 것은 경험들이지 진정한 그들('의식')이 아님을 잊은 것이다. 기독교인, 애국자와 스스로를 동일시하는 일은 제

【그림 352】 '자유'를 부르짖던 많은 이집트인들은 하루에도 몇 번씩 시위를 접고서 카바 큐브(토성)를 향해 무릎을 꿇었다. 그들은 '자유'를 원하는 걸까?

약과 몸-마음과 스스로를 동일시하는 것이다. 인간의 개념과 경험들을 바탕으로 하는 모든 자아정체성들과 모든 종교들에도 같은 것이 적용된다.

우리는 누구인가?

우리가 힘없는 '보잘것없는 나'일 뿐이라는 믿음을 심는 매트릭스 프로그램들로부터 스스로 자유로워지려면 '자아'에 대한 지각을 통째로 바꿀 필요가 있다. 매트릭스는 우리가 그저 이 몸뚱이, 이름, 직업, 인생사가 우리라거나, 또는 우리가 섬기고 비위를 맞춰야 하는 어떤 '신'이 있어야 한다고 믿기를 바란다. 우리는 매트릭스가 바라는 것을 주기를 멈추고 그것이 바라지 않는 것을 주기 시작해야 한다. 이것은 우리가 이 몸뚱이와 이름, 직업, 소득 계층 같은 매트릭스의 상징들과 동일시하기를 끝낸다는 뜻이다. 이것들은 우리가 아니다. 그저 우리가 경험하는 것들이다. 우리는 그런 경험들을 하고 있는 '무한한 의식'이자 '자각Awareness'이다. 우리의 자아정체성을 몸-마음에서 '의식'으로 바꾸면 우리 관점과 자각은 몸-마음에서 '의식'으로 옮겨간다. 그때 우리는 '육체적으로' 이 세상에 있지만, 우리가 그것을 관찰하는 자각의 견지에 있어서는 이 세상의 것이 아니다. 전에는 보이지 않던 것들이 보이기 시작한다. 인간이 자유로워지도록 어떻게 하면 가장 많은 기여를 할 수 있는지를 포함해서. '의식'은 가슴을 거쳐서 가장 강력하게 우리 직관

과 앎으로 말을 걸어오고, 마음의 감옥들과 망상들을 넘어서려한다면 이것을 길잡이로 삼아야 한다. 어떻게 생각하느냐는 문제가 아니다. 무엇을 느끼느냐가 중요하다. 무엇을 아는가가 중요해진다. 시스템은 사람들이 가슴의 자각과의 연결에 둔감해지게 했다. 렙틸리언들과 그 혼혈들은 가슴에서 영감을 얻는 인류가 지구를 철저히 통제하려는 그들의 계획에 미칠 결과들을 알기 때문이다. 그들이 집단적으로 통제할 수 있으려면 우리를 마음/머리에 얽매어있게 해야 한다. 텔레비전을 꺼서 서브리미널 프로그래밍의 근본적인 원천을 멈추게 하고, 지루하기 짝이 없는 게임쇼들, 리얼리티 쇼들과 일그러진 '뉴스'들 말고, 조용히 앉아서 당신의 진정하고 무한한 힘에 연결하는 데 시간을 쓰시라. 가슴을 거쳐 삶과 자아에 집중할수록 가슴은 더 강력해질(당신이 더 강력해질) 것이며 직관과 앎이 더 커질 것이다. 일루미나티는 내부문서들에서 그들의 계획들에 유일하게 위험한 것은 그들이 '개성파maverick'라고 부르는 사람들이라고 말하는데, 진짜 개성파들은 가슴에 집중하는 사람들이다. 그들은 예측할 수 없고 직관적이며 영감으로 충만하다. 그들은 '난 못해' 방식의 예측할 수 있는 프로그램들에 방해받지 않는 '의식'의 안내를 받는다. 인류가 가슴에 중심을 두고 가슴의 안내를 받게 되는 일은 이루 말로 할 수 없이 중요하다. 우리가 두려움, 걱정, 불안, 스트레스, 분노와 좌절을 느낄 만한 온갖 이유들이 우리에게 쏟아지고 있다. 이런 감정 상태들 모두가 가슴의 중심을 닫아버리고 심장, 뇌와 신경계의 결맞은 에너지적 연결과 정보연결을 가로막는다. 이것은 가슴의 활기찬 힘을 약하게 하고 뇌가 지각을 통제하게 한다. 우리는 매트릭스와 우리가 '인생'이라 부르는 것과의 상호작용을 바꿀 필요가 있다. 사건들과 개인경험들을 마주해서 마음이 어쩔 줄 몰라 하거나 '정신이 나가버리려고' 할 때 고요함 속에 머무를 필요가 있다. 이런 일들이 일어나면 당신은 그 경험을 하고 있는 '무한한 자각'임을 떠올리기 바란다. 이렇게 하면 당신은 그 경험 자체가 되기보다는 그 경험의 관찰자가 될 것이다. 그때 그 경험의 정서적 영향은 훨씬 충격이 줄어들 것이다. '세상을 깨우기' 집단에 참여해서 날마다 다함께 집중하기로 선택한 사람들은 거기서 떨어져 있을 힘이 커져가는 것을 알게 될 것이다. 누구라도 조용히 앉아서 주의의 대상을 가슴으로 옮길 수 있다. 당신은 그런 고요함과 직관적인 영감이 흐르는 것을 느낄 것이다. 많은 도전들과 충격들과 놀라움들이 있을 것이기에 어떤 일이 일어나는 와중에도 고요히 머물러 있어야 한다. 렙틸리언 동맹과 그 혼혈 혈통들은 한동안 그들의 통제시스템으로 밀어붙일 것이고 세상의 종말이라는 믿음체계가 실제로 일어나는 듯 보이게 하면서 사람들을 두려움과 혼란에 빠져있게 할 사건들을 꾸며낼 것이다. 하프 때문이 아니라 에너지환경 변화가 야기한 지구의결정질 핵에서의 어떤 변화로 생기는 극적인 태양활동, 지진과 화산활동들을 보게 될 것이다. 이것은 1990년에 내가 앞으로 일어나리라고 말했던 일들이다. 우리에게 던져질, 두려워해야 할 온갖 이유들에 휘말리지 않으려면 가슴에 충분히 집중할 필요가 있다. 우리가 일어나는(그리고 계획된) 일들에 분노, 원망, 증오와 두려움으로 반응한다면, 우리는 남들도 같은 식으로 느끼고 반응하게 할 그런 감정의 장들로 에너지의 '바다'를 오염시키기 위해 매트릭스가 필요로 하는 바로 그 에너지를 주게 될 것이다. 나는 안정되고 행복한 사람들이 분노와 적대감이 가득한 방(에너지장)에 들어가면 곧이어 그들도 같은 방식으로 반응하기 시작하는 모습을 보았다. 이런 일이 매 순간 인류에게 일어나고 있다. 우리는 에너지바다를 유독한 감정의 장들로 채우도록 조종 받고 그것으로 다른 사람들은 같은 에너지를 더 많이 만들어내도록 영향 받으며 이렇게 내리막길은 계속된다. 우리는 그 사이클을 끊어야 한다.

인간이여, 일어나라

그러니 이제 시위를 놓고 이야기해보자. 시위는 대중의 의사를 표현할 목적으로 있지만, 그 시위들이 바꾼 것이 얼마나 되는가? 2003년에 런던의 거리에서는 50만을 거뜬히 넘는 사람들이 임박한 이라크침공에 반대해서 시위를 벌였지만, 그래도 이라크는 침공당했다. 2011년에 같은 도시에서 범죄 수준 이상인 대학 수업료 때문에 대규모 시위들이 벌어졌지만, 그래도 수업료는 올랐다. 워싱턴 D. C.에는 얼마나 많은 '백만인 가두행진'이 있었으며, 그래서 뭐 하나라도 바뀐 것이 있는가? 2011년에는 엄청나게 많은 그리스인들이 정부가 EU와 IMF의 고집에 따라 도입한 가혹한 긴축 프로그램들에 반대하면서 거리로 나섰다. 어떤 일이 생겼는가? 그 조치들은 통과되어서 법이 되었다. 시위는 혈통들에게 겁을 주지 않는다. 그러기는커녕 그들은 북아프리카와 중동, 그리고 더 앞서서는 동유럽에서 시위들을 조작해왔다. 그들은 계산된 조작들을 숨기려고 흔히 혈통들의 하수인 선동가들을 앞세워 '대중의 힘'이라는 속임수를 내세우고, 시위가 폭력사태로 치달으면 경찰국가를 강요할 구실로 삼는다. 성난 시위자들은 무슨 일을 하는 걸까? 그들은 이미 그런 에너지로 차 넘치는 지구의 에너지바다에 그 에너지를 더 많이 보탠다. 2011년에 런던과 영국의 여러 도시들에서 보았듯이 혈통들은 사람들이 이런 식으로 시위하기를 바란다. 이 시위들은 바로 그들이 바라는 일을 해준다. 격렬하고 성난 시위가 아니라, 수천 명이 조용히 앉아 집중하면서 그들의 가슴을 함께 모아 사랑과 평화의 에너지를 내보내는, 분노와 원망보다는 수천 배나 더 강력한 행동으로 바꾸는 일의 힘을 상상해보시라. 구호를 외치거나 정부와 경찰을 매도하는 대신, 우리는 그냥 많은 수가 앉아서 조용히 가슴에 집중한다. 온 세상에서 날마다, 한 주, 두 주, 시간이 얼마나 걸리든 이렇게 하면 그 영향은 믿기 어려울 것이다. 그리고 이것이 요점이다(시간이 얼마나 걸리든). 정말로 효과적인 시위는 하루 하고 마는 게 아니라 꾸준하게 오랜 시간을 두고 하는 것뿐이다. 그러면 '일상적인 일'로서의 시위는 억압자들에게 협조하지 않는 형태가 되고 이것이 바로 우리에게 필요한 것이다. 그 시위가 진심 어린 것이고 비밀집단이 자기들의 목적을 위해 기획한 것이 아닌 한은 그렇다. '가슴을 모으기'나 '세상을 깨우기'로 하룻밤 사이에 모든 것이 바뀔 거라는 말을 하는 게 아니다. 지구의 에너지장은 아주 오염되고 병들었으며 내가 요청하는 것의 효과는 조금씩 쌓이는 것이지만,

변형은 올 것이며 우리가 날이면 날마다, 한 주, 두 주, 한 달, 두 달, 계속하고 여기 참여하는 사람들의 수가 극적으로 늘어가면 더더욱 강력하고 뚜렷하게 올 것이다. 혈통들이 두려워하는 것은 이것이지 플래카드를 흔드는 분노가 아니다. 중국 정부는 파룬궁(法輪功) 수련을 탄압하는 기괴한 활동을 벌였는데, 이것은 몸을 고요하게 하고 가슴을 여는 기공과 명상을 조합한 것이다. 파룬궁은 참됨과 동정심과 관대함을 키우기도 한다. 혈통들은 이것이 널리 퍼지면 통제시스템에 미칠 잠재적인 결과들을 알고 있고 1999년까지 7,000만 명이 하고 있던 이 수련을 금지했다. 중국공산당원들보다 많은 수였다. 한심하고 병적이며 무지한 중국 독재자들은 파룬궁을 '이단조직'으로 선포했고 수련자들을 감옥에 넣고 처참한 고문과 정신병적인 학대를 했다. 뭐가 그리도 두려운 것일까? 가슴의 에너지와 '의식'의 깨어남이다. 앞에서 말했지만 이것은 그들에게 최악의 악몽이다. 우리가 뭔가에 맞서는 시위를 멈추고 뭔가를 위한 캠페인을 시작하면 어떨까? 반전주의 대신 평화를 지지하는 것이다. 반신세계질서나 반세계화 대신 모든 사람을 위한 자유와 정의를 위해 나서보자. 고루한 소리 같겠지만 그렇지 않다. 표현과 초점의 작은 변화는 지각과 그것으로 생기는 에너지의 근본적인 변화를 뜻할 수도 있다. 이것이 '세상을 깨우기-모든 가슴이 변화를 가져온다'의 또 다른 측면이고 내가 '불복종의 춤 Non-compli-dance(불복종'을 뜻하는 'noncompliance'에 'dance'를 붙여 변형한 것)'이라 부르는 것이다. 우리가 폭동을 일으키고 분노와 원망과 적대감으로 시위를 하면, 통제시스템은 '대단히 고맙습니다'라고 말한다. 그들에게 바로 그들이 바라지 않는 것, 그들이 무서워하는 것을 주자. 인간의 집단적인 활기찬 힘을 풀어내는 것이다. 성난 시위 대신에 고요히 가슴에 집중해서 우리가 끊임없이 교류하는 에너지장에 사랑과 평화와 조화를 보내자. 그러고는 사랑과 기쁨과 웃음 속에서 다함께 '춤'을 추자. 불복종의 춤이다. 이것이 우리 자신과 세상에 미치는 에너지적 영향은 엄청나리라(그림 353). 사랑과 기쁨과 웃음으로 춤을 추고 우리의 전자기장을 빙빙 돌리고 비틀어서 전자기 에너지바다를 자극하

【그림 353】 불복종의 춤

고 그것이 사랑과 조화로 진동하는 전기력으로 춤추게 하면서, 그 사랑과 조화의 에너지에 더욱 많은 힘을 주도록 하자. '세상을 깨우기-모든 가슴이 변화를 가져온다'와 불복종의 춤이다. 사랑과 조화로 함께하면 어느 것도 우리를 막아설 수 없다. 로스차일드가는 이미 변비약 주문을 취소했다. 우리는 꾸준히 그리고 수천만 아니 온 세상의 수억 명이 함께 이렇게 할 필요가 있다.

혈통들과 그들의 주인들이 무서워하는 또 하나가 있다. 바로 비협조다. 나는 무언가에 맞서서 시위하면서 행진하고 난 후, 집에 가서는 그들의 집단적인 감옥을 짓는 일에 계속 협조하는 사람들을 본다. 그게 무슨 소용이 있는가? 표적이 되는 70억 인구에 비하면 자기들이 하는 일을 오롯이 알고 있는 통제자들은 극소수일 뿐이다. 그들은 어젠다를 강요할 법을 집행하고 행정을 맡을 사람들을 그 인구에서 뽑아야 한다. 그 일을 혼자서 하기에는 일손이 턱없이 부족하다. 우리가 우리 자신을 노예로 만드는 일에 협조하기를 멈추고, 검은 권력자들과 제복을 입은 사람들이 그들 자신과 그들의 아이들과 손자들을 가둘 감옥을 짓는 일을 멈추면, 카드로 만든 집은 무너질 것이다. 우리는 대대적인 인간의 통제를 위한 어젠다를 진척시키는 그 어떤 것도 '따르지' 않을 아주 많은 사람들을 한데 모아야 한다. 아주 많은 사람들이 이렇게 해야 하지, 몇 안 되는 사람들이 하면 그들은 제거될 것이다. 규모가 우리에게 필요한 것이다. 이 일을 직접 거들지 않는 사람들은 그들을 지원해야 한다. 여기 몇 가지 예가 있지만 다른 것들도 셀 수 없이 많다. 경제를 무너뜨리는 데 은행들이 한 짓들 때문에 그들에게 집의 소유권을 뺏길 때, 사람들은 집을 비우기를 거부하고 그렇지 않은 사람들은 그들을 돕는다. 만일 수백, 수천, 수백만 명이 이렇게 하면 시스템은 무너질 것이다. 대응할 방법이 없다. 우리를 영구적으로 전자기 방사에 푹 담구고 마음을 조종할 스마트그리드를 우리 가정에 설치하기를 거부한다. 스마트그리드 회사에서 나온 사람을 아무도 집에 들이지 말고 바깥에서 뭔가를 설치하는 사람을 여럿이 모여서 평화적으로 막아선다. 스마트그리드 회사들이 수백만의 가정에서 이런 일에 부딪치면 어떻게 감당할까? 그들은 하지 못한다. 이 책에서 읽은 내용을 토대로 이 혈통의 하수인들과 심부름꾼들에게는 논쟁과 대화가 부질없는 짓임을 분명히 해야 한다. 그들에게는 어젠다가 있고 우리가 하지 않으면 그 무엇도 그것을 막지 못할 것이다. 만일 당신이 이 혈통들과 힘을 가진 그들의 하수인들과 이어진 어떤 것에 손을 대고 있거든, 협조를 거부하라. 그들이 끼어 있는 것이라면 무엇이든 거부하시라. 무엇을 하고 또 하지 않을지를 선택할 권리는 당신의 것이다. 수업료를 크게 줄이거나 몽땅 없앨 때까지는 대학이나 대학교에 가지 말라. 이렇게 해야 시스템에 영향을 줄 것이다. 어느 하루 길거리에 나서서 그들이 원하는 에너지를 그들에게 주는 것이 아니다. 시험에 낙제할지도 모른다고? 뭐, 평생 빚을 갚기보다는 낫지 않은가? 인생은 당신을 프로그래밍했다는, 학위를 인정하는 종잇장 한 장으로 시작하고 끝나지 않는다. 정치선거에 투표를 거부하라. 그러다 '다른 편'이 당선되면 어떻게 하느냐고? 상관없다. 다른 이름들을 가진 한 편뿐이니까. 숨은 손이 언제나 뽑히므로 누구를 찍느냐가 문제가 아니다. 주위를 돌아보고 우리가 협조를 거부하고, 따르기를 거부하며, 또 우리의 복종에 목매고 있는 시스템에 충격파를 던질 온갖 다른 방법들을 찾아내기만 하면 된다. 우리는 불복종의 춤을 추면서 새로운 진동 리듬으로 춤출 필요가 있는데, 이것은 춤을 말하는 것만이 아니라 불복종을 말하는 것이기도 하다. 어서들 오시라, 우리는 이것을 조직해야 한다. 그것도 내일이 아닌 바로 지금이다. 시스템의 기름걸레들이 되어 일하는 정부 건물 밖에서 시위하지 말고, 음모의 기획자들, 로스차일드가, 록펠러가, 소로스, 브레진스키 등등에게 곧장 가라. 그들이 어디서 공개적으로 얼굴을 내미는지 알아내서 평화적으로 그들을 드러내고 그들의 사랑 없는 현존을 균형 잡을 사랑을 보내주시라. 이 사람들은 당신과 당신 아이들을 죽이고 오웰조차도 말을 아꼈던 방식으로 노예로 만들려고 하고 있다. 왜 우린 그들이 그렇게 해나가도록 놔두고만 있는가?

날마다 우리는 양치기(실력자) 하나와 양치기개(두려움) 한 마리가 수백 마리의 양들을 통제하는 모습을 볼 수 있다. 양들이 음매, 음매, 음매 하며 명령에 따르고, 두려워하면서 대부분 맨 앞의 한 마리를 종종거리며 따라다니기만 하는 것은 그렇게 하도록 프로그램되었기 때문이다. 물론, 방금 나는 인류가 통제받는 방식을 말한 것이다. 우리는 아무 생각 없이, 또는 그렇게 하지 않으면 따라올 결과들을 두려워해서 권력에 복종한다. 그만 됐다! 양치기와 개에게는 양들이 그들에게 내준 힘을 빼면 아무런 힘이 없다. 양들이 가고 싶은 대로 사방팔방 흩어지고 양치기와 개를 따르지 않는다면 어떤 일이 생길까? 양치기와 개의 것이라고 느꼈던 힘의 실체가 드러나기 전에는 아주 적은 수가 이렇게 해야 할 것이다. 애당초 없던 힘이었다. 양떼를 이리저리 몰던 그들의 힘은 그들에게서 나오는 것이 아니라, 힘과 독특함을 그들에게 내어준 양들에게서 나오는 것이다. 인간이라는 양떼가 이렇게 하기를 멈추면 모든 게 바뀔 테지만, 그것을 영원히 생각만 하고 있어서는 안 된다. 행동하라. 우리는 여기서 옮겨가야 한다. 우리를 덮치려고 하는 통제의 해일이 있으므로(이미 일어나고 있다) 우리는 폭로와 불복종과 비협조로 그들에게 되받아쳐야 한다. 인간이여, 일어나라!(그림 354)

제복 입은 이들에게

위에 이야기한 것들은 자신이 무엇을 하는지도 모르면서 대대적인 인간의 노예화를 강요할 길을 찾는 제복 입은 사람들과 시스템운영자들에게 더더욱 깊이 적용된다. 명령과 매트릭스 DNA의 충동을 따르면서 그들이 이해 못하는 게임판에서 졸 역할을 할 뿐인 대다수의 사람들을 말한다. 세상의 모든 군인들에게 하고픈 말이 있다. 여러분은 여러분의 국가를 섬기고 있지 않다. 여러분은 여러분의 국가를 무너뜨리고 여러분과 여러분 아이들과 손자들을 기다리는 영구적인 감옥국가를 세우는 일을 하고 있는 세력들을 섬기고 있다. 여러분이 총을 쏘거나 시스템을 대신해 자유를 뭉개는 법을 강요할 때마다, 여러분은 여러분 아이들과 손자

【그림 354】거기서 뭘 하고 있는가? 인간이여, 일어나라.

들을 악몽에 더 밀어 넣고 있는 것이다. 어떤 느낌이 드는가? 친구들이여, 이것을 직시하지 않으면 여러분은 그 일을 끝마칠 것이다. 손을 털고서 다른 길을 가거나 아니면 혈통의 행동대원이 아닌 공복으로서 맡은 일을 다른 방식으로 할 시간이다. 여러분이 나머지 우리에게 그러는 것처럼 여러분에게 조금도 신경 쓰지 않는 시스템을 섬기고 있다. "군대를 지원하자" 따위의 온갖 말들은 여러분과 대중을 조종해서 정복과 학살의 전쟁들에서 싸우고 그것을 지지하게 하려는 것들일 뿐이다. 마음과 몸에 입은 외상 때문에 더는 쓸모가 없어지면 그들은 여러분을 헌신짝 버리듯 한다. 미국정부는 2001년부터 전투에서 부상당한 26,000명의 미국 군인들을 '인격 장애'란 사유로 제대하는 데 서명하도록 압력을 넣고 조종했다. 이런 놀라운 허위술책과 냉혹함으로 미국 정부는 장애수당과 의료비용에 들어갈 142억 달러를 아꼈다. 그들이 여러분을 생각하는 실상이 이렇다, 병사여. 군대를 지원하자고? 척 루터 상사는 2010년 미국 하원 참전용사문제위원회에서 박격포에 중상을 입고 시력장애가 생기고 나서 정부와 군의 처우가 어땠는지를 말했다. 루터 상사는 '수십 년을' 복무하면서 22개의 서훈을 받았지만, 폭압의 연출자들을 위해 싸우는 데 더 이상 적합하지 않자 죄다 헛일이었다. 의사들은 그의 시력장애가 이미 있던 상태 때문에 생겼다고 쓰인 문서에 서명하도록 몰아세웠다. 인격 장애라는 것이었다. 이 양식에 한 번 서명하고 나면 여러분은 장애수당이나 장기의료 혜택을 받지 못할 것이다. 루터는 잘 거부했고 그러자 그가 문서에 서명할 때까지 그들은 한 달이 넘

도록 벽장에 가두고서 잠을 못 자게 했다. 부상당하고 시력을 잃어 활동을 하지 못하는 사람이다. 그가 위원회에서 한 말이다.

  그들은 저를 폭행하고 제압했고 바지를 벗겨서 왼쪽 허벅지에 잠들게 하는 뭔가를 주사했습니다. 깨어나 보니 들것에 묶여 있었고 눈은 멍이 든 듯했고 집타이zip tie로 묶은 손목에는 상처가 났어요. 언제나 감시가 붙었죠.

  저를 허접쓰레기, 협잡꾼에다가 다른 경멸적인 말들로 불렀습니다. 밤새도록 불을 켜놓고 랩에서부터 헤비메탈까지 온갖 음악을 귀가 아프도록 틀어놓았어요. 이런 것들은 우리가 잡은 반란군에게 정보를 얻고 자백하게 만들 때 썼던 방법들입니다.
  이런 일을 4주 동안 겪었고 …… 지휘관은 제대동의서에 서명하라고 하면서 듣지 않으면 여섯 달을 더 있게 한 다음에 포트후드로 돌아갈 때 쫓아내겠다고 했습니다. 저는 인격 장애가 없다고 말했고 그는 제가 서명하면 집에 가서 도움도 받고 온갖 수당들을 받게 될 거라고 했어요. 잠을 안 재우고 괴롭히고 학대하는 끝도 없는 밤들이 지나고 나서 결국 거기서 나가려고 서명했어요. 저는 빈털터리가 됐습니다.

  진짜 저널리스트인 조슈아 코스Joshua Kors는 척 루터의 이야기를 〈네이션 The Nation〉 잡지의 '일회용 병사들'이라는 기사에서 특종으로 다뤘다. 그는 위원회에서 그런 다른 사례들을 이야기했다. 로켓포에 부상당해서 퍼플하트 Purple Heart 훈장을 받은 한 병사는 로켓공격 전에는 없던 귀먹음이 '인격 장애'로 생겼다는 말을 들었다. 다리와 팔에 수류탄으로 관통상을 입은 어느 하사관은 그 부상이 '인격 장애'로 생겼다고 들었다. 사실 인격 장애는 그런 말을 하고 있던 사람에게나 있었는데도 말이다. 어느 여군병사는 돈만 주면 살 수 있는 이 의사들로부터 질의 다량출혈이 인격 장애 때문에 생겼다고 들었다. 민간인 의사들이 그녀의 자궁과 맹장을 들어냈지만, 그래도 군은 모든 것이 '인격 장애'로 생겼다고 고집했다. 이 때문에 그녀는 모든 수당들을 거부당했고 결국 딸과 함께 노숙자가 되었다. 그녀는 딸이 노숙자쉼터에서 성폭행 당할까봐 두려워서 조슈아 코스에게 전화를 했다. 위원회가 개최한 청문회는 육군의 평판이 훼손되자 화를 내며 나가버린 공화당 스티브 바이어 Steve Buyer의 그야말로 비열한 행동으로 엉망이 되었다. 자, 여기 진짜 인격장애가 있다. 바이어의 말이다.

나는 소위원회나 본위원회의 위원장이었을 때도 기자를 패널에 세워 진술하게 한 적이 단한 번도 없습니다. 앞으로도 절대 하지 않을 겁니다. 당신이 여기까지 와서 다른 사람의 의학적 상태를 두고 증언했다는 것이 아주 충격적인 일이라고 생각합니다. 당신은 의사가 아니에요. 당신이 의사라면 진짜 의사들이 당신 머리를 쳐박아버릴 겁니다. 나는 그러지 않겠습니다. 아니 할 수가 없습니다. 신사로서 내 품위가 그렇게 하게 놔두지 않을 테니까요. …… 이위원회에 있지 않겠습니다. 그렇게 하지 않겠습니다. 잘못된 일입니다.

하지만 육군이 척 루터와 26,000명의 다른 군인들에게 한 짓은 잘못된 일이 아니던가? 바이어를 나가버리게 한 것은 그의 '품위'가 아니었음이 확실한데, 그렇다면 무엇이 그렇게 할 수 있었을까? 역겹다. 그러나 그들이 전신 스캐너의 치명적 방사선에 노출되고 있는 TSA 직원들을 비롯해서 여러분 제복 입은 사람들을 생각하는 방식이 이것이다. 영국 군대는 지금 여러 '전장'에서 죽이고 또 죽고, 민간인들을 폭격하고 가짜 '적들'과 싸우고 있지만, 정작 집에 와보면 가족들은 군사기지의 형편없는 숙소에서 살기 일쑤다. 헨리 키신저는 군인들이 대외정책의 졸들로 써먹는 '덜 떨어지고 멍청한 동물들'이라고 했는데, 혈통들이 '군대'를 정말로 어떻게 생각하는지를 압축해보인 것이다. 데이비드 캐머런 영국 총리도 그의 정책을 묻는 군인들에게 이렇게 대답하면서 진실을 누설해버렸다. "여러분이 싸우면 말할게요." 그들은 '군대'를 이런 식으로 본다. 당신이 누구를 죽일지는 우리가 결정하니까 당신은 잔말 말고 그일만 하면 돼. 여러분은 얼마나 더 그것을 받아들일 셈인가? 그들이 정복전쟁을 확대하려고 강제 징집제를 들여오려고 할 때 대대적인 거부가 있어야 한다. 캐머런은 살상을 목적으로 발사되는 총알 한 방 본 적도 없는 전형적인 특권층 자기도취자다. 총알이 날아오면 아마도 울며불며 엄마한테 달려갈 것이다. 세상의 군인과 경찰들이여, 그들은 여러분에게 관심도 없다. 여러분은 그들의 행동대원들일 뿐이며, 그들을 위해 시스템을 돌리는 검은 권력자들도 마찬가지다. 여러분이 여러분 가족을 표적으로 삼는 시스템을 계속 섬긴다면 여러분과 여러분 가족은 결국 다른 모든 사람들과 똑같이 노예상태가 될 것이다. 여러분은 이미 노예가 되었지만, 너무도 노예가 된 나머지 그것을 보지 못한다.

바로 지금이다

우리가 마주한 상황은 이미 끔찍하지만 절망과는 한참 멀다. 농담하냐고? '게임'은 우리가 마침내 그 '게임'을 이해하면서 막 시작됐을 뿐이다. 삶은 선택과 결과에 관한 것이다. 이것은 우리에게 환영을 꿰뚫어 볼 기회를 주는 필수적인 경험이다. 우리가 다른 선택을 하면 다른 결과를 얻는다. 우리가 다른 집단적인 선택을 하면 다른 집단적인 결과를 얻는다. 모든 것에 당신이(우리가) 열쇠다. 우리가 '세상'이고 '세상'이 우리다. 세상은 우리의 집단적 홀로그램의 반영이고, 따라서 우리가 원하는 어느 때라도 그것을 바꿀 수 있다. 우리는 무엇을 기다리는 걸까? 어젠다는 지금보다도 훨씬 더 진척되었어야 했지만, 새 천년으로 들어설 무렵에 보이지 않는 영역들에서 뭔가 크게 잘못되었다. 그 시기에 인간의 정신을 더욱 난폭하게 노예로 만들려는 의식들이 온 세상에서 일제히 벌어지고 있었지만, 계획대로 잘 되지 않았다. 이 현실과 다른 모든 현실들에서 인간이 아닌 다른 집단들의 렙틸리언 동맹에 대한 도전이 많이 진척되었기도 하다. 그러므로 다 잃어버린 게 아니라 오히려 반대이다. 이제 더 이상의 발뺌은 선택사항이 아니다. 우리는 함께 모여서, 우리 안의 사자를 풀어놓고서, "더는 안 돼!"라고 말하고 그렇게 나아가야 한다(그림 355). 우리의 삶과 우리가 도와서 만들어낸 세상에 책임을 져야 한다.

사람들은 책임을 좋아하지 않는다. 자신이 처한 곤경을 다른 누군가의 탓으로 돌리는 편이 훨씬 더 좋을 것이다. 하지만 우리가 온갖 곳에 손가락질하며 비난을 쏟아낼 때 우리가 무엇을 하고 있는지를 보라. 우리 삶을 쥐고 있는 것은 우리

【그림 355】 이제는 일어나서 억압자들의 눈을 똑바로 쳐다볼 때다. 그만 됐다!

가 아니라 우리가 손가락질하는 사람들이라고 말하고 있는 것이다. 당신의 힘을 무책임하게 내어주는 일이다. 우리가 책임을 받아들인다는 것은 이렇게 말하는 것이고, 그럴 때 우리는 힘을 되돌려 받는다. "내 인생은 내가 쥐고 있어. 내가 싫어하는 걸 내가 만들어 냈으니까 뭔가 다른 걸 만들어낼 수 있어." 이렇게 해서 우리는 지금 집단적으로 세상을 바꾸고 통제시스템을 무너뜨릴 수 있다. 렙틸리언들과 그들의 혼혈 혈통들은 전능하지가 않다. 그들은 '마음'이라는 지각의 조그마한 상자에 갇혀있다. 그들의 존재상태(불안, 두려움, 통제욕구, 군림하고 싶은 욕구) 때문에 그들은 언제까지나 더 높은 자각수준으로 올라가지 못할 것이다. 마음과 지성을 더 높은 수준으로 끌어올려야 했지만, 그들은 기술적 수단들과 마음의 통제에 아주 많이 의존해서 통제를 강요한다. 그레이들도 마찬가지다. 마음과 가슴을 '의식'에 열면 인간들은 통제시스템의 잠재력 너머로 나아가서 지각할 수 있다. 렙틸리언들은 자신들이 들어가 있는 상자보다도 더 작은 상자에 인류를 구겨 넣었지만, 우리가 가졌던 믿음이나 선입견 없이 빈 종이로 돌아가서 진실진동이 우리 가슴과 마음을 채우게 하면 우리에게는 이 억압에서 벗어날 잠재력이 있다. 변형의 에너지와 정보에 연결하려는 의지가 자동적으로 당신을 이어준다. 그러면 당신은 그 직관적인 충동과 앎을 따를 것인지를 결정해야 한다(그림 356). 이것은 어렵거나 복잡한 과정이 아니다. 사람들에게 '깨달으려면' 이렇게 저렇게 하라고 말하는 온갖 구루들의 길고도 긴 설명들을 듣노라면 나는 눈만 껌벅거린다. 우리는 깨달았다. 우리 본연의 상태가 이것이다. 우리

를 '마음'에 붙들어두고 '의식'에 다가가지 못하게 하는 믿음과 프로그래밍의 장애물들을 없애기만 하면 된다. 믿음과 프로그램된 지각들로부터 스스로 자유로워지고, 빈 종이가 되어서 진실진동과 당신의 더 높은 수준의 자각에 연결하겠다는 의지를 밝히라. 그러고서 가슴에서 느끼는 직관의 앎을 따르면 다른 모든 것들은 동시적으로 일어나면서 저절로 되어갈 것이다. 마음에서 중요하지 않은 온갖 잡동사니들을 치워놓으라. 살 시간이 10분밖에 남지 않았고 인생을 되돌아본다고 상상해보라. 뭐가 정말로 문제였는가? 뭐가 그리도 중요했는가? 신호등에서 당신 앞에 불쑥 끼어들어서 예정보다 1분 늦게 집에 들어가게 한 그 친구가 중요했는가? 아니다. 몇 년 전이나 지난 주에라도 누군가가 당신에게 한 말이 중요했는가? 아니다. 당신이 응원하는 축구팀이 큰 게임에서 지거나 이긴 일이 중요했는가? 아니다. 그 상황에서 중요한 것은 당신이 얼마만큼 사랑했는지 그리고 사랑받았는지, 기쁨과 행복을 당신이 남들에게 그리고 남들이 당신에게 얼마만큼 주었는가 하는 것이다. 물론, 당신이 살 시간이 10분만 남은 것은 아니지만, 이제부터 임종 자리를 생각한다면 당신은 삶을 더욱 많은 기쁨, 만족, 사랑과 행복으로 채울 것이다. 우리는 중요하지도 않은 것들에 사로잡혀 스스로를 낮은 진동의 정서 상태들에 줄곧 한눈팔게 한다. 침소봉대한다는 말이 있다. 모두 딴 데 한눈팔게 하는 것들이자 프로그램된 반응들의 결과이며 에너지의 '바다'에서 일어나는 낮은 진동의 생각과 감정의 해일인 것이다. 놀랄 것도 없이, 파충류 뇌는 토성-달 매트릭스의 중요한 접속점이고 우리가 고요하게 머물며, 반응하기를 멈춘다면 그 영향을 크게 줄일 수 있다. 도마뱀 뇌는 생각하지 않고 반응하며, 이성적인 생각이 만들어질 새도 없이 반응을 일으킨다. 숫자를 10이나 20까지 세거나, 파충류 뇌의 반응이 지나갈 때

【그림 356】 가슴을 열면 매트릭스를 넘어간다.

까지 몇이 되었든 수를 세면 이 패턴을 끊을 수 있다. 사고과정이 끼어들 때까지는 보통 몇 초 이상 걸리지 않는다. 가슴의 결맞음 전기장보다도 도마뱀 뇌를 더 잘 제지하는 것은 없다. 모든 것은 마음에서 '심장의 의식'으로 옮아가는 데서 나온다. 문제를 만들어낸 것과 같은 '의식'의 수준으로는 그것들을 풀 수 없듯이, 세상을 바꾸려면 이 우주적인 정신병원을 만들어낸 마음을 초월해야 한다. 우리가 세상이고 세상이 우리다. 우리가 바뀌면 세상은 바뀌어야 하고, 또 가슴에 열쇠가 있다. 이 점도 강조해야겠다. 그들이 우리 음식에 무슨 짓을 하든, 또는 하프, 방사능과 나머지 온갖 것들과 관련해서 우리에게 무엇을 던져주든, '의식'은 그 모두를 넘어설 수 있다. 왜냐하면, 결국 그것들은 다 환영이고 '의식'은 환영을 제어할 수 있으니까. 꾸준히 명상하고, 요가수행을 하고, 태극권을 하고, '호흡을 고르고', 단식을 하는 것들이 '마음'을 '의식'에 여는 데 필요조건이 아니라는 점도 일러두려 한다. 그냥 그렇게 하면 된다. 나는 이런 것들을 해본 적도 없거니와 명상 비슷한 것이라고는 조용히 앉아서 '골똘히 생각하는' 것뿐이다. 그 추종자들, 지도자들과 구루들은 "아니, '연결'하려면 이런저런 것들을 해야 해"라고 말하리라는 것을 안다. 그것은 그들의 권리다. 그것들이 좋은 느낌을 주는데도 하지 말라는 이야기가 아니다. 필요하지 않다는 이야기다. 아주 많은 사람들이 우리의 진정한 자아를 일깨우는 아주 복잡하게 들리는 과정을 만든다. 그건 그렇지가 않다. '의식'에 깨어나겠다는 결정을 내리고서 직관의 앎(심장)에 귀 기울이면 그것이 당신을 집으로 데려가는 경험들(다 '멋진' 것만은 아니다)을 통해 당신을 이끌 것이다. 수정이나 아로마는 없어도 무방하다. 가지고 있으면 즐겁기는 하겠지만, 없어도 된다. 이 과정은 그토록 많은 사람들이 이해하는 것보다 훨씬 더 단순하다.

【그림 357】 새로운 현실과 완전히 새로운 삶의 방식이 우리를 기다린다. 우리는 그것을 손에 쥐기만 하면 된다.

【그림 358】통제시스템이여. 이젠 가야 할 시간이다.

【그림 359】인류가 깨어나고 통제시스템은 더는 없다.

그 목표를 이루어가고 있는 렙틸리언 통제시스템에 우리가 집중하지 않는 것이 아주 중요하다. 그렇게 하면 우리는 되먹임고리를 거쳐 거기에 더 많은 힘을 줄 것이다. 우리가 예언들을 믿으면 그런 일들이 일어날 가능성이 더 커진다. 우리 마음에서 렙틸리언들이 성공하리라는 생각을 지워내고, 또 마야의 예언, 호피족의 예언, 노스트라다무스의 예언, 계시록의 예언, 이것들도 모두 지워낼 필요가 있다. 대신 우리가 세상을 지금의 감옥으로부터 '한때 그랬고 다시 그렇게 될 천국'으로 바꾸고 있음을 알면서 가슴과 마음에 집중해야 한다. 나는 파장이나 좀 일으켜놓고서 떠나려고 여기 오지 않았다. 나는 통제시스템을 무너뜨리고 자유와 무한한 가능성이 다스리게 하려고 다중현실들에 있는 다른 이들과 함께 여기 왔다. 지난 몇 십 년 동안 수백만의 아이들이 깨어난 의식을 가지고 이곳에 왔다. 그 아이들을 흔히 '인디고 아이들'이라 부르는데, 이들은 진동의 분리벽을 지나면서 그들의 앎을 그대로 지니고 왔다. 만일 그들을 기다리고 있는 것이 지구적인 포로수용소가 전부라고 한다면 과연 그들이 그렇게 했을까? 그들은 오랜 세월의 인간 노예화가 더는 없는 새로운 세상을 세우려고 여기 있다(그림 357). 통제시스템은 무너지고 있다. 아직은 그렇게 보이지 않겠지만, 그것이 끝날 시간이 오고 있다. 그것을 아시라. 그렇게 있으시라. 통제시스템이 바탕을 두고 있는 에너지적인 분열 또는 왜곡을 진실진동이 치유하고 있으며, 따라서 바로 그 바탕 밑의 진동하는 모래들이 옮겨가고 있다(그림 358). 렙틸리언들과 그 혼혈들은 그들의 계획을 붙잡고 성공하기 위해 할 수 있는 모든 걸 하겠지만, 우리는 그 가능성이 우리의 현실에서 모습을 드러내게 해서는 안 된다. 오로지 인간의 노예화를 끝내고 인류가 자신의 진정하고 장엄한 자아에 깨어나게 해야 한다(그림 359). 영화 '매트릭스'에서는 니오가 오라클에게 선택에 대해 묻는 장면이 나온다. 그녀는 이렇게 대답했다.

당신은 이미 선택했어요. 지금 그걸 이해해야 해요. 당신은 선택하려고 여기 온 게 아니에요. 이미 그걸 선택했어요. 당신은 왜 그 선택을 했는지를 이해하려고 여기 온 거죠.

우리 모두는 지금 여기에 있기로 선택했다. 왜일까? 감옥이 없어지는 모습을 그리며 지상에 천국이 드러나게 할 평화롭고 사랑 가득한 지구적 '의식' 혁명을 함께하기 위해서다. 그렇게 하려면 우리가 어떻게 해야 되는가? 기억해내고, 기억해내고, 기억해내는 것이다.

당신이 누군지 기억하라.
당신이 어디에 있는지, 어디서 왔는지 기억하라.
당신이 왜 여기 있는지 기억하라.
기억하라, 기억하라, 기억하라.
기억하라.

2011년 빌더버그 그룹 참석자들

모든 사람의 명단은 아니다. 일부 사람들은 공식적인 서류에 나오기를 좋아하지 않는다.

▨ 국제기구
- 네일리 크루스Neelie Kroes – EU 집행위원회 부의장, 디지털어젠다(Digital Agenda) 위원
- 로버트 졸릭Robert B. Zoellick – 세계은행 총재
- 장클로드 트리셰Jean-Claude Trichet – 유럽중앙은행 총재
- 조셋 시런Josette Sheeran – UN 세계식량계획 사무총장
- 조아퀸 알무니아Joaquin Almunia – EU 집행위원회 부의장
- 파스칼 라미Pascal Lamy – WTO 사무총장
- 프란스 판 댈리Frans van Daele – EU 정상회의 의장 수석보좌관
- 하비에르 솔라나 마다리아가Javier Solana Madariaga – 세계경제지정학 ESADEgeo 센터 (ESADEgeo Center for Global Economy and Geopolitics) 소장
- 헤르만 판 롬파위Herman Van Rompuy – EU 정상회의 의장

▨ 그리스
- 게오르게 파파콘스탄티누George Papaconstantinou – 재무부장관
- 루카스 소칼리스Loukas Tsoukalis – 엘리아멥 그리슨스(ELIAMEP Grisons) 사장
- 조지 데이비드George A. David – 코카콜라 H.B.C.S.A. 회장
- 지카스 하두벨리Gikas Hardouvelis – 유로뱅크(Eurobank EFG) 수석경제학자 겸 연구부장

▨ 네덜란드
- 네덜란드 여왕
- 마크 볼란드Marc J. Bolland – 마크 앤 스펜서그룹(Marks and Spencer Group plc) CEO
- 마크 샤방스Marc E. Chavannes – 〈NRC 한델스발트NRC Handelsbald〉지 정치컬럼니스트, 저널리즘 교수
- 빅토르 할베르스타트Victor Halberstadt – 라이덴대학교 경제학 교수, 전직 빌더버그회의 명예 사무총장
- 얍 윈테르Jaap Winter – De Brauw Blackstone Westbroek 동업자
- 유리 로젠탈Uri Rosenthal – 외무부장관

▨ 노르웨이
- 에길 미클버스트Egil Myklebust – SAS, 노르스크 하이드로(Norsk Hydro ASA) 이사회 전직 의장
- 에르나 솔베르그Erna Solberg – 보수당 당수
- 페터 올 오터슨Petter Ole Ottersen – 오슬로대학교 총장
- 하쿤Haakon 왕세자

▨ 덴마크
- 앤더스 엘드럽Anders Eldrup – DONG 에너지 CEO
- 울릭 페데르스필Ulrik Federspiel – 국제문제(Global Affairs) 부사장
- 피터 슈쯔Peter Schütze – 노데아은행(Nordea Bank AB) 임원
- 할도 톱소Haldor Topsøe – A/S사

▨ 독일
- 마티아 나스Matthias Nass – 〈디 자이트Die Zeit〉지 국제통신부장
- 요제프 아커만Josef Ackermann – 도이체방크(Deutsche Bank) CEO
- 토마스 엔더스Thomas Enders – 에어버스(Airbus SAS) CEO
- 페어 슈타인브뤼크Peer Steinbrück – 하원 의원, 전직 재정부장관
- 피터 로쉐Peter Löscher – 지멘스(Siemens AG) 사장/CEO

▨ 미국
- 데이비드 록펠러David Rockefeller – 전직 체이스맨해튼은행 회장
- 라이드 호프만Reid Hoffman – 링크드인(LinkedIn) 공동설립자 겸 회장
- 로버트 루빈Robert E. Rubin – 외교관계협의회(Council on Foreign Relations) 공동의장
- 로저 알트먼Roger C. Altman – 에버코어 파트너스(Evercore Partners Inc.) 회장
- 리처드 펄Richard Perle – 미국기업연구소(American Enterprise Institute for Public Policy Research) 연구원
- 마리에 호세 크레비스Marie–Josée Kravis – 허드슨 연구소(Hudson Institute Inc.) 선임연구원
- 마틴 펠드스타인Martin S. Feldstein – 하버드대학교 경제학 교수
- 버넌 조던Vernon E. Jordan, Jr. – 라자드 프레레스(Lazard Fréres & Co. LLC) 상임이사
- 에릭 슈미트Eric Schmidt – 구글 회장
- 제임스 바우펠James Vaupel – 막스프랑크인구학연구소(Max Planck Institute for Demographic Research) 설립이사
- 제임스 스타인버그James Steinberg – 국무부 차관
- 제임스 울펀슨James D. Wolfensohn – 울펀슨 앤 컴퍼니(Wolfensohn & Company, LLC) 회장
- 제임스 존슨James A. Johnson – 페르세우스(Perseus, LLC) 부회장

- 제프 베조스Jeff Bezos − 아마존닷컴 설립자 겸 CEO
- 존 킨John M. Keane − SCP 파트너스(SCP Partners) 동업자, 전직 미 육군 장군
- 찰리 로즈Charlie Rose − 찰리 로즈 쇼 진행자 겸 편집장
- 쳉리Cheng Li − 존손튼차이나센터(John L. Thornton China Center), 브루킹스 연구소 (Brookings Institute) 선임연구원 겸 연구부장
- 케네스 제이콥스Kenneth M. Jacobs − 라자드(Lazard) 회장 겸 CEO
- 케빈 와쉬Kevin Warsh − 전직 연방준비제도이사회 운영이사
- 크레이그 먼디Craig J. Mundie − 마이크로소프트 연구책임자 겸 전략책임자
- 크리스 휴스Chris Hughes − 페이스북 공동설립자
- 크리스틴 바니Christine A. Varney − 반독점법무차관
- 클라우스 클라인펠트Klaus Kleinfeld − 알코아(Alcoa) 회장 겸 CEO
- 키스 알렉산더Keith Alexander − 사이버사령부(USCYBERCOM) 사령관, NSA 국장
- 티모시 콜린스Timothy C. Collins − 리플우드 홀딩스(Ripplewood Holdings, LLC) CEO
- 피터 오재그Peter R. Orszag − 시티그룹 글로벌마켓(Citigroup Global Markets, Inc.) 부회장
- 피터 티엘Peter Thiel − 클라리움 캐피탈 매니지먼트(Clarium Capital Management, LLC) 사장
- 헨리 크레비스Henry Kravis − 콜버그 크레비스 로버츠(Kohlberg Kravis, Roberts & Co.) 공동 회장 겸 공동CEO
- 헨리 키신저Henry A. Kissinger − 키신저 어소시에이츠(Kissinger Associates, Inc.) 회장

▨ 벨기에
- 룩 코엔Luc Coene − 벨기에중앙은행 총재
- 에티엔 다비뇽Etienne Davignon − 국무성장관
- 토머스 라이젠Thomas Leysen − 유미코어(Umicore) 회장

▨ 스위스
- 대니얼 바셀라Daniel L. Vasella − 노바르티스(Novartis AG) 회장
- 도리스 루타르트Doris Leuthard − 연방의회각료
- 롤프 소이론Rolf Soiron − 홀심(Holcim Ltd.) 및 론자(Lonza Ltd.) 이사회 의장
- 롤프 슈바이저Rolf Schweiger − 전체 주(州)회의 의원
- 마틴 슈미트Martin Schmid − 그라우뷘덴(Canton Grisons) 주정부 대통령
- 바버라 야놈 슈타이너Barbara Janom Steiner − 주(州) 사법안보보건부장관
- 앙드레 쿠델스키André Kudelski − 쿠델스키그룹(Kudelski Group SA) 회장 겸 CEO
- 쥐르크 비트머Jürg Witmer − 기바우단(Givaudan SA) 및 클라리언트(Clariant AG) 회장
- 피터 브라벡Peter Brabeck-Letmathe − 네슬레 회장
- 한스 그로스Hans Groth − 보건정책/시장접근(Healthcare Policy & Market Access) 항암제사 업단 상임이사

▨ 스웨덴
- 알렉세이 모다쇼프Alexey A. Mordashov – 세베르스탈(Severstal) CEO
- 야콥 발렌베리Jacob Wallenberg – 인베스터(Investor AB) 회장
- 에비 비엘링Ewa Björling – 통상부장관
- 칼 빌트Carl Bildt – 외무부장관

▨ 스페인
- 마리아 돌로레스 데 코스페달Maria Dolores de Cospedal – 인민당 서기장
- 베르나르디노 레옹 그로스Bernardino León Gross – 스페인 제1장관 사무총장
- 소피아Sofia 스페인 여왕
- 후안 루이스 세브리앙Juan Luis Cebrián – PRISA CEO

▨ 아일랜드
- 마이클 맥도웰Michael McDowell – 법률고문, 전직 부총리
- 폴 갤러거Paul Gallagher – 법률고문, 전직 법무상
- 피터 서덜랜드Peter D. Sutherland – 골드만삭스 인터내셔널 회장

▨ 영국
- 더글라스 플린트Douglas Flint J. – HSBC홀딩스(HSBC Holdings) 그룹회장
- 로리 스튜어트Rory Stewart – 국회의원
- 리처드 램버트Richard Lambert – 언스트 앤 영(Ernst & Young) 독립비상임이사
- 마커스 애거스Marcus Agius – 바클레이스은행(Barclays PLC) 총재
- 마틴 테일러Martin J. Taylor – 신젠타 인터내셔널(Syngenta International AG) 회장
- 조지 오스본George Osborne – 재무부장관
- 존 미클스웨이트John Micklethwait – 〈이코노미스트The Economist〉지 편집장
- 존 커John Kerr – 상원의원, 로열더치쉘(Royal Dutch Shell) 부회장
- 피터 만델슨Peter Mandelson – 상원의원, 글로벌 카운슬(Global Counsel) 회장

▨ 오스트리아
- 루돌프 숄텐Rudolf Scholten – 오스트리아통제은행(Oesterreichische Kontroll bank AG) 상임 이사회 이사
- 발터 로덴슈타이너Walter Rothensteiner – 오스트리아 라이파이젠 중앙은행(Raiffeisen Zentralbank Osterreich AG) 이사회 의장
- 베르너 페이만Werner Faymann – 총리
- 오스카 브로너Oscar Bronner – 스탠더드메디엔(Standard Medien AG) CEO 겸 출판인

▨ 이탈리아

- 마리오 몬티Mario Monti – 보코니대학교 총장
- 존 엘칸John Elkann – 피아트(Fiat S.p.A.) 회장
- 지울리오 트레몬티Giulio Tremonti – 경제재무부장관
- 파올로 스카로니Paolo Scaroni – 에니(Eni S.p.A.) CEO
- 프랑코 베르나베Franco Bernabè – 텔레콤이탈리아(Telecom Italia S.p.A) CEO

▨ 중국

- 이핑후앙Yiping Huang – 북경대학교 경제학 교수, 중국경제연구센터
- 푸잉Fu Ying – 외무부 차관

▨ 캐나다

- 로버트 프리차드J. Robert S. Prichard – 토리스(Torys LLP) 회장
- 마크 카니Mark J. Carney – 캐나다은행 총재
- 에드먼드 클락Edmund Clark – TD뱅크파이낸셜그룹(TD Bank Financial Group) 회장 겸 CEO
- 제임스 오빈시James Orbinksi – 토론토대학교 의학/정치과학 교수
- 프랭크 맥케너Frank McKenna – TD뱅크파이낸셜그룹 부회장
- 히더 라이스먼Heather Reisman – 인디고북스 앤 뮤직(Indigo Books & Music Inc.), 브루킹스 연구소 회장 겸 CEO

▨ 터키

- 무스타파 콕Mustafa V. Koç – 콕홀딩(Koç Holding A.S.) 회장
- 세피카 페킨Sefika Pekin – 페킨 앤 베이야(Pekin & Bayar) 로펌 공동설립자
- 수레야 실리프Süreyya Ciliv – Turkcell Iletisim Hizmetleri A.S. CEO
- 타이비 귈렉 도막Tayyibe Gülek Domac – 전직 국무부장관

▨ 포르투갈

- 안토니오 노구에이라 라이테António Nogueira Leite – José de Mello Investimentos, SGPS, SA 이사
- 클라라 페레이라 알브스Clara Ferreira Alves – Claref LDA CEO, 작가
- 프란시스코 핀토 발세마오Francisco Pinto Balsemão – IMPRESA S.G.P.S. 회장 겸 CEO, 전직 총리

▨ 핀란드

- 마티 아푸넨Matti Apunen – 핀란드비즈니스정책포럼(Finnish Business and Policy Forum EVA) 의장

- 미카엘 펜티케넌Mikael Pentikäinen – 〈헬싱긴 사노마트Helsingin Sanomat〉지 출판인 겸 편집장
- 올 요한슨Ole Johansson – 핀란드산업체연합(Confederation of the Finnish Industries EK) 회장
- 요르마 올릴라Jorma Ollila – 로열더치쉘 명예회장

▒ 프랑스
- 니콜라 바베레즈Nicolas Baverez – 깁슨던 앤 크러쳐(Gibson, Dunn & Crutcher LLP) 동업자
- 니콜라 바지르Nicolas Bazire – 그룹아놀트(Groupe Arnault /LVMH) 전무이사
- 모리스 레비Maurice Lévy – 퓌블리시스그룹(Publicis Groupe S.A.) 회장 겸 CEO
- 올리비에 로이Olivier Roy – 유럽대학연구소(European University Institute) 사회정치이론 교수
- 티에리 드 몽브리알Thierry de Montbrial – 프랑스국제관계연구소(French Institute for International Relations) 소장
- 헨리 드 카스트리Henri de Castries – AXA 회장 겸 CEO

유엔 생물다양성협약에
참여하는 나라들

- 가나, 가봉, 가이아나, 과테말라, 그라나다, 그리스, 기니, 기니비사우
- 나미비아, 나우루, 나이지리아, 남아프리카, 네덜란드, 네팔, 노르웨이, 뉴질랜드, 니우에, 니제르, 니카라과
- 대한민국, 북한, 덴마크, 도미니카공화국, 독일, 동티모르
- 라오스, 라이베리아, 라트비아, 러시아, 레바논, 레소토, 루마니아, 룩셈부르크, 르완다, 리비아, 리투아니아, 리히텐슈타인
- 마다가스카르, 마셜제도, 마케도니아공화국, 말라위, 말레이시아, 말리, 멕시코, 모나코, 모로코, 모리셔스, 모리타니, 모잠비크, 몬테네그로, 몰도바, 몰디브, 몰타, 몽골, 미크로네시아
- 바누아투, 바레인, 바베이도스, 바하마, 방글라데시, 버마, 베냉−헤르체고비나, 베네수엘라, 베트남, 벨기에, 벨라루스, 벨리즈, 보츠와나, 부룬디, 부르키나파소, 불가리아, 브라질, 브루나이
- 사모아, 사우디아라비아, 산마리노, 상투메프린시페, 세네갈, 세르비아, 세이셸, 세인트루시아, 세인트빈센트그레나딘, 세인트키츠네비스, 소말리아, 솔로몬제도, 수단, 수리남, 스리랑카, 스와질란드, 스웨덴, 스위스, 스페인, 슬로바키아, 슬로베니아, 시리아, 시에라리온, 싱가포르
- 아랍에미리트, 아르메니아, 아이슬란드, 아이티, 아일랜드, 아제르바이잔, 아프가니스탄, 안티가바부다, 알바니아, 알제리, 앙골라, 에리트레아, 에스토니아, 에콰도르, 에티오피아, 엘살바도르, 영국, 예멘, 오만, 오스트레일리아, 오스트리아, 온두라스, 요르단, 우간다, 우루과이, 우즈베키스탄, 우크라이나, 유럽연합, 이라크, 이란, 이스라엘, 이집트, 이탈리아, 인도, 인도네시아, 일본
- 자메이카, 잠비아, 적도기니, 조지아, 중앙아프리카공화국, 중국, 지부티, 짐바브웨
- 차드, 체코공화국, 칠레
- 카메룬, 카보제르데, 카자흐스탄, 카타르, 캄보디아, 캐나다, 케냐, 코모로, 코스타리카, 코트디부아르, 콜롬비아, 콩고민주공화국, 쿠바, 쿠웨이트, 쿡제도, 크로아티아, 키르기스스탄, 키리바시, 키프로스
- 타이, 타지키스탄, 탄자니아, 터키, 토고, 통가, 투르크메니스탄, 투발루, 튀니지, 트리니다드토바고
- 파나마, 파라과이, 파키스탄, 파푸아뉴기니, 팔라우, 페루, 포르투갈, 폴란드, 프랑스, 피지, 핀란드, 필리핀
- 헝가리

데이비드 아이크의 X파일

초판 1쇄 2014년 10월 1일
개정판 1쇄 2019년 4월 15일

지은이 데이비드 아이크   옮긴이 박병오
펴낸이 설응도   편집주간 안은주
영업책임 민경업   디자인책임 조은교

펴낸곳 라의눈

출판등록 2014년 1월 13일 (제 2014-000011호)
주소 서울시 강남구 테헤란로 78길 14-12(대치동) 동영빌딩 4층
전화 02-466-1283   팩스 02-466-1301

문의 (e-mail)
편집 editor@eyeofra.co.kr
마케팅 marketing@eyeofra.co.kr
경영지원 management@eyeofra.co.kr

ISBN : 979-11-88726-34-9 03300

이 책의 저작권은 저자와 출판사에 있습니다.
저작권법에 따라 보호를 받는 저작물이므로 무단전재와 복제를 금합니다.
이 책 내용의 일부 또는 전부를 이용하려면 반드시 저작권자와 출판사의 서면 허락을 받아야 합니다.

닐 헤이그 갤러리

가장 독특하고 개성적인 아티스트 중 한 명인
닐 헤이그의 놀랍고도 영감어린 작품들

몸—마음은 바다의 파도 위에서 일렁이는 새하얀 물마루와 같다. 바다의 일부이면서 보다 개별화된 방식으로 드러난다.

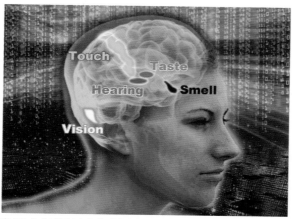

몸—마음은 진동정보를 우리 '밖'의 '단단한' 세상처럼 보이게 하는 전기적, 디지털, 홀로그램 정보로 해독하는 생물학적 컴퓨터시스템이다. 모두 다 환영이다.

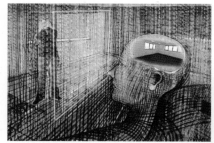

우리가 파형정보를 홀로그램 형태로 해독하지 않으면, 그것은 우리 오감현실에 나타나지 않는다.

오로지 우리가 그렇게 할 때만 그것을 '볼' 수 있다.

'몸–마음'과 '의식'의 관계는 컴퓨터와 컴퓨터 사용자의 관계와 같다. 사용자(의식)는 인터넷을 들여다보면서 컴퓨터(몸–마음)를 통해 인터넷과 서로 작용한다.

'토성–달 매트릭스(Saturn–Moon Matrix)'의 목표는 사람들이 그들의 '파도 물마루' 또는 오감 인식에 머물러 있도록 분리시켜서 '바다' 곧 '의식'과 연결되지 않게 하는 것이다.

인간이 빛의 속도라는 매트릭스의 진동 벽을 넘어 '의식'에 마음을 열지 않는 한, 우리는 '토성–달 매트릭스'와 DNA 프로그램에 단단히 사로잡혀 있다.

'토성-달 매트릭스'는 더 광대한 가상현실 '게임'을 해킹해서 우리가 '진짜'라고 믿는 거짓 현실에 살게
한다.

달은 보이는 그대로의 것이 아니다. 거대한 우주선이자 컴퓨터, 그리고 토성에서 오는 방송파를 증폭해서 지구에 쏘는 방송시스템이다.

토성과 달은 우리를 '시간' 속에서 살게 하는데, 마음—몸이 '의식'에서 떨어지게 하는 중요한 수단이 바로 이것이다.

THE YUGA CYCLES

시간의 조작은 유가(Yuga) 주기, 마야력 주기, 호피족 예언, 계시록 따위에 대한 믿음의 형태로도 나타난다. 다른 많은 이유들이 있지만 이런 것들은 우리 지각을 '토성-달-시간 매트릭스'에 가둬 놓으려고 고안된 것이다.

인류는 토성과 달 배후의 '렙틸리언 동맹(Reptilian Alliance)'과 지상에 있는 그들의 혼혈 통제구조에 지배받고 조작되고 있다.

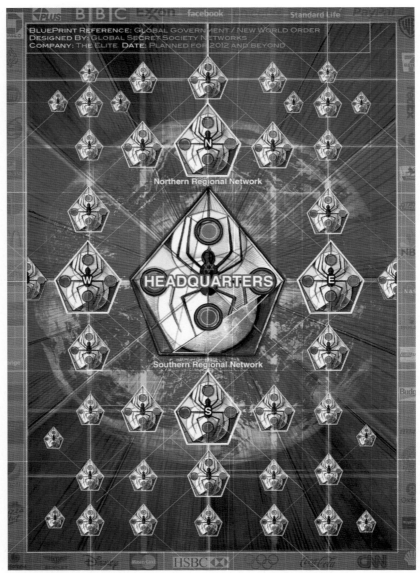

렙틸리언과 그 혼혈들은 다국적기업의 구조와 아주 비슷한 지구적 구조를 만들었다. 지휘본부는 유럽에 있고, 이 지구적 그물망의 하부구조가 모든 나라에 있어서, 이를 거쳐 핵심부에서 지시하는 어젠다를 모든 나라에 강요한다.

렙틸리언과 그 혼혈혈통들의 관계는 '통(렙틸리언의 현실)' 밖에 서서 장갑(혼혈혈통)을 끼고서 통 안(우리 현실)에서 작업하는 과학자로 상징할 수 있다.

혼혈들에게는 파충류와 인간의 DNA 코드가 있어서 두 모습 사이에서 탈바꿈할 수 있다. 이것은 '물질적' 탈바꿈이 아니다. '물질적인' 것은 없기 때문이다. 이는 관찰자가 '물질적(홀로그래픽)' 탈바꿈으로 해독하는 에너지적 탈바꿈이다.

혼혈 일가들과 그 앞잡이들은 확보전쟁, 금융조작, '위장술책' 테러리스트 공격, 갈수록 힘이 커져가는 경찰국가 상태를 통해 지구적 파시스트/공산주의 독재를 창출하고 있다. 겉으로는 '적대시'하고 '경쟁'하는 것처럼 보이는 '서로 다른' 정치 지도자, 금융가, 산업가 등등도 모두 같은 괴물의 머리들이다.

하프(HAARP)는 혈통들이 대규모 파괴와 날씨조작, 그리고 지구 대기권과 인간의 마음 둘 다를 통제하는 데 쓰는 으뜸가는 무기다.

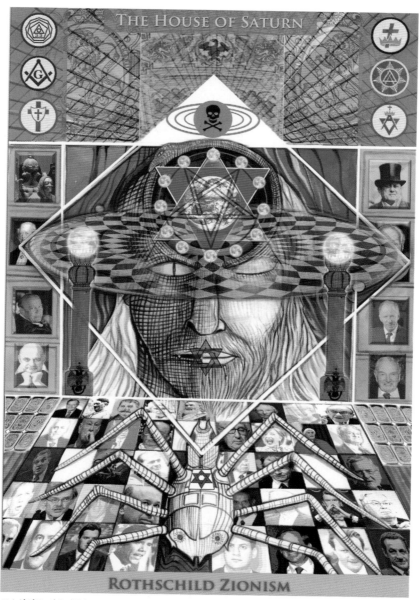

THE HOUSE OF SATURN

ROTHSCHILD ZIONISM

로스차일드 시오니즘(Rothschild Zionism)과 사탄숭배(Satanism), 비밀결사들은 모두 토성숭배, 곧 새터니즘(Saturn-ism)을 근간으로 하는 지구적 그물망의 중요한 표현들이다.

인류사회에 토성의 상징이 넘쳐나는 것은 '토성 통제시스템'이 있기 때문이다.

세상에서 이름을 날리는 사람들 일부는 비밀 사탄의식에 꼬박꼬박 참석한다. 여기서는 아기와 아이들을 제물로 바친다. 그러나 이 그림에서 사자가 상징하는 '진실진동(Truth Vibrations)'이 그 모든 걸 바꾸고 있다.

모든 면에서 인간들이 무릎을 펴고 일어날 때가 왔다.

우리는 지금 일어나는 일들을 마주하고 해결해야 한다. 더는 달아날 수도, '내일'로 미룰 수도 없다.

우리는 '불복종의 춤(non-compli-dance)'에 가슴을 열어야 한다.

'진실진동'과 현실의 많은 차원들에서 나타나는 그 표현들은 렙틸리언과 그들의 '통제시스템'에게서 토성과 달, 인간의 지각에 대한 통제력을 빼앗고 있다.

'진실진동'은 인류에게 우리가 '어디에' 있는지, 우리가 어디서 '왔는지'를 '떠올리게' 하고 있다.

우주의 본질이 홀로그램이라는 것은 우리가 '마음—몸'의 수준에서도 전체에 영향을 미칠 수 있는 전체의 축소판이라는 뜻이다. 그러니 우리 모두 그렇게 하자.

춤추자, 춤추자, 어디에 있든.

지금 수많은 사람들이 '토성-달'의 최면상태에서 깨어나서 '의식'에 마음을 활짝 열고 있고, 우리는 '저 밖에서' '렙틸리언 통제시스템'을 무너뜨리고 있는 다차원적 세력들의 지원을 받고 있다. 우리는 '바로 여기서' 우리 몫을 해야 한다.

'가슴의 의식(Heart Consciousness)'에 주술을 깨부수는 힘이 있다.

인류가 깨어나면서, '통제시스템'은 반드시 무너진다.